EDITORIAL CLIE
C/ Ferrocarril, 8
08232 VILADECAVALLS
(Barcelona) ESPAÑA
E-mail: libros@clie.es
http://www.clie.es

INTRODUCCIÓN A LA BIBLIA HEBREA
ISBN: 978-84-8267-730-9
Depósito Legal: B. 21870-2012
Clasifíquese: 2070 - Estudios en el Antiguo Testamento
CTC: 05-30-2070-07
Referencia: 224783

Impreso en USA / Printed in USA

26 27 28 29 30 31 TRM 12 11 10 9 8 7 6

Introducción a la Biblia hebrea

Samuel Pagán

Dedicatoria

Dedico este libro a los papás de Nohemí, mi esposa,
que amaban entrañablemente la Biblia
y predicaban continuamente
los grandes temas del Antiguo Testamento:
a don Félix y a doña Nélida...

Presentación

Samuel Pagán no necesita presentación, pues es bien conocido por sus muchas obras, particularmente sobre el Antiguo Testamento (tiene, por ejemplo, dos volúmenes en la serie *Conozca su Biblia*), pero también por sus escritos sobre el Quijote y varios otros temas.

En este libro, con su acostumbrada claridad, nos ofrece una excelente introducción a la Biblia Hebrea (lo que hoy entre los cristianos llamamos el Antiguo Testamento) en la que hace gala de su vasta erudición y conocimiento del campo, pero al mismo tiempo muestra una gran sensibilidad para comunicar su contenido de forma asequible a la mayoría del público lector. En este libro, Pagán hace abundante uso de los descubrimientos y conclusiones de las diversas ciencias y disciplinas aplicadas a los estudios bíblicos; disciplinas tales como la arqueología, la filología, la antropología, la crítica textual e histórica, entre otras. Con ello nos ayuda a entender mejor el texto bíblico en toda su amplitud y profundidad. Pero al mismo tiempo lo hace con el respeto que merecen estos textos que a través de los siglos han servido de inspiración y guía tanto al pueblo de Israel como a la iglesia de Jesucristo.

Por todo esto, y por muchas otras razones que los lectores descubrirán en este libro, recomiendo entusiastamente la lectura de esta nueva obra del doctor Pagán, al tiempo que aprovecho la oportunidad para expresar mi esperanza de que él mismo nos regale más obras como ésta, y que surjan entre sus lectoras y lectores personas llamadas a continuar los estudios y la tarea que él tan acertadamente ejemplifica.

Justo L. González

Contenido

Abreviaturas

Libros de la Biblia

Libros canónicos

Abd	Abdías	Hch	Hechos
Am	Amós	Is	Isaías
Ap	Apocalipsis	Jer	Jeremías
Cnt	Cantar de los Cantares	Jl	Joel
		Jn	Juan
1 Co	1 Corintios	1 Jn	1 Juan
2 Co	2 Corintios	2 Jn	2 Juan
Col	Colosenses	3 Jn	3 Juan
1 Cr	1 Crónicas	Job	Job
2 Cr	2 Crónicas	Jon	Jonás
Dn	Daniel	Jos	Josué
Dt	Deuteronomio	Jud	Judas
Ec	Eclesiastés	Jue	Jueces
Ef	Efesios	Lc	Lucas
Esd	Esdras	Lm	Lamentaciones
Est	Ester	Lv	Levítico
Ex	Éxodo	Mal	Malaquías
Ez	Ezequiel	Mc	Marcos
Flm	Filemón	Miq	Miqueas
Flp	Filipenses	Mt	Mateo
Gl	Gálatas	Nah	Nahúm
Gn	Génesis	Neh	Nehemías
Hab	Habacuc	Nm	Números
Hag	Hageo	Os	Oseas

1 P	1 Pedro	Sal	Salmos
2 P	2 Pedro	Sof	Sofonías
Pr	Proverbios	Stg	Santiago
1 R	1 Reyes	1 Ti	1 Timoteo
2 R	2 Reyes	2 Ti	2 Timoteo
Ro	Romanos	Tit	Tito
Rt	Rut	1 Ts	1 Tesalonicenses
1 S	1 Samuel	2 Ts	2 Tesalonicenses
2 S	2 Samuel	Zac	Zacarías

Libros deuterocanónicos

Bar	Baruc	2 M	2 Macabeos
Eclo	Eclesiástico	Sab	Sabiduría
Jdt	Judit	Tob	Tobías
1 M	1 Macabeos		

Abreviaturas generales

a.C.	Antes de Cristo
AEC	Antes de la era común
AT	Antiguo Testamento
a.m.	En la mañana
c.	Aproximadamente, *circa*
cf.	Confrontar o comparar
cm	Centímetros
DC	Deuterocanónico
d.C.	Después de Cristo
DEC	Después de la era común
ed., eds.	Editor, editores
etc.	Etcétera, otros más

g	Gramos
gr.	Griego
heb.	Hebreo
Idíbem	El mismo autor y la misma obra
Ídem	El mismo autor
kg	Kilogramo
km	Kilómetro
l	Litro
lit.	Literalmente
m	Metro
m.d.	Medio día
ms., mss.	Manuscrito o manuscritos
n.	Nota
NT	Nuevo Testamento
orig.	Texto original
p.ej.	Por ejemplo

p.m.	En la tarde	trad.	Traducción
reimp.	Reimpresión	v., vv.	Versículo o versículos
s., ss.	Siguiente o siguientes	Vg	Versión latina de la Biblia, Vulgata
LXX	Versión griega del AT, Septuaginta	vol., vols.	Volumen o volúmenes
TM	Texto Masorético		

ABREVIATURAS DE OBRAS ACADÉMICAS

Las abreviaturas de documentos y obras académicas que se incluyen en este libro, se fundamentan principalmente en las recomendaciones de Schwertner, *Internationales Abkrzungsverzeichnis fur Theologie und Grenzgebiete*, 2 Berlín y Nueva York: W. de Gruyter, 1991.

PREFACIO

La hierba se seca y se marchita la flor,
mas la palabra del Dios nuestro
permanece para siempre.
Isaías 40.8

1. El Libro de los libros

Por generaciones, la Biblia ha sido un libro de importancia capital para millones y millones de personas. Para los creyentes, tanto judíos como cristianos, es fuente de inspiración espiritual, ética y moral, además de ser la base para el desarrollo de enseñanzas, doctrinas y teologías. Para los no creyentes, su importancia reside en la naturaleza de su contenido histórico y en el particular despliegue de géneros literarios y temas que responden a los clamores más intensos e íntimos de la humanidad. Por esas características, entre otras, la Biblia ha sido declarada «Patrimonio de la Humanidad», o referida, como «el Libro», sin más explicaciones u orientaciones.

La Biblia, además, es el libro más vendido y distribuido en el mundo. Se estiman en más de 2,000 los idiomas y dialectos en los cuales se ha traducido. Estas estadísticas de traducción, ventas y distribución, sin embargo, no necesariamente son indicadores seguros de que la gente la lee y estudie, ni mucho menos que sigue sus enseñanzas transformadoras. Quizá sea la obra literaria más citada, estudiada y memorizada, o de la cual más se ha escrito, tanto desde la perspectiva científica como de la devocional, pues entre sus páginas se encuentra un mensaje que desafía la imaginación e inteligencia de las personas que desean descifrar sus valores e importancia.

Es ciertamente la Biblia un ejemplo extraordinario de virtud literaria y estética. En sus testamentos, libros, capítulos, versículos y palabras se encuentran gran cantidad de géneros literarios y temas que revelan mucho más que sus virtudes espirituales. Sus páginas ponen claramente de manifiesto narraciones hermosas y poesías exquisitas; además, entre otros géneros, se incluyen cuentos, himnos, proverbios, oráculos, oraciones, profecías, leyendas...

Inclusive, en las Escrituras aparecen inmersos, entre los temas expuestos, asuntos que la convierten en literatura de éxito en cualquier librería, por ejemplo: intriga, violencia, humor, sexo, ternura, odio, amor, esperanza... Algunas personas piensan que sus oráculos encierran mensajes ocultos que deben ser descifrados con métodos especiales, que incluyen el conteo de las letras y palabras, así como el análisis computadorizado de sus narraciones; no son pocas las personas que a través de la historia han intentado ver entre sus párrafos las predicciones certeras de los acontecimientos futuros.

2. La historia de un pueblo

De fundamental importancia es saber, sin embargo, que la Biblia, particularmente su primera sección, conocida como la Biblia hebrea, Escrituras judías o Antiguo Testamento, trata de la historia nacional de una comunidad específica, se refiere a los orígenes del pueblo judío. Entre sus relatos, se pueden identificar, sin mucha dificultad, narraciones que explican sus orígenes históricos; e inclusive, se pueden leer poemas antiguos en torno a la creación del mundo, y referentes al inicio mismo de la vida y la historia. Al comienzo, se trata nada más que de un grupo pequeño de individuos, familias y tribus nómadas que afirman ser llamados y elegidos por Dios, hasta posteriormente convertirse en un reino importante dentro de la geopolítica del Oriente Medio.

La narración histórica de las vivencias del pueblo judío, con el paso del tiempo, se ha convertido en un modelo para el desarrollo de la esperanza en pueblos oprimidos y perseguidos, y para afirmar el porvenir grato y liberador entre personas cautivas por las diversas angustias de la existencia humana. Los relatos de la liberación extraordinaria del imperio egipcio de este grupo nómada, que tradicionalmente se relaciona con Moisés, y las narraciones en torno a las intervenciones divinas para finalizar con el destierro en Babilonia, se han convertido en modelos que brindan esperanza y futuro a quienes se han sentido cautivos y heridos a través de la historia de la humanidad. Los gozos y las tribulaciones de la comunidad judía antigua se han convertido en testimonio de fe para quienes sienten las marginaciones y los cautiverios políticos, sociales, económicos, religiosos y espirituales en la existencia humana.

Esos temas de esperanza y renovación tienen grandes repercusiones en la vida y las acciones de Jesús de Nazaret, que fue un joven judío de la Palestina del primer siglo, educado en las importantes tradiciones relacionadas con la Biblia hebrea. Este predicador galileo se destacó por sus interpretaciones transformadoras de los textos antiguos, pues se dedicó a hacer bienes a la comunidad que vivía en medio de una nueva cautividad y ocupación política y militar, la del poderoso imperio romano. Su proyecto de vida fue certero, firme y claro: interpretar las antiguas Escrituras y tradiciones del pueblo judío, a la luz de las necesidades de la gente más angustiada y necesitada de la región Galilea, popular y despectivamente conocida como «Galilea de los gentiles».

3. El Libro de las iglesias

Las iglesias cristianas siguieron el modelo de Jesús e hicieron de las Escrituras hebreas parte de sus Biblias. Sus lecturas de los textos antiguos, sin embargo, tomaban seriamente en consideración, no solo la historia antigua del pueblo judío, sino las actividades liberadoras de Jesús de Nazaret, y las implicaciones de esas acciones a través de la historia. Consideraban, además, el desarrollo de la incipiente comunidad cristiana a medida que el mensaje del Cristo resucitado se difundía en Palestina y el Oriente Medio, particularmente en Asia Menor. Esa particular comprensión de las Escrituras hebreas es la que hace que el mensaje del Antiguo Testamento rompa con los linderos del tiempo hasta llegar, entre los creyentes, y hasta la sociedad contemporánea en el siglo veintiuno, con una fuerza inusitada.

Desde esta particular perspectiva histórica, la Biblia hebrea se convierte en documento grato y familiar en medio de las iglesias y los creyentes en Cristo. Esta comprensión espiritual de los documentos judíos, pone en clara evidencia no solo la historia antigua de un pueblo que experimentó el poder divino en su liberación nacional, sino las vivencias de la humanidad. La Biblia hebrea, en efecto, contiene el mensaje que prepara a las personas a enfrentar la vida y sus desafíos, la existencia y sus aciertos, y la cotidianidad y sus desaciertos.

Las personas de fe entienden que el mensaje de la Biblia prepara a la gente a enfrentar, con valor y dignidad, las grandes crisis y dificultades de la vida, inclusive para afrontar la posibilidad de la muerte y sus temores.

La Biblia no solo es historia antigua, pues contiene el mensaje relevante que prepara a las personas para superar con valentía los diversos desafíos que intentan cautivarle, disminuirle, oprimirle, subyugarle, marginarle y desorientarle.

En este sentido, la Biblia hebrea o Antiguo Testamento no solo es el libro antiguo de los judíos, pues incluye y representa valores morales y principios éticos que superan los límites étnicos, nacionales, regionales, temporales y hasta religiosos. El mensaje de esperanza, futuro, seguridad, redención, restauración, liberación y salvación es, en efecto, la palabra de Dios para la humanidad. Y esa palabra tiene implicaciones para la sociedad posmoderna que ha llegado al siglo veintiuno con signos de depresión, agotamiento y desorientación.

La revelación de Dios

El Dios del Antiguo Testamento, de acuerdo con los relatos bíblicos, escogió revelarse al pueblo de Israel en medio de la historia, específicamente decidió manifestarse en las vivencias reales y cotidianas de la comunidad al revelar en el Monte Sinaí la Ley, y establecer un pacto o alianza con el pueblo, que era el claro objeto de su amor, misericordia, perdón y elección.

El libro que tiene en sus manos, es una introducción a esa gran pieza de literatura, documento espiritual y patrimonio universal: la Biblia hebrea o Antiguo Testamento. Nuestro propósito es presentar el mensaje fundamental de cada libro o cada sección, para colaborar positivamente en los procesos de comprensión y actualización de sus enseñanzas. Sin embargo, debemos reiterar que la nuestra es una obra introductoria, pues no intenta hacer un análisis extenso y exhaustivo de cada tema, solo desea identificarlos, analizarlos y presentar algunas pistas para su comprensión adecuada, pertinente y su consecuente contextualización.

Nuestro libro presentará la Biblia hebrea con sus tres secciones básicas: la Ley, los Profetas y los Escritos. Además, incluiremos una sección especial dedicada a los libros apócrifos, por su importancia histórica y doctrinal. También exploraremos los grandes temas teológicos y las instituciones nacionales más importantes del pueblo judío; y en ese gran contexto educativo y espiritual, identificaremos algunas de las diversas metodologías que se han utilizado para estudiar la Biblia. Además, se añadirá una bibliografía selecta, que puede ayudar en el estudio posterior de los temas y asuntos expuestos.

El Antiguo Testamento incluye y articula la experiencia de fe del pueblo de Israel desde sus orígenes, inclusive desde la creación del mundo, hasta la época anterior a la llegada del Mesías cristiano, Jesús de Nazaret. Sus narraciones y poemas, sus oráculos y enseñanzas, y sus proverbios y parábolas incorporan elocuentemente las respuestas de la comunidad hebrea a los grandes desafíos históricos y espirituales que vivieron como pueblo e individuos, fundamentados en sus profundas convicciones en el Dios único y verdadero, descrito como «viviente» (Sal 42.1-3), en contraposición a las deidades cananeas que carecían de esa característica fundamental.

El Dios del Antiguo Testamento, de acuerdo con los relatos bíblicos, escogió revelarse al pueblo de Israel en medio de la historia, específicamente decidió manifestarse en las vivencias reales y cotidianas de la comunidad al revelar en el Monte Sinaí la Ley, y establecer un pacto o alianza con el pueblo, que era el claro objeto de su amor, misericordia, perdón y elección. Esta particular relación Dios-Israel reclamó del pueblo y sus líderes niveles éticos y morales que pusieran de manifiesto la santidad y la justicia del Señor. La Biblia hebrea, en efecto, presenta la historia de un pueblo desde esa tan particular y extraordinaria perspectiva de la fe.

4. Nuestro acercamiento a los temas expuestos

Esta obra se concibe y escribe para responder inicialmente a una necesidad y reclamo de las instituciones educativas de las iglesias (p.ej., universidades, seminarios teológicos, institutos bíblicos, escuelas bíblicas y círculos de estudio y oración), en el extenso y complejo mundo de habla castellana (América Latina, el Caribe, España y las comunidades latinas en los Estados Unidos). Se redacta con el propósito definido de iniciar a los lectores y las lectoras de este libro en el vasto y maravilloso mundo espiritual, teológico, literario e histórico de la Biblia hebrea o el Antiguo Testamento.

A esa finalidad pedagógica inicial, se añade el componente de la identidad del autor, que es pastor y profesor de Biblia, además de ser puertorriqueño, caribeño y latinoamericano. Por esa razón, además de destacar los temas tradicionales de las introducciones generales a las

Sagradas Escrituras, tomamos seriamente en consideración los asuntos, las preguntas, los desafíos y las preocupaciones que tienen pertinencia e inmediatez en las comunidades eclesiales e iglesias hispanoparlantes.

En efecto, junto al desarrollo de los asuntos que pertenecen al tipo de género literario conocido como «introducciones bíblicas», se exploran algunos temas que tienen particular relevancia para el ministerio entre líderes y congregaciones de habla castellana. Por ejemplo, se enfatizan, exploran, exponen y analizan asuntos que responden a los desafíos que presenta la situación de pobreza, desesperanza y miseria en nuestro continente a los creyentes y a las congregaciones, y se afirma el liderato de personas que desean incursionar en el mundo de la exégesis avanzada y los estudios bíblicos serios.

Además, escribimos esta nueva introducción al Antiguo Testamento y la Biblia hebrea desde la Tierra Santa, específicamente desde Jerusalén, donde vivimos, y en la histórica ciudad de Belén, donde servimos. Este particular contexto educativo inmediato, nos permite tomar en consideración algunos asuntos teológicos y exegéticos de importancia medular, relacionados, por ejemplo, con las culturas del Oriente Medio, la geografía y el clima de la región, además de las dinámicas geopolíticas que no solo afectaron las relaciones económicas, sociales, culturales, políticas y espirituales en épocas antiguas, sino que todavía el día de hoy se manifiestan con fuerza entre los pueblos palestino e israelí, en particular, y entre el Estado de Israel y los países árabes, en general.

En torno al importante tema de las implicaciones contemporáneas de nuestro estudio, es fundamental comprender que algunos postulados teológicos tradicionales deben ser revisados y reinterpretados con el propósito de mejorar y aclarar la comprensión de sus enseñanzas y replantear sus implicaciones éticas, pastorales, políticas, económicas y sociales.

Referente a este asunto teológico, esta introducción a la Biblia hebrea revisará, con esmero, cuidado y respeto, las teologías tradicionales en torno al pacto o alianza de Dios con el pueblo de Israel; y, además, analizará nuevamente las implicaciones éticas y morales de varios términos y conceptos relacionados con la Tierra Santa.

Entre los temas teológicos y religiosos de importancia que se explorarán, se estudiará particularmente el significado de los siguientes conceptos: la Tierra Prometida, la elección de Israel, y la conquista de Canaán y la matanza de los cananeos. En efecto, estos temas deben ser adecuadamente entendidos e interpretados el día de hoy desde la importante perspectiva de la justicia divina, el respeto a los derechos humanos y la afirmación de las leyes internacionales; no para justificar conquistas, matanzas, despojos de tierras, ocupaciones y guerras, sino para descubrir las virtudes de la liberación, redención y salvación. Su comprensión adecuada es medular e impostergable para las iglesias y los creyentes contemporáneos, pues, fundamentados en algunas teologías de la violencia y basados en entendimientos incorrectos y parcializados de las narraciones bíblicas, se toman, en la actualidad, decisiones políticas, económicas, sociales y militares en el Oriente Medio.

Nuestro acercamiento educativo, metodológico, teológico y exegético a la Biblia hebrea es canónico; es decir, que toma prioritariamente en consideración para su análisis, los temas, el orden y los asuntos de las Sagradas Escrituras como un todo. Por lo tanto, es menester no solo ubicar cada libro en su particular e inmediato contexto histórico, literario y teológico, sino en el entorno más amplio e importante de la aceptación y reconocimiento de la Biblia con autoridad religiosa, moral, legal y espiritual durante el exilio en Babilonia, y particularmente en el período postexílico.

Fue en ese singular contexto social, político y religioso, de superación de las crisis profundas generadas a raíz de la pérdida del Templo, la nación y el gobierno en Jerusalén, que los profetas, sacerdotes y escritores bíblicos se dieron a la tarea de recoger, revisar, actualizar, interpretar, redactar y reinterpretar las antiguas tradiciones que el pueblo de Israel tenía desde épocas previas a la deportación. Algunas de esas tradiciones eran muy antiguas, y ya habían superado las etapas orales y se había fijado en diversas formas escritas.

Este acercamiento canónico a la Biblia hebrea o Antiguo Testamento, afirma que fue específicamente en ese contexto teológico postexílico que las Escrituras hebreas tomaron su forma final, de la manera que la conocemos el día de hoy. Ese período de gran creatividad literaria, que caracterizó el regreso de Israel a Jerusalén y Judá, fue testigo de las importantes gestiones sociales, políticas, económicas, nacionales y religiosas de líderes como Esdras y Nehemías. En diálogo con esos procesos de reconstrucción nacional, es que se comprendían las tradiciones antiguas del pueblo y se incorporaban a lo que posteriormente se denominó e identificó como el canon de las Sagradas Escrituras.

A través de los siglos, la comunidad judía ha estudiado las Escrituras desde una muy singular perspectiva que identifica, en cada porción bíblica, múltiples niveles de sentido, que nosotros hemos tomado en consideración en nuestros análisis exegéticos y hermenéuticos. Estas formas tradicionales de estudiar las Sagradas Escrituras han influenciado no solo las interpretaciones judías del mensaje bíblico sino en las cristianas.

En este libro introductorio a la Biblia hebrea, esas consideraciones teológicas y metodológicas judías, se han tomado en cuenta.

- En primer lugar, las comunidades judías evalúan la superficie y lo básico, lo escueto del pasaje a estudiar. Esta metodología de estudio intenta identificar y explicar el sentido inicial, plano o básico de los pasajes bíblicos (en hebreo, esta manera de estudiar la Escritura se conoce como *peshat*). Esta forma, que no es necesariamente literal, se fundamenta en la comprensión del significado correcto de las palabras, el análisis adecuado del contexto, y la evaluación pertinente de la gramática y la sintaxis del texto.
- Una segunda manera de estudiar las Escrituras en las sinagogas es leer los textos de forma profunda, intentando descubrir diversos niveles de sentido en las narraciones bíblicas. Esas formas de inquirir (en hebreo, *derash*) son la que utilizan generalmente los rabinos, o inclusive los ministros cristianos, cuando exponen algunas enseñanzas basadas en los pasajes estudiados. En esta metodología se añaden ejemplos para ilustrar el mensaje. Los *midrash*, que son formas creativas de relatar, exponer y explicar los pasajes bíblicos, se relacionan con estas maneras de estudiar las Escrituras.
- La tercera forma de estudios bíblicos entre hombres y mujeres de la fe judía es la alegórica (conocida en hebreo como *remez*). Esta metodología intenta descubrir, identificar y analizar los paralelos entre los textos y las enseñanzas escriturales y algunos conceptos abstractos. Esta manera de comprender la Biblia descubre valores ulteriores y verdades alternas en los personajes y los eventos que se ponen de relieve en las narraciones bíblicas.
- Finalmente, la cuarta manera de leer y comprender las Escrituras entre las comunidades judía a través de la historia es la mística (que en hebreo se identifica como *sod*). Esta forma de estudio bíblico intenta descubrir en los pasajes bíblicos algún tipo de código que le permite penetrar en la sabiduría profunda que se encuentran escondidas en las Sagradas Escrituras, además de relacionarse íntimamente con Dios. Entre las tradiciones místicas judías se encuentra la *Kabala*, que utiliza una serie compleja de símbolos para así comprender adecuadamente las palabras y hasta las letras de cada pasaje bíblico.

Este libro, puede ser utilizado sin mucha dificultad en universidades, seminarios teológicos y pastorales, e institutos bíblicos; también puede ser de gran utilidad y formar parte de las bibliotecas personales de predicadores y predicadoras; además, esta obra puede ayudar a personas involucradas en los diversos programas educativos de las congregaciones, a aumentar su comprensión de los grandes temas teológicos, históricos y espirituales que se exponen en el Antiguo Testamento. Inclusive, personas nuevas en la fe encontrarán en estas páginas información variada que les permitirá crecer y desarrollar positivamente su vida cristiana.

5. Agradecimientos

Escribir un libro en torno a la Biblia es un trabajo complejo, arduo, desafiante, intenso y extenso que requiere de una gran infraestructura bibliográfica y necesita el personal de apoyo adecuado para llegar a la culminación del proyecto. ¡Este libro no es la excepción!

Por esa razón, debo separar este espacio para agradecer sinceramente las contribuciones destacadas de las siguientes personas que incentivaron, con sus comentarios y sugerencias, la culminación de esta obra:

- A Global Ministries, y al doctor Peter Makari, que me permitieron vivir en Israel y Palestina durante el importante tiempo de investigación y redacción del libro.
- Al doctor Mitri Raheb, amigo y colega, administrador y visionario, pastor y profeta en la famosa Aldehuela de Belén, que me desafió a escribir esta obra.
- Al Instituto Teológico y Ecuménico de Tantur, en Jerusalén, que me permitió utilizar sus buenas instalaciones físicas y su magnífica biblioteca para hacer las investigaciones necesarias en torno a los temas expuestos.
- A mi esposa, Nohemí, que revisa, descifra, critica, analiza y edita mis manuscritos, con paciencia, profesionalidad y amor.
- Y a todos mis maestros y maestras, desde la escuela dominical hasta la escuela rabínica, de quienes he aprendido a amar las enseñanzas bíblicas y a tratar de ponerlas por obra.

Antes de finalizar este preámbulo, junto a todos los lectores y las lectoras de este libro, deseo implorar la bendición y la sabiduría del salmista, cuando hablaba de la persona bienaventurada, grata, alegre o dichosa en la vida.

Mi objetivo académico y profesional, teológico y pedagógico, personal y pastoral es que podamos incorporarnos, junto al poeta bíblico, al mundo de la gente feliz y liberada, que, de acuerdo con el Salmo...

Será como árbol plantado junto a corrientes de agua
que da su fruto en su tiempo
y su hoja no cae,
y todo lo que hace prosperará (Sal 1.3).

Samuel Pagán
Semana Santa 2011
Jerusalén

I

ASUNTOS PRELIMINARES

Cuando Jehová Dios hizo la tierra y los cielos,
aún no había ninguna planta del campo sobre la tierra
ni había nacido ninguna hierba del campo,
porque Jehová Dios todavía no había hecho llover sobre la tierra
ni había hombre para que labrara la tierra,
sino que subía de la tierra un vapor
que regaba toda la faz de la tierra.
Entonces Jehová Dios formó al hombre del polvo de la tierra,
sopló en su nariz aliento de vida
y fue el hombre un ser viviente.
Génesis 2.4b-7

1

INTRODUCCIÓN

Cantad a Jehová,
porque se ha cubierto de gloria;
ha echado en el mar
al caballo y al jinete.
Éxodo 15.21

1. Los comienzos

Todo comenzó con la visión de un grupo de tribus nómadas en las tierras de Egipto que entendieron haber recibido en una especial revelación divina: Salir de la opresión que sufrían en Egipto, y liberarse del cautiverio que vivían en la sociedad liderada por el faraón. Esa salida extraordinaria, de acuerdo con los relato del libro del Éxodo, se constituyó en el núcleo básico que con el tiempo llegó a convertirse en el Antiguo Testamento, para los creyentes cristianos e iglesias, y en la Biblia hebrea, para los judíos en sus sinagogas. El recuerdo de un acto significativo de liberación nacional se convirtió en el fundamento de una extraordinaria obra literaria, que es, el día de hoy, respetada y apreciada igualmente por creyentes y no creyentes.

En efecto, la Biblia hebrea es el testimonio elocuente de un pueblo que descubre su identidad y su razón de ser en lo que ellos entienden como actos divinos de liberación, que les apoyan en su deseo de salir de la opresión y llegar a las nuevas tierras promisorias de Canaán, y asentarse y vivir como el resto de las naciones en el Oriente Medio antiguo.

Ese recuento significativo se presenta en diversos géneros literarios para llegar de ese modo a los diferentes sectores del pueblo, y también responder a las necesidades variadas de la sociedad. Los actos divinos de la liberación del pueblo de Israel se articulan en himnos, narraciones, cuentos, leyendas, proverbios, parábolas, leyes, oráculos... Del estudio sobrio de estas piezas literarias se desprende un gran conocimiento de la vida del pueblo hebreo y judío, en sus diversos períodos históricos.

La gran mayoría de los lectores del AT lo hace por razones religiosas. La Biblia hebrea es un documento sagrado en las sinagogas y en las iglesias, y altamente respetada en las mezquitas. Esta particular motivación se revela inclusive en las formas de disponer el libro, que lo presentan e imprimen como una obra eminentemente religiosa: escrito en dos columnas, encuadernado en negro y, en ocasiones, con bordes dorados. El presupuesto implícito, espiritual y religioso básico, detrás de este acercamiento, es que en esta singular obra literaria se encuentran enseñanzas que no se descubren en otro tipo de literatura.

El valor religioso de la Biblia hebrea, sin embargo, no agota las posibilidades ni el apetito de los lectores contemporáneos. Hay quienes llegan a sus páginas para disfrutar una pieza literaria que está a la par con otras obras clásicas del mundo antiguo; por ejemplo, las tragedias griegas, o las grandes contribuciones literarias de Shakespeare o Cervantes.

Inclusive, hay quienes se acercan a su mensaje desafiados por sus importantes contribuciones a la civilización occidental. Ciertamente no son pocos los literatos contemporáneos que toman de la Biblia ideas, conceptos, mensajes, personajes, valores y enseñanzas, y las ponen en diálogo con la sociedad actual. Es común, por ejemplo, que la gente de diferentes estratos sociales y niveles académicos, en sus diálogos más íntimos, se refiera a las luchas desiguales como los nuevos encuentros «de David y Goliat», y que describan los gestos de misericordia hacia la gente en desgracia, como las acciones solidarias de los «buenos samaritanos» modernos.

2. Valores espirituales y teológicos en la Biblia hebrea

El fundamento básico del gran mensaje de la Biblia es el reconocimiento claro y certero de que en su origen mismo se encuentra una experiencia religiosa extraordinaria, significativa y sobre todo transformadora. Esta gran afirmación teológica se pone en evidencia clara al leer en las páginas del AT: Dios se reveló al pueblo de Israel en medio de las vivencias humanas, como Dios Único, Creador de los cielos y la tierra, y Señor del universo y la historia. Estas profundas convicciones teológicas subrayan la naturaleza profundamente espiritual de las Sagradas Escrituras.

Entre la Biblia hebrea y la cristiana la diferencia fundamental es el NT, que proclama la vida y las acciones de Jesús de Nazaret, e incluye, además, el testimonio de fe de varios líderes de las primeras iglesias. El Antiguo Testamento o la Biblia hebrea contiene la esperanza de la llegada del Mesías; y el Nuevo Testamento presenta la convicción que ese Mesías esperado ya vino, y se trata de Jesús, el hijo de María de Nazaret, y de José de Belén, también conocido como el Cristo de Dios, que es la forma griega de indicar que aquel predicador galileo era el muy esperado ungido del Señor.

De importancia capital en la teología de la Biblia hebrea es el tema del pacto o la alianza de Dios con el pueblo de Israel. Esta relación, de acuerdo con el testimonio escritural, no se fundamenta en las virtudes del pueblo ni se basa en alguna acción positiva por parte de Israel. Por el contrario, de forma libre y espontánea, el Dios que crea y libera se compromete solemnemente a ser Señor y Redentor del pueblo, y reclama el cumplimiento de una serie de leyes y estipulaciones que revelan su verdadera naturaleza divina, relacionada específicamente con los conceptos de santidad y justicia.

Esta singular afirmación teológica de la alianza o pacto de Dios con el pueblo de Israel, se repetía con insistencia y regularidad en los eventos cúlticos y en las fiestas solemnes nacionales. Además, los profetas bíblicos se encargaban de recordarle al pueblo ese importante compromiso divino-humano, cuando la comunidad se olvidaba de vivir a la altura de los reclamos éticos y morales de la fidelidad y lealtad que se debía a Dios.

La afirmación continua de esa relación particular de pacto o alianza entre Dios e Israel, en efecto, se encuentra de forma reiterada en los mensajes de los profetas, en las enseñanzas de los sabios, en los poemas más hermosos y significativos de los salmos y en las memorias históricas del pueblo. Los primeros se dedicaban a recordarle al pueblo la naturaleza de la alianza y las implicaciones morales y espirituales del compromiso; y los otros se encargaban sistemáticamente de transmitir, de generación en generación, las virtudes del pacto así como también se dedicaban a actualizar las repercusiones e implicaciones de la alianza en toda la vida del pueblo. La memoria nacional de Israel, que aludía a sus orígenes y llamado, era fortalecida de forma continua en las instituciones nacionales.

Este particular sentido de llamado y elección debe ser entendido con propiedad teológica, responsabilidad histórica y discernimiento moral. El propósito de esa singular relación divino-humana no muestra actitudes de discrimen y rechazo hacia otras naciones y comunidades, tanto antiguas como modernas. El pueblo de Israel fue seleccionado y elegido para llevar el mensaje del Dios único y verdadero al resto de las naciones por su condición de esclavo, por su estado precario de salud social y política, por su fragilidad nacional. De esta forma se convierte en el canal de bendición para el resto de la humanidad. La elección es la respuesta divina a la opresión y al discrimen que vivía el pueblo en Egipto, no es un signo de discrimen étnico.

No es la finalidad teológica de estas narraciones, que se fundamentan en convicciones religiosas profundas y firmes, brindar al pueblo de Israel algún tipo de licencia divina para discriminar con alguna justificación religiosa, en respuesta a sus cautiverios previos y penurias antiguas. Por el contrario, el pueblo de Israel es llamado por Dios para ser agente de liberación y esperanza para la comunidad internacional, pues ellos ya experimentaron, según el testimonio escritural, la acción liberadora de Dios.

No fue elegido Israel por alguna virtud étnica, de acuerdo con las narraciones bíblicas, sino porque estaban cautivos en Egipto, porque sufrían las penurias de la opresión, porque vivían la angustia de la persecución por parte de las autoridades políticas de Egipto. El fundamento primordial para la selección divina fue la fragilidad humana y nacional, no el descubrimiento de características especiales del pueblo. El Dios eterno y liberador respondió al clamor de un pueblo en necesidad, y esa respuesta al reclamo humano fue el contexto básico para la selección del pueblo de Israel.

Por estas razones teológicas, nunca debe utilizarse la experiencia de fe de individuos o comunidades para justificar la opresión y el cautiverio, o para manifestar actitudes de prepotencia política y arrogancia religiosa, espiritual, cultural o nacional hacia otros individuos, comunidades, sectores o grupos étnicos. El pacto o alianza de Dios con Israel es una manifestación concreta de la gracia divina, que desea llegar a toda la humanidad a través de una comunidad histórica definida.

Entre las ideas sobre Dios que se revelan en el AT, se incluyen las siguientes, tomando en cuenta que no pretenden agotar el tema.

a) Creador

Dios es creador. Desde las líneas iniciales de la Biblia hasta sus ideas finales, ya sea en la Biblia hebrea o el NT se manifiesta una vertiente muy fuerte y definida que afirma que el mundo, de la forma que está organizado, no es el resultado de la casualidad histórica ni del azar cósmico, sino producto de la acción divina inteligente, organizada y programada. Esa importante declaración teológica, se revela con claridad meridiana tanto en las antiguas narraciones épicas de la Biblia (Gn 2.7, 21-22), como en la poesía (Sal 139.7-8, 13, 15-16), y también en los mensajes proféticos (Is 40.12-31; 45.8-13).

En efecto, el Dios bíblico es el Señor que crea el cosmos, la naturaleza, la flora y la fauna, y como culminación de esos procesos de creatividad extraordinaria, crea a los seres humanos a su imagen y semejanza. De acuerdo con el testimonio del libro de Génesis, que también se manifiesta en el resto de la literatura bíblica, el proceso dinámico de creación, que es una forma de establecer orden y separar espacios definidos en el mundo, se lleva a efecto mediante la palabra divina: Dios ordena, y la naturaleza responde.

De singular importancia en la teología del canon bíblico, es que el mensaje escritural comienza en Génesis con la creación de «los cielos y la tierra» (Gn 1.1-3), y finaliza en el libro de Apocalipsis, con la creación de «los cielos nuevos y la tierra nueva» (Ap 21-22). En efecto, el gran paréntesis teológico que cubre toda la teología bíblica y las narraciones escriturales, es la creación divina.

b) Santificador

Dios es santificador. Este tema es de fundamental importancia en la teología bíblica, especialmente en las comunidades sacerdotales y los círculos cúlticos y litúrgicos (Lv 17-25). La santidad divina, que es un atributo insustituible del Dios de Israel, es un concepto que pone de manifiesto la creatividad e imaginación de los teólogos en las Escrituras. Para profetas como Isaías, el tema cobró importancia capital, pues destacaba las cualidades de Dios en contraposición a las divinidades extranjeras (Is 45.20-25) representadas por los imperios internacionales que amenazaban la estabilidad social y económica, independencia política y militar, así como la salud mental y espiritual del pueblo.

Una afirmación teológica adicional merece especial atención en el análisis de este importante concepto bíblico. De acuerdo con las leyes sacerdotales, Dios mismo demanda y reclama la santidad de su pueblo, para que se manifieste con claridad la continuidad ética divina-humana. Con la solemne declaración «santos seréis, porque santo yo soy» (Lv 19.2), se pone claramente de manifiesto el corazón de este concepto. En el contexto de las leyes que regulan los comportamientos humanos, y que también manifiestan las preocupaciones éticas y morales de la Torá, se destaca y subraya el imperativo categórico de vivir a la altura de las leyes y los preceptos de Dios. De acuerdo con las enseñanzas del Pentateuco, la santidad no es un tema secundario, bueno para la especulación filosófica; por el contrario, es un valor indispensable y necesario para el gobierno y la administración de los procesos decisivos de la vida.

c) Liberador

Las lecturas bíblicas sistemáticas descubren sin mucha dificultad que la liberación es un tema de gran importancia histórica y teológica en las Sagradas Escrituras. Las diversas formas de liberación que se incluyen, tanto en el AT como en el NT son, en efecto, expresiones concretas del poder divino y de la misericordia del Señor. Estas manifestaciones de la autoridad y las virtudes de Dios, permiten a individuos y naciones romper con las dinámicas que les cautivan y les impiden desarrollar el potencial que tienen. Según la revelación en las Escrituras, el Dios bíblico es esencialmente libertador.

El libro de Éxodo es el relato fundamental, de acuerdo con los escritores y redactores del Pentateuco, de la gesta inicial y fundamental de liberación del pueblo de Israel del cautiverio ejercido sobre ellos por el faraón de Egipto. Esta característica divina rechaza, de forma categórica, abierta y firme, los cautiverios y las acciones que atentan contra la libertad humana. La salida de Egipto, aunque representó el evento fundamental para la constitución del pueblo de Israel, era también una enseñanza continua. Dios no creó a las personas ni a los pueblos para que vivieran cautivos, sojuzgados, perseguidos, derrotados, angustiados, disminuidos y destruidos, los creó para que disfrutaran la libertad con la que fueron creados.

d) Justo

Relacionado con el importante tema de la liberación, se pone en evidencia clara en las páginas de la Biblia la afirmación teológica de que Dios es justo. Esa declaración y comprensión teológica, es una forma efectiva de traducir las virtudes eternas y extraordinarias de Dios en categorías humanas concretas, asimilables, entendibles y compartibles.

La justicia divina es un tema que no debe reducirse a los diálogos teológicos del pueblo y sus líderes, sino que demanda su aplicación concreta y efectiva en medio de las realidades cotidianas de la existencia humana, así como entre las acciones y negociaciones nacionales e internacionales. La gran crítica de los profetas a los líderes del pueblo era que, aunque participaban de algunas experiencias cúlticas y religiosas significativas en el Templo, no ponían en práctica las implicaciones concretas de las enseñanzas religiosas.

Para los profetas de Israel, la implantación de la justicia era el criterio fundamental e indispensable para evaluar las acciones de las personas, particularmente las decisiones de los reyes.

e) Mesías

Otro gran tema recurrente del AT, que tiene fundamental importancia e interés en la lectura cristiana de la Biblia, es la teología del Mesías. Esta teología se manifiesta de forma gradual, continua, creciente y firme en la Biblia hebrea, pero cobra dimensión nueva en el período intertestamentario, y se fortalece en varias secciones proféticas y apocalípticas del AT. Los profetas hablan con autoridad, expectativa y esperanza de la era mesiánica.

La esperanza mesiánica adquiere notoriedad y protagonismo en el NT, pues los primeros cristianos identificaron la promesa del advenimiento del Mesías con la aparición de la figura histórica de Jesús de Nazaret. Las grandes esperanzas veterotestamentarias, de acuerdo con el mensaje de las iglesias primitivas y las enseñanzas de los primeros apóstoles, se hizo realidad en la vida y en las acciones sanadoras, pedagógicas y homiléticas del famoso predicador galileo.

f) Paz

Dios es paz. En el contexto de estas enseñanzas teológicas, el AT presenta un mensaje capaz de llevar salud mental y espiritual a quienes lo leen, estudian y aplican. El importante concepto bíblico de *shalom*, que en castellano se ha traducido generalmente como «paz», tiene una acepción más amplia y profunda en el idioma hebreo. Este *shalom* no se relaciona únicamente con la eliminación de las dificultades, ni tampoco con los deseos de superar los conflictos con sentido de inmediatez, sin tomar en consideración las implicaciones futuras de las decisiones. La «paz» bíblica se relaciona inminentemente con las ideas de bienestar, salud, prosperidad, abundancia, gozo, felicidad. Es un valor que incluye los conceptos de sentirse completo, bendecido, feliz, dichoso, bienaventurado. La experiencia religiosa que incentiva y promueve este tipo de paz, contribuye de forma sustancial y significativa a la salud emocional, social y espiritual de sus adeptos.

La paz en la Biblia es el resultado de la implantación concreta y específica de la justicia. No es un estado emocional que evade sus realidades ni respeta las adversidades de la vida. Por el contrario, es una actitud de seguridad y afirmación que le permite a la gente enfrentar los mayores desafíos de la existencia humana con sentido de seguridad, optimismo, realidad y esperanza.

3. Nombres de la Biblia

Las formas de identificar y referirse a la Biblia hebrea son varias, y pueden distinguirse tanto por su origen como por su antigüedad. La expresión «Sagrada Escritura» es de origen bíblico, y se remonta a las formas que la versión de los LXX se refería a los libros sagrados (p.ej., 1 Cr 15.15; 2 Cr 30.5; Esd 6.18). Posteriormente, los escritores del NT adoptaron y adaptaron esa terminología en el desarrollo de su literatura. Entre las formas que utilizaron, se encuentran las siguientes: «Escrituras» (Mt 21.42; 22.29; 26.54; Mc 12.10, 24, 42,49; Lc 24.27, 32, 45 Jn 2.22; Rm 11.2; Gl 3.8); «Escrituras Santas» (Rm 1.2); «Escrituras Sagradas» (2 Tm 3.15); y «Escritura divinamente inspirada» (2 Tm 3.16).

La palabra «Biblia» proviene directamente del idioma griego *biblía*, que es el plural neutro del singular *biblíon*, que significa esencialmente «libro», pero en diminutivo. Del griego pasó al latín, *biblia o bibliorum*, donde se transformó en singular femenino, y se utilizó para designar un conjunto de libros sagrados, de procedencia tanto judía como cristiana. De esta forma se singularizó la expresión, y «Biblia» se refiere, en castellano, no solo al grupo de obras religiosas antiguas independientes, sino al conjunto de ellas, para afirmar de esa forma la unidad de la colección. El termino «libro», en el peculiar sentido de «biblia», que enfatiza la singularidad, se encuentra tanto en Daniel (Dn 9.2) como en el segundo libro de los Macabeos (2 M 8.23). Fue el patriarca de Constantinopla, San Juan Crisóstomo, quien utilizó la palabra Biblia, como nombre propio, por primera vez para referirse a las Sagradas Escrituras.

Las referencias al AT y al NT tienen también un fundamento bíblico. La expresión «testamento» corresponde al término griego (*diatheke*), que la Septuaginta (LXX) utiliza para traducir el hebreo «alianza» o «pacto» (*berit*). De esta forma, la palabra se utilizó, primeramente, para significar el pacto de Dios con el pueblo de Israel y, posteriormente, para aludir a la nueva alianza de Cristo con su iglesia. Así, la antigua alianza y el nuevo pacto con el tiempo vinieron a identificar las Escrituras hebreas y cristianas.

En la actualidad, sin embargo, algunos estudiosos de las Escrituras evitan la referencia al Antiguo y Nuevo, pues pudiera presuponer algún tipo de juicio valorativo, en el cual lo nuevo es mejor y sustituye lo antiguo. Aunque esa no fue la intensión de los escritores bíblicos, ni tampoco el propósito de las iglesias al utilizar estas designaciones, los creyentes contemporáneos deben ser sensibles a esa situación lingüística, que tiene serias implicaciones teológicas.

Para cambiar esa sensación, se ha propuesto utilizar las expresiones «Primer y Segundo Testamento». Esas designaciones, sin embargo, no están exentas de críticas, pues no revelan la gran tradición histórica que han vivido estos importantes documentos religiosos.

Otras designaciones antiguas de los libros bíblicos incluyen las siguientes: *«instrumentum»* (Tertuliano), que destaca el uso de las Escrituras como instrumento o documento de fe y autoridad; «Sagradas Letras» (San Agustín); y *«testimonium divinum»* (San Jerónimo).

Las formas de identificar los diversos libros del AT se relacionan con las dos tradiciones mayores que los transmitieron en la antigüedad. En la Biblia hebrea se conocen los libros según la primera palabra del escrito; por ejemplo: *Bereshit*, «en el principio», constituye la primera expresión del libro. De acuerdo con la tradición griega de la LXX, sin embargo, los libros se identifican de acuerdo con el tema y contenido que destacan. De esa forma, el primer libro de la Biblia es el Génesis, porque contiene la información de los comienzos del mundo y la historia.

Desde la perspectiva judía, la Biblia hebrea se conoce como Tanak, que es un acrónimo que une las primeras letras de las palabras **T**orá (o los libros de Moisés, el Pentateuco), **N**ebiim (o los libros proféticos, anteriores y posteriores), y los **K**etuvim (o Escritos, que incluye el resto del AT; es decir, la literatura poética, cronista, sapiencial y apocalíptica).

Las diferencias entre la Biblia hebrea y el AT no son muchas, pero significativas e importantes; por ejemplo, el orden diferente de los libros (el AT finaliza con una profecía en torno al Mesías que viene, y la Biblia hebrea culmina con una referencia al fin del exilio babilónico), y el número de libros que incluyen (las ediciones que se basan en la Septuaginta y la Vulgata incluyen los libros apócrifos o deuterocanónicos, que posiblemente son de origen griego, y son obras que no aparecen en las Biblias hebreas).

4. Canon de las Escrituras

Un detalle importante al estudiar la literatura judía antigua es descubrir que la Biblia no incluye todos los libros que se produjeron en esas épocas.

Inclusive, la misma Biblia alude a obras que ya no poseemos, como el libro del Justo (Jos 10.13; 1 S 1.18), que debe haber sido una colección antigua de poemas ya desaparecidos. El canon actual de la Biblia no tiene todos los libros de la comunidad hebrea de la antigüedad, sino que revela un proceso crítico de evaluación y aceptación.

La palabra «canon», que se utiliza para identificar la lista de libros que se aceptan como inspirados por Dios y aceptados con autoridad por las iglesias y los creyentes, se deriva del término griego que describe una regla o caña para medir o, inclusive, alude a un modelo. La expresión, en su traducción al castellano y significación religiosa, se relaciona con los libros que han sido aceptados como genuinos y autoritativos, tanto en las iglesias como en las sinagogas. De esta forma, la palabra «canon» describe adecuadamente los libros que integran y forman parte de las Biblias, tanto judías como cristianas.

Sin embargo, las comunidades judías difieren de las cristianas en torno al grupo de libros que aceptan como fundamento de su fe y sus prácticas religiosas, además del orden en que se encuentran. Junto al AT o la Biblia hebrea, las iglesias han incorporado y aceptado el NT (que contiene los mismos libros en todas las confesiones), con sus veintisiete libros, que incluyen una nueva perspectiva de la vida y la experiencia religiosa, fundamentada en las enseñanzas y los mensajes expuestos por Jesús de Nazaret y sus seguidores.

Inclusive, diversas confesiones cristianas difieren en torno al número de libros que constituyen el AT. Por ejemplo, las iglesias que fundamentan sus versiones de la Biblia en la tradición de la Septuaginta (LXX) y la Vulgata (Vg) (p.ej., la Católica y las Ortodoxas) incluyen una serie de libros que no aparecen en las ediciones judías o protestantes de las Escrituras, los llamados «Deuterocanónicos», entre los católicos, o «Apócrifos», entre los protestantes o evangélicos.

A continuación se incluyen las listas de los libros de acuerdo con los cánones judío y cristiano de la Biblia. Mientras que el canon judío se fundamenta en libros que se escribieron en hebreo, los libros deuterocanónicos en su edición actual, aparecen en griego. Fundamentadas en ese argumento lingüístico, además de otros análisis teológicos, las iglesias asociadas a la Reforma Protestante no han aceptado estos libros apócrifos como parte de sus Biblias. Esas ediciones protestantes o evangélicas de la Biblia siguen la tradición judía al no aceptar esas obras como parte de su canon. La palabra griega «apócrifo», relacionada con esos libros, significa «ocultos». La implicación, en círculos protestantes, es que no tienen el mismo peso de revelación ni la autoridad doctrinal que el resto del canon.

Cuando se editan Biblias para comunidades protestantes con los libros deuterocanónicos, se agrupan en una sección entre los testamentos bajo el título «Apócrifos».

El canon judío: Biblia hebrea

Torá:
1. Génesis
2. Éxodo
3. Levítico
4. Números
5. Deuteronomio

Profetas:

6. Josué
7. Jueces
8. Samuel
9. Reyes
10. Isaíqas
11. Jeremías
12. Ezequiel
13. Los Doce:
    - Oseas
    - Joel
    - Amós
    - Abdías
    - Jonás
    - Miqueas
    - Habacuc
    - Nahúm
    - Sofonías
    - Hageo
    - Zacarías
    - Malaquías

Escritos:

14. Salmos
15. Job
16. Proverbios
17. Rut
18. Cantar de los Cantares
19. Eclesiastés
20. Lamentaciones
21. Ester
22. Daniel
23. Esdras-Nehemías
24. Crónicas

Total: 24 libros

El canon protestante o evangélico

1. Génesis
2. Éxodo
3. Levítico
4. Números
5. Deuteronomio

6. Josué
7. Jueces
8. Rut
9. 1 Samuel
10. 2 Samuel
11. 1 Reyes
12. 2 Reyes
13. 1 Crónicas
14. 2 Crónicas
15. Esdras
16. Nehemías
17. Ester

18. Job
19. Salmos
20. Proverbios
21. Eclesiastés
22. Cantar de los cantares

23. Isaías
24. Jeremías
25. Lamentaciones
26. Ezequiel
27. Daniel
28. Oseas
29. Joel
30. Amós
31. Adbías
32. Jonás
33. Miqueas
34. Nahúm
35. Habacuc
36. Sofonías
37. Hageo
38. Zacarías
39. Malaquías

Total: 39 libros

Canon griego de la Septuaginta o los LXX

Pentateuco:
1. Génesis
2. Éxodo
3. Levítico
4. Números
5. Deuteronomio

Libros históricos:
6. Josué
7. Jueces
8. Rut
9. 1 Reyes (=1 Samuel)
10. 2 Reyes (=2 Samuel)
11. 3 Reyes (=1 Reyes)
12. 4 Reyes (=2 Reyes)
13. 1 Paralipómenos (=1 Crónicas)
14. 2 Paralipómenos (=2 Crónicas)
15. 1 Esdras (3 Esdras)**
16. 2 Esdras (=Esdras-Nehemías)
17. Ester griego*
18. Judit*
19. Tobías*
20. 1 Macabeos*
21. 2 Macabeos*
22. 3 Macabeos**
23. 4 Macabeos**

Libros poéticos y proféticos:
24. Salmos
25. Odas de Salomón**
26. Proverbios
27. Eclesiastés (o Qohelet)
28. Cantar de los cantares
29. Job
30. Sabiduría*
31. Sirácide (Eclesiástico)*
32. Salmos de Salomón**

33-44. Doce profetas menores

45. Isaías
46. Jeremías
47. Baruc*
48. Lamentaciones
49. Carta de Jeremías
50. Ezequiel
51. Susana*
52. Daniel griego*
53. Bel y el dragón*

*Libros deuterocanónicos
**Libros apócrifos

Total: 53 libros

Canon latino de la Vulgata

Pentateuco:
1. Génesis
2. Éxodo
3. Levítico
4. Números
5. Deuteronomio

Libros históricos:
6. Josué
7. Jueces
8. Rut
9. 1 Samuel
10. 2 Samuel
11. 1 Reyes
12. 2 Reyes
13. 1 Crónicas
14. 2 Crónicas
15. Esdras
16. Nehemías
17. Tobías*
18. Judit*
19. Ester griego*

Libros poéticos y sapienciales
20. Job
21. Salmos
22. Proverbios
23. Eclesiastés (o Qohelet)
24. Cantar de los cantares
25. Sabiduría*
26. Eclesiástico (Sirácide)*

Libros proféticos:
27. Isaías
28. Jeremías
29. Lamentaciones
30. Baruc*
31. Ezequiel
32. Daniel griego*

33-44. Doce profetas menores

Últimos libros históricos
45. 1 Macabeos*
46. 2 Macabeos*

*Libros deuterocanónicos

Total: 46 libros

Libros deuterocanónicos o apócrifos
1. Tobit
2. Judit
3. Sabiduría de Salomón
4. Eclesiástico
5. Baruc
6. Susana (Daniel 13)
7. Bel y el dragón (Daniel 14)
8. 1 Macabeos
9. 2 Macabeos
Total: 9 libros

Otras iglesias, por ejemplo, como las ortodoxas y las etíopes, contienen en sus cánones del AT otros libros que no se incluyen entre los deuterocanónicos católicos, aunque sí aparecen entre los apócrifos protestantes: p.ej., 1 Esdras y la Oración de Manasés.

El proceso de canonización de la Biblia hebrea, que sirvió de base para las Escrituras cristianas, tomó mucho tiempo. La primera sección en ser reconocida con autoridad por la comunidad fue la Ley o Pentateuco, la primera sección de las Escrituras. El resto de los libros de la Biblia hebrea, de alguna forma directa o indirecta, aluden a la revelación divina que se ponen en evidencia en la Torá. Ya a finales de la época monárquica en Israel, se reconoció el valor y la autoridad de, por lo menos, algunas secciones de la Ley, pues fue base para algunas reformas religiosas y sociales de gran importancia en Jerusalén.

Posteriormente, la sección de los Profetas fue reconocida como parte de los documentos inspirados, en el período postexílico, al igual que la llamada historia deuteronomista. Esa sección histórica incluye desde el libro del Deuteronomio al segundo libro de los Reyes. La sección de los Escritos fue la que más se tardó en ser reconocida como canónica, pues incorpora literatura postexílica que estaba en proceso de redacción. Ya para el siglo 2 a.C., las tres secciones mayores de la Biblia hebrea se habían reconocido con alguna autoridad, de acuerdo con el prólogo al libro de Eclesiástico. Las iglesias cristianas siguieron esa tradición, pues esa fue la única Biblia que leyó y estudio Jesús de Nazaret, y que recibieron y analizaron los primeros apóstoles y las iglesias primitivas.

La Biblia hebrea que utilizaron los cristianos de habla griega fue mayormente la versión de la Septuaginta (LXX). Esta Biblia, que era la traducción al griego de los textos hebreos, provino de Alejandría, donde los judíos helenistas tenían un canon más extenso que sus correligionarios de Palestina. La LXX incluye los llamados libros Deuterocanónicos, la disposición de los manuscritos que tenemos a disposición representa una estructuración con un fundamento teológico claro y bien definido: la historia de Israel llega a su culminación con el advenimiento del Mesías, el Cristo, que para las iglesias primitivas era Jesús de Nazaret. La LXX finaliza con la promesa divina en el libro del profeta Malaquías (Mal 4.5-6); el Señor enviaría un nuevo Elías, que posteriormente en el NT se relaciona directamente con Juan el Bautista (Mt 1.1-3.17).

5. Géneros literarios de la Biblia hebrea

El mensaje histórico, teológico y religioso de la Biblia se articula en términos humanos, mediante una serie de géneros literarios que facilitan la comprensión y propician el aprecio de la revelación divina. Para los creyentes, tanto judíos como cristianos, esta revelación bíblica tiene muchas virtudes espirituales que se manifiestan con vigor en medio de la belleza literaria y estética que se encuentra en sus escritos.

Los escritos bíblicos se pueden catalogar, en una primera evaluación, en dos grandes géneros literarios: narración y poesía. Sin embargo, un análisis más riguroso, minucioso, detallado y sobrio de esta literatura, descubre que entre esos dos géneros mayores se encuentra una serie compleja y extensa de formas de comunicación que no solo añaden belleza a los escritos, sino que facilitan los procesos de memorización y disfrute de la revelación divina.

La lectura de las Escrituras, desde la perspectiva del análisis literario, descubre los siguientes géneros, entre otros:

- Relatos históricos. Pretenden transmitir las experiencias de vida de algunos personajes importantes de la historia de Israel (p.ej., Ge 11.27-25.7). Este tipo de narración alude al pueblo de Israel, presenta a sus personajes más importantes y significativos, y alude a las naciones vecinas y sus gobernantes.
- Narraciones épicas. Revelan las gestas nacionales que le brindan al pueblo de Israel sentido de identidad, cohesión y pertenencia, como la liberación de Egipto, el peregrinar por el desierto Sinaí, o la conquista de las tierras de Canaán (p.ej., Ex 1-15).
- Leyes y documentos legales. Ponen de manifiesto las regulaciones religiosas y las normas éticas y morales que debía seguir el pueblo

si deseaba mantener una relación adecuada de pacto con Dios. Estas leyes también revelan la naturaleza divina, que se describe con términos significativos y valores fundamentales, tales como santidad, justicia, fidelidad y rectitud (p.ej., Ex 19.1-24; Lv 17.1-25.55).

- Genealogías. Son piezas literarias de gran importancia y significado para el mundo antiguo, pues intentaban afirmar el sentido de pertenencia y pertinencia de una persona o una comunidad. Estas formas literarias tienen un gran valor teológico en la Biblia hebrea, pues relacionan al pueblo de Israel con la creación del mundo y el origen de la humanidad (p.ej., Gn 5.1-32; 10.1-32; 11.10-31).
- Poemas de orígenes. Son piezas literarias de naturaleza religiosa que presentan el inicio de la historia de la humanidad y la creación del mundo desde una perspectiva teológica y espiritual (p.ej., Gn 1.11-3.24). La finalidad no es hacer una descripción científica del comienzo de la vida y la existencia humana, sino afirmar que fue Dios y solo Dios el responsable de la existencia de la naturaleza y de todo lo creado.
- Poemas cúlticos. Eran piezas literarias que se utilizaban como parte de la liturgia en el Templo y también en las expresiones religiosas individuales de la comunidad judía. Entre ese tipo de poemas y literatura poética se encuentra el material que se incluye abundantemente en los libros de los Salmos, Lamentaciones y Proverbios.
- Poemas proféticos. Se incluyen en muchos de los mensajes de los grandes profetas de Israel. Estos paladines de la justicia articulaban sus oráculos y comunicaciones en formas poéticas, quizá para facilitar la comunicación y la memorización, y también para incentivar las respuestas positivas al mensaje (p.ej., Is 1.10-18; 43.1-7).
- Literatura sapiencial. Podía ser poética o narrativa, que tomaba la sabiduría popular y las reflexiones del pueblo, y las presentaba en formas pedagógicas para afirmar los valores morales en individuos, desarrollar comportamientos éticos en la comunidad y destacar algunos principios teológicos que pusieran de relieve el compromiso del pueblo en relación a la revelación divina manifestada en el pacto. Este tipo de literatura se encuentra en los libros de Proverbios, Eclesiastés y Job.

6. Capítulos y versículos

La disposición moderna de la Biblia, en capítulos y versículos, no proviene de tiempos muy antiguos. Originalmente, las Sagradas Escrituras se presentaban en manuscritos de papiro o cuero que se organizaban por libros, secciones o temas. El sistema de capítulos se introdujo en el siglo 13 por el Obispo de Cantuaria, Stephen Largon. En la ciudad de París (en el año 1231) fue que apareció por primera vez una Biblia dividida en capítulos.

La incorporación de los versículos posteriormente se llevó a efecto en Ginebra (en el año 1551). Fue el exiliado tipógrafo protestante francés, Robert Estiénne, quien los introdujo para facilitar la identificación de párrafos y la búsqueda de porciones de importancia.

En el siglo 15, la Biblia fue el primer libro en ser publicado con el sistema de imprenta de Gutemberg. Hasta ese momento, las Escrituras solo eran conocidas, leídas y estudiadas por grupos selectos de religiosos. La gente común solo conocía lo que escuchaba de quienes sabían leer y lo que les explicaba de su mensaje. Los manuscritos en círculos de personas literatas eran objeto de veneración, reconocimiento y aprecio, pero eran desconocidos por la gran mayoría de los creyentes que no sabían leer.

7. Texto hebreo de la Biblia

Hasta los años finales del primer siglo de la iglesia, la Biblia hebrea se transmitía a través de diversas familias y grupos de copistas, quienes se encargaban de transcribir y procesar cuidadosamente los manuscritos recibidos. Al caer Jerusalén en el año 70 d.C., y con el advenimiento del grupo de los fariseos, como los representantes oficiales del judaísmo normativo, surge en la comunidad la necesidad de preservar los textos sagrados con particular esmero y determinación. De esa forma es que surgen los manuscritos que se relacionan con la tradición masorética, que alude al grupo de eruditos judíos que compilaron por el siglo 10 d.C. los manuscritos de la Biblia hebrea.

La alusión a los «masoretas» hace referencia a la «masora», que es el conjunto de notas y aclaraciones en forma de apéndice que se juntaron al texto bíblico para ayudar en el proceso de comprensión del mensaje escritural. Ese grupo excepcional de eruditos judíos, fue el que se encargó de añadir un sistema de vocales a las consonantes con que se transmitió por siglos el texto hebreo. El trabajo de los masoretas fue tan efectivo, que con el tiempo fue remplazando gradualmente otras formas de transmisión de los textos hebreos, hasta el grado que representan los manuscritos más antiguos de la Biblia hebrea, con solo algunas excepciones (p.ej., los documentos descubiertos en Qumrán, en el Mar Muerto; http://dss.collections.imj.org.il/) que provienen del siglo 10 d.C. Referente a la efectividad de esos textos masoréticos, es importante indicar que los manuscritos de Qumrán confirman, en la mayoría de los casos, el buen trabajo de los masoretas judíos.

Gran rollo de Isaías descubierto en Qumrán

Los libros de la Biblia hebrea fueron escritos en hebreo, aunque hay algunas secciones menores que se encuentran en arameo (p.ej., dos palabras en Gn 31.47; Jer 10.11; Dn 2.4-7, 28; Esd 4.8-6.18; 7.12-26), lenguas semíticas que provienen del mismo sector noroccidental del Oriente Medio. Los libros Deuterocanónicos se escribieron tanto en hebreo (p.ej., Sirácide, 1 Macabeos, Baruc, y algunos fragmentos de Ester), como en griego (p.ej., Sabiduría y 2 Macabeos); y además, se conservan algunas copias griegas de posibles previos manuscritos semíticos (p.ej., Tobías, Judit y algunos fragmentos de Daniel).

La escritura del idioma hebreo tuvo tres períodos importantes de desarrollo. El primer período, y el más antiguo, se relaciona con el uso de los caracteres fenicios en la grafía del idioma; posteriormente se utilizó el alfabeto de las consonantes arameas, luego del exilio en Babilonia; para finalmente llegar al sistema de las vocales del siglo 6 al 10 d.C.

Las narraciones bíblicas orales más antiguas, se redactaron primeramente con los caracteres fenicios; posteriormente se transliteraron al hebreo con las consonantes arameas; y al final del proceso redaccional, en el Medioevo, se incorporaron las vocales y los demás signos diacríticos, junto a las observaciones textuales hechas por los eruditos masoretas.

Los materiales que se utilizaban para escribir los textos hebreos eran variados. Por ejemplo, desde piedras razas (Es 24.12; 31.18; 34.1) o cubiertas de cal (Dt. 27.2), hasta tablillas de barro cocido. Desde tablas de plomo, bronce, plata u oro (Jb 19.24; Is 8.1; 1 M 8.22; 14.18, 26), hasta tablas de arcilla (Ez 4.1). Además, se escribía en cuero, papiros y pergaminos. El instrumento de escribir era el estilete de hierro con punta de diamante, o la caña para escribir en materiales más suaves, como los papiros (Jr 17.1; Jb 19.24; 3 Jn 13).

Las Escrituras se preparaban, guardaban y disponían en forma de rollos (cf. p.ej., Jr 36.2; Ez 3.1; Za 5.1; Sal 40.8; Jb 31.35): una larga hoja, o tira de papiro o pergamino, de acuerdo con la extensión del documento, se enrollaba hasta llegar al final, en donde tenía una especie de bastones que mantenían al rollo en su lugar y facilitaban su manejo. Hacia el siglo 2 d.C. se comenzó a utilizar las formas de códices en los pergaminos (que era una especie básica de libro), pero los hebreos mantuvieron el sistema de rollos por siglos, antes de implantar finalmente esa nueva tecnología de escritura y administración de documentos.

Los autores originales quienes inspirados escribieron el mensaje bíblico no guardaron sus documentos iniciales o mensajes básicos. En la actualidad solo poseemos copias de copias de esos primeros manuscritos, llamados autógrafos, que no llagaron hasta nuestros días. Posiblemente desaparecieron no mucho después de su redacción, pues los materiales en los cuales se escribía no eran duraderos, como el papiro que se deterioraba con relativa facilidad.

Las copias más antiguas que tenemos de algunas porciones de la Biblia hebrea provienen del siglo 2 a.C. En primer lugar, poseemos copias del papiro Nash, y también disponemos de los famosos manuscritos descubiertos en las cuevas de Qumrán, muy cerca del Mar Muerto. La preservación de estos importantes manuscritos se debió principalmente a las condiciones climáticas desérticas de los lugares en donde fueron encontrados. El papiro Nash contiene parte del Decálogo (Ex 20; Dt 5.6-26), y la oración Shemá (Dt 6.4-9). Los manuscritos de Qumrán contienen numerosas copias de casi todos los libros de la Biblia hebrea, junto a otras obras de gran importancia para la comunidad esenia que vivía en la región del Mar Muerto.

Papiro Nash

El texto hebreo de mayor autoridad y respeto entre los eruditos el día de hoy es el masorético (TM). Aunque otras familias de manuscritos antiguos, tanto hebreos como griegos, cargan gran peso e importancia en el estudio de la Biblia, el análisis crítico del Texto Masorético (TM) ha revelado que representa una tradición muy antigua, especialmente en referencia a las consonantes de los manuscritos, que fue fijada por un grupo docto, escrupuloso y muy especializado de rabinos por los siglo 1 y 2 d.C. Otra familia importante de manuscritos se relaciona con la versión griega de la LXX, que es muy útil para la comprensión de pasajes complejos o la comprensión y traducción de algunas palabras y expresiones difíciles de entender en el TM.

8. Versiones antiguas de la Biblia hebrea

Las versiones de la Biblia hebrea son las traducciones de esos antiguos manuscritos y textos a los diversos idiomas que hablaba la comunidad judía antigua. Algunas de estas versionas antiguas de la Biblia han jugado un papel protagónico en el desarrollo de las doctrinas de las iglesias y en la diseminación del mensaje cristiano. Ese es el caso de algunas de las traducciones bíblicas al griego y al latín.

a) Versiones griegas

Entre las versiones griegas de la Biblia, se encuentran la Septuaginta, también conocida como de los Setenta o LXX, y las versiones de Aquila, Teodocio y Símaco. La LXX posiblemente constituye el primer intento sistemático de transmitir el mensaje de la Biblia hebrea en otro idioma. La referencia a «los setenta», proviene de una narración en la Carta de Pseudo-Aristeas, que intenta explicar el proceso milagroso de redacción que experimentó esta particular traducción, en el cual las autoridades judías de Jerusalén enviaron a un grupo de 72 traductores (número que se redondeó a 70), seis por cada una de las tribus tradicionales de Israel, que trabajaron por separado pero produjeron documentos idénticos. Este tipo de leyenda pone de manifiesto el gran aprecio a esta versión griega de la Biblia hebrea, que tenía el grupo de judíos que vivía en Alejandría, Egipto.

Por varios siglos, la LXX fue la Biblia que utilizaron las comunidades judías de la diáspora que no dominaban el idioma hebreo. Posteriormente, las iglesias cristianas hicieron de esta versión el texto fundamental para sus usos cúlticos, y también para el desarrollo efectivo de su apologética.

Como la LXX era el texto bíblico usado por los cristianos en sus argumentaciones contra los judíos, con el tiempo, esta importante versión griega se convirtió en una esencialmente cristiana, y las comunidades judías de habla griega comenzaron a utilizar otras versiones. Los judíos, poco a poco, comenzaron a rechazar la versión de los LXX por el uso que le daban los cristianos y por algunas diferencias que presentaba con respecto al texto hebreo. De esta forma paulatina, las versiones de Aquila, Teodocio y Simaco sustituyeron a la LXX, entre los lectores judíos.

De acuerdo con las tradiciones rabínicas, Aquila fue un pagano converso al judaísmo, oriundo de Ponto, que tradujo la Biblia hebrea al griego, con suma fidelidad al TM. En su traducción intentó, inclusive, reproducir en griego palabra por palabra el texto hebreo, incluyendo los modismos del lenguaje. Esas características lingüísticas y teológicas hicieron de esta versión griega la más popular entre las sinagogas de la diáspora, posiblemente por cuatro siglos, hasta la entrada de la época árabe.

Teodocio fue un judío converso de Éfeso, que por el año 180 d.C. revisó la traducción de los LXX, con la finalidad de adaptarla a las necesidades de la comunidad judía. Esta traducción, sin embargo, aunque era una intento por hebraizar el texto de los LXX, carecía de elementos anticristianos, y fue rechazada por la comunidad judía y apreciada por la cristiana.

Símaco era un judío fiel que con el tiempo se incorporó a las comunidades de los ebionitas. Por el año 200 d.C., y posiblemente para mejorar la traducción de Aquila, revisó nuevamente el texto griego de la Biblia. En esta ocasión, es de notar, que no se apegó tanto a la literalidad del texto hebreo y buscó transmitir con fidelidad el sentido fundamental de los pasajes particularmente difíciles de las Escrituras.

De estas tres versiones griegas, Aquila, Teodocio y Símaco, no tenemos lamentablemente los manuscritos completos. Solo poseemos algunos fragmentos que han sobrevivido parcialmente en las famosas Hexaplas de Orígenes, que consiste en una publicación que dispone siete versiones de la Biblia en paralelo. En esta importante obra, se encuentran inclusive referencias a otras versiones griegas y antiguas de la Biblia, las cuales conocemos principalmente por su ubicación en la obra. De particular importancia son las versiones que se encuentran en las columnas quinta, sexta y séptima.

b) Versiones arameas

Cuando el hebreo comenzó a ser sustituido por el idioma arameo, luego del regreso del exilio en Babilonia, la comunidad judía sintió la necesidad de traducir y presentar sus documentos sagrados en esa nueva lengua. Las versiones arameas de la Biblia se conocen como targúmenes, que proviene del hebreo que significa traducción. Esas nuevas traducciones de la Biblia se utilizaban de forma destacada en las sinagogas, pues vertían al arameo las lecturas bíblicas del idioma hebreo. Servían de base para las liturgias y especialmente las explicaciones, enseñanzas y sermones. Eran esencialmente explicaciones libres, y en ocasiones expandidas o parafrásticas, de los textos bíblicos.

En sus comienzos, estas traducciones se producían de manera oral, pues se llevaban a cabo a la vez que se presentaban los pasajes bíblicos en el culto sinagogal. Con el tiempo, sin embargo, se fijaron en formas literarias, y se les añadían, inclusive, comentarios y reflexiones de naturaleza doctrinal, pedagógica y homilética. A su vez, estas nuevas traducciones de los manuscritos inspirados, eran una forma novel de interpretar y aplicar esos importantes textos sagrados.

Existen traducciones arameas o targúmenes de todos los libros bíblicos, con la posible excepción de Esdras, Nehemías y Daniel. El uso de estas versiones bíblicas llegó hasta el período neotestamentario, como se desprende de la presencia de los Targum de Job y de Levítico entre los manuscritos de Qumrán.

En torno a la Torá, se han encontrado cuatro targúmenes. El primero, redactado en un arameo babilónico, y ciertamente el más antiguo e importante del grupo, se conoce como el Targum de Onquelos. El manuscrito que poseemos proviene posiblemente del siglo 1 ó 2 d.C., y presenta una paráfrasis sobria de las narraciones y las leyes del Pentateuco. Los otros targúmenes se han redactado en arameo palestino, y presentan paráfrasis más libres de los textos bíblicos. El Targum Yerushalmi I o de Pseudo-Jonatán; Targum Yerushalmi II o *Fragmentarium*, del cual se conservan solo unos 850 versículos; y el Targum Neophyti, que se encontró en la Biblioteca del Vaticano en 1956.

Referente a la sección de los profetas o Nebiim en la Biblia hebrea, el Targum de Jonatán ben Uzziel contiene las traducciones parafrásticas de los profetas anteriores y posteriores. Aunque es de origen palestino, este targum recibió su edición definitiva en Babilonia en los siglos 3 y 4 d.C. Se atribuye a Jonatán, que es posiblemente un discípulo distinguido de Hillel, el gran rabino del siglo 1 d.C.

De los Escritos o Ketubim existen manuscritos de casi todos sus libros; del libro de Ester se poseen tres manuscritos. Redactados en un arameo palestinense; contienen traducciones e interpretaciones del texto bíblico que provienen de diversos períodos históricos y de diferentes autores. Su edición definitiva se produjo entre los siglos 8 y 9 d.C.

c) Otras versiones antiguas

Otras versiones del texto hebreo circularon en diferentes contextos judíos y cristianos en la antigüedad. Entre ellas, de particular importancia, son las traducciones al latín y al sirio, que han tenido un uso generalizado en las iglesias.

1. Versiones occidentales. Entre estas versiones occidentales, las versiones latinas merecen especial atención, por su importancia en la historia de la iglesia, así como en la exégesis y el desarrollo doctrinal. La primera de estas versiones es la *Vetus Latina*, que es la forma tradicional de referirse a las traducciones al latín antes de la obra de San Jerónimo. El propósito de estos esfuerzos de traducción bíblica, incluía la expansión del cristianismo por todo el mundo conocido de Occidente, en un momento en que el latín se había convertido en la lengua principal de la región.

Dos de estas versiones griegas merecen especial atención: La primera proviene del África, c. 150 d.C.; y la segunda, posiblemente de Roma, entre los siglos 2 y 3 d.C. Ésta segunda versión latina es superior a las otras versiones por la fidelidad el texto hebreo y la claridad en la comunicación. El texto base para el AT fue la LXX.

La versión de la Biblia conocida como la Vulgata ha jugado un papel protagónico en la historia de la iglesia cristiana, pues se convirtió en texto bíblico oficial de la Iglesia Católica hasta épocas muy recientes. San Jerónimo llevó a efecto esta traducción (383-404/6 d.C.), en la histórica ciudad de Belén, por encomienda expresa del Papa San Dámaso, que quiso tener una edición de la Biblia que ayudara a superar las dificultades textuales y las confusiones teológicas que generaban los previos diversos esfuerzos latinos de traducción.

De los esfuerzos de traducción de San Jerónimo, el más importante, posiblemente, es la traducción del AT, que llegó a formar parte de la Vulgata y que se convirtió en el documento bíblico definitivo por siglos de las iglesias. Esa traducción se basó en el texto hebreo que se utilizaba en la sinagoga local de Belén, que era un texto en la tradición del TM. El trabajo de San Jerónimo incluyó la traducción de todos los libros del protocanon, y de los libros deuterocanónicos de Tobías y Judit. Tradujo, además, las secciones apócrifas o deuterocanónicas de Daniel del texto griego de Teodocio.

Entre las características fundamentales de la Vulgata latina, se encuentran la fidelidad que manifiesta a las lecturas del texto hebreo y la gran capacidad de comunicación y elegancia del latín. Una de sus preocupaciones básicas fue hacer inteligible el mensaje bíblico, añadiendo, inclusive, en ocasiones, alguna nota marginal que expandía la comprensión de algún término o explicaba con sencillez y profundidad conceptos de importancia teológica, como por ejemplo las referencias al Mesías.

Respecto a la Vulgata, debemos añadir que el Papa Paulo VI creó una comisión pontificia especial para la revisión de este texto latino antiguo. De esos importantes esfuerzos y trabajos, se produjo la Neovulgata, que es una edición latina de la Biblia que, aunque conserva en su mayor parte la antigua traducción de San Jerónimo, incorpora en sus textos los descubrimientos, las contribuciones y los progresos de las ciencias bíblicas contemporáneas. Su utilidad actual se relaciona con la liturgia y la exégesis. Desde la perspectiva técnica y científica, esta nueva edición de la Biblia en latín se fundamenta en los mejores textos críticos, tanto del AT como del NT.

Otras versiones occidentales de la Biblia merecen alguna consideración, como las traducciones a las lenguas gótica y eslava. De la primera, debe indicarse que es la obra literaria de más antigüedad en lengua teutónica, y fue realizada por el Obispo Ulfilas a mediados del siglo 4 d.C. ¡Para su redacción se necesitó crear un nuevo alfabeto! Referente a la eslava, es menester indicar que la primera versión se produjo con una finalidad esencialmente litúrgica, por los hermanos Cirilo y Metodio (siglo 9 d.C.). Esta versión constituye el texto eclesiástico básico para las iglesias eslavas desde el siglo 15 d.C.

2. Versiones orientales. Las versiones de las Sagradas Escrituras en el mundo eclesiástico del Oriente son principalmente las Biblias en los idiomas sirio, copto, armenio, etíope, georgiano y árabe. Estas ediciones de la Biblia contribuyeron sustancialmente a la expansión del cristianismo y al desarrollo de las grandes doctrinas de las iglesias de esta región.

En esta tradición de traducciones bíblicas una versión siria merece tratamiento especial. Conocida desde el siglo 10 d.C. como la Peshita (que significa corriente, común o usual), es una obra de varios autores, aunque no podemos precisar si fueron judíos o cristianos. La traducción del AT se llevó a efecto en el siglo 2 d.C., y se fundamentó en algunos manuscritos hebreos con diferencias importantes del TM. Posteriormente fue revisada y corregida a la luz de la versión de la LXX. Desde muy temprano en la historia, esta versión gozó de gran popularidad entre los cristianos de habla siria, y contribuyó de forma destacada a la expansión del cristianismo en esa región.

La versión de la Biblia al idioma copto obedece al rápido crecimiento del cristianismo en Egipto. Hay cuatro versiones coptas, y de ellas, la bohaírica, ha sido las más difundida y utilizada por las iglesias. Inclusive, esta versión copta ha permanecido en la liturgia hasta nuestros días. La traducción del AT proviene de los siglos 2 y 3 d.C., y se basó en la versión de la LXX.

En el idioma armenio, la Biblia fue traducida en el siglo 5 d.C., y utilizó como base, posiblemente, la versión siria o Peshita, que se incluye en la obra Hexapla de Orígenes. Se conoce como la reina de las versiones de la Biblia, por la calidad literaria de la traducción.

La traducción de la Biblia al idioma etíope se inició, posiblemente, a mediados del siglo 4 d.C., y utilizó como base el texto de la LXX. La versión georgiana proviene del siglo 4 d.C. Las traducciones al árabe, que se llevan a efecto luego del desarrollo del Islam y la conquista árabe del Oriente, vienen del siglo 8 d.C. (aunque el evangelio se predicó en lengua árabe quizá desde antes del siglo 3 d.C.), y el AT se tradujo tomando en consideración los textos hebreos, de la LXX y la Peshita.

3. *Versiones políglotas europeas.* Durante el Medioevo, los esfuerzos por traducir la Biblia a los diversos idiomas nacionales, continuó e inclusive se incrementó. Esos proyectos, sin embargo, no siempre intentaban producir todas las Sagradas Escrituras. Eran más bien proyectos parciales, en ese contexto de traducción y producción de Biblias, específicamente en Europa, comenzaron a imprimirse una serie multilingüe de ediciones de las Escrituras, que se conocen como las Biblias políglotas. Estas Biblias contenían, por lo general, las lenguas originales y uno o más versiones a diversos idiomas europeos.

Entre las ediciones más importantes de las Biblias políglotas se encuentran cuatro, que se conocen como ediciones «mayores», y se identifican por el nombre de la ciudad donde fueron editadas e impresas.

- Políglota Complutense o de Alcalá: 1514-1517, 1522
- Políglota de Amberes o Antuerpiense o Regia: 1569-1572
- Políglota Parisiense: 1629-164
- Políglota Londinense o Waltoniana: 1645-1657

9. Traducciones de la Biblia al castellano

Como el latín se mantuvo como la lengua literaria en España hasta mediados del siglo 12, las traducciones al idioma del pueblo, que ya manifestaba características propias y definidas, se pospuso hasta esa época. Entre los siglos 13 y 15 se produjeron varias traducciones en lengua castellana, tanto por eruditos judíos como cristianos. De particular importancia fueron las Biblias traducidas por judíos y protestantes en el siglo 16.

Posiblemente, la más famosa de las traducciones judías castellanas de ese período es la Biblia de Ferrara o Biblia de los Hebreos (1533). Luego apareció la muy celebrada traducción de Casiodoro de Reina, impresa en Basilea, y conocida como la Biblia del Oso, por el grabado en su portada (1569). Esa importante versión castellana fue seriamente revisada por Cipriano de Valera (1602) en Ámsterdam. Esta edición revisada de la Biblia, conocida como la tradición de traducciones Reina-Valera, ha sido una de las más importantes en el mundo de habla castellana, particularmente en comunidades protestantes o evangélicas, en sus diversas revisiones, hasta el siglo 21.

Junto a la tradición Reina-Valera, se pueden identificar otras versiones castellanas de la Biblia que poseen gran importancia, ya sea por su calidad literaria y fidelidad a los originales, o por el uso que tienen en las comunidades de fe, tanto católicas como protestantes o evangélicas. A continuación se identifican algunas de las Biblias castellanas más prominentes, con su fecha de publicación, identificadas por su traductor principal o por la casa editora. La siguiente lista no pretende ser exhaustiva ni completa. Es solo una guía de estudio.

- Felipe Scio de San Miguel: 1790-1793
- Félix Torres Amat: 1823-1825
- Eloíno Canar Fuster y Alberto Colunga: 1944, Rev. 1974
- José María Bover y Francisco Cantera: 1947, Rev. 1962
- Francisco Cantera y Manuel Iglesias González: 1975
- Juan Straubinger: 1948-1951
- Biblia de la Casa de la Biblia: 1966, Rev. 1992
- Martín Nieto: 1965, Rev. 1988
- Biblia de Jerusalén: 1967, Rev. 1975
- Biblia para la iniciación cristiana: 1977
- Biblia latinoamericana: 1969
- La Biblia. Dios habla hoy: 1979
- La Nueva Biblia Española: 1975

- La Biblia de Navarra: 1975-2002
- El libro del pueblo de Dios. La Biblia: 1981
- La Biblia Reina-Valera: 1909, 1960, 1995
- La Biblia. Nueva Versión Internacional: 1999

10. Diversos métodos para el estudio de la Biblia

La Biblia es un documento complejo, tanto por su extensión y antigüedad, como por la variedad de géneros literarios que expone, y los asuntos y temas que presenta. Sin embargo, por su naturaleza religiosa, y también por los valores morales y espirituales que tiene entre las personas creyentes, su estudio riguroso y ponderado, para que sea provechoso, demanda la elaboración de metodologías que contribuyan positivamente a apreciar su carácter, descubrir el sentido, disfrutar sus enseñanzas, facilitar su comprensión, y propiciar la aplicación de los valores expuestos.

Para atender esas importantes necesidades de comprensión y para superar las complejidades y dificultades que se manifiestan en estos documentos, se ha desarrollado con el tiempo diversas formas de estudiar las Escrituras, Cada metodología contribuye, desde su particular perspectiva, al esclarecimiento de los asuntos expuestos, así como al entendimiento de los principios y conceptos que se articulan y enuncian.

En el mundo de las ciencias bíblicas y los análisis rigurosos de las Escrituras, este tipo avanzado de metodología de estudio se identifica con la expresión «crítica» que, lejos de ser una expresión peyorativa hacia las Sagradas Escrituras, alude al análisis profundo, a la evaluación sosegada, y a la ponderación cuidadosa de los documentos y los libros estudiados. En ese proceso, se analizan detenidamente los acentos, las palabras, los silencios, las frases, los pasajes, las secciones y los libros de la Biblia, desde diversas perspectivas, como por ejemplo, las estructurales, literarias y temáticas.

La crítica de las fuentes está interesada en el análisis de la estructura literaria, el vocabulario y el estilo que se manifiestan en los textos bíblicos, para así descubrir las diversas tradiciones orales y escritas que lo componen. Este particular tipo de estudio, nos puede ayudar a precisar las posibles fechas de composición del pasaje escritural bajo consideración. Esta metodología ha sido de gran utilidad para la comprensión. Por ejemplo, del Pentateuco, con la llamada «teoría documentaria», que intenta descifrar sus complejos procesos de transmisión oral y literaria, y la final redacción y edición de la obra, al identificar y analizar las diversas fuentes que lo componen.

Otra forma de estudios bíblicos de gran importancia se conoce como la crítica de las formas. En esta metodología se intenta analizar las formas literarias de los pasajes estudiados para relacionar esas porciones con las fuentes orales previas a su fijación escrita. Con este análisis, además, se desea comprender el proceso de transmisión oral o literaria del pasaje, antes de adquirir su forma definitiva en la Biblia. Con esta metodología se han estudiado, por ejemplo, las narraciones de los patriarcas y matriarcas de Israel, y también los Salmos. El resultado de estos estudios ha beneficiado en gran manera la comprensión de estos textos, pues nos ha permitido entender mejor los entornos históricos y sociales en que esos pasajes antiguos fueron transmitidos de generación en generación.

La crítica de la redacción es la metodología que desea identificar los diversos géneros literarios y los temas de los libros de la Biblia para descubrir las fuerzas teológicas y temáticas que motivaron a los autores sagrados a relacionar esos materiales antiguos. Este tipo de análisis, contribuye sustancialmente a la comprensión de los pasajes bíblicos en su forma canónica final, lo que es una gran ayuda en la aplicación de las dinámicas hermenéuticas. Al aplicar este método de estudio bíblico a los dos relatos de la creación de Génesis (Gn 1.1-2.3a; 2.4b-3.24), por ejemplo, se descubren, entre otras, una serie importante de diferencias temáticas, teológicas, estilísticas y literarias.

Para atender el texto bíblico en su forma canónica, definitiva y final, se han elaborado diversas formas de críticas literarias. El objetivo de esta metodología es descubrir el significado que tenía alguna porción bíblica para la comunidad antigua que lo escuchó. Estas distintas formas de estudios bíblicos analizan las Escrituras para descubrir sus virtudes estéticas significativas, que contribuyen de forma destacada al descubrimiento y disfrute del sentido de los pasajes.

Este método es una manera de reaccionar a los procesos de estudio bíblico que se especializan en descomponer los pasajes en diversas partes y secciones, tanto orales como literarias. Es una forma de tomar muy seriamente en consideración lo que, en última instancia, produce sentido en la persona que lee un pasaje: Su estado literario final, que ciertamente es el documento que poseemos y podemos estudiar con seguridad.

El estudio de las parábolas de Jesús se ha beneficiado grandemente de estos análisis literarios, pues el descubrimiento de sentido requiere que las personas que leen y estudian estas piezas literarias, se incorporen en el proceso pedagógico, y que se sientan aludidas e interpeladas por el mensaje, y además, que respondan al propósito transformador del discurso. También en el estudio de las narraciones patriarcales, estas metodologías han sido de gran ayuda, pues la comprensión de estos relatos requiere que los lectores y lectoras lean entre líneas y suplan alguna información que se presupone pero que no se brinda en forma clara en los pasajes.

Las metodologías relacionadas con la crítica literaria descubren y destacan el importante papel que juega el lector o lectora en los procesos de estudio y comprensión de la Biblia. Las Sagradas Escrituras se componen de documentos literarios que manifiestan ciertas características estéticas, literarias, espirituales, morales, educativas, éticas, teológicas y filosóficas, a las que las personas lectoras reaccionan desde sus diversas perspectivas y experiencias de vida. En estas formas de estudio, el contexto en que se encuentran los lectores y las lectoras, juega un papel protagónico en las dinámicas de acceder al texto, descubrir el sentido y comprender los pasajes bíblicos.

Estas metodologías de análisis presuponen también que el sentido no lo produce únicamente el autor de algún documento, sino que las personas que lo leen, desde sus realidades diarias, también contribuyen al descubrimiento y disfrute de esos diversos niveles semánticos. Ni el texto ni los lectores son recipientes pasivos de las ideas y los conceptos, también los contextos, tanto del pasaje bíblico como de los lectores, juegan un papel de importancia en los procesos de comprensión de los pasajes.

Por la importancia que juega el lector o lectora en estas formas dinámicas de estudios bíblicos, diversos grupos y sectores de la comunidad han incorporado estas metodologías literarias a sus modos continuos de estudio de las Sagradas Escrituras. Estas formas de estudio han sido particularmente importantes en sectores sociales y en comunidades que han sido víctimas de procesos de opresión y cautiverio, y políticas de marginación y rezagos. Diversos grupos minoritarios han visto en estas metodologías de estudios bíblicos una gran ayuda para entender la Biblia con virtud liberadora y con poder transformador.

Ese es el particular caso de las mujeres que han descubierto el carácter patriarcal y misogénico de los documentos bíblicos, y han comenzado a leer los documentos bíblicos en clave de liberación. Al comprender que la Biblia procede de esos ambientes y contextos fundamentados prioritariamente en las perspectivas masculinas de la sociedad y la existencia humana, han elaborado lecturas alternativas que brindan esperanza y futuro a las mujeres.

Las metodologías literarias han sido importantes en el desarrollo de las teologías latinoamericanas, pues han relacionado las vivencias, los dolores y las miserias de los grandes sectores empobrecidos del continente, con los relatos de la salida de los israelitas de la opresión del faraón de Egipto, bajo el liderazgo de Moisés. También en la teología del Oriente Medio, particularmente en la palestina, estas metodologías literarias han sido fundamentales para redescubrir el tema de la esperanza, en sociedades inmersas en continuos conflictos políticos y guerras que parecen humanamente insalvables.

Para las personas que leen y estudian la Biblia, estas diversas metodologías de estudio son herramientas útiles para descubrir el sentido y para facilitar la comprensión del mensaje. Estas metodologías, sin embargo, son solo herramientas de estudio, y no constituyen un fin en sí mismas, sino que son parte de un proceso pedagógico y literario que puede contribuir positivamente a un mejor entendimiento y disfrute del mensaje escritural.

La gente que llega a las Sagradas Escrituras desde la perspectiva de la fe, afirma que estos documentos tienen gran autoridad espiritual y moral, y fundamentan su estilo de vida y prioridades en la existencia humana, en los valores y las enseñanzas que se desprenden de estos importantes documentos religiosos. Estas lecturas reconocen que la Biblia contiene la Palabra de Dios, y que su mensaje tiene gran relevancia y pertinencia en las sociedades contemporáneas.

2

EL MUNDO DE LA BIBLIA HEBREA

En el principio creó Dios los cielos y la tierra.
La tierra estaba desordenada y vacía,
las tinieblas estaban sobre la faz del abismo
y el espíritu de Dios se movía
sobre la faz de las aguas.
Génesis 1.1-2

1. La región de Palestina

La comprensión adecuada de la Biblia hebrea requiere un entendimiento básico de las fuerzas físicas, sociales, políticas, económicas y religiosas que sirvieron de marco a la historia del pueblo de Israel. Inclusive, la topografía de la región fue determinante en la vida cotidiana de individuos y comunidades que poblaron sus ciudades.

La necesidad de este entendimiento se pone claramente de manifiesto al estudiar las narraciones bíblicas y notar las continuas referencias a la naturaleza y al ambiente, las alusiones repetidas a los pueblos vecinos y a la geopolítica de la época, así como la evocación reiterada a las culturas e imperios circundantes a Jerusalén. No es posible estudiar, analizar y comprender la Biblia hebrea sin, por lo menos, un conocimiento general de las múltiples dinámicas que rodearon la vida del pueblo hebreo a través de su historia nacional.

El entorno geográfico que fue el contexto histórico de las narraciones de la Biblia hebrea es, principalmente, una pequeña franja de terreno que está enclavada al este del Mar Mediterráneo. Rodeada por los grandes imperios de la antigüedad (Egipto, Asiria, Babilonia, Persia y Roma), esta región jugaba un papel protagónico en la geopolítica de su época, ya que era el puente entre Asia, África y Europa.

En muchas ocasiones, por estas particulares características geográficas, las políticas internas nacionales dependían de las decisiones de las grandes potencias vecinas; en efecto, las decisiones locales en Palestina respondían a las prioridades de los principales centros de poder en la región, que en ocasiones es conocida como el Creciente Fértil.

De gran importancia, además, es entender las luchas internacionales que llevaban a efecto los gobernantes de esos imperios antiguos. Para la comprensión de diversas porciones bíblicas en la literatura profética, por ejemplo, hay que estar conscientes de las políticas, acciones e intensiones intervencionistas de estos imperios, y hay que notar el crecimiento político y militar de varias naciones, durante el período bíblico. Esas fueron las dinámicas a las que respondieron teológicamente los profetas, y esas son las dificultades a las que aluden las plegarias intensas de los Salmos.

La época de Moisés hay que relacionarla con Egipto; y los relatos de los triunfos militares de David, deben ser evaluados a la luz del conflicto con los filisteos del momento. Igualmente el ministerio de Ezequiel hay que analizarlo con el telón de fondo del imperio babilónico, y posteriormente el persa. El mensaje del libro de Isaías, responde a las diversas crisis que generaban los imperios dominantes en el Oriente Medio, al querer implantar políticas militares que afectaban adversamente la región de la antigua Palestina.

Por estar ubicada en los caminos que llevaban de la antigua Mesopotamia al África y Europa, la importancia de la antigua Palestina no debe entenderse en términos de su extensión física sino como un coeficiente de su utilidad como frontera entre imperios antagónicos. En efecto, los territorios de las actuales Israel y Palestina, desde muy temprano en la historia, han estado inmersos en conflictos bélicos, invasiones extranjeras y revoluciones internas. Esas tierras, que han sido el contexto primario de la literatura bíblica, también se han caracterizado por la violencia inmisericorde y las continuas confrontaciones políticas y militares.

El nombre más antiguo con que se conoce la región, de acuerdo con las narraciones canónicas de la Biblia, es «tierra de Canaán» (Gn 11.33), aunque posteriormente, con el advenimiento de las tribus israelitas, se conoció como «Tierra de Israel» (1 S 13.19; Ez 11.17; Mt 2.20). Como por algunos siglos los filisteos, que provenían de las islas del Mar Mediterráneo, habitaron y gobernaron la región, cuando se implantó el proceso de helenización, tanto griegos como romanos prefirieron llamar al lugar Palestina, que es el nombre propio que surge de los cambios lingüísticos de la palabra «filisteo». Durante algún tiempo, especialmente durante la administración romana, por lo menos, una sección importante de la región, se conoció con el nombre de Judea.

La topografía de la región palestina está definida por cuatro secciones básicas que brindan los espacios pertinentes para el desarrollo político, social, agrícola, familiar y personal. Son cuatro grandes franjas que corren casi paralelas del norte al sur de la región. Cada una de esas secciones tiene sus propias características geológicas internas, y también climáticas.

El primer sector topográfico cananeo se encuentra paralelo al Mar Mediterráneo, y se extiende al norte hasta cerca de la Galilea, específicamente hasta el Monte Carmelo. En esta sección de tierras arenosas, conocida como la planicie costera, es que se encuentran, al nivel del mar, varias ciudades de importancia bíblica, como por ejemplo: Gaza, Ascalón, Asdod y Jope, y un poco más al norte, Cesarea Marítima. En esa misma región se encuentra la moderna ciudad de Tel Aviv.

Al este de la planicie costera, se encuentra una sección importante de montañas de poca altura que separa la costa de la cordillera central de Canaán, Palestina e Israel. Era una especie de frontera natural entre las poblaciones de Judá y las comunidades filisteas, durante la época monárquica. Se identifica con el nombre de la Sefela palestina, que significa, acertadamente, tierras bajas o base de las montañas.

La sección central de Palestina la compone una cordillera que nace en el norte, muy cerca del Líbano, y se extiende al sur hasta el desierto del Néguev. Entre la Galilea y Samaria se interpone, en medio de las montañas, la llanura de Esdrelón o de Jezreel. En esta sección es que se encuentran las ciudades de Jerusalén y Belén (c. 800 m sobre el nivel del mar).

Al este de las montañas centrales se puede identificar la cuenca del Jordán, que incluye el Río Jordán, el mayor de la región, que en la actualidad divide los territorios de Jordania, con los de Israel y Palestina. El Jordán nace en el norte de Galilea, en la base misma del Monte Hermón, sigue al sur como 300 km, atraviesa el Lago Merón y el Mar de Galilea o de Tiberiades, y prosigue todavía más al sur, hasta llegar al Mar Muerto o Mar Salado (c. 392 m bajo el nivel del mar). En esta región palestina se encuentran la antigua ciudad de Jericó y las famosas cuevas de Qumrán, muy cerca del Mar Muerto. ¡Es la región habitada más baja de la tierra!

La región también puede dividirse en cuatro sectores o grupos poblacionales. La comunidad de Galilea, al norte; la sección de Samaria, al centro de Palestina; Judá, cuyos pobladores vivían entre montañas y en terrenos secos, que en algunas secciones se hacían desérticos; y el Néguev, que llega hasta la región del Sinaí en Egipto, esencialmente es una zona desértica y poco habitada.

El clima en la antigua Canaán o la «Tierra de Israel» es sub-tropical: Particularmente seco, árido y desértico al sur, y fértil al norte. Las montañas están llenas de piedras, condición que dificulta los cultivos familiares y complica la agricultura industrial. Al norte, sin embargo, en la llanura de Jezreel, en la sección Galilea, en el valle del Jordán, al este, y en el oeste, en la costa del Mediterráneo, abundan los terrenos fértiles, y la agricultura progresa y prospera.

Las temperaturas varían con las estaciones del año, la altura de las montañas y la hora del día. La región incluye desde climas desérticos, inhóspitos y extremadamente difíciles para la vida, hasta regiones de temperaturas cálidas y agradables. Las estaciones del año son básicamente dos: el invierno y el verano. En torno al clima que favorece la vida y la agricultura, es menester mencionar las «lluvias tempranas», que llegan entre octubre y noviembre, y las «tardías», que caen en mayo.

Esas temporadas de lluvias son de fundamental importancia para la infraestructura de la región, pues es época para almacenar el agua que se utilizará el resto del año. Respecto a las lluvias, o la falta de ellas, es importante mencionar que las sequías en la región son frecuentes y severas.

2. Rutas antiguas

Por estar entre Egipto, al sur, y Mesopotamia, al norte, siempre Israel, Palestina o Canaán han contado con una serie de rutas comerciales, así como militares, que han facilitado la comunicación, entre esos sectores distantes de la región, tradicionalmente conocida como la Creciente o Media Luna Fértil antigua.

La *Via Maris,* o el Camino del mar (Is 8.23), proviene de Egipto, y corre paralela al Mar Mediterráneo. También es conocida como el camino de la tierra de los filisteos. Era la ruta comercial por excelencia al oeste de Palestina, y junto a sus caminos, se fueron construyendo ciudades que aprovechaban el intercambio comercial y el continuo flujo de caravanas de mercaderes. Al llegar al valle de Sarón, el camino del mar se divide en dos secciones primarias: Hacia el norte, por la llanura de Acre, se llega a Fenicia y Ugarit, y desde allá hasta la Anatolia. Y hacia el oriente, se llegaba hasta Damasco y Mesopotamia, pasando por los valles Ara, Esdrelón y Hazor. Desde Megido había un ramal que unía el Camino del mar con la Ruta de los reyes en transjordania.

La llamada Ruta de los reyes (Nm 20.17), o el Camino real, unía los países del sur de Arabia con la ciudad de Damasco. La sección que está al norte, también es conocida como el camino de Basán (Nm 21.33), fue una ruta muy popular. A la parte sur se le llama camino del desierto de Edom (2 R 3.8), desde donde surgían otros caminos hacia Egipto, Aqaba y Petra.

3. Imperios y naciones vecinas de Israel

Como el poder político de las naciones en la región que incluye a Siria y Canaán, la influencia de las potencias extranjeras en la vida interna de los pueblos de Judá e Israel, y sus vecinos, era muy importante. En efecto, la configuración geopolítica de la región siro-palestina de la antigüedad, convertía a las naciones pequeñas, como era el caso de Israel y Judá, en estados dependientes de los grandes centros de poder e imperios del Oriente Medio antiguo. Las decisiones políticas, económicas y militares que se tomaban fuera de sus fronteras, afectaban la vida diaria de sus ciudadanos y su administración gubernamental.

Durante la mayor parte del segundo milenio a.C., la potencia internacional que más influía en Canaán era Egipto, que había desarrollado un imperio expansionista, eficiente y firme. Esas influencias se manifestaban con fuerza en las dinámicas sociales que quizá vivieron los antiguos patriarcas y matriarcas de Israel, cuando llegaron a esa región. Posteriormente, en el primer milenio a.C., el poder de Egipto fue paulatinamente cediendo ante las continuas invasiones y el crecimiento económico, político y militar de algunas potencias del este, particularmente desde Mesopotamia, imperios identificados con Asiria y Babilonia.

En algunas ocasiones las naciones que estaban al norte de Israel, región que en la actualidad sería el Líbano y el sur de Turquía, se organizaban y unían para ejercer algún poder en los pueblos del sur. Posiblemente es durante los reinos de David y Salomón (siglo 10 a.C.) que el pueblo de Israel logró vivir un período de real independencia de las naciones y potencias extranjeras, aunque aún durante ese período las influencias internacionales eran significativas.

A continuación presentaremos información básica de las potencias políticas y militares más importantes del Oriente Medio antiguo, durante la época de la Biblia hebrea.

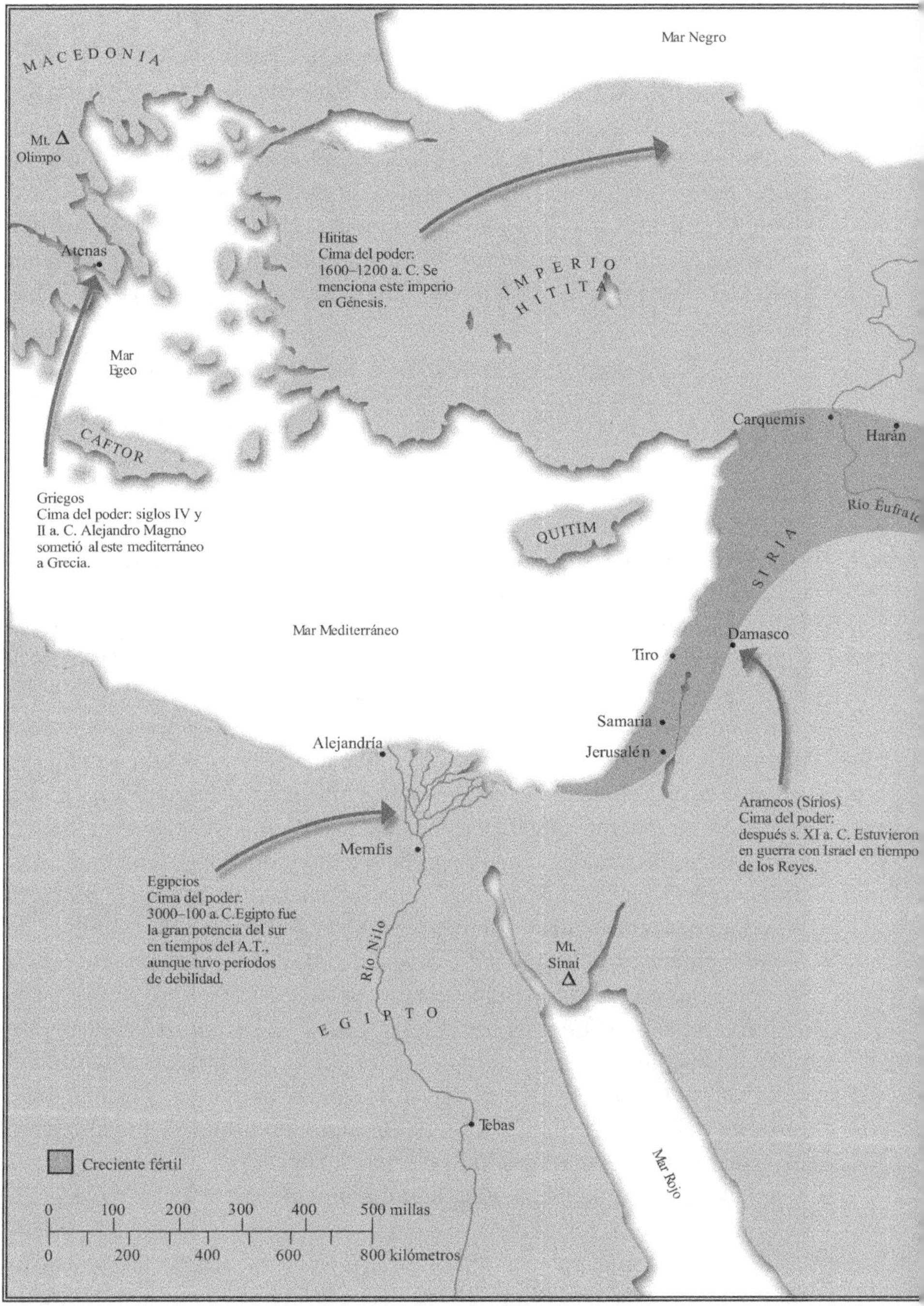
Mar Negro
MACEDONIA
Mt. Olimpo
Atenas
Mar Egeo
CAFTOR
Hititas
Cima del poder:
1600–1200 a. C. Se menciona este imperio en Génesis.
IMPERIO HITITA
Carquemis
Harán
Río Éufrates
QUITIM
SIRIA
Griegos
Cima del poder: siglos IV y II a. C. Alejandro Magno sometió al este mediterráneo a Grecia.
Mar Mediterráneo
Damasco
Tiro
Samaria
Jerusalén
Alejandría
Memfis
Arameos (Sirios)
Cima del poder:
después s. XI a. C. Estuvieron en guerra con Israel en tiempo de los Reyes.
Egipcios
Cima del poder:
3000–100 a. C.Egipto fue la gran potencia del sur en tiempos del A.T., aunque tuvo períodos de debilidad.
Río Nilo
Mt. Sinaí
EGIPTO
Tebas
Mar Rojo
Creciente fértil
0 100 200 300 400 500 millas
0 200 400 600 800 kilómetros

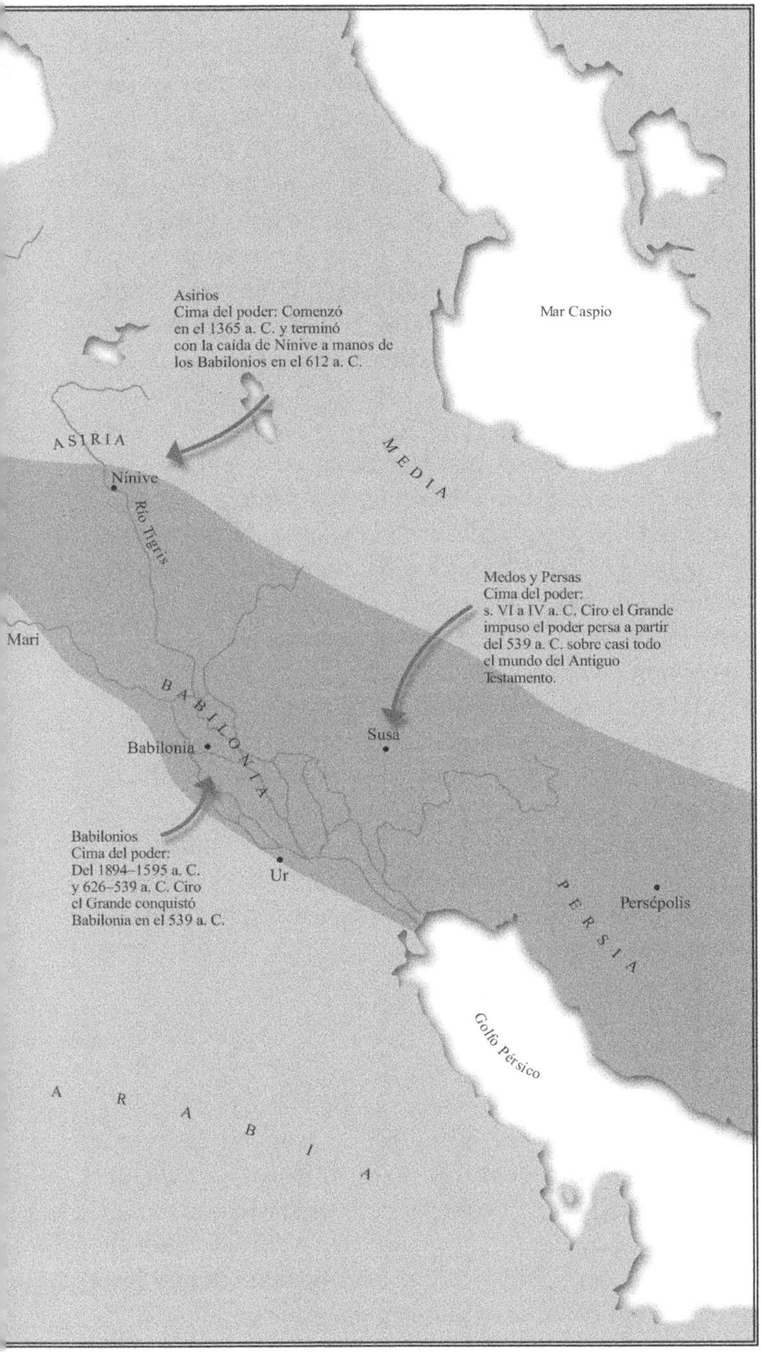

El mundo del Antiguo Testamento

a) Egipto

La importancia de Egipto como potencia política y militar en la antigüedad nunca debe ser subestimada. Su desarrollo cultural e historia se relacionan directamente con el Río Nilo y el desierto. Como casi no tiene lluvias, el agua necesaria para el consumo humano y agrícola se recibe del Nilo. Además, por ese importante cuerpo de agua es que se desplazaban sus pobladores para moverse del norte al sur del país. El Nilo nace en el corazón de África y corre como 6,500 kilómetros hasta desembocar en el Mar Mediterráneo. El desierto, por su parte, proveía a Egipto de cierta protección natural contra las amenazas internacionales.

Mizraim, como se conoce en la Biblia a Egipto, tiene una de las civilizaciones más antiguas conocidas el día de hoy, y ya para el tercer milenio a.C. poseía una de las culturas más avanzadas de la antigüedad. De la lectura de alguna correspondencia del segundo milenio a.C. (p.ej., las Cartas de El Amarna), se desprende que el poder y la influencia egipcia se extendía con vigor hasta la región palestina, pues el faraón se comunica con algunos de sus oficiales que estaban estacionados en Canaán, donde posteriormente se ubicó la ciudad de Jerusalén.

Es de notar, sin embargo, que para el año 1,000 a.C. el poder egipcio había disminuido de forma considerable. Hasta el punto que las naciones palestinas y sirias habían desarrollado gobiernos con cierta autonomía e independencia. Esa fue la época del inicio de la monarquía en Israel. El poder de Egipto en la región no se recuperó hasta el siglo 4 a.C., cuando llegaron y se implantaron las extraordinarias conquistas de Alejandro el Grande. Ese tipo de poder disminuido se pone de manifiesto en varias ocasiones (p.ej., Is 30.7), cuando Israel les solicitó ayuda ante las amenazas de las nuevas potencias mesopotámicas, pero las gestiones diplomáticas fueron infructuosas.

b) Asiria

Uno de los centros de poder que más influencia y poder ejerció en el Oriente Medio antiguo, particularmente sobre la región cananea, palestina o israelita provenía de la ciudad de Asur, de donde procede el gentilicio de asirios. Enclavados en el corazón de la gran Mesopotamia, específicamente en lo que hoy conocemos como la nación de Irak, el imperio asirio ejerció su poder sobre Israel, especialmente durante los siglos 9-7 a.C., en el período conocido como la monarquía dividida.

Este período fue testigo de la separación y hostilidad entre los gobiernos de Judá e Israel, que constituyeron los reinos del sur y del norte, y coincidió con el programa expansionista del imperio asirio, que deseaba conquistar los países vecinos. La importancia geográfica y estratégica de Israel era fundamental, si deseaban llegar y dominar a Egipto.

La influencia de Asiria sobre Israel y Judá no se sentía únicamente en períodos de conflictos o en medio de las políticas de conquista imperial, pues entre estos dos pueblos se manifiestan grandes afinidades culturales, particularmente en el pensamiento religioso. De gran importancia es notar que aunque Egipto es un vecino más cercano, la relación de Israel y Judá con Asiria era más intensa y continua. El rey asirio, Senaquerib, conquistó a Israel en el 722 a.C., culminando de esa forma la independencia del reino del norte.

c) Babilonia

Desde Mesopotamia se desarrollaron otros centros de poder de gran importancia, como el que provino de la ciudad de Babilonia. Ya para finales del siglo 7 a.C. el poder regional se había desplazado de los asirios a los babilónicos, luego de grandes batallas y conflictos. Bajo ese gran poder político y militar babilónico fue que cayó la ciudad de Jerusalén y el reino del sur, y comenzó el importante período que se conoce en la Biblia como el «exilio» o «destierro», donde se deportaron ciudadanos importantes, de acuerdo con las narraciones bíblicas, a las ciudades de Babilonia.

Nuestro conocimiento del imperio babilónico se fundamenta no solo en los relatos de las Escrituras sino en documentos oficiales del estado, como las llamadas Crónicas babilónicas. Estas crónicas coinciden con el testimonio escritural sobre la presencia de los ciudadanos de Judá en sus ciudades, que con el tiempo llegaron a ser una importante comunidad dentro del imperio. Esa comunidad judía en la diáspora o exilio, jugó un papel de gran importancia en el desarrollo de la literatura hebrea, no solo en relación a la Biblia sino en torno a la literatura post-bíblica, como el Talmud.

d) Siria o Aram

La verdadera historia de Siria, hasta tiempos reciente, no era muy conocida. Sin embargo, ese estado de cosas cambió significativamente con los descubrimientos arqueológicos en las antiguas ciudades de Ugarit y Ebla, que nos han brindado un panorama adecuado y amplio de la región. De particular importancia con el advenimiento de esta nueva información, es el reconocimiento de sus logros culturales y la oportunidad de estudiar de primera mano las religiones de Canaán.

Los sirios constituyeron los vecinos más cercanos de Israel. Y más que una nación monolítica, unida y organizada, Siria era una especie de estados vecinos cuasi independientes, cuyas fronteras no siempre estaban claramente definidas. Desde la perspectiva del AT, los sirios se identifican como Aram, y su capital más importante era Damasco, que está ubicada a solo 82 kilómetros al noreste del Mar de Galilea. Esa cercanía hacía que cualquier conflicto y enemistad entre Siria e Israel fuera potencialmente peligroso. Tradicionalmente, entre estos dos pueblos, se establecía algún tipo de alianza temporal.

De importancia capital para la comprensión de la Biblia hebrea, es el análisis de los hallazgos arqueológicos en la ciudad de Ugarit. Por ejemplo, se encontraron entre sus restos, una magnífica colección de narraciones épicas y de ritos que nos permite estudiar las religiones cananeas desde su propia perspectiva, no desde el ángulo crítico de los profetas de Israel. Tenemos, de primera mano, algunos documentos teológicos que manifiestan paralelos importantes con la literatura bíblica.

e) Media y Persia

El poder político y militar en el siglo 6 a.C. fue moviéndose de forma paulatina hacia el sur y el este de Mesopotamia. De esa región provenían dos grupos nacionalistas poderosos, que tenían el deseo de conquistar y llegar hasta Egipto. Los medos estaban ubicados al norte de la actual Irán; y los persas poblaban el sur de esa misma región. Basados en los descubrimientos arqueológicos, ambos pueblos estaban cultural y militarmente muy adelantados.

Para lograr sus propósitos expansionistas, los medos hicieron una importante alianza con los babilónicos para sacar a los asirios del poder absoluto en el Creciente Fértil, u Oriente Medio (c. 614-609 a.C.). El triunfo de la alianza, sin embargo, no les duró mucho, pues los poderosos ejércitos de Darío, el rey de Persia, les despojó de su protagonismo político y militar en el 550 a.C.

Bajo el liderato de Ciro, los persas fueron conquistando de forma gradual los diversos reinos de la región, incluyendo Egipto, y crearon uno de los imperios más extensos y poderosos de la antigüedad, que se extendía desde la India hasta las fronteras con Grecia. Este particular imperio se mantuvo en el poder por más de 200 años, hasta que fue a su vez derrotado por Alejandro Magno.

De particular importancia para los estudios bíblicos, es la religión persa. Zoroastro desarrolló un tipo de movimiento religioso en el siglo 6 a.C., que contenía las creencias en un solo dios y también en el reconocimiento de un sistema complejo de fuerzas benignas y malignas que afectaban a la humanidad. En ese contexto ideológico y teológico persa, es que comienzan a desarrollarse las ideas del cielo, el infierno, los ángeles y el juicio final, que posteriormente llegaron al pensamiento judío, hasta influenciar de manera importante a la literatura apocalíptica y a varios escritos del NT.

f) Fenicia

El reino de Tiro estaba ubicado hacia el norte, en la costa del Mar Mediterráneo, y al oeste de Aram o Siria. Desde antes de la época griega se le conoce como Fenicia. Además de sus proyectos de navegación comercial, una de las bases de su fama se relaciona con sus bosques. La importancia económica de los fenicios se asociaba a la capacidad que habían desarrollado para trabajar las maderas, por lo cual eran llamados de diversas partes del mundo antiguo a ejercer esas labores artesanales.

En los proyectos de construcción del Templo de Jerusalén, llevados a efecto por el rey Salomón, de acuerdo con el testimonio bíblico, los fenicios jugaron un papel de importancia, no solo por producir y proveer las maderas necesarias para el proyecto, sino porque enviaron también a sus artesanos expertos. Además, fueron los fenicios los que elaboraron el alfabeto que ha servido de base para el desarrollo de la escritura, con los sistemas de vocales y consonantes, en primer lugar por los griegos, y posteriormente, por otros idiomas indoeuropeos, incluyendo el castellano.

g) Filistea

La región que se encuentra al suroeste de Judá se conoce en las Escrituras como Filistea. En ese lugar, un pueblo que llegó del mar, de ascendencia no semita, posiblemente de la isla de Creta, estableció una serie de ciudades entre las que se encuentran: Ecrón, Asdod, Ascalón, Gad y Gaza. Esas cinco ciudades se desarrollaron en Palestina, posiblemente durante la época en que también llegaron las tribus israelitas a la misma región desde Egipto y el desierto (c. 1200 a.C.). Sus orígenes como pueblo, posiblemente se pueden ubicar mucho más al norte, quizá en la región sur de Rusia.

Con el paso del tiempo, los filisteos fueron adquiriendo poder político y militar, hasta que llegaron a un punto de esplendor y fuerza durante de época de Samuel, Saúl y David. El fundamento de ese desarrollo bélico se relaciona con la capacidad que tenían de trabajar con el hierro, con el cual hacían armas de guerra, que superaban la tecnología de las tribus israelitas, que solo utilizaban el cobre. La tecnología del hierro posiblemente la aprendieron de los hititas, que provenían de la actual Turquía.

Esa dominación militar de los filisteos, fue posiblemente una de las razones para que el pueblo de Israel tratara de responder a esos desafíos, con la instauración de la monarquía. ¡El pueblo pidió a Samuel que les diera un rey como el resto de las naciones!

Finalmente, David pudo responder a las amenazas militares filisteas, y les venció de forma definitiva, y los convirtió en sus vasallos. Aunque los filisteos lograron conseguir nuevamente su independencia de Israel, luego de la muerte de Salomón, no recuperaron nunca más su poderío militar, y en las campañas militares expansionistas y bélicas de Asiria en Palestina, terminaron su existencia cerca del siglo 8 a.C.

h) Amón, Moab y Edom

Cuando se cruza el Río Jordán desde las tierras de Canaán, Israel o Palestina, al otro lado del Mar Muerto, se encuentran dos ciudades que desempeñaron alguna importancia en varios períodos de la historia bíblica: Amón y Moab. Junto a estas ciudades-estado se encuentra Edom, ubicada al sur del Mar Muerto, que era parte de ese trío que constituyó el imperio que organizó y administró el rey David en Palestina, según los relatos bíblicos.

Entre estos pueblos existe gran continuidad histórica y lingüística. Inclusive, en uno de sus legados literarios, conocido como la Piedra Moabita, se habla elogiosamente de una gran victoria del rey moabita Meshá, al cual también se alude en la Biblia como contemporáneo del rey Acab (2 R 3.4). Además, las narraciones del Pentateuco mencionan a los reinos amoritas de Sidón y Og, que fueron vencidos por grupos de israelitas que llegaban a la región desde Egipto. Estas narraciones también mencionan a Edom, Moab y Amón, pero se indica que los israelitas los invadieron.

La relación filial entre estos pueblos también se enfatiza en la Biblia, al indicar claramente que Esaú era el padre de Edom. Sin embargo, entre Israel y Edom se manifiesta una seria enemistad que aparece reflejada en la literatura profética (Abd; Jer 49; Ez 35) y poética (Sal 137). El territorio de este pueblo estaba ubicado al sur del Mar Muerto hasta llegar al Mar Rojo, en la sección palestina conocida como el Arabá.

Moab estaba al norte de Edom, al cruzar el Mar Muerto, en el valle del río Arnón. Los moabitas era un grupo semita que adoraban al dios Chemosh, y llegaron a la región al mismo tiempo que los edomitas. Amón está ubicado al norte de Moab entre los ríos Arnón y Jaboc, en Transjordania.

i) Reino de los hititas

Los hititas eran una comunidad no semita que estableció un imperio al sur de la actual Turquía, en Anatolia. Su capital, Hatusas, estaba situada cerca de la actual Ancara, y fue un imperio que prevaleció por varios siglos (c. 1500-1200 a.C.). Posiblemente su caída se relaciona con las invasiones de grupos del norte, entre los que pudieron estar los llamados «pueblos del mar» que se asentaron posteriormente en Filistea. Quizá los antepasados de los hititas eran de ascendencia aria, de origen indoeuropeo.

La evidencia arqueológica relacionada con este imperio hitita revela que, como conquistaron pueblos desde Siria hasta Babilonia, incorporaron costumbres e ideas de esas culturas mesopotámicas y cananeas, que se manifiestan en el arte y en sus narraciones épicas. En varias ocasiones se menciona a los hititas en las Sagradas Escrituras (p.ej., Ex 3.8; 23.23; Jos 9.1).

j) Grecia

Con las conquistas de Alejandro el Grande, la influencia helenística comenzó a sentirse con fuerza en todo el Medio Oriente. En solo tres años organizó un ejército profesional, lo que le permitió derrotar fulminantemente a la temible y poderosa armada persa, y en un período de solo diez años, logró establecer un imperio que llegó hasta la India, en efecto, hasta el río Ganges. Sus ejércitos avanzaron con determinación no solo para lograr conquistas militares sino para implantar una nueva cultura, una manera alterna de enfrentar la vida y comprender la realidad.

Estas campañas militares de expansión y conquista estuvieron acompañadas de un agresivo y efectivo proceso educativo y de avance cultural, que propició que en solo un siglo el Oriente Medio estuviera fuertemente influenciado por la cultura griega, como se pone en evidencia al estudiar el arte, la política, la religión y la filosofía de toda esa región durante ese importante período.

Cuando falleció Alejandro, en el 321 a.C., sus generales se dividieron el reino y prosiguieron con el programa helenístico que marcó de forma permanente el Creciente Fértil. Ninguna nación de la región pudo evadir esas influencias, que se manifiestan con claridad en el período intertestamentario y también en el NT.

4. Arqueología y Biblia

La arqueología ha desempeñado un papel importante y ha contribuido de forma destacada al mejoramiento y profundización de los estudios bíblicos. Inclusive, las investigaciones arqueológicas en yacimientos antiguos en las regiones de Siria, Palestina, Israel, Jordania y Egipto han ayudado a esclarecer algunos pasajes bíblicos de importancia. Aunque el propósito fundamental de las ciencias arqueológicas no es corroborar ni desmentir información alguna de la Biblia, el análisis de los descubrimientos nos han ayudado a comprender y esclarecer mucho mejor el mundo del antiguo Oriente Medio, contexto en el cual surgieron los documentos que constituyen la Biblia.

Arqueología, literalmente, significa «el estudios de los orígenes»; pero como proyecto científico organizado y como disciplina académica profesional, analiza los restos de las civilizaciones antiguas, para comprender mejor el mundo social, político, religioso y cultural en que vivían. La arqueología es, en efecto, una disciplina complementaria a las ciencias bíblicas, que contribuye de manera destacada al esclarecimiento y comprensión del contexto en el cual se desarrollaron los episodios que se relatan e interpretan en la Biblia.

Posiblemente, por estas razones metodológicas, es mejor, en vez de aludir a la «arqueología bíblica», identificar esta importante ciencia no con documentos concretos que se descubren y estudian en alguna parte del mundo, en épocas específicas, sino con la región a ser estudiada. Esa es la razón fundamental por la que debemos hablar propiamente de arqueología del Oriente Medio, o de arqueología de Siria y Palestina.

- El estudio crítico y sobrio de los hallazgos de edificios, herramientas, armas, monedas, vasijas, documentos y arquitectura son de vital importancia para la comprensión adecuada de la vida diaria en los tiempos bíblicos. Entre los descubrimientos arqueológicos de importancia bíblica, en la región y tierras de Canaán, se encuentran los siguientes, a modo de ilustración:
- El Calendario Gezer, siglo 10 a.C., nos ha permitido comprender mejor la vida diaria de los agricultores de esa época, además de brindar información valiosa sobre las casas, las calles, los enseres domésticos y el estilo de vida que llevaban.
- El descubrimiento de una medida de pesos, con la inscripción «pim», nos ha ayudado a entender mejor el texto de 1 Samuel 13.21, que es el único versículo de la Biblia que incluye el término.

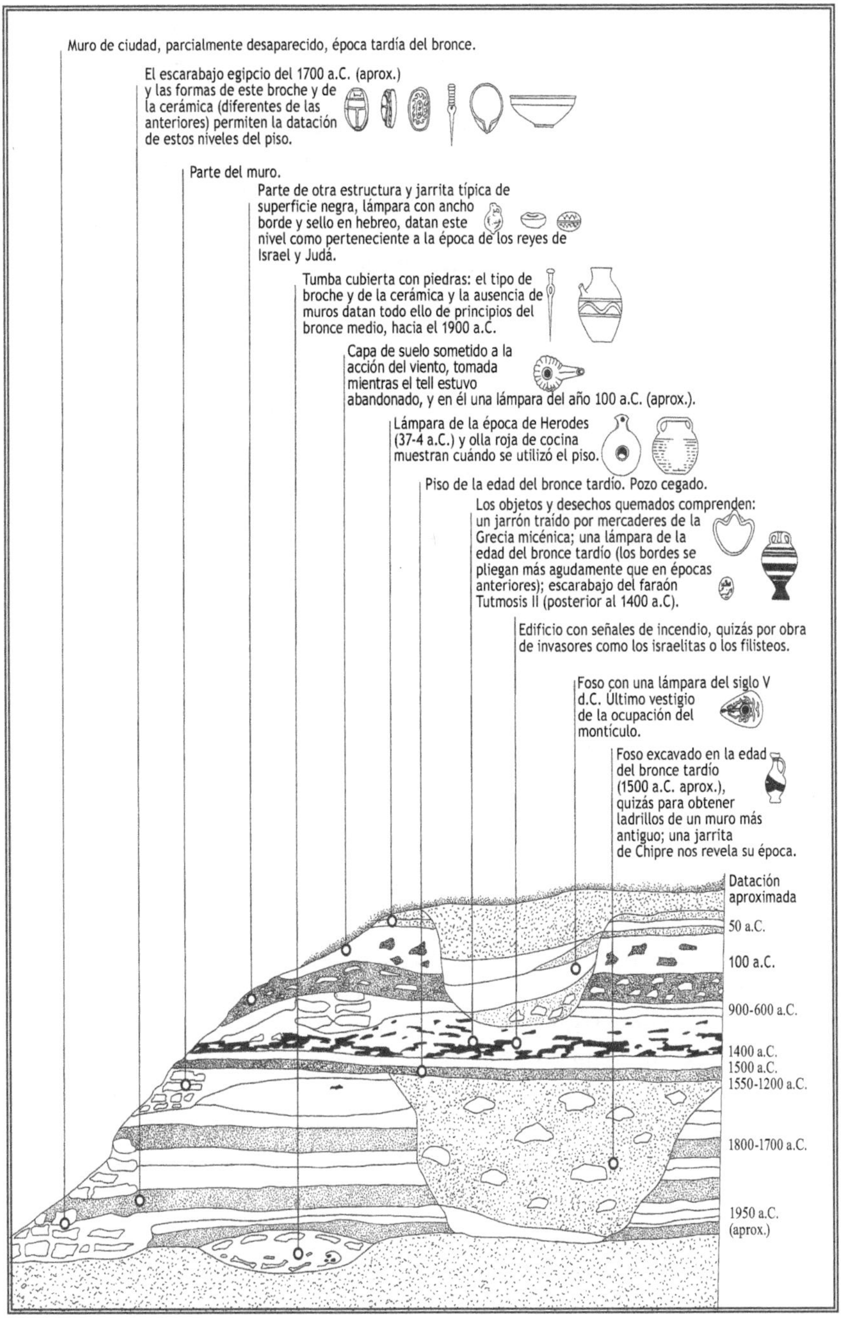

Arqueología Bíblica

- Los hermosos marfiles tallados que se hallaron en el palacio real de Samaria, capital del reino del norte, que provienen del siglo 9 a.C., nos permiten comprender la referencia a la «casa de marfil» que se hace del rey Acab (1 R 22.29).
- Los múltiples manuscritos descubiertos en Qumrán, muy cerca del Mar Muerto, nos han permitido identificar mejor las diversas familias de manuscritos hebreos, además nos ha provisto de algunos nuevos manuscritos bíblicos que provienen desde épocas previas a la era cristiana, y nos han ayudado a llevar a efecto mejores traducciones de la Biblia, particularmente del AT.
- En la ciudad de Jericó, muy cerca del Mar Muerto, que forma parte de las narraciones de la conquista de los israelitas al llegar a la antigua Canaán (Jos 2), se han descubierto los restos de diversas culturas y pueblos que provienen de los años 7,000 a.C. Es una de las ciudades con murallas y torres más antiguas de la humanidad. Entre sus visitantes distinguidos se pueden identificar al profeta Elías (2 R 2.4-5) y Jesús (Lc 19.1-9).
- En Samaria se encontraron unas vasijas que tenían anotaciones en torno a las entregas de buen aceite de oliva y de vinos de calidad, que posiblemente provenían de los almacenes del rey Jeroboam II (783-752 a.C.) o del monarca Menahem (750-741 a.C.).
- La inscripción de Siloé posee gran importancia histórica pues se encontró en medio de un túnel de agua ubicado debajo de la Ciudad vieja de David, en Jerusalén, que se construyó durante el reinado de Ezequías en Judá (715-689 a.C.). El texto indica cómo los dos trabajadores comenzaron a escavar en los lugares opuestos del túnel y se encontraron en el medio. Posiblemente el túnel fue parte de los preparativos del rey judío ante la amenaza de Senaquerib (701 a.C.), incidente al cual se alude en 2 Reyes 20.20 y en 2 Crónicas 32.30.
- El Ostracón de Laquish presenta un recuento interesante de los últimos días de independencia del reino de Judá, antes de ser conquistada y destruida por los ejércitos de Nabucodonosor en c. 597 a.C. El texto proviene de un comandante de las tropas babilónicas que estaban próximas a conquistar la ciudad de Jerusalén.

En el resto del Oriente Medio los siguientes descubrimientos han sido significativos para los estudios bíblicos. Esta lista es solo parcial, pues no son pocos los hallazgos de importancia.

- El Enuma Elish es un poema Babilónico que presenta la creación del mundo y del cosmos como una gran batalla entre las fuerzas del orden y las del caos. El estudio de este poema épico descubre algunas similitudes con las narraciones de creación que se incluyen en el libro de Génesis.
- La Épica de Guilgamesh presenta el deseo de inmortalidad del antiguo rey y sus esfuerzos fallidos por lograrla. En el proceso, escucha el relato de un gran diluvio en el cual se salvó Utnapishtim por la intervención de los dioses babilónicos. El poema también revela semejanzas con el relato del diluvio bíblico, en el cuan Noé y su familia fueron salvados por la intervención divina.
- El Código de Hamurabi es posiblemente el más famoso y completo cuerpo de leyes que poseemos de la antigüedad. Proviene de la Babilonia del siglo18 a.C., y el estudio cuidadoso del texto manifiesta algunos paralelos con varias leyes y regulaciones que se incluyen en la Ley de Moisés (p.ej., Ex 21—23).
- La Estela de Merneptah es una inscripción del faraón de Egipto por los años 1225 a.C. Su gran importancia bíblica y arqueológica proviene del comentario oficial en torno a que ese año los ejércitos egipcios derrotaron decididamente en Palestina a «Israel», convirtiéndose en la referencia literaria más antigua que poseemos del pueblo bíblico.
- El Obelisco Negro es el recuento visual que dejó el rey asirio, Salmanaser III, en el cual presenta al rey israelita Jehú (841-814 a.C.) rindiéndole pleitesía al monarca extranjero, en un gesto físico de sumisión y reconocimiento de autoridad. En las referencias bíblicas que se incluyen en la Biblia de este rey no se menciona este particular incidente (2 R 9—10).
- El Prisma de Senaquerib presenta una descripción de la batalla para conquistar la ciudad de Jerusalén. Aunque el prisma no admite la derrota, insinúa que no pudo tomar la ciudad. En 1 Reyes 18—19 se hace el recuento bíblico del evento, en el cual se indica que Senaquerib atacó la ciudad pero no pudo tomarla por la intervención de Dios.

Períodos arqueológicos más importantes

100,000-12,000 a.C.:	Paleolítico: Antigua edad de piedra
12,000-7,500 a.C.:	Paleolítico: Antigua edad de piedra
7,500-4,000 a.C.:	Calcolítico: Edad de cobre y piedra
4,000-3,150 a.C.:	Neolítico: Nueva Edad de piedra
3,150-2,200 a.C.:	Edad de bronce temprana
2,200-1550 a.C.:	Edad de bronce mediana (Período de los antepasados de Israel)
1,550-1,200 a.C.:	Edad de bronce tardía (Período de Moisés y el éxodo)
1,200-586 a.C.:	Edad de hierro (Período de conquista y monarquía)
586-332 a.C.:	Período persa (Período del retorno del exilio)
332-37 a.C.:	Período helenístico (Época de los Macabeos)
37 a.C.-324 d.C.:	Período romano (Época de Jesús y sus discípulos)

5. Los mitos antiguos

Una de las formas de comunicación de importancia en el Oriente Medio antiguo era la literatura mítica o mitológica. Este tipo de escrito o tradición oral era de carácter simbólico, poético y figurado, y transmitía las verdades más íntimas, profundas e inefables de alguna comunidad. Los mitos, lejos de ser «mentiras», como popularmente se puede entender, ponen de manifiesto las percepciones que los pueblos tienen de sus orígenes, de eventos significativos en su desarrollo nacional, así como de sí mismos.

Entre los vecinos de Israel, se difundían una serie de relatos de orden mitológico, que articulaban las percepciones antiguas del comienzo de la historia y la creación de la naturaleza, el cosmos y la humanidad. Estos antiguos mitos de creación jugaron un papel de fundamental importancia en el desarrollo de las ideas religiosas en todo el Oriente Medio. Como parte de la constelación de naciones que formaban parte del universo del Creciente Fértil, Israel entró en contacto con esas culturas y estuvo consiente de este tipo de género de comunicación, que se transmitía de generación en generación, no solo en formas orales, sino que, con el tiempo, adquirió carácter literario.

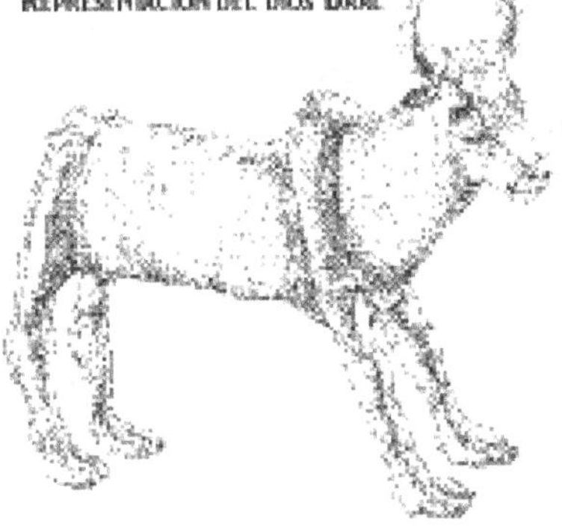

Representación del dios Baal

Los descubrimientos arqueológicos en la costa de Siria, en la antigua ciudad de Ugarit, han permitido estudiar con detenimiento una serie importante de textos míticos antiguos. Estos mitos nos permiten adentrarnos en las religiones cananeas, particularmente estudiar la religión relacionada con el dios Baal, que parece que ocupaba una posición distinguida en el panteón antiguo regional.

Uno de los mitos descubiertos alude a la gran lucha entre Baal, la divinidad relacionada con las tormentas, y un monstruo relacionado con el caos y el mar, llamado Yam, que en los textos descubiertos en Ugarit, también se conoce como dragón, leviatán y serpiente. Este dios cananeo, Yam, es posiblemente el equivalente a Tiamat, el dios del caos, en la mitología mesopotámica.

En una batalla fantástica y cósmica, Baal vence a Yam, y garantiza, de esa forma, el poder sobre las lluvias, el control de las diversas estaciones del año, y su autoridad sobre el orden del mundo. Luego de su triunfo, Baal se proclamó rey y señor de la tierra, y el dios supremo del panteón, El, le obsequia un gran templo en su honor en la ciudad de Ugarit. Posiblemente estas narraciones y poemas míticos se recitaban en los festivales anuales, relacionados directamente con las cosechas y con la agricultura en general, pues se asociaban al importante tema de la fertilidad de la tierra.

El AT incluye algunos de los temas que se ponen de manifiesto en varios mitos antiguos (p.ej., Sal 74; Sal 89; Is 51), pero los escritores sagrados transformaron o demitologizaron esos conceptos antiguos e imágenes. En los relatos de creación bíblicos (Gn 1—3), por ejemplo, no hay luchas entre las divinidades creadoras ni se vencen a los monstruos marinos para dar paso a la vida. En Israel no hay panteón con diversos dioses, pues el desarrollo del monoteísmo rechazó temprano en la historia este tipo de percepción religiosa e incentivó la producción de su teología monoteísta.

6. Instituciones sociales

Para adquirir una mejor comprensión de la Biblia es necesario, además de conocer las dinámicas políticas nacionales e internacionales que afectaron al pueblo de Israel, entender las fuerzas sociales que se manifestaban en la vida diaria del pueblo. De fundamental importancia en este análisis son las instituciones sociales que regulaban las interacciones entre individuos, comunidades, tribus, pueblos y naciones. Siendo que el período que cubre la literatura del AT es tan extenso, hay que tomar en consideración que esas mismas instituciones variaron con el tiempo y las regiones.

a) Familias, clanes y tribus

El mundo del AT, desde el período patriarcal, manifiesta una dinámica social donde las familias extendidas se agrupaban en clanes, los clanes en tribus, y las tribus, con el tiempo, formaron naciones. El caso de Israel es similar, pues en el período previo al desarrollo de la monarquía con Samuel, Saúl, David y Salomón, las relaciones sociales seguían este tipo de dinámica social.

Algunos estudiosos han propuesto que durante el período de los jueces las tribus que llegaron desde Egipto se organizaron en un tipo de federación temporal, conocida como anfictionía, que permitía a los diversos grupos responder en común a los diversos desafíos y problemas de seguridad. Les unía, se propone, el pacto o alianza en el Sinaí, cuyo signo visible era el arca del pacto. Era una especie de unión, sin mucha estructura o compromiso, que respondía particular y específicamente a las amenazas de grupos enemigos.

Quizá la relación entre las tribus no era tan definida y clara, porque las distancias y rivalidades entre ellas las mantenían en alerta, y también porque las prioridades locales les impedían desarrollar alianzas estratégicas regionales más estables, eficientes y funcionales. Esas mismas relaciones de conflicto interno, fueron parte de los problemas que generaron, con el tiempo, la división de las tribus antiguas en dos grandes bloques, que se organizaron como reinos: el reino del Norte, Israel, con su capital en Samaria; y el reino del sur, Judá, con Jerusalén como su centro de poder.

No puede ignorase, sin embargo, el hecho de que el concepto de tribu mantuvo cierta importancia a través de la historia bíblica, pues significó retener algunos compromisos sociales y afirmaciones de identidad en relación a esas dinámicas antiguas. Saúl, por ejemplo, se identifica como de la pequeña tribu de Benjamín (1 S 9.21), para afirmar su humildad entre las familias y las tribus de Israel. Luego del exilio, sin embargo, la organización social de la comunidad superó el nivel funcional de los clanes y tribus, pero las familias extendidas mantuvieron su importancia en los procesos administrativos (Ez 10.16).

En tiempos del NT, aunque la administración local se había desarrollado, se manifiesta una clara conciencia nacional en torno al tema de las doce tribus de Israel (p.ej., Lc 22.30; Stg 1.1; Ap 7.4-8). Quizá era un recuerdo que les permitía relacionarse con sus antepasados de alguna forma simbólica pero significativa. El apóstol Pablo, en esa tradición, alude a que también procede de la tribu de Benjamín, al presentar su mensaje pastoral a la comunidad de Filipo (Flp 3.5).

b) Los ancianos

En ese mundo de clanes y tribus, los «ancianos» jugaban un papel de capital importancia social. Estos personajes bíblicos eran líderes de familias o de clanes que se reunían a las puertas de la ciudad para escuchar los casos locales de dificultades y conflictos, y así juzgarlos e implantar la justicia. Entre los ancianos de cada ciudad o comunidad, se establecía una especie de concilio o corte, que adquiría un poder extraordinario para evaluar situaciones locales y también desarrollar algunas políticas administrativas.

En el libro de Job se presenta una idea de cómo funcionaban estos grupos de ancianos (Job 29.7-17), y se pone claramente de manifiesto la dignidad y autoridad del grupo; además, se afirma la imagen positiva que proyectaban ante la comunidad en general. De particular importancia para este grupo de ancianos o corte, era actuar a favor de las personas que estaban en necesidad o que eran víctimas inocentes de alguna injusticia, particularmente en la tradición de la Ley de Moisés, hacia las personas huérfanas y extranjeras, y las viudas.

Con el paso del tiempo, y también por las complejidades en las relaciones sociales, se necesitaron otros foros de justica. Estas dinámicas legales se notan en las narraciones bíblicas en torno a Samuel y sus hijos (1 S 7.15—8.3), quienes actuaban como jueces en casos que superaban las prerrogativas de los ancianos en las puertas de la ciudad. Inclusive, de la lectura de algunos pasajes legales de la Torá, se desprende que los sacerdotes también tenían algunas funciones judiciales, especialmente cuando la evidencia expuesta no era contundente, clara y definitiva. En esos casos, los sacerdotes dependían de la suerte para la implantación de la justicia (Ex 22.7-8).

c) El rey y los sistemas de justicia

El foro último de apelación era el rey, que evaluaba casos particulares y complejos que le llevaban ante su consideración y juicio. El presupuesto teológico, filosófico y administrativo del proceso y el funcionario, era que una de las responsabilidades principales del monarca se relacionaba directamente con el establecimiento de la justicia, como se pone en evidencia clara en algunos poemas del Salterio (Sal 72.2, 4).

Tanto en Israel como en Judá la monarquía siguió algunas dinámicas administrativas, sociales y políticas que tenían continuidad con el resto del Oriente Medio. En los libros de los Reyes, las evaluaciones de los monarcas de ambos reinos, norte y sur, responden prioritariamente a criterios religiosos. En efecto, los escritores bíblicos analizan las ejecutorias y las decisiones de los reyes en términos específicos de su fidelidad a Dios y al pacto. Sin embargo, en algunas porciones bíblicas se revelan detalles que deben tomarse en consideración en la evaluación crítica de la institución de la monarquía: Samuel presenta un panorama extremadamente adverso de la vida bajo los reyes (1 S 8.11-17), y del análisis de las acciones de Salomón y Jeroboam, se deduce que aun en medio de las administraciones más prósperas y económicamente desarrolladas, se manifestaban injusticias sociales, económicas y políticas (1 R 12).

En el contexto más amplio del Oriente Medio, los reyes eran vistos como figuras cercanas a las divinidades. En Egipto, por ejemplo, ante los ojos del pueblo, el faraón era como una figura divina; y en Mesopotamia, el rey era el representante oficial de los dioses ante la humanidad. Esas altas percepciones de la monarquía se manifiestan, entre otras formas, en el esplendor de sus palacios, la grandeza de sus tronos, así como en las representaciones artísticas de sus reinos.

Esa particular ideología de la monarquía, donde el incumbente era una divinidad, no se manifestó entre los reyes de Israel y Judá. Hay que notar, sin embargo, que de acuerdo con el testimonio de la Biblia hebrea, el rey era hijo de Dios (Sal 89.27-28, 30-32), y sus tronos eran bien elaborados y majestuosos (1 R 10.18-20).

Como en las diversas monarquías vecinas de Israel y Judá, los reyes tenían una especie de asesores que formaban una corte o grupo de asesores y de apoyo real. Estas cortes se encargaban de implantar las políticas reales, y también de supervisar los diversos procesos administrativos y judiciales del país.

Generalmente eran miembros de estas cortes los familiares del monarca y personajes importantes de las familias más cercanas al rey, que con el tiempo adquirían un nivel social distinguido. De esa forma histórica y social, adquirían el reconocimiento como personas «nobles», «príncipes», «cortesanos».

De acuerdo con las narraciones bíblicas, el rey tenía asesores para asuntos legales, históricos y militares, además de ayudantes personales y secretarios (2 S 8.15-18; 1 R 4.2-6). Algunos, posiblemente, no provenían de familias nobles cercanas al rey, sino que habían sido seleccionados por sus cualidades personales y sus destrezas específicas.

Tanto en Egipto como en Mesopotamia se habían creado sistemas educativos para preparar a este tipo de funcionarios de la corte. Posiblemente en Israel y Judá se siguieron esas mismas políticas educativas. La Biblia habla específicamente que la corte de Judá, en medio de la amenaza de Senaquerib, tenía mayordomo, escriba, canciller y copero mayor, entre sus altos funcionarios (2 R 18.18). Las monarquías tenían una infraestructura elaborada, lo que les permitía la operación diaria de forma efectiva.

d) Sabios, sacerdotes y profetas

Las diversas culturas del mundo han identificado personas que por alguna calificación profesional, intelectual o familiar denominan «sabios». Son individuos que gozan del respeto y aprecio de la comunidad que se caracterizan por sus recomendaciones prudentes y acertadas. En efecto, tienen la virtud de aplicar el conocimiento y la inteligencia de forma responsable y ponderada.

En las Sagradas Escrituras, se identifican una serie de personas con este distintivo, y de la lectura de algunas porciones se desprende que podría tratarse de un grupo determinado de líderes nacionales. Es precisamente un profeta, Jeremías, el que analiza las reacciones de la comunidad ante la naturaleza crítica de su mensaje, e indica que los sacerdotes no educarán, los profetas no darán la palabra y los sabios no brindarán sus consejos (Jer 18.18). La lectura de este pasaje parecería aludir a tres tipos de «oficios» específicos y definidos en la sociedad israelita antigua, pues de la misma forma que hay sacerdotes que ejercen sus funciones en el Templo y profetas que reaccionan a las decisiones de los monarcas, los sabios también tenían un espacio específico y definido dentro de la sociedad. Posiblemente la referencia a estos sabios es una alusión a los consejeros del rey, que de acuerdo con el mensaje escritural, le orientaban en asuntos de diversa naturaleza.

La Biblia también incluye de forma destacada un tipo de escrito que se conoce como literatura sapiencial. Esta literatura consistía en la recopilación de enseñanzas que constituían la base para la educación moral y ética del pueblo. Esta literatura, que se puede encontrar, entre otros libros de la Biblia, en Salmos y en Proverbios, pone de manifiesto las reflexiones naturales que intentan descubrir y celebrar el sentido positivo y grato de la existencia humana. Más que afirmaciones filosóficas especulativas, son reflexiones en torno a la vida diaria que se fundamentan en las observaciones empíricas.

Los sacerdotes, por su parte, eran funcionarios oficiales de la corte. En torno a este tema, es importante señalar que en el Oriente Medio no se distinguen las dinámicas religiosas de las políticas. La vida es una, y no se divide en esferas religiosas y seculares.

En la antigüedad, el sacerdocio era, como el resto de las profesiones en Israel, una actividad heredada. En efecto, el oficio era aprendido en los entornos familiares, y transmitido de generación en generación. Los documentos más antiguos indican que, al menos en sus comienzos, el sacerdocio podía ser ejercido por cualquier persona, si era identificado y comisionado por la persona adecuada, que primordialmente eran los jefes de familias o de clanes (Jue 17—18).

El gentilicio «levitas» aludía inicialmente a los pertenecientes a la antigua tribu de Leví; sin embargo, con el paso del tiempo, el término adquirió una particular carga semántica, que lo relacionaba directamente con el sacerdocio. Inclusive, la tribu de Leví se identificó específicamente como una comunidad sacerdotal, luego de la época de la monarquía. El libro del Deuteronomio afirma con claridad, en esa tradición teológica, que los levitas estaban calificados para actuar como sacerdotes del pueblo (Dt 18.1). Este libro representa una visión de las instituciones religiosas de Israel en el siglo 7 a.C. En ese particular momento histórico, el sacerdocio servía únicamente en Jerusalén, y los sacrificios solo se ofrecían en el Templo. Antes de esa época, los levitas ofrecían sacrificios al Señor, en otros lugares con alguna significación religiosa.

Luego del exilio, las dinámicas religiosas de la comunidad israelita cambiaron de forma dramática. Las nuevas realidades sociales, políticas y religiosas de las dos comunidades judías, tanto las que habían quedado en Jerusalén como las que habían regresado desde Babilonia, requirieron que se redefinieran los requisitos para ejercer el sacerdocio renovado en el Templo restaurado. De esta forma se identificó, como personal sacerdotal certificado, solo a los descendientes de los sacerdotes que habían ejercido esas funciones en el Templo antes del exilio. Se les conocía específicamente como «los hijos de Sadok», y se trazaba su ascendencia familiar hasta Aarón, el hermano de Moisés. Sadok sirvió como sumo sacerdote en el reinado de David.

Fue en el período que prosiguió al retorno a Jerusalén, que los levitas fueron ubicados en una posición inferior en la escala sacerdotal, pues podían apoyar la celebración de los eventos en el Segundo Templo, particularmente con la música, pero no podían ofrecer sacrificios. Con el tiempo, posiblemente en el período helenístico, el sumo sacerdote tomó más responsabilidades políticas y sociales para administrar los asuntos nacionales, por la falta de un monarca con poder político claro y definido.

De singular importancia entre las responsabilidades básicas de los sacerdotes están sus funciones educativas. Aunque los sacrificios constituían un componente importante en sus funciones litúrgicas, la educación del pueblo en los temas relacionados con la Torá era considerada como una de sus responsabilidades fundamentales, por lo menos ante los ojos de los profetas (Os 4.6; Mal 2.7-9).

Los profetas eran personajes singulares en la sociedad israelita. Sus funciones se relacionaban con las actividades del rey, aunque también contribuían de forma destacada en la formación de opinión pública en el pueblo. Eran personajes independientes que no se relacionaban ni estaban adscritos a ningún santuario definido. Constituían, posiblemente, una de las pocas profesiones en el Israel de la antigüedad que no era hereditaria, pues la vocación profética, más que un oficio, era una encomienda divina que se debía cumplir con responsabilidad y vehemencia bajo ciertas especificaciones estrictas. La institución de la profecía se desarrolló paralelamente con la de la monarquía, y no requería entrenamiento particular, solo se necesitaba estar llamado y comisionado por Dios.

Aunque no ejercían ninguna posición oficial dentro del reino, con regularidad se encontraban en diálogo directo con los monarcas (Is 8—9) y personas influyentes en el palacio real, pues algunos formaban parte del grupo de asesores y consejeros oficiales de los reyes. Esta orientación política y religiosa era requerida de los profetas, particularmente en tiempos de crisis nacional, o para tomar decisiones de importancia nacional e internacional, como por ejemplo, el comenzar una guerra (1 R 22).

La expresión «hijos de los profetas» se refiere específicamente a los grupos que vivían en algún tipo de comunidad, específicamente en tiempos del profeta Eliseo (2 R 2.15-17; 4.38-41; 6.1-7).

Los profetas, provenían de diversas regiones y sectores del país, inclusive, algunos reclamaban haber sido llamados por Dios mientras llevaban a efecto sus labores cotidianas (Am 7.14). Su labor principal consistía en anunciar la palabra divina al pueblo, en ocasiones por conducto del rey, aunque también tenían la capacidad de efectuar milagros. Con el tiempo se convirtieron en la consciencia moral del pueblo y sus líderes, llamándolos a vivir de acuerdo con las estipulaciones definidas en la Ley y de acuerdo con el pacto.

7. Relaciones familiares

La unidad básica de la sociedad antigua en Israel era la familia, que era entendida en términos extendidos e incluía abuelos, padre y madre, hijos e hijas, tíos y tías, sobrinos y sobrinas, y hasta sirvientes y esclavos. La estructura era patriarcal. Las personas de autoridad eran reyes, jueces, sacerdotes, sabios, guerreros, artesanos, agricultores. Estas dinámicas sociales se producían no en contextos beduinos antiguos sino en las diversas ciudades en las que se asentaron los israelitas como pueblo al llegar a las tierras de Canaán.

Los hombres, en este tipo de arreglo social, tenían las responsabilidades mayores, y las mujeres ocupaban un sitial subordinado, como esposas, madres, hijas o viudas. Los niños y las niñas también eran relegados a un papel secundario, pues eran vistos como una posesión del padre. La familia ideal era numerosa, pues se fundamentaba en el antiguo mandamiento bíblico de crecimiento (Gn 1.28). El tener muchos hijos e hijas era considerado una bendición divina. La infertilidad era vista como una maldición, y siempre se le achacaba a las mujeres, que se sentían particularmente humilladas y afligidas por la incapacidad de procrear (Gn 16.1-6; 1 S 1.1-7).

Los procesos educativos se llevaban a efecto en el seno del hogar. El hombre se encargaba de instruir a los varones en el oficio tradicional de la familia; y las mujeres hacían lo propio con las niñas, que se encargaban de todas las actividades domésticas, y también de algunas del campo. La educación formal para leer y escribir con tutores no era común, y estaba reservada para algunas familias con mayor poder económico y prestigio social.

Aunque las mujeres vivían en un ambiente de subordinación, y su entorno de acción no era amplio e independiente, la Biblia afirma sus derechos humanos y personales. Las leyes de protección de viudas y huérfanos, por ejemplo, era una forma de salvaguardar y afirmar la dignidad de este sector vulnerable y necesitado de la sociedad. Los hombres, que constituían las personas responsables de los grupos más frágiles, no podían disponer de las mujeres, niños, niñas y esclavos a sus caprichos, pues inclusive los esclavos, tanto hombres como mujeres, tenían el mismo derecho a la liberación luego de seis años de trabajo.

El particular caso de la mujer virtuosa, en el libro de los Proverbios (Pr 31.14-23), presenta el importante modelo de una mujer ideal, que no corresponde a los patrones de subordinación previamente descritos. Además, las críticas del profeta Amós a las esposas de los hombres acaudalados (Am 4.1), ponen claramente de manifiesto que el grado de subordinación de las mujeres en estos sectores de la sociedad, variaba de acuerdo con el nivel económico que ostentaban.

De acuerdo con la literatura sapiencial, que manifiesta una actitud de discrimen óptimo, las mujeres eran seductoras y pecadoras (Pr 2.16-19; 5.1-14; 7.6-27). Esa percepción llega a un punto mayor con las afirmaciones del Eclesiastés (Ec 7.28), que indica que no es posible conseguir una buena mujer entre la multitud.

Esa actitud misógina y antifemenina contrasta dramáticamente con una serie de mujeres cuyas contribuciones, de acuerdo con las narraciones bíblicas, apoyaron de forma destacada la vida nacional. Fueron matriarcas (p.ej., Sara, Rebeca, Raquel), reinas, reinas madres y esposas de reyes (p.ej., Abigail y Mica), juezas y militares (p.ej., Débora), salvadoras de su comunidad (p.ej., Ester y Judit), y profetisas (p.ej., María). En efecto, la impresión que dejaron estas mujeres en la vida del pueblo fue de tal magnitud, que aun en medio de una sociedad que no valoraba adecuadamente sus diversas contribuciones, las memorias de sus ejecutorias sobrepasaron los prejuicios de género y rebasaron los linderos del tiempo.

3

HISTORIA Y TEOLOGÍA

Murieron José, todos sus hermanos,
y toda aquella generación.
Pero los hijos de Israel fructificaron y se multiplicaron,
llegaron a ser numerosos y fuertes en extremo,
y se llenó de ellos la tierra.
Éxodo 1.6-7

1. Narración de la historia bíblica

La Biblia hebrea está redactada, en una gran parte, en narraciones. Y la naturaleza literaria e histórica de esas narraciones debe ser bien entendida para adquirir una comprensión adecuada de su mensaje. Los escritores bíblicos estaban interesados en contar una «historia» que se fundamentaba en la fe que tenían en Dios. No redactaban lo sucedido de acuerdo con un orden cronológico definido ni fundamentados en las comprensiones científicas que tenemos en la actualidad de la historia. Por el contrario, lo que narraban eran sus percepciones e interpretaciones de los eventos que presenciaban o que escuchaban, algunos que se contaban por generaciones, desde la perspectiva de la fe.

En ocasiones, y mediante complejos análisis literarios, teológicos, históricos y arqueológicos, podemos descifrar algo de lo que realmente sucedió en la antigüedad y que se presupone en el recuento bíblico. Hay momentos, sin embargo, en que ese conocimiento preciso y específico de lo que acaeció, por ejemplo, en la antigua Palestina, en el desierto del Sinaí o en el exilio en Babilonia, escapa a nuestras comprensiones y conocimientos actuales, pues el texto bíblico lo que desea destacar es la intervención divina que tiene una finalidad redentora o educativa para el pueblo. Para la persona estudiosa de la Biblia, sin embargo, es determinante saber que los materiales que estudia son las grandes verdades del pueblo de Israel, que nos llegan matizadas y filtradas por la fe viva que tenía una comunidad antigua en la capacidad de intervención liberadora del único Dios verdadero.

La “historia” bíblica

Los escritores bíblicos estaban interesados en contar una «historia» que se fundamentaba en la fe que tenían en Dios. No redactaban lo sucedido de acuerdo con un orden cronológico definido ni fundamentados en las comprensiones científicas que tenemos en la actualidad de la historia. Por el contrario, lo que narraban eran sus percepciones e interpretaciones de los eventos que presenciaban o que escuchaban, algunos que se contaban por generaciones, desde la perspectiva de la fe.

Es ese importante marco teológico el que debe guiar nuestro estudio y servir de entorno filosófico para nuestra comprensión del AT o Biblia hebrea. Quienes escribieron la Biblia no eran historiadores independientes o testigos «neutrales» de los eventos que presentan, que trataron de articular de forma escrita la secuencia precisa de las acciones antiguas. Fueron personas de fe en Dios las que entendieron que debían cumplir con esa encomienda literaria y educativa. Fueron hombres y mujeres de bien, y de convicciones firmes y decididas, los que decidieron mover las antiguas tradiciones orales y reducirlas a piezas literarias para el beneficio de la posteridad.

En efecto, las narraciones bíblicas son documentos y relatos «históricos» redactados desde la importante perspectiva de la fe. Escribieron y editaron los materiales que posteriormente llegaron a formar parte del canon de las Escrituras para sus contemporáneos. Sin embargo, por la naturaleza religiosa de esos documentos, y también por sus virtudes estéticas y literarias, esos manuscritos y documentos antiguos han roto los niveles del tiempo y han llegado a diversas generaciones y diferentes naciones como palabra divina. Estas narraciones bíblicas antiguas cobran vida nueva en diversas culturas y en generaciones diferentes de forma permanente, porque la gente de fe vuelve a leer y escudriñar esos documentos y descubre enseñanzas y valores que pueden aplicar en su vida. ¡Estos textos antiguos son también mensajes modernos, ante los ojos de la fe!

Estas comprensiones teológicas nos permiten descubrir que la revelación de Dios a la humanidad, de acuerdo con el testimonio bíblico, no se pone en clara evidencia mediante la elaboración compleja y el desarrollo progresivo de las diversas filosofías e ideas antiguas. Según el AT, Dios se revela al mundo mediante una serie importante de hechos concretos y específicos; y la reflexión que se hace en torno a esos eventos significativos nos permite descubrir las enseñanzas religiosas y los valores teológicos que forman parte de la revelación divina.

A continuación, presentamos la historia de Israel, de acuerdo con las narraciones de la Biblia. Esta historia realmente articula la perspectiva teológica de los eventos, las experiencias personales y colectivas, así como los recuerdos nacionales, fundamentados en la fe de un pueblo. No se basan, por ejemplo, en lo que se llamaría en las ciencias contemporáneas, una presentación crítica de la historia nacional. Lo que realmente tenemos a nuestra disposición es, más bien, una elaboración religiosa de las memorias más significativas e importantes de Israel como pueblo. Contamos, en efecto, con la historia de la redención y la salvación de un pueblo.

De gran importancia al estudiar estos temas, es comprender que la información que poseemos en el AT no solo es teológica sino que representa la perspectiva social de un particular sector del pueblo. Tenemos en la Biblia hebrea, mayormente, las reflexiones y narraciones que provienen de un singular grupo intelectualmente desarrollado del pueblo, que estaba educado de manera formal o informal, y que poseía capacidad literaria; posiblemente tenía, además, una aventajada infraestructura económica y social, que le permitía invertir tiempo de calidad en este tipo de proyecto de reflexión religiosa, histórica y política.

Seguiremos, en nuestra presentación, el orden canónico de la Biblia, que se articula con cierta coherencia: Desde la creación del mundo, pasando por los relatos fundamentales de la liberación de Egipto y el establecimiento de la monarquía, hasta llegar al período del exilio en Babilonia y el regreso de los deportados.

Posteriormente en esta obra haremos un análisis más detallado y sobrio de los diversos eventos nacionales e internacionales que sirven de base para la redacción de la Biblia. Evaluaremos de esa forma los detalles de esa historia y la comprensión teológica de estas importantes narraciones.

a) Los comienzos

De acuerdo con el orden canónico, los relatos de la historia del pueblo de Israel comienzan con la creación del cosmos, el mundo y la humanidad. Los comienzos no son solo los inicios de la nación desde la perspectiva histórica, sino la declaración de una serie de afirmaciones teológicas que no solo ponen a Israel en el proceso de la creación divina, sino que revelan de manera categórica y firme que Dios es el creador de los cielos y la tierra. Esa gran visión teológica de la historia se reitera con fuerza a través del AT y del NT.

Muy temprano en el canon bíblico, se pone de manifiesto la relación íntima entre el Dios creador y el pueblo de Israel: El Señor, que tiene el poder absoluto de la creación del cosmos, se relaciona con un pueblo de forma singular, pues forma parte de su acervo cultural y sus memorias históricas. La primera imagen del AT presenta a Dios creando el mundo de forma ordenada, y como culminación del proceso crea a los seres humanos.

¡Todo lo que existe fue creado por Dios!

La lectura del Pentateuco, y de toda la Biblia, comienza con una declaración extraordinaria de fe. La creación del universo, la naturaleza y las personas no es fortuita, ni resultado del azar, ni el producto de las luchas mitológicas de las divinidades de los panteones antiguos: ¡Todo lo que existe es producto de la iniciativa y la voluntad de Dios! Y esa gran declaración teológica generaba seguridad y esperanza en un pueblo que se veía continuamente amenazado por las diversas potencias políticas y militares del antiguo Oriente Medio.

Las narraciones de los comienzos u orígenes (Gn 1.1—2.3a) prosiguen con un segundo relato de creación (Gn 2.3b—3.24), donde el proceso de las acciones divinas se presenta de forma más íntima y dialogada, y se indica que la primera pareja se llama Adán y Eva. Luego de la creación de esta primera familia, se describen varios eventos de gran significado cultural, histórico y teológico para el pueblo de Israel: La llegada del pecado a la humanidad; el primer crimen, ¡un fratricidio! (Gn 4.1-16); el relato del gran diluvio que afectó adversamente al mundo conocido, y el pacto de Dios con Noé y su familia (Gn 6.1—10.32); la narración de la confusión de los idiomas en Babel por el soberbia y arrogancia humana (Gn 11.1-26); y la lista de los antepasados de Abraham (Gn 11.27-32).

Estos pasajes, que tanta importancia tienen en los estudios bíblicos, presentan una visión más teológica que histórica de los inicios de la vida. Los escritores antiguos de estas narraciones no estaban interesados en los detalles científicos, como se entenderían en la sociedad contemporánea. Deseaban transmitir, de generación en generación, las grandes afirmaciones religiosas y declaraciones teológicas que estaban ligadas a sus memorias como pueblo y que brindaban a la comunidad sentido de pertenencia histórica y cohesión espiritual.

La lectura del Pentateuco, y de toda la Biblia, comienza con una declaración extraordinaria de fe. La creación del universo, la naturaleza y las personas no es fortuita, ni resultado del azar, ni el producto de las luchas mitológicas de las divinidades de los panteones antiguos: ¡Todo lo que existe es producto de la iniciativa y la voluntad de Dios! Y esa gran declaración teológica generaba seguridad y esperanza en un pueblo que se veía continuamente amenazado por las diversas potencias políticas y militares del antiguo Oriente Medio.

Las fuentes extra bíblicas que nos permiten estudiar con profundidad la historia de Israel en este período antiguo, conocido como la «prehistoria del pueblo», no son muchas y los documentos son limitados. Por esta razón, el estudio del libro de Génesis es de vital importancia teológica, pues nos relata acerca de las formas de vida y la cultura de épocas antiquísimas en el Oriente Medio antiguo.

b) Los antepasados de Israel

El resto de las narraciones en Génesis se relacionan directamente con la historia de los patriarcas y las matriarcas de Israel. Estos importantes personajes bíblicos, en esencia, eran una especie de jefes de clanes o de familias extendidas, en el contexto mayor de las comunidades nómadas del Creciente Fértil antiguo. Sus grupos se movían de lugar en lugar, pues no se dedicaban aún a la agricultura ni tenían asentamientos permanentes. Se quedaban en algún lugar hasta que los ganados consumían los alimentos de la región. Posteriormente, continuaban sus migraciones nómadas en busca de comida y agua para sus ganados.

De acuerdo con el relato bíblico, la familia de Abraham y Sara provenía de la antigua ciudad de Ur, que estaba situada junto al río Tigris en Mesopotamia. En ese lugar, el famoso patriarca recibió la promesa divina de que su descendencia sería numerosa, y que se convertiría en una nación grande (Gn 12.1-3; cf. 15.1-21; 17.1-4). Fue en ese singular contexto de revelaciones divinas, que comienza el proceso de desarrollo y crecimiento familiar. Primero nace su hijo Isaac, que a su vez es padre de Jacob. De esta forma es que Génesis presenta los inicios de la historia del pueblo de Israel, ¡desde una perspectiva familiar!

Desde Ur, Abraham y su familia llegaron a las tierras de Canaán, que entendieron era el lugar que el Señor les había prometido. Esta migración familiar descrita en la Biblia, tiene paralelos con otras salidas de grupos nómadas desde esa región mesopotámica durante el mismo período. Y en ese importante peregrinar al futuro, Abraham y su familia se movieron primeramente hacia el norte, y luego al oeste y al sur. En el viaje, se detuvieron en varios lugares que están identificados en las Escrituras (p.ej., Harán, Siquem, Hai y Bet El; Gn 11.31—12.9). Posteriormente, siguieron su camino que les llevó hasta Egipto, por el desierto del Néguev, pero regresaron a Canaán, y se establecieron de forma definitiva en Mamre, que está ubicada muy cerca de la actual ciudad palestina de Hebrón (Gn 13.1-3,18).

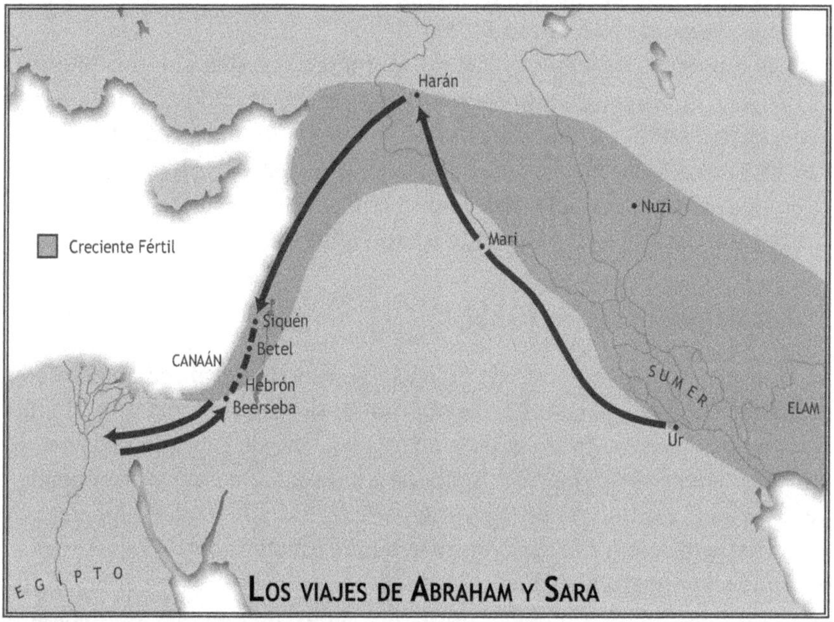

Con la muerte de Abraham (Gn 25.7-11; cf. 23.2, 17-20), Isaac, su hijo, hereda su liderato y se convierte en el protagonista de las narraciones bíblicas. De acuerdo con el libro de Génesis, Isaac se relaciona con los pueblos de Gerar y Beerseba (Gn 26.6, 23), que están más al sur de Mamre y Hebrón, en la región desértica del Néguev (Gn 24.62). Su estilo de vida es similar al que tenían las personas del segundo milenio a.C. Como por ejemplo: asentamientos temporales, viajes continuos en busca de aguas y comida para los ganados, en ocasiones llevan a efecto algunas tareas agrícolas breves, y conflictos con los pobladores de regiones que tenían pozos de agua (Gn 26).

Luego del protagonismo de Isaac, la narración bíblica destaca los conflictos y las dificultades entre dos hermanos: Jacob y Esaú. El relato tan detallado de estos problemas es una forma literaria de anticipar las dificultades entre los descendientes de Jacob, los israelitas, y los de Esaú, los edomitas. Esta sección del Génesis es más detallada, complicada y larga que las anteriores, pues intenta preparar al lector y lectora para el recuento del resto de la historia de Israel.

Los relatos de las aventuras de Jacob, incluyen lo siguiente: su salida y huida a Padam-aram en Mesopotamia; su inteligencia y riquezas; su regreso a las tierras de Canaán; su encuentro transformador con Dios en Peniel; el cambio dramático de su nombre de Jacob a Israel; la renovación de las promesas divinas hechas anteriormente a Abraham (Gn 35.1-14), que ahora se aplicaban a Jacob; varias narraciones en torno a José; para terminar, finalmente, con la muerte de Jacob en Egipto (Gn 37.1—50.14).

De esa forma familiar, las narraciones del Pentateuco se mueven de la época patriarcal al período del éxodo. Los relatos intentan mantener algún tipo de secuencia lógica e histórica. Los autores han demostrado gran capacidad literaria y educativa, pues hacen uso de la reiteración y repetición para enfatizar algunos de los temas que desean destacar. De la historia de una familia, la trama bíblica se mueve a la historia de una nación.

c) El éxodo de Egipto

El Génesis culmina con la narración de la muerte de José en Egipto. Ese mismo evento es el que toma el escritor del libro de Éxodo para comenzar su historia nacional. La afirmación en torno a que el nuevo faraón no conocía a José, más que una declaración histórica es una declaración teológica (Ex 1.8). Lo que implica es que la nueva administración egipcia no iba a proseguir con la política de respeto y afirmación hacia la comunidad israelita, entre otros grupos minoritarios, sino que implantarían una serie de nuevas directrices gubernamentales que les afectarían de forma adversa y nefasta.

Durante la época patriarcal, Egipto fue gobernado por un grupo invasor proveniente de Mesopotamia conocido como los hicsos, que antes de llegar al delta del Nilo pasaron por Canaán y se relacionaron con los líderes de esa región (siglo18 a.C.). Posiblemente, por esa razón histórica, es que cuando los patriarcas (por ejemplo, Jacob y toda su familia) llegaron a Egipto, fueron recibidos de forma positiva por las autoridades nacionales. Quizá por esa misma conexión histórica es que debe entenderse que uno de los descendientes de los patriarcas haya llegado a ocupar una posición de tan alta responsabilidad en el gobierno del faraón, como es el caso de José (Gn 41.37-43).

Sin embargo, cuando los hicsos fueron definitivamente derrotados y expulsados de Egipto, la política en torno a las comunidades extranjeras cambió de forma drástica. Los nuevos gobernantes decidieron revertir los privilegios que la administración anterior había otorgado a los israelitas. Esa es posiblemente la implicación política de que los nuevos gobernantes «no conocían a José»; es decir, no reconocían su autoridad y prestigio y, además, rechazaban las acciones políticas previas hacia su comunidad. La nueva hostilidad gubernamental hacia los israelitas que vivían en Egipto, posiblemente, está relacionada con el hecho histórico de la derrota de los hicsos, que eran sus protectores.

La referencia más antigua a Israel fuera de la Biblia

La nueva política hacia los israelitas era de trabajos forzosos, vejaciones, maltratos y opresiones. Les obligaron a trabajar en condiciones infrahumanas en la construcción de algunas nuevas ciudades, como Pitón y Ramesés (Ex 1.11). El ambiente de respeto y paz que vivían, fue transformado en relaciones inhóspitas, inhumanas y agresivas. En medio de estas dinámicas de cautiverio y desesperanza, nació un nuevo líder hebreo: Moisés.

Los episodios que enmarcan la narración del nacimiento de Moisés son extraordinarios: ¡Fue salvado de forma milagrosa de morir ahogado en las aguas del Río Nilo!, ese acto prodigioso marcó la trayectoria de su vida, pues se convirtió en el líder indiscutible, legislador y libertador del pueblo de Israel.

Trabajo de israelitas ilustrado en un fresco egipcio

La liberación de los israelitas de la opresión egipcia fue un proceso extenso e intenso. Moisés tuvo que convencer al faraón que dejara salir al pueblo, en medio de una serie interesante y reveladora de combates espectaculares con los magos del reino. Finalmente, la sabiduría y el poder de Moisés prevalecen sobre la magia egipcia, y el pueblo de Israel salió al desierto, para peregrinar por la Península del Sinaí por cuarenta años, de acuerdo con el testimonio bíblico.

La identidad precisa del grupo que salió de Egipto es muy difícil de precisar. Esos israelitas, o mejor dicho, hebreos antiguos, provenían de diversos sectores de la sociedad. Algunos eran parte de tribus seminómadas que vivían en el desierto, pero que trabajaban por temporadas en la construcción de las nuevas ciudades egipcias; otros, posiblemente, eran grupos de alguna forma relacionados con los anteriores, pero que ya se habían asentado en las tierras de Egipto; y aún otros eran tribus del desierto que se unieron al grupo de Moisés cuando viajaban por el desierto.

En este proceso de liberación bajo el liderato de Moisés, según los relatos bíblicos, el pueblo experimentó una serie importantes de manifestaciones divinas. Por ejemplo: se revela el nombre personal del Dios que les había liberado (Ex 3.1-16); los ejércitos del faraón, que perseguían y amenazaban con destruir al pueblo de Israel, fueron derrotados y echados a la mar de forma milagrosa y definitiva (Ex 14.1—15.21); además, se dan, en el Monte Sinaí, los Diez Mandamientos, que constituyen la base y núcleo fundamental para lo que posteriormente se conoce como la Ley de Moisés (Ex 19.1—20.17).

Las narraciones de la liberación de Egipto permiten al pueblo de Israel tener el fundamento teológico básico para entenderse a sí mismo como el pueblo escogido y llamado por Dios. Este evento de liberación nacional marcó de forma permanente la teología de sabios, profetas y poetas del pueblo, que fundamentados en estos recuentos épicos extraordinarios, desarrollaron teologías que les permitían a las futuras generaciones responder con valor y autoridad a los grandes desafíos de la existencia humana.

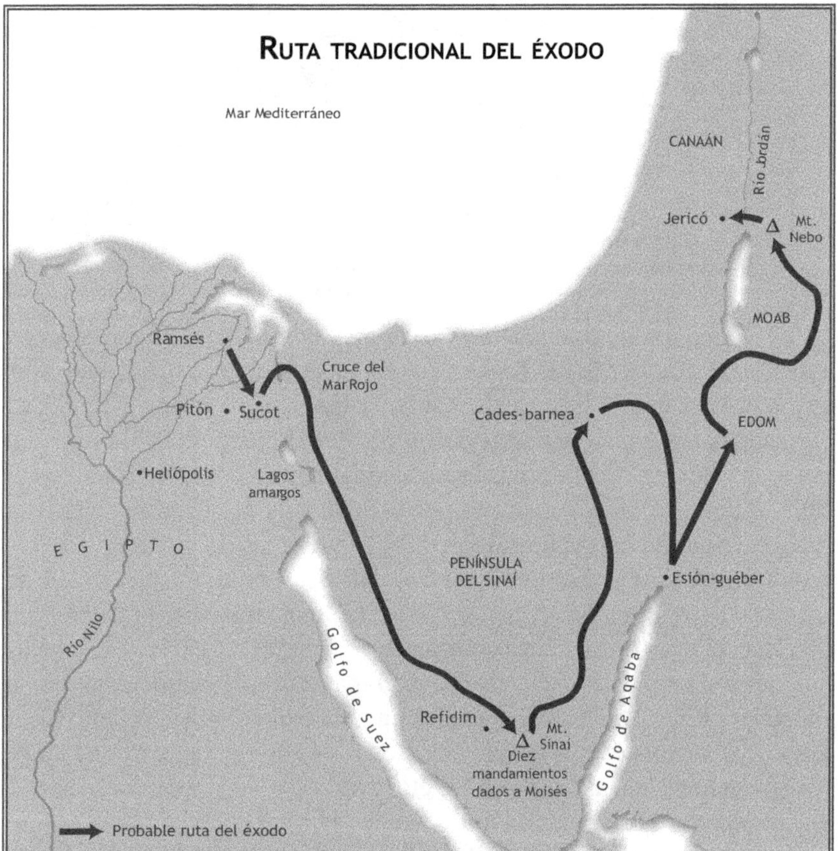

Como punto culminante de la experiencia de liberación de Egipto, el libro del Éxodo presenta el pacto o la alianza que Dios establece con el pueblo de Israel. Esa relación singular del Señor con su pueblo, se convirtió en el tema teológico privilegiado de los profetas, que evaluaban el comportamiento de pueblo de Israel y sus monarcas, a la luz de las estipulaciones del pacto. Si la gente cumplía con los mandatos divinos, afirmaban los profetas, vivían en paz y prosperidad; sin embargo, si se alejaban de esos estatutos éticos y morales, recibirían el juicio divino, de acuerdo con el mensaje profético.

d) La conquista de Canaán

De acuerdo con las narraciones del Pentateuco, luego de la muerte de Moisés (Dt 34), el liderato nacional recayó en manos de Josué, cuyo objetivo primordial era llevar a los israelitas hasta Canaán, que, desde la perspectiva de las tradiciones patriarcales, ya era conocida como la «Tierra Prometida». El hecho que marcó el inicio de ese proceso fue el cruce del Río Jordán (desde la región ocupada por la actual Jordania a Israel y Palestina), que guarda ciertos paralelos con el cruce de Moisés a través del Mar Rojo (Jos 1—3; Ex 14—15).

La llamada «conquista» del territorio cananeo, fue un proceso difícil, largo y complejo (Jue 1), que en ocasiones se llevó a efecto de manera pacífica, pero que en otros momentos incluyó hostilidades, conflictos y guerras (Jue 4—5). Ese fue un período de fundamental importancia en la historia bíblica, pues los israelitas pasaron de ser una comunidad nómada o seminómada a convertirse en un pueblo establecido, en las tierras con las cuales se relacionarían el resto de su historia nacional.

Los pueblos que los israelitas encontraron en Canaán tenían en común una ascendencia semita, pero también mostraban elementos culturales distintivos e historias nacionales definidas. Por esa razón, en ocasiones, las luchas fueron intensas, pues estaban en juego no solo los terrenos y los pueblos necesarios para vivir y desarrollar una nación, sino la identidad cultural, que brinda a las comunidades sentido de historia y cohesión, sino salud emocional, espiritual y social. Con el tiempo, muchas de las comunidades cananeas se fundieron con los grupos israelitas que comenzaban a poblar y colonizar la región (Jue 9).

Mientras que en Canaán los israelitas estaban en pleno proceso de asentarse en la región, habían comenzado una serie importante de cambios políticos en el resto del Oriente Medio. Las grandes potencias de Egipto y Babilonia comenzaban a ceder sus poderes a nuevos pueblos que intentaban sustituirlos en la implantación de políticas internacionales. Esos cambios y transiciones de poder, en el contexto mayor de la Creciente Fértil, permitió a los pueblos más pequeños, como los de Canaán, desarrollar sus propias iniciativas y adquirir cierta independencia económica, política y militar.

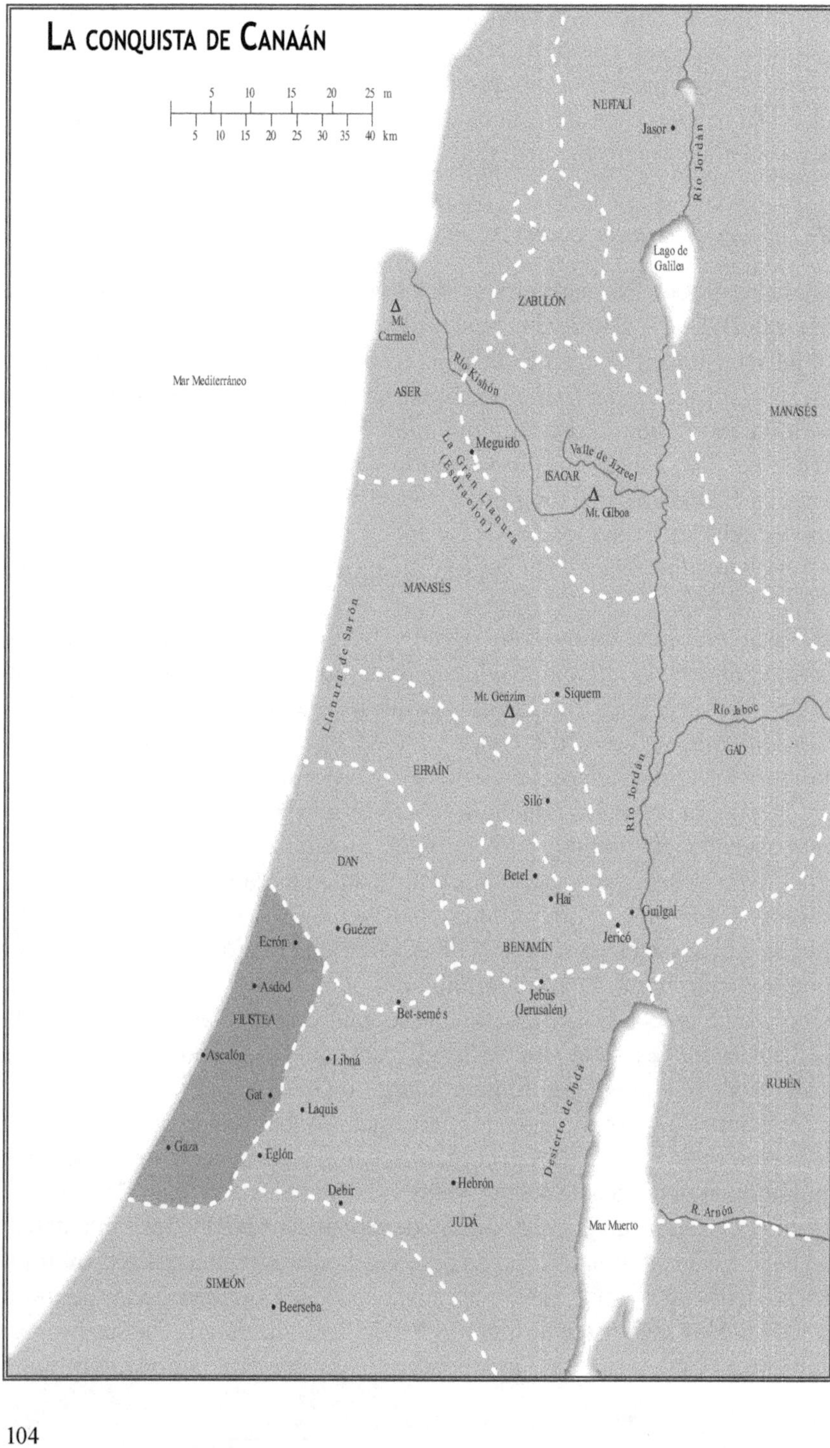
La conquista de Canaán
5 10 15 20 25 m
5 10 15 20 25 30 35 40 km
Neftalí
Jasor
Río Jordán
Lago de Galilea
Zabulón
Mt. Carmelo
Mar Mediterráneo
Río Kishón
Aser
Manasés
Meguido
La Gran Llanura (Esdraelón)
Valle de Jezreel
Isacar
Mt. Gilboa
Manasés
Llanura de Sarón
Mt. Gerizim
Siquem
Río Jaboc
Gad
Efraín
Siló
Río Jordán
Dan
Betel
Hai
Guilgal
Guézer
Ecrón
Jericó
Benjamín
Asdod
Filistea
Bet-semés
Jebús (Jerusalén)
Ascalón
Libná
Gat
Laquis
Rubén
Desierto de Judá
Gaza
Eglón
Debir
Hebrón
R. Arnón
Judá
Mar Muerto
Simeón
Beerseba

De esos cambios internacionales, que dejaron un cierto vacío político en Canaán, se beneficiaron los recién llegados grupos de israelitas. Desde la perspectiva de la profesión religiosa, los pueblos cananeos tenían un panteón bastante desarrollado, que incluía una serie importantes de celebraciones y reconocimientos en honor al dios Baal y a las diosas Asera y Astarté. Además, tenían un panorama complejo de divinidades menores, que primordialmente se relacionaban con la fertilidad. En esencia, las religiones cananeas eran agrarias y adoraban a Baal como dios principal y señor de la tierra.

e) El período de los jueces

El llamado «período de los jueces» en la historia bíblica comienza con la muerte de Josué (Jos 24.29-32), y con la reorganización de los grupos israelitas que se habían asentado en las tierras de Canaán. La característica política, social y administrativa fundamental de este período (c.1200-1050 a.C.), es posiblemente la restructuración social de los israelitas que llegaron de Egipto, más los que se les habían unido en Canaán, en diversos grupos tribales de naturaleza casi independientes. Ese era un tipo de modelo administrativo que se vivía en la región cananea antes de la llegada de los israelitas.

En ese contexto de independencia parcial de los grupos, ahora separados por regiones y tribus, en ocasiones se levantaban líderes para unirlos y enfrentar dificultades sociopolíticas y económicas, así como los desafíos en común. Esos líderes son conocidos como «jueces», aunque su finalidad no estaba cautiva necesariamente en las tareas de interpretación y aplicación de las leyes. Un buen ejemplo de los poemas y las épicas que celebran los triunfos de estas uniones militares estratégicas entre las tribus, es el singular Cántico de Débora (Jue 5), que afirma y disfruta la victoria definitiva de los grupos israelitas sobre las antiguas milicias cananeas.

Pero mientras los israelitas se consolidaban en Canaán, y las potencias internacionales de Egipto y Babilonia estaban en pleno proceso de decadencia política y militar, llegaron a las costas, provenientes de Creta y otros lugares del Mediterráneo y del sur de Turquía, grupos conocidos como «los pueblos del mar», que por algunas transformaciones lingüísticas fueron conocidos posteriormente como los filisteos. Con el tiempo, fueron estos filisteos los que representaron las mayores dificultades y constituyeron la amenaza más importante y significativa a los diversos grupos israelitas.

Aunque los filisteos trataron de conquistar infructuosamente a Egipto, lograron llegar y asentarse en Canaán. Se apoderaron de las llanuras costeras (c. 1175 a.C.), y fundaron cinco importantes ciudades: Asdod, Gaza, Ascalón, Gat y Ecrón (1 S 6.17). Desde esas ciudades llevaban a efecto incursiones militares en las zonas montañosas de Canaán, que les fueron ganando con el tiempo el reconocimiento y el respeto en la región.

Posiblemente el fundamento del éxito filisteo estaba relacionado con su trabajo con el hierro; fabricaron de equipo agrícola resistente y el desarrollo de armas de guerra poderosas (1 S 13.19-22). Estos filisteos constituyeron una de las razones para que los israelitas pasaran de una administración local de jueces al de una monarquía.

f) La monarquía en Israel

Para responder de forma adecuada y efectiva a los nuevos desafíos que les presentaban las amenazas militares de los grupos filisteos, las tribus israelitas debieron reorganizar y transformar sus gobiernos locales en una administración central, con los poderes necesarios y recursos inherentes para establecer, entre otros, un ejército. La necesidad de responder de forma unificada a los desafíos que les presentaba la relación con el resto de las naciones, particularmente en tiempos de crisis, fue el origen de la monarquía en Israel.

Luego de superar las resistencias internas de grupos opuestos al gobierno central (1 S 8), y bajo el poderoso liderato de Samuel, que fue el último juez, se estableció finalmente la monarquía en Israel. Fue Samuel mismo quien ungió al primer rey, Saúl, e inició formalmente un proyecto de monarquía (c. 1040 a.C.), aunque en ocasiones accidentado, llegó hasta el período del exilio y la deportación de los israelitas a Babilonia (c. 587 a.C.).

El rey Saúl comenzó su administración luego de una gran victoria militar (1 S 11); sin embargo, nunca pudo reducir definitivamente y triunfar sobre las fuerzas filisteas. Fue precisamente en medio de una de esas batallas cruentas contra los filisteos en Gilboa que murió Saúl, el primer rey de Israel, y también perecieron tres de sus hijos (1 S 31.1-6).

David fue entonces proclamado rey en Hebrón (2 S 2.4), para sustituir a Saúl, luego de algunas luchas internas e intrigas por el poder. Aunque su reinado comenzó de forma modesta, solo con algunas tribus del sur, su poder fue extendiéndose de forma gradual al norte. Luego de ser reconocido como líder máximo entre todas las tribus de Israel, las unificó, al establecer su trono y centro de poder político y religioso en Jerusalén, que era una ciudad neutral, así como de gran prestigio, con la cual se podían relacionar libremente tanto las tribus del norte como las del sur.

Fechas aproximadas de los reyes

MONARQUÍA UNIDA

Saúl: c.1030-1010

David: 1010-970

Salomón: 970-931

MONARQUÍA DIVIDIDA

JUDÁ	***ISRAEL***
Dinastía de David	***Dinastía de Jeroboam***
Roboam: 931-915	Jeroboam I: 931-910
	Nadab: 910-909
	Dinastía de Baasa
Abiam 915-913	Baasa: 909-886
	Ela: 886-885
	Zimri: 885
	Dinastía de Omri
	Omri: 885-874
Asa: 913-873	
Josafat: 873-849	Acab: 874-853
Joram: 849-842	Ocozías: 853-852
	Joram: 852-841
	Dinastía de Jehú
Ocozías: 842	Jehú: 841-814
Atalía: 841-836	
Joás: 835-796	Joacaz: 814-798
Amasías: 796-768	Joás: 798-783
Uzías: 768-740	Jeroboam II: 783-752
Jotam: 740-733	Zacarías 752-751
	Salum 751
	Dinastía de Manahem
	Manahem: 750-741
Acaz: 733-714	Pekahía: 741-740
	Peka: 740-729
	Oseas: 732-722
Ezequías: 714-696	***Caída del reino del norte: 721***
Manasés: 696-641	
Amón: 641-639	
Josías: 639-608	
Joacaz: 608	
Joacim: 608-597	
Joaquín: 597	
Sedequías: 597-586	
Caída del reino del sur: 587	

Bajo el liderato de David, el gobierno central se estabilizó y expandió; además, se unieron al nuevo gobierno central ciudades cananeas previamente no conquistadas, y también se sometieron varios pueblos y ciudades vecinas, ante el aparato militar de David, que ya había demostrado ser buen militar, así como un buen administrador y político. Entre sus victorias significativas, está el triunfo sobre los filisteos que le permitió, con la pacificación regional, expandir su reino y prepararlo para los nuevos proyectos de construcción y los programas culturales de su sucesor. Los relatos de los libros de Samuel y Reyes ponen de manifiesto estas hazañas de David, que se magnifican en los libros de las Crónicas.

Antes de morir, y en medio de intrigas, dificultades y conflictos, para iniciar su dinastía, David nombró a uno de sus hijos, Salomón, como su sucesor, que con el tiempo, y por sus ejecutorias políticas y diplomáticas, adquirió fama de sabio y prudente (1 R 5—10). Durante la administración de Salomón, el reino de Israel llegó a su punto de máximo esplendor y extensión, de acuerdo con el testimonio bíblico. De particular importancia en este período fueron las grandes construcciones y edificaciones, entre las que se encuentran las instalaciones del palacio real y el Templo de Jerusalén.

g) La monarquía dividida

Luego de llegar al cenit del poder y esplendor, bajo el liderato del famoso rey Salomón, la monarquía en Israel comenzó un proceso acelerado de descomposición, desorientación, desintegración y decadencia. La necesaria unidad nacional a la que se había llegado, gracias a las decisiones políticas y administrativas de David, se rompió bruscamente como respuesta a los abusos del poder político y administrativo desde la ciudad de Jerusalén, y particularmente por las malas decisiones en torno a la clase trabajadora, así como la implantación de un sistema desconsiderado e injusto de recolección de impuestos.

A la muerte de Salomón, y con la llegada al poder de su hijo, Roboam (1 R 12.1-24), resurgieron las antiguas rivalidades, conflictos y contiendas entre las tribus del norte y las del sur. Al carecer de la sensatez administrativa, el buen juicio, y la madurez personal de sus predecesores, y en medio de continuas rebeliones, insurrecciones y rechazos, el nuevo rey presenció cómo la monarquía unificada fue finalmente sucumbiendo, dando paso a los reinos del norte, con su capital en Samaria (1 R 16.24), y del sur, con su sede en Jerusalén. Roboam se mantuvo como rey de las tribus del sur, Judá; y un funcionario de la corte de Salomón, Jeroboam, fue proclamado rey en el norte, Israel.

Los reinos del norte y del sur prosiguieron su historia de forma paralela, aunque para los profetas de Israel, paladines de la afirmación, el compromiso y la lealtad al pacto o alianza de Dios con su pueblo, esa división nunca fue aceptada ni apreciada. El desarrollo político y social interno de los pueblos dependió, en esta época, no solo de las decisiones nacionales sino de las políticas expansionistas de los imperios vecinos.

En el sur, la dinastía de David se mantuvo en el gobierno por más de 300 años, aunque en ese proceso histórico, su independencia fue en varias ocasiones muy seriamente amenazada. En primer lugar por los asirios (siglo 8 a.C.), y luego por los medos y los caldeos (siglo 6 a.C.). Finalmente, la caída definitiva de Judá llegó en manos de los babilónicos (586 a.C.), y la ciudad de Jerusalén fue destruida y devastada por los ejércitos invasores, y posteriormente saqueada por varias naciones vecinas, entre las que se encontraban Edom y Amón (Ez 25.1-4).

En torno a la caída del reino de Judá, y las experiencias de la comunidad derrotada, la Biblia presenta algunas descripciones dramáticas (2 R 25.1-30; Jer 39.1-7; 52.3-11; 2 Cr 36.17-21) y poéticas (p.ej., el libro de las Lamentaciones). Esta experiencia de destrucción, tuvo grandes repercusiones teológicas, espirituales y emocionales en el pueblo, así como sus líderes políticos y religiosos. Esa fulminante derrota constituía la caída de la nación y la pérdida de las antiguas tierras de Canaán, que se entendían les habían sido dadas por Dios, como parte de las promesas a los antiguos patriarcas y a Moisés.

En el norte, por su parte, la administración gubernamental no pudo solidificar bien el poder, y el reino sufrió de una continua inestabilidad política y social. Esa fragilidad nacional provenía tanto por razones administrativas y conflictos internos, como también por razones externas, tales como: Las potencias del norte estaban en el proceso de recuperar el poder internacional que habían perdido, y amenazaban continuamente el futuro del frágil reino de Israel. Como lamentablemente los esfuerzos por instaurar una dinastía estable y duradera fracasaron, a menudo en formas repentinas y violentas (Os 8.4), la inestabilidad política no solo se mantuvo sino que aumentó con los años. Estas dinámicas internas en el reino del norte, hicieron difícil la instalación de una administración gubernamental estable, que llegara a ser económicamente viable, y políticamente sostenible.

La caída y destrucción total del reino de Israel se produjo de forma gradual. En primer lugar, los asirios impusieron un tributo alto, oneroso e impagable (2 R 15.19-20); posteriormente, siguieron con la toma de varias comunidades y con la reducción de las fronteras; para finalmente llegar y conquistar a Samaria, y llevar al exilio a un sector importante de la población, e instalar en el reino un gobierno extranjero títere, y una administración local que era fiel a Asiria.

h) Reyes de Judá e Israel

Es extremadamente difícil identificar las fechas de incumbencia específicas de los diversos monarcas de Judá e Israel, y las razones son varias, por ejemplo: la imprecisión de algunas de las referencias bíblicas en torno al comienzo y culminación de algunos reyes, la costumbre de tener corregentes en el reino, y las evaluaciones teológicas que hacen los escritores bíblicos de algunas administraciones.

i) El exilio en Babilonia

El período exílico en la Biblia es uno de dolor intenso y creatividad absoluta. Por un lado, las narraciones bíblicas presentan la naturaleza y extensión de la derrota nacional y las destrucciones que llevaron a efecto los ejércitos de Nabucodonosor; y por otro, ese mismo período es uno fundamental para la creatividad teológica y para la edición final de los documentos que formaron con el tiempo la Biblia hebrea.

La derrota y destrucción de Judá dejó a la nación devastada, pero quedaron personas que se encargaron de proseguir con su vida en Jerusalén y en el resto del país. En Babilonia, por su parte, las políticas oficiales hacia los deportados permitían la reunión y formación de familias, el vivir en comunidades (p.ej., en Tel Aviv, a las orillas del río Quebar; véase Ez 3.15), la construcción de viviendas, el cultivo de huertos (p.ej., Jer 29.5-7), y el derecho a consultar a sus líderes, jefes y ancianos en momentos determinados (Ez 20.1-44). De esa forma, tanto los judíos que habían quedado en Palestina como los que habían sido deportados a Babilonia, comenzaron a reconstruir su vida, paulatinamente, en medio de las nuevas realidades políticas, económicas, religiosas y sociales que experimentaban.

En ese nuevo contexto y vivencias, la experiencia religiosa judía cobró un protagonismo inusitado. En medio de un entorno explícitamente politeísta, el pueblo judío exiliado debió actualizar sus prácticas religiosas y teologías, para así responder de forma efectiva y creativa a los nuevos desafíos espirituales. En ese contexto de extraordinarios desafíos culturales y teológicos, es que surge la sinagoga como un espacio sagrado para la oración, la enseñanza de la Ley y la reflexión espiritual, pues el Templo estaba destruido y muy lejos.

La Torá, que ya gozaba desde tiempos preexílicos de prestigio y autoridad en Judá y Jerusalén, fue reconocida y apreciada con el tiempo como el documento fundamental para la vida del pueblo, y los libros proféticos se revisaban y comentaban a la luz de la realidad de la deportación. Los Salmos, y otra literatura que posteriormente se incluyó en las Escrituras, comenzaron a leerse con los nuevos ojos del exilio (p.ej., Sal 137), así cobraron una nueva dimensión.

De esta forma dramática, la estadía en Babilonia desafió la inteligencia y la creatividad judía, y el destierro se convirtió en el espacio de gran creatividad literaria e importante actividad intelectual, así como espiritual. En medio de todas esas dinámicas complejas que afectaban los diversos niveles y expresiones de la vida, un grupo de sacerdotes se dedicó a reunir y preservar el patrimonio intelectual y espiritual del pueblo exiliado. Entre ese grupo de líderes, que entendieron la importancia de la preservación histórica de las memorias, se encuentra el joven Ezequiel, que además de sacerdote, era profeta y poeta (Ez 1.1-3; 2.1-5).

Mientras un sector importante de los deportados soñaba con regresar algún día a Jerusalén y Judá, y hacían planes específicos para el retorno (Is 47.1-3); otro grupo, sin embargo, de forma paulatina, se acostumbró al exilio y, aunque añoraba filosóficamente un eventual regreso a su país de origen, para efectos prácticos, se preparó para quedarse en Babilonia. La verdad fue que, en efecto, las esperanzas de un pronto regreso a Jerusalén y Judá fueron decayendo con el tiempo, pues el exilio se prolongó por varias décadas (c. 586-539 a.C.).

j) El período del retorno y la restauración

Luego de varias décadas de exilio, surgió un aliento de esperanza entre los deportados. Con el crecimiento y desarrollo del imperio persa bajo el liderato de Ciro, los israelitas, que habían vivido por años en el ambiente adverso del destierro babilónico, comenzaron a anidar nuevamente un sentido de esperanza en el retorno a Judá, en la reconstrucción nacional, y en la restauración de la ciudad de Jerusalén.

Como rey de Anshán, Ciro había demostrado su capacidad administrativa, su poder militar, sus virtudes diplomáticas y su política hacia los pueblos conquistados. Esas características hicieron del nuevo líder persa una figura ideal para actuar a favor de las comunidades exiliadas, particularmente las israelitas. En su carrera política y militar, fundó el imperio medo-persa, con su capital Ecbataná (553 a.C.); posteriormente conquistó casi todo el Asia Menor (c. 546 a.C.); y entró de forma imponente a Babilonia (539 a.C.). Ese imperio dominó la política del Creciente Fértil por casi doscientos años.

La política oficial del nuevo imperio persa en torno a los pueblos conquistados era de apertura, comprensión y respeto. Esas políticas administrativas del imperio, redundaron en un beneficio directo de las comunidades exiliadas israelitas en Babilonia. Ciro les permitió conservar sus tradiciones y mantener sus costumbres religiosas, que para los deportados de Jerusalén era visto como la nueva intervención de Dios a favor del pueblo en cautiverio. Inclusive, Ciro decretó, de acuerdo con el testimonio de las Escrituras, un particular edicto que les permitía a los deportados de Judá regresar a sus ciudades de origen.

Del famoso Edicto de Ciro, la Biblia incluye dos versiones (Esd 1.2-4; y Esd 6.3-12). Esencialmente, el decreto real indicaba, no solo que se permitía a los exiliados el retorno seguro a Judá y Jerusalén, sino que se les devolvían los tesoros que Nabucodonosor había tomado del Templo de Jerusalén. Además, de acuerdo con el Edicto, se aprobó un apoyo gubernamental adicional para ayudar en los procesos tanto de repatriación y como de reconstrucción.

El retorno a las tierras de Canaán debió haber sido lento, paulatino, doloroso, complicado. Según el testimonio escritural, el primer grupo llegó bajo el liderato de un tal Sesbasar (Esd 1.11), de quien no tenemos mucha información. Al tiempo, comenzó el proceso de reconstrucción del Templo, que llegó a su término por el año c. 515 a.C. Para apoyar administrativa y religiosamente el proceso de reconstrucción, el imperio persa envió inicialmente a varios delegados. Por ejemplo: a Zorobabel, el gobernador, y Josué, el sumo sacerdote. Además, los profetas Hageo y Zacarías afirmaron decididamente el importante proyecto de la restauración nacional.

Sin embargo, ese proyecto de reconstrucción fue mucho más complejo de lo que los primeros repatriados pensaron. Se manifestaron problemas de diferente naturaleza, pero todos complicados. La empresa de reconstrucción nacional tuvo graves dificultades económicas, pues aunque el decreto oficial de Ciro aprobaba una partida económica, la verdad es que ese apoyo fiscal nunca se materializó. En la comunidad judía de Jerusalén se manifestaron diferencias de criterio en torno a cómo debía llevarse a efecto el proyecto. De particular importancia, entre los conflictos que se manifestaron relacionados con la reconstrucción, está la enemistad histórica y la creciente hostilidad de los grupos samaritanos, que rechazaron abiertamente el proyecto judío, y también lo boicotearon.

Un alto funcionario del imperio persa, Nehemías, de origen judío, al percatarse de las dificultades que enfrentaba el programa de reconstrucción en Jerusalén, solicitó ser gobernador de Judá y dirigir él mismo el proceso de restauración. Su llegada a Judá probó ser de gran utilidad administrativa e importancia histórica, pues bajo su mandato y liderazgo no solo se reconstruyeron los muros de protección de la ciudad, sino que se renovó la vida espiritual de la nación (Neh 8—10).

Esdras que, a la vez, era escriba y sacerdote, llegó también a la ciudad de Jerusalén con la orden oficial y específica del monarca persa de atender las necesidades cúlticas y espirituales de la comunidad judía, administrar las actividades en el Templo de Jerusalén, e incentivar el cumplimiento de la Ley en las dos comunidades judías, la que había quedado en Jerusalén y Judá, y la que había regresado del destierro (Esd 7.12-26).

Algunos estudiosos piensan que las importantes reformas introducidas por Esdras en Jerusalén, fueron las responsables para que se conozca al pueblo de Israel como el «pueblo del Libro», en referencia a la Ley de Moisés.

k) El período helenista

El imperio persa mantuvo su poder como potencia internacional hasta que hizo su entrada en el mundo de la política militar del Oriente Medio un joven general, que deseaba conquistar el mundo conocido: Alejandro el Grande. Ante los avances firmes y decididos de los ejércitos griegos, Darío II de Persia tuvo que ceder el poder regional en la ciudad de Isos (333 a.C.). De esa manera comenzó a sentirse en el Creciente Fértil la manifestación firme y continua del helenismo, que no solo era un avance administrativo, político y militar, sino una conquista social, cultural, lingüística y religiosa.

Sin embargo, aunque el imperio de Alejandro se extendió de forma vasta por el mundo antiguo, los conflictos internos y las diferencias entre los generales impidieron que se consolidara el poder y se desarrollaran estructuras políticas estables y definidas. Por esa razón, con la muerte a destiempo de Alejandro, los generales más importantes de su ejército se dividieron el poder y el imperio.

En relación a estos conflictos, la región de Palestina, en una primera instancia, quedó bajo el poder de los Tolomeos (o Lágidas) en Egipto; aunque con el pasar de los años, toda la región pasó a manos de los Seléucidas que gobernaban, administraban y llevaban a efecto sus planes políticos y económicos desde el norte, en Siria.

La fuerza del helenismo arropó a los diversos sectores del Creciente Fértil, pues el griego pasó a ser en poco tiempo la lengua franca de todo el imperio. Inclusive, los judíos que se habían mantenido en la diáspora, comenzaron a utilizar esta lengua como su medio de comunicación primario, en sustitución del hebreo y el arameo. De esa importante transformación lingüística, es que se siente la necesidad, específicamente entre los judíos de Alejandría, Egipto, de traducir la Biblia al idioma griego, de donde se produce finalmente la versión de los Setenta, o Septuaginta (LXX).

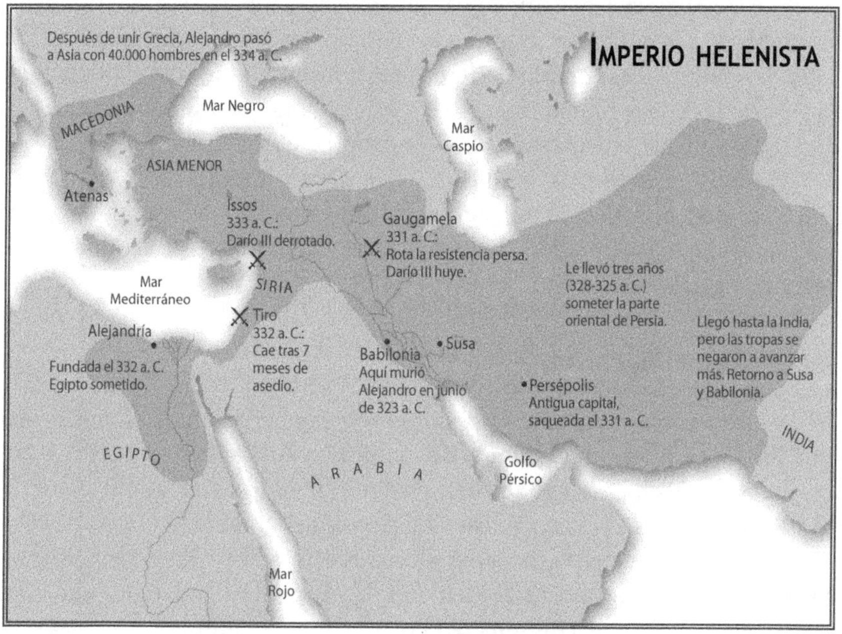

Con el fuerte avance del helenismo en Palestina, la comunidad judía de Judá y Jerusalén reaccionaron con adversidad y rechazo. Muchos judíos habían adoptado el estilo de vida y prácticas griegas que estaban abiertamente reñidas con las leyes de Moisés. Esta tensión, entre los judíos tradicionales y los griegos modernistas, continuó en aumento, hasta que las políticas antijudías de Antíoco IV Epífanes, provocó una gran rebelión nacional.

Esa revolución, que se conoce como la sublevación de los «Macabeos» (que significa, posiblemente, «martillo»), la organizó inicialmente un sacerdote, Matatías, indignado por las prácticas profanas de los grupos Seléucidas en el Templo. Luego se le fueron añadiendo sus cinco hijos y el pueblo, que también rechazaron decididamente las abominaciones a las divinidades paganas que se practicaban en el Templo del Señor.

Reyes Tolomeos y Seléucidas

Tolomeos	*Seléucidas*
Tolomeo I: 323-285 a.C.	Seleuco I: 321-280 a.C.
Tolomeo II: 285-246 a.C.	Antíoco I: 280-261 a.C.
	Antíoco II: 261-246 a.C.
Tolomeo III: 246-221 a.C.	Seleuco II: 246-226 a.C.
Tolomeo IV: 221-202 a.C.	Seleuco III: 226-223 a.C.
Tolomeo V: 203-181 a.C.	Antíoco III: 223-187 a.C.
Tolomeo VI: 181-146 a.C.	Seleuco IV: 187-175 a.C.
	Antíoco IV: 175-163 a.C.
	Antíoco V: 163-162 a.C.
	Demetrio I: 162-150 a.C.
Tolomeo VII: 146-145 a.C.	Alejandro Balas: 150-145 a.C.
Tolomeo VIII: 145-116 a.C.	Demetrio II: 145-138 a.C.
	Antíoco VI: 145-141 a.C.
	Antíoco VII: 138-129 a.C.
	Demetrio III: 129-125 a.C.

Gobernantes asmoneos

Judas Macabeo: 166-160 a.C.
Jonatán: 160-142 a.C.
Simón: 142-134 a.C.
Juan Hircano: 134-104: a.C.
Aristóbulo I: 104-103 a.C.
Alejandro Janeo: 103-67 a.C.
Salomé Alejandra: 76-67 a.C.
Aristóbulo II: 67-63 a.C.
Hircano II: 63-40 a.C.
Antígono Matatías: 40-37 a.C.

Luego de la muerte de Matatías, la revolución prosiguió con su tercer hijo, Judas, que se proclamó finalmente victorioso en esa heroica gesta revolucionaria contra los ejércitos sirios. La fiesta de la Dedicación (Jn 10.22), o *Hannuká*, recuerda el triunfo definitivo de los Macabeos contra el helenismo en sus diferentes manifestaciones.

A la muerte de Simón, el último de los hermanos Macabeos, el poder recayó sobre su hijo Juan Hircano, quien inició una importante dinastía, conocida como los asmoneos (134-104 a.C.). Esa administración se mantuvo en Judá y Jerusalén hasta la aparición de otro imperio, el romano. El poder extraordinario de ese nuevo imperio se hizo sentir con firmeza en Palestina con la llegada victoriosa de sus ejércitos, dirigidos por el hábil general Pompeyo.

Con la imponente conquista de Pompeyo, el futuro de Judá y de Jerusalén quedó bajo el poder del imperio romano, que gobernó con puño de hierro y firmeza la región por varios siglos. En ese singular entorno histórico, político, militar, religioso y social del imperio romano, es que Jesús de Nazaret hace su entrada en la historia; además es ese mismo imperio el que autoriza y lleva a efecto su tortura ilegal y su posterior ejecución injusta en la cruz.

2. La teología bíblica

Para la comprensión adecuada de la teología bíblica, hay que reconocer, en primera instancia, que las Sagradas Escrituras no articulan sus reflexiones, pensamientos, y convicciones en torno a Dios de forma sistemática. La Biblia no es un tratado de teología sistemática que presenta sus diversos conceptos e ideas en torno a la divinidad de manera ordenada y coordinada. Por el contrario, las teologías que se incluyen en la Biblia se presentan en las narraciones y se descubren en los poemas, se identifican en los oráculos y se revelan en los proverbios; se articulan en la vida de los patriarcas y matriarcas del pueblo y se desprenden de las memorias de las vivencias históricas del pueblo. La teología bíblica, en efecto, se desprende de los relatos que aparecen en las diversas partes del canon.

Esas formas de articulación teológica, sin embargo, no desmerece sus convicciones ni mucho menos disminuye el poder de sus virtudes. La teología bíblica está íntimamente unida a los documentos que le brindan significado histórico y espiritual al pueblo, y que se pone en clara evidencia en la lectura y evaluación de las narraciones canónicas, que en nuestro singular caso, son las que se encuentran en las Escrituras judías, el AT o la Biblia hebrea.

La gran pregunta teológica en la Biblia no es si Dios existe, sino cómo esa particular divinidad se manifiesta libremente en medio de las realidades cotidianas de su pueblo. El mayor interrogante es cómo ese Dios se revela para contribuir positivamente al desarrollo de un sistema social, económico, político, religioso y espiritual, que ponga en evidencia clara su compromiso con los valores impostergables de amor, verdad, justicia, paz y santidad.

En efecto, el presupuesto bíblico básico y fundamental de la Biblia, es que Dios existe. Solo la persona necia es capaz de «decir en su corazón», o pensar: «No hay Dios» (Sal 14.1; 53.1).

La preocupación fundamental de la teología bíblica no es «probar» la existencia de Dios sino descubrir, identificar, explicar, afirmar y contextualizar las manifestaciones divinas en la vida de individuos, comunidades y naciones. Su finalidad litúrgica, es celebrar y agradecer esas intervenciones extraordinarias de Dios en la naturaleza y el cosmos.

«En el principio Dios creó los cielos y la tierra» (Gn 1.1). De esa manera directa, firme y contundente comienzan las Sagradas Escrituras. Desde ese mismo momento, el tema de Dios se convierte en la vertiente teológica principal de toda la Biblia. En el corazón mismo de la literatura bíblica se encuentra la revelación del Dios que desea comunicarse con las personas de forma directa y clara. Particularmente se manifiesta al pueblo de Israel, y específicamente, a personas marginadas y sufridas en la vida, a gente en necesidad y angustia en la sociedad, a comunidades en cautiverio y opresión en el mundo.

La Biblia narra lo que, a juicio de sus redactores, Dios ha hecho, ha dicho y ha prometido. Las Escrituras revelan cómo Dios intervino en medio de las angustias del pueblo, y cómo puso de manifiesto su voluntad, poder, autoridad, virtud y paz con justicia. Esa revelación divina se presenta a través de relatos, poesías, oráculos, biografías, historias familiares, enseñanzas sabias, leyes, etc.

3. Metodologías de estudio

A través de la historia, muchos eruditos y estudiosos han desarrollado formas diversas de estudiar la llamada «teología bíblica». El objetivo es comprender mejor el mensaje de las Escrituras e identificar adecuadamente los componentes sustantivos de la naturaleza divina, de acuerdo con las afirmaciones de la Biblia. Estos acercamientos metodológicos son varios y, en muchos casos, se complementan.

El «método descriptivo» pone su atención principal en lo que el texto bíblico quiso decir al pueblo de Israel, y no está interesado tanto en la contextualización y aplicación del mensaje escritural. Describe lo que sucedió, explica sus orígenes y analiza las ideas, los temas y las importancias teológicas de los asuntos planteados. Es limitante, sin embargo, esta metodología de análisis, pues es incapaz de descubrir y afirmar las implicaciones contextuales y transformadoras de las enseñanzas bíblicas, que tienen un valor fundamental para las religiones proféticas.

Otra forma de estudiar la teología bíblica se conoce como el «método confesional», e intenta poner de relieve la importancia de la fe cristiana y sus valores al estudiar el AT. En esa metodología se reconoce que leemos el AT o la Biblia hebrea como creyentes cristianos, y que debemos interpretar esos documentos fundamentados en las doctrinas cristianas básicas, no en los méritos propios de la literatura hebrea antigua. Una preocupación en torno a esta metodología, es la posibilidad del anacronismo histórico, al leer la teología y los valores de la iglesia cristiana en las narraciones hebreas antiguas.

El «método transversal» es una forma adicional de estudiar la teología bíblica, que identifica los procesos y eventos históricos que se encuentran subyacentes en las experiencias religiosas del pueblo. Su propósito básico es descubrir las creencias fundamentales de los escritores bíblicos, según los diversos períodos, para descubrir las relaciones teológicas e históricas entre el AT y el NT. De acuerdo con esta metodología, el principio teológico rector de las Escrituras en el pacto o alianza que Dios estableció con su pueblo. Lamentablemente esta metodología no explica algunas secciones importantes de la Biblia hebrea, como por ejemplo la literatura sapiencial.

De acuerdo con el «método diacrónico», los estudiosos deben de antemano reconocer la complejidad inherente de las Escrituras, y afirmar la naturaleza, variedad y extensión de las tradiciones bíblicas. Se analizan las narraciones históricas y proféticas del pueblo de Israel, para descubrir sus comprensiones de Dios, del mundo, la historia, la naturaleza, el futuro, la esperanza. De esta forma, el estudio toma en seria consideración la naturaleza kerigmática de la Biblia, pues identifica las confesiones más importantes y los credos hebreos antiguos fundamentales.

Esta metodología, que es muy importante en el estudio bíblico, ha sido muy criticada, pues es incapaz de identificar un núcleo básico y fundamental que revele el tema prioritario en las tradiciones bíblicas. Esa ambigüedad, hace que la aplicación de este método sea complicado e inefectivo. Aunque algunas de sus contribuciones a la comprensión de la Biblia han sido extraordinarias.

El «método canónico» tiene como objetivo básico hacer una reflexión teológica del AT en su contexto canónico. Fundamenta su análisis en los libros bíblicos que realmente tenemos a nuestra disposición, pues no contamos con las tradiciones orales previas ni con los documentos precanónicos antiguos. Su afirmación prioritaria es que no podemos fundamentar la teología bíblica en las especulaciones académicas abstracta, sino en los documentos que realmente poseemos.

Este método toma seriamente en consideración los temas del AT que se citan en el NT, analiza la totalidad del mensaje escritural, y reconoce la importancia de que la gente de fe le ha dado a los documentos bíblicos. El mayor desafío de esta metodología, sin embargo, es que el movimiento entre los testamentos no es siempre claro, suave y continuo, pues las diferencias teológicas, históricas, culturales, políticas, sociales y espirituales no pueden ignorarse.

El método que nosotros utilizamos para estudiar la teología bíblica en este libro, le da prioridad al concepto de Dios y discute cómo esas convicciones antiguas en torno a la divinidad de Israel, se van manifestando en las diversas percepciones del pueblo. Esa comprensión nos permitirá actualizar los mensajes que se desprenden de sus enseñanzas.

Esta metodología nos permite acercarnos al texto bíblico desde una perspectiva canónica, a la vez que respetamos las categorías teológicas de los escritores originales. Además, identifica las categorías teológicas y temáticas que tienen virtudes pastorales, educativas y homiléticas para la comprensión, el disfrute, así como la aplicación del mensaje de la Biblia.

4. Conceptos de Dios

La lectura cuidadosa de las Sagradas Escrituras revela una serie de vectores teológicos que pueden darnos algunas pistas para comprender mejor la divinidad que se revela en la Biblia. Esos vectores, ejes, tendencias o teologías se manifiestan en la Biblia hebrea, y también en el NT.

Entre esas ideas fundamentales en torno al Dios bíblico, se puede afirmar que es creador, liberador y santificador; además de que establece pactos con la humanidad. Esas tendencias teológicas importantes, presuponen que el Dios que revela sus virtudes y poder en las Sagradas Escrituras, es soberano, eterno y vivo. Ese tipo de divinidad, que interviene de forma decidida en medio de la historia humana, tiene nombre propio, y en el análisis de su nombre, se pueden descubrir aspectos básicos y fundamentales de su naturaleza.

a) El Dios soberano

La afirmación teológica fundamental en la Biblia es que Dios es soberano. Esa gran declaración le brinda a las Escrituras un claro sentido de dirección, coherencia y unidad. Una lectura inicial de los testimonios sagrados pone claramente en evidencia que todo lo que existe es una manifestación extraordinaria y expresión formidable de su voluntad. Ese descubrimiento y aceptación teológica, es la que incentiva la adoración y el reconocimiento divino.

La Biblia no trata de explicar la naturaleza divina ni intenta probar su existencia, aunque se pueden encontrar algunos pasajes y mensajes que podrían utilizarse para responder a estas importantes inquietudes filosóficas, por ejemplo: en torno a las pruebas cosmológicas (Sal 19.1; Is 40.21), las pruebas teológicas (Sal 8.5-7; 104.25; Jer 14.22) y las pruebas morales (Gn 31.42; Sal 94.10).

El Dios soberano crea los cielos y la tierra, libera a los hijos e hijas de Israel de las tierras de Egipto, y también los lleva a la Tierra Prometida. Ese Dios acompaña al pueblo por el desierto y la historia, y llega hasta el exilio en Babilonia para poner de manifiesto su poder liberador. Mediante sus emisarios, los profetas, revela su palabra desafiante y amonestaciones al pueblo y sus líderes, para que entiendan las implicaciones éticas de la revelación divina en el Sinaí.

En efecto, el Dios que se revela con soberanía, autoridad y virtud en las Escrituras, pone de manifiesto su poder extraordinario en medio de las vivencias cotidianas del pueblo, y apoya especial y decididamente a la gente en dolor, necesidad y angustia. Si el pueblo de Israel es particularmente escogido y seleccionado por Dios, es principalmente por su naturaleza frágil, por su condición de esclavo en Egipto, y por su experiencia de cautiverio y opresión bajo las políticas esclavistas y discriminatorias del faraón.

b) El Dios eterno y vivo

Ese Dios soberano, que pone de manifiesto su poder sobre la historia, la naturaleza, el cosmos, las naciones y los individuos, también es eterno. Ese sentido y característica de eternidad se pone de relieve en la afirmación: «Antes que nacieran los montes y se formaran la tierra y el mundo. Desde el siglo hasta el siglo, tu eres Dios» (Sal 90.2). Este texto pone claramente de manifiesto la unidad entre la soberanía divina y su eternidad.

De acuerdo con el salmista, el Dios soberano existe desde antes de la creación. Ese singular sentido de eternidad, se relaciona íntimamente con la vida, que es una característica fundamental e indispensable en la teología bíblica. En efecto, el Dios soberano y eterno está vivo, afirmación teológica que no pueden hacer los ídolos antiguos ni las divinidades locales en el Oriente Medio antiguo. La eternidad divina se fundamenta en la vida, que es una manifestación clara de su deseo de intervenir en medio de la historia humana.

Lo que distingue particularmente al Dios bíblico de los panteones regionales antiguos, por ejemplo, es su vida. Esas convicciones profundas se ponen en evidencia clara en las reflexiones teológicas de varios profetas. Jeremías, por ejemplo, critica a las divinidades extranjeras por su impotencia y falta de vida (Jer 10.9-10); y en el libro de Isaías esa crítica llega a niveles literarios y teológicos extraordinarios, pues esas divinidades no tienen la capacidad ni el deseo de comunicarse con la humanidad ni mucho menos tienen la capacidad de intervenir en la historia (Is 45.21-22).

Como el tema de la vida de Dios manifiesta gran importancia espiritual en la Biblia, se articula en un lenguaje simbólico, poético, descriptivo y antropomórfico. Estas formas figuradas de hablar en torno a Dios no son expresiones teológicas primitivas ni mucho menos poco sofisticadas, sino una extraordinaria expresión polivalente y metafórica para poner de manifiesto la relación íntima entre la vida humana y la existencia divina.

Dios es soberano

La afirmación teológica fundamental en la Biblia es que Dios es soberano. Esa gran declaración le brinda a las Escrituras un claro sentido de dirección, coherencia y unidad. Una lectura inicial de los testimonios sagrados pone claramente en evidencia que todo lo que existe es una manifestación extraordinaria y expresión formidable de su voluntad. Ese descubrimiento y aceptación teológica, es la que incentiva la adoración y el reconocimiento divino.

Una de esas afirmaciones teológicas de importancia capital en las Escrituras, se incluye en el Salterio: El salmista exclama asombrado: «Como el ciervo brama por las corrientes de las aguas, así clama por ti, oh Dios, el alma mía. Mi alma tiene sed de Dios, del Dios vivo…» (Sal 42.1-2a).

En este poema se pone de relieve el clamor humano por un tipo de divinidad que supera las expectativas religiosas de la época. El Dios aludido no puede limitarse a las dinámicas tradicionales del panteón antiguo, sino debía poseer una característica teológica y existencial única: la vida. ¡Y esa vida supone interacción, la capacidad de comunicación, el deseo de intervenir!

La «vida divina» se expresa en un lenguaje poético que representa al Dios soberano y eterno. Esa vida es la característica teológica indispensable y fundamental en la presentación del Dios bíblico. Por esa razón, el poeta exclamaba: ¡Mi alma tiene sed del Dios vivo!

En esa tradición literaria y poética, Dios «habla» (Gn 1.3), «escucha» (Ex 16.12), «ve» (Gn 6.12), «siente» (1 S 26.19), «ríe» (Sal 2.4) y «silva» (Is 7.18). Además, ese Dios viviente cuenta con los órganos adecuados y los sentidos necesarios para implantar su voluntad; Por ejemplo: tiene «ojos» (Am 9.4), «manos» (Sal 139.5), «brazos» (Is 51.9), «orejas» (Is 22.14) y «pies» (Neh 1.13). En la descripción de sus acciones, también se utiliza ese mismo idioma figurado; Por ejemplo: «cabalga sobre las nubes» (Dt 33.26), «cierra la puerta del Arca de Noé» (Gn 7.16), desciende del cielo (Gn 11.7) y es «varón de guerra» (Ex 15.3).

Las manifestaciones de la vida de Dios, que utilizan ese tipo de lenguaje poético y antropomórfico, sirven también para revelar los sentimientos más profundos de Dios; por ejemplo: «alegría» (Sof 3.17), «náusea» (Lev 20.23), «arrepentimiento» (Gn 6.6) y «celo» (Ex 20.5). Este singular idioma humano para referirse al Dios soberano, eterno y vivo, tuvo sus límites en la ortodoxia, pues los escritores bíblicos no imaginan ni presentan a la esposa o compañera de Dios, ni se sienten en libertad para producir sus imágenes.

c) Los nombres de Dios

El Dios bíblico necesitaba un nombre propio que representara su esencia soberana, eterna y viva. El estudio cuidadoso de los diversos nombres relacionados con el Señor, puede ayudarnos a comprender mejor la naturaleza y poder divino que los representa.

La vida divina

La «vida divina» se expresa en un lenguaje poético que representa al Dios soberano y eterno. Esa vida es la característica teológica indispensable y fundamental en la presentación del Dios bíblico. Por esa razón, el poeta exclamaba: ¡Mi alma tiene sed del Dios vivo!

En la cultura hebrea antigua, los nombres representaban la esencia misma de las personas que los llevaban (véase el caso de Nabal, que significa «insensato», 1 S 25.25). Carecer de un nombre era estar desprovisto de significado en la vida, pues el nombre poseía una especie de mística que se relacionaba íntimamente con la persona. Conocer el nombre era equivalente a poseer y controlar a esa persona, era sinónimo de tener poder sobre ella. ¡Quien nombraba, ejercía poder y autoridad sobre lo nombrado!

Respecto a las divinidades, conocer sus nombres era importante y necesario en la antigüedad, pues no se podía invocar efectivamente a una divinidad desconocida, pues no había proceso de comunicación y conocimiento. Por esa razón, Moisés le preguntó directamente a Dios por su nombre, de acuerdo con el relato de la revelación divina en la zarza, en el monte Horeb (Ex 3). En ese contexto extraordinario de teofanía inefable y especial, Dios revela su nombre a Moisés: «Yo soy el que soy», y «Yo soy», y además, relacionó el nombre personal divino, Yavé o Jehová (en las versiones de Reina-Valera), con el Dios de los antepasados: Dios de Abraham, Isaac y Jacob (Ex 3.14-15).

Yavé es siempre el nombre propio del Dios bíblico; la evaluación de su significado, se descubre de las siguientes formas. En primer lugar, el nombre puede proceder de la expresión antigua Yah (Sal 147.1), que es una exclamación de adoración que manifiesta reconocimiento, aprecio, temor, reverencia, aceptación. La segunda teoría lingüística respecto al nombre divino relaciona a «Yah» con el pronombre personal para obtener la expresión «Yahu», que significaría, en tono de exclamación, «Oh, es él». Además, esa es una expresión onomatopéyica del trueno, que se asociaba a la idea antigua de Dios (2 R 2.14; Jer 5.12).

El uso de las cuatro vocales divinas, el llamado tetragrama (YHWH) es una forma imperfecta de la raíz verbal «*hwh*», que en árabe se relaciona con la idea de soplar. De esa forma se transmite la idea del Dios que sopla o el «Dios de las tormentas, truenos y relámpagos», que es una idea importante en las culturas del desierto.

Inclusive, la raíz hebrea «*hwh*» se puede asociar con las ideas de «ser», «existir» o «acontecer». Posiblemente esa es una interpretación importante del significado del nombre personal divino. Yavé, desde esta perspectiva, significa el que es, el que existe, el que hace acontecer las cosas, el eterno, el que interviene, el que se manifiesta, el que actúa, el que estará presente siempre. Una posible traducción adecuada del nombre divino puede ser «El Eterno».

Sin embargo, la comprensión de las complejidades y extensión del nombre divino, no puede estar fundamentada únicamente en el análisis lingüístico. Se requiere la ponderación teológica para penetrar en el amplio y profundo significado del nombre del Señor. Por esta razón, es importante evaluar algunas de las diversas formas literarias compuestas del uso del nombre divino, pues nos permitirá comprender su amplitud teológica.

Entre esos nombres divinos se encuentran los siguientes: Yavé, Dios de los patriarcas y matriarcas (Ex 3.14-15); Yavé Tsebaot, o Señor de los ejércitos (¡aparece en más de 279 ocasiones en el AT!); y Yavé rey (Is 6.5). En la presentación compuesta de esos nombres se revelan las tendencias teológicas de quienes los utilizaban. En el primero (Yavé, Dios de los patriarcas y matriarcas), se destaca la revelación a los antepasados del pueblo y las promesas divinas; en el segundo (Yavé Tsebaot) se afirman las victorias extraordinarias del Señor en los procesos de liberación de Egipto y en la conquista de Canaán; y en el tercero (Yavé rey) se pone en evidencia la soberanía divina.

5. Algunas implicaciones contextuales

Como este libro se escribe desde una perspectiva pastoral y latinoamericana, la contextualización de los temas teológicos cobra una dimensión nueva, pues no constituyen un extra optativo en la intensión del autor. La Biblia hebrea es de vital importancia para las tareas ministeriales, pues entre sus páginas y enseñanzas se encuentran mensajes de gran importancia teológica, ética, moral, espiritual y pastoral. Temas, por ejemplo, como la teología de la creación, que permite a las pastoras y pastores exponer el importante tema de la ecología, la integridad de la creación, la salud ambiental y el respeto a la naturaleza. Narraciones como la liberación de Egipto, facilita los procesos educativos que incentivan y promueven la existencia digna, renovada y transformada, así como la vida sin cadenas, que amarren los sentimientos, las voluntades, los anhelos y las decisiones individuales y colectivas, personales y familiares, nacionales e internacionales.

El estudio sobrio y serio de los nombres de Dios, no solo pone de manifiesto la naturaleza divina, sino que afirma las experiencias, los sentimientos y las expectativas de los adoradores. La gente de fe llama a Dios de acuerdo con sus necesidades inmediatas. Cuando las personas recurren al Dios liberador, es que se sienten cautivas; cuando llaman al Dios sanador, es que enfrentan alguna enfermedad; y cuando reclaman la intervención del Dios eterno, es que sienten su pequeñez y fragilidad. En efecto, el uso de los nombres divinos es un magnífico indicador de las vivencias y las teologías del pueblo de Israel, y también puede ser un buen puente para la contextualización del mensaje bíblico.

Esta obra introductoria al AT también toma muy en serio las lecturas y comprensiones bíblicas de los diversos pueblos en la Tierra Santa. Desde las ciudades milenarias y de gran significación histórica y espiritual, como Jerusalén, Nazaret y Belén, la lectura de la Biblia hebrea cobra dimensiones noveles, inusitadas y extraordinarias. Los creyentes de estas ciudades y regiones del mundo, pueden contribuir positivamente a los procesos educativos que ayuden a las iglesias del resto del mundo a comprender las implicaciones políticas y sociales de las interpretaciones bíblicas.

Por el conflicto palestino-israelí, algunos creyentes del Oriente Medio han relegado la lectura del AT a un segundo plano. Piensan que esas narraciones hebreas antiguas solo tienen que ver con el pueblo de Israel, como han sido interpretadas por la mayoría de los religiosos judíos, y también por algunos cristianos que favorecen al Estado de Israel de forma acrítica. Esas dinámicas sociopolíticas, que se fundamentan en interpretaciones parcializadas de las Escrituras, han producido reacciones que afectan adversamente la vida de las iglesias y los creyentes en la región.

La verdad teológica fundamental e impostergable es que las interpretaciones de las Sagradas Escrituras que tienen la intensión de cautivar, oprimir, desmerecer y ofender a cualquier sector de la sociedad, no hacen justicia al corazón del mensaje divino que se pone de manifiesto con claridad en el AT. Los oráculos de los profetas tenían el propósito claro y definido de afirmar la paz y promover la justicia, además llamaban al pueblo a la fidelidad y al arrepentimiento. Las recomendaciones y enseñanzas de la literatura sapiencial incentivaban la vida responsable, digna, noble, grata y justa. Las narraciones del éxodo ponen claramente de relieve, algunas características fundamentales de Dios: El Señor no se alegra de la cautividad de las personas, así como no ve con buenos ojos las acciones discriminatorias y opresoras de los faraones de todas las épocas, los pueblos, las culturas y las religiones.

Uno de los criterios más importantes al estudiar el AT o la Biblia hebrea es identificar los valores que dan sentido de cohesión y que sobresalen como temas recurrentes y fundamentales en sus narraciones. Uno de esos conceptos es la justicia, principio rector que se desprende de la lectura de las Escrituras. Desde los primeros relatos de la creación en el libro de Génesis, hasta los importantes mensajes de los grandes profetas de Israel, la teología bíblica destaca y afirma la importancia de la justicia, pues esa es una de las características básicas del Dios bíblico.

Fundamentado en esos importantes conceptos teológicos, como por ejemplo la justicia, Jesús de Nazaret comenzó su misión pedagógica en Galilea, que lo llevó hasta la ciudad de Jerusalén con un mensaje de renovación espiritual y transformación social. Aunque le costó la vida, sus enseñanzas, palabras y acciones continuaron vigentes en las tareas apostólicas de los primeros predicadores y predicadoras de la iglesia, además de que se mantienen efectivas en los ministerios contemporáneos que han decidido ser fieles a la revelación divina.

El ejemplo de Jesús, que estudió con detenimiento las enseñanzas bíblicas, en el hogar y la sinagoga, es de vital significado, tanto para creyentes latinoamericanos como los del Oriente Medio, particularmente en Israel y Palestina. En medio de una reunión en la sinagoga de Nazaret, se levantó a leer el texto bíblico, y explicó el mensaje que se encuentra en al libro del profeta Isaías (Is 61.1-3). En efecto, el Espíritu del Señor lo había ungido para anunciar una nueva época, y para proclamar un nuevo año de liberación, paz, restauración, renovación y vida.

La misión de Jesús

Fundamentado en esos importantes conceptos teológicos, como por ejemplo la justicia, Jesús de Nazaret comenzó su misión pedagógica en Galilea, que lo llevó hasta la ciudad de Jerusalén con un mensaje de renovación espiritual y transformación social. Aunque le costó la vida, sus enseñanzas, palabras y acciones continuaron vigentes en las tareas apostólicas de los primeros predicadores y predicadoras de la iglesia, además de que se mantienen efectivas en los ministerios contemporáneos que han decidido ser fieles a la revelación divina.

II

LOS LIBROS DE MOISÉS

Ahora, pues, si dais oído a mi voz
y guardáis mi pacto,
vosotros seréis mi especial tesoro,
sobre todos los pueblos,
porque mía es toda la tierra.
Vosotros me seréis un reino de sacerdotes
y gente santa.
Éxodo 19.5-6

4

EL PENTATEUCO O LA TORÁ

Oye, Israel: Jehová, nuestro Dios, Jehová uno es.
Amarás a Jehová, tu Dios, de todo tu corazón,
de toda tu alma, y con todas tus fuerzas.
Estas palabras que yo te mando hoy,
estarán sobre tu corazón.
Se las repetirás a tus hijos,
y les hablarás de ellas estando en tu casa
y andando por el camino,
al acostarte y cuando te levantes.
Las atarás como una señal en tu mano,
y estarán como frontales entre tus ojos;
las escribirás en los postes de tu casa y en tus puertas.
Deuteronomio 6.4-9

1. La Torá

La palabra *Torá* tiene más de un significado. En su sentido específico, singular y particular, alude a los primeros cinco libros de la Biblia que tradicionalmente se asocian con Moisés, y que en círculos cristianos se conocen como el Pentateuco. En un contexto más amplio, sin embargo, y fundamentada en su etimología, *torá* significa «enseñar», «instruir», «dirigir», «guiar» e, inclusive, «poner los fundamentos». En efecto, Torá alude a la doctrina fundamental que sostiene toda la religión que se revela en la Biblia hebrea o el AT, y es el título más antiguo y específico de la primera sección de la Biblia.

En la misma Biblia aparecen algunas expresiones compuestas que usan el término *torá*; por ejemplo: *sefer ha-torah*, que es «el libro de la Ley» (Neh 8.3); *torah Moshe*, o la Ley de Moisés (2 Cr 23.18; 30.16); o *sefer torah Moshe*, el libro de la Ley de Moisés (2 R 14.6; Neh 8.1). Posteriormente en la historia, tanto los judíos de la diáspora en sus sinagogas como los cristianos en las iglesias comenzaron a identificar a los libros de la Torá con su nombre griego, Pentateuco. Este nuevo término se refiere a los «rollos contenidos en cinco estuches», pues cada libro en la antigüedad se disponía en rollos.

Los padres de la iglesia no utilizan con regularidad la palabra Pentateuco, pues prefirieron mantener el uso neotestamentario del término Torá o Ley (p.ej., Mt 5.17; 7.12; 11.13; Lc 16.16; 24.44; Hch 13.15; Rom 3.21). El Talmud, sin embargo, regularmente se refiere a la Torá, aunque en algunas ocasiones alude al Pentateuco como «las cinco quintas partes de la Ley», posiblemente influenciado por la terminología griega.

En su uso corriente, Torá puede designar tanto a los primeros libros bíblicos (Génesis, Éxodo, Levítico, Números y Deuteronomio), a la Biblia en general (conocida también como *Tanak* o *Miqra'*), al conjunto de mandamientos divinos revelados en la Ley (p.ej., Lev 17—24) o, inclusive, la revelación específica dado por Dios a Moisés en el Sinaí (Ex 20). Es decir, que la comprensión adecuada del término lo refiere directamente a la figura venerada de Moisés, o a algún nivel general o particular de la revelación divina en el desierto del Sinaí.

La tradición rabínica, por su parte, expande el significado de Torá para incluir sus interpretaciones orales, que en el NT se conocen como «las tradiciones de los ancianos» (Mc 7.3, 5, 8, 9, 13). Estos diversos comentarios teológicos y prácticos hechos por los rabinos a la Torá escrita, finalmente se redactaron y formaron el Talmud, tanto el babilónico como el jerosolimitano. Para la comunidad judía, ambas piezas literarias, la Torá bíblica y la talmúdica, constituyen la revelación divina dada a Moisés. El verdadero significado de esa singular revelación se manifiesta, de acuerdo con el judaísmo rabínico, al estudiar ambas tradiciones religiosas.

Los nombres de los libros de la Torá o Pentateuco varían de acuerdo a la tradición canónica que se utilice. En la Biblia hebrea, se identifican con la primera palabra que aparece en el libro; mientras que en las versiones griegas (p.ej., LXX) y latinas (Vulgata) se alude al contenido general de la obra.

Texto Masorético	LXX y Vg
Bereshit: En el principio	Génesis: Los orígenes
We elleh semot: Y estos son los nombres	Éxodo: Salida
Wayyira: Y llamó	Levítico: Relacionado con Leví
Bemidbar: En el desierto o también *wayedabber*: Y habló	Números: Censo de los hebreos
Elleh haddabarim: Estas son las palabras	Deuteronomio: Segunda Ley

2. Características temáticas y literarias

Aunque el Pentateuco dispone sus libros en cinco partes, el estudio detallado y riguroso de la obra pone claramente de manifiesto su unidad temática fundamental. La Torá fue redactada para que presentara la historia del pueblo de Israel, desde la creación de la humanidad, el cosmos, la naturaleza y el mundo, hasta la llegada del pueblo a la Tierra Prometida, tema de fundamental importancia teológica en sus narraciones. Posiblemente la división en cinco libros se relaciona con la dificultad de manejar el texto completo del Pentateuco en un solo rollo.

De singular pertinencia en el análisis del Pentateuco es notar las alternancias entre las secciones narrativas, y en ocasiones poéticas, con las regulaciones y estipulaciones legales. Se desprende de este estilo literario un interés educativo fundamental e intencional: De un lado, hay que recordar los orígenes nacionales, que se remontan al momento mismo de la creación; y del otro, hay que presentar los códigos de conducta que van a regular la vida familiar, social y religiosa, tanto para las personas como para la nación. En este contexto educativo, las regulaciones religiosas ocupan un lugar protagónico.

El género narrativo ocupa la primera gran sección del Pentateuco. Junto a varios poemas (Gn 1.1—2.4a) y narraciones épicas (Gn 6—9), desde los inicios del libro de Génesis hasta la mitad del Éxodo (Ex 19) se describe la vida de varios personajes importantes en la historia nacional (p.ej., Abraham (Gn 12.1—25.32), Isaac (Gn 26.1-35), Jacob (Gn 27.1—36.32), José (Gn 37.1—50.26) y Moisés (Ex 1.1—19.25). Esta sección enfatiza la relación de estos líderes antiguos del pueblo con Dios, y revela los aciertos y desaciertos de estos personajes.

Posteriormente, el Pentateuco incluye las regulaciones y los estatutos que deben regir la vida del pueblo, no solo durante el peregrinar por el desierto sino a la llegada a la Tierra Prometida en Canaán. Estas leyes revelan la voluntad de Dios en forma de mandatos, enseñanzas y regulaciones, que contribuían significativamente al establecimiento de una comunidad santa, que es una de las características básicas del Dios que se manifiesta en estas narraciones. Esa santidad se relacionaba íntimamente con la capacidad y el deseo de ser un pueblo representante y portavoz de esa revelación divina al resto de la humanidad.

La revelación divina en la Torá constituye la extraordinaria oferta de salvación y redención a toda la humanidad. En efecto, desde muy temprano en las páginas del Pentateuco se revela el deseo divino de presentar el mensaje de salvación a todo el género humano. Ese mensaje de salvación se articula de forma concreta e histórica con la intervención de Dios para sacar a los israelitas de las manos opresoras, inmisericordes e ingratas del faraón de Egipto.

Esa singular unidad teológica, temática y literaria que se revela en el Pentateuco, se puede discernir también hasta en los libros históricos. En primer lugar, el libro de Josué prosigue la saga de Moisés, pues Josué entra triunfante con el pueblo de Israel a la Tierra Prometida. En las narraciones del libro de los Jueces se describen los conflictos y las dificultades del pueblo en el tradicionalmente llamado «proceso de conquista» de las tierras de Canaán. Finalmente, en los libros de Samuel y Reyes se presentan las dinámicas sociales y políticas internas en el pueblo que desembocaron en la selección de un rey, además de presentar un juicio valorativo de las hazañas de los reyes de los dos reinos: de Judá, en el sur, y de Israel, en el norte.

La importancia que tiene la figura de Moisés en estas narraciones es fundamental y determinante. En el mismo Pentateuco se afirma claramente que no ha vuelto a surgir en Israel un profeta de la altura y magnitud de Moisés (Dt 34.10-12). Desde muy temprano en la historia del desarrollo de las tradiciones que posteriormente formaron la Torá, Moisés es considerado como la figura estelar y protagónica, y su «profecía» (es decir, la Ley) constituye el mensaje básico, insuperable e insustituible, para el bienestar del pueblo. De esta forma, la literatura relacionada con Moisés se convierte en el fundamento del resto de la Biblia. Por esa razón los mensajes de los Profetas y los Escritos aluden en repetidas ocasiones a la Ley de Moisés y, específicamente, hacen referencia al pacto o alianza de Dios con su pueblo.

Grandes temas del Pentateuco

Los grandes temas que le brindan al Pentateuco unidad y sentido de orientación y dirección histórica y teológica, son los siguientes:

- La narración de los orígenes del cosmos, el mundo, la naturaleza y el género humano, o «historia primigenia»: Génesis 1—11
- La historia de los antepasados, o de los patriarcas y las matriarcas de Israel: Génesis 12—50
- Las narraciones de la liberación de Egipto: Éxodo 1—15
- El peregrinar del pueblo desde Egipto al Monte Sinaí: Éxodo 16—18
- La revelación de Dios a Moisés en el Monte Sinaí: Éxodo 19—Números 10
- La llegada de Moisés y el pueblo de Israel a las tierras de Moab: Números 10—36
- El libro del Deuteronomio, que presenta una vez más la revelación divina en el Monte Sinaí en formas de discursos mosaicos o en maneras homiléticas: Deuteronomio 1—34

3. Ambiente histórico y teológico del Pentateuco

Aunque el Pentateuco debe haberse redactado finalmente luego del exilio en Babilonia, cuando se fijaron las tradiciones en la forma que conocemos el día de hoy, sus tradiciones orales y literarias pueden provenir de épocas muy tempranas en la historia de Israel. Las narraciones de los antepasados del pueblo, presuponen que vivían por los siglos 19-13 a.C. Durante esa época ya se había constituido el imperio babilónico antiguo (1900-1550 a.C.), y en Egipto gobernaba la dinastía imperial media (2100-1785 a.C.). Posteriormente la época de Moisés debe ubicarse por el siglo 13 a.C. (aunque algunos estudiosos la relacionan con un período anterior, en el siglo 15).

La identificación precisa de los antepasados de los israelitas es una tarea compleja. Posiblemente, debemos ubicar a los patriarcas y matriarcas de Israel entre los grupos semitas antiguos, nómadas y seminómadas que recorrían, por el segundo milenio a.C., las regiones desérticas y semidesérticas del Creciente Fértil. Tres grupos específicos, por lo menos, que tienen relevancia para los estudios bíblicos, han sido identificados en la región por los historiadores durante esos períodos.

Los amorreos constituyen el primero grupo. Se trata eminentemente de un grupo de la etnia semita que se ubicó en diversas regiones de Mesopotamia, Siria y Palestina por los años c. 2000 a.C. El segundo, se compone de arameos, también de origen semita, que se asentaron en diversas regiones sirias por el siglo 13 a.C. El tercero lo constituyen los cananeos, de quienes se tiene evidencia literaria desde la antigua ciudad de Mari en c. 1800 a.C. De estos grupos hay tanto referencias bíblicas como evidencias históricas en documentos que provienen de Siria, Babilonia y Egipto.

Es muy probable que los antepasados de Israel se puedan relacionar con los antiguos grupos amorreos que llegaron a Canaán por el siglo 18 a.C., cuando dejaron diversas regiones mesopotámicas. Es importante recordar que, según el testimonio bíblico, Abraham procedía de la ciudad de Ur, que originalmente pertenecía a Sumer, en Mesopotamia. Con el tiempo, sin embargo, la ciudad pasó a ser parte del imperio caldeo, y por esa razón en la Biblia se le conoce como «Ur de los caldeos» (Gn 11.31).

Esa conexión histórica muy antigua, con los amorreos, arameos y cananeos, que se mantuvo viva en la memoria colectiva del pueblo, es quizá la que se encuentra en la base misma de uno de los importantes credos de la Torá:

> «Un arameo a punto de perecer fue mi padre, el cual descendió a Egipto y habitó allí con pocos hombres, y allí creció y llegó a ser una nación grande, fuerte y numerosa...» (Dt 26.5).

El Pentateuco se organiza y dispone como una serie de narraciones y leyes que se entrelazan para transmitir un singular mensaje teológico. Las narraciones van llevando la promesa de Dios de generación en generación, y se trata, efectivamente, de la comunicación de la historia de la salvación del pueblo, que muestra cómo un Dios misericordioso y justo se manifiesta en la creación, la liberación de Egipto, en el reclamo de santidad y en el establecimiento de un pacto con el pueblo. Es un Dios que interviene de forma extraordinaria en medio de las realidades históricas del pueblo.

Las leyes, por su parte, presentan cómo el pueblo debía vivir y actuar, según la voluntad divina manifestada en el Monte Sinaí. Están incluidas en cuatro grandes bloques literarios, que revelan la importancia que manifiesta este sector teológico en el Pentateuco.

- El Código de la Alianza: Éxodo 20.24—23.19
- El Código de Santidad: Levítico 17—26
- El Código deuteronómico: Deuteronomio 12—26
- El Código sacerdotal: Éxodo 25—31; 35—40; Levítico 1—16; Números 5—6; 15; 18—19; 28—30

En medio de todas estas estructuras literarias se destaca de forma indiscutible la figura de Dios, que no necesita ser presentado en el Pentateuco. Desde las primeras páginas de la Biblia, Dios es la figura central. Inclusive, solo en los primeros once capítulos, Dios crea y bendice, revela leyes y mandamientos, juzga y salva, selecciona y promete, establece pactos y brinda consejos, se entristece y arrepiente, y protege y brinda responsabilidades a las personas. Todas estas actividades divinas lo que hacen es establecer la pauta con que posteriormente Dios se revelará a Israel, y por conducto de este pueblo a toda la humanidad.

De acuerdo con el Pentateuco, Dios está intensamente activo en el mundo, y su esfera de acción no está cautiva en el espacio sideral ni lejana en el cosmos, sino que ha decidido hacerse real en medio de las vivencias humanas. Sus actos concretos en medio de la historia, lo ubican en un plano teológico extraordinario. Al Dios bíblico no le es ajeno el dolor de la gente, ni ignora el cautiverio de los pueblos, ni se olvida de las angustias familiares, ni rechaza el clamor de las personas en necesidad. En efecto, el Dios creador, que usa la palabra para que se cumpla su voluntad, es sensible a las necesidades humanas y responde a los clamores, de acuerdo con su naturaleza justa y santa.

4. Composición y autoría del Pentateuco

El largo y complejo proceso de composición del Pentateuco y su paternidad literaria están íntimamente relacionados. De un lado intentamos comprender las dinámicas literarias y sociales que produjeron estos textos tan importantes y significativos para la comunidad hebrea, y a la vez que deseamos identificar las figuras históricas con las cuales se relacionan estos documentos inspirados. Las complicaciones en este extenso viaje literario se deben, en gran medida, a varios factores, entre los que se encuentran los siguientes: La naturaleza religiosa, cultural y moral del material; la lentitud histórica de los procesos de transmisión oral que finalmente llegaron a su fijación literaria; y las percepciones antiguas en torno a la naturaleza misma de los documentos escritos.

En el mundo de la Biblia, la redacción y fijación de las tradiciones orales y literarias no eran vistas como proyectos individuales o privados, sino como trabajos de la comunidad que tenía la responsabilidad de transmitirlos de generación en generación, revisándolos y adaptándolos a las nuevas situaciones sociales, así como a las nuevas realidades históricas. Era una época sin leyes de protección de propiedad intelectual (tan importantes y características en las sociedades contemporáneas), en donde imperaba, a la vez, el respeto a las tradiciones junto a la elasticidad en la redacción y adaptación de esas tradiciones antiguas a nuevos contextos sociales, históricos, políticos y religiosos.

De la lectura del Pentateuco se desprende que el proceso redaccional tomó en consideración algunas obras antiguas que ya existían de forma escrita y que estaban disponibles para ser consultadas. Ese es el caso particular del *Libro de las batallas de Jehová* (Nm 21.14), que consistía, posiblemente, en una serie de poemas de guerra. Esas batallas eran alusiones a los combates que libraba el antiguo pueblo de Israel en el nombre del Señor. Otra obra antigua, en esa misma tradición literaria, y digna de identificación, es *El libro de Jaser o del Justo*, que contenía fragmentos de poemas atribuidos a algunos héroes nacionales, como Josué y David (Jos 10.13; 2 S 1.18).

Una obra literaria tan extensa y complicada, como la Torá, llena de detalles históricos y litúrgicos, referencias culturales y religiosas, alusiones a problemas y dinámicas sociales y políticas, y recuentos de narraciones antiquísimas, revela, en el análisis minucioso de sus diversos componentes, el paso del tiempo y refleja algunas etapas en los procesos de redacción. Se percibe, al estudiar el Pentateuco, algunas narraciones que repiten los temas y duplican el material, y aunque algunas contienen variantes y cambios significativos, no dejan de manifestar su cercanía y dependencia literaria.

Ejemplos de estas narraciones duplicadas, son las siguientes: Se identifican dos narraciones que presentan los Diez mandamientos o el Decálogo (Ex 20.1-17; Dt 5.6-21); y se incluyen cuatro presentaciones alternativas de las grandes fiestas de los israelitas (Ex 23; 34; Lv 23; Dt 16). Aunque cada una de estas versiones cumple un particular propósito teológico en el lugar literario en que están ubicadas, estas duplicidades revelan que la Torá no se escribió en un momento histórico determinado. La lectura minuciosa y el análisis detenido de las narraciones aludidas manifiesta un largo y complejo proceso donde se fueron incorporando, a la narración básica, diversas versiones y variantes de estas leyes, regulaciones y relatos.

Además, la presentación de ciertos asuntos o temas manifiestan elementos en común, claramente repetitivos. Esa es la situación del despido de Agar e Ismael (Gn 16; 21.8-21), o el deseo de ocultar la condición de esposa, tanto en relatos relacionados con Sara como en los de Rebeca, para indicar que eran hermanas de los patriarcas (Gn 12.10-20; 20.1-18; 26.6-14). En este particular caso, las repeticiones se disimulan y se intenta presentar una situación nueva. Sin embargo, la cercanía temática y la duplicación del contexto de crisis revelan que, por lo menos, hubo algún nivel de dependencia literaria e influencia mutua.

Es importante notar, en la identificación y el estudio de las pistas que nos ayudan a comprender mejor el proceso de redacción del Pentateuco, ciertas sutilezas lingüísticas y narrativas, que en momentos tienen importantes repercusiones teológicas. El análisis sosegado de los primeros tres capítulos del Génesis pone de manifiesto que en esa primera sección bíblica se encuentran dos relatos diferentes de la creación. Cada uno de ellos tiene su propio estilo literario y revela sus particulares prioridades teológicas.

El primero (Gn 1.1—2.4a), redactado como un poema, muestra un interés teológico sacerdotal, bien estructurado en días, y cada día con su propia estructura interna; además, manifiesta un concepto de Dios magno, inmanente, espectacular, grandioso. ¡El Señor llena el universo con su potente voz creadora! El nombre divino usado en este poema es *Elohim*, que corresponde al nombre común en hebreo para referirse a la divinidad de Israel.

Por su parte, el segundo relato de creación (Gn 2.4b—3.24), escrito en prosa, presenta a Dios más íntimo, inminente, cercano… Es el Dios que camina por el jardín y dialoga con Adán y Eva; y el nombre divino que usa el autor es *Yhwh Elohim*, que pone de manifiesto el nombre personal del Dios bíblico: Yavé Dios o Jehová Dios, dependiendo de la versión de las escrituras que se consulte. El uso sistemático y diferenciado de los nombres divinos, en algunos relatos, puede ser un indicador de las diferentes fuentes orales y literarias que se utilizaron en el proceso de redacción final de la Torá.

Algunos pasajes del Pentateuco muestran un estilo literario fluido, bien articulado, como algunas de las narraciones de la vida de Abraham (Gn 18.1-15); otros, sin embargo, consisten de listas de leyes en las que se destacan no tanto la belleza literaria o las virtudes estéticas de las porciones bíblicas, sino la rigidez de la legislación y la necesidad de cumplir los estatutos revelados, al pie de la letra (Lv 17—26). Inclusive, hay secciones donde también se presentan las mismas leyes en formas discursivas, casi homiléticas, como es el particular caso del libro del Deuteronomio y las leyes de Moisés.

Esas razones estilísticas, temáticas y teológicas apuntan a que el Pentateuco es mucho más que el producto literario de una persona o, inclusive, de una generación. En efecto, es el resultado gradual de la inspiración y revelación divina que se concretiza en los procesos de recopilación y redacción de las tradiciones orales y literarias que se fueron asentando y reconociendo como importantes por el pueblo a través de las generaciones.

En el corazón mismo de ese importante proceso redaccional, que ciertamente fue largo y complejo, está la figura extraordinaria y cimera de Moisés, que no solo es el protagonista indiscutible de varias secciones mayores de la obra (Éxodo—Deuteronomio), sino que es la figura central que le brinda al Pentateuco sentido de coherencia y más aún, la autoridad religiosa y moral que manifiesta la Torá. Es importante señalar que la Torá misma indica que Moisés redactó parte de su contenido (p.ej., Ex 17.14; 24.4-8; 34.27; Num 33.1-2; Dt 31.9, 22, 24-26). Y la sección que narra su muerte, tradicionalmente se relacionan con Josué (Dt 34.5-12).

Las teorías de la composición del Pentateuco, provenientes de la Europa del siglo 19, y que proliferaron en el resto del mundo académico en el siglo 20, intentaban, con complejos análisis literarios y semánticos, identificar las diversas fuentes literarias de la Torá provenientes de períodos preexílicos y postexílicos. Estas teorías, con el desarrollo de nuevas metodologías literarias, han cedido el paso a comprensiones más inclusivas, integradas y canónicas de los documentos.

El estado actual de la investigación entiende que el Pentateuco, como lo conocemos el día de hoy, se redactó finalmente en tiempos postexílicos, pero que se utilizaron grandes bloques de materiales que provenían de las épocas previas al exilio. Estos materiales llegaron tanto del reino del norte como del sur, y tenían como finalidad preservar la memoria histórica del pueblo, en relación al resto de las naciones del Oriente Medio.

Durante el exilio, cuando el antiguo pueblo de Israel estaba en contacto directo con culturas politeístas, y políticamente sometido al poder babilónico, grupos de sacerdotes judíos se dieron a la tarea de revisar y reeditar la historia nacional, a la luz de la experiencia adversa del destierro. Es en ese entorno histórico complejo y desafiante, que surge el Pentateuco como el documento que le brindaba al pueblo sentido de identidad, al proveer una narración coherente de sus vivencias, desde el momento mismo de la creación hasta la llegada a la Tierra Prometida. Solo una figura de autoridad podía relacionarse con ese testimonio fundamental de pueblo: Moisés, el legislador por excelencia y el libertador nacional.

5

EL LIBRO DE GÉNESIS

Fueron, pues, acabados los cielos y la tierra,
y todo lo que hay en ellos.
El séptimo día concluyó Dios la obra que hizo,
y reposó el séptimo día de todo cuanto había hecho.
Entonces bendijo Dios el séptimo día y lo santificó,
porque en él reposó de toda la obra
que había hecho en la creación.
Éstos son los orígenes de los cielos
y de la tierra cuando fueron creados
Génesis 2.1-4a

1. El libro

La Biblia comienza de una forma lógica: Con un libro que habla de la creación del mundo; es decir, de los orígenes del cosmos, la tierra, los cielos, la flora, la fauna y las personas. La primera gran afirmación teológica de las Sagradas Escrituras pone de relieve y subraya el poder creador de Dios, que no necesitó ningún interlocutor para manifestar su capacidad extraordinaria como creador. Todo se llevó a efecto mediante la palabra divina, que se traducía en acciones concretas que ordenaban el caos primitivo. En efecto, el primer gran enunciado bíblico es categórico y firme, poético y significativo, descriptivo y solemne, imaginativo y grato: ¡Dios es el creador de todo!

El nombre Génesis, significa «orígenes», proviene de la versión griega de la Biblia, o la Septuaginta (LXX). En hebreo, el nombre de Bereshit, o «en el principio», que transmite las ideas que se asocian a los procesos que se producen al comienzo de la creación divina. Los dos textos canónicos presuponen la existencia de un Dios poderoso, que está muy interesado en intervenir en los asuntos humanos, desde el comienzo de la historia.

2. Estructura literaria de la obra

Tradicionalmente la estructura literaria de Génesis se ha propuesto como dividida en dos secciones básicas y fundamentales. La primera atiende los orígenes de todo lo creado (Gn 1—11); es la llamada historia primigenia, o historia de los orígenes. La segunda división mayor, por su parte, presenta la narración del peregrinaje de los más antiguos antepasados de Israel, conocidos como los patriarcas y matriarcas del pueblo (Gn 12—50). Esta estructura bipartita entiende que la obra está orientada hacia dos objetivos básicos: Describir los orígenes del mundo, la historia, la humanidad y la desobediencia, y presentar, además, los antepasados más antiguos, identificables y fundamentales del pueblo de Israel, en particular a Abraham, Isaac y Jacob, que de acuerdo con las narraciones bíblicas, formaban una familia de padre, hijo y nieto. En las dos secciones la familia juega un papel de gran importancia.

Sin embargo, el análisis del libro no necesariamente debe seguir esa particular estructura. El estudio literario de los géneros y la evaluación temática de la obra revelan la posibilidad de otra estructura interna que no debe ignorarse, subestimarse ni pasarse por alto. Esta estructura alterna se relaciona con la aparición, en secciones de importancia, de la antigua palabra hebrea *toledot*, que se ha traducido al castellano generalmente como «las generaciones de», pero que quizá deba entenderse mejor como una especie de marcador lingüístico que identifica e indica que comienza una nueva sección en la narración. En el hebreo moderno *toledot* significa «historia».

El estudio de estas secciones, identificadas con la palabra *toledot,* señalar a diez de estas secciones, que ya de plano el número nos mueve a pensar que no se trata de un accidente lingüístico o temático sino que puede revelar un propósito literario y teológico definido. Las secciones son las siguientes:

- Las generaciones de los cielos y la tierra (Gn 2.4a), que alude a todo lo creado por Dios.
- Las generaciones de Adán (Gn 5.1), que presenta las narraciones de la historia desde Adán hasta Noé, es decir, los patriarcas antes del diluvio.

- Las generaciones de Noé (Gn 6.9), que narra la historia del Noé y su familia, y el diluvio.
- Las generaciones de los hijos de Noé (Gn 10.1), que prosigue las narraciones relacionadas con Sem, Cam y Jafet.
- Las generaciones de Sem (Gn 11.10), que introduce la genealogía desde Sem hasta Taré, que es el padre de Abraham.
- Las generaciones de Taré (Gn 11.27), en la que se pone de manifiesto claramente la importancia de Abraham en toda la obra.
- Las generaciones de Ismael (Gn 25.12), donde se presenta la narración de la vida del hijo de Abraham con su esclava Agar.
- Las generaciones de Isaac (Gn 25.19), donde se relatan las hazañas de sus hijos Esaú y Jacob.
- Las generaciones de Esaú (Gn 36.1, 9), en la que se identifican sus hijos.
- Las generaciones de Jacob (Gn 37.2), cuya narración incluye la historia de sus hijos, José y sus hermanos.

El esquema literario de los *toledot* o generaciones que se revela en Génesis presenta las secciones con diferencias de extensión. Hay algunas más cortas, y otras de extensión considerable. Las más amplias aluden al diluvio, Abraham y Jacob (Israel), y las más cortas son esencialmente genealogías. El caso de Génesis 2.4a, es singular, pues el *toledot* puede relacionarse con el final del primer relato de LA creación (Gn 1.1—2.4a), o con el inicio del segundo relato (Gn 2.4b—3.24). Esa conveniente ambigüedad le brinda a este marcador un significado particular: Presenta la creación de todo el universo desde una perspectiva general, o articula el origen del género humano, de forma más específica.

De importancia capital es comprender la naturaleza del género literario de las llamadas «genealogías» o historias. Provenientes de ambientes sacerdotales, estas narraciones intentan destacar la importancia de la salvación y subrayan la elección divina de Israel como mensajero divino a las naciones del mundo. Tienen un claro propósito teológico al enfatizar la historia de la salvación del pueblo de Israel y destacar la transmisión de generación a generación de las promesas de Dios. Israel es puesto por Dios en el contexto general de las naciones del mundo como agente de salvación, pues su elección es el resultado de la misericordia divina no de la iniciativa humana.

La estructura general de estas historias manifiesta otros detalles teológicos. Las diez secciones se pueden subdividir en dos grandes bloques de cinco secciones cada una, y el centro de cada sección destaca algún elemento teológico fundamental. En el primer bloque, el centro corresponde a las narraciones del diluvio, que revelan las actitudes impropias y rebeldes de la humanidad, que son la base del juicio divino. El diluvio es la respuesta de Dios a una generación desobediente y pecaminosa.

El segundo bloque, por su parte, incluye en su centro las narraciones de Jacob e Israel. En esta sección se pone en clara evidencia al propósito restaurador de Dios hacia la humanidad. Israel es llamado a ser un agente divino para la bendición de las naciones, tema que ya había comenzado desde el relato del llamado de Abraham.

Todo el libro de Génesis, como se desprende del análisis estructural de la obra, manifiesta el deseo salvador de Dios. Este propósito fundamental de Dios no se detiene, aunque la gente actúe con rebeldía y desobediencia, o aunque las naciones rechacen la voluntad divina. De generación en generación avanzan, según las narraciones del Génesis, las promesas de Dios que van a tener su cumplimiento pleno en el resto del Pentateuco. A pesar de la reiterada oposición personal o nacional, el plan divino continúa hasta llegar a su realización final y cumplimiento pleno.

Este particular plan de salvación incluye algunos temas de gran importancia teológica, no solo para el Génesis y el Pentateuco, sino para toda la Biblia, incluyendo la literatura cristiana. Entre esos grandes temas podemos mencionar, como ejemplo, los siguientes: La importancia de la bendición divina que se ofrece a las personas y al sábado; la relevancia y necesidad de las promesas divinas, que no se detienen ni acortan por las actitudes humanas; lo fundamental de los pactos o alianzas divinas y humanas para la constitución del pueblo; y la elección del pueblo de Israel como agente divino para llevar la redención al resto de las naciones.

Estas peculiaridades teológicas hicieron del libro de Génesis uno muy popular entre los autores del NT y también entre los Padres de la iglesia. De un lado, se manifiesta el poder de Dios en acción, tanto en la esfera cósmica como en la personal y nacional. Y del otro lado, se ponen de manifiesto algunas características humanas de gran importancia teológica. Las personas han sido creadas por Dios de material terrestre, para indicar su fragilidad; tienen un aliento o hálito divino que les permite la existencia; poseen la capacidad de decidir entre el bien y el mal, o libre albedrío que les brindó el Señor en la creación; y actúan de forma pecaminosa, que es la razón fundamental para que se pusiera en práctica el plan de redención y salvación por parte de Dios.

Entre los personajes y las imágenes del libro de Génesis que son mencionados con alguna regularidad en el NT están, entre otros, los siguientes:

- La figura de Adán como primer hombre que se contrapone a la de Cristo, que es el nuevo modelo de humanidad (Rom 5.12-21; 1 Co 15.45-49).
- La serpiente tentadora es relacionada directamente con Satanás (Jn 8.44; 2 Co 11.3; Ap 12).
- Se aprecia la vida de Abel y los hombres de fe que agradaron a Dios por sus actos de justicia (Mt 23.35; Heb 11).
- Abraham es identificado como el padre de la fe y como el modelo que deben emular de los creyentes (Rom 4; Gal 3; Heb 11).
- El rey y sacerdote Melquisedek es interpretado como un particular tipo de Cristo (Heb 7.1-12).
- Isaac y Rebeca son signos indiscutibles de las promesas de Dios a la iglesia de Cristo (Gal 4.21-31).
- La imagen del diluvio es vista como signo de juicio final (Mt 24.37-41; 2 P 3.5-7), y también como un símbolo del bautismo (1 P 3.20-21).

3. La historia primigenia o de los orígenes

La primera lectura de Génesis revela que la obra incluye datos que van desde la creación del mundo hasta c. 1500 a.C. Desde la perspectiva geológica, la tierra debe tener como unos cuatro billones de años, y las ciencias antropológicas indican que los seres humanos han estado como en dos millones de años. Esos datos, que se fundamentan en teorías científicas contemporáneas, no son el tipo de información que se transmite en el Génesis. El propósito del libro inicial de las Escrituras es poner de manifiesto, sin lugar a dudas, desde un ángulo teológico firme y claro, que quien creó todo lo que existe y se ve, fue Dios. Esa gran declaración espiritual es la que fundamenta el mensaje bíblico y la que presupone en todas sus páginas.

Relato babilónico de la creación

En el libro de Génesis se incluye una serie de relatos que deben ser entendidos como la prehistoria del pueblo de Israel. La historia, como se entiende en la actualidad, comienza posiblemente con la salida del pueblo de la nación de Egipto y de la opresión del faraón, bajo el liderato de Moisés. En Génesis se habla de los grandes orígenes del universo, la tierra, la humanidad, las relaciones sociales, las costumbres. Sus relatos constituyen un trasfondo teológico necesario y pertinente para comprender adecuadamente el Pentateuco, y también el resto de la Biblia. En el recuento de estas importantes narraciones, la figura del Dios creador juega un papel indiscutiblemente protagónico.

Aunque la llamada «historia primigenia» o de los orígenes es la primera sección en las Escrituras, no fue la primera en ser redactada. Estos capítulos iniciales revelan un proceso de maduración espiritual y teológica que vino con los años. Las imágenes que incluye, junto al lenguaje que expone, revelan un desarrollo teológico sofisticado que solo es posible con la revelación e inspiración divina y las reflexiones sobrias y ponderadas de generaciones de creyentes. Los textos no solo ponen de manifiesto características fundamentales de Dios, sino que exploran con sabiduría y maestría la naturaleza humana, sus aciertos y desaciertos, sus triunfos y fracasos, sus aspiraciones y frustraciones, sus gozos y tribulaciones. Además, estos importantes relatos discuten temas de eterna validez: La naturaleza extraordinaria de la creación, la alegría de vivir, las consecuencias del pecado, la necesidad de la justicia divina.

Entre los temas básicos que se incluyen en esta misma primera sección de la Biblia, están los siguientes:

- Los relatos de la creación (Gen 1—2)
    - ◊ La narración de la creación desde el cosmos hasta las personas (Gn 1.1—2.4a)
    - ◊ La narración de la creación de Adán y Eva en el Jardín del Edén (Gn 2.4b-25)
- El pecado humano y el castigo divino (Gn 3—4)
- Lista de los primeros héroes bíblicos, desde Adán hasta Noé (Gn 4.17—5.32)
- Narración en torno al nacimiento de gigantes como fruto del pecado humano (Gn 6.1-4)
- El diluvio como castigo por el pecado (Gn 6.5—9.29)
- Lista de las naciones en el mundo (Gn 10)
- La Torre de Babel (Gn 11.1-9)
- Lista de los patriarcas, desde Noé hasta Abraham (Gn 11.10-32)

Estos temas ponen claramente de relieve una progresión temática elaborada y bien diseñada, donde se nota, en efecto, el comienzo de la historia de la salvación del pueblo. El Dios bíblico no solo crea y establece el orden, sino que se mantiene atento a las actividades humanas, para revelar su voluntad y requerir actitudes y respuestas que pongan de manifiesto los valores éticos y los principios morales que se desprenden de esa revelación divina. Dios no crea y se aleja, se mantiene cercano y atento al comportamiento de las personas y las naciones.

4. Los dos relatos de la creación

La primera declaración teológica en la Biblia se articula en dos narraciones de gran valor literario y de extraordinario poder espiritual. Toda la creación, desde el cosmos hasta los animales, pasando por la naturaleza y las personas, es producto de las acciones divinas. Detrás de todo lo que existe, según Génesis 1—2, se encuentra la voz creadora de Dios, o su acción grata al pasearse por el Jardín del Edén y formar a la primera pareja. Ambos relatos apuntan hacia la misma realidad: Desde los tiempos inmemoriales, cuando comenzó la historia, ya Dios existía y estaba activo, y el resultado de esa actividad divina es el mundo, como lo conocemos.

Estos relatos presentan ideas e imágenes que también se encuentran en la literatura antigua proveniente de Mesopotamia y Egipto. Sin embargo, los escritores bíblicos las han transformado para producir narraciones monoteístas que ponen de manifiesto las singulares perspectivas teológicas y culturales del pueblo de Israel. En la Biblia, esos antiguos relatos de creación se renuevan y se modifican sustancialmente para que puedan cumplir una nueva finalidad teológica.

a) Primer relato de creación

El primer relato es una especie de combinación maravillosa de lo mejor de la narrativa hebrea con el ritmo poético característico de los himnos. Cada palabra tiene significado especial en el relato; cada frase destaca un componente fundamental de la narración; cada día enfatiza un particular acto creador; no sobran las palabras; no escasean las ideas; no se omiten detalles. Las repeticiones, lejos de aburrir al lector o lectora, le orientan, le guían, le mueven por el proceso de creación con sentido de dirección e interés.

De la estructura misma del pasaje se desprenden varios detalles importantes. La redacción revela paralelismos temáticos y de contenido: En los primeros tres días se establecen los contextos para la vida; y en los próximos tres se llenan esos espacios con lo necesario para la subsistencia. El proceso es ordenado y sistemático. No se notan improvisaciones, pues la creación va manifestando el plan divino de manera gradual. La cúspide de la creación son las personas, hombre y mujer, que reciben la bendición de Dios. Posteriormente el *shabat* es también bendecido.

La lectura profunda del formato de siete días revela otro patrón literario que no debemos pasar por alto. La construcción del pasaje manifiesta una serie de fórmulas estereotipadas que ponen de relieve de manera específica la voluntad de Dios:

- Dijo Dios (vv. 3, 6, 9, 11, 14, 20, 24, 26, 28, 29)
- Y fue así (vv. 3, 7, 11, 15, 24, 30)
- Y fue la tarde y la mañana (vv. 5, 8, 13, 19, 23, 31)
- Verbos de acción divina: sea (v. 3), haya (vv. 6, 14), reúnanse (v. 9), produzca (vv. 11, 20, 24), hagamos (v. 26), mirad (v. 29), bendijo (vv. 28; 2.3)
- Y vio Dios que era bueno (vv. 4, 10, 12, 18, 21, 25, 31)
- Del día (vv. 5, 8, 13, 19, 23, 31)

Del análisis de estas expresiones y declaraciones se descubre que Dios está en control absoluto del proceso de creación, y como respuesta a todas esas afirmaciones divinas, el cosmos, la tierra y la humanidad fueron tomando forma. Dios actúa solo, no en conflicto con otras divinidades ni en batalla con monstruos mitológicos.

Este tipo de declaración teológica no es primitiva, ni superficial, ni politeísta, por el contrario, revela la maduración sobria y sabia que llega solamente con la reflexión de los años y la experiencia en la vida. Este particular tipo de teología de la creación es la que también se pone en clara evidencia en al Salmo 8, cuando el poeta afirma: «Cuando veo los cielos, la obra de tus manos, la luna y las estrellas que tu formaste...». Culmina el proceso con el séptimo día, pues el siete representa, tanto en le Biblia como en el Oriente Medio, lo completo, perfecto y pleno.

La acción divina llega a su punto culminante con la creación del ser humano, que en hebreo es Adam. Con la expresión «hagamos», que pone en evidencia lingüística el plural de majestad divina, emprende Dios una nueva obra creativa sin precedentes. De modo absolutamente enfático, Dios dialoga consigo mismo para crear al hombre y a la mujer a su «imagen y semejanza», que es la forma teológica de afirmar la dignidad de las personas, desde el comienzo mismo de la creación, y también la manera de poner de manifiesto que los seres humanos recibieron de parte de Dios características éticas y morales que le asemejan al creador. Los hombres y las mujeres tienen la capacidad de pensar de forma crítica, lo que les capacita para representar a Dios en la administración de lo creado.

El relato utiliza en este contexto una vez más el verbo hebreo *bara*, que enfatiza la acción creadora que únicamente puede provenir de Dios. Es un verbo que no aparece con frecuencia en las Escrituras hebreas (solo en alrededor de 47 ocasiones), y siempre tiene a Dios como el sujeto de la acción. Revela la acción divina que produce efectos singulares, genera lo novedoso, inicia algo original, sin mediación humana, solo con la palabra o la voluntad divina.

La creación en seis días, y en el séptimo, Dios descansa

Primer día:
Creación de la luz

Segundo día:
Creación de los cielos y el agua

Tercer día:
Creación de la tierra y la vegetación

Cuarto día:
Creación de los cuerpos celestes

Quinto día:
Creación de las criaturas de los cielos y de las aguas

Sexto día:
Creación de la vida en la tierra, la comida vegetal, y el ser humano

Séptimo día: Dios descansa y establece el *shabat*

La semana de creación finaliza con la bendición y la santificación del *shabat*, cuya raíz hebrea transmite las ideas de «descansar» o «cesar». En efecto, el *shabat* es un día especial en el cual Dios mismo descansa, y presenta un ejemplo a la humanidad. Y aunque en otras secciones del Pentateuco se especifican los detalles legales del reposo (Ex 16.22-30; 20.8-11), en este primer relato de creación se articula y subraya su gran significado teológico; que al igual que Dios, las personas deben inhibirse de hacer actividades materiales, para consagrar ese día y bendecir al Señor. Es una forma de anticipación de lo que posteriormente se le exigiría al pueblo de Israel en las leyes que se le revelaron a Moisés.

b) Segundo relato de creación

El segundo relato de Génesis (Gn 2.4b-25; 3.1-24) se acerca a los actos de la creación divina desde otra perspectiva. El interés teológico se mueve de lo cósmico, abstracto y grandioso, a lo más íntimo, concreto y personal. Esta narración se interesa prioritariamente en la existencia humana y el gran problema del pecado y la maldad en el mundo. Intenta responder, de esta forma, a la serie compleja de preguntas que surgen a raíz de la creación y las complejas dinámicas sociales en las cuales los seres humanos están inmersos. No es un relato simplista o superficial, sino una magnífica composición literaria, ciertamente inspirada, que presenta la creación del hombre y la mujer desde la perspectiva de un Dios familiar y cercano, que dialoga, que visita a las personas, que reflexiona en torno a sus acciones, que analiza las implicaciones de sus actos.

La vida, en este relato, se pone en contraposición con la muerte. Los símbolos usados revelan este particular contraste. De un lado se alude al jardín, la respiración, el agua, los árboles, la comida, el embarazo, los dolores de parto, la mujer, la madre; y del otro, en contraposición, se incluye el polvo, la fruta prohibida, la serpiente tentadora, la expulsión del jardín. En efecto, desde muy temprano en el mensaje bíblico los temas de la vida y la muerte se articulan juntos, pues representan realidades existenciales que no pueden evadirse.

De singular importancia, en torno a este segundo relato de la creación, es su particular interés por los temas sapienciales. Ejemplo de ello son las referencias importantes al «árbol de la vida» (Gn 2.9), «el conocimiento del bien y del mal» (Gn 2.9, 17), y las alusiones a los ríos (Gn 2.10-14). Estos detalles temáticos pueden ser una indicación de que toda esta sección inicial del Génesis (Gn 1—11) fue revisada finalmente por sacerdotes interesados en la educación moral y ética del pueblo, que surgieron en círculos sapienciales del exilio y luego del destierro en Babilonia.

La segunda narración de la creación presenta a Dios con una serie interesante de imágenes antropomórficas. El Dios creador, en este contexto bíblico, es artesano, alfarero y jardinero, representaciones que ponen de relieve la naturaleza específica de sus responsabilidades y actividades. ¡Es un artista extraordinario que trabaja con el barro y la tierra! Además, es como un médico que hace dormir a Adán para crear a su compañera y complemento, su ayuda idónea.

Dios está seriamente preocupado por el hombre y la mujer, a tal grado que prepara un jardín particular, con árboles frutales y ríos, para que la primera pareja tenga la infraestructura adecuada para la vida productiva y sustentable. En ese contexto paradisíaco de idealidad, el hombre y la mujer tienen la responsabilidad divina de nombrar lo creado, que es una forma literaria y simbólica de poner de manifiesto que tienen dominio sobre los animales y que, además, tienen la capacidad intelectual para ejercer ese mandato con sabiduría y dignidad.

El verbo para describir la acción creativa de Dios en este relato no es el hebreo *bara* sino otro que se relaciona con las actividades de los artesanos, *yasar*, que significa, «formar» o «plasmar». Dios «crea» o «forma» al hombre del polvo del suelo, y revela la relación íntima entre la humanidad y la tierra. Esta cercanía e intimidad revela tanto dependencia (p.ej., el hombre debe cultivar la tierra para su subsistencia) como fragilidad (p.ej., las figuras de barro, con solo un movimiento brusco o una caída, se rompen; además, el polvo es la sección más frágil del suelo).

Esa fragilidad humana se pone en una justa perspectiva pues el relato también afirma que el hombre recibió el aliento divino de vida, que lo hizo un «ser viviente», que es una singular característica que lo acerca y lo relaciona íntimamente a Dios, que es la fuente indiscutible e indispensable de la vida.

El jardín o huerto del Edén, en hebreo *gan*, y en latín, *paradisum,* en este contexto es símbolo de idealidad, plenitud, paraíso. El terreno es sumamente fértil, con abundantes aguas y gran vegetación. En el mundo del Oriente Medio donde abundan los desiertos, la imagen es la de un oasis que tiene el poder y la capacidad de mantener la vida. Además, ante él se ubican dos árboles: el de la vida, para su subsistencia; y el del conocimiento del bien y del mal, que tiene el potencial de llevarlo a su destrucción. Su responsabilidad es doble: trabajar y custodiar (Gn 2.15). Es en este singular contexto del paradisíaco jardín del Edén, que se brinda el primer gran mandamiento divino: ¡No comer del árbol prohibido! (Gn 2.16).

La creación de la mujer enfatiza su dignidad y singularidad, en el entorno amplio de la creación. Solo ella es «ayuda idónea» (Gn 2.18), es decir, «adecuada para el hombre; y esa idoneidad no es un atributo superficial, sino la extraordinaria capacidad y poder de llenar el vacío que produce la soledad, que en el contexto del relato bíblico puede generar un ambiente de desorientación, vacío, dolor y crisis. Revela, además, esta particular creación de la mujer, un nivel social, íntimo y familiar que no se pone de manifiesto en el resto de la naturaleza o en los animales.

Que la mujer haya salido de la «costilla» o costado (Gn 2.21) del hombre alude primordialmente a la naturaleza íntima y cercana del vínculo hombre-mujer. No es un índice de inferioridad ni un criterio de subyugación. Dios formó al hombre y la mujer con el mismo nivel de dignidad, aunque de géneros diferentes, pues fueron creados «varón y hembra» (Gn 1.27).

Esa comprensión singular de complementariedad y respeto mutuo se pone claramente de manifiesto con la admiración de Adán cuando se encontró con Eva: «¡Esta sí que es hueso de mis huesos, y carne de mi carne» (Gn 2.23). En efecto, comparten la misma esencia divina y las responsabilidades en la vida. La referencia a la desnudez (Gn 2.25) es una forma literaria de afirmar que vivían con sencillez, sin sentido de culpa, en armonía con la naturaleza y con ellos mismos, como individuos y en pareja.

A pesar de ese ambiente ideal en el jardín, el huerto o paraíso se rompió por la llegada de la desobediencia. El corazón de la tentación de la serpiente, que es descrita como la más astuta de los animales, es ofrecer a Adán y Eva el poder llegar a ser como Dios, que es una manera de tratar de ser lo que realmente no son.

La narración de la caída de Adán y Eva de la gracia divina, cuando fueron echados del jardín del Edén, es una pieza literaria extraordinaria. La sicología de los personajes es intensa, la intriga que revela es maravillosa, el desarrollo de la trama es efectivo, las crisis que presenta son desafiantes, el desafío moral que incluye supera los niveles del tiempo, y el desenlace que presenta hacen de esta narración un ejemplo óptimo de la revelación divina en las Escrituras.

Según el relato bíblico, la serpiente tentó a la pareja, que cedió ante sus palabras seductoras, de forma gradual: Primero Eva, y posteriormente, Adán. El relato no presenta a dos personas inocentes que fueron confundidas por insinuaciones complejas o promesas extraordinarias: Son dos adultos conscientes de sus responsabilidades éticas y sus compromisos morales, que decidieron desobedecer el mandato divino y recibir las consecuencias de sus actos. La vergüenza y la culpa son los resultados inmediatos de sus actos, que culminan con su expulsión del jardín del Edén.

Del estudio del pasaje se desprenden varias características de Dios: Tiene el deseo y la capacidad de comunicarse y dialogar íntimamente con las personas, y hasta de llegar a su ambiente de vida con sencillez; además, es capaz de dar directrices y responder con autoridad cuando no se cumplen sus designios. El relato también explica varias realidades observables en la vida: el porqué las serpientes se arrastran y no caminan como el resto de los animales; porqué las mujeres dan a luz sus hijos con dolor; y porqué el trabajo necesita del esfuerzo y del sudor humano.

5. Las consecuencias del pecado en la humanidad

Las implicaciones de la desobediencia de Adán y Eva tienen repercusiones personales, familiares y nacionales. La primera pareja, como respuesta divina a su rebeldía y acciones, fueron expulsados del jardín paradisíaco, donde Dios se paseaba y dialogaba con ellos. Además, esas dinámicas de antagonismos y hostilidades contra Dios se manifestaron también en las relaciones de hermanos, que deben ser signos de respeto y cordialidad. Entre los hijos de Adán y Eva, Caín y Abel, irrumpió la violencia (Gn 4.1-16). En efecto, el pecado engendra agresiones, pero no cualquier tipo de agresión sino la violencia que hiere el seno familiar, hasta el punto de manifestarse en un fratricidio.

Posiblemente el incidente de Caín y Abel revela las dinámicas y los diferentes modos de vida de las comunidades agrarias y las que se dedican al pastoreo de animales. Estos conflictos son comunes, intensos, así como extensos, y el relato bíblico brinda un ejemplo extremo de las nefastas implicaciones de esas hostilidades y resentimientos. En efecto, las consecuencias del pecado humano llegaron hasta los hijos de Adán y Eva. La rebelión contra Dios es un fenómeno que genera violencia, anarquía y muerte.

Antes de llegar al colmo de la maldad humana, las narraciones bíblicas presentan a los descendientes de Caín (Gn 4.17-24), al tercer hijo de Adán y Eva (Gn 4.25-26), y a los descendientes de Adán (Gn 5.1-32). Estas genealogías cumplen un gran propósito teológico en el libro de Génesis, particularmente en su primera sección, pues relacionan los orígenes de la humanidad (Gn 1—11) con la historia de los patriarcas y las matriarcas de Israel (Gn 12—50). Esa continuidad individual, familiar y nacional pone en clara evidencia que la revelación divina llega desde la creación del mundo hasta Abraham y su hijo, y prosigue al resto de las naciones. El pecado, aunque afecta adversamente a la humanidad, no tiene el poder ni la capacidad de detener la manifestación de la voluntad divina en el mundo.

En este particular contexto teológico de las genealogías, el cántico de Lamec (Gn 4.23-24) revela hasta dónde puede llegar la arrogancia humana, y hasta que los niveles en los que la prepotencia de la gente puede manifestarse en la vida. De acuerdo con el relato escritural, a la más mínima ofensa, el ser humano responde con una violencia desproporcionada, inusitada e irracional dando lugar a la agresión. El juego de palabras formulado con los números siete y setenta veces siete revela la plenitud de la venganza, lo absoluto de la agresión, lo completo del resentimiento. En efecto, las respuestas de hostilidad a las dificultades interpersonales son completas y complejas.

El tercer hijo de Adán y Eva se llama Set, que puede transmitir la idea de que ha sido dado. De ese hijo proviene Enós, que de acuerdo con el relato, marca el momento cuando en el mundo comienza a invocarse el nombre personal de Dios, Jehová o Yavé (Gn 4.25-26).

De las genealogías es importante destacar la función de los años que vivían los patriarcas antediluvianos. Por ejemplo: Adán vivió 930 años; Set, 912; Enós, 905; Noé, 950; hasta llegar al legendario y famoso Matusalén que, según el texto bíblico, ¡vivió 969 años! Estas cifras tan elevadas deben ser entendidas en el contexto del Oriente Medio antiguo, que para afirmar que una persona era importante se indicaba que había vivido muchos años. En esa tradición, algunos reyes sumerios destacados vivieron más de 30,000 años; inclusive, el reconocido y apreciado Enmenluana, ¡vivió 43,200 años! En este particular contexto internacional de cifras astronómicas, las referencias bíblicas son ciertamente modestas.

El tema de la maldad de los seres humanos se enfatiza con la narración de las acciones impropias de los hijos de Dios que tomaron por mujeres a las hijas de los hombres (Gn 6.1-8). Se explica de esta forma la creencia de que en la antigüedad había «gigantes» deambulando por la tierra (Gn 6.4), quienes era producto de la unión antinatural de estos seres celestiales con las mujeres. Esos «hijos de Dios», posiblemente son seres divinos que violaron las fronteras establecidas por Dios en el proceso de creación, al unirse a las mujeres humanas.

La finalidad teológica del relato es afirmar que la maldad había llegado a tal nivel que había afectado adversamente la relación entre las esferas divinas y las humanas. En efecto, el problema había alcanzado tal magnitud, que hasta Dios se arrepiente de haber creado al hombre y decide destruirlo. Sin embargo, el relato culmina con una nota de esperanza y futuro: En medio de la maldad rampante y descontrolada, Noé halló gracia ante los ojos de Dios.

6. El diluvio

Los relatos del gran diluvio prosiguen el tema del pecado de la humanidad. El propósito fundamental es poner de manifiesto las consecuencias nefastas y adversas de la desobediencia humana y sus repercusiones en la naturaleza y el mundo. Inclusive, ¡a Dios «le dolió en su corazón» (Gn 6.6) haber hecho los hombres y hasta lo creado! Esa importante declaración divina brinda el contexto adecuado a la narración bíblica de Noé, la barca extraordinaria y el llamado «diluvio universal».

Entre los vecinos de Israel el tema de una gran devastación producida por las aguas de un diluvio es común. Especialmente en Mesopotamia se han descubierto narraciones que aluden a un diluvio antiguo, como es el caso específico de la muy famosa e importante *Epopeya de Gilgamés*. Aunque se revelan algunas similitudes temáticas y estructurales, las diferencias son de fundamental importancia.

Relato babilónico de Gilgamés

En estos antiguos relatos babilónicos, por ejemplo, el diluvio comienza como una especie de capricho irracional de las divinidades, no se presenta como la respuesta de Dios al pecado creciente y rampante de la humanidad. Además, y de gran importancia teológica, es notar que al final del evento, la epopeya antigua no incluye ningún pacto redentor de los dioses con la humanidad.

En el caso de las narraciones de Génesis, sin embargo, el diluvio finaliza con una gran afirmación divina o pacto con la humanidad (p.ej., con Noé y sus descendientes; Gn 9.8-17) de no volver a destruir el mundo y la naturaleza mediante otro diluvio. Esta extraordinaria declaración de Dios continúa la tradición que ya se había revelado con la bendición de Adán (Gn 1.28). Junto al desarrollo de la maldad humana se pone de manifiesto la bondad divina.

La lectura cuidadosa de la narración del diluvio bíblico revela algunas posibles fuentes literarias u orales previas a su fijación literaria. Por ejemplo, en dos ocasiones Dios anuncia el diluvio (Gn 6.13; 7.4); y también en dos ocasiones el Señor promete no destruir nuevamente al mundo mediante las aguas de un diluvio (Gn 8.21; 9.15). También las instrucciones que se dan a Noé pueden revelar algunas duplicidades. Hay lugares donde Noé debe llevar al arca un par de animales, mientras que en otros textos se le indica que lleve siete pares de animales puros y un par de animales impuros (Gn 6.19-21; 7.2). Además, en ocasiones se destacan los números y los períodos de siete y cuarenta días; en otros lugares del relato, el período de crisis es mayor (Gn 7.10, 17, 24; 8.6, 10, 14).

El gran mensaje del diluvio es directo, sencillo y claro: Toda la creación recibirá el juicio divino por causa del pecado desenfrenado de la humanidad. Solo una persona y su familia serán perdonados: Noé y su familia inmediata. Esa extraordinaria salvación se produce con la construcción de un gran bote salvavidas, identificado en la Biblia como el arca, que permitirá a Noé, su familia y los animales seleccionados, superar la crisis mortal del juicio divino. Es importante notar en la narración que junto a la manifestación de la justicia divina se pone de relieve también la misericordia del Señor.

Los detalles físicos que se relacionan con la embarcación redentora, el arca, son difíciles de precisar y comprender a cabalidad. En primer lugar, los términos que se utilizan para explicar algunos detalles del barco son muy antiguos y extremadamente técnicos, y no son especialmente claros en la actualidad. La imagen es la de un tipo grande de barco de madera con techo, ventana y cuartos, y que, además, estaba impermeabilizado con brea (Gn 6.14-16). El propósito era salvar no solo a una familia sino también a toda una serie de animales.

La referencia a los animales que debía llevar en el arca, revela particularmente el lenguaje tradicional, así como también la teología de los sacerdotes, pues manifiesta una clara preocupación en torno a los animales puros e impuros (Gn 7.2), que presupone el mundo de los cultos y de los sacrificios. Es importante recordar que los animales puros pueden servir para los holocaustos, cosa que no era posible con los impuros.

Las imágenes del agua que provienen de «las fuentes del abismo» y «las cataratas de los cielos» (Gn 7.11) evoca la cosmovisión antigua que ya se había revelado en el relato de la creación. El número cuarenta evoca en la Biblia un período importante de tiempo (p.ej., Gn 50.3; Ex 16.35; 24.18; Nm 13.25).

Algunos temas y subtemas adicionales deben identificarse por su importancia teológica o temática. La referencia a que Dios «se acordó» de Noé (Gn 8.1) es una manera teológica de manifestar el cuidado divino tanto hacia el antiguo patriarca y su familia como a los animales que garantizaban la subsistencia de las especies. Los montes de Ararat (Gn 8.4), que corresponden al día de hoy a Armenia, aluden a algún lugar ideal, alto y seguro, donde terminaría el juicio divino y comenzaría una nueva etapa en la historia humana.

La narración del diluvio finaliza con dos secciones importantes: La primera que pone de manifiesto la voluntad divina para la humanidad. Dios establece un nuevo pacto con Noé y su familia, y a través de ellos con la humanidad. Se pone de relieve una vez más con claridad meridiana la misericordia del Señor y se afirma nuevamente el propósito divino hacia lo creado. ¡Dios está muy pendiente de su creación! Dios los bendijo y les repitió el mandato a Adán: «Fructificad, multiplicaos y llenad la tierra» (Gn 1:28; 9.1).

De singular significado es notar que esa bendición divina a Noé no incluye los términos «sojuzgad y señoread». Posiblemente esa importante omisión se debe al segundo tema final que se incluye al concluir el relato del diluvio: La rebelión humana no se detiene, el pecado continúa, la desobediencia aumenta, la maldad se multiplica. En esta ocasión hasta los hijos de Noé están involucrados en esas actitudes. ese es el contexto en el que se produce la maldición de Canaán, su hijo más joven (Gn 9.25), y la bendición de Sem (Gn 9.26).

Al finalizar las narraciones del diluvio, el libro de Génesis incluye una lista importante de las naciones antiguas conocidas por los antiguos israelitas. Esos pueblos se relacionan directamente con los hijos de Noé (Gn 10.1): Jafet (vv. 2-5), Cam (vv. 6-20) y Sem (vv. 21-31), que es una manera de relacionar las naciones con dinámicas familiares. La expresión hebrea, «hijos de…» no solo alude a la descendencia directa de alguna persona, sino que revela la pertenencia a algún grupo familiar mayor, la asociación con una comunidad extendida.

Los hijos de Jafet son los pueblos que estaban ubicados al norte y al nordeste, por la región egea, de los grupos semitas. La referencia alude a los pueblos paganos, por ejemplo, griegos e hititas. Los hijos de Cam es una referencia a los pueblos semitas del oeste, al sur de Palestina, como los cananeos, filisteos y los del norte del África, egipcios, libios y sudaneses. Y los hijos de Sem son los arameos, asirios, árabes y los semitas del este.

Estas listas son importantes por varias razones; entre ellas el que se presentan al mundo antiguo internacional desde la perspectiva israelita antigua, y se identifican las naciones con alguno de los hijos de Noé luego del diluvio. Desde la perspectiva del Génesis, todas las naciones del mundo están relacionadas con Noé, que a su vez se relacionada con Adán; para destacar su importancia entre las naciones, se presenta a los hijos de Sem al final, a pesar de ser el primogénito de Noé. De esa familia es que provendrán, primeramente, Heber, antepasado de los hebreos (Gn 10.24), y posteriormente, Taré, el padre de Abraham (Gn 11.26), que continuó la recepción y transmisión de las promesas divinas.

7. La torre de Babel

La rebeldía humana contra Dios no se detiene. En esta ocasión se manifiesta en forma de un proyecto de construcción que desea, en última instancia, llegar directamente ante Dios. Es, en efecto, un esfuerzo fundamentado en el orgullo y la arrogancia; es una empresa humana motivada principalmente por las ansias de poder, el orgullo y la autoridad.

Mientras que en el capítulo anterior (Gn 10), las naciones se identifican y disponen en relación a los hijos de Noé, en este caso se introduce el tema de las diferencias lingüísticas de los pueblos asociado al pecado de la prepotencia humana. En sus deseos desenfrenados de poder querían «llegar al cielo» (Gn 11.4). La respuesta divina a estos gestos de irracionalidad y rebeldía humana fue la confusión de las lenguas, lo que hizo imposible que el proyecto continuara con efectividad. La imagen es la de un programa desmesurado e irracional, que intenta sobrepasar los límites conocidos, que desea superar los esfuerzos humanos previos, que anhela llegar a lo insondable e inaudito.

La referencia a la construcción es importante. El relato se ubica en Babilonia, que era la ciudad de más renombre y prestigio en la región (Gn 10.10; 14.1), y el ladrillo y el asfalto era los materiales de construcción típicos de la época y el lugar. Las ciudades mesopotámicas tradicionalmente construían sus templos en las cimas de pirámides escalonadas y bastante altas. Estas estructuras, conocidas como *zigurat,* eran vistas como una especie de contacto entre el cielo y la tierra. En Babilonia había una de estas estructuras religiosas que medía como 90 metros de alto, 90 metros de ancho y tenía siete pisos o niveles.

El relato de Génesis no presenta el esfuerzo humano en Babel como un templo ni como un proceso positivo de adoración a las divinidades. Por el contrario, la narración bíblica destaca la soberbia y arrogancia humana de querer llegar hasta el cielo sin contar con la bendición divina. De acuerdo con el texto de Génesis, esa es una clara manifestación adicional de la rebeldía humana.

El nombre Babel significa «puerta de los dioses»; sin embargo, por la iniciativa divina, se produce una acción que en hebreo se conoce como *balal*, que significa «confusión». Es decir, que por la acción de Dios en Babel se produce un *balal*, una confusión de lenguas que impide a la gente, por sus actitudes de arrogancia, soberbia y orgullo, llegar a la «puerta de los dioses».

Luego del relato de Babel, las narraciones bíblicas llegan a los descendientes de Sem, en donde se van depurando paulatinamente las genealogías secundarias para destacar la línea semita y arribar finalmente a Abraham, que se convertirá en un personaje protagónico en el resto del libro (Gn 12—50). Los relatos bíblicos de esta forma se van moviendo de las épocas prehistóricas remotas hasta llegar a personajes de épocas históricas concretas y más cercanas. La arqueología ha descubierto referencias a nombres (p.ej., Nacor, Taré y Harán) que se incluyen en la genealogía de Abraham (Gn 11.27-32).

Todos estos relatos antiguos mantienen viva la esperanza en la promesa de Dios, en medio de la rebeldía humana. La promesa divina de llenar la tierra se pondrá nuevamente de manifiesto con el patriarca Abraham, que fue seleccionado y comisionado por el Señor para convertirse en agente de bendición divina para la humanidad (Gn 12.1-3). Ur es una de las ciudades más antiguas ubicada al sur de Mesopotamia, muy cerca de la desembocadura del río Éufrates al Golfo Pérsico. Como por el siglo 6 a.C. fue conquistada por el pueblo caldeo, se le identifica en la Biblia como Ur de los caldeos. La divinidad principal de la ciudad era la Luna.

De la lectura sobria de esta primera sección de la Biblia (Gn 1—11), se pone de relieve con claridad que los redactores finales de la obra tenían en mente una estructura teológica bien definida y muy clara: En el contexto general de las promesas de Dios, se manifiesta la alternancia temática de bendición divina, seguida por una actitud pecaminosa del pueblo, a la que prosigue el juicio divino, para culminar en la manifestación de la misericordia de Dios. Ese patrón literario y temático llega desde la creación del mundo, el cosmos y la humanidad (Gn 1—3), hasta la bendición y el llamado a Abraham (Gn 12.1-3).

Comienza de esta manera, según el testimonio bíblico, no solo los orígenes del mundo y el cosmos, la creación de Adán y Eva y el llamado de los patriarcas y las matriarcas que fueron los antepasados del pueblo de Israel, sino se inicia la historia de la humanidad desde su perspectiva más amplia. Desde muy temprano en la narración bíblica se manifiesta una actitud teológica universalista, muy clara y definida, que desea bendecir a toda la humanidad.

8. La historia de los patriarcas y las matriarcas de Israel

Las narraciones en torno a los descendientes de Taré se interrumpen de forma abrupta, para indicar lo que el Señor le había dicho a Abraham: «Vete de tu tierra, de tu parentela y de la casa de tu padre, a la tierra que te mostraré. Haré de ti una nación grande, te bendeciré, engrandeceré tu nombre y serás bendición. Bendeciré a los que te bendigan, y a los que ter maldigan maldeciré; y serán benditas en ti todas las familias de la tierra» (Gn 12.1-3).

De pronto, el tema de las genealogías cede el paso a un tema teológico de importancia capital en el libro de Génesis: Las bendiciones que trae Abraham al mundo, con su gesto de obediencia al Señor. Una nueva etapa se manifiesta en la humanidad con la llegada del patriarca al escenario temático del libro. El mundo que estaba cautivo en las dinámicas continuas y repetitivas de rebelión y desobediencia contra Dios, ahora se reorganiza bajo el liderato espiritual y moral de un patriarca extraordinario, Abraham.

Con esta narración se pone de manifiesto el tema que servirá de hilo conductor de las narraciones patriarcales y matriarcales del Génesis: la promesa divina a Abraham. Esa promesa divina se va revisando, actualizando y expandiendo a medida que se presentan los diversos relatos de sus actividades y ejecutorias. Esa promesa contiene dos componente de gran importancia: En primer lugar, se afirma la descendencia numerosa del patriarca (Gn 13.16; 15.5; 17.6; 22.17; 26.4; 28.14); y además, se indica con gran seguridad que su descendencia poseerá la tierra en la cual vivieron como extranjeros (Gn 15.18-21; 26.3; 28.15; 50.24).

La palabra clave en esta narración, que carga un gran significado teológico, y que también se manifiesta en los relatos posteriores, es «bendición»; ¡se incluye en cinco ocasiones en solo dos versículos! En efecto, la bendición divina sustituye las expresiones de maldición asociadas con el pecado y la rebeldía humana. En Abraham tanto su familia inmediata, como su pueblo, e inclusive el resto de la humanidad y hasta las naciones serán «benditas» que es una manera teológica de afirmar y subrayar el regreso a la bendición original en el relato inicial de la creación (Gn 1.28).

La segunda gran sección del libro de Génesis (Gn 12—50) presenta viajes, hazañas, peregrinares, decisiones, aciertos y desaciertos de los patriarcas y las matriarcas fundamentales del pueblo de Israel. Como si fuera una historia de héroes nacionales, se incluyen diversas narraciones significativas de Abraham (doce capítulos), Isaac (dos capítulos), Jacob (o Israel; nueve capítulos) y José (diez capítulos). En estos capítulos se manifiesta una vez más la misericordia divina y la testarudez humana; se nota el amor de Dios y la rebeldía de las personas; y se revela la gracia del Señor, así como la arrogancia de los hombres y las mujeres.

Referente a esta sección patriarcal en la Biblia es menester indicar que son narraciones que, aunque se fijaron de forma escrita posteriormente en la historia nacional, contienen las costumbres y las vivencias de los grupos nómadas y semi nómadas que se asocian con el período patriarcal. Aunque algunos estudiosos piensan que se trata de narraciones ficticias, con el objetivo de afirmar algún valor nacional, la verdad histórica es que varias de las costumbres y los detalles culturales que se describen en el libro de Génesis también se encuentran registradas en alguna literatura no bíblica de la época. Por ejemplo, las referencias al testamento de Isaac, en el lecho de muerte (Gn 27.2-40), era una costumbre antigua en la región; y las ventas de las primogenituras (Gn 25.31-33) eran prácticas que se llevaban a efecto en momentos de desesperación.

Hay evidencia histórica de que algunos grupos semitas de Mesopotamia se movieron al oeste alrededor del siglo 22 a.C. Es interesante e importante indicar que el mismo nombre «amorita» alude a alguien que proviene del oeste, o que se ha movido al oeste. Alguna evidencia arqueológica, inclusive, parece indicar o sugerir que varios grupos nómadas llegaron y se asentaron en el desierto del Néguev por el siglo 21 a.C. y en esa región, que por siglos había estado despoblada, es que se ubican las narraciones de Abraham e Isaac.

De las lecturas de las narraciones del Génesis se desprende que los patriarcas y las matriarcas eran personas con cierto nivel económico que vivían en comunidades seminómadas cerca de centros urbanos de alguna importancia. Se movían de lugar en lugar por temporadas, para asegurar la alimentación y el bienestar de sus ganados, que eran mayormente de ovejas y cabras. Los relatos bíblicos relacionan a Abraham con la ciudad de Hebrón en el sur de la Palestina antigua; a Isaac con la región de Beerseba también al sur; y a Jacob con las ciudades de Siquem y Betel, que están en el centro mismo de toda esa región. La famosa historia de José y sus hermanos, no solo pone de manifiesto el estilo de vida nómada de los patriarcas (Gn 37), sino que revela algunas dinámicas internacionales del comercio de la época.

El contexto general de las narraciones patriarcales comienza en Mesopotamia y en la parte norte de Siria, y ponen de manifiesto las costumbres de esa región. Un buen ejemplo de la antigüedad de algunas de esas tradiciones es que tanto Isaac como Jacob regresan a la tierra de sus antepasados, Harán, para conseguir esposas. Estos detalles culturales que se incluyen en los relatos bíblicos han sido mejor comprendidos gracias a los descubrimientos arqueológicos o a través del análisis de alguna literatura antigua.

9. Las narraciones en torno a Abraham

Los relatos referentes a Abraham en Génesis (Gn 12.1—25.18) presentan una serie interesante de episodios en la vida del patriarca y su familia. Generalmente son independientes e intentan destacar, entre otros temas, cómo la bendición divina estuvo presente en la vida y las acciones del patriarca. Su vida se describe como en un viaje o peregrinar continuo por el Creciente Fértil antiguo, desde cuando sale de la antigua ciudad de Ur, a través de las tierras de Canaán, hasta llegar a Hebrón y Beerseba, e inclusive viaja a Egipto a través del desierto del Néguev.

De acuerdo con las Sagradas Escrituras, las caravanas relacionadas con los viajes de Abraham eran numerosas. Incluía familiares, esclavos y animales. Sin embargo, los relatos bíblicos no destacan sus actividades comerciales (Gn 15.2), ni enfatizan las relaciones con los grupos locales que se encontraban en el camino. El propósito fundamental de estos relatos es presentar la vida de Abraham y Sara desde la perspectiva de dos grandes temas teológicos. En primer lugar desea afirmar la importancia de la promesa divina, que va a ser el factor principal en el desarrollo de la trama no solo del Génesis sino de toda la Torá o Pentateuco. En segundo lugar, se indica que Dios le bendijo y lo seleccionó porque Abraham le fue fiel. En efecto, esos dos factores teológicos se convertirán en la fuerza principal que guiará las narraciones patriarcales.

La promesa divina a Abraham de poseer la tierra y tener un hijo se une de forma gradual a una serie importante de pactos o alianzas divinas-humanas. Aunque en ocasiones, esos pactos, convenios, alianzas o acuerdos son manifestaciones libres y espontáneas de la bondad divina (Gn 12; 15), también hay relatos que incluyen responsabilidades específicas y obligaciones concretas entre las partes contratantes (Gn 17).

La importancia del tema de la promesa divina y el pacto se manifiesta con bastante claridad desde los comienzos mismos de los episodios relacionados con Abraham (Gn 12.2-3). Las implicaciones son extensas, pues van desde convertirse en una nación grande hasta ser agente de bendición para otras naciones. Las revelaciones divinas llegan al patriarca en forma especial e íntima, mediante teofanías, que son auto revelaciones de Dios. Este factor enfatiza aún más la importancia teológica del tema.

Junto al tema de la promesa está el asunto de la fidelidad del patriarca. Aunque la promesa divina nace en un gesto extraordinario de la gracia divina, la fidelidad es un requisito indispensable para que se hagan realidad y se materialicen estas promesas en la vida de Abraham y Sara. El corazón de este tema se encuentra en el relato bíblico que afirma categóricamente que Abraham le creyó a Dios: Este importante gesto de credulidad y confianza le fue contado por fidelidad (Gn 15.6), según el testimonio escritural.

En efecto, la fidelidad del patriarca está íntimamente relacionada en su voluntad de obedecer a Dios, aun desconociendo hacia dónde viajaría con su familia. Ese acto de obediencia, entendido en el libro de Génesis como un gesto serio y definido de fidelidad, que se contrapone claramente a la rebeldía continua de las generaciones anteriores antediluvianas, le hace merecedor del cumplimiento de las promesas de Dios. En ese mismo espíritu de obediencia y fidelidad, el patriarca ofrece sacrificios a Dios en Betel (Gn 12), Hebrón (Gn 13) y la antigua ciudad de Salem (Gn 14). Además, la fidelidad del patriarca le permite tener una serie de experiencias íntimas con Dios (Gn 15; 17; 18). Esa fidelidad de Abraham llega a niveles extremos al poner en riesgo la vida de su hijo Ismael por el bienestar de Isaac (Gn 21).

La prueba cumbre de la fidelidad de Abraham se relaciona directamente con el tan esperado y anhelado hijo de la promesa, Isaac. En un acto de revelación divina incomprensible, que los autores bíblicos presentan con gran dramatismo e intriga, Dios le indica al patriarca que sacrifique a su hijo, por el cual ha estado esperando años y en el cual está la base de la promesa divina. Ante tal petición, Abraham no se mostró dubitativo y estuvo dispuesto a llegar hasta el sacrificio de su hijo Isaac (Gn 22). El relato pone en clara evidencia la naturaleza de la fidelidad del patriarca y su deseo firme de hacer la voluntad de Dios.

Sin embargo, la fidelidad de Abraham no le hace una persona sin defectos o conflictos personales. El propósito de las narraciones patriarcales no es enfatizar las virtudes éticas de sus personajes ni subrayar la perfección moral de sus protagonistas. En varias ocasiones el famoso patriarca trató se evadir sus responsabilidades y salvar su vida, mintiendo en torno a si Sara era su esposa o su hermana (Gn 12; 20); posteriormente, toma a su esclava por mujer para tener un hijo, pues impaciente pensaba que la promesa divina no se materializaba (Gn 16); y en medio de una revelación divina duda la veracidad de las palabras del ángel que le anuncia que su anciana esposa daría a luz su esperado y prometido hijo (Gn 17).

Estas características en la personalidad de Abraham han sido reconocidas en el NT, pues Pablo lo presenta a las iglesias como un buen modelo y ejemplo de fe (Rm 4.1-25; Gal 3.6-9), y en la Epístola a los Hebreos, en la importante lista de los héroes de la fe, nuestro patriarca ocupa un sitial de honor (He 11). El Corán siguió esa misma tradición en torno a Abraham al llamarle «amigo de Dios».

Los cambios de nombres en la antigüedad eras indicadores de cambios sustanciales y significativos en las personas. En el caso de Abraham y Sara, esos cambios indican que se inicia una nueva era en las narraciones, que aunque se pueden relacionar con el pasado, se manifiestan diferencias importantes. La circuncisión de esta forma se convirtió en señal del pacto divino con Abraham (Gn 17.10-14), como el arco iris era la señal del pacto con Noé (Gn 9.12-17).

ALGUNOS DATOS IMPORTANTES EN LA VIDA DE ABRAHAM

- Hijo de Taré y oriundo de Ur (Gn 11.26)
- Se casa con Sara (Gn 11.29)
- Sale de Ur con su familia hacia Harán (Gn 11.31-32)
- Dios le llama a salir y proseguir sus peregrinar y le promete que será el líder de una gran nación (Gn 12.1-7)
- Emigra a Egipto por el hambre en Canaán (Gn 12.10-20)
- Regresa a Canaán y se separa de su sobrino, Lot (Gn 13)
- Rescata a Lot y se encuentra con Melquisedec (Gn 14)
- Dios hace un pacto con Abraham y le renueva sus promesas (Gn 15)
- Nace Ismael, hijo de la esclava Agar (Gn 16)
- Dios le cambia los nombres a Abram y a Saraí: Abraham y Sara (Gn 17)
- La circuncisión se establece como señal del pacto con Dios (Gn 17)
- Dios le promete un hijo de Sara (Gn 18.1-15)
- Nace Isaac (Gn 21)
- Despide a Agar e Ismael (Gn 21)
- Dios prueba la fe de Abraham con el sacrificio de Isaac (Gn 22)
- Muerte de Sara y búsqueda de esposa para Isaac (Gn 23—24)
- Se casa nuevamente con Cetura y tiene muchos hijos (Gn 25)
- Muere el patriarca y es enterrado junto a Sara (Gn 25)

Abram y Abraham (Gn 17.5) parecen ser dos formas dialectales del mismo nombre que esencialmente significan «padre enaltecido»; el relato bíblico destaca el hecho de que será padre de multitudes. El caso de Sara y Saraí (Gn 17.15) es similar, pues son variantes del mismo nombre que significa «princesa».

Luego de la muerte de Sara, Abraham se casó con Cetura (Gn 25.1), con la cual tuvo varios hijos. Vivió, según la narración, ciento setenta y cinco años (Gn 25.7), y murió «en buena vejez» que es una forma de indicar que vivió de buena manera y «fue reunido a su pueblo» (Gn 25.8), que es la manera hebraica de aludir a la costumbre de enterrar sus muertos en una sepultura familiar. Los ciento setenta y cinco años son múltiplos del siete y del tres (3 x 7 x 7 + 3 x 7 + 7= 175 años), que simbolizan una vida plena, cabal, completa, adecuada.

10. Las narraciones de Isaac y Jacob

Luego de la muerte de Abraham comienzan los relatos de Isaac y Jacob. De singular importancia en la transición es la autopercepción de Abraham como extranjero y forastero en Canaán (Gn 23.4). Esa peculiaridad le impedía adquirir propiedades sin el consentimiento expreso de los dueños anteriores. Abraham compró un lote de terreno para sepultar a Sara, que a su vez era la manera de moverse de un estado transicional o de forastero en Canaán a una condición de ciudadano estable en el lugar. Comprar el terreno para la tumba de Sara era una forma de indicar que ya los patriarcas se quedarían por esos parajes y comarcas, pues garantizaba el «descanso» con sus antepasados.

Son dos las narraciones más importantes de Isaac, quien es básicamente una figura de transición entre Abraham y Jacob. La primera presenta la costumbre de obtener esposas en la tierra de sus antepasados (Gn 25.20), al casarse Isaac con Rebeca, que provenía de Padam-aram, en Mesopotamia. La segunda narración importante en torno a Isaac se relaciona con el nacimiento de dos de sus hijos, que fueron gemelos, Jacob y Esaú (Gn 25.24), quienes desde el vientre de su madre ya mostraban rivalidades y conflictos (Gn 25.21-22).

Según la narración bíblica, Jacob y Esaú no solo son los hijos de Isaac y Rebeca, sino que representan los antepasados de dos pueblos importantes: Edom e Israel. El relato explica (Gn 25.23) porqué el mayor de los hermanos (Esaú), a quien en la antigüedad le correspondía la primogenitura y los beneficios de esa condición, serviría al menor (Israel). De acuerdo con el relato, ¡Esaú le vendió su primogenitura a Jacob! (Gn 25:30-34), que era un forma simbólica y concreta de rechazar públicamente las bendiciones relacionadas con ese singular estatus social y familiar.

La lectura cuidadosa del resto de las narraciones que se relacionan con Isaac revela similitudes, paralelos y repeticiones (Gn 26) con varios eventos ya narrados en torno a la vida de Abraham (Gn 20—21); por ejemplo: los temores de Isaac en Gerar ante el rey Abimelec, que le hiso presentar a Rebeca como su hermana no como su esposa; y las contiendas en torno a los pozos de agua en el Néguev. En efecto, la importancia de Isaac está relacionada a la continuidad histórica que mantiene viva la esperanza en las promesas divinas, que vienen desde la creación del mundo.

La transición entre Abraham y Jacob pasa por Isaac, particularmente por la narración de la venta de la primogenitura (Gn 27). El relato no tiene la finalidad de poner de manifiesto las virtudes éticas de ninguno de sus personajes, ni mucho menos desea afirmar la sabiduría y el juicio crítico de Jacob. El propósito prioritario es teológico: Dios es capaz de llevar a efecto su voluntad inclusive superando los pecados personales y las artimañas humanas. Además, la narración pone en clara evidencia la misericordia de Dios al mantener sus promesas aun en medio de situaciones de ambigüedad ética y conflicto moral.

El análisis de las narraciones relacionadas con el patriarca Jacob revela tres tipos de eventos o relatos. En primer lugar se incluyen algunos episodios de los continuos conflictos entre Jacob y Esaú. Esas hostilidades, a nivel interpersonal y familiar, representan las dificultades y los problemas que se manifiestan también entre los pueblos de Edom e Israel. De acuerdo con el oráculo bíblico (Gn 25.23), el menor de los hermanos es el escogido por Dios para recibir las promesas divinas, y el mayor, deberá reconocer esa realidad y aceptar su condición de subordinado. Los continuos conflictos entre los hermanos hicieron que Jacob huyera finalmente de la presencia de su hermano. Aunque obtuvo la primogenitura con engaños, no fue feliz.

El segundo tipo de relatos relacionados con Jacob se asocian a sus matrimonios y sus complejas relaciones con su pariente arameo Labán. De singular importancia son los engaños, las medias verdades y los trucos que se manifiestan en estos singulares episodios. Jacob, que engañó a su hermano Esaú para obtener la primogenitura, ahora era a su vez engañado con Lea cuando realmente deseaba casarse con Raquel (Gn 29). Con el tiempo, estas narraciones patriarcales representaron los conflictos históricos y las guerras entre los arameos y los israelitas (1 R 20—22).

Un tercer tipo de narración en torno a Jacob presenta una serie importante y significativa de teofanías y revelaciones divinas que orientan y reorientan la vida del patriarca. En estos relatos, son importantes varios centros cúlticos y altares antiguos. Dios se revela a Jacob en Betel, cuando salió de Beerseba e iba camino a Harán (Gn 28); luego se le aparecen unos ángeles de Dios en Mahanaim, cuando iba al encuentro con su hermano Esaú (Gn 32); luchó con otros ángel en Peniel, pues no lo dejó ir hasta que recibiera la bendición divina (Gn 32.22-32); y finalmente Dios se le apareció en Betel para bendecirlo (Gn 35.1-15).

Estas narraciones le brindan al patriarca un contexto teológico singular. Son una especie de confirmación divina de que él era poseedor de las promesas de Dios. En estos relatos no se evalúan las implicaciones éticas del comportamiento de Jacob, ni se analizan críticamente las formas en que lograba sus objetivos. La finalidad principal de las narraciones es mantener viva la esperanza del cumplimiento de las promesas de Dios. Esas promesas van a mantenerse de generación en generación hasta a José y Moisés, y llegar a la Tierra Prometida.

Algunos relatos de importancia temática y teológica en torno a Jacob, son los siguientes:

- Conflictos entre Jacob y Esaú
    - ◊ Luchas en el vientre (Gn 25.19-28)
    - ◊ Luchas por la primogenitura (Gn 25.29-34)
    - ◊ Lucha por la bendición de Dios (Gn 27.1-45)
    - ◊ Reconciliación (Gn 32.3-21; 33.1-17)
- Conflictos entre Jacob y Labán
    - ◊ Jacob busca esposa en la casa de Labán (Gn 27.46—28.9)
    - ◊ Labán engaña a Jacob (Gn 29.1—30.24)
    - ◊ Jacob engaña a Labán (Gn 30.25-43)
    - ◊ Jacob escapa y se lleva los ídolos de Labán (Gn 31.1-24)
    - ◊ Reconciliación (Gn 31.25—32.3)
- Teofanías
    - ◊ Dios se aparece a Jacob en Betel (Gn 28.10-22)
    - ◊ Dios se le aparece y le cambia el nombre a Israel (Gn 32.22-32)
    - ◊ Dios le renueva su promesa en Betel (Gn 35.1-15)

De las narraciones de Jacob debemos señalar una por sus implicaciones históricas y teológicas. En el recuento de la lucha de Jacob con el ángel en Peniel (Gn 32.11-32), se le cambia el nombre al patriarca a «Israel». Ese cambio es de fundamental importancia en la teología bíblica porque marca un hito importante en las tradiciones nacionales, ya que representa y marca una extraordinaria transición en el carácter y en la vida de Jacob, que era conocido por su gran capacidad para el engaño y por su sagacidad.

El nombre en el Oriente Medio antiguo, y específicamente en Israel, era más que un distintivo de conveniencia. Era una forma de descripción del carácter interno y aludía a la esencia moral de la persona que lo llevada. Conocer el nombre equivalía a tener cierto poder sobre lo nombrado (Gn 2.19-20). Israel significa principalmente «Dios lucha», que puede ser una alusión al conflicto de Jacob con el Señor en Peniel, aunque también el nuevo nombre puede relacionarse con el conflicto interno que llevaba el patriarca por cambiar esa manera de ser que privilegiaba el engaño y la trampa en las relaciones interpersonales.

La saga es el género literario que se puede utilizar para describir adecuadamente estas antiguas narraciones patriarcales. Estos relatos son esencialmente narraciones muy antiguas que enfatizan las hazañas heroicas de los antepasados de alguna nación o grupo étnico. En el caso específico de los relatos de los antiguos patriarcas y matriarcas de Israel, estas sagas, en efecto, le brindan lustre, esplendor y virtud a la historia nacional, además, contribuyen significativamente al desarrollo de una imagen positiva del pueblo de Israel.

11. Las narraciones de José

La importancia de las narraciones de José está matizada por el hecho de ser hijo de Jacob (o Israel) y, además, por ser uno de sus doce hijos que constituyeron con el tiempo las llamadas doce tribus de Israel. Estas narraciones (Gn 37—48) están en medio de los relatos iniciales en torno a al patriarca Jacob, y su posterior muerte (Gn 49—50).

La sección final del libro de Génesis incluye también un incidente en la vida de uno de los doce hijos de Jacob, Judá (Gn 38), e incorpora un antiguo poema hebreo que describe algunas características de las tribus (Gn 49). En efecto, Génesis finaliza con la preparación del escenario para la llegada de Moisés y los episodios relacionados con el éxodo de los israelitas desde Egipto.

Desde la perspectiva literaria, sin embargo, las narraciones de José no son como las sagas del resto de los relatos patriarcales, que eran cortas y no totalmente unidas. Estas nuevas narraciones manifiestan un estilo elaborado, depurado, coherente, sofisticado; la trama se lleva desde las referencias iniciales a José en la casa de su padre, hasta su ascensión al poder en Egipto, sus actos de misericordia y el perdón hacia sus hermanos.

La serie de narraciones en torno a José no es la historia breve e improvisada de algún personaje antiguo, sin repercusiones teológicas, es un tipo literario elaborado similar al de las novelas: Hay intriga, personajes protagónicos y secundarios, inicio, clímax y conclusión. No es el resultado de una improvisación, sino el producto de la reflexión sobria, el análisis ponderado de los temas expuestos, la evaluación sosegada de las enseñanzas. Inclusive, estas narraciones revelan interesantes detalles sicológicos de los personajes. José es sabio, honesto, sencillo, humilde, soñador, sano, ingenuo, respetuoso, fiel, familiar, y poseía el don y la capacidad especial de interpretar sueños.

La trama básica de la narración se desarrolla con gran capacidad e interés. José era un joven que tenía una serie de sueños extraños que lo presentaban con más importancia que el resto de sus hermanos. Al contar esos sueños, sus hermanos se llenaron de envidia y resentimientos, hasta el grado de venderlo como esclavo a una caravana de mercaderes egipcios.

Con el tiempo, y por sus habilidades de interpretar sueños, llegó a ser el segundo en el reino de Egipto. Sin embargo, ese logro profesional y personal le trajo más dificultades, pues su firme y decidido rechazo a los acercamientos impropios de la esposa de un oficial del faraón, lo llevó nuevamente a la desgracia y a la cárcel.

Sin embargo, aún desde la cárcel se mantenía interpretando sueños, con el tiempo interpretó los sueños del faraón que le devolvió el prestigio perdido, así como el poder. Una vez en posición de autoridad manifestó misericordia y perdón hacia sus hermanos que le habían vendido al comenzar la narración.

En efecto, las narraciones en torno a José constituyen una importante historia de amor: El amor a sus hermanos y a su padre hizo que José pudiera superar el resentimiento y el rencor. Inclusive, toda la trama de la narración se interpreta teológicamente. Dios se hizo cargo de José a través de todo su peregrinar, en medio de sus vicisitudes y dificultades.

Es en boca de José que la narración brinda el clímax teológico: «Dios me envió delante de vosotros para que podáis sobrevivir sobre la tierra, para daros vida por medio de una gran liberación. Así, pues, no me enviasteis acá vosotros, sino Dios, que me ha puesto por padre del faraón, por señor de toda su casa, y por gobernador en toda la tierra de Egipto» (Gn 45.7-8). El propio José es el que explica teológicamente cómo la voluntad de Dios se hizo realidad aun en medio de las malas actitudes y decisiones de sus hermanos.

Una lectura mesurada de estas narraciones descubre que detrás de estos relatos hay ciertamente tradiciones orales muy antiguas. La capa de muchos colores que utilizaba José (Gn 37.3) es característica de los grupos semitas que vivían en la región alrededor del siglo 18 a.C. Las relaciones de hostilidad entre los hermanos también se han descubierto en otras literaturas antiguas en la misma región también en el siglo 18 a.C. La historia egipcia también documenta que en los siglos 18-17 a.C. un grupo semita llegó al poder nacional, los hicsos. Además, los temas de las esposas de faraones con insinuaciones inadecuadas a subalternos de los monarcas, y las referencias en los años de escases y abundancia en Egipto también se encuentran en otras literaturas de la época y la región.

Un tema de gran importancia teológica en las narraciones patriarcales se relaciona con las diversas formas de referirse a Dios. Aunque en las narraciones primigenias se indica que el nombre personal de Dios, Jehová o Yavé, se reveló temprano en la historia (Gn 4.26), en los relatos posteriores los patriarcas y matriarcas de Israel aluden a Dios de diferentes maneras.

De acuerdo con Abraham, Dios es El Elyón, o el Altísimo (Gn 14.19-20); Jacob, por su parte, se comunica con «El temor de mi padre Isaac» (Gn 31.53). Una revelación divina manifiesta otro nombre de importancia: El Shadai, el Omnipotente, Todopoderoso, o Dios de las montañas (Gn 35.11; 49.25). Inclusive, hay una referencia a nombres bien antiguos de Dios: «El Fuerte de Jacob» o «La Roca de Israel» (Gn 49.24). Y en ese contexto de diferentes formas y nombres para referirse a la divinidad relacionada con los antepasados de Israel, quizá el nombre más común y aceptado era «Dios de Abraham, Isaac y Jacob» o «Dios de nuestros padres» (p.ej., Gn 26.24; 31.53; 46.1-3; 49.25).

El Dios de los antepasados de Israel era una divinidad antigua que se relacionaba con algún héroe importante de las diferentes tribus o clanes; era, en efecto, un Dios cercano y familiar. Los nombres de Abraham, Isaac, Jacob, Israel y José se asociaban a tribus antiguas que se fueron uniendo con el paso del tiempo para responder a diferentes tipos de desafíos y problemas comunes. En ese proceso, de manera paulatina se fueron percatando de que sus conceptos de Dios eran similares, pues se relacionaban directamente con algunos de sus antepasados. De esa forma gradual la revelación divina se hizo realidad y descubrieron que el Dios de los antepasados era el de Abraham, el de Isaac y el de Jacob, que sirvió de base para la expresión más común y generalizada: Dios de Abraham, Isaac y Jacob.

Algunos datos importantes en la vida de José

- Nace en Mesopotamia y es hijo de Jacob y Raquel (Gn 30.22-24)
- Regresa con su familia a Canaán, se convierte en el favorito de Jacob y tiene una serie de sueños que molestan a sus hermanos (Gn 37.1-11)
- Sus hermanos lo venden y llega a Egipto como esclavo de Potifar (Gn 37.12-36)
- La esposa de Potifar intenta seducirlo y luego lo acusa (Gn 39)
- Interpreta desde la cárcel sueños del copero y del panadero el faraón (Gn 40)
- Interpreta los sueños del faraón (Gn 41.1-44)
- Se casa con una mujer egipcia y tiene dos hijos: Manasés y Efraín (Gn 41.45-52)
- Se encuentra con sus hermanos (Gn 42—45)
- Se encuentra con su padre, y su familia se establece en Gosén (Gn 46.1—47.12)
- Jacob bendice a los hijos de José (Gn 48)
- Entierra a su padre en Canaán, vive en Egipto pero pide ser sepultado junto a sus antepasados (Gn 50)

12. Las matriarcas

De singular importancia es el papel que juegan las mujeres, particularmente esposas de los patriarcas o las matriarcas de los antepasados de Israel, en el desarrollo de las narraciones. Aunque son mujeres de su época, trascendieron los roles tradicionales de esposas y madres. De particular importancia son sus contribuciones en el proceso de la revelación divina.

- Sara fue instrumento necesario para que se cumpliera la promesa a Abraham (Gn 18.1-15)
- Agar dialoga libremente con Dios, e inclusive le nombra como «El Dios que me ve» (Gn 16.13)
- Rebeca tiene la capacidad de decidir que se iría con el siervo de Abraham para ser esposa de Isaac (Gn 24.58-61), además, es parte activa en el engaño de Jacob a su padre, Isaac (Gn 25.27-34), y toma la iniciativa de buscarle una sierva a su esposo para que diera a luz en sus rodillas (Gn 30.1-6)

- La muerte de Raquel se recuerda con un monumento (Gn 35.16-22)
- La esposa de Potifar tiene iniciativas propias y es decidida (Gn 39.1-16)

En efecto, estas mujeres son dinámicas y contribuyeron al desarrollo de la voluntad de Dios en el libro de Génesis. No son personajes pasivos e insípidos en las narraciones, pues se incorporan con vigor en el proceso de revelación y se hacen parte del plan de Dios para su pueblo.

6

El libro de Éxodo

Así dirás a los hijos de Israel:
"Jehová, el Dios de vuestros padres,
el Dios de Abraham, el Dios de Isaac y el Dios de Jacob,
me ha enviado a vosotros".
Este es mi nombre para siempre;
con él se me recordará por todos los siglos.
Éxodo 3.15

1. El nacimiento de Moisés y el contexto egipcio

Desde sus comienzos, el libro de Éxodo continúa la narración y los asuntos de Génesis. Esa continuidad temática y teológica se pone claramente de manifiesto al comparar la primera información que se brinda en Éxodo (Ex 1.1-5) con lo que previamente se había comunicado en Génesis en torno a la vida de los israelitas en Egipto (Gn 46.8-27): Los israelitas prosperaron en sus trabajos y se multiplicaron hasta llegar a ser numerosos y, además, se asentaron al noreste del país; estos elementos que constituían una grave amenaza para la seguridad nacional y para la estabilidad política, económica y social en las tierras del faraón.

La referencia a la multiplicación extraordinaria de los hijos e hijas de Israel en Egipto, pone de relieve una vez más que se está cumpliendo la antigua promesa divina hecha a los antepasados: Abraham (Gn 12.2; 12.15-16; 15.5; 17.5-6), Isaac (Gn 26.4, 24) y a Jacob (Gn 28.3, 13-14; 35.11). En el nuevo contexto del libro de Éxodo, esas promesas de Dios cobran dimensión nueva al ser la clave para llevar a los descendientes de Abraham desde las tierras del faraón hasta la Tierra Prometida, Canaán.

La frase «se levantó en Egipto un nuevo rey que no conocía a José» (Ex 1.8), más que una afirmación demográfica o histórica, es una importante declaración teológica, social y política. El nuevo faraón no estaba consciente de los importantes servicios que José y la comunidad israelita habían prestado al país. En este contexto literario, no se revela la identidad precisa del monarca egipcio, pues lo que desea destacar el escritor bíblico es que las políticas oficiales del estado se oponen a la manifestación de la voluntad divina, e intentan detener los procesos para que los planes de Dios se lleven a efecto. Esa actitud del faraón va a convertirse en tema central en la fase inicial de las labores de Moisés con el pueblo. El término «faraón», que en el idioma egipcio aludía inicialmente a «la casa grande» del monarca (es decir, al palacio y sus moradores), con el tiempo llegó a designar propiamente al incumbente como un significativo título de honor, prestigio y reconocimiento.

Las dinámicas sociales y laborales en Egipto para los israelitas cambiaron de forma abrupta con la llegada de este nuevo gobernante, quien puso en marcha rápidamente un programa agresivo para disminuir o eliminar la grave amenaza que constituían los israelitas, a su juicio, a la estabilidad nacional y al progreso del país. El programa contra los israelitas incluía diversos niveles de opresión política, económica y social. Tributación desmedida e injusta, aumento en los trabajos forzosos (Ex 1.11-14), y la implantación de una medida extrema, la solución final: la limpieza étnica, la matanza de los varones recién nacidos. Se ordenó, en efecto, a las parteras asesinar a los niños que nacieran en la comunidad israelita (Ex 1.15-22).

Las persecuciones y opresión de los israelitas, de acuerdo con el libro de Éxodo, no prosperaron, sino que produjeron los efectos contrarios, pues los israelitas aumentaban su población, y las parteras no cumplieron con las órdenes reales. En ese contexto de esa grave crisis de persecución y matanzas, la orden de echar al río a los nuevos varones que nacieran (Ex 1.22) se convirtió en el vehículo de salvación de la persona que finalizará con este sistema cruel e inhumano de cautiverio y asesinatos, Moisés.

Desde este momento en adelante, Moisés se convierte en el protagonista indiscutible de las narraciones del Éxodo y también del resto de la Torá y Pentateuco. Las antiguas promesas divinas a Adán, a Noé y a Abraham y sus hijos, ahora se materializarían a través de esta singular figura en la historia del pueblo de Israel. En las primeras secciones del libro de Éxodo, se presenta el nacimiento no solo de una figura religiosa local, sino el inicio de las tareas de un legislador y libertador, del fundador de una nación.

Un nacimiento milagroso

La narración del nacimiento del Moisés debe ser entendida en el contexto amplio de los nacimientos de figuras heroicas en la antigüedad. ¡Los héroes manifiestan sus virtudes milagrosas desde el momento inicial del nacimiento! La Biblia es testigo de ese tipo de relato en el que el niño nacido debe superar desafíos formidables como, por ejemplo, la esterilidad de la madre. Ese es el caso de los nacimientos de Sansón (Jue 13.1-24), Samuel (1 S 1.1-23) y Juan el Bautista (Lc 1.5-25). El recuento del nacimiento milagroso de Jesús de Nazaret supera todos estos relatos escriturales por la magnitud teológica del evento y por la naturaleza extraordinaria del recién nacido (Mt 1.18-25; Lc 2.1-20).

El nombre Moisés es probablemente de origen egipcio y significa literalmente «nacido de..., o hijo de...» (p.ej., los nombres egipcios *Tutmosis*, hijo del dios Tut, o *Ahmosis,* nacido de Ah). La interpretación bíblica del nombre lo relaciona con una palabra hebrea cuyo sonido se asemeja al verbo «sacar» (Ex 2.10); ya desde sus comienzos se manifiesta sobre él la providencia divina.

Con el libro de Éxodo comienza la historia del pueblo de Israel de forma oficial. Lo que se encuentra en el Génesis son básicamente tradiciones antiguas de grupos de familias o clanes, que por su antigüedad, y también por sus complicaciones literarias, nos permiten llegar solo de forma parcial a los orígenes de la nación. Con estas nuevas narraciones en el libro de Éxodo, se identifica una comunidad específica que se organiza bajo el liderato de una persona para responder ordenadamente a los desafíos concretos que le presenta la nueva administración del faraón de Egipto. Los grupos independientes, en esas narraciones, se van uniendo alrededor de Moisés hasta formar el núcleo de lo que con el tiempo llegará a convertirse en el pueblo de Israel. La figura de Moisés en este proceso histórico, social, político, militar y religioso, juega un papel protagónico.

2. El libro de Éxodo

El nombre del libro en castellano proviene de la versión griega (LXX) de la Biblia hebrea, que identifica las obras literarias con sus temas centrales. Éxodo significa literalmente «salida», y alude específicamente a la liberación de los israelitas del país de Egipto. El título en hebreo es *Shemot*, que significa «nombres», en referencia a las personas que entraron con el antiguo patriarca Jacob a Egipto (Ex 1.1).

Estructura literaria y temática del libro del Éxodo

- Israel es liberado de Egipto (Ex 1.1—15.21)
  - ◇ Nacimiento y desarrollo del liderato de Moisés (Ex 1.1—4.31)
  - ◇ Las plagas (Ex 5.1—11.10)
  - ◇ La Pascua (Ex 12.1—13.22)
  - ◇ El cruce del Mar (Ex 14.1—15.21)
- Peregrinaje de los israelitas hacia el Monte Sinaí (Ex 15.22—18.27)
- Revelación de la Ley en el Sinaí (Ex 19.1—24.18)
- Instrucciones para la construcción del Tabernáculo (Ex 25.1—31.17)
- El becerro de oro y la renovación del pacto (Ex 31.18—34.35)
- La construcción del Tabernáculo (Ex 35.1—40.38)

El tema central del Éxodo se relaciona con las dificultades y los problemas que experimentaron los israelitas en Egipto, luego de la muerte de José y a la llegada de un nuevo faraón. Además, el libro presenta los conflictos políticos, sociales y religiosos relacionados con la salida de Moisés y los israelitas de las tierras del faraón. Las narraciones bíblicas aluden a la figura de Moisés como el particular agente divino que, en primer lugar, organizó y sacó al pueblo de Egipto, para posteriormente llevarlo por el desierto del Sinaí hasta llegar a la Tierra Prometida, Canaán.

En ese extraordinario proceso de liberación se narran las interesantes relaciones y los diálogos intensos entre el faraón y Moisés, se incluyen las plagas que llegaron a Egipto, se describen los problemas de ajuste a las nuevas condiciones en el desierto, y se presenta la revelación extraordinaria de la Ley de Dios en el Monte Sinaí. Posteriormente se añaden varios episodios importantes de las actitudes del pueblo y sus líderes ante las grandes dificultades y los desafíos que presentaba la vida en el desierto y los ajustes a la nueva realidad.

De singular importancia es el relato del cruce del Mar Rojo, que marca de forma indeleble la memoria del pueblo de Israel a través de su historia. Según el testimonio bíblico, en el mismo lugar donde los israelitas cruzaron el Mar a pie, el ejército del faraón se ahogó y pereció. Ese acto extraordinario de redención divina, es descrito en la Biblia como una intervención milagrosa y liberadora de parte de Dios (Ex 15).

Los relatos milagrosos del éxodo no constituyen en sí mismos un fin teológico específico en el libro, sino que forman parte de un proceso amplio y transformador que hará que se cumplan los designios del Señor. El gran valor espiritual del libro de Éxodo se relaciona con los compromisos divinos de responder a los clamores humanos y con la revelación de las características de Dios que rechaza toda suerte de opresión y cautiverio en su pueblo.

La enseñanza fundamental de la obra no es solo la salida de Egipto, pues lo que experimentaron los israelitas de forma inmediata fue la cruda realidad de la vida del desierto. ¡Estar desorientados en un desierto inhóspito como el Sinaí no es materia para celebrar! Sin embargo, si esta experiencia de dolor y angustia transitoria se mira desde la perspectiva educativa más amplia de la llegada del pueblo a Canaán, entonces el relato bíblico adquiere un significado positivo, renovador y novel.

En ese contexto amplio de revelación divina, se puede identificar el siguiente patrón literario y teológico, que se manifestará no solo en las narraciones del Pentateuco sino en otros libros históricos de la Biblia; ante una crisis mayor y significativa del pueblo, Dios interviene de forma liberadora; luego le sigue una relación de pacto o alianza entre el pueblo y el Señor; hasta finalmente llegar al cumplimiento de las promesas divinas, que en el singular caso del éxodo de Egipto, es la conquista y el asentamiento en las tierras de Canaán.

Una posibilidad alterna para comprender mejor la estructura literaria y los énfasis temáticos del libro de Éxodo, es descubrir la disposición concéntrica de la obra. Este arreglo nos permite la identificación de sus temas paralelos mayores y nos facilita el análisis y la comprensión de su asunto central y medular, que se relaciona con la revelación divina en el Sinaí.

La estructura es la siguiente:

A: El pueblo de Israel es esclavo (Ex 1.1—6.30)
B: El faraón se opone a la salida (Ex 7.1—11.10)
C: La liberación se lleva a efecto (Ex 12.1—18.27)
D: Centro literario, temático y teológico del libro: El pacto en el Sinaí (Ex 19.1—24.11)
C': La promesa de la presencia divina constante en el pueblo (Ex 24.12—31.18)
B': Infidelidad del pueblo y fidelidad de Dios (Ex 32.1—34.35)
A': El pueblo de Israel es libre (Ex 35.1—40.38)

3. Las posibles fechas del éxodo

La determinación precisa de la fecha de salida de los israelitas de Egipto es tarea difícil por varias razones: en primer lugar, las referencias bíblicas no son muchas, ni específicas, ni claras y, en segundo lugar, la interpretación de las evidencias históricas, literarias y arqueológicas extrabíblicas es complicada, y no nos conducen a conclusiones seguras e incuestionables.

Básicamente lo que tenemos ante nosotros para evaluar, son los relatos bíblicos que interpretan el evento de la liberación del país de Egipto desde una perspectiva teológica, además de algunas indicaciones en torno a la vida y la sociedad egipcia durante los siglos en los cuales los israelitas vivieron la opresión del faraón.

La primera fecha de importancia para la fijación del éxodo de los israelitas del país de Egipto es la derrota y salida de los hicsos del imperio. Este evento histórico se llevó a efecto por el c. 1550 a.C. En el contexto general de esa fecha histórica es que podemos evaluar con alguna certeza los eventos que se narran en el libro de Éxodo.

La primera posibilidad para fechar el éxodo de Egipto es el período de los años 1450-1350 a.C. De acuerdo con esta teoría, ya los grupos «apirus» o hebreos estaban en Palestina para el año c. 1350 a.C. Además, esas fechas coinciden con lo que debió haber sido la reacción normal de Egipto al derrotar a los hicsos, que eran extranjeros: ¡Perseguir al resto de grupos semitas que vivían entre ellos!

Los «apirus», o «hapirus», o «habirus», expresión que se podría asociar a los «hebreos», designa a varios grupos sociales en el Oriente Medio antiguo, que vivían al margen de las sociedades establecidas. Eran eminentemente mercaderes con sus caravanas, refugiados, fugitivos, y hasta mercenarios, en ocasiones. En sus comienzos, el término no se utilizaba para hacer referencia a grupos nacionales, raciales o étnicos.

Respecto a esta primera fecha posible del éxodo, también es importante notar que hay evidencia de la presencia de esclavos semitas en varias comunidades egipcias por los años 1500 y 1400 a.C., especialmente en las minas del Sinaí, donde se han encontrado inscripciones que aluden a la presencia de esos grupos en esa región específica de Egipto. Si a esta información le añadimos la referencia bíblica (1 R 6.1) en torno al Templo de Jerusalén, que fue dedicado e inaugurado unos cuatrocientos ochenta (480) años luego de la salida de Egipto (c. 950 a.C.), eso nos llevaría a identificar el evento del éxodo por los años alrededor del c. 1430 a.C.

Otra posibilidad, que en la actualidad goza de mayor popularidad, para identificar con más seguridad las fechas del éxodo, son los años 1300-1250 a.C. En primer lugar, y de acuerdo con las narraciones del libro de Éxodo (Ex 1.11), los israelitas fueron forzados a trabajar en la construcción de dos ciudades egipcias, Ramsés y Pitón. Según las fuentes literarias oficiales antiguas, estos proyectos de construcción fueron autorizados por la dinastía número 19 de Egipto, y comenzaron los trabajos por los años c. 1310-1300 a.C. Además, las referencias a la victoria sobre Israel en Palestina del faraón Mernepta, hijo de Ramsés II, se pueden fechar con alguna precisión por el año c. 1212 a.C. En esta comprensión, la alusión a los cuarenta (40) años en el desierto (Num 14.33) no solo es simbólica sino una referencia concreta, y pondría el éxodo antes del 1250 a.C.

En efecto, una fecha posible para el éxodo de Egipto se relaciona con la administración del faraón Ramsés II entre los años 1300 y 1280 a.C., pues toma en seria consideración no solo la evidencia histórica, arqueológica y literaria disponible, sino que afirma la declaración bíblica (Ex 12.40) de que Israel estuvo en Egipto por cuatrocientos treinta (430) años, que nos lleva al 1700 a.C., fecha en la que los hicsos comenzaron a reinar en Egipto.

Sin embargo, es de gran importancia histórica y teológica señalar que lo que le brinda virtud y poder a las narraciones el éxodo de Egipto en la Biblia no es la identificación precisa de sus posibles fechas sino su significado espiritual y nacional. En las narraciones del éxodo se revela el Dios que se mantiene fiel a sus promesas, que responde al clamor de su pueblo, que interviene con poder liberador, que revela su voluntad y sus leyes, que guía a la comunidad a través de muchas vicisitudes del desierto, que se preocupa por sus necesidades básicas, y que pone de manifiesto con claridad y firmeza la importancia de la dignidad humana. Ese es el Dios que les llamó a ser una comunidad sacerdotal y que los estableció como nación.

4. La figura de Moisés y su proyecto de liberación

El protagonista indiscutible de las narraciones del éxodo de Egipto es Moisés. Para comprender la naturaleza y extensión de su extraordinario liderato debemos entender su mundo bicultural y bilingüe. Se crió en la casa del faraón, según el recuento bíblico, con una magnífica educación egipcia, a la vez que provenía de un hogar hebreo, y su nodriza, que también era su madre (Ex 2.1-10), se encargó de iniciarlo en la cultura semita y sus tradiciones ancestrales. Ese ambiente íntimo de hogar le permitió conocer de primera mano la sociedad egipcia y la cananea, desértica y semita. Ese mismo entorno educativo e íntimo le permitió comprender que el mundo no estaba cautivo en solo una cultura sino que los seres humanos son capaces de entrar en diálogo con respeto y dignidad a otras comunidades.

En torno al nacimiento de Moisés se deben tomar en consideración, inclusive, algunas narraciones extra bíblicas que ubican a sus personajes de importancia ante desafíos magnos. Ese es el caso del gran rey Sargón, según la antigua leyenda de Akad de los años c. 2300 a.C., que fue salvado de morir ahogado en las aguas, cuando apenas era un infante indefenso. Posteriormente se convirtió en el rey y ejerció su liderato de forma significativa en su pueblo.

En efecto, desde las primeras narraciones del libro de Éxodo Moisés es identificado y distinguido como una figura de gran calibre histórico dentro del pueblo hebreo. A esa primera impresión en torno a nuestro personaje, debemos añadir el tiempo de preparación que pasó Moisés en el desierto, luego de asesinar a un egipcio al proteger a un esclavo hebreo oprimido (Ex 2.11-25). Este incidente revela la solidaridad y el compromiso que Moisés tiene con su pueblo, además de poner de manifiesto su afirmación y respeto por la justicia. ¡En tres ocasiones sucesivas se coloca al lado de personas que sufren vejaciones e injusticias! (Ex 2.12, 13, 17).

Como resultado del conflicto con el opresor egipcio, Moisés huye al desierto para proteger su vida. Esta sección bíblica (Ex 2—3) es importante pues revela la preparación que tuvo Moisés entre las tribus nómadas de Madián. Esos grupos madianitas se desplazaban libremente al sur y al este de Palestina (Nm 22.4; Jue 6.3-4; 1 R 11.18), y se consideraban descendientes del patriarca Abraham (Gn 25.2). Ese período es fundamental en la formación y crecimiento del libertador por excelencia y legislador fundamental de los israelitas. Sin duda le brindó de primera mano la oportunidad de experimentar la vida del desierto, que posteriormente le serviría para guiar al pueblo a través de los parajes complejos y lejanos del Sinaí.

En ese contexto nómada es que Moisés conoce al sacerdote del grupo, y se casa con una de sus hijas, Séfora. El nombre del suegro se presenta con algunas variantes en las narraciones bíblicas. Al principio se le conoce como Reuel (Ex 2.20-21), luego se identifica como Jetro (Ex 3.1; 18.1), para finalmente presentarlo como Hobab (Jue 4.11). Estas diferencias onomásticas posiblemente se deben a la naturaleza nómada del grupo madianita, que en los diversos lugares que se asentaban por algún tiempo identificaron el suegro de Moisés con diferentes nombres.

De acuerdo con el discurso de Esteban, que se fundamenta en una tradición judía antigua, la vida de Moisés puede dividirse en tres períodos fundamentales: Cuarenta años en Egipto (Hch 7.23), cuarenta años más en Madián (Hch 7.30), y finalmente, cuarenta años adicionales luego de comenzar el éxodo de Egipto (Hch 7.36). Esos ciento veinte años corresponden a la referencia que se brinda de la vida de Moisés en el libro de Deuteronomio (Dt 34.7). Es importante notar en el recuento, que el número cuarenta es simbólico en las Escrituras pues señala e identifica un período de tiempo de gran importancia educativa.

Con la revelación divina en Horeb, el monte de Dios, también conocido como el Monte Sinaí, la preparación de Moisés llega a un nivel óptimo, fundamental y extraordinario. En la narración de la zarza ardiente (Ex 3.1—4.17) se pone de manifiesto de forma expresa la voluntad liberadora de Dios y, además, se le revela al futuro libertador, el nombre personal de Dios, Jehová o Yavé (Ex 3.14-15).

Esta revelación en el desierto es determinante para relacionar las antiguas tradiciones patriarcales de los israelitas con las nuevas manifestaciones divinas a Moisés. Se alude al «Dios de tu padre, el Dios de Abraham, el Dios de Isaac y el Dios de Jacob» (Ex 3.6) para unir las narraciones nuevas del éxodo de Egipto con las antiguas promesas a los patriarcas. De esta forma se incorpora en el relato bíblico el sentido de continuidad histórica y teológica. ¡Es el mismo Dios que revela en esta ocasión su nombre personal y específico!

Con la importante frase «Yo soy el que soy» (Ex 3.14) el texto bíblico intenta explicar el significado del nombre divino, que es Yavé, y que se ha vertido, en las traducciones de la Biblia asociadas a la tradición de Reina-Valera, como Jehová. Este nombre en hebreo se escribe con cuatro consonantes *YHWH*; desde el siglo 4 a.C. los judíos dejaron de pronunciarlo, y en su lugar decían *Adonai*, con el tiempo, la palabra «Jehová» se produjo en el Medievo al leer el nombre de Dios con las vocales de *Adonai* y las consonantes de *YHWH*.

Conocer el nombre de Dios era importante para Moisés. si quería tener éxito en sus diálogos de salida de Egipto con el pueblo. Ese conocimiento le permitía decirle al pueblo que, en efecto, Dios se le había revelado y lo había comisionado a esa empresa de liberación nacional. Esa singular revelación le permitía a Moisés hablar en nombre de Dios, que era una forma figurada de participar de su autoridad y disfrutar de su poder.

Posiblemente ese nombre divino debe asociarse al verbo hebreo que puede significar «ser», «existir» o «acontecer», y que con su repetición le brinda mayor énfasis e intensidad a su significado. Quizá el sentido profundo y el significado amplio del nombre divino es: «Yo soy el que existe verdaderamente, en contraposición a otras divinidades que no tienen la capacidad, ni el poder, ni mucho menos el deseo de auto revelarse a la humanidad».

Las narraciones de la liberación

Las narraciones de la salida de Egipto no pueden separarse de los relatos del peregrinar por el desierto; de la llegada y la conquista de la Tierra Prometida. El acto de liberación de Egipto es solo el comienzo de una gesta liberadora que culminará con la llegada a Canaán, y la toma de las tierras cananeas. Desde la perspectiva teológica, el éxodo es un paso adicional para que se cumplan las promesas divinas que, como en casos anteriores, se habían visto amenazadas por la rebeldía y arrogancia humana, que en esta nueva ocasión es la actitud contumaz y déspota del faraón de Egipto.

De singular importancia es que le revelación del nombre divino se produce en el contexto del desierto, cuando Moisés estaba con los madianitas. En medio de todas las dinámicas sociales y las interacciones religiosas del desierto, en el cual su suegro era sacerdote, se produce la revelación del nombre personal de Dios. Quizá el nombre divino ya se conocía entre esos grupos nómadas, y la revelación a Moisés le brinda al libertador un sentido de identidad religiosa y espiritual, lo que le permite organizar políticamente a los israelitas fundamentados en esa singular revelación divina. Se le había revelado a Moisés un Dios que ve la necesidad del pueblo, que escucha el clamor de la comunidad, y que desciende a liberar a la gente en necesidad.

5. Las plagas y la Pascua

La sección que prosigue al llamado y comisión de Moisés presenta los conflictos relacionados con los arreglos y procesos de la salida de Egipto. De singular importancia son los encuentros, diálogos, disputas e intercambio de «señales» entre el faraón, los sabios y magos representantes de su corte, y Moisés, que era el vocero del pueblo oprimido que anhelaba su liberación. En ese contexto de conflicto y negociación se incluyen en la obra las narraciones de las llamadas diez «plagas» de Egipto (Ex 5.1—11.10).

Las «plagas» de Egipto

- Sangre (Ex 7.14-25)
- Ranas (Ex 8.1-15)
- Piojos (Ex Ex 8.16-19)
- Moscas (Ex 8.20-32)
- En el ganado (Ex 9.1-7)
- Úlceras (Ex 9.8-12)
- Granizo (Ex 9.11-35)
- Langostas (Ex 10.1-20)
- Tinieblas (Ex 10.21-29)
- Muerte de los primogénitos (Ex 11.1-10; 12.29-36)

De importancia capital al estudiar esta sección del Éxodo es notar que el texto bíblico no utiliza prioritariamente la expresión «plagas» para describir lo sucedido. De acuerdo con las narraciones escriturales, las palabras correctas para identificar esos fenómenos en la naturaleza son «señales» (Ex 7.3), «maravillas» (Ex 11.9) y «prodigios» (Ex 11.10), que revelan claramente la intensión teológica de los relatos Solo en la décima calamidad y crisis (Ex 11.1) se utiliza la expresión «plaga», por la naturaleza extraordinaria del problema: ¡La muerte de los primogénitos egipcios!

Las tradicionalmente llamadas «plagas» de Egipto son demostraciones extraordinarias del poder y de las virtudes de Dios. ¡Aun la naturaleza obedece al Dios que llama a Moisés! Ese Dios, además, es más poderoso que el faraón y su corte, junto con sus sabios y magos, y hasta sus divinidades (Ex 12.12; Dt 26.7-8). Estas importantes narraciones de las «plagas» de Egipto, en efecto, son parte de un estilo bíblico, literario y teológico que presenta el juicio divino como las manifestaciones extraordinarias de desastres naturales (p.ej., Am 4).

El contexto de estos relatos no es complejo: Moisés llega ante el faraón para solicitar la salida del pueblo del país de Egipto, y el faraón se niega a conceder el salvoconducto necesario; Moisés responde con una señal divina de poder; el faraón responde a esas señales pidiendo a Moisés que detenga el juicio divino y le permite al pueblo salir; posteriormente, sin embargo, el faraón cambia de parecer y le niega otra vez el permiso de salida al pueblo... Y el ciclo se repite... En dos de las «plagas», en la de los piojos (Ex 8.16-19) y las úlceras (Ex 9.8-12), el hermano de Moisés, Aarón, juega un papel de importancia como sacerdote del pueblo.

Un detalle en torno a todos estos «prodigios» es menester destacar en estas narraciones. Las primeras nueve «señales» o «plagas» son fenómenos naturales que ocurren con cierta frecuencia en Egipto, aun en la época actual, y el pueblo estaba consciente de esos cambios ambientales. Hay microorganismos que por temporadas cambian el color del Río Nilo al rojo; las plagas de insectos y animales (p.ej., ranas, piojos, moscas y langostas) son fenómenos del norte del África que se manifiestan en Egipto, aun desde tiempos remotos en la historia; y las tinieblas pueden asociarse a las densas nubes que llegan del desierto del Sahara. Lo extraordinario de todos estos «signos» no son las «señales» en sí, sino el poder divino y la autoridad de Dios que las hacía aparecer y manifestarse en el momento necesario y oportuno. El gran milagro de las «plagas» no eran las plagas propiamente sino la autoridad divina sobre esos fenómenos naturales.

La décima plaga (Ex 11.1-10; 12.29-36) es de singular importancia, por la naturaleza de la calamidad y porque está unida a la celebración de la Pascua. Esa es la señal de la muerte de todos los primogénitos de Egipto, e incluía también a los animales (Ex 13.1-2). En esta ocasión, la narración, que pone en clara evidencia la naturaleza de la crisis y la extensión del impase entre faraón y Moisés, llega a los niveles últimos de la muerte. En efecto, la liberación de los israelitas del país de Egipto era un asunto de vida o muerte.

Las previas nueve manifestaciones del poder divino no cambiaron la actitud y la decisión del faraón, que se mantenía inflexible, firme y obstinado en torno a la salida de los israelitas y Moisés. Sin embargo, con el anuncio y la manifestación de la décima «señal» de Dios o «plaga», los egipcios suplicaron a Moisés y al pueblo que salieran lo antes posible de sus tierras (Ex 11.8).

La explicación que brinda la narración en torno a la persistente actitud negativa del faraón, es una teológica: «Dios le endureció el corazón» (p.ej., Ex 11.10). Pero detrás de esa comprensión del poder divino, se debe haber manifestado una serie compleja de preocupaciones económicas, políticas, sociales y militares. La salida abrupta de un sector importante del país tiene implicaciones inmediatas en los trabajos y la economía, pues al disminuir la fuerza laboral, aumentan los costos de construcción y se dispara el espiral inflacionario. Además, los israelitas se irían al desierto del Sinaí, que representaba una frontera importante para mantener la seguridad nacional de Egipto. Con la salida de los israelitas también se podía producir un ambiente de inestabilidad política y gubernamental que afectaba adversamente la salud social y la operación administrativa regular del imperio egipcio.

Antes de la salida de Egipto, y previo a la manifestación de la décima «señal» milagrosa (es decir, la matanza de los primogénitos), la narración bíblica incluye detalles importantes de la institución de la celebración de la Pascua judía (Ex 12.1—13.22). La estructura del pasaje es más bien compleja, pues es el producto de la reflexión en diversas épocas, y el resultado de la unión de variadas fuentes orales y literarias que añaden a la narración componentes cúlticos y religiosos de gran importancia espiritual y de extraordinario valor histórico nacional.

Desde la perspectiva cúltica, el relato describe la celebración de la Pascua como un banquete familiar, íntimo, educativo y religioso; además, presenta la importancia del simbolismo de la sangre como agente protector ante la posibilidad de la muerte, en el juicio contra los primogénitos egipcios (Ex 12.2-14, 21-27, 43-49). La Pascua prosigue con la fiesta de los Panes sin levadura (Ex 12.15-20; 13.3-10), que alude a la salida rápida de los israelitas del país de Egipto. Para concluir, el relato incorpora también una serie de normas que aluden a la consagración y protección de los primogénitos judíos (Ex 13.1-2, 11-16).

Como la fiesta de la Pascua celebra la liberación de los israelitas de la opresión del faraón de Egipto constituye la celebración anual más importante del pueblo (Lv 23.5; Nm 9.1-5; 28.16; Dt 16.1-2). Es el recuerdo indiscutible de la fundación nacional, es la conmemoración anual de los actos portentosos de Dios que permitió a los israelitas organizarse como comunidad para salir de la esclavitud y moverse hacia la Tierra Prometida. La fiesta de los Panes sin levadura, duraba siete días y seguía la celebración de la Pascua (Lv 23.6-8; Nm 28.17-25; Dt 16.1-8). Ambas fiestas tienen antecedentes muy antiguos en comunidades agrarias y pastoriles, pero fueron transformadas para incluir el nuevo significado de liberación nacional.

La palabra «Pascua» se relaciona con el verbo hebreo *pasaj,* que puede traducirse como «pasar de largo» o «saltar» (Ex 12.27). Es una clara alusión a la misericordia divina que «pasará por alto» o «saltará» a los primogénitos de los israelitas para llegar a los egipcios y cumplir su voluntad.

Junto a estos textos que enfatizan los componentes cúlticos de la Pascua, se incorporan una serie importante de narraciones que presentan la descripción de la décima «plaga» (Ex 12.29-36), y aluden a la salida abrupta de los israelitas del país de Egipto (Ex 12.37-42), hasta llegar al desierto del Sinaí (Ex 13.17-22). Tanto los pasajes cúlticos como los narrativos están íntimamente ligados por una razón fundamental y prioritariamente teológica: Las fiestas de la Pascua y los Panes sin levadura se asocian a la manifestación clara de la voluntad divina a favor de los israelitas (Ex 12.14, 26-27; 13.8-10). Conmemoran la intervención divina en medio de la historia del pueblo para cambiar su realidad adversa de cautiverio por una nueva experiencia grata de liberación.

6. El cruce del Mar Rojo

Cuando, finalmente, el faraón dejó salir a los israelitas del país de Egipto, no tomaron el tradicional «camino del mar» hacia Canaán, también conocido como el «camino de la tierra de los filisteos» (Ex 13.17), sino que penetraron por el «camino del desierto» al Sinaí (Ex 13.17-22). La ruta más cercana a la Tierra Prometida hubiera sido la que pasa junto al Mar Mediterráneo, pero el imperio egipcio tenía en esos caminos varias guarniciones militares preparadas para las confrontaciones bélicas. La razón bíblica para seguir esta ruta alterna es la siguiente, según las Escrituras: Para que los israelitas no se arrepientan cuando vean la guerra y deseen regresar a Egipto (Ex 13.17).

Algunas traducciones de la Biblia indican que los israelitas salieron de Egipto «armados» (p.ej., en RVR, Ex 13.18). La verdad es que esa es una traducción muy poco probable del texto hebreo. Quizá la idea que desea transmitir del versículo es que el grupo salió organizado en cinco cuerpos, como si fuera un ejército preparado para la batalla: Había grupos dispuestos en la vanguardia, la retaguardia, a la derecha, a la izquierda y en el centro. Además, llevaron con ellos los huesos de José, como se lo había pedido el patriarca (Gn 50.25-26), que era una forma de mantener al antiguo líder en la memoria del pueblo, y también era una manera simbólica de unir el grupo que salía de Egipto con los antiguos patriarcas y las matriarcas de Israel.

Los israelitas salieron de Sucot, y acamparon en Etam, justo antes de penetrar al desierto de Shur (Ex 15.22). En ese contexto de transición del país de Egipto a la Península del Sinaí, la narración bíblica incluye otro interesante detalle milagroso: ¡El Señor les acompañaba continuamente! ¡De día, con una columna de nube! Y de noche, ¡con una columna de fuego! (Ex 13.20-22). La idea fundamental del pasaje es enfatizar el cuidado constante que el Señor les manifestaba, tanto durante el día como en la noche. El lenguaje bíblico continúa la teología de los signos y las señales de Dios, que en esta ocasión se revela en la nube y en el fuego, que representan en las Escrituras las manifestaciones divinas.

Respecto a estas señales, es importante comprender la vida en el desierto: En el Sinaí se producen con cierta regularidad, por los cambios en la temperatura y las variaciones en la dirección de los vientos, remolinos de polvo que cruzan los diversos parajes y caminos, que son vistos como pilares de nubes o humo; y los relámpagos nocturnos posiblemente eran vistos como columnas nocturnas.

La localización precisa de Sucot, Pi-hahirot, Migdol, Baal-zefón y Etam es una tarea extremadamente difícil. En primer lugar, las referencias bíblicas no son geográficamente precisas; además, la construcción del Canal de Suez modificó sustancialmente la topografía de toda esa región egipcia, haciendo más compleja aun la ubicación de las ciudades y comunidades antiguas. Estos importantes cambios físicos hacen prácticamente imposible determinar con exactitud y precisión la ruta del éxodo.

Respecto a esa ruta del éxodo de Egipto se han propuesto varias teorías; sin embargo, ninguna cuenta con la suficiente certeza como para eliminar completamente a las otras. Una posibilidad es que los israelitas tomaron la ruta del norte, que va casi directamente desde Sucot a Cades-barnea. Esta teoría no ha tenido mucho apoyo en la tradición, pues no explica el tiempo extenso de los israelitas en el desierto. La ruta que tradicionalmente se piensa que tomó Moisés, al menos la que es más apreciada y reconocida por la tradición religiosa desde muy temprano en la historia de la iglesia, es al sur de la Península, que relaciona al Monte Sinaí con el llamado *Jebel Mussa*, o Monte de Moisés. En sus faldas, se edificó con el tiempo el monasterio griego ortodoxo de Santa Caterina.

La referencia al cruce del Mar Rojo es de fundamental importancia en la historia del pueblo de Israel, pues marca una acción milagrosa de parte de Dios, que propicia el cumplimiento de las antiguas promesas a los patriarcas. De este singular acto la Biblia presenta dos versiones básicas. La primera es en prosa, y detalla el proceso milagroso y afirma la intervención extraordinaria de Dios; y la segunda, que quizá sea el poema más antiguo de las Sagradas Escrituras, resume el milagro divino y canta un himno de alabanzas y acción de gracias al Señor por las hazañas formidables.

El Mar Rojo es en hebreo *Yam Suf*, que literalmente significa el Mar de los Juncos. Este nombre se aplicaba a una serie de pantanos y pequeños lagos que se encontraban en la actual región del Canal de Suez, entre el Golfo y el Mar Mediterráneo. Con ese mismo nombre, Mar Rojo, la Biblia identifica ambos brazos de los cuerpos de agua que rodean la Península del Sinaí, conocidos como el Golfo de Suez, al oeste, y al este, el Golfo de Aqaba (1 R 9.26). La identificación del Mar de los Juncos como el Mar Rojo se inició con la traducción griega de las Escrituras, la Septuaginta (LXX).

El milagro del cruce del Mar Rojo debe entenderse en la misma tradición de las señales milagrosas que acompañan a Moisés y a los israelitas en todo el proceso de liberación de Egipto. La función teológica del milagro es afirmar una vez más que ni los poderosos ejércitos del faraón ni aun los mares tienen el poder ni la virtud de detener la implantación de la voluntad divina, que en este contexto específico es la liberación de los israelitas de la esclavitud de Egipto. Estas narraciones han sido fuente de inspiración para generaciones de israelitas en diversos períodos bíblicos (Dt 6.21-23; 26.8; Jos 24.6-7; 1 S 12.6) e, inclusive, han servido de base para el desarrollo de la creatividad de los mensajes proféticos (Is 43.16-21).

Se han elaborado diversas teorías para explicar cómo el mar retrocedió: por ejemplo, mediante cambios abruptos de los vientos calientes provenientes del desierto; o si el cruce no fue al norte del Sinaí, cerca del Canal de Suez, por el Lago Sirbonis o Bardowil, sino al sureste de la Península, por el brazo del Mar Rojo en el Golfo de Aqaba, hacia Arabia. La verdad teológica fundamental es, sin embargo, que la narración bíblica presenta una intervención milagrosa de Dios en medio de la historia del pueblo. Esa es la intensión básica del relato bíblico, pues la imagen de ese extraordinario cruce se ha mantenido viva no solo a través de la Biblia sino como modelo de liberación de comunidades cautivas en el mundo a través de la historia. En realidad, el milagro es doble: ¡Los israelitas cruzaron el Mar en seco, y por el mismo lugar, los ejércitos egipcios se ahogaron!

Ese acto divino es el fundamento del cántico de María (llamada «profetisa» en esta narración; Ex 15.20), Moisés y los hijos de Israel: «Cantaré yo a Jehová, porque se ha cubierto de gloria; ha echado en el mar al caballo y al jinete» (Ex 15.1b, 21). Este poema no desea repetir lo ya dicho en el capítulo y la narración anterior, sino glorificar poéticamente al Dios que venció al mar, y alabar al Señor que tiene poder sobre la naturaleza.

Un detalle importante de las narraciones del éxodo se relaciona con el número de israelitas que salieron de Egipto. La cifra de seiscientos mil, sin contar los niños que se incluye en la Biblia (Ex 12.37), debe ser analizada en relación al deseo del pueblo de afirmar y celebrar el extraordinario milagro divino. El número es un múltiplo de seis, que alude a algo completo (p.ej., como los seis días de creación; Gn 1.1—2.4a) pero que le falta algo para llegar al siete, que representa lo perfecto y absoluto. Quizá lo que le faltaba al pueblo era la experiencia de soledad y crisis del desierto, para comprender adecuadamente las implicaciones espirituales, éticas y morales de la voluntad divina.

El relato de la liberación enfatiza lo milagroso y extraordinario del poder divino, no la exactitud de los números. El desierto del Sinaí no provee los recursos necesarios de agua y comida para mantener con salud física y mental a grupos humanos tan grandes, como se revela en las mismas narraciones (Ex 15.22—18.27), además, ¡ningún ejército en la antigüedad era capaz de detener el paso firme y decidido de cerca de dos millones de personas más sus animales!

Antes de llagar al Monte Sinaí, las narraciones bíblicas presentan una serie interesante de episodios en torno a las dinámicas sociales de la vida de los israelitas en el desierto (Ex 15.22—18.27). En esta sección aparecen los relatos de las aguas de Mara (Ex 15.22-27), la providencia divina al brindarle Maná y agua al pueblo (Ex 16; 17.1-7), la batalla contra Amelec en Refidim (Ex 17.8-16), y los sabios consejos de Jetro, en torno al nombramiento de jueces (Ex 18). Son relatos que ponen de manifiesto las crisis, necesidades, quejas, protestas y murmuraciones del pueblo, que es un tema recurrente en las narraciones del éxodo (Ex 14.11-12; 15.24; 17.2-3; 32.1; Nm 11.1-6; 14.1-4; 16.12-14; 20.1-5; 21.4-5).

El desierto de Shur está entre Egipto y Canaán. Mara, que significa «amarga», es una muy pequeña comunidad beduina que está camino al sur en la Península del Sinaí. Elim es probablemente un oasis cercano al Mar Rojo, como a unos 150 km al sur del Canal de Suez (Nn 33.9). Refidim (Ex 17.8) es un lugar, posiblemente cerca del Monte Sinaí, cuya localización precisa no ha sido posible. El desierto de Sin está al suroeste de la Península.

La referencia al Dios sanador (Ex 15.26) en esta narración es de vital importancia en toda la teología bíblica, pues revela la preocupación divina por la salud integral de la humanidad (p.ej., Dt 7.15; 32.39; Sal 41.3-4; 103.3; Jer 17.14; 30.17). El maná, que era totalmente desconocido para los israelitas, según el pasaje (Ex 16.15) es una sustancia que segregan ciertos insectos en el desierto en las hojas de los arbustos de tamariscos, y que abundan en esas regiones. Los beduinos la llaman *mann,* y la recogen muy temprano en la mañana; la usan para preparar tortas y endulzar sus bebidas (Nm 11.7-9).

En esta sección también se identifica a Josué como colaborador cercano de Moisés, y como el comandante en jefe de los ejércitos israelitas (Ex 17.9). Su primera función militar fue vencer a los amalecitas, que cayeron derrotados por los ejércitos de Israel gracias a la intervención divina. Por esa razón Moisés construyó un altar en ese lugar al que nombre «Jehová nisi», que significa El Señor es mi bandera (Ex 17.15).

Antes de comenzar con las narraciones del pacto en el Monte Sinaí, se pone de manifiesto la capacidad e inteligencia del suegro de Moisés, Jetro (Ex 18.1-12) y la sabiduría y prudencia de Moisés de seguir sus consejos. Ese es el contexto del nombramiento de los primeros jueces en las Escrituras (Ex 18.13-27), que tienen la importante función de juzgar los asuntos diarios del pueblo, y le llevaban a Moisés solo los asuntos más complejos que sobrepasaban su jurisdicción.

7. La revelación en el Monte Sinaí

La llegada de los israelitas al Monte Sinaí es de fundamental importancia teológica en la Biblia, pues mueve y renueva las antiguas promesas de Dios a los patriarcas, y las lleva y aplica a toda la nación. En efecto, la alianza divina con Abraham ahora la hace extensiva a todo el pueblo de Israel. Además, toda esta sección (Ex 19.1—24.18) revela una gran importancia temática en el Pentateuco, pues el pueblo se mantiene en el Sinaí el resto de las narraciones del libro de Éxodo, por todo el libro de Levítico y hasta comienzos del libro del Números (Nm 10.11-12).

El tema del pacto de Dios con su pueblo continúa en el libro del Deuteronomio, que presupone la obediencia, el compromiso y la fidelidad de los israelitas a la alianza. Inclusive, ese mismo tema de la alianza o pacto se pone en evidencia clara en el libro de Josué (Jos 23—24), en la evaluación de las ejecutorias de los reyes de Israel y de Judá, en las reformas propuestas por el rey Josías (2 R 22—23), en los mensajes proféticos de Jeremías y Ezequiel, y hasta en las reformas post exílicas llevadas a efecto por Esdras.

No es secundario, en efecto, el tema del pacto en las Sagradas Escrituras. Inclusive, hay estudiosos que piensan que la historia bíblica se puede articular como una teología del pacto de Dios con su pueblo, pues es en este contexto legal y pedagógico que se manifiestan y revelan las leyes y las enseñanzas que le permitirán al pueblo llegar a la Tierra Prometida, así como vivir en ella de acuerdo con la voluntad divina. Toda la vida del pueblo de Israel, junto a la de sus líderes políticos, militares y espirituales se puede analizar a la luz de la fidelidad al pacto o alianza.

El ambiente extraordinario de revelación divina se dispone rápidamente en la narración, una vez llegaron al Sinaí, Moisés subió al Monte a encontrarse con Dios, que le contesta desde el mismo lugar, y le dice: «Así dirás a la casa de Jacob, y anunciarás a los hijos de Israel: 'Vosotros visteis lo que hice con los egipcios, y cómo os temó sobre alas de águila y os he traído a mí. Ahora, pues, si dais oído a mi voz y guardáis mi pacto, vosotros seréis mi especial tesoro sobre todos los pueblos, porque mía es toda la tierra. Vosotros me seréis un reino de sacerdotes y gente santa'. Estas son las palabras que dirás a los hijos de Israel.» (Ex 19.3b-6).

El tema de los pactos ya se ha presentado en narraciones anteriores en el Pentateuco o Torá. Por ejemplo, la Torá incluye relatos de pactos formales de Dios con Abraham (Gn 15), Isaac (Gn 26) y Jacob (Gn 28); y además, presenta una serie de bendiciones divinas que tienen alguna dimensión de alianza, como a Adán y Eva (Gn 1.25-26) y a Noé (Gn 9.1-7).

La palabra hebrea que tradicionalmente se traduce como «pacto» o «alianza» es *berit*, que transmitía inicialmente la idea de «cadena», «grillete» o «eslabón». Expresión que se utilizó con el tiempo para describir las responsabilidades que emanaban de los acuerdos entre dos partes. De esa forma *berit* llegó a representar el concepto de pacto o alianza, que en las Sagradas Escrituras tiene una importancia capital, pues es Dios quien entabla esos acuerdos con la humanidad, particularmente con Israel.

En las Escrituras, la palabra *berit* describe contratos de igualdad social y política, como el de Jacob y Labán (Gn 31.44), la relación entre David y Jonatán (1 S 18.3), el acuerdo de paz entre Abraham y los amoritas (Gn 14.13), y hasta contratos matrimoniales (Pr 2.17; Mal 2.14). También, la misma palabra hebrea se utiliza para representar los tratados oficiales entre reyes y naciones (1 R 5; 20.34). Sin embargo, el nivel óptimo de las relaciones descritas por *berit* es la alianza o pacto que Dios establece con su pueblo.

El pacto o la alianza por excelencia en la Biblia es el que se establece entre Dios y su pueblo, o con representantes del pueblo. Este es el caso particular de los acuerdos o estipulaciones ofrecidas o impuestas entre una parte superior con otra de inferior nivel o categoría. Dios se presenta ante el pueblo y se compromete solemnemente a actuar de forma liberadora, para terminar de manera extraordinaria con el cautiverio de los israelitas que provenía de la administración opresora del faraón de Egipto (Ex 19.4). Por su parte, el pueblo reconoce que el Señor es su Dios y soberano, y se compromete a cumplir fielmente sus mandatos y ordenanzas (Ex 19.8; 24.3).

El ambiente social, sicológico y espiritual del pacto es intenso, grato, extenso, desafiante, profundo, inspirador. Como el Señor es un Dios que se revela a la nación y a los individuos, la alianza adquiere algunos perfiles íntimos, emocionales, espirituales, personales. Aunque la relación no es entre iguales, Dios está comprometido con honrar su parte del pacto, si el pueblo manifiesta lealtad y obediencia a los mandamientos. De acuerdo con la revelación en el Sinaí (Ex 19.4), si el pueblo escucha la voz divina y obedece sus estipulaciones, entonces se convertirá en una posesión particular y personal de Dios, entre las naciones de la humanidad. Esa propiedad exclusiva y personal, o «especial tesoro» divino (Ex 19.5), sugiere la idea de algo magnífico, hermoso, valioso, querido, preciado, precioso que Dios reserva con especial cuidado para sí (Dt 7.6; 14.2; 26.18; Sal 135.4; Mal 3.17; Tit 2.14).

La percepción que el pueblo de Israel tiene de este particular y extraordinario pacto, es la de un tipo de acuerdo que no puede disolverse, que se fundamenta en el amor y la gracia divina, que orienta las formas diarias de vida tanto individual como colectiva, y que requiere obediencia, fidelidad y respeto. En efecto, de acuerdo con la teología del pacto, Dios se compromete a proteger al pueblo no solo de los enemigos externos e internos sino de las calamidades nacionales y personales, incluyendo las enfermedades, pues se revela como el Dios sanador (Ex 15.26). Además, las características fundamentales de ese Dios de pactos son las siguientes: misericordioso, fuerte, piadoso, compasivo, fiel, verdadero, perdonador y justo (Ex 34.6-7).

El objetivo del pacto divino es hacer del pueblo de Israel un reino de sacerdotes y una comunidad de gente santa (Ex 19.6). El propósito de Dios en el Sinaí es transformador y formativo. Se pone de manifiesto en las narraciones del éxodo no solo la liberación nacional de la esclavitud del imperio egipcio, sino que se afirma que la revelación divina tiene como finalidad fundamental cambiar las actitudes comunes del pueblo y hacer que los israelitas vivan a la altura de una serie de importantes y significativos valores religiosos, descritos principalmente como funciones sacerdotales, que se asocian, a su vez, con el importante tema de la santidad. Está claramente presente en el relato bíblico no solo la dimensión política y social de la salida de Egipto, sino se revela con fuerza y vigor el importante y necesario componente espiritual y moral, absolutamente necesario en todo proceso de liberación integral en la vida.

La lectura cuidadosa de la narración del Sinaí pone en evidencia clara el carácter litúrgico, los detalles cúlticos, la dimensión religiosa de los procesos (Ex 19.7-25). Se llama a los ancianos, se lleva a efecto una asamblea, el pueblo acepta las instrucciones y afirma el mensaje de Moisés; posteriormente, el líder israelita regresa ante la presencia divina a informar lo sucedido.

En medio de ese particular contexto religioso, es que se brindan algunos detalles adicionales de gran importancia teológica y ritual en la revelación. El pueblo debe preparase de forma adecuada para la revelación, que demostraría el poder divino a la vista de la comunidad. La preparación incluía lavar los vestidos, que no solo era un criterio de higiene personal sino símbolo del respeto que se debía tener a la dignidad de Dios (Ex 19.10), y no acercarse ni tocar el Monte Sinaí, hasta que se les de las instrucciones finales al tocar la trompeta, la bocina o el *shofar*, que confirma el extraordinario carácter ceremonial de las instrucciones (Lv 25.9; Jos 6.4; 2 S 6.15; Sal 47.5).

A los tres días, la revelación extraordinaria de Dios incluyó truenos, relámpagos, nubes densas, humo, temblores de tierra y sonidos fuertes de trompetas, que generó en el pueblo gran temor, símbolos escriturales de teofanías maravillosas. En medio de toda esta gran revelación, Dios descendió a la cima del Monte, y llamó a Moisés para brindarle instrucciones adicionales para la salud y seguridad del pueblo: Los sacerdotes debían santificarse, el pueblo debía mantenerse en su lugar, y Aarón podía acompañar a Moisés a la cima del Monte (Ex 19.21-25).

En efecto, el ambiente teológico, social, cultural, litúrgico y espiritual estaba ya adecuadamente preparado para brindarle a la humanidad los «Diez Mandamientos» (Ex 20.1-17), que constituyen un legado extraordinario de virtudes éticas, morales y espirituales. Estos mandamientos contienen el corazón de la Ley divina revelada a Moisés en el Monte Sinaí.

8. Los pactos en la antigüedad

La comprensión adecuada de la naturaleza y las implicaciones del concepto y la teología del pacto o alianza en la Biblia requiere que se analice el mundo general de los acuerdos en la antigüedad, particularmente en las sociedades vecinas de Israel. En torno a esos acuerdos antiguos se han descubierto varios ejemplos que revelan bastante información referente a la estructura y contenido de estos contratos y acuerdos. De particular importancia son los tratados hititas de los años c. 1400-1200 a.C. y los del imperio asirio, que provienen de los siglos 8 y 7 a.C.

Generalmente los tratados internacionales son de dos tipos: El primero, es entre países y reyes que están en paridad de poder y autoridad, como es el caso del tratado de paz entre el faraón Ramsés II y el rey hitita Hatttusilis en c. 1290 a.C. El segundo se produce cuando una de las partes tiene poder sobre la otra y el acuerdo pone de manifiesto esas diferencias con declaraciones de honor en torno al más poderoso y regulaciones y responsabilidades para el más débil de los contratantes. Este segundo tipo de tratado es el que puede relacionarse con los pactos bíblicos entre Dios y su pueblo.

De la lectura cuidadosa de esos documentos legales se pueden identificar una serie importante de características comunes, aunque los propósitos y la esencia de los diversos tratados y acuerdos antiguos varían, por la naturaleza de las responsabilidades, la finalidad del pacto, la época en que se producen, y la cultura y nación que los suscribe. Algunas de esas características también se manifiestan en la alianza y pacto de Dios con Moisés y los israelitas en el Monte Sinaí.

A continuación se incluyen algunas características de las estructuras de los acuerdos hititas:

- El preámbulo, en el cual el rey o señor presenta su nombre y su título de honor.
- El prólogo histórico, en el cual se presentan los actos heroicos, bondadosos, misericordiosos y extraordinarios del rey hacia la parte inferior del tratado.
- Las responsabilidades, demandas y estipulaciones, en la que se identifican las responsabilidades de cada parta contratante (en las que se exageran las virtudes del rey y se destacan las limitaciones de la parte vasalla del acuerdo).
- Se identifica un lugar para guardar las copias del tratado y se indican las fechas para su lectura pública.
- Se incluye, además, una lista de los testigos del pacto, que sirven de garantía para que se cumplan los acuerdos; generalmente se incorporan en esta sección las divinidades de ambas partes del acuerdo.
- Finalmente, se añade una lista, que puede ser bastante extensa, de bendiciones, si se cumplen las estipulaciones, y de maldiciones, si se desobedecen los acuerdos.

Código de Hamurabi

En la revelación divina en el Monte Sinaí, se pueden identificar algunas de esas características literarias y temáticas, por ejemplo: el preámbulo y el prólogo, en el cual Dios mismo presenta los propósitos teológicos fundamentales y el objetivo del pacto pueden descubrirse, sin mucha dificultad, en Éxodo 19.3-6 y 20.2; en los Diez Mandamientos (Ex 20.1-17) y también en el llamado «Código del pacto» (20.22—23.19) se encuentran los reclamos divinos y las estipulaciones de la alianza; el pacto se escribió en tablas de piedra, para poner de manifiesto la permanencia del acuerdo y su uso público; en vez de bendiciones y maldiciones de diferentes divinidades, el pacto de Dios con su pueblo pone de manifiesto una serie de señales y signos divinos que respaldan el acuerdo, como los truenos y los relámpagos (Ex 19.16-19; 20.18-20).

Estas mismas características estilísticas y filosóficas se revelan también en el libro de Deuteronomio, en el cual Moisés presenta el pacto con un estilo predominantemente discursivo y homilético, casi como un sermón; también en la magna asamblea que organizó Josué con el pueblo en Siquem (Jos 24), en la cual se renueva la alianza o pacto en el Sinaí.

Además de tratados nacionales e internacionales, la arqueología ha recuperado algunos códigos legales de países vecinos de Israel. Uno de esos documentos, quizá el más importante, que se encontró en la antigua ciudad de Susa, es el Código de Hamurabi. Las leyes que se incluyen en ese interesante Código, se relacionan con el famoso legislador antiguo (c. 1732-1680 a.C.), Hamurabi, que catalogó una serie de 282 leyes que tienen algún parecido a las que se incluyen en la Biblia.

El documento de Hamurabi se escribió en una piedra negra, e inicia con una figura del rey orando ante el dios babilónico de la justicia, Shamash. El texto cubre muchos aspectos legales que también se atienden en la

Ley mosaica, y demuestra las preocupaciones del rey en torno al tema de la justicia en su administración y gobierno. Tanto entre los babilónicos como entre los israelitas se manifiesta un serio deseo por la implantación de la justicia, que era una de las responsabilidades primordiales del rey.

9. Los Diez Mandamientos

La revelación de los Diez Mandamientos se produce en este extraordinario ambiente. De un lado, la naturaleza toda estaba alterada ante la manifestación extraordinaria de Dios; y del otro, los acuerdos de Dios con su pueblo que guardan relación estructural y temática con otros pactos y acuerdos descubiertos en el antiguo Oriente Medio.

En el idioma hebreo, los llamados «Diez Mandamientos» se conocen como «las diez palabras» (Ex 34.28; Dt 4.13;10.4), y en esta sección de Éxodo, constituyen las únicas revelaciones divinas pronunciadas directamente por Dios (Ex 20.1), sin la intervención de Moisés u otro interlocutor humano, como en casos posteriores (Ex 21.1; 25.1). De la traducción al griego de esa expresión en la Septuaginta (LXX), es que proviene el término «Decálogo», que es tan común en castellano para identificar y referirse a los Diez Mandamientos.

En esta revelación, el Señor se presenta a sí mismo como el único Dios salvador, libertador y celoso, que demanda no solo del pueblo que crea filosóficamente, sino que aplique el estilo de vida concreto de la comunidad, la comprensión y la aplicación de estas extraordinarias enseñanzas éticas, morales y espirituales. Otra versión de estos mandamientos con algunas variantes se encuentra en Deuteronomio (Dt 5.6-21).

En el libro de Éxodo, por ejemplo, el Decálogo se incorpora al comienzo de la revelación de las leyes dadas por Dios en el Monte Sinaí (Ex 19.1—Nm 10.10); y en el Deuteronomio, sin embargo, estos Diez Mandamientos forman parte del importante discurso de Moisés en Moab, antes de que los israelitas cruzaran el Río Jordán para entrar a la Tierra Prometida (Dt 1.5). Estas estipulaciones y enseñanzas ponen de relieve los deberes básicos de la comunidad ante Dios y también ante el prójimo; además, revelan y subrayan una vez más la importancia de relacionar íntimamente el compromiso hecho con Dios con el respeto a la dignidad de las personas. La justicia no es un tema ajeno a esta revelación, sino que se convierte en un eje central de la revelación divina.

Los Diez Mandamientos, que constituyen una pieza fundamental e indispensable de los valores espirituales, la ética religiosa y la moral judío-cristiana, son los siguientes:

- No tendrás dioses ajenos delante de mí (Ex 20.3).
- No te harás imagen ni ninguna semejanza de lo que esté arriba en el cielo, ni debajo de la tierra, ni en las aguas debajo de la tierra (Ex 20.4-6).
- No tomarás en nombre de Jehová, tu Dios, en vano (Ex 20.7).
- Acuérdate del sábado, para santificarlo (Ex 20.8-11).
- Honra a tu padre y a tu madre (Ex 20.12).
- No matarás (Ex 20.13).
- No cometerás adulterio (Ex 20.14)
- No hurtarás (Ex 20.15).
- No dirás contra tu prójimo falso testimonio (Ex 20.16).
- No codiciarás (Ex 20.17).

Luego del Decálogo, las narraciones del Éxodo presentan las respuestas de asombro y temor del pueblo ante las manifestaciones extraordinarias de Dios (Ex 20.18-26), y una serie de leyes de carácter social, moral y religioso que se conocen generalmente como el «Código del pacto» (Ex 24.7). Estas regulaciones presuponen una sociedad no compleja en la cual, por ejemplo, cohabitan en armonía las dinámicas de la ganadería (Ex 22.5) con la agricultura (Ex 22.6).

Esta sección incluye un grupo de leyes que intentan identificar los límites de la sociedad, como las siguientes:

- En torno a los esclavos (Ex 21.1-11).
- Sobre los actos violentos (Ex 21.12-25).
- Referente a las responsabilidades de los amos (Ex 21. 26-36).
- En torno a la restitución (Ex 22.1-15).
- Leyes humanitarias (Ex 22.16—23.13).
- Sobre las tres fiestas anuales: de los Panes sin levadura (Ex 23.14), de la Siega (Ex 23.16a) y de la Cosecha (Ex 23.16b).

Para culminar la sección del Monte Sinaí (Ex 19.1—24.18), la narración incorpora una serie de palabras de esperanza y seguridad, para cuando el pueblo reinicie su viaje a la Tierra Prometida. Se incluye una particular promesa divina de enviar al ángel del Señor para que le guarde en el camino, le proteja de las enfermedades y les evite las dificultades que puedan aparecer cuando se encuentren con otros pueblos (Ex 23.20-33). El signo de Dios con su pueblo ya no será las columnas de humo y de fuego (Ex 12.21-22), sino el ángel, que es una manera figurada de aludir a la misma presencia divina. Además, la sección incluye una reseña final de las reacciones del pueblo, de Aarón y de Moisés ante la revelación divina.

De acuerdo con las Escrituras, Moisés subió al Monte Sinaí y permaneció con Dios por cuarenta días y cuarenta noches, que es signo de la plenitud en el diálogo y la educación divina al líder de los israelitas (Ex 24.1-18). El pueblo no podía acercarse, pero decidió obedecer los mandatos divinos (Ex 24.3) y, según el texto bíblico, Moisés y Aarón, Nabad y Abiú y los setenta ancianos, subieron al Monte y «vieron al Dios de Israel» (Ex 24.9) sin morir (Ex 24.11), lo que era signo de una manifestación adicional y extraordinaria de la misericordia divina.

10. Principales pactos de Dios en la Biblia

- Noé (Gn 9.8-17): Establecido con Noé y sus descendientes. Es una promesa divina incondicional de no volver a destruir la tierra con otra catástrofe como el diluvio; la señal del pacto fue el arcoíris
- Abraham (Gn 15.9-21): Establecido con el patriarca y sus descendientes. Se le promete una tierra de forma reiterada; y su fe le fue contada como justicia.
- Abraham (Gn 17): Establecido con el patriarca y sus descendientes. Fue condicionado a que se reconociera al Señor como único Dios; la circuncisión fe la señal de este pacto.
- En el Sinaí (Ex19—24): Establecido por Dios con el pueblo de Israel, por ser descendientes de Abraham, Isaac y Jacob, y por haber sido liberados de la esclavitud de Egipto.
- Con Finees (Nm 25.10-13): Establecido con el sacerdote Finees y su familia para que provean un sacerdocio perpetuo y fiel al pueblo de Israel.
- Con David (2 S 7.5-16): Establecido con el rey David para perpetuar su dinastía en el trono de Israel y para establecer un reino de paz y justicia (1 R 4.20-21; 5.3-4).
- Un Nuevo Pacto (Jer 31.31-34): Se le promete al pueblo de Israel un nuevo pacto que superara las dificultades del anterior, este se escribiría en el corazón del pueblo, en vez de las tablas de piedra de Moisés.

11. Leyes para la construcción del Tabernáculo

Esta sección del libro de Éxodo incluye una serie de regulaciones y leyes referentes a la construcción del Tabernáculo y las reglamentaciones específicas de los utensilios usados en el culto a Dios, particularmente en torno al Arca del testimonio (Ex 25.1—31.17). Posteriormente en el libro se indica cómo se llevaron a efecto estos preparativos y se pusieron en práctica las indicaciones (Ex 35.1—40.38). Ambas narraciones identifican los elementos esenciales para la vida del pueblo en el ambiente del desierto. Las repeticiones entre estas narraciones son las formas antiguas de afirmar la importancia de algún tema.

La primera estipulación divina fue colectar una ofrenda voluntaria para apoyar financieramente el proyecto de construcción. Esa ofrenda podía ser de piedras preciosas, pieles, aceites, especies e incienso (Ex 25.3-7), que eran los materiales de buen valor fiscal y de gran virtud cúltica.

Entre las leyes para la construcción del Tabernáculo, se encuentran también una serie importante de regulaciones que tienen que ver con los siguientes asuntos:

- El Arca del testimonio (Ex 25.16, 22), que era el símbolo de la presencia de Dios en medio de su pueblo, era una especie de cofre sagrado, cubierto de oro por dentro y por fuera, que contenía las tablas de la Ley, según había sido revelada a Moisés en el Monte Sinaí (Ex 25.1-22). El Arca incluía el propiciatorio (Ex 25.17), que simbolizaba el perdón, y dos querubines (Ex 25.20), que representaban la protección y cobertura de Dios a sus leyes y mandamientos. Con la destrucción del Templo en el 586 a.C. a manos de los ejércitos babilónicos, el Arca finalmente desapareció.
- La mesa para el pan de la proposición (Ex 25.23-30) debía ser de madera de acacia recubierta de oro; y junto a la mesa debían estar lo utensilios, entre ellos: platos, cucharas, tazones, también de oro. Esta mesa era signo de la presencia divina.
- El candelabro de oro, en hebreo *menorah*, tenía seis brazos y el centro, para colocar las siete lámparas de aceite de oliva (Ex 25.31-40). No solo era útil para la claridad del tabernáculo sino que con el numeral siete es signo y apunta hacia la perfección en la iluminación divina. El aceite para las lámparas debía ser puro (Ex 27.20-21), y era responsabilidad primordial del sacerdocio, específicamente de Aarón y sus hijos, el mantener encendidas las llamas del candelabro.
- El Tabernáculo, al cual también se alude como santuario o lugar de reunión, tiene algunas similitudes con el Templo de Jerusalén (Ex 26.1-37). Incluía una cortina interior que dividía el lugar santo del espacio santísimo (Ex 26.33). En el lugar santo se encontraban la mesa del pan de la preposición (Ex 25.23-30; 37.10-16), el candelabro de oro (Ex 25.31-40; 37.17-24), y el altar para quemar

el incienso (Ex 31.1-10; 37.25-28). En el espacio santísimo solo estaba el Arca del pacto (Ex 25.10-22; 37.1-9), que constituía el símbolo supremo e indispensable de la misma presencia de Dios en su pueblo. Este santuario era esencialmente portátil, pues debía acompañar a los israelitas en su peregrinar por el desierto hasta llegar a las tierras de Canaán (Nm 4.15, 24-26, 31-32). Era principalmente un lugar de reunión, pues Dios se manifestaba en el Tabernáculo a su pueblo, y también era el entorno donde Moisés podía ser directamente consultado (Ex 40.34-38).

- El altar de bronce era el lugar para ofrecer los holocaustos y las ofrendas que se quemaban ante el Señor (Ex 27.1-8). Constituía el objeto más importante en el atrio del Tabernáculo, pues preparaba simbólicamente todo el proceso litúrgico de las celebraciones. Los llamados «cuernos del altar» eran las terminaciones en las esquinas o elongaciones que salían hacia arriba asemejando a unos cuernos, que en el Oriente Medio era símbolo de fuerza y vitalidad; además, servían como símbolo de protección.
- El atrio del Tabernáculo (Ex 27.9-21) alude al patio o al espacio sagrado alrededor del lugar de reunión donde se encontraban el altar de bronce, para los sacrificios y los holocaustos, y donde estaba ubicada también la fuente de bronce (Ex 30.17-22), que servía fundamentalmente para las purificaciones rituales y la limpieza física antes de comenzar las ceremonias.
- Las vestiduras de los sacerdotes eran signos adecuados de la naturaleza especial de las responsabilidades que llevaban a efecto (Ex 28.1-43). Las vestiduras de Aarón eran dignas de un sumo sacerdote, por la naturaleza particular de sus labores cúlticas. Estas vestiduras incluía el efod, que era un tipo peculiar de chaleco litúrgico, el pactoral, que se usaba sobre el efod, y que contenía una bolsa para llevar el Urim y el Tumim, que eran los instrumentos sacerdotales para consultar a Dios y descubrir la voluntad divina en torno a los diversos asuntos sobre los cuales eran consultados por el pueblo (Ex 28.30).
- El altar del incienso estaba en el lugar santo y era de madera de acacia cubierto de oro (Ex 30.1-10). Lo utilizaba Aarón en las mañanas y en las noches para quemar el incienso al encender las lámparas del candelabro de oro.

Las instrucciones relacionadas con la construcción del Tabernáculo también incluyen varias referencias importantes y significativas en torno a los siguientes temas: La consagración de los sacerdotes (Ex 29.1-37) con las ceremonias propias de su purificación; las regulaciones de las ofrendas diarias (Ex 29.38-46); las especificaciones económicas y litúrgicas referente al censo de Moisés, con la ofrenda que se llevaba para agradar al Señor (Ex 30.11-17); los detalles de las especies aromáticas necesarias para la preparación del aceite de la santa unción, para ungir el Tabernáculo, el Arca, la mesa con los utensilios y la fuente de bronce (Ex 30.22-38), así también para ungir a Aarón y sus hijos; se identifican, además, a las personas Bazaleel y Aholiab, llenas del espíritu de Dios, que con gran capacidad, sabiduría, inteligencia, ciencia y arte, debían diseñar todo lo relacionado con las instrucciones divinas referentes al Tabernáculo (Ex 31.1-11); y finalmente, en esta sección, se incluyen unas directrices teológicas importantes para la celebración del día de reposo (Ex 31.12-17).

El tabernáculo y su atrio

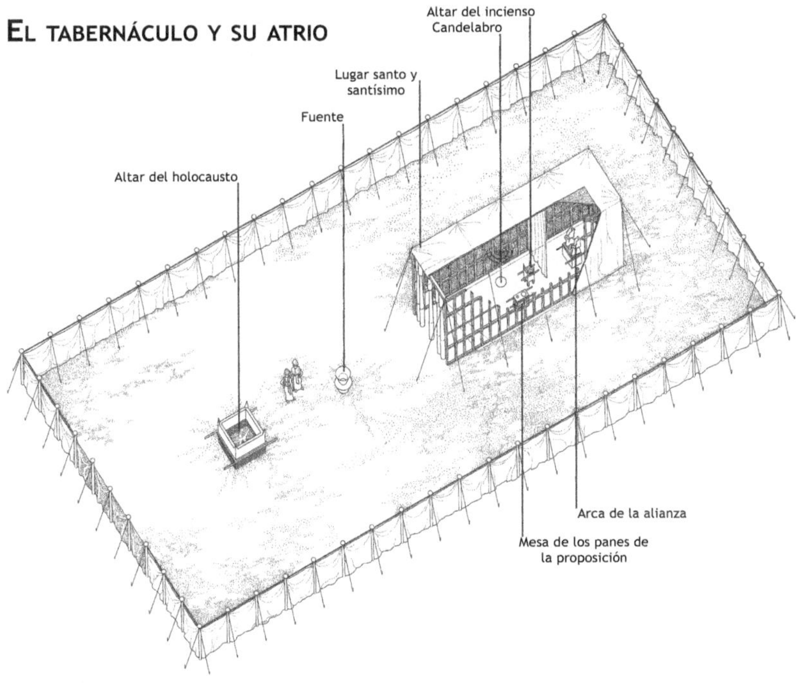

Todas estas regulaciones se presentan en el contexto de la revelación divina a Moisés en el Monte Sinaí. Las instrucciones que se imparten y las leyes que se afirman intentan brindarle al pueblo el sentido de comunidad sacerdotal de la cual se habló como parte de las instrucciones iniciales al pueblo de Israel (Ex 19.5). La salida y liberación de Egipto generó las dinámicas pertinentes para desarrollar este importante concepto de pueblo santo, que realmente significa, consagrado por Dios para cumplir la voluntad divina.

En torno a estos mismos temas, la sección final del libro presenta la narración de cómo fueron ejecutadas las órdenes en cuanto a la construcción del Tabernáculo (Ex 35.1—40.38), que culmina con la gloria divina que llena el lugar de reunión. Las frases finales destacan la grandeza del poder divino, que inclusive le impedía a Moisés entrar al Tabernáculo, porque la nube del Señor estaba en el lugar. El pueblo marchaba a la Tierra Prometida, de acuerdo con el movimiento de esa nube, que representaba la presencia misma de Dios con su pueblo.

12. El becerro de oro

Luego de la revelación en el Monte Sinaí, y las instrucciones posteriores, la narración bíblica retoma el tema que había dejado previamente en el libro (Ex 24.18). En esta nueva sección (Ex 31.18—34.35) se pone en clara evidencia la ruptura del pacto, y su posterior renovación (Ex 34.10). El pueblo demostró una vez más su incapacidad para mantenerse fiel a Dios, mientras el Señor puso de relieve nuevamente el poder de su gran misericordia y su persistente amor, que supera sus deseos de juicio y castigo hacia la humanidad. El propósito teológico de la sección es demostrar que la voluntad divina no se detiene por las inconsistencias y los pecados humanos.

El relato de la construcción del becerro de oro juega un papel de gran importancia en la narración (Ex 31.18—32.35). Aunque el pueblo es el que inicia el proceso de rebeldía e infidelidad, al notar que Moisés se tardaba en regresar del Monte Sinaí (Ex 32.1), el relato atribuye a Aarón un nivel importante de responsabilidad. El problema es doble: Como Moisés se tardaba, a quien aluden de forma despectiva, los israelitas pensaban que le había podido pasar algo; por otro lado, necesitaban divinidades que fueran frente a ellos (Ex 32.1), símbolos físicos que pudieran ver y tocar, si fuera necesario.

Como respuesta a la petición del pueblo, Aarón ordena la construcción de un becerro de oro, con los aretes y zarcillos de oro del pueblo, particularmente de las mujeres, así como de sus hijos e hijas. De acuerdo con la narración, fue Aarón mismo quien construyó la imagen, y quien la confundió posteriormente con la misma presencia del Dios que les había sacado de Egipto (Ex 32.5). Ese tipo de sincretismo religioso era muy común en las religiones paganas (Ex 32.4), pero inaceptable por los códigos legales de la Torá, particularmente por el Decálogo (Ex 20.1-6).

La imagen del toro en el Oriente Medio antiguo era símbolo de vitalidad, fuerza y poder; representaba la fecundidad en un nivel óptimo. En las narraciones del Éxodo a esta particular imagen de oro se le denomina becerro, quizá de forma despectiva, para disminuirlo y ridiculizarlo, para subrayan su incapacidad ante el Dios libertador de los israelitas.

Para contrarrestar la naturaleza del becerro de oro con la capacidad divina, el relato indica que las tablas de la revelación divina en el Sinaí que trajo Moisés del Monte, estaban escritas con «el dedo de Dios» (Ex 31.18); en efecto, se subraya que es la misma escritura divina la que aparece grabada sobre las tablas de la Ley. Esa es una manera teológica de poner de manifiesto la superioridad de Dios y la incapacidad de acción del becerro creado por Aarón y los israelitas.

En el relato se contraponen las actitudes y responsabilidades de Aarón y Moisés, que puso de manifiesto una vez más su poder de intercesión ante Dios (Ex 32.9-14). Aarón se muestra esquivo, no quiere asumir su responsabilidad en el proceso idolátrico (Ex 32.22-24). La intervención de Moisés, sin embargo, logró que el Señor no destruyera al pueblo, fundamentado en su compromiso y promesas a los antiguos patriarcas de Israel como medio para reafirmar sus actos de liberación de las tierras del faraón.

Cuando Moisés se encontró cara a cara con las actitudes idólatras y profanas del pueblo, rompió las tablas de la Ley, que era una manera de decir que el pacto quedaba invalidado, y que terminaba de forma definitiva el compromiso divino con el pueblo (Ex 32.19). Además, destruyó la imagen del becerro de oro, la hizo polvo, la mezcló con agua y se la hizo tomar al pueblo (Ex 32.20-21). Era una forma de hacerles responsables de sus actos y eliminar todo rastro de la imagen del becerro y de la idolatría en el pueblo.

Luego del incidente de la idolatría, las narraciones bíblicas del libro de Éxodo destacan las buenas relaciones entre Dios y Moisés (Ex 33.1-22). El idioma del relato es eminentemente teológico y figurado: Dios habla con Moisés «cara a cara» (Ex 33.11), y también le permite ver su gloria, aunque sea solo un resplandor de su poder (Ex 33.18-23). Esa intimidad es la que le permite a Moisés funcionar efectivamente como un intercesor del pueblo ante Dios.

En efecto, esas buenas relaciones con el Señor fueron las que motivaron a Moisés a no aceptar el ofrecimiento divino del ángel para que les acompañara el resto del viaje. El famoso libertador y legislador hebreo le dijo a Dios, con valentía y determinación: Si tú no vienes con nosotros, no nos saques de aquí; es decir, la compañía imprescindible para el éxito del peregrinar a la Tierra Prometida es directamente la de Dios (Ex 33.15).

Esa actitud firme y segura de Moisés, es la que propició el ambiente adecuado para la renovación del pacto (Ex 34.1-9). En esta ocasión, sin embargo, es Moisés quien debe escribir los mandamientos en las tablas (Ex 34.1), en contraposición con las tablas anteriores que fueron escritas directamente por Dios, según el testimonio bíblico. En el pacto renovado se destacan las advertencias contra la idolatría en Canaán (Ex 34.10-17), se repiten las instrucciones en torno a los festivales anuales (Ex 34.18-26), particularmente las fiestas de los Panes sin levadura, de las Semanas, de las Primicias y de la Cosechas, y finalmente se alude a las tablas que escribió Moisés, y a su particular «rostro resplandeciente», que es ciertamente un reflejo de la gloria divina (Ex 34.27-35).

7

El libro de Levítico

Habló Jehová a Moisés y le dijo:
«Habla a toda la congregación de los hijos de Israel y diles:
"Santos seréis, porque santo soy yo,
Jehová, vuestro Dios".
Levítico 19.1-2

1. El libro y los levitas

El nombre del libro de Levítico, que es el tercer libro de la Biblia y de la Torá o Pentateuco, proviene de la traducción griega de las Escrituras, la Septuaginta (LXX), que deseaba subrayar, desde sus mismos comienzos, la importancia de los levitas y su gestión cúltica. Estos levitas eran las personas responsables de los diversos asuntos y detalles relacionados con el culto, los sacrificios y las regulaciones litúrgicas en el pueblo. La traducción hebrea del libro es *wayiqrá*, que significa «y llamó» que, además de ser la primera palabra del manuscrito, pone de relieve y destaca que Moisés fue llamado por Dios, desde el Tabernáculo de reunión, para orientar a la comunidad en torno a las ofrendas (Lv 1.1-2).

Los miembros de la tribu de Leví, durante la repartición de las tierras al llegar a Canaán, de acuerdo con estas narraciones escriturales, en vez de recibir territorios específicos que se convertirían con el paso del tiempo en su heredad, se les asignaron cuarenta y ocho ciudades esparcidas entre las otras tribus para que las habitaran (Lv 25.32-34; Nm 35.2-8; Jos 21.1-42; 1 Cr 6.54-81). Entre esas ciudades levíticas se encuentran las ciudades de refugio (Jos 20.1-9), que eran lugares donde algún homicida involuntario podía refugiarse, para evitar los riesgos de la llamada venganza de sangre.

El propósito de asignarles ciudades a los levitas se relaciona posiblemente con la naturaleza y dignidad de las responsabilidades que se les habían comisionado. Los levitas serían los custodios primordiales de las tradiciones religiosas, y se dedicarían al servicio a Dios y los asuntos cúlticos, con sus respectivas implicaciones administrativas, económicas, familiares, éticas y morales. Esas responsabilidades fueron aún más necesarias e importantes luego de la inauguración del Templo, cuando se centralizaron las ceremonias religiosas y los sacrificios en Jerusalén.

El libro de Levítico es un cuerpo de regulaciones sacerdotales minuciosas que manifiesta gran coordinación, orden y prioridades. Es una obra que destaca las estipulaciones legales, las regulaciones del culto y la naturaleza religiosa del pueblo, alrededor de las cuales giraba la vida diaria de la comunidad israelita. Su lectura no es necesariamente fácil por la naturaleza legal del contenido, por el estilo repetitivo de algunas de sus expresiones técnicas, y por las distancias históricas, sociales y culturales que nos separan de este tipo de actividades religiosas.

Importancia de la consagración

El principio teológico básico y rector del libro de Levítico es establecer una comunidad completamente consagrada al servicio del Señor. Por esta razón fundamentalmente religiosa, todo lo relacionado con el culto (p.ej., las vestiduras de los sacerdotes, los instrumentos del culto, los sacrificios, las diversas ofrendas, la celebración de las fiestas, y los diferentes tipos de sacrificios) debía estar plenamente consagrado al Señor.

En efecto, de la lectura cuidadosa de esta importante obra sacerdotal se desprenden y ponen de manifiesto muchas de las prácticas religiosas del pueblo de Israel. Esas actividades cúlticas superan los tiempos y la época del desierto, pues incluyen regulaciones litúrgicas que presuponen un lugar permanente y centralizado de culto, con sus sistemas de sacrificios y ofrendas organizados, que aluden al período monárquico cuando se erigió el Templo en Jerusalén

El análisis de los requerimientos necesarios para mantener todos estos complejos sistemas de sacrificios en operación, en efecto, presupone un grupo grande de personas y demanda una cantidad enorme de animales, que era prácticamente imposible de criar en el desierto. Es importante entender, sin embargo, que las festividades anuales, los sacrificios de animales y las ceremonias para expiar pecados y administrar el perdón a la comunidad, se remontan a tiempos muy antiguos en la historia del pueblo de Israel. Por estas razones sociológicas, históricas y teológicas, los grupos sacerdotales que revisaron todas estas regulaciones religiosas y leyes cúlticas luego del exilio en Babilonia, entendieron que debían relacionarlas directamente con Moisés y la revelación en el Monte Sinaí.

2. Estructura y temas de importancia

El estudio serio del libro de Levítico pone de relieve una singular estructura literaria que alterna las narraciones de la vida del pueblo con las regulaciones legales. Esa combinación literaria y temática muestra claramente el gran propósito teológico y espiritual del libro, pues manifiesta el progreso de los temas y la administración de las diversas ceremonias hasta llegar al corazón de todas sus regulaciones cúlticas y sus presupuestos teológicos: El Señor mismo requiere que el pueblo sea santo, para que viva y demuestre la verdadera naturaleza y esencia divina (Lv 19.1-2). Esta es una manera singular de relacionar toda esta obra sacerdotal con el propósito de la revelación de Dios en el Monte Sinaí, en donde se indica claramente que el pueblo de Israel debería convertirse en una nación sacerdotal y en un pueblo santo (Ex 19.5-6).

El principio teológico básico y rector del libro de Levítico es establecer una comunidad completamente consagrada al servicio del Señor. Por esta razón fundamentalmente religiosa, todo lo relacionado con el culto (p.ej., las vestiduras de los sacerdotes, los instrumentos del culto, los sacrificios, las diversas ofrendas, la celebración de las fiestas, y los diferentes tipos de sacrificios) debía estar plenamente consagrado al Señor. De esa forma, los creyentes se acercaban a Dios para participar de las ceremonias religiosas (p.ej., de adoración o expiación), a la vez que entendían la importancia espiritual y social de esas mismas celebraciones. Para los sacerdotes era necesario afirmar que la santidad tiene repercusiones contextuales en la vida diaria de los individuos y las familias, así como en las dinámicas sociales de la comunidad y la nación.

La estructura literaria y temática del libro de Levítico, puede ser entendida de la siguiente forma:

- Regulaciones legales: diversos tipos de sacrificios (Lv 1.1—7.38)
- Narraciones: consagración de los sacerdotes (Lv 8.1—10.20)
- Regulaciones legales: leyes sobre la pureza e impureza (Lv 11.1—15.33)

- Narraciones: establecimiento día de la expiación (Lv 16.1-34)
- Regulaciones legales: código de santidad (Lv 17.1—26.46)
- Narraciones: regulaciones en torno a los votos y las promesas a Dios (Lv 17.1-34)

Las regulaciones legales se preocupan principalmente con el comportamiento adecuado del pueblo mientras participa en las diversas ceremonias y actividades religiosas. De singular importancia, en torno a este tema, son las listas de los tabús relacionados con la alimentación y las enfermedades. Las narraciones, al presentar las diversas razones para llevar a efecto esas particulares ceremonias, le brindan a la obra el entorno sicológico y sociológico adecuado; además de añadir el elemento indispensable de las vivencias del pueblo. En las secciones narrativas se ponen de relieve una vez más la importancia de Moisés en el proceso de la revelación divina.

La finalidad teológica de Levítico

En este singular libro se recogen todas esas importantes leyes y regulaciones sacerdotales. La finalidad teológica es que el pueblo de Israel no solo conozca esa importante legislación nacional sino que la ponga en práctica. El propósito educativo del libro es la comunión con Dios, que se manifiesta de forma práctica y concreta en la decisión y actitud del pueblo de guardar, cumplir y afirmar los mandamientos y los preceptos divinos (Lv 18.5). Esas leyes en torno a los sacrificios, el sacerdocio, la pureza e impureza ritual, y particularmente sobre las normas e implicaciones de la santidad a Dios, ponen de manifiesto una vez más la intensión teológica y religiosa del libro: ¡Un Dios santo demanda santidad de su pueblo!

La experiencia religiosa y de identidad nacional del pueblo de Israel, según las Sagradas Escrituras, nace de la revelación divina. En primer lugar, a través de los actos de creación, posteriormente en las promesas a los patriarcas y las matriarcas de Israel, y luego en el llamado y revelación a Moisés, para llegar a través del desierto al Monte Sinaí y recibir la Ley. En todo el proceso, las narraciones bíblicas destacan la importancia de la revelación de Dios, y enfatizan las dinámicas de la rebeldía humana y la misericordia divina.

En el Sinaí, el Señor le dio a Moisés y al pueblo el Decálogo (Ex 20.1-17) y el Código del pacto (Ex 20.22—23.19), y revela la esencia de su voluntad: ¡Convertirlos en una comunidad sacerdotal (Ex 19.5-6), que tiene una definida y singular finalidad y dimensión ética, moral y espiritual! desde el Tabernáculo de reunión, durante el peregrinar por el desierto, se consultaba a Moisés para aclarar algunas de las leyes o regulaciones divinas, para su aplicación adecuada y correcta entre el pueblo.

En este singular libro se recogen todas esas importantes leyes y regulaciones sacerdotales. La finalidad teológica es que el pueblo de Israel no solo conozca esa importante legislación nacional sino que la ponga en práctica. El propósito educativo del libro es la comunión con Dios, que se manifiesta de forma práctica y concreta en la decisión y actitud del pueblo de guardar, cumplir y afirmar los mandamientos y los preceptos divinos (Lv 18.5). Esas leyes en torno a los sacrificios, el sacerdocio, la pureza e impureza ritual, y particularmente sobre las normas e implicaciones de la santidad a Dios, ponen de manifiesto una vez más la intensión teológica y religiosa del libro: ¡Un Dios santo demanda santidad de su pueblo!

3. Diversos tipos de sacrificios

Como los sacrificios constituían un componente de fundamental importancia en la experiencia religiosa del pueblo de Israel, constituyen el tema inicial del libro (Lv 1.1—7.38). El propósito de esta sección es explicar cómo debían ofrecerse los sacrificios y holocaustos de acuerdo con las diferentes clases y objetivos. Estas ofrendas al Señor eran manifestaciones de la gratitud del pueblo y signos visibles de la actitud de arrepentimiento para la expiación de los pecados. De la lectura cuidadosa de estas regulaciones, se desprende la seria preocupación espiritual que tenían los sacerdotes y el pueblo referente al importante asunto del perdón de los pecados y las faltas de los individuos y la comunidad.

En esta sección se exponen las regulaciones legales y cúlticas en torno a los siguientes temas:

- El holocausto (Lv 1.1-17) era la ofrenda del sacrificio que se quemaba enteramente en el altar. Solo se excluía en esta ceremonia la piel del animal, que correspondía al sacerdote que oficiaba, y la sangre, las plumas o las entrañas, que eran desechadas. Estas ofrendas, descritas en la Biblia como de «olor grato para Jehová» (Lv 1.17), revelan la adoración y piedad de los creyentes (1 Cr 29.20-21), y se ofrecían como muestras de gratitud a Dios (Sal 66.13-15), para solicitar algún especial favor divino (Sal 20.3-5) o como parte de los ritos de purificación (Lv 12.1-6; 14.19, 21-22; 15, 15, 30; 16.24).

La palabra hebrea que se asocia con los holocaustos es *'olah*, que significa «subir», y puede aludir al fuego y al humo del sacrificio que sube hasta la misma presencia de Dios, de acuerdo con las creencias antiguas. Es el sacrificio más mencionado en la Biblia hebrea, y el animal sacrificado (p.ej., ganado mayor o menor, aunque se podía, en casos especiales, sacrificar tórtolas, palomas o pichones) debía ser perfecto, o estar en un estado de salud óptimo, pues solo lo mejor se ofrece a Dios. Como símbolo de la trasmisión de sus pecados, el oferente ponía las manos sobre el animal antes de comenzar los sacrificios: ¡Era una forma simbólica del oferente ofrecerse personalmente ante Dios! Cada mañana, y también cada tarde, los sacerdotes ofrecían un cordero en holocausto para el perdón de los pecados del pueblo (Ex 29.38-42).

Un altar para sacrificios

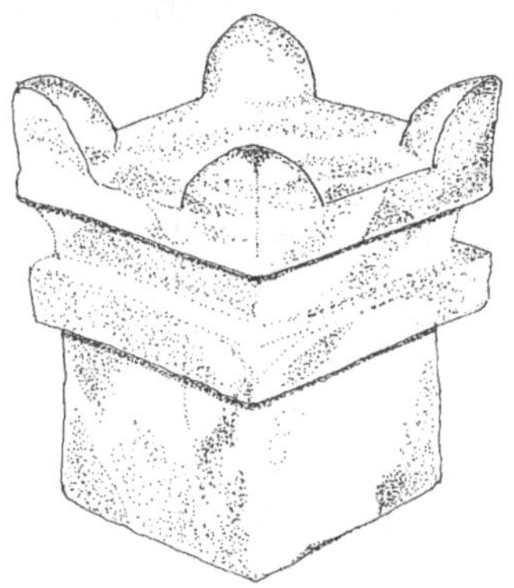

- Las ofrendas (Lv 2.1-16; 6.8-11) eran una manera de ofrecer sacrificios ante Dios de los productos de la tierra, sin derramar la sangre de ningún animal: consistía de cereales y harina. Para evitar la fermentación, considerada inmunda en Israel, se excluían de este tipo de ceremonias la levadura y la miel. La sal en esta ofrenda a Dios es particularmente importante, pues se utilizaba para evitar la descomposición y para afirmar simbólicamente algún pacto o compromiso a largo plazo. Los pactos perpetuos y solemnes se denominaban «pactos de sal» (Nm 18.19). En el libro de Levítico se mencionan dos tipos de estas ofrendas, la cruda y la cocida. Una parte se quemaba y pertenecía a Dios, la otra, era para los sacerdotes. Este tipo de ofrenda intentaba mantener los favores divinos.
- Las ofrendas de paz (Lv 3.1-17) también son conocidas como los sacrificios de la reconciliación, propiciaban un ambiente adecuado

de comunión y diálogo. Las víctimas, que podían ser ganado vacuno, ovejas o cabras, se presentaban y quemaban en el altar, para agradecer y alabar a Dios o para acompañar algún voto o compromiso del oferente. Las grasas se quemaban, y la carne se distribuía entre los sacerdotes, y el oferente con sus familiares y amigos, que debían estar ritualmente puros. El ambiente del sacrificio era de paz y reconciliación (Dt 12.7; 1 S 1.4).

Pintura de Mari, que ilustra un sacrificio

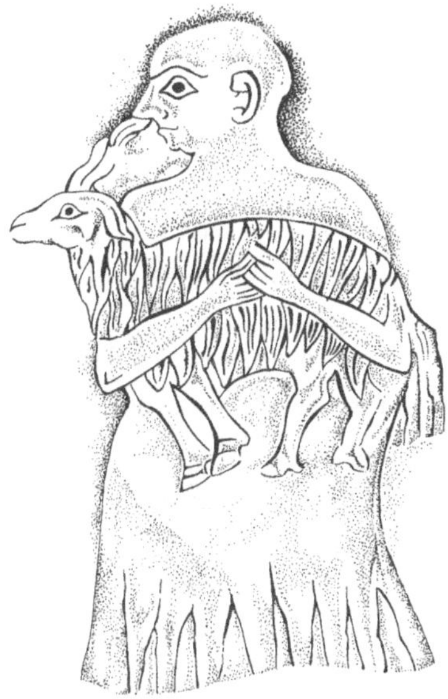

- Las ofrendas por el pecado (Lv 4.1—5.13) y las expiatorias (Lv 5.14—6.7) son difíciles de distinguir con precisión. Algunos estudiosos piensan que se trata del mismo sacrificio identificado con nombres sinónimos, aunque el análisis detallado revela algunas diferencias. Quizá la distinción mayor entre ellos es que en las ofrendas expiatorias el animal sacrificado debe ser un carnero (Lv 5.14-18), además de incluir el elemento de restitución de la deuda. Este tipo de ofrendas tenía como propósito fundamental restablecer la comunión con Dios, que pudo haberse perdido por algún pecado involuntario, o por algún estado de impureza (Lv 15.16; Nm 15.22-29). La transgresión podía ser contra Dios o contra el prójimo (p.ej., Lv 5.14—6.7). El animal del sacrificio dependía del estatus social de oferente (p.ej., sumo sacerdote, todo el pueblo, el líder de un clan o familia, o algún individuo).

Para finalizar esta sección (Lv 1.1—7.38), el libro incluye una serie de detalles, recomendaciones e instrucciones a los sacerdotes, pero dirigido específicamente a Aarón y sus hijos, para que lleven a efecto los holocaustos y los sacrificios de forma adecuada (Lv 6.8—7.38). Entre las recomendaciones se incluyen varias instrucciones referentes a los vestidos, el fuego del altar, las formas de disponer de las víctimas y las cenizas, las porciones que corresponden a los sacerdotes, y las maneras de presentar las ofrendas. Es una sección de orientación práctica para la administración efectiva de los sacrificios.

4. Consagración de los sacerdotes

En todo el antiguo Oriente Medio el sacerdocio constituía una institución de vital importancia religiosa, social y política. Inclusive, en algunos lugares (p.ej., Egipto), los sacerdotes servían fundamentados en las responsabilidades delegadas directamente por el faraón. Eran esencialmente oficiales del culto y de lo religioso, que administraban todo lo que estaba relacionado con los santuarios, y servían como representantes del pueblo ante Dios, y de Dios ante el pueblo.

En Israel, el sacerdocio es visto como una institución divina. Sus representantes, los sacerdotes, debían llevar a efecto las responsabilidades religiosas con dignidad, efectividad y decoro. De acuerdo con las Sagradas Escrituras, todo lo ceremonial y cúltico estaba regulado y prescrito para esta importante institución del pueblo, que representaba la autoridad divina, que era el foro máximo y supremo de la comunidad. Esa legislación mosaica sustituyó las tradiciones religiosas antiguas y profesionalizó los sistemas de sacrificios y las prácticas religiosas diarias.

La palabra hebrea que identifica a estos funcionarios religiosos es *kohen,* y se encuentra como en 750 ocasiones en la Biblia. Fundamentados en su etimología, la palabra revela un significado que apunta hacia «alguien que está ante Dios para servirle». La raíz de la expresión (en heb., *kwn*) transmite la idea de estar firme, estable, seguro.

De acuerdo con la Torá (Nm 3.1-13), fue Dios mismo quien seleccionó a la tribu de Leví para que le sirviera en el Tabernáculo. Sus descendientes, Gerson, Quehat y Merari, tenían funciones específicas asignadas. Específicamente del clan de Quehat, proviene la familia de Aarón, que fue designada por Dios para ejercer las responsabilidades cúlticas y sacrificiales al Señor (Ex 28.1; 29.44; Lv 8—9).

Únicamente los miembros de la familia de Aarón estaban autorizados por la legislación mosaica a participar del servicio del altar, cuya importancia cúltica era extraordinaria. De esta familia de Aarón, específicamente de la rama de Eleazar, los primogénitos llegaban a ser los sumos sacerdotes del pueblo, que tenían vestiduras especiales (Ex 28) y podían entrar al lugar santísimo una vez al año, durante el día de la expiación (Lv 16).

El resto de los descendientes de Leví constituían el grupo de los levitas. Entre las responsabilidades primordiales de este sector sacerdotal se incluye la transportación, custodia y administración de los objetos sagrados que se encontraban en el Tabernáculo. Esencialmente eran oficiales de apoyo y servicio de las dinámicas cúlticas, incluyendo aquellas responsabilidades relacionadas con los sacrificios. Los sacerdotes y los levitas no servían en las guerras (Nm 1.3,48-49) ni tenían propiedades. Como no tenían tierra de cultivo, vivían del servicio religioso que le brindaban a la comunidad: ¡Recibían el diezmo de todo el pueblo de Israel (Nm 18.21)!

La consagración e investidura de los sacerdotes se narra de forma minuciosa en el libro de Levítico (Lv 8.1—10.20). En esta sección del libro, se presentan los detalles de las instrucciones y las regulaciones divinas dadas a Moisés que se relacionan con la institución del sacerdocio. De singular importancia son las vestiduras (Ex 28; 39.1-31), que eran signos de dignidad y representaban las diversas categorías y las responsabilidades religiosas.

Como parte de los preparativos para ejercer el sacerdocio, Moisés ungió el Tabernáculo y sus equipos, y particularmente ungió a Aarón, que era una forma simbólica de consagrarlo y santificarlo. El aceite se utilizaba en el Oriente Medio como cosmético (Sal 104.15), perfume (Est 2.12), medicina (Is 1.6; Lc 10.34), y para identificar y celebrar a algún huésped de honor (Sal 23.5; Lc 7.46); además, se usaba en la unción de reyes (Sal 2.2) y sacerdotes. Estas unciones eran símbolo de la gracia divina sobre la persona ungida, y era una experiencia inviolable (1 S 24.6; 26.9; 2 S 1.14).

Con esta unción, Aarón quedó adecuadamente consagrado para el servicio divino en el altar. Como resultado de esta santificación, cuando Aarón alzó las manos para bendecir al pueblo, después de hacer la expiación, el holocausto y el sacrificio de paz, «la gloria de Jehová se manifestó a todo el pueblo» (Lv 9.23).

La narración también presenta un singular incidente relacionado con los hijos de Aarón (Lv 10.1-20). El relato de Nadab y Abiú es una clara advertencia dirigida a los sacerdotes para que no cometieran faltas contra lo estipulado por la Ley, de acuerdo con las enseñanzas de Moisés. Estos fueron castigados con la muerte al cometer una grave irregularidad en el servicio del altar y en el santuario, que pone de manifiesto la importancia de la santidad, la diligencia y la responsabilidad de los líderes sacerdotales y religiosos. Posiblemente por la naturaleza intercesora de sus funciones, el nivel de santidad que se les exigía era mayor que al resto del pueblo.

La naturaleza concreta de las acciones impropias de Nadab y Abiú es difícil de precisar. Los estudiosos presentan varias posibilidades para la comprensión de la expresión «fuego extraño»: Quizá el fuego no fue tomado del altar, como estaba estipulado (Lv 16.12); o el incienso no estaba preparado de la forma prescrita y revelada (Ex 30.9); o, inclusive, es posible que la ofrenda no haya sido presentada ante Dios a la hora debida (Ex 30.7-8). En cualquier caso, el rechazo divino pone de manifiesto la responsabilidad que tenían los sacerdotes de cumplir con las estipulaciones divinas, de acuerdo con lo establecido por la Ley; y en esta ocasión el instrumento del juicio, es el fuego de Dios (Lv 10.1-2).

5. Leyes sobre la pureza e impureza

El propósito fundamental de esta sección (Lv 11.1—16.34) es identificar los límites reales de la pureza y la impureza cúltica. Además, se presentan los procesos y las normas para la recuperación de la pureza perdida. En una sociedad definida por esos patrones religiosos y culturales, era extremadamente importante y necesario delimitar las áreas adecuadas de acción, había que establecer con claridad las diferencias entre lo puro e impuro.

Los términos puros e impuros no tienen que ver, en esta sección del libro de Levítico, con alguna de las cualidades internas o actitudes de las personas. No se trata de evaluar las intensiones éticas de los individuos ni de analizar las motivaciones morales de sus actos. Más bien, esta legislación intenta distinguir las actividades y condiciones que pueden hacer que una persona no esté calificada para presentarse ante Dios. La finalidad es identificar los posibles impedimentos para allegarse al Señor y ofrecer sus sacrificios, ante un Dios que reclama la santidad como un elemento fundamental e indispensable.

Las razones por las cuales algunas cosas o sustancias eran consideradas impuras no son siempre fáciles de precisar. Quizá la impureza se relaciona con las cualidades dañinas, repugnantes o sucias de algunas sustancias (p.ej., sangre, cadáveres, excrementos); con algunas enfermedades que se pensaba eran contagiosas (p.ej., la lepra); con los espacios identificados con la muerte (p.ej., tocar un cadáver o entrar a una tienda donde hay un cadáver); o con situaciones de higiene, limpieza o pulcritud. En todo caso, la condición de impuro le impide a la persona cumplir adecuadamente con sus responsabilidades religiosas. El propósito teológico de estas estipulaciones es poner de relieve la importancia de la santidad y la pureza religiosa para mantenerse como parte de la comunidad sacerdotal.

El libro de Levítico presenta legislación en torno a los siguientes temas:

- Animales limpios y puros, y animales inmundos y abominables (Lv 11.1-47; Dt 14.3-21). Todos los animales son puros y aptos para la alimentación, excepto los siguientes, que son inmundos: los que no tienen la pesuña hendida y no rumian (p.ej., cerdo, camello, conejo); los animales acuáticos que no tienen aletas ni escamas (p.ej., anguilas y crustáceos); las aves rapaces (p.ej., águila, halcón, cuervo), el avestruz, la gaviota, la cigüeña y el murciélago; los insectos con alas; y los animales que se arrastran (p.ej., serpientes, topo, ratón).
- Purificación de las mujeres después de los embarazos (Lv 12.1-8). Los procesos de parto incluyen la pérdida de fluidos, así como de sangre, y fundamentados en esa relación con la sangre, las mujeres quedan temporalmente impuras. Esa condición social y religiosa varía dependiendo de si daba a luz un niño, por lo que estaba siete días impura, o una niña, que lo conllevaba catorce días de impureza. El proceso de purificación culminaba con una ofrenda en el Templo de un cordero y una paloma (o tórtola); pero si la persona era pobre, podía ofrecer a Dios dos tórtolas o dos palominos (Lc 2.24).
- Las leyes relacionadas con la lepra (Lv 13.1—14.57). La palabra «lepra» en la Biblia no debe ser necesariamente relacionada con la condición que se asocia a la enfermedad de la lepra en el día de hoy. En la antigüedad, la lepra se refería a varias condiciones de la piel, cuyas manchas salen en la ropa (Lv 13.47-59) y al moho que se produce en las paredes (Lv 14.33-53). La persona enferma era excluida rápidamente de la comunidad, pues se consideraban que esa condición de salud era peligrosa y contagiosa. Las estipulaciones legales en esta sección identifican los procesos de diagnosis inicial de la enfermedad (Lv 13.1-46), las normas para su purificación, y destacan las dinámicas para reincorporar a la persona en la comunidad, una vez ha sido declarada sana. Este proceso de purificación, requería la declaración oficial de sanidad de parte de un sacerdote.
- Las impurezas de carácter sexual (Lv 15.1-32) descritas en el libro no se refieren, como en las prescripciones anteriores, a pecados o conductas impropias. Se tratan de actos o condiciones de naturaleza sexual, particularmente relacionadas con emisiones líquidas, que convierten en impura a una persona. Entre esas

condiciones, se destacan las siguientes: Hombres con flujo de semen, y mujeres en estado de menstruación; también lo que toque la persona impura quedará contaminado, como la cama, la ropa, la montura y los utensilios. La misma ley presenta las formas de recuperar la pureza, que ponen de manifiesto la importancia de la pureza ceremonial, además de la higiene. En ese caso el sacerdote presentará ante Dios dos tórtolas o palomas, una ofrenda por el pecado y otra como holocausto. El propósito de este tipo de legislación es mantener la pureza religiosa y biológica en los casos de las emisiones naturales o patológicas del cuerpo humano (Lv 15.32).

6. Establecimiento del Día de la expiación

Las ceremonias relacionadas con el Día de la expiación (Lv 16.1-34), incluyen dos componentes litúrgicos básicos. El primero era un evento anual en el cual el sacerdote presentaba sacrifico por sus pecados y el pecado del pueblo para obtener el perdón divino. El segundo consistía en cargar simbólicamente los pecados y las transgresiones del pueblo en un macho cabrío, para posteriormente soltarlo en un campo inhabitado.

La intensión religiosa de estas celebraciones cúlticas y actividades era buscar el perdón, no de algunos pecados específicos y particulares, sino de obtener la purificación total de la comunidad. De esa forma, se restituían las buenas relaciones entre Dios y el pueblo. Por la naturaleza penitencial del evento, el sacerdote debía vestir de forma modesta y sencilla, no con sus ropas vistosas y simbólicas tradicionales adecuadas para las celebraciones nacionales (Lv 16.4; Ex 28).

La selección del macho cabrío que servirá para el sacrificio de expiación se hace por suertes. Aarón seleccionará de entre dos animales: Uno lo ofrecía en sacrificio a Dios; y el otro era enviado vivo al desierto, en representación de Azazel, que era un demonio que los antiguos pensaban vivía en el desierto. Esta ceremonia pone de manifiesto algunas creencias antiguas que explicaban la peligrosidad de los lugares desérticos.

El punto culminante de la ceremonia es la entrada del sumo sacerdote al lugar santísimo, o «detrás del velo» (Lv 16.12), que se llevaba a efecto solo una vez al año. El significado del acto era de gran importancia, pues constituía el único momento en el cual una persona podía entrar en el recinto donde estaba, de acuerdo con la Biblia, la santidad absoluta de Dios. En efecto, esta parte de la ceremonia hace que el evento sea fundamental y determinante, tanto a la vista del pueblo, como ante los sacerdotes en general y el sumo sacerdote en particular. Detrás de esta ceremonia se presupone una muy importante teología del perdón divino, que es necesario para el buen funcionamiento social, emocional y espiritual de la comunidad. Por esta razón el evento se repetía de forma anual.

Luego de las ceremonias en el altar, que incluía perfumar y rociar la sangre sobre el propiciatorio, Aarón ponía las dos manos sobre la cabeza del macho cabrío vivo, y confesaba sobre el animal todas las iniquidades, los pecados y las rebeliones de los hijos de Israel. Posteriormente, se envía el macho cabrío al desierto, y el sumo sacerdote regresa al Tabernáculo para su purificación personal. De acuerdo con una tradición rabínica antigua, el macho cabrío era soltado como a seis kilómetros de Jerusalén, en dirección al desierto de Judea, en el lugar conocido como Bet-hadudú o Bet-hadurún.

La importancia religiosa y social del Día de la expiación ha perdurado a través del tiempo, inclusive luego de la destrucción del Templo de Jerusalén, y el día se conoce como *Yom Kipur*.

El Día de la expiación

Las ceremonias relacionadas con el Día de la expiación (Lv 16.1-34), incluyen dos componentes litúrgicos básicos. El primero era un evento anual en el cual el sacerdote presentaba sacrifico por sus pecados y el pecado del pueblo para obtener el perdón divino. El segundo consistía en cargar simbólicamente los pecados y las transgresiones del pueblo en un macho cabrío, para posteriormente soltarlo en un campo inhabitado.

---

7. El Código de santidad

Por la naturaleza de los temas que expone y los desafíos morales y éticos que presenta al pueblo, esta sección del libro de Levítico requiere análisis detallado y sobrio (Lv 17.1—25.55). El énfasis temático y el espíritu teológico de todos estos capítulos es la santidad, que se afirma y resume en el estribillo que se repite con frecuencia: «Santos seréis, porque santo soy yo, Jehová, vuestro Dios» (p.ej., Lv 19.2; 20.26; 21.8). Dios requiere, de acuerdo con este código, que el pueblo revele y demuestre su naturaleza más íntima, su esencia más profunda, su valor más intenso, que se pone de manifiesto con el término «santidad».

El código de santidad

En este código se destaca la trascendencia de Dios, y se presentan los reclamos divinos al pueblo de vivir a la altura de una serie de principios éticos y de valores morales que se articulan en la sección. El reclamo divino fundamental es que el pueblo de Israel se separe y aleje de todo lo profano, de lo que no representa la voluntad divina para la humanidad. Esta santidad, de acuerdo con las narraciones legales de Levítico, llega a todos los niveles de la vida, particularmente a las dinámicas relacionadas con el culto, los sacrificios y los sacerdotes.

Toda esta sección se conoce con el título de «Código de santidad» y constituye uno de los documentos legales más antiguos e importantes del pueblo de Israel. En este código se destaca la trascendencia de Dios, y se presentan los reclamos divinos al pueblo de vivir a la altura de una serie de principios éticos y de valores morales que se articulan en la sección. El reclamo divino fundamental es que el pueblo de Israel se separe y aleje de todo lo profano, de lo que no representa la voluntad divina para la humanidad. Esta santidad, de acuerdo con las narraciones legales de Levítico, llega a todos los niveles de la vida, particularmente a las dinámicas relacionadas con el culto, los sacrificios y los sacerdotes.

Al igual que otros códigos bíblicos (p.ej., Ex 20.23—23.19; Dt 12.1—27.26) y extrabíblicos (p.ej., Código de Hamurabi), el Código de santidad finaliza con una serie importante de bendiciones para las personas que cumplen con los reclamos divinos que se exponen (Lv 26.1-46), y con maldiciones para quienes no cumplen con la voluntad divina, de acuerdo con las disposiciones expuestas. La palabra final de la sección revela la bondad divina aun en medio del castigo y el juicio.

El Código se presenta en cinco secciones básicas:

- Regulaciones referentes al sacrificio de animales (Lv 17.1-16), que revela el carácter sagrado de los sacrificios. En esta sección, además de incorporar el tabú de comer sangre (Lv 17.10-16), que era símbolo de la vida, se indica que los sacrificios deben llevarse a efecto en un solo lugar, en el Tabernáculo de reunión, que es una manera de afirmar que adoraban a un solo Dios. Esa decisión disminuía la posibilidad de la contaminación con las prácticas politeístas, al evitar las actividades religiosas en los antiguos santuarios cananeos. Esta sección del Código prohíbe también comer animales que se han encontrado muertos, al declararlos impuros.

- Las leyes en torno a la moral sexual (Lv 18.1-30) mueven el tema de la santidad de las dinámicas y esferas cúlticas a las relaciones íntimas, es dcir, las actividades sexuales. Posiblemente esta sección pone de manifiesto las grandes diferencias entre la moral sexual bíblica y la que se vive en los cultos cananeos y extranjeros, que incluían orgías sexuales como parte de las celebraciones. En efecto, el texto bíblico identifica y rechaza claramente lo que se hacía en Egipto y Canaán (Lv 18.3).

  La expresión «descubrir la desnudez» (p.ej., Lv 18.6) es un eufemismo para aludir a las relaciones sexuales. Estas leyes están dirigidas a los hombres, y revelan la prohibición categórica de tener relaciones sexuales con parientas cercanas, padres y madres, suegras, hermanas, nietas, hijastras, tías, tíos, nueras, cuñadas, madres e hijas, hermanas, mujeres en estado de menstruación, esposa del prójimo, varones y animales. Estos tipos de relaciones constituyen actos impuros, y las personas culpables deben ser, de acuerdo con el Código, eliminadas (Lv 18.29). La referencia a Moloc (Lv 18.21) alude a los sacrificios de niños recién nacidos, o de corderos en sustitución de los niños.

- Las leyes que se exponen en esta sección (Lv 19.1—20.27), que se asemejan a las del Decálogo (Ex 20.8-12; Dt 5.12-15), aplican el tema teológico de la santidad a diversas situaciones concretas de la vida diaria (p.ej., dinámicas familiares, entornos laborales y procesos administrativos) en los cuales la honestidad y la justicia son valores necesarios y significativos. El propósito de estas regulaciones es poner claramente de manifestó la importancia de la santidad, el amor, la solidaridad y el respeto en las relaciones interpersonales, familiares, laborales y comerciales. La santidad no es un valor exclusivo para el culto o la experiencia religiosa, sino debe manifestarse libremente en todas las esferas de la existencia humana. La santidad divina debe estar íntimamente relacionada con el carácter de las personas. La sección de las reprobaciones y castigos (Lv 20.1-27) incluyen las consecuencias de la desobediencia humana a los mandamientos divinos.

- Las leyes en torno a la santidad de los sacerdotes (Lv 21.1—22.32) revelan una vez más, que todo lo que se relaciona con Dios, incluyendo los oficiales del culto, debe manifestar su naturaleza.

En esta sección se indican las características éticas que debían tener los sacerdotes, y se señalan, además, algunos defectos físicos que impedían a los sacerdotes cumplir adecuadamente con sus responsabilidades en el culto. Los sacerdotes, por ejemplo, no podían tocar cadáveres, rasurarse la cabeza o casarse con una mujer deshonrada. Al sumo sacerdote se le imponían criterios éticos mayores por la dignidad del cargo que llevaba (Lv 21.10-15). Esa santidad en la esfera sacerdotal se manifiesta también en los lugares y los utensilios del culto, hasta en las ofrendas, que también debían manifestar la santidad de Dios.

- La sección final del Código de santidad (Lv 23.1—25.54), presenta las fiestas anuales y las celebraciones del pueblo de Israel, que constituyen el calendario religioso, litúrgico y cúltico. En estas narraciones y regulaciones se asocia cada festividad con la historia nacional y con la vida diaria de la comunidad.

  El antiguo calendario anual israelita estaba constituido por doce meses lunares de veintinueve días y medio, para un total de trescientos cincuenta y cuatro días, a diferencia de los trescientos sesenta y cinco días de los años solares. El año comenzaba en otoño, y los meces iniciaban con la luna nueva. Para adecuar el calendario a las estaciones del año, se añadía periódicamente un mes adicional que se conocía como «Adar». Y las referencias a estas fiestas anuales, que se distribuían a través del año, aparecen en diversas secciones del Pentateuco (p.ej., Ex 23.14-17; 34.18-23; Lv 23—25; Nm 28—29; Dt 16.1-17; Lv 23—25). En esta sección también se incluye una narración que pone de manifiesto las instrucciones para castigar la blasfemia, que en la antigüedad era considerada una gran ofensa contra Dios, era una demostración pública de rechazo absoluto a la santidad divina (Lv 24.10-23).

8. Las fiestas judías y los días sagrados

El calendario religioso del antiguo pueblo de Israel se puede dividir en las siguientes celebraciones: El sábado (y sus años derivados: año sabático y de jubileo), las fiestas de los peregrinares anuales (Pascua, Pentecostés y Tabernáculos), y las festividades en los días especiales (Fiesta de las trompetas, Día de expiación, de Purín y de la Dedicación). Cada una de estas fiestas destaca elementos educativos y nacionales que se afirman y recuerdan durante las celebraciones. Eran eventos de gran importancia para la identidad nacional y para educación familiar y pública.

Calendario israelita de las fiestas anuales

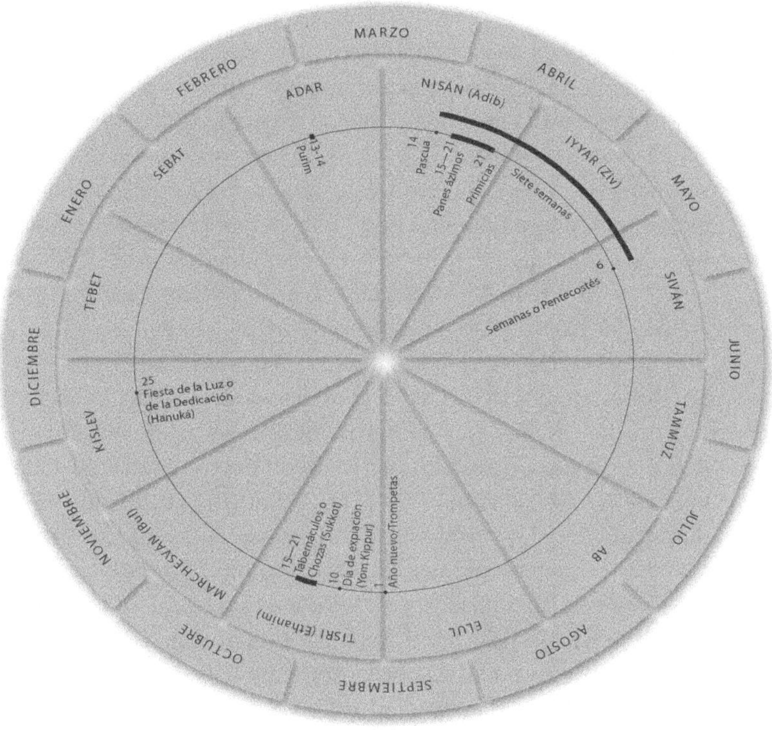

- El sábado o *shabat* es una celebración regular y periódica de orígenes muy remotos en la historia del pueblo. Desde la perspectiva canónica y escritural, se bendice el día como parte del proceso de creación (Gn 2.2-4a), y posteriormente se asocia con la alianza o pacto de Dios con el pueblo en el Monte Sinaí, como uno de los mandamientos del Decálogo (Ex 20.8-11).

  Es un día santo y consagrado al Señor porque Dios mismo lo utilizó para descansar, al cesar sus labores de la creación.

  Luego de la destrucción del Templo en Jerusalén, durante el período exílico, y con el paso del tiempo, el sábado se convirtió, tanto en la diáspora como en Judá, en un distintivo significativo de la comunidad judía, y se transformó en un signo de identidad nacional (Ez 20.12). En la época de Jesús de Nazaret, las extremas regulaciones en torno al día habían hecho de esta institución, que fue establecida como signo de liberación para las personas, una carga muy difícil de llevar (p.ej., Mt 12.1-14).

El año sabático (Lv 25.1-7), que se celebraba cada siete años, afirmaba un período de descanso y liberación aún mayor, pues incluía la liberación de los esclavos y el descanso de las tierras cultivables. Era esencialmente un período de descanso intenso y de redención nacional, que tenía como objetivo evitar la pobreza y terminar con la esclavitud que se asocian con las deudas.

El año del jubileo (Lv 25.8-55) se observaba cada «siete semanas de años», que equivale al año luego de los cuarenta y nueve, o el año cincuenta, que debía ser santificado. La finalidad del descanso llegaba hasta las propiedades, que debían ser devueltas a los dueños originales si se habían vendido y dado en algún pago, y los esclavos también debían ser liberados durante este año de celebración. De esta forma se eliminaban las posibilidades del latifundio y la distribución injusta de las tierras.

- Las fiestas de los peregrinares anuales revelan orígenes muy antiguos y ponen de manifiesto los diversos ciclos en las estaciones anuales y sus relaciones con las diversas actividades agrarias durante el año. Esas prácticas y celebraciones se interpretan desde la perspectiva teológica en la legislación del libro de Levítico.
    - ◊ La fiesta de la Pascua y de los panes sin levadura (Lv 23.5-14; Ex 12.1-14, 21-28; 13.3-10) se relacionan con la liberación del antiguo pueblo hebreo de la esclavitud que vivió en las tierras de Egipto, bajo el liderato del faraón. Se celebraban en la primavera (p.ej., en el mes de Abib o Nisán, en marzo o abril). Las fiestas de la Pascua duraban ocho días, y era seguida por la de los panes sin levadura, que comenzaba el día quince del mes y proseguía por siete días adicionales. Estas celebraciones también estaban asociadas con una actividad agrícola conocida como la fiesta de las Primicias, al comenzar la siega (Lv 23.9-12).
    - ◊ La fiesta de las Semanas o de Pentecostés (Lv 23.15-23) se celebraba al día siguiente, luego de las siete semanas, es decir, cincuenta días después de la Pascua. Se celebraba en el verano, el día seis del mes Diván (mayo-junio). Esta celebración agrícola, en la que se expresaba la gratitud a Dios por las cosechas del trigo y la cebada, se unió con el tiempo con la revelación de la Ley en el Monte Sinaí. Duraba solo un día, para propiciar los trabajos relacionados con la trilla, que en ocasiones se extendía hasta la vendimia.

◊ La fiesta de los Tabernáculos, también conocida como de la Recolección, o de las Tiendas (Lv 23.33-43), era otra festividad con fundamento agrícola y duraba una semana, del quince al veintiuno del mes Tisrí (septiembre-octubre). Se llevaba a efecto cuando se recogían los últimos frutos, y era como una especie de cierre del año agrícola, y preparaba el camino para las nuevas siembras. En esos días, el pueblo vivía en tiendas, para recordar los cuarenta años de peregrinación por el desierto del Sinaí, a la salida de las tierras de Egipto.

El año agrícola de Israel

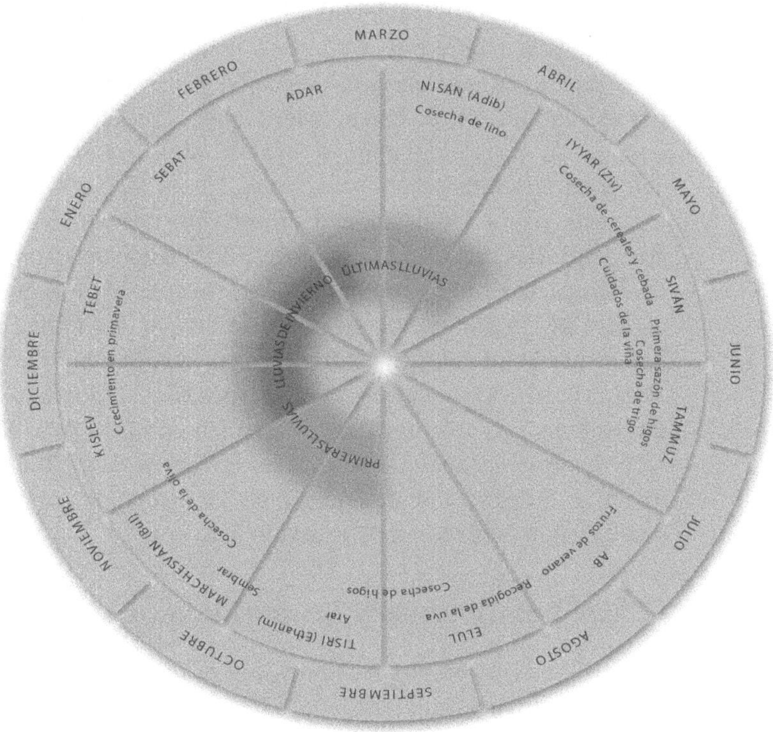

- Una serie de días festivos adicionales completan el calendario del año religioso del pueblo, entre los que se encuentran los siguientes:

- ◊ La fiesta de las Trompetas (Nm 28.11-15) era una manera solemne, y de reposo absoluto, de iniciar cada mes con ofrendas especiales y sacrificios, que aumentaba de intensidad cuando el mes era el séptimo. Se tocaban las trompetas de los cuernos de carnero para recordar el pacto y llamar al pueblo a la oración. La celebración tenía un carácter penitencial, que incentivaba la reflexión y evaluación personal, que finalizaba a los diez días con el Día de la expiación.
- ◊ El Día de la expiación (Lv 16; 23.23-32), o *Yom Kippur,* era la cúspide de las celebraciones religiosas del pueblo, pues tenía una fuerte dimensión penitencial y un claro propósito de purificación espiritual. Se celebraba el día diez del mes séptimo, conocido como Tisrí.
- ◊ La fiesta de Purín se celebraba los días trece al quince del mes de Adar (febrero-marzo), y se instituyó con el tiempo en el pueblo para celebrar la redención y liberación nacional por la intervención de Ester y Mardoqueo. Las celebraciones comienzan con un ayuno, al cual le siguen dos días de celebraciones intensas.
- ◊ La fiesta de la Dedicación o *Hanukkah,* que se extiende por ocho días, se relaciona con la purificación del Templo de Jerusalén en los tiempos de las luchas de los macabeos (1 M 4.36-59), luego de su profanación por los gobiernos helenistas de los seléucidas. Recuerda el triunfo definitivo de Judas Macabeo, y se celebra el 25 del mes Kisleu (noviembre-diciembre). Las celebraciones se asocian con las luces, para recordar que el aceite del candelabro de oro del Templo mantuvo milagrosamente encendidas las lámparas por ocho días, cuando había combustible solo para uno.

9. Las bendiciones y las maldiciones

El libro de Levítico finaliza con dos secciones que relacionan la santidad divina a las acciones humanas (Lv 26.1-46; 27.1-34). La primera destaca el tema de la obediencia a las regulaciones y revelaciones divinas; la segunda, extiende el mismo tema a las pertenencias de las personas que ofrecen votos, sacrificios y ofrendas a Dios. El propósito es reiterar la importancia de la santidad no solo en los procesos mecánicos de las prácticas religiosas sino afianzar los valores y las enseñanzas en el corazón de las personas que se allegan ante Dios para adorarle.

El propósito de la Ley divina es revelar la voluntad de Dios al pueblo, para que sirviera de norma y estilo de vida. La finalidad teológica y práctica de la Ley mosaica es la bendición de la comunidad; sin embargo, si el pueblo desoye, ignora o rechaza esta importante revelación, estos actos conllevan a una serie de maldiciones a las que debe atenerse.

La bendición divina se relaciona con la obediencia (Lv 26.1-13); y la maldición, con la desobediencia (Lv 26.14-43). Las bendiciones se traducen en signos concretos de bienestar: por ejemplo, alimento abundante, buena salud, longevidad y descendencia numerosa. Las maldiciones se asocian a los siguientes signos concretos de juicio divino: por ejemplo, muerte, enfermedad, esterilidad, sequía, hambrunas, guerras y exilios. Se exponen de esta forma las repercusiones concretas de las decisiones humanas en torno a la ley divina. La identificación de los juicios divinos se articula de forma ascendente, y culmina con la pérdida de la tierra y el exilio o deportación a un país extranjero, que era visto en la antigüedad como el juicio total y definitivo.

El tema de la santidad en Levítico culmina con la presentación de los votos al Señor. Como expresión de gratitud, se dedicaban a Dios ofrendas de diversos tipos: por ejemplo, personas (Lv 27.2-8), animales (Lv 27.9-13), casas (Lv 27.14-15) y terrenos (Lv 27.16-25). Esas ofrendas se utilizaban para apoyar al sostenimiento de los sistemas religiosos, que incluían las ceremonias, los utensilios, las instalaciones y los oficiantes. Esta sección incluye, además, el equivalente monetario que las personas debían pagar en sustitución de los objetos prometidos.

En las puertas de las ciudades, por lo general, se daban las bendiciones o maldiciones

De singular importancia en estas regulaciones es la preocupación que se manifiesta hacia las personas pobres. De acuerdo con el texto bíblico, un indigente que no podía pagar sus votos se presentaba ante el sacerdote para que se le asignara una contribución de acuerdo con sus posibilidades económicas reales (Lv 27.8).

10. Lecturas cristianas del libro

Tradicionalmente las iglesias han enfatizado en las lecturas simbólicas del libro de Levítico, por la naturaleza compleja de los sacrificios. Además, la obra, a la luz de la teología de la Encarnación, pone de manifiesto nuevos niveles de revelación divina que son importantes para las iglesias y los creyentes.

Las liturgias cristianas han utilizado al libro de Levítico para elaborar varias de sus celebraciones. De particular importancia están las ceremonias para la consagración de sacerdotes y ministros, y los ritos para la santificación de los utensilios de culto. Además, la presentación de los primeros frutos y la afirmación de los diezmos se desprenden de las regulaciones y recomendaciones del libro de Levítico. En esta importante tradición hermenéutica referente a la obra, se debe destacar y afirmar que Cristo, para las iglesias, es la culminación y expresión máxima de los sacrificios aceptados por Dios.

En el marco de referencia de esta lectura cristológica del libro de Levítico es fundamental indicar que el itinerario mismo de la vida de Jesús, particularmente su pasión y muerte, se pueden comprender mejor de acuerdo con las leyes levíticas, que ciertamente su familia, José y María, debieron haber cumplido con mucha diligencia y responsabilidad (Lc 2.21-39; 2.41-43; Jn 2.13-16; 5.1; 7.10-14).

Los eventos fundamentales de la fe cristiana, que constituyen la pasión y muerte, y la resurrección de Cristo, se llevan a efecto en la tradición de la Ley de Moisés. Fue en medio de la celebración de la Pascua judía, que recuerda la liberación de Egipto, que se llevan a efecto los sucesos que se describen en la historia de la pasión. Siguiendo ese mismo contexto teológico, Jesús celebró la última cena, y además, se afirma que el día de Pentecostés (Hch 2), luego de su resurrección, los discípulos recibieron el Espíritu Santo. El NT prosigue esa práctica hermenéutica pues Pablo, en sus enseñanzas a la iglesia en Roma, alude a los ritos de la expiación (Rm 3.25); y la Epístola a los Hebreos presenta la obra de redención y salvación de Jesús, como la actividad óptima del sumo sacerdote por excelencia (Hb 9.1-28; 13.10-14).

El libro de Levítico, además, recuerda a los creyentes, tanto judíos como cristianos, la importancia de la santidad para vivir. Esa santidad no debe ser entendida como simples prácticas cultuales, llenas de simbolismos, sino como desafíos a vivir a la altura de las exigencias divinas. La santidad del libro no está confinada en la liturgia sino que transciende los linderos del culto para manifestarse con vigor en medio de las realidades cotidianas del pueblo.

11. Fiestas y días sagrados

Días festivos	Día de celebración	Referencia bíblica
Año de jubileo	Cada cincuenta años	Lv 25.8-11; 27.17-24; Nm 36.4
Día del perdón	10 de Tishri (septiembre-octubre)	Lv 16.23.26-32
Dedicación (*Hanuká)*	25 Quisieu (noviembre-diciembre)	Jn 10.22
Luna nueva	Primer día del mes lunar	Nm 10.10; 28.11-15
Pascua	14 de Nisán (marzo-abril)	Ex 12.1-14; Lv 23.5
Panes sin levadura	15-21 de Nisán (marzo-abril)	Ex 12.15-20; 13.3-10; Lv 23.6-8
Primicias	16 de Nisán (marzo-abril)	Lv 23.9-14
Purín	14-15 de Adar (febrero-marzo)	Est 9.18-32
Sábado	Cada siete días	Gn 2.2-3; Ex 20.8-11; Lv 23.3
Semanas o Pentecostés	6 de Siván (mayo-junio)	Ex 23.16; Lv 23.15-21
Santa Convocación	22 Tishri (septiembre-octubre)	Lv 23.36b; Nm 29.35-38
Tabernáculos	15-21 de Tishri (septiembre-octubre)	Lv 23.33-36a, 39-43
Trompetas o Año nuevo *(Rosh Hashana)*	1 de Tishri (septiembre-octubre)	Lv 23.23-25; Nm 29.1-6

8

El libro de Números

Habló Jehová a Moisés en el desierto de Sinaí,
en el Tabernáculo de reunión, el primer día del segundo mes,
el año segundo de su salida de la tierra de Egipto, y le dijo:
«Haced el censo de toda la congregación de los hijos de Israel,
por sus familias y por las casas de sus padres,
registrando uno por uno los nombres de todos los hombres».
Números 1.1-2

1. El título del libro y su naturaleza teológica y literaria

Los traductores griegos del libro escogieron el nombre de *Aritmoi* para identificar esta obra, la cuarta en el Pentateuco, fundamentados posiblemente en los dos censos que se incluyen (Nm 1; 26), en el reparto del botín luego de la victoria sobre los madianitas (Nm 31), y por los detalles y precisiones referentes a las ofrendas y los sacrificios (Nm 7; 15; 28—29). La traducción latina vertió el nombre como *Liber numerorum,* del cual surge el título castellano, Números. En hebreo, el nombre de la obra es *Bemidbar,* que literalmente significa, «en el desierto», que se asocia directamente con el Sinaí, contexto geográfico en el cual se llevan a efecto los acontecimientos que se narran en la obra.

De singular importancia teológica y sociológica es la expresión que se utiliza al comenzar la obra para referirse al pueblo: «la congregación de los hijos de Israel» (Nm 1.2). El presupuesto es que una vez que el pueblo recibió el Decálogo y las leyes en el Sinaí, quedó constituido en una comunidad adecuadamente organizada y establecida. La expresión hebrea *'adah,* traducida habitualmente al castellano como «congregación» o «comunidad», presenta a los israelitas como si fuera un grupo instaurado, como un pueblo. Esa organización, según el testimonio bíblico, no se fundamenta en relaciones de sangre paterno-filiares, sino en la revelación divina de la ley que establece un pacto entre Dios y los hijos e hijas de Israel, y que les invita a ser una nación santa, un pueblo de sacerdotes.

En efecto, una de las consecuencias del pacto en el Sinaí es la transformación paulatina de un gran número de personas en una nación, con sentido de dirección y propósito en la vida. Ahora poseían un código legal, un santuario y un sacerdocio; además, tenían las regulaciones para los sacrificios y las festividades anuales. Sobre todo, el pueblo ahora se sentía guiado, dirigido y protegido por el Dios que les había llamado de Egipto y les llevaba por el desierto hasta llegar a la Tierra Prometida.

La congregación de Israel

La expresión hebrea *'adah,* traducida habitualmente al castellano como «congregación» o «comunidad», presenta a los israelitas como si fuera un grupo instaurado, como un pueblo. Esa organización, según el testimonio bíblico, no se fundamenta en relaciones de sangre paterno-filiares, sino en la revelación divina de la ley que establece un pacto entre Dios y los hijos e hijas de Israel, y que les invita a ser una nación santa, un pueblo de sacerdotes.

En ese gran contexto sociológico y teológico, el libro de los Números presenta al pueblo de Israel como si fuera un ejército, marchando por el desierto al futuro, hasta conquistar la tierra de Canaán. Las diversas tribus se presentan dispuestas en formación bélica alrededor del Tabernáculo, que se convierte en sagrado por la presencia divina. Desde ese centro de mando físico y teológico, Dios pone de relieve su protección al pueblo a través de Moisés, que es el líder supremo del grupo. Desde el Tabernáculo de reunión, que es, en efecto, el lugar físico e histórico donde radica el poder, el Señor revela su voluntad, protegiendo, enseñando y corrigiendo al pueblo en los instantes adecuados, en los momentos oportunos.

La lectura del libro de Números, a primera vista, puede confundir, pues en su redacción y organización se juntan secciones narrativas y legislativas, no siempre fáciles de leer, comprender y asimilar. Las partes legales, con sus normas, prescripciones y regulaciones, complementan la revelación que se incluye en los libros de Éxodo y Levítico, e incluyen algunos temas que se presentan solo en Números; por ejemplo: la legislación sobre los nazareos, las pruebas de infidelidad, los votos de las mujeres, las herencias, las regulaciones para las ciudades levíticas y de refugio, y las relaciones entre sacerdotes y levitas.

La obra como un todo es una especie de lectura teológica de la historia de la salvación, en la cual Dios mismo llamó a Moisés para liberar a su pueblo de la esclavitud de Egipto, hasta llevarlo a la Tierra Prometida, que era símbolo de esperanza, paz, abundancia, gracia y liberación. En el corazón mismo del libro de Números, está el claro deseo de descubrir y afirmar el significado espiritual y trascendente de los acontecimientos, particularmente durante el peregrinar por el desierto. Las narraciones describen a Moisés como una figura ideal (Nm 12.2; 14.13-19), en contraposición al pueblo, que es principalmente caracterizado por sus murmuraciones, quejas, rebeliones e infidelidades.

Una primera lectura del libro pone de manifiesto su estructura literaria, que revela, por lo menos, tres secciones básicas y principales. Cada una de estas partes se puede muy bien relacionar con alguna de las etapas del peregrinar del pueblo por el desierto de Sinaí. En primer lugar se presentan los diversos preparativos para el viaje (Nm 1.1—10.10). La segunda sección describe el movimiento del pueblo desde el Monte Sinaí hasta Cades (Nm 10.11—20.21). Y la parte final de la obra (Nm 20.22—36.13) lleva al pueblo desde Cades hasta las llanuras de Moab, la frontera con la Tierra Prometida. En cada una de estas secciones se alternan las narraciones de las experiencias del pueblo con algún material legal que articula varias regulaciones de importancia para la comunidad.

2. La permanencia en el Monte Sinaí

Esta primera fase del peregrinar por el desierto (Nm 10.1—10.10), de acuerdo con la narración del libro de Números, está muy bien elaborada desde la perspectiva cronológica. Se alude claramente al día de la salida de Egipto (Nm 1.1), y comienza el primer día del segundo mes del segundo año del éxodo, hasta el día veinte del segundo mes del segundo año del éxodo (Nm 10.11); es decir, un período de veinte días luego de haber celebrado la Pascua en el desierto.

Las narraciones en esta sección (Nm 1.1—4.49) presentan el importante tema del censo e incluyen las órdenes precisas relacionadas con la ubicación de cada tribu referente al Tabernáculo. El resultado del empadronamiento o censo produjo 603,550 hombres listos para la guerra. Los sacerdotes y los levitas, encargados de la custodia del Tabernáculo, se censaron de forma separada (Nm 1.47-49).

Las narraciones de los censos cobran gran importancia bíblica pues ponen de manifiesto la realidad humana, particularmente el potencial de su fuerza militar, que posteriormente es comparada con el poder divino. Los triunfos del pueblo no se deben a su poder bélico sino a que cuentan con el apoyo divino.

A cada tribu se le fijó de forma específica su ubicación particular en el campamento en relación con el Tabernáculo de reunión, y se les indicó, además, cómo debían mantener sus posiciones a medida que peregrinaban y marchaban por el desierto. Cada tribu debía proseguir la marcha con el estandarte o la bandera que le identificaba. La idea era la de una organización de un ejército, de manera simétrica, listo para la batalla. Había tres tribus a cada lado del Tabernáculo, y los levitas estaban en el centro (Nm 2.2). La posición central representaba la presencia divina en medio de su pueblo (Ex 25.8). La lista de las doce tribus que se incluye en estas narraciones revela cómo fueron clasificadas y organizadas a la llegada de los israelitas a las tierras de Canaán (Nm 1.5-15).

Luego de estas narraciones se incorpora en la obra una serie de leyes de diversa naturaleza; por ejemplo: la expulsión de personas del campamento por alguna contaminación o impureza, como la lepra, el flujo de semen, o por tocar algún cadáver (Nm 5.1-4); las leyes de las restituciones en los casos de robos (Nm 5.5-10), la ofrenda por los celos (Nm 5.11-31); y las especificaciones en torno a los nazareos que se dedicaban a Dios (Nm 6). Este singular voto identificaba a una persona que se consagraba enteramente a Dios, y como distintivo exterior físico no se cortaba el cabello ni bebía vino (p.ej., Jue 13.4-5; 1 S 1.11; Hch 18.18).

Posteriormente se incorporan una serie de leyes que identifican las responsabilidades de los jefes de las diversas tribus ante la dedicación del Tabernáculo (Nm 7.1-44); incluye varias disposiciones referentes a las lámparas del candelabro (Nm 8.1-4); presenta la consagración de los levitas al Señor (Nm 8.5-26); transmite varias regulaciones en torno a la celebración de la Pascua (Nm 9.1-14); articula una narración en torno a la nube sobre el Tabernáculo que acompañaba al pueblo durante el peregrinar (Lv 9.15-23); para finalmente incluir algunas regulaciones de las trompetas de plata que se utilizaban para llamar a la comunidad (Nm 10.1-10). Estas trompetas eran rectas, de unos sesenta centímetros de largo, similar a las que se utilizaban en Egipto; posteriormente esos instrumentos se utilizaron en el Templo de Jerusalén (2 Cr 5.12).

3. Peregrinar desde el Monte Sinaí hasta las llanuras de Moab

Esta segunda sección del libro de Números constituye el corazón mismo del itinerario y el peregrinar del pueblo de Israel por el desierto de Sinaí (Nm 10.11—20.21). La parte narrativa consiste de dos unidades básicas. En primer lugar, se describe la marcha del pueblo desde el Monte Sinaí hacia Cades Barnea, que es un oasis no muy lejos de la parte sur de Canaán, ubicado entre los desiertos de Zin y Parán (Nm 10.11—12.16).

Luego de incluir un corto relato en torno al rechazo de Hobab, suegro de Moisés, de seguir hacia Canaán (Nm 10.29-32), el libro de Números presenta una serie interesante de eventos que ponen de relieve el desarrollo y el crecimiento del pueblo. Se trata principalmente del recuento de las rebeliones e infidelidades de los israelitas, en contraposición a las continuas manifestaciones de amor, corrección y misericordia del Señor.

Entre los eventos que se presentan en esta sección se pueden enumerar los siguientes: El fuego divino que consumió parte del campamento por las quejas del pueblo (Nm 11.1-3); la llegada milagrosa de las codornices (Nm 11.4-35); y la lepra que afectó a María por murmurar contra Aarón y Moisés (Nm 12.1-16). El tema de la murmuración o quejas (p.ej., Nm 11.1) se repite con frecuencia en el libro de Números, para enfatizar las rebeliones e infidelidades humanas y también para presentar las misericordias divinas. Esas quejas era una manera solapada de rebelarse contra la voluntad divina o, inclusive, de rechazar las decisiones y el liderato de Moisés.

Una segunda serie de acontecimientos describen la misión de los espías o exploradores que fueron a Canaán de parte de Moisés (Nm 13.1—14.45). Esta sección incluye el momento más importante en el peregrinar por el desierto, pues a causa de sus continuas y reiteradas murmuraciones y rebeldías, el Señor dejó al pueblo de Israel por cuarenta años en el desierto, antes de llegar finalmente a la Tierra Prometida.

Ante los informes impresionantes de los exploradores, el pueblo se negó a proseguir la marcha hacia Canaán, y Dios anuncia que esa generación de israelitas que había salido de Egipto no llegaría a la Tierra Prometida, pues moriría en el desierto. De esta declaración divina se salvaron Caleb y Josué, que demostraron fidelidad y confianza en Dios. Una vez más se pone en evidencia la rebeldía humana y la misericordia del Señor.

A estas secciones narrativas le sigue una colección nueva de leyes (Nm 15.1—19.22), que tocan los siguientes temas: Las ofrendas y los sacrificios (Nm 15.1-31); la sentencia de lapidación por violar las leyes del sábado (Nm 15.32-36); las reglamentaciones de los flecos de los vestidos (Nm 15.37-41); las regulaciones referente al sostenimiento de los sacerdotes y los levitas (Nm 18.1-32); y el sacrificio de una vaca rojiza para la purificación (Nm 19.1-22). En efecto, son leyes que regulan diversos sectores de la vida y la sociedad, tanto a nivel individual como colectivo.

En medio de estas leyes y regulaciones, se incorporan algunos relatos de importancia teológica, entre los que se incluyen: La rebelión de Coré (Nm 16.1-50); el florecimiento de la vara de Aarón (Nm 17.1-13), que era símbolo de autoridad y poder; y el incidente en el desierto de Zin, en el que Moisés hizo salir agua de las rocas, y el que por su actitud agresiva, impaciente, arrogante y violenta, Dios no le permitió entrar a la Tierra Prometida, ¡solo la podría ver de lejos! (Nm 20.1-13).

4. Viaje desde Cades hasta las llanuras de Moab

La tercera y sección final del libro de Números (Nm 20.22—36.13) presenta la continuación del viaje del pueblo por el desierto en la ruta hacia las tierras de Canaán. El movimiento se presenta complicado, pues diversos grupos y tribus que ya vivían en esas zonas presentaban obstáculos y desafíos al pueblo de Israel, y como es natural, no permitían a los israelitas cruzar sus territorios.

En primer lugar, luego de una larga permanencia en Cades, el viaje se hizo hacia el sur, para pasar las montañas de Seir, pues los edomitas les impidieron terminantemente el paso (Nm 20.14-21). Aarón entonces muere en el monte Hor, donde es enterrado y le sucede su hijo, Eleazar, que es comisionado y consagrado directamente por Moisés. Luego de la narración del triunfo de los israelitas sobre el rey cananeo Arad (Nm 21.1-3), se incluye el relato de la serpiente de bronce (Nm 21.4-9), que es otro interesante episodio en la extensa saga de rebeliones y quejas del pueblo, que generó el castigo divino, seguidos por el arrepentimiento de la comunidad, para posteriormente recibir la manifestación de la misericordia de Dios, ya que la mordida ardiente de las víboras se salvaban solo aquellas personas que miraban a la antigua serpiente de bronce, que era signo de gracia, misericordia, salvación y esperanza.

Cuando los israelitas llegaron finalmente a las llanuras de Moab, al lado este del Mar Muerto, derrotaron a Sehón, el rey amorreo (Nm 21.21-30), y a Og, el monarca de Basán (Nm 21.31-35). ¡Esos triunfos son memorables en la historia del pueblo! Permanecieron es esta región hasta el momento de cruzar el río Jordán y entrar a la Tierra Prometida (Nm 33.48-56; 36.13).

Ante la presencia del pueblo de Israel en sus territorios, el rey de Moab, atemorizado, comisionó al adivino Balaam para que maldijera a los israelitas intrusos, pero el ángel del Señor le impidió pronunciar maldición alguna y les bendijo de forma extraordinaria (Nm 23.1—24.25). Estos oráculos tienen una gran importancia teológica, particularmente por la interpretación mesiánica que han recibido, tanto en las sinagogas como en las iglesias.

Cuando llegaron a Sitim, que está ubicado en las llanuras de Moab, frente a Jericó, al oriente del río Jordán, los israelitas se dejaron seducir por las mujeres moabitas, y al casarse con ellas desobedecieron la Ley (Dt 7.1-6), y se contaminaron con las prácticas religiosas ofrecidas a Baal-peor, que era el dios de la fertilidad de ese lugar (Nm 25.1-8).

Se pone de manifiesto en todos estos relatos que la infidelidad y la idolatría constituían grandes problemas para el pueblo de Israel. La narración prosigue con un nuevo censo del pueblo, que intenta identificar su poder militar, además de sentar las bases para la repartición de las tierras de Canaán (Nm 26.1-65). El texto bíblico incluye también la modificación de las leyes para permitir a las mujeres heredar propiedades (Nm 27.1-11), y la designación oficial de Josué como el sucesor de Moisés y líder del pueblo (Nm 27.12-23).

La próxima sección (Nm 28.1—30.17) es esencialmente legislativa e incorpora algunas regulaciones en torno a los sacrificios, las ofrendas de las fiestas solemnes, y el voto o juramento. Además, se incluye una narración del triunfo de los israelitas sobre los madianitas (Nm 31.1—32.41), que junto a los triunfos previos de Og y Sihón, le permitió a Moisés dividir y repartir Transjordania entre las tribus de Rubén, Gad y parte de la de Manasés, que era una comunidad numerosa.

Finalmente se presenta una especie de resumen del itinerario del pueblo desde que salieron de Egipto hasta su llegada a las llanuras de Moab (Nm 33.1—34.29), con la identificación de las ciudades de los levitas (Nm 35.1-8) y de refugio (Nm 35.9-28), y varias leyes sobre los testigos y el rescate (Nm 35.29-34). El libro finaliza con las normas para el casamiento de mujeres herederas (Nm 36.1-13).

5. Significado teológico del libro

La lectura cuidadosa del libro de Números pone de manifiesto con claridad la imagen de un Dios que es fiel al pacto y la alianza que estableció con el pueblo de Israel en el Monte Sinaí. El Dios de Números se distingue por su fidelidad; y ese propósito divino es el valor teológico fundamental que servirá de guía al pueblo a través del peregrinar por el desierto hasta llegar a las llanuras de Moab, antes de cruzar a la Tierra Prometida.

Ese particular valor espiritual de la fidelidad es el que le permite al Señor manifestar su amor, perdón y misericordia al pueblo, a pesar de sus reiteradas rebeliones y actitudes de infidelidad, que se ponen en evidencia en las continuas murmuraciones, rebeliones y quejas, que no solo llegan de los sectores más hostiles y antagónicos del pueblo, sino de María, la hermana de Moisés y Aarón.

Ese Dios fiel es el que se manifiesta y se revela desde el Tabernáculo de reunión, y que también se hace presente en al arca del pacto y en medio de la nube, que son símbolos extraordinarios de su continua presencia, así como de su poder. Esa fidelidad, además, es la que le permite a Dios acompañar continuamente al pueblo y hasta pelear sus batallas para garantizar el triunfo contra los enemigos. Inclusive, las rebeliones de Coré, Datán y Abirón (Nm 16) son oportunidades para poner claramente de manifiesto no solo las virtudes asociadas al perdón de Dios y la misericordia divina, sino que revelan el poder de intercesión que tenía Moisés, quien es presentado en la obra como una figura extraordinaria.

En efecto, Moisés es el protagonista humano de estas narraciones que, de acuerdo con el libro de Números, es guía, libertador, organizador, comandante, administrador e intercesor, a la vez que es un hombre de oración, humilde y fiel a Dios (Nm 12.6-8). Inclusive, a pesar de sus debilidades y problemas (Nm 16.15; 20.10-12), es descrito en la obra como «siervo de Dios» (Nm 12.8), que es una manera bíblica de destacar la relación íntima y grata entre Moisés y Dios. Ser «siervo de Dios» era un gran título de dignidad, honor y respeto en la antigüedad.

La imagen de Dios

La lectura cuidadosa del libro de Números pone de manifiesto con claridad la imagen de un Dios que es fiel al pacto y la alianza que estableció con el pueblo de Israel en el Monte Sinaí. El Dios de Números se distingue por su fidelidad; y ese propósito divino es el valor teológico fundamental que servirá de guía al pueblo a través del peregrinar por el desierto hasta llegar a las llanuras de Moab, antes de cruzar a la Tierra Prometida.

En el NT se mencionan y exponen varios de los temas que se incluyen en el libro de Números con alguna frecuencia. Generalmente se alude al peregrinar por el desierto como un singular período educativo para el pueblo de Israel, en la tradición teológica de sus antiguos profetas (Mi 6.3-8). Además, se enfatiza el contraste entre la fidelidad divina y la rebelión humana; se afirma el mensaje de fidelidad como el ejemplo que deben seguir las iglesias y los cristianos (2 Tim 2.19; Jud 11); y se expande el tema de la alianza en el Sinaí para poner de relieve las implicaciones del nuevo pacto de Dios con su pueblo (Heb 3.2, 5 y Nm 12.7; Heb 7.5 y Nm 18.21-24; Heb 9.13 y Nm 19). En el NT también se presenta e interpreta el mensaje de la serpiente de bronce (Nm 21.4-9) y se alude al agua que sale de la roca como signos y símbolos de la obra redentora y liberadora de Cristo (Jn 3.14).

Una figura de singular importancia teológica en el libro de Números es Balaam, un famoso adivino mesopotámico que fue llamado por el temeroso rey Balac, de Moab, para que maldijera al pueblo de Israel. Sin embargo, el adivino, que consultó con Dios si debía responder positivamente a las peticiones del monarca moabita, no pudo maldecir a los israelitas; por el contrario, ante los reiterados requerimientos del rey solo pudo bendecirlos de forma repetitiva.

El incidente con Balaam (Nm 22.1—24.25) pone de relieve la creencia antigua en la eficacia y el poder de las bendiciones y las maldiciones. El rey moabita estaba utilizando no solo sus recursos militares y políticos para responder a la posible amenaza de los israelitas sino que incorporó, en su estrategia militar, el poder de la religión y las creencias populares del pueblo. Es interesante notar que aunque Balaam no era parte de la religión de Israel, la narración bíblica afirma que se siente particularmente impelido a obedecer a Dios. La finalidad del relato es declarar y subrayar que ningún esfuerzo humano puede detener la manifestación de la voluntad divina.

Balaam provenía de Petor, que es posiblemente un lugar situado al este del río Éufrates, a unos 650 kilómetros de Moab, conocido también en varios textos asirios como Pitru. Aunque el vidente bendijo a los israelitas, es recordado en las Escrituras como un falso profeta que propició que el pueblo cayera en el grave pecado de la idolatría (2 P 2.15-16; Jud 11; Ap 2.14).

En vez de maldiciones, Balaam presenta cuatro oráculos positivos y de bendición para los israelitas (Nm 23.7-10; 18-24; 24.3-9; 15-24). La importancia de estos mensajes radica, para las iglesias y las sinagogas, en la interpretación mesiánica que has recibido. En primer lugar, estos mensajes ponen de relieve en la narración bíblica que los profetas o adivinos de las naciones paganas no tenían autoridad ni poder contra los israelitas, que estaban protegidos por el Dios del pacto. Además, el significado mesiánico de estos oráculos pone de relieve la importancia de estos mensajes para las comunidades judías y cristianas. Ponen de manifiesto la esperanza en la llegada en un rey ideal y ejemplar.

El cuarto y último de estos mensajes (Nm 24.15-24) debe ser analizado con algún detenimiento. Es el oráculo más extenso y tiene un eminente carácter sapiencial. La visión de Balaam y su mensaje aluden a un futuro lejano, «no ahora» y «no de cerca», cuando aparecerá o saldrá una «estrella de la casa de Jacob». Esa referencia a la «estrella» fue entendida posteriormente como una alusión a una persona, específicamente a un líder, en la traducción de la Septuaginta (LXX). En el mundo oriental la imagen de «las estrellas» se relacionaba comúnmente con la realeza y con el poder. Esta imagen se refuerza con la referencia al «cetro de Israel» en el mensaje, que es símbolo de poder y autoridad.

Con esas comprensiones teológicas y mesiánicas del pasaje, las traducciones al arameo de la Biblia, también conocidas como targúmenes, incorporan directamente la figura mesiánica en el texto bíblico, al referirse a la «estrella» directamente como el «rey», y aplican la imagen directamente al Mesías; además, relacionan el símbolo del «cetro» con el tema de la «redención». El Targum Neofiti traduce específicamente esta sección del texto bíblico, de la siguiente forma:

> «Lo veo, pero no ahora,
> lo contemplo, pero no tan cerca.
> Un rey surgirá de la casa de Jacob
> y un Redentor y Jefe de la casa de Israel».

En esa misma tradición de hermenéutica mesiánica, el NT ha visto en el nacimiento de Jesús (Mt 2.2), que fue anunciado con la manifestación de una estrella que guió a los sabios del Oriente, el cumplimiento pleno de este mensaje y oráculo de Balaam. En el Apocalipsis de Juan, se identifica directamente al Mesías como «la estrella resplandeciente de la mañana» (Ap 22.16), al igual que en la Segunda epístola de Pedro (1.19), que alude a «la palabra profética más segura» y menciona posteriormente al «lucero de la mañana».

En efecto, el mensaje del antiguo adivino mesopotámico a los israelitas fue visto y aplicado no solo en el contexto de la petición del rey moabita, y en los triunfos del famoso rey David sobre Moab (2 S 8.2-28), sino en el NT, en la figura del Mesías cristiano.

9

El libro de Deuteronomio

Oye, Israel: Jehová, nuestro Dios, Jehová uno es.
Amarás a Jehová, tu Dios, de todo tu corazón,
de toda tu alma y con todas tus fuerzas.
Estas palabras que yo te mando hoy,
estarán sobre tu corazón.
Se las repetirás a tus hijos,
y les hablarás de ellas estando en tu casa
y andando por el camino, al acostarte y cuando te levantes.
Las atarás como una señal en tu mano,
y estarán como frontales entre tus ojos;
las escribirás en los postes de tu casa y en tus puertas.
Deuteronomio 6.4-9

1. El título del libro y su carácter religioso

El título castellano del quinto libro de Moisés y el último del Pentateuco es Deuteronomio, que proviene de la forma en que la versión griega de la Biblia, la Septuaginta (LXX), identificó la obra. Es posible que los traductores griegos no hayan comprendido bien una expresión hebrea que significa «una copia de esta ley» (Dt 17.18), y la vertieran como «esta segunda ley», o «deuteronomio». Sin embargo, ese título describe adecuadamente el contenido del libro, que presenta una vez más las leyes de Moisés, en esta ocasión, sin embargo, en un estilo más homilético y exhortativo. Estas claras característica discursiva y pedagógica de la obra se ponen de manifiesto en el mismo título hebreo, *'elleh ha-deberim,* que significa «éstas son las palabras» (Dt 1.1), en alusión directa a los mensajes de Moisés que se incluyen en el libro.

El libro de Deuteronomio contiene fundamentalmente una serie definida de tres discursos o sermones de Moisés, y algunas secciones de regulaciones legales, así como narraciones, en las llanuras de Moab, antes de que los israelitas entraran a la Tierra Prometida. Es una especie de testamento espiritual y despedida del líder del éxodo, antes que se cumplieran las promesas divinas de llevarles desde las antiguas tierras del faraón de Egipto, que significan cautiverio, desesperanza, angustia y opresión, a las nuevas tierras de Canaán, que son símbolos de esperanza, futuro, abundancia y liberación.

La obra es una especie de lectura teológica de la historia del pueblo de Israel, en donde se enfatiza la providencia, misericordia y bondad de Dios. Estas manifestaciones de liberación divinas se fundamentan en tres temas básicos y prioritarios: En las promesas de Dios a los patriarcas y matriarcas del pueblo, que con la llegada a Canaán ven su cumplimiento; en la elección de Israel entre los pueblos de la tierra, que pone de relieve el amor incondicional de Dios por su pueblo; y en la revelación del pacto o alianza en el Monte Sinaí, que manifiesta el deseo divino de hacer de los israelitas una nación sacerdotal.

En efecto, por esas razones teológicas y espirituales, el pueblo de Israel, de acuerdo con el libro de Deuteronomio, debe comprender muy bien que pertenece y se relaciona de forma única con ese Dios que se le reveló desde temprano en la historia nacional, y que, como resultado de esta revelación, debe responder con obediencia y fidelidad a la Ley divina. Estas dos respuestas humanas son fundamento indispensable para el disfrute de la Tierra Prometida que el pueblo estaba próximo a obtener.

Una característica peculiar del Deuteronomio, a diferencia de los otros libros de la Torá, es que los eventos que se narran, y los discursos y las leyes que se presentan, se ubican exclusivamente en un contexto histórico y geográfico definido y específico, a saber, Las llanuras de Moab (Dt 1.5; 34.5). Esa singularidad literaria y temática pone de relieve la importancia teológica y espiritual de los discursos y regulaciones que se incluyen. Esas llanuras representan la etapa final del peregrinar de los israelitas por el desierto; que, a su vez, representa el cumplimiento de las promesas divinas, no solo a Moisés y al pueblo, en el Monte Sinaí, sino a los patriarcas y matriarcas del pueblo.

El libro de Deuteronomio, que recopila esta serie de discursos de despedida de Moisés, constituye una forma de testamento espiritual.

Manifiesta los últimos deseos de un líder experimentado que entiende que ya no tiene mucho tiempo para traducir sus esperanzas sociales, religiosas, morales, éticas, espirituales, históricas y políticas a la realidad concreta de las vivencias del pueblo. El libro, más que una nueva presentación legal de la antigua revelación en el Sinaí, es una especie de «ley predicada», como correctamente se ha identificado. En efecto, esta obra mosaica es una presentación homilética de la revelación divina y de la historia de la salvación, que intenta identificar y afirmar los temas y asuntos que tienen importancia capital para que el pueblo pudiera vivir a la altura de las exigencias divinas en la Tierra Prometida. Inclusive, las principales secciones legales de la obra (p.ej., Dt 12.1—26.19) se articulan más en formas pedagógicas que en códigos.

La teología de Deuteronomio

La obra es una especie de lectura teológica de la historia del pueblo de Israel, en donde se enfatiza la providencia, misericordia y bondad de Dios. Estas manifestaciones de liberación divinas se fundamentan en tres temas básicos y prioritarios: En las promesas de Dios a los patriarcas y matriarcas del pueblo, que con la llegada a Canaán ven su cumplimiento; en la elección de Israel entre los pueblos de la tierra, que pone de relieve el amor incondicional de Dios por su pueblo; y en la revelación del pacto o alianza en el Monte Sinaí, que manifiesta el deseo divino de hacer de los israelitas una nación sacerdotal.

Deuteronomio no es una obra jurídica seca y árida, sino una serie de mensajes de Moisés en que se destacan los siguientes temas: El amor a la Ley de Dios como fundamento indispensable para la salud integral del pueblo; la fidelidad a la Ley como criterio necesario para disfrutar de las bendiciones divinas; y el agradecimiento profundo por el cumplimiento de las promesas de Dios al recibir las tierras de Canaán, a las que el pueblo de Israel llegaba, como un don divino. Estos discursos de Moisés no solo son el recuento elocuente de la pasada historia nacional, sino que ponen de relieve los nuevos desafíos que debe enfrentar el pueblo cuando se materialicen y se hagan realidad las antiguas promesas divinas.

2. Estilo, estructura, contenido y redacción

El estilo literario del libro de Deuteronomio es homilético, íntimo, educativo, exhortativo; y el vocabulario usado es sencillo, claro, llano, directo, inmediato. Posiblemente, uno de los objetivos de la obra es hacer que los lectores se sientan parte del mensaje, por esa razón hay un intercambio continuo entre la segunda persona singular y la plural de los pronombres (p.ej., entre el familiar «tú», y el oficial «vosotros»; particularmente en Dt 5.1—11.32). Se nota en las narraciones, inclusive, una reiteración que brinda cierto ritmo a los pasajes (p.ej., expresiones como «mira», «observa», «oye»); además, hay un sentido de actualización de las leyes expuestas, mediante el uso continuo de la referencia al «hoy». ese estilo de contextualización de las leyes, es una manera literaria de afirmar en el libro que la teología de la salvación y redención nacional supera los linderos del tiempo y los límites del espacio.

Deuteronomio también presenta una particular serie de rasgos muy definidos y característicos, que influenciaron la literatura bíblica posterior. Incluye frases que le brindan a la obra urgencia teológica y pertinencia social. Entre esas expresiones estereotipadas, se encuentran las siguientes: «Oye, Israel» (p.ej., Dt 5.1; 6.4; 9.1; 20.3); «amar a Jehová, tu Dios» (p.ej. Dt 6.5; 7.9; 10.12); y «con todo tu corazón y con toda tu alma» (p.ej., Dt 4.29; 6.5; 10.12; 11.13; 13.4). Además, frases relacionadas al importante tema deuteronómico, «el Señor tu Dios», ¡aparecen en más de 300 ocasiones en el libro! En efecto, el propósito pedagógico del libro se pone claramente de relieve en el estilo reiterativo y en la repetición de palabras, frases y conceptos que destacan el amor y la fidelidad a Dios.

El estilo literario

El estilo literario del libro de Deuteronomio es homilético, íntimo, educativo, exhortativo; y el vocabulario usado es sencillo, claro, llano, directo, inmediato. Posiblemente, uno de los objetivos de la obra es hacer que los lectores se sientan parte del mensaje, por esa razón hay un intercambio continuo entre la segunda persona singular y la plural de los pronombres (p.ej., entre el familiar «tú», y el oficial «vosotros»; particularmente en Dt 5.1—11.32).

Este particular estilo literario de Deuteronomio, junto a su teología de la retribución, se manifiesta también con fuerza en los libros históricos de Josué, Jueces, Samuel y Reyes, y en la obra profética de Jeremías. A este singular acercamiento a la teología e historia de Israel, se le conoce como «literatura y teología deuteronomística», por sus semejanzas literarias y relaciones temáticas con el libro de Deuteronomio.

El análisis de la estructura literaria del libro debe tomar en consideración no solo los temas expuestos y las teologías incluidas, sino sus fundamentales características y peculiaridades estilísticas. La lectura sobria de la obra revela dos grandes secciones literarias, con varias subdivisiones temáticas. La primera gran parte del libro (Dt 1.1—30.20), que tiene generalmente un carácter exhortativo, contiene tres discursos fundamentales de Moisés en las llanuras de Moab (Dt 1.1—4.49; 5.1—11.32; 29.1—30.20), presenta el código deuteronómico (Dt 12.1—26.19) en medio del segundo discurso mosaico, e incorpora una sección adicional de bendiciones y maldiciones (Dt 27.1—28.68). La segunda sección de la obra (Dt 31.1—34.12) tiene un estilo más narrativo, en el que se incluyen las últimas disposiciones de Moisés, antes de morir en el monte Nebo, y que el pueblo entrara a la Tierra Prometida. Generalmente, cada una de estas secciones tiene una especie de título que la identifica y presenta los temas que expone («Esta, pues, es la ley que Moisés puso delante de los hijos de Israel» Dt 4.44; véase también, Dt 1.1; 29.1; 33.1).

El contenido del libro de Deuteronomio tiene como finalidad básica poner de manifiesto lo que Dios requiere de su pueblo, particularmente en el momento en que la entrada a la tierra de Canaán finalmente se hacía una realidad, y ya no era una simple posibilidad lejana. Esa voluntad divina, que se revela claramente en el mandamiento que, para Jesús de Nazaret, es el principal, necesario y más importante, contiene el corazón de la revelación divina: «Amarás a Jehová, tu Dios, de todo tu corazón, de toda tu alma y con todas tus fuerzas» (Dt 6.5; Mc 12.30).

Ese es el mensaje clave de Moisés en el Deuteronomio: ¡Amar a Dios con intensidad! Antes de comenzar una nueva etapa en la vida, se subraya la importancia del amor a Dios como criterio fundamental para la felicidad y disfrutar plenamente de las promesas divinas en Canaán. Esa demostración concreta de amor se traduce de forma plena en fidelidad al pacto, en obediencia a los mandamientos, y en el cumplimiento de las regulaciones reveladas en el Sinaí, que en Deuteronomio se conoce como Monte Horeb (excepto en Dt 33.2).

La historia de la redacción del libro es extensa y compleja. El núcleo central de la obra es el Código deuteronómico (Dt 12.1—26.15), que proviene del reino del norte, por el año 722 a.C., al que se le añadieron algunas secciones del segundo discurso de Moisés que lo enmarcan (Dt 4.44—11.31; 26.16—28.68), durante el reinado de Ezequías. Posiblemente, ese fue el libro de la Ley que encontró Josías en el Templo, y que incentivó la importante reforma religiosa del año 622 a.C. (1 R 22). El libro tomó su forma final luego de la deportación a Babilonia, en el período postexílico. Las referencias al libro de la Ley que trajo Esdras a Jerusalén, son quizá al libro de Deuteronomio, en una forma muy similar al documento canónico actual (Neh 7.73b—10.39).

3. Primer discurso: Moisés le recuerda al pueblo las promesas de Dios

El primero de los discursos de Moisés en Deuteronomio, es un recuento del peregrinar del pueblo de Israel desde que salió del Monte Sinaí, identificado como Horeb, hasta que llegó a las llanuras de Moab, frente a la antigua ciudad de Jericó. Es una especie de lectura teológica de la historia, pues se enfatizan las repetidas intervenciones divinas a favor de los israelitas. La presentación del viaje de los israelitas por el desierto incluye el tiempo que pasaron en Cades, el paso por el territorio de los edomitas y moabitas, el triunfo sobre los reyes de Hesbón y Basán, y finalmente, la conquista y división de las tierras de Transjordania. Es, en efecto, una especie de repaso histórico que prepara el camino para la afirmación del Decálogo.

En el discurso se alude a la región de Canaán. El Arabá (Dt 1.1) es la depresión que se extiende al sur del Mar de Galilea y que se divide en tres partes: La cuenca del río Jordán, la región del Mar Muerto y la franja de tierra que llega por el sur hasta el Golfo de Aqaba, en el Mar Rojo. Las montañas de Seir (Dt 1.2) constituían la zona donde habitaban los edomitas, al sureste de Palestina. Los valles (Dt 1.7), en hebreo *sefala,* son las zonas bajas palestinas entre las montañas centrales y el Mar Mediterráneo. El término amorreo es una forma de designar a la población cananea en general (Dt 1.7). En efecto, este discurso presenta las fronteras ideales de la Tierra Prometida, que incluye, de este a oeste, el territorio que comprende el valle del río Jordán y la costa del Mar Mediterráneo, y que se extiende hasta las montañas del Líbano en el norte y al río Éufrates el noreste (Dt 1.7).

Las palabras de Moisés constan de dos partes principales. En primer lugar se incluye un resumen del peregrinar del pueblo, con el recuento de las promesas divinas, el nombramiento de los jueces, la misión de los exploradores en Canaán, y los castigos y victorias del pueblo (Dt 1.6—3.29). Posteriormente se incorpora una exhortación a escuchar la voz de Dios y cumplir los mandamientos divinos. En efecto, en esta sección, la obediencia es vista como el criterio fundamental e indispensable para disfrutar plenamente de las bendiciones y las promesas hechas a los antiguos patriarcas de Israel (Dt 4.1-40).

El discurso de Moisés termina con una muy importante exhortación al pueblo a que persevere en la fidelidad y la obediencia. Es una magnífica forma de finalizar el primer discurso, e introducir el segundo, con una afirmación teológica extraordinaria, así como una recomendación práctica y efectiva. El mensaje es uno esencialmente monoteísta, que motiva al pueblo a guardar los preceptos y mandamientos divinos, pues ese acto de obediencia y fidelidad es el fundamento básico para disfrutar la felicidad y la longevidad en la Tierra Prometida, Canaán (Dt 4.39-40).

4. Segundo discurso: Los Diez Mandamientos

El segundo gran discurso de Moisés comprende la mayor parte del libro de Deuteronomio. En esencia consta de una sección exhortativa inicial (Dt 5.1—11.32); una serie muy importante de leyes, conocidas como el «Código deuteronómico» (Dt 12.1—26.15); y una parte final de exhortaciones y prescripciones para la renovación del pacto (Dt 26.16—28.68).

En esta sección se repiten algunos de los temas que ya se presentaron en el primer discurso, aunque se incluyen nuevas regulaciones y asuntos. De particular importancia, entre los nuevos énfasis, es la insistencia del Deuteronomio en afirmar que la liberación de Egipto debe ser la motivación básica para cumplir con el Decálogo y el resto de los mandamientos (Dt 5.15).

La primera de las secciones de este segundo discurso de Moisés (Dt 5.1—11.32) repite, con solo algunas diferencias, el Decálogo (Dt 5.6-21) ya revelado en el Monte Sinaí u Horeb; además, en esta presentación, se enfatiza el tema de la fidelidad a Dios. Esas muestras de fidelidad y obediencia deben tener, de acuerdo con el libro de Deuteronomio, demostraciones específicas, claras y concretas en la vida, como el cumplimiento del mandamiento clave del monoteísmo, mejor conocido en hebreo como *Shemá:* «Oye Israel: Jehová, nuestro Dios, Jehová uno es» (Dt 6.4).

Este mandamiento, que a través de la historia del pueblo de Israel ha mantenido su pertinencia, vigencia e importancia, pone de relieve el rechazo pleno de las religiones y costumbres politeístas que se manifestaban en Canaán. La revelación divina, de acuerdo con las directrices del Deuteronomio, es directa, clara y sin ambigüedades: Dios es uno, y las prácticas religiosas de los pueblos que se encuentran en la Tierra Prometida son totalmente incompatibles con la revelación de la Ley en el Sinaí (Dt 7.1-26).

Los judíos piadosos han observado el *Shemá* con singular interés y piedad a través de la historia. Recitan esta oración tres veces al día, orientados hacia la ciudad de Jerusalén, y escriben esta ley en sus documentos con letras más gruesas, para destacar su importancia (Dt 6.4-9; 11.13-21; Nm 15.37-41). La esencia del mandamiento es que Dios no está dividido, ni tiene un panteón, como las antiguas divinidades cananeas: ¡Siempre es el mismo en su naturaleza, esencia, poder y acciones! En efecto, el Señor es el único Dios y exige completa lealtad y adoración. Ese tipo de Dios requiere un tipo de amor que supera los sentimientos humanos. Este mandamiento ha servido de fundamento filosófico para los programas educativos de la comunidad judía a través de los tiempos.

La presentación de estas leyes presupone que el pueblo es propenso a ceder ante las tentaciones de las religiones de los pueblos cananeos. Esas tendencias politeístas, que ya se manifestaron en el Sinaí, con el becerro de oro, ahora volvían a ser una posibilidad real en el pueblo, pues vivirían en medio de sociedades con esas prácticas idolátricas. Es en ese contexto de preocupación teológica y espiritual, que Moisés vuelve a traer el tema del politeísmo a colación. A pesar de los muchos favores divinos, los israelitas eran rebeldes y contumaces, y es a esas actitudes específicas del pueblo que va dirigido el segundo discurso de Moisés.

De singular importancia en este discurso, es la seria advertencia que Moisés le hace al pueblo. Esa advertencia incorpora un elemento condicional a la promesa de conquistar y poseer las tierras de Canaán. De acuerdo con las palabras e instrucciones específicas de Moisés, solo si el pueblo era fiel a la revelación divina y guardaba los mandamientos con amor, es que Dios desalojaría a los habitantes de esas tierras, que eran más poderosos que los israelitas (Dt 11.22-25).

El triunfo de los israelitas en la conquista de Canaán, según este mensaje de Moisés, estaba condicionado a la observación adecuada de las leyes, así como a la fidelidad y al amor que demostraban a Dios. En este contexto del discurso, se incluyen las instrucciones que relacionan las bendiciones divinas con la obediencia del pueblo; a la vez que se indica, que la desobediencia es la actitud humana que genera las maldiciones de Dios.

5. El Código deuteronómico

Como parte del segundo discurso de Moisés, se incluye el Código deuteronómico (Dt 12.1—26.15) que consiste en una serie de leyes y prescripciones que manifiestan muchos elementos en común con el Código del pacto en el libro de Éxodo (Ex 20.22-26). Sin embargo, en esta ocasión, la presentación de la legislación manifiesta algunas variaciones de importancia. Entre estos cambios debemos destacar el estilo exhortativo e íntimo de sus formulaciones, en las que incluye, de forma sistemática, llamados reiterados a servir y amar al Señor.

De fundamental importancia en este código es la identificación y prescripción del santuario único, seleccionado por Dios, para ofrecer los sacrificios y llevar a efecto los cultos (Dt 12.1—14.21). Esta ley revela, de forma clara y categórica, el rechazo pleno de los cultos ilícitos y de la idolatría que se percibía en Canaán. Tenía como finalidad básica, mantener la pureza litúrgica y preservar el culto al Señor, de acuerdo con las especificaciones de las leyes reveladas en el Monte Sinaí.

La proliferación de los santuarios locales y la multiplicación de los diversos lugares de culto, propiciaba la contaminación teológica, social, moral, religiosa y espiritual del pueblo de Israel. Además, la centralización del culto, con la afirmación del santuario único, era una manera simbólica de destacar que el Señor era uno, como ya se había revelado en el *Shemá*. Es importante notar que las importantes reformas y transformaciones religiosas que el rey Josías llevó a efecto (2 R 22.1—23.25), se relacionan directamente con esta legislación.

En esencia, el Código deuteronómico contiene un grupo importante de leyes y regulaciones que tienen que ver directamente con el culto y los objetos sagrados que forman parte de las ceremonias religiosas (Dt 12.2—16.17). Además, presenta algunos requerimientos importantes referentes a las instituciones nacionales del pueblo de Israel (Dt 16.18—18.22). Incluye varios temas relacionados con el derecho penal, familiar y social, como las leyes en torno a la guerra, así como también lo relacionado con los primogénitos, los matrimonios y la virginidad. Además expone las leyes que tiene que ver, entre otros temas, con la fornicación, el adulterio, el divorcio y la ley del levirato (Dt 19.1—25.19). Finalmente incorpora una nueva serie de leyes relacionadas con el culto, específicamente relacionadas con las primicias y los diezmos (Dt 26.1-19).

Entre las instituciones nacionales que se destacan en este código, se encuentran las siguientes: los jueces (Dt 16.18-20), la monarquía (Dt 17.14-20), el sacerdocio levítico (Dt 18.18) y los profetas (Dt 18.9-22).

Estas instituciones, que representan a las personas que tenían autoridad legal, política, religiosa y espiritual en el pueblo, eran determinantes para el establecimiento de la justicia y para propiciar una convivencia saludable en la comunidad. Regulan el comportamiento y las dinámicas necesarias para que la sociedad funcione con efectividad.

Este código muestra preocupaciones en torno a la pureza ritual que no debe ser ignorada. Como en el antiguo Israel la vida se veía e interpretaba como una unidad, no como eventos aislados o separados entre lo social, político y religioso, la contaminación espiritual afectaba adversamente a todos los sectores del pueblo. El Código deuteronómico pone en clara evidencia, en este tipo de presentación sistemática y relacionada de los temas, que la vida en el antiguo Israel era vista y comprendida de forma integral. Por eso, un problema litúrgico tenía repercusiones adversas en el resto de los componentes de la vida.

El Código deuteronómico finaliza (Dt 26.16—28.68) con una magnífica exhortación a guardar los mandamientos, que es una forma sistemática en el libro de afirmar la importancia de la fidelidad y lealtad al pacto que Dios estableció con el pueblo de Israel en el Monte Sinaí (Dt 26.16). Una vez más se subraya la importancia del cumplimiento de las leyes y regulaciones divinas para disfrutar el cumplimiento de las promesas de Dios, hechas primeramente a los patriarcas y posteriormente reiteradas a Moisés y al pueblo.

Para terminar la sección (Dt 28.1-68), el Deuteronomio incluye uno de los discursos más emotivos e intensos de las Sagradas Escrituras. El tema de la homilía se relaciona con las bendiciones y las maldiciones, si el pueblo obedece o desobedece las leyes divinas. Esa es la forma tradicional de finalizar los pactos, las alianzas y los convenios tanto en el Pentateuco como en el antiguo Oriente Medio (véase también Ex 23.20; Lv 26.3-45).

6. Tercer discurso: Bendiciones y maldiciones

El tercero de los discursos de Moisés en el Deuteronomio (Dt 29.1—30.20) es una reflexión histórica de las intervenciones divinas en medio de las realidades cotidianas del pueblo de Israel. Es realmente un mensaje teológico fundamentado en la historia nacional (Dt 29.1-8), que tiene como finalidad básica exhortar al pueblo a renovar las obligaciones y responsabilidades contraídas en el pacto del Sinaí.

Esta renovación del pacto o alianza era histórica y teológicamente necesaria, pues la generación que había salido de Egipto, y que había sido testigo de la revelación a Moisés y al pueblo en el Monte Sinaí, ya había muerto en el desierto. Los que llegaban a la Tierra Prometida, y verían el cumplimiento de las antiguas promesas divinas, constituían una nueva generación de israelitas que habían nacido en el desierto, en medio del peregrinar, en el pleno disfrute inicial de la libertad; y esta renovación se conoce como el pacto de Moab (Dt 29.9-20).

Aunque el libro de Deuteronomio afirma de forma continua que Dios está siempre dispuesto y presto a perdonar al pueblo (Dt 28.21—30.10), también indica con claridad que si los israelitas no obedecen los mandamientos divinos y no cumplen fielmente con sus responsabilidades cúlticas, morales y sociales, recibirán las consecuencias de sus actos: la destrucción nacional. Esa es la razón fundamental por la que el Señor pone ante el pueblo la posibilidad real de la vida y de la muerte; y les presenta las alternativas concretas de la bendición y la maldición (Dt 30.19-20). La decisión de ser fieles y leales al pacto no radica en Dios sino en el pueblo; la actitud de fidelidad no nace en la iniciativa divina sino en el compromiso humano.

Como testigos directos de esta renovación del pacto, el libro de Deuteronomio presenta a los cielos y la tierra (Dt 30.19). El establecimiento de pactos en el antiguo Oriente Medio por lo general incluía algunos testigos. En este caso, porque una de las partes es el Creador de todo lo que existe, se han convocado al universo entero para que sirva de testigo, se han llamado a «los cielos y la tierra», para que sean garantes de este compromiso entre el Señor y el pueblo de Israel. Este particular estilo literario y teológico, en el cual se llama al universo para que sea testigo de las intervenciones divinas, también es utilizado por los profetas (Is 1.2; Os 2.21-22; Miq 6.2).

7. Los últimos días de Moisés

La sección final del Deuteronomio (Dt 31.1—34.12) no solo culmina con el mensaje del libro sino que sirve de conclusión a todo el Pentateuco. El objetivo es presentar algunos episodios finales en la vida de Moisés, el gran líder del pueblo y protagonista indiscutible de la Torá. La teología que se presupone en estas narraciones y cánticos, es que Dios escogió a Moisés para que llevara al pueblo del cautiverio a la libertad, y que el final de su vida debería reflejar los valores que sirvieron de fundamento para sus labores legislativas y educativas con el pueblo.

En primer lugar, Josué es instalado como sucesor de Moisés (Dt 31.1-23). Cumplidos ciento veinte años, Moisés reconoce, de acuerdo con la narración del Deuteronomio, que necesita identificar a alguien que lleve al pueblo a la Tierra Prometida, y selecciona a su lugarteniente, Josué, el hijo de Nun, para que cumpla esa encomienda, que incluía leer la ley al pueblo cada siete años (Dt 31.9-13). La misión del nuevo líder es clara y directa: ¡Esfuérzate y anímate!, pues tú introducirás a los hijos de Israel en la tierra que les juré, y yo estaré contigo» (Dt 31.23).

Posteriormente, el libro incluye un cántico de Moisés (Dt 31.30—32.47), que desde la perspectiva literaria sigue el patrón de los salmos de confianza en Dios, que tienen un propósito educativo y sapiencial. El propósito teológico del poema es presentar la gratitud y las alabanzas a Dios por la manifestación de su misericordia y la revelación de su fidelidad. Es importante notar en este cántico, las referencias y las imágenes que su emplean para referirse a Dios: Roca, justo, recto, padre, creador y Altísimo. Es una teología de fortaleza y seguridad, de esperanza y liberación, de confianza y redención, de misericordia y fidelidad.

Importancia de la fidelidad

Aunque el libro de Deuteronomio afirma de forma continua que Dios está siempre dispuesto y presto a perdonar al pueblo (Dt 28.21–30.10), también indica con claridad que si los israelitas no obedecen los mandamientos divinos y no cumplen fielmente con sus responsabilidades cúlticas, morales y sociales, recibirán las consecuencias de sus actos: la destrucción nacional. Esa es la razón fundamental por la que el Señor pone ante el pueblo la posibilidad real de la vida y de la muerte; y les presenta las alternativas concretas de la bendición y la maldición (Dt 30.19-20). La decisión de ser fieles y leales al pacto no radica en Dios sino en el pueblo; la actitud de fidelidad no nace en la iniciativa divina sino en el compromiso humano.

Como si fuera un padre, Moisés se despide del pueblo, luego de contemplar desde el Monte Nebo la Tierra Prometida (Dt 32.48-52), y bendice a las doce tribus de Israel (Dt 33.1-29). Bendecir a los hijos antes de morir era una tradición antigua que se muestra con cierta regularidad en las Sagradas Escrituras (Gn 27.27-40; 48.15-16; 49.1-28), particularmente entre los patriarcas. En la lista de las tribus se omite a

Simeón y se sustituye a José por sus dos hijos, Efraín y Manasés (Gn 48.8-14). Quizá esta omisión se debe a que con el tiempo la tribu de Simeón fue absorbida por Judá. La descripción de Moisés como «varón de Dios» (Jos 14.6; Dt 33.1; Sal 90) es de gran significado, pues esa es una forma de designar a los antiguos profetas de Israel.

Para concluir el libro de Deuteronomio, se incluye la narración de los momentos finales de vida de Moisés, el gran líder del pueblo. Llegó al Monte Nebo, contempló la Tierra Prometida, y murió en Moab. La tradición rabínica se funda en estos versículos (Dt 34.5-7), para indicar que Dios mismo enterró a Moisés, frente de Bet-peor o Baal-peor, a los ciento veinte años, y nadie conoce el lugar de su sepultura. En efecto, una vida tan extraordinaria como la de Moisés no podía trminar como cualquier mortal: ¡Solo Dios lo despidió y lo enterró!

8. La teología de la elección

El libro de Deuteronomio se presenta como el acopio de las palabras finales de Moisés antes de morir y antes de que el pueblo llegara a la Tierra Prometida. Al comprender que estaba al término de su vida, el gran líder del pueblo presenta esta especie de testamento espiritual y legado moral en las llanuras de Moab frente a Jericó.

¡Moisés llegó a la frontera de Canaán, al umbral del cumplimiento de las promesas divinas! En ese gran contexto teológico, reunió a todo el pueblo, repasó la historia de la liberación de Egipto, aludió al peregrinaje por el desierto, reafirmó la revelación en el Sinaí, y les recordó la necesidad de cumplir con las estipulaciones divinas, para vivir felices y libres en la nueva tierra. De fundamental importancia en estos mensajes de Moisés, y también en el todo el libro de Deuteronomio, es la fidelidad a Dios, que se materializaba de manera real en la observancia decidida de los mandamientos, las leyes, los estatutos, las ordenanzas y los preceptos divinos.

En efecto, el libro de Deuteronomio es una obra eminentemente teológica que desea educar al pueblo de Israel, por boca de Moisés, su gran líder espiritual, moral y legislativo, reconocido también como profeta y «siervo del Señor», en torno a los valores necesarios para evitar el cautiverio de las tierras del faraón de Egipto de las cuales habían salido. De la lectura de ese mensaje se deprenden algunos postulados teológicos de gran importancia temática y espiritual para el resto de las Sagradas Escrituras.

Uno de esos valores teológicos, que se pone de manifiesto en el libro de Deuteronomio, es la afirmación de la unicidad de Dios, que es la gran declaración monoteísta. El Señor es uno, e Israel debe escucharlo de forma continua, y repetirlo de manera sistemática en los entornos más íntimos de la familia, por las generaciones. En el *Shemá* (Dt 6.4-9), por ejemplo, se pone en evidencia clara una declaración que ha servido de credo espiritual no solo a los antiguos profetas bíblicos sino que constituye la base filosofía de la pedagogía del judaísmo histórico.

Este texto es clave para la teología bíblica, porque une la gran afirmación teológica en torno a Dios con las respuestas humanas del amor. El Dios único requiere una correspondencia de fidelidad que se materializa en el amor. Es por esa particular razón teológica y existencial que, posiblemente, Jesús de Nazaret identificó esta enseñanza como el primer y más grande de los mandamientos (Mc 12.29-30).

En efecto, la afirmación del monoteísmo bíblico no es un postulado abstracto e hipotético sin implicaciones contextuales, sino que tiene repercusiones concretas en el amor que se manifiesta en obediencia, fidelidad y lealtad. Este importante valor teológico, espiritual y ético se reitera con frecuencia en la obra (Dt 4.35,39; 7.9; 10.14; 32.39), y relaciona ese componente del mensaje del libro de Deuteronomio con el corazón de la literatura profética.

En Deuteronomio, el Señor es un Dios que ama con intensidad, y ese particular y especial amor divino se ha manifestado de forma extraordinaria en el pueblo de Israel. El fundamento de esas manifestaciones de amor divino a los israelitas no es la grandeza del pueblo, sino el deseo y compromiso divino de ser fiel a las promesas que le hizo con anterioridad a los antiguos patriarcas y matriarcas de Israel (Dt 7.7-8). El Dios del Deuteronomio es fiel sus promesas y al pacto, y manifiesta continuamente su misericordia y ternura (Dt 4.27; 7.8, 13; 10.15; 23.6), aunque el pueblo, de forma obstinada, imprudente y repetida, actúa de manera infiel, rebelde e impropia. Inclusive, para destacar las formas de la protección y los favores divinos, el libro indica que Dios cuida a Israel como a «la niña de sus ojos» y protege al pueblo como el águila le brinda cobertura a sus polluelos (Dt 32.9-11).

En ese contexto de amor divino y fidelidad humana se pone de manifiesto el importante concepto de elección divina, que alude directamente a la opción que ejerce Dios al identificar, escoger y bendecir a un pueblo específico y particular de toda la tierra, y hacerlo su propiedad especial, íntima y privada. Esta elección se presenta en el libro de Deuteronomio como parte de un plan divino para manifestar su compromiso con un pueblo que sufría las penurias del cautiverio y vivía en medio de las opresiones e injusticias, sin libertad, en el país de Egipto.

La teología de la elección, en efecto, está íntimamente relacionada con la sociología del cautiverio, con las dinámicas de los trabajos forzosos, con las políticas de irrespeto a los derechos humanos. Dios seleccionó a Israel no por alguna virtud histórica, moral, religiosa o espiritual, sino por su fragilidad, por su necesidad, por su dolor. Esta teología de la elección se basa en las flaquezas humanas no en las virtudes históricas del pueblo. Es un don gratuito del Señor, una manifestación especial de la misericordia, el amor y la benevolencia divina. En la teología de la elección de Israel, de acuerdo con Deuteronomio, no se identifican ni afirman las virtudes o los méritos del pueblo, solo se pone de manifiesto el especial amor de Dios.

Esta teología de la elección, que es esencialmente un don divino, se puede transformar en una ideología de egoísmo y prepotencia, cuando se entiende como que el pueblo se la merece, cuando se afirma que los israelitas la habían ganado. El don divino de la elección es gratuito, no se basa en los méritos humanos ni mucho menos en las cualidades morales, espirituales, legales o étnicas del grupo, sino en la misericordia y el amor de Dios. El motor que guía la teología de la elección es la necesidad del pueblo, no su poder.

La teología de la elección divina del pueblo de Israel no constituye un rechazo adverso de otras comunidades o grupos étnicos. Por el contrario, pone en la comunidad escogida una responsabilidad extraordinaria, pues lo identifica como representante internacional y portavoz de ese Dios que le seleccionó. En efecto, como la elección divina no depende de las virtudes humanas sino que se basa en las fragilidades, el poder proviene enteramente de parte de Dios, es deber del pueblo escogido transmitir esos valores entre todos los pueblos de la tierra. Esos valores se relacionan con la naturaleza del Dios que les sacó de la tierra de Egipto.

La elección no es una especie de licencia teológica para actuar de forma impropia en la vida, sino que conlleva una gran responsabilidad teológica, espiritual, social y política. No es un permiso moral o legal para rechazar, herir, ofender, humillar o cautivar a otras comunidades. El pueblo de Israel, de acuerdo con Deuteronomio, debe representar adecuadamente, ante los demás pueblos de la tierra, la naturaleza especial y única del Dios del pacto. Esa particular naturaleza divina se manifiesta concretamente, entre otras formas, en demostraciones de justicia, amor, paz, perdón y misericordia.

III

LOS PROFETAS O NEBIIM

Cuan hermosos son sobre los montes
los pies del que trae alegres nuevas,
del que anuncia la paz,
del que trae nuevas del bien,
del que publica salvación,
del que dice a Sión: "¡Tu Dios reina!"
Isaías 52.7

10

Los profetas anteriores o libros históricos

Solamente esfuérzate y sé muy valiente,
cuidando de obrar conforme a toda la Ley
que mi siervo Moisés te mandó;
no te apartes de ella ni a derecha ni a izquierda,
para que seas prosperado
en todas las cosas que emprendas.
Josué 1.7

1. Los nombres y la teología

Luego de la Torá o Pentateuco, la Biblia hebrea incluye una serie de libros de marcado interés y carácter histórico: Josué, Jueces, Samuel y Reyes. Estas obras revelan una muy clara tendencia teológica, que toma del libro de Deuteronomio varias características básicas, por ejemplo: el estilo, la fraseología, el concepto de pueblo escogido y varios temas fundamentales. Es un bloque literario que presenta la historia del pueblo de Israel desde la entrada a la Tierra Prometida hasta la derrota de Judá y la destrucción del Templo por parte de los ejércitos babilónicos. Es una especie de continuación histórica que prosigue las narraciones del Pentateuco, que finalizaron con los discursos de Moisés antes de la conquista de Canaán.

De esta forma queda establecido un período fundamental en la historia del pueblo, que incluye la llegada a la Tierra Prometida, los procesos políticos, religiosos y sociales de adaptación a esas nuevas ciudades y regiones, el establecimiento de la monarquía, la división de los reinos, y las caídas definitivas ante potencias extranjeras de los reinos del norte y del sur.

Las Biblias hebreas identifican este grupo de libros con el nombre de «profetas anteriores», en contraposición a los «posteriores», que son Isaías, Jeremías, Ezequiel y los Doce. La sección puede dividirse en dos bloques de cuatro libros: Cuatro profetas anteriores y cuatro profetas posteriores. El entorno es profético, pues en la narración de la historia nacional se incluyen algunos mensajes de profetas importantes como Elías, Eliseo y Natán, que complementan los oráculos de los grandes profetas nacionales que dejaron impresas sus palabras en libros que llevan sus nombres.

La tradición cristiana se refiere a esta sección de la Biblia como «Libros históricos», por la importancia que le brindan las narraciones a la historia nacional. Incluye, estas ediciones de las Escrituras, el libro de Rut, entre Jueces y Samuel, y Esdras, Nehemías y Ester, luego del libro de Crónicas. Algunos libros deuterocanónicos, por ejemplo, Judit y Tobit, parecen pertenecer muy bien a esta sección histórica de las Escrituras.

La lectura cuidadosa de estos libros revela la relación cercana que existe entre la historia que proclaman y los mensajes de los profetas de Israel. Los personajes principales de las narraciones (p.ej., Josué, Samuel, Débora, Gedeón, Saúl, David y Salomón) forman parte del gran plan de salvación que se pone de manifiesto en el Pentateuco y en los libros históricos. Esa gran iniciativa de redención divina nace en la creación del mundo, pasa por las promesas a los patriarcas y matriarcas de Israel, recibe un buen impulso en la revelación en el Monte Sinaí, se confirma en la llegada y conquista de las tierras de Canaán, y se manifiesta con vigor en la historia de la monarquía, desde sus inicios hasta su caída definitiva con la derrota ante los ejércitos babilónicos.

Los estudios científicos de las Sagradas Escrituras relacionan esta sección de la Biblia con el libro de Deuteronomio, y la identifican como «Historia deuteronomística». La influencia del quinto libro de la Torá en estos libros se nota claramente en la interpretación que hacen de la historia de la monarquía unida y de los dos reinos, y particularmente en las formas que evalúan el comportamiento y las acciones de los monarcas y del pueblo. El éxito y fracaso de las gestiones oficiales se analizan en relación con la Ley de Moisés (p.ej., Dt 12.2-3; 2 R 17.10-12), particularmente las secciones que hablan de las bendiciones y las maldiciones. Le teología que presuponen estos libros es de bendición, si guardan los mandamientos divinos, y de maldición, si se rebelan y desobedecen las instrucciones y regulaciones reveladas en el Sinaí.

2. Finalidad teológica de la obra

Luego de sesenta años de exilio en Babilonia, la teología del libro de Deuteronomio penetró en la comunidad deportada y algunos de sus profetas, escritores y redactores, comenzaron a evaluar la historia nacional con ojos críticos. La gran pregunta era qué pudo haber ocasionado la derrota del reino a manos de un ejército invasor, que acabó con la dinastía de David, terminó con la pérdida de la Tierra Prometida y generó la deportación a tierras extrañas y politeístas. Esas preguntas tenían el contexto de las promesas divinas a los patriarcas y el pacto en el Sinaí y con David.

Posiblemente uno de los objetivos de la historia deuteronomista es poner de manifiesto que los continuos pecados del pueblo propiciaron la crisis de la deportación. Esta obra histórica y teológica evalúa con criticidad las vivencias del pueblo e identifica las rebeliones y las infidelidades nacionales como la causa real de la pérdida nacional y la destrucción de las instituciones religiosas que le brindaban al pueblo sentido espiritual, social y político. El propósito teológico de esta narración histórica es poner de relieve que el exilio en Babilonia no fue un evento fortuito del azar, sino una manifestación adicional de la voluntad divina que intenta enseñarle al pueblo la importancia de la fidelidad a las revelaciones de Dios.

En efecto, la caída de Jerusalén es producto de las actitudes pecaminosas y rebeldes del pueblo. La deportación a tierras extranjeras es el resultado directo del pecado y la desobediencia nacional. El mensaje fundamental del libro del Deuteronomio es la importancia de la obediencia. La historia deuteronomística, en esa misma tradición teológica, intenta demostrar que el juicio a Israel y la caída de Judá eran la merecida respuesta divina por las continuas infidelidades al pacto del pueblo.

La evaluación cuidadosa de esta literatura revela al gran espíritu profético que esta incluye. Aunque Dios manifestaba su amor y su misericordia de forma continua en medio de las realidades cotidianas de la comunidad, el pueblo, de forma sistemática, demostraba una actitud impropia y rebelde que incentivó el juicio divino que culminó en el destierro. Como el pueblo no vivió el gran mensaje del libro de Deuteronomio, que es amar al Señor con todas las fuerzas y obedecer sus mandamientos, el resultado es la destrucción social, política, económica y religiosa. En cierto sentido, Deuteronomio es la introducción de la historia deuteronomística, pues presenta los criterios teológicos que servirán de base para la evaluación de las actitudes del pueblo.

Teología e historia

Esta obra histórica y teológica evalúa con criticidad las vivencias del pueblo e identifica las rebeliones y las infidelidades nacionales como la causa real de la pérdida nacional y la destrucción de las instituciones religiosas que le brindaban al pueblo sentido espiritual, social y político. El propósito teológico de esta narración histórica es poner de relieve que el exilio en Babilonia no fue un evento fortuito del azar, sino una manifestación adicional de la voluntad divina que intenta enseñarle al pueblo la importancia de la fidelidad a las revelaciones de Dios.

Fundamentados en esa teología, los escritores de esta historia nacional, recopilan, redactan y editan el material necesario para articular una narración crítica de las vivencias del pueblo de Israel. Esa historia teológica consta de por lo menos cinco etapas fundamentales, en las que se pueden notar lo mejor de la vida del pueblo, así como también lo peor de sus actos.

- La primera etapa es la gran conquista de la Tierra Prometida a manos de Josué, el sucesor de Moisés. Este fue un período de gloria y esplendor en el pueblo. De acuerdo con las narraciones en el libro de Josué, los israelitas demostraron su superioridad militar y conquistaron los pueblos cananeos que vivían en la región. La interpretación teológica de esas actividades militares es que el Señor mismo los estaba guiando y orientando para que lograran esas victorias.

  Esos actos de agresión, destrucción, matanzas y desalojos, independientemente de sus implicaciones éticas y morales, son interpretados por los redactores deuteronomistas como la manifestación plena de la voluntad divina. Inclusive, el discurso final de Josué (Jos 22.1—24.33) es similar al testamento espiritual de Moisés que se incluye al terminar Deuteronomio.
- La segunda etapa se relaciona con el período de los jueces, que comienza con la afirmación que en el pueblo había una especie de anarquía nacional. Mientras que el énfasis en el libro de Josué es de bendición, conquista y victorias, en el libro de los Jueces

el ambiente es diferente, pues revela las actitudes de rebelión y desobediencia de las nuevas generaciones de israelitas. Mientras que en Josué se presentan generalmente las victorias del pueblo sobre los habitantes de las tierras de Canaán, en Jueces se pone de manifiesto el proceso lento de llegar a una nueva región, y el interaccionar con los pobladores locales, hasta que el poder se transfiere, si es que ciertamente se llegó al poder en alguna ocasión.

El libro de los jueces presenta un claro patrón temático y teológico que no puede obviarse: El pueblo peca, es castigado por Dios, se arrepiente y clama por ayuda, Dios le levanta un juez o caudillo, llega la victoria, se disfruta de la paz, para posteriormente seguir repitiendo el ciclo.

- Una tercera etapa en el proceso histórico se pone de manifiesto con el comienzo de la institución de la monarquía, y específicamente con el liderato del rey David. De acuerdo con la literatura deuteronomística, el período de la monarquía de David es uno de los mejores en la historia nacional. ¡Fue una época de gran bendición y prosperidad! David es un héroe indiscutible, que triunfa sobre Goliat, los filisteos, Saúl y sobre sus enemigos externos e internos. En ese contexto de esplendor y poder, se ubica la promesa a David, de que su dinastía sería perpetua en el pueblo (2 S 7).
- Le sigue un período de gran importancia histórica y teológica, que comienza con el rey Salomón, sucesor de David, prosigue con la división de los reinos, y llega hasta la caída de Jerusalén. En esta sección se analizan las acciones y decisiones de los reyes, tanto del norte como del sur, para ver si están en harmonía con la revelación divina del pacto. En la evaluación de este período se destacan las figuras egregias de los profetas, particularmente la de Elías, que es un paladín de la religión de Israel, en contraposición a las religiones cananeas politeístas.
- La historia deuteronomística finaliza con la invasión de los babilónicos, la destrucción del Templo y la experiencia del exilio. La historia de Israel y Judá llega a su fin por el pecado reiterado del pueblo, que era visto y entendido como actos de infidelidad ante Dios. Ni aún las grandes reformas de Josías detuvieron el juicio divino, que terminó en derrota, frustración, dolor, desesperanza, angustia, desolación y destierro. Lo que comenzó como una manifestación de la gracia divina, terminó con el juicio de Dios por causa de las rebeldías del pueblo.

3. Una nota de esperanza

Sin embargo, no todo en la literatura deuteronomística es juicio y destrucción. El propósito de esta gran obra histórica y teológica no es solo justificar la destrucción de las instituciones nacionales y el exilio del pueblo. Una lectura minuciosa de los libros, revela varios mensajes de esperanza y restauración que no pueden ni deben ignorarse. Esta serie de notas de esperanza y futuro se identifica con claridad con un comentario importante al final del segundo libro de los Reyes, donde se indica que el rey Joaquín, que estaba preso en Babilonia, es liberado, o por lo menos se le permite vivir en libertad dentro del imperio babilónico (2 R 25.27-30).

De singular importancia en esta gran obra son las referencias a los textos mesiánicos en relación a David. La promesa del profeta Natán a David (2 R 7.1-29; cf. 1 Cr 17.1-27) es un tema valioso en la historia deuteronomista, pues se reitera y repite con insistencia (p.ej., 1 R 8.20-25; 9.5; 11.5; 13.32-36; 15.4). El propósito es indicar, en medio de las penurias del exilio, que aunque en el destierro no gozaban de gobierno propio y de una monarquía establecida, Dios era fiel a sus promesas y restauraría la casa de David en el momento oportuno, y esa era una muy clara señal de esperanza para el pueblo.

El pacto de Dios con David es una de las narraciones más significativas en todas las Sagradas Escrituras. La profecía consta de dos secciones de importancia. La primera sección tiene que ver con la permanencia de David y su dinastía, que era un signo de estabilidad y futuro de la monarquía (2 S 7.8-11,16). Y la segunda sección se relaciona con Salomón. El mensaje se dispone en forma paralela: David no construirá una «casa» o templo para el Señor; pero el Señor le dará una «casa» o dinastía a David.

En este mensaje se encuentra el corazón de la esperanza mesiánica del pueblo de Israel y el fundamento del futuro para la comunidad de deportados en Babilonia. En el exilio no veían muchas posibilidades de vida luego de la derrota y la deportación, sin embargo, esta promesa divina les abría un nuevo panorama de posibilidades para el porvenir.

Esta palabra final en torno a la dinastía real, junto a las reiteradas exhortaciones al arrepentimiento, ponen de relieve las posibilidades concretas de restauración nacional. Está planteada en la obra, la actitud misericordiosa de Dios, que responde con perdón y liberación a los clamores del pueblo. Esa teología de la compasión divina puede extenderse aun en medio de la diáspora y la pérdida del país.

La palabra final de Dios para el pueblo de Israel, de acuerdo con la historia deuteronomista, no es el exilio, ni la destrucción nacional, ni la deportación, ni la desesperanza, ni mucho menos la derrota. Subyacente en la obra está la teología de la esperanza que es la forma bíblica y deuteronomística de responder a la sociología de la desesperanza y el dolor.

La promesa mesiánica

La promesa del profeta Natán a David (2 R 7.1-29; cf. 1 Cr 17.1-27) es un tema valioso en la historia deuteronomista, pues se reitera y repite con insistencia (p.ej., 1 R 8.20-25; 9.5; 11.5; 13.32-36; 15.4). El propósito es indicar, en medio de las penurias del exilio, que aunque en el destierro no gozaban de gobierno propio y de una monarquía establecida, Dios era fiel a sus promesas y restauraría la casa de David en el momento oportuno, y esa era una muy clara señal de esperanza para el pueblo.

11

El libro de Josué

Si mal os parece servid a Jehová,
escogeos hoy a quien sirváis;
si a los dioses a quienes sirvieron vuestros padres
cuando estuvieron al otro lado del río,
o a los dioses de los amorreos en cuya tierra habitáis;
pero yo y mi casa serviremos a Jehová.
Josué 24.15

1. El libro y su mensaje

El libro de Josué, ubicado luego del Pentateuco o la Torá, tanto en el canon judío como en el cristiano de las Escrituras, es el sexto libro de la Biblia; además, es el primero entre los Nebiim o Profetas, en la sección de los llamados «profetas anteriores» en las tradiciones judías. Su nombre se relaciona principalmente con el personaje principal de las narraciones, cuya obra está relacionada con el cruce del río Jordán, y la posterior llegada y conquista de la Tierra Prometida, Canaán.

El nombre hebreo, Josué, significa «el Señor es salvación», y le fue impuesto a nuestro protagonista por Moisés (Nm 13.8, 16), del original Oseas, que significa «salvación». Los cambios de nombres en la antigüedad era un signo de transformación sustancial en el carácter y la personalidad. En este caso, el cambio por un nombre teofórico, tiene la finalidad de destacar la relación directa con Dios que tiene el protagonista principal e indiscutible de este libro.

El escenario general de las narraciones del libro son las tierras de Canaán. Luego de acampar en las llanuras de Moab, Josué, bajo la dirección de Dios, lleva al pueblo a través del río Jordán a la Tierra Prometida, que era el destino último del peregrinar por el desierto, que había comenzado con la salida de las tierras del faraón de Egipto bajo el liderato de Moisés.

Canaán era la meta del viaje, pues constituía el cumplimiento pleno de las promesas divinas. En el acto de llegar a estas nuevas tierras y poseerlas, el pueblo de Israel ve la capacidad divina de cumplir las promesas que les había hecho, de acuerdo con las narraciones bíblicas, a los patriarcas Abraham, Isaac y Jacob (Gn 13.14-17; 26.3-5; 28.13-14). De acuerdo con el libro de Josué, todas estas promesas hechas por Dios a los antepasados de Israel se cumplieron: ¡No faltó ni una! (Jos 21.45).

De esta forma, Canaán se convierte en el signo indiscutible de fidelidad divina. El Dios bíblico, Señor de los patriarcas y las matriarcas de Israel, cumple su palabra de forma definitiva y fiel. La Tierra Prometida se convierte así en símbolo pleno de la lealtad de Dios, que cumple sus propósitos con los israelitas, aunque las actitudes del pueblo no manifestaban el mismo nivel de responsabilidad y fidelidad al pacto en el Monte Sinaí.

De acuerdo con el libro de Josué, aunque el pueblo ya había llegado a la Tierra Prometida, dependía de su fidelidad su permanencia en ella. Inclusive, las victorias y los fracasos del pueblo en el proceso de ocupación y conquista de Canaán se relacionan directamente a la fidelidad que los israelitas le manifestaban a Dios (Jos 7.1-5). En ocasiones, el triunfo fundamentado en la lealtad era firme y resonante (Ex 17.8-16); mientras que en otras oportunidades, la infidelidad generaba derrotas absolutas (Nm 14.20-23,40-45).

2. Josué

La figura de Josué tiene gran importancia en la tradición bíblica. Como sucesor de Moisés y responsable de llevar al pueblo a la Tierra Prometida (Dt 31.3), que era una responsabilidad no solo teológica, sino política y militar, fue llamado «profeta» (Eclo 46.1). El hijo de Nun, provenía de la tribu de Efraín y acompañó a Moisés, como su colaborador fiel y leal, desde la juventud (Nm 11.28). Entre los acontecimientos que le prepararon para sustituir al gran líder del éxodo de Egipto, están las siguientes hazañas extraordinarias: Guió al pueblo a la victoria contra los amalecitas en Refidim (Ex 17.8-15); estuvo junto a Moisés en el Monte Sinaí (Ex 24.13; 32.17); fue parte de la expedición que exploró la tierra de Canaán (Nm 13.16, 38); y desempeñó un buen papel en la crisis del pueblo contra Moisés, al regresar de Canaán (Nm 14.6-9, 36-38).

El proceso de transición de liderato se llevó a efecto de forma continua y suave. Moisés le seleccionó y comisionó como su sucesor en una ceremonia de gran significado teológico, de acuerdo con las estipulaciones divinas (Nm 27.15-23). Por su compromiso a favor de la entrada y conquista de Canaán, junto a Caleb, en contraposición al resto de los exploradores que no recomendaban la operación por razones tácticas (Dt 1.36-38), recibió la bendición de llegar a la Tierra Prometida, cosa que no vieron las generaciones que salieron de Egipto.

Por estos actos de heroísmo y fidelidad, Dios mismo le promete a Josué su presencia continua, como estuvo junto a su siervo Moisés (Jos 1.1-9). Según las narraciones bíblicas, Josué murió luego de cumplir sus responsabilidades de conquistar la tierra de Canaán, lleno del «espíritu de sabiduría» (Dt 34.9), que es una manera de indicar que no perdió el juicio con los años, a los ciento diez años en la montaña de Efraín, en Timnat Seraj (Jos 24.29-30; Jue 2.8-9).

La importancia de la fidelidad

De acuerdo con el libro de Josué, aunque el pueblo ya había llegado a la Tierra Prometida, dependía de su fidelidad su permanencia en ella. Inclusive, las victorias y los fracasos del pueblo en el proceso de ocupación y conquista de Canaán se relacionan directamente a la fidelidad que los israelitas le manifestaban a Dios (Jos 7.1-5). En ocasiones, el triunfo fundamentado en la lealtad era firme y resonante (Ex 17.8-16); mientras que en otras oportunidades, la infidelidad generaba derrotas absolutas (Nm 14.20-23,40-45).

Para las iglesias cristianas, Josué ha sido una figura de singular importancia por varias razones. Una es que, el nombre Jesús es una variación dialectal galilea de Josué. Además, las actividades de Josué pueden relacionarse con el ministerio de Jesús (Hch 7.45; Heb 11.30-31); llevó al pueblo a la Tierra Prometida, gestión que era interpretada por los cristianos como símbolo del ministerio de Cristo; su triunfo sobre las dificultades y los obstáculos que encontró en Canaán, se relacionaron con las batallas de los creyentes que deben enfrentar las más complejas adversidades en la vida; el cruce del río Jordán, puede muy bien asociarse con el bautismo; la destrucción de la ciudad de Jericó, con el triunfo sobre los poderes del maligno; y la salvación de Rahab y su familia es una especie de anticipación de la salvación que llegaría hasta los gentiles, mediante la predicación y el ministerio de la iglesia.

3. Entrada a la Tierra Prometida

La llegada de los israelitas a Canaán bajo el liderato de Josué se llevó a efecto aproximadamente por el año 1250 a.C., que puede relacionarse con el período arqueológico conocido como del Bronce reciente (1550-1200 a.C.) al Hierro I (1200-900 a.C.). En ese período, tanto en tiempos de Josué como de los Jueces, Egipto estaba con dificultades internas y con poca capacidad imperial, pero tenía control sobre los territorios cananeos. Esa paulatina decadencia política y militar comenzó en la época de Ramsés II (1290-1224 a.C.), y se agudizó durante la incumbencia de su sucesor, Mernepta (1224-1204 a.C.).

Referente al faraón Mernepta II es importante indicar que llevó a cabo algunas incursiones bélicas en Canaán, entre las que se identifican, en una estela real, la victoria sobre Israel. Esta singular mención histórica, constituye la primera alusión al pueblo de Israel en documentos extra bíblicos (véase pág. 100); además, es la única referencia a los israelitas en la literatura egipcia disponible hasta el día de hoy.

Durante esa época, y particularmente durante la administración del faraón Ramsés III (1184-1153 a.C.), el poder militar y administrativo de Egipto en Canaán fue disminuyendo de forma gradual, ante la llegada imponente y la invasión militar de los llamados pueblos del mar. Los filisteos en ese período ocuparon las costas cananeas que llegaban hasta las fronteras con Egipto, y amenazaban la estabilidad del imperio.

En ese mismo período, además, el imperio hitita en Canaán fue sacudido por los problemas y las dificultades en las naciones orientales del Mar Mediterráneo. Ese también fue un tiempo de transformaciones internas en Transjordania, pues los reinos de Edom, Moab y Amón se consolidaron, entre otras razones, por las crisis de las potencia de la época.

Ese fue el contexto amplio de la llegada y conquista de los israelitas en Canaán. El debilitamiento de las potencias extranjeras, unido a la desorganización y el vacío de poder en la antigua Palestina, propiciaron que los israelitas pudieran establecerse en esa región y ocupar gran parte del territorio que quedaba sin la cobertura y protección militar de alguno de los imperios internacionales de la época.

Las posibilidades en torno a cómo finalmente Israel conquistó y se asentó en Canaán, la Tierra Prometida, son varias. De acuerdo con las narraciones bíblicas, tenemos dos perspectivas iniciales. La primera, bajo el liderato de Josué, brinda la impresión de que la conquista y posesión de gran parte del territorio cananeo fue rápida, firme y definitiva. La segunda, que se incluye con detenimiento en el libro de Jueces, también bajo el liderato de Josué, revela que el proceso de conquista fue más lento y difícil, hay ciudades no conquistadas, e inclusive, hasta derrotas. La sumisión definitiva de las últimas ciudades cananeas se llevó a efecto en la época de la monarquía, específicamente bajo el liderato del rey David y su sucesor, Salomón.

Las lecturas cuidadosas y científicas del texto bíblico revelan que los procesos de la llegada a Canaán y las dinámicas de conquista de la región no fueron tarea fácil, ni rápida, ni mucho menos definitiva. Ni conquistaron los territorios en una campaña militar, ni los antiguos cananeos fueron exterminados de forma completa. Según las Escrituras, muchos pobladores locales se mantuvieron en sus ciudades (Jos 15.63; 17.12-13), establecieron acuerdos de paz con los israelitas que llegaban y hasta aprendieron a convivir con ellos (Jos 9.1-27; 16.10). La llamada «conquista de Canaán» no fue un triunfo militar inmediato, sino un proceso de llegada y asimilación lento y complejo, que estuvo lleno de dificultades sociales y religiosas, y saturado de desafíos políticos y económicos. Esos problemas con los pueblos de la región, se complicaron con el tiempo por la falta de organización social y política interna de los grupos de israelitas que llegaban del desierto y de Egipto.

Las investigaciones arqueológicas, en varias de las ciudades identificadas en la Biblia, ponen de manifiesto que a mediados del siglo 13 a.C. hubo, en efecto, algunas destrucciones violentas en Canaán (p.ej., Betel, Laquis, Eglón y Jasor). Sin embargo, los temas y las narraciones de la conquista de la Tierra Prometida, y sus detalles militares, son muy complejos desde la perspectiva literaria, teológica, sociológica e histórica. Además, es extremadamente difícil, de acuerdo con los conocimientos actuales, compaginar algunos de los descubrimientos arqueológicos con varios de los relatos bíblicos. A la luz de la investigación actual, sin embargo, podemos afirmar que posiblemente los israelitas jugaron un papel de importancia en las transformaciones y los cambios que se llevaron a efecto en las tierras de Canaán durante ese período.

Diversas teorías han intentado explicar lo que sucedió en Canaán durante la conquista. Para algunos estudiosos, el proceso fue el de una infiltración pacífica de los israelitas, que con el tiempo llegaron a establecer acuerdos con los pobladores locales hasta llegar a ser mayoría en las ciudades. Otros eruditos hablan de una revolución social, en la cual los israelitas salidos de Egipto se unieron a grupos de campesinos oprimidos, para conquistar las ciudades. Aun otros académicos aluden a un proceso gradual por el cual el sistema de organización agraria de los campesinos de la época, por la influencia del crecimiento y desarrollo de las ciudades cananeas, fue cediendo paso a la formación de un estado más unificado y definido. De alguna de estas formas, o por sus combinaciones, se estableció finalmente el pueblo de Israel en los antiguos territorios cananeos.

Nuestra comprensión de la cultura cananea aumentó considerablemente con los importantes descubrimientos arqueológicos en la antigua ciudad de Ugarit, o Ras Shamra, en las costas de fenicia. Esos hallazgos nos han permitido comprender mejor la religión y la mitología de la región a la que llegaron los israelitas con Josué. A su vez, nos han ayudado a ubicar las narraciones bíblicas en contra de la idolatría en su justa perspectiva.

Los pueblos cananeos tenían un panteón bien desarrollado, en el cual el dios Baal ocupada un sitial de honor y reconocimiento: Era el dios de las lluvias y las tempestades, y el dios de las tierras y la fertilidad. Sus adoradores y seguidores llevaban a efecto ceremonias complejas para recibir el favor divino. Junto a Baal estaban sus rivales: Iam (el mar) y Mot (la muerte), y su consorte, Anat, que le apoyaba y defendía; además, el panteón alude al anciano dios El, que fue finalmente destituido por Baal.

4. Teología y estructura

El propósito teológico básico del libro de Josué es afirmar de manera categórica que Dios es fiel a sus promesas. La finalidad es presentar el cumplimiento de las antiguas promesas hechas a Abraham, que se hacían realidad con la conquista de la Tierra Prometida, que no era otra cosa sino el regalo divino al pueblo de Israel. La nueva narración de la conquista se une a las del Pentateuco o Torá al indicar que Josué llega al liderato nacional luego del fallecimiento de Moisés. La intensión de la obra es afirmar la continuidad de la revelación divina. Lo que comenzó en Génesis, ahora se hace realidad en el libro de Josué.

Esa finalidad teológica del libro se pone en clara evidencia al ver que algunos eventos, que pueden ser históricamente relevantes e importantes, pero que no tienen gran relevancia teológica, se tratan de forma breve, sumaria y resumida, como las referencias a las conquistas de las regiones del norte y del sur (Jos 11.1-15; 10.28-43). No se indica tampoco cómo llegaron los israelitas al centro de Canaán, ni cómo trasladaron el campamento desde Gilgal a Siló. Esta importante finalidad teológica, se subraya con la importante expresión «yo estoy contigo»

(Jos 1.5; 23.3,10), que es una especie de estribillo de seguridad humana y acompañamiento divino.

La estructura de la obra no es muy compleja, pues se puede dividir en tres secciones básicas y fundamentales: la conquista de las tierras de Canaán (Jos 1.1—12.24); la división de la Tierra Prometida por las tribus (Jos 13.1—22.34); y la renovación del pacto (Jos 23.1—24.33). Los capítulos iniciales (Jos 1.1—18) y finales (23.1—24.33) le brindan al libro una especie de marco teológico definido y claro: la conquista de Canaán es el cumplimiento de las promesas divinas a los patriarcas y a los israelitas; así como la renovación del pacto es la respuesta del pueblo a ese don divino.

El dios cananeo Baal

Los pueblos cananeos tenían un panteón bien desarrollado, en el cual el dios Baal ocupada un sitial de honor y reconocimiento: Era el dios de las lluvias y las tempestades, y el dios de las tierras y la fertilidad. Sus adoradores y seguidores llevaban a efecto ceremonias complejas para recibir el favor divino. Junto a Baal estaban sus rivales: Iam (el mar) y Mot (la muerte), y su consorte, Anat, que le apoyaba y defendía; además, el panteón alude al anciano dios El, que fue finalmente destituido por Baal.

La primera sección del libro (Jos 1.1—12.24) presenta las dinámicas de conquista de las tierras de Canaán, que para el libro era la Tierra Prometida. Luego de la muerte de Moisés, Josué toma el liderato del pueblo (Jos 1.1-2; Dt 31.7-8) desde las llanuras de Moab, y lo lleva a través del río Jordán a la Tierra Prometida, para posteriormente organizar las campañas de conquista por las diversas regiones palestinas. La organización de estas campañas militares se hace de forma sistemática, según los relatos de la obra. En primer lugar, llega a las regiones y ciudades centrales de Palestina; y prosigue luego con el norte y con el sur.

El contexto general de estas campañas militares es el discurso introductorio de Josué, que ubica todas las narraciones en un marco teológico claro y definido (Jos 1.3), en el cual se indica que Dios le ha entregado al pueblo de Israel todo lo que pisen, como previamente le había dicho a Moisés. Es decir, el programa de conquista, según el libro de Josué, está fundamentado en la revelación de Dios a Moisés, y es el cumplimiento de las promesas divinas. La conquista de Canaán, de acuerdo con estos postulados teológicos, no es el resultado de las fuerzas militares del pueblo, ni de la sabiduría y las estrategias de los líderes del ejército, sino producto de la gracia y la misericordia divina.

La parte final de esta primera sección presenta una lista de los reyes y las ciudades conquistadas por Josué (Jos 12.24), que es una manera de reiterar el poder divino sobre toda la región cananea.

La teología de Josué

El propósito teológico básico del libro de Josué es afirmar de manera categórica que Dios es fiel a sus promesas. La finalidad es presentar el cumplimiento de las antiguas promesas hechas a Abraham, que se hacían realidad con la conquista de la Tierra Prometida, que no era otra cosa sino el regalo divino al pueblo de Israel. La nueva narración de la conquista se une a las del Pentateuco o Torá al indicar que Josué llega al liderato nacional luego del fallecimiento de Moisés. La intensión de la obra es afirmar la continuidad de la revelación divina.

La narración se presenta en un ambiente de milagros y prodigios que sirven para corroborar la presencia divina y el significado religioso en los procesos de conquista. La preparación previa a llegar a Canaán es elocuente, pues pone de manifiesto las dinámicas teológicas de las narraciones.

La renovación del pacto se hizo conforme lo había ordenado Moisés (Jos 8.30-35); el apoyo de Rahab fue espectacular y providencial (Jos 2); el paso del río Jordán recuerda el cruce del Mar Rojo; la celebración en Gilgal revela una dimensión cúltica profunda (Jos 5); la toma milagrosa y litúrgica de Jericó (Jos 6); el triunfo sobre Hai, luego de sufrir una derrota por la desobediencia de Acán (Jos 7—8); el acuerdo de paz con los gabaonitas (Jos 9); la singular victoria de Josué en Gabaón, donde se «detiene el sol», para que los israelitas culminen con la destrucción (Jos 10); y la campaña militar contra los monarcas del norte (Jos 11), que le brindó a Josué, de acuerdo con las narraciones, el poder sobre toda Palestina.

Todas estas narraciones ponen claramente de relieve las implicaciones teológicas de los acontecimientos.

En la segunda sección del libro (Jos 13.1—22.34), se presenta la división de las tierras de Canaán entre las tribus de Israel. Se describen las fronteras ideales de la Tierra Prometida a ambos lados del Jordán, con algunos datos topográficos de importancia. En las narraciones se alude a la distribución de tierras que no fueron conquistadas por Josué. Toda la sección incluye una serie de estadísticas y listas cuya importancia se relaciona con la identificación de las fronteras de los territorios de las tribus; así también se han localizado algunas ciudades que se mencionan en la Biblia pero de localización dudosa.

La distribución de las tierras se lleva a efecto en dos momentos. En primer lugar, la repartición se hizo en Gilgal (Jos 14.1—17.18), ciudad que está ubicada cerca de Jericó, donde habían llegado las tribus luego de cruzar el río Jordán. Posteriormente, se lleva a efecto en Silo (Jos 18.1—19.51), a donde habían llevado el arca del pacto. Las divisiones de las tierras las hacen Josué, Eliazar, el sumo sacerdote, y los jefes de las tribus, quienes toman en consideración la naturaleza y población de cada tribu. Esta distribución tomó en consideración dos instituciones importantes en el Oriente Medio antiguo: las ciudades de refugio y las ciudades levíticas. Las primeras eran espacio salvador para homicidas involuntarios; y las segundas, para los miembros de la tribu de Leví.

La división de las tierras pone de manifiesto el concepto de justicia distributiva del pueblo, para que todas las tribus recibieran las tierras en las cuales pudieran desarrollar comunidades sustentables. En estas listas se identifican también las ciudades en las cuales los levitas debían vivir, ya que no tenían parte en la repartición de los terrenos conquistados (Jos 13.14).

En esta sección no solo se incluyen los territorios conquistados por Josué, sino que se aluden a ciudades que no fueron tomadas por Josué (Jos 12.2-5). Inclusive, varios lugares que se mencionan en estas narraciones nunca formaron parte del territorio de Israel.

La final y tercera sección de la obra (Jos 23.1—24.33) presenta el importante discurso de despedida de Josué (Jos 23), la renovación del pacto o alianza del Sinaí, y alude a la muerte y sepultura de nuestro protagonista (Jos 24). Los temas prioritarios son: el establecimiento de las tribus de Israel en Canaán; las recomendaciones finales de Josué al pueblo, y la renovación del pacto en Siquem, que es una manera de cerrar teológicamente la obra con una manifestación de fidelidad ante Dios.

El discurso de despedida de Josué (Jos 24) es una especie de resumen histórico del pueblo, e incluye tres períodos fundamentales: la elección de los patriarcas y matriarcas de Israel; el período del éxodo de Egipto, y su peregrinar por el desierto; para finalmente aludir a la entrada de los israelitas a la Tierra Prometida, Canaán. Este discurso le recuerda al pueblo las intervenciones divinas en medio de las vicisitudes humanas, con el propósito de incentivar una actitud de fidelidad y lealtad de parte del pueblo.

5. La guerra santa

Una de las instituciones antiguas, tanto en Israel como en otros lugares del Oriente Medio antiguo, se relaciona con la guerra, específicamente con las formas de disponer del botín que se produce como resultado de las victorias militares. La frase que se repite con alguna regularidad en las narraciones de la conquista, es «exterminio dedicado al Señor», que proviene de la palabra hebrea *herem,* tradicionalmente traducida al castellano como «anatema» (p.ej., Jos 6.17-21; 7.1-2; véase también Dt 13.16-18; 20.16-18). La idea que se transmite es que, como parte de los procesos de guerra, las ciudades conquistadas y sus habitantes, así como también sus posesiones y hasta animales, se dedicaban totalmente a Dios, que implicaba el exterminio absoluto de los ciudadanos y sus pertenencias.

El exterminio era una especie de ofrenda a Dios, que se aplicaba de forma violenta, cruel e inmisericorde, y tenía como finalidad teológica evitar que los diferentes tipos de contaminación, particularmente la religiosa, afectaran adversamente a los israelitas. En el contexto de este tipo de guerra, identificada como «santa», el botín no debía beneficiar a ninguna persona, por el potencial de corrupción que esto representaba tanto las personas como sus posesiones. Había una particular preocupación en torno a la idolatría de los pueblos paganos (Dt 7.1-6; 13.13-19; 20.16-18), que las narraciones de Josué tratan de evitar que lleguen a Israel.

El caso de Acán (Jos 7.1-26) representa un acto específico de desobediencia pública a esta ley de anatema o exterminio de guerra, que propició la derrota del pueblo de Israel en la ciudad de Hai, muy cerca de Jericó. De acuerdo con la expresión bíblica, «los hijos de Israel transgredieron con respecto al anatema, "porque" Acán... tomó algo del anatema, y la ira de Jehová se encendió...» (Jos 7.1).

En el pueblo de Israel, la ley del anatema no se llevó a efecto con frecuencia ni de forma radical. El contexto específico de estas narraciones militares son aquellas de la conquista de Canaán, que intentan responder de forma militar y religiosa a las amenazas que presentaba la idolatría de esa región a la experiencia cúltica del pueblo de Israel. Posiblemente, estos relatos de victorias milagrosas y destrucciones absolutas deben entenderse mejor como afirmaciones teológicas contra la idolatría que como un recuento puramente histórico de lo sucedido en los procesos de llegada y asentamiento en las regiones y ciudades cananeas.

6. Las doce tribus de Israel

Las narraciones de la conquista de Canaán afirman con regularidad que las tribus de Israel que llegaron a la Tierra Prometida son doce. Sin embargo, la identificación de ellas no es la misma en todos los relatos. En el libro de Génesis, por ejemplo, se presenta a los doce hijos de Jacob (Gn 49.1-27), que en las listas que se incluyen en otros pasajes no son los mismos personajes. Posiblemente el cambio más significativo es la omisión de José, que es reemplazado por sus hijos Manasés y Efraín, y el cambio de Leví o Simeón.

En Génesis, los hijos de Jacob provienen de sus cuatros esposas: Lea, Zilpa (sierva de Lea), Raquel y Bila (sierva de Raquel). Todos estos nombres tienen origen semítico y son comunes en el período patriarcal en el Oriente Medio. Cada uno de estos personajes representaba a un grupo, tribu o clan, que se veía a sí mismo como «iguales» en un tipo de federación entre las tribus que respondía a amenazas y a desafíos en común. Las diferencias en las listas pueden ser indicadores de que el proceso de unificación tribal fue paulatino y lento, y que en el proceso, algunos grupos fueron disminuyendo y otros adquiriendo poder.

Las listas de las tribus son las siguientes:

Génesis 49.1-27	**Números 1.5-15**	**Deuteronomio 33.1-29**
Rubén	Rubén	Rubén
Simeón	Simeón	Judá
Leví	Judá	Leví
Judá	Isacar	Benjamín
Zabulón	Zabulón	Efraín*
Isacar	Efraín*	Manasés*
Dan	Manasés*	Zabulón
Gad	Benjamín	Isacar
Aser	Dan	Gad
Neftalí	Aser	Dan
José*	Gad	Neftalí
Benjamín	Nefatlí	Aser

7. La teología de la renovación del pacto

Un tema de gran significado teológico en el libro de Josué se pone de manifiesto en las dos narraciones de la renovación del pacto o alianza del pueblo. Estos relatos se ubican en la ciudad de Siquem (Jos 24.1-28), que tiene una muy larga tradición religiosa, especialmente relacionada con los patriarcas (Gn 12.6-7; 33.18). La primera narración de renovación se lleva a efecto cuando el pueblo llegó a la Tierra Prometida, luego de conquistar a Jericó y Hai. La segunda se celebra en una etapa terminal de la vida de Josué. Ambos recuentos ponen de relieve la importancia del tema religioso en el libro, y revelan la continuidad teológica de la obra con el resto del Pentateuco o Torá.

El primer relato de renovación es corto, directo y preciso (Jos 8.30-35), sin introducción específica, los detalles no abundan, las explicaciones extensas faltan, solo se incluyen los elementos esenciales de la renovación, las particularidades indispensables del acto. El propósito, posiblemente, es poner en ejecución las antiguas recomendaciones y prescripciones mosaicas (Dt 27.1-26); el objetivo es cumplir con lo estipulado antiguamente por Moisés.

Josué manda a construir un altar de piedras y hace sus sacrificios al Señor en el monte Ebal, con la mitad del pueblo; la otra mitad, estaba en el monte Gerizim. Y en medio de este contexto cúltico, litúrgico y de sacrificios, el líder del proceso de conquista leyó al pueblo las palabras de bendiciones y maldiciones la Ley (Dt 11.26-30; 28.1-68). Esto era una forma de comprometer a la comunidad con la voluntad divina, de acuerdo con lo revelado previamente a Moisés.

La segunda asamblea de renovación del pacto se ubica en las postrimerías del libro, casi al final de la vida de Josué. Es una narración similar a la que indica que Moisés exhortó al pueblo a la fidelidad al Señor antes de morir (Dt 29.8-28). Una vez más se pone de relieve los paralelos y las continuidades entre las narraciones de libro de Deuteronomio y las de Josué. En efecto, parece que quienes redactaron el libro de Josué estaban muy preocupados por revelar estas importantes relaciones temáticas y teológicas.

Al final de su vida, Josué convocó al pueblo para renovar el pacto que habían hecho con Dios. Esta narración (Jos 24.1-28), que presenta algunos detalles de la ceremonia de renovación y un discurso, por su importancia teológica y literaria, constituye el tema final del libro de Josué. Es un texto bíblico de gran importancia, pues incluye lo que los estudiosos han denominado como el credo histórico fundamental del pueblo de Israel.

El discurso de Josué comienza con una visión panorámica de la historia nacional (Jos 24.2-13), en la que se presentan algunos detalles significativos de los patriarcas, el éxodo de Egipto y la conquista de la Tierra Prometida; prosigue una exhortación al pueblo para que se decida a seguir al Señor y rechazar las divinidades paganas (Jos 24.14-15); a lo que el pueblo asiente y acepta (Jos 24.16-18); se hace un recuento de los males que llegarán al pueblo si desobedece al compromiso (Jos 24.19-20); y el pueblo reitera su compromiso de serle fiel a Dios (Jos 24.21-24); finalmente, Josué pactó nuevamente con el pueblo de forma definitiva y clara (Jos 24.25).

El propósito teológico del discurso de Josué es poner de manifiesto la actitud divina reiterada hacia el pueblo de Israel, Dios ha manifestado su lealtad al pueblo desde el período patriarcal hasta la llegada a Canaán. El Señor, según la teología del libro de Josué, que se reitera en esta sección final, ha sido siempre fiel, pero el pueblo no ha actuado con el mismo sentido de lealtad al pacto. Esa actitud de rebeldía e infidelidad, que son características del pueblo desde sus mismos comienzos históricos, deben superarse para poder vivir en paz y mantenerse en la Tierra Prometida. De acuerdo con el pacto, Dios está firmemente comprometido a proteger y bendecir al pueblo, en la medida que los israelitas manifiesten compromiso y fidelidad al pacto.

8. Una palabra teológica adicional

Las lecturas en torno al período de conquista de la Tierra Prometida deben ser estudiadas con suma cautela y mucho cuidado en el día de hoy. Referente a estas narraciones, es menester entender que se escribieron desde una perspectiva teológica, para destacar el cumplimiento de las promesas divinas que se habían hecho a los patriarcas y matriarcas de Israel. La interpretación adecuada de estas narrativas debe tomar en consideración la naturaleza simbólica del lenguaje religioso, y su propósito teológico.

Entender literalmente los relatos de la conquista de la Tierra Prometida nos presenta un desafío formidable, pues los cananeos que vivían en esas tierras, según los relatos escriturales, fueron destruidos y aniquilados; en efecto, fueron ofrecidos ante Dios en sacrificio, como una ofrenda, fueron el *herem,* el anatema. Una comprensión literal de estas hazañas, riñe seriamente con el mensaje de Jesucristo, que se fundamente en el perdón y la misericordia, y destaca el diálogo, el respeto, y la dignidad humana.

El estudio cuidadoso de estos pasajes de violencia en los libros de Josué y Jueces, y también en otras porciones de las Escrituras, debe comprender que la revelación bíblica llega a su punto culminante en la figura de Jesús de Nazaret. De acuerdo con los Evangelios, Jesús revisó seriamente las antiguas tradiciones del pueblo de Israel y las reinterpretó a la luz del mensaje del amor y del perdón. Para Jesús, la violencia no es el camino para la solución de los problemas.

La conquista de la Tierra Prometida es una narración que tiene el propósito de enfatizar que Dios es fiel a sus promesas, no es una especie de permiso para que la gente responda con violencia y hostilidad ante quienes se interponen en el camino del pueblo de Dios. Ni mucho menos debe servir de justificación para irrespetar los derechos humanos de personas y comunidades.

Estas narraciones son de vital importancia en diversas partes del mundo donde se utiliza la Biblia para justificar la violencia, particularmente en el Oriente Medio, donde en la actualidad, se libran diversas batallas políticas y militares. En medio del conflicto palestino-israelí, en ocasiones, utilizan las Sagradas Escrituras para justificar agresiones y justificar políticas de opresión, hostilidad, discrimen y ocupación.

Referente a este tema, que es uno teológico, pero que a la vez tiene muy serias implicaciones políticas y sociales, es importante afirmar: no es la voluntad del Dios bíblico, que se caracteriza por la santidad y la justicia, discriminar contra diversos sectores de la sociedad. No fue, además, la intensión de los escritores de las Sagradas Escrituras, que se utilizaran sus libros para destruir comunidades y oprimir pueblos. No es adecuado ni pertinente, tanto desde la perspectiva exegética como de la teológica, utilizar los textos bíblicos de la conquista de las tierras de Canaán para avanzar causas que manifiestan prejuicios, odios, discrímenes y resentimientos contra sectores minoritarios de la sociedad. Ni es espiritualmente sano usar las narraciones de la conquista para quitarle, en nombre de Dios o de la religión, las propiedades y tierras a ninguna comunidad del mundo.

12

El libro de los Jueces

Aquel día, Débora y Barac, hijo de Abinoam, cantaron así:
«Por haberse puesto al frente los caudillos de Israel,
por haberse ofrecido voluntariamente el pueblo,
load a Jehová.
¡Oíd, reyes! ¡Escuchad, príncipes! Yo cantaré a Jehová,
cantaré salmos a Jehová, el Dios de Israel»
Jueces 5.1-3

1. El libro y su contenido

El libro de los Jueces prosigue con las narraciones de la conquista de la Tierra Prometida, luego de la muerte de Josué (Jue 2.6-10) hasta la época de Samuel. Comprende los años que van desde el c. 1225 hasta un poco antes del 1030 a.C., cuando llega al poder en Israel su primer monarca, Saúl. Este singular período tiene gran importancia y significado teológico, entre otras razones, por la dicotomía entre las actitudes humanas y las respuestas divinas, y la frase «en el tiempo... de los jueces» (p.ej., 2 S 7.11; 2 R 23.22; Rt 1.1) se acuñó en las Sagradas Escrituras para recordar esta etapa histórica en la vida del pueblo.

El título de la obra se relaciona con las funciones que llevaban a efecto una serie de líderes del pueblo, que Dios mismo levantó para proseguir la ocupación de Canaán. Estos nuevos personajes recibieron el nombre de «jueces», aunque sus funciones no estaban limitadas a la administración de la justicia, desde la particular perspectiva jurídica.

El sustantivo hebreo *sofetim,* que tradicionalmente se traduce en castellano como «jueces», así como el verbo *safat,* «juzgar», se unen y añaden en este libro, al significado general de implantación de la justicia, la idea clave de «liberar a personas inocentes» y «restablecer una situación de injusticia». Inclusive, esas palabras hebreas transmiten los conceptos asociados a los verbos «guiar», «dirigir» y «gobernar».

Posiblemente la idea original de las palabras en hebreo era la de gobernar o administrar el gobierno, pero como una de las responsabilidades fundamentales de los gobernantes era la administración equitativa de la justicia, esa idea fue la que prevaleció en la comprensión de la expresión «jueces». En efecto, más que funcionarios de las cortes de justicia, estos personajes eras héroes nacionales, guías políticos y líderes militares que guiaban a las tribus de Israel a superar alguna crisis y dificultad nacional.

Las narraciones en Jueces presentan las acciones heroicas de una serie de doce líderes de las tribus de Israel que les guiaron a triunfar sobre diversos tipos de desafíos y dificultades. Inclusive, en situaciones de gravedad extrema cuando los enemigos del pueblo amenazaron la supervivencia misma nacional, de acuerdo con los relatos bíblicos, Dios mismo levantaba entre ellos a algún libertador para que los condujera al triunfo (Jue 3.9).

El énfasis de las narraciones bíblicas es esencial y eminentemente teológico, pues destacan las intervenciones divinas en los procesos bélicos, aunque los jueces también manifiestan un claro carácter militar. Es el Espíritu del Señor la fuerza que guía a estos jueces a llevar a efecto una misión liberadora, en un contexto histórico y geográfico, preciso y limitado. Los temas constantes en el recuento de estas hazañas son: la manifestación continua de la misericordia divina, y la actitud constante y repetitiva de ingratitud humana. De un lado, el pueblo mantenía su actitud de rebeldía y rechazo a la voluntad de Dios; y del otro, el Señor mostraba su extraordinario amor al levantar líderes que ayudaran al pueblo a superar las crisis, conflictos, guerras y vicisitudes.

La tradición judía, que fue acogida por los padres de la iglesia, atribuyó la composición del libro a Samuel o algún escriba de la corte de David. Esta percepción se desprende de las continuas referencias en la obra a la ausencia de un monarca en el pueblo (Jue 17.6; 18.1; 19.1; 21.25), y la alusión directa a que los jebuseos ocupaban aún la ciudad de Jerusalén (Jue 1.21).

El análisis científico de la obra revela, sin embargo, que posiblemente en el exilio o luego del exilio un redactor le dio forma final al libro de los Jueces, basado en la teología del libro de Deuteronomio. Algunas de las narraciones y de los poemas del libro son ciertamente arcaicos (p.ej., Jue 5.1-31; 9.8-15), y es probable que el material que se incluye proviniera tanto de las tribus del norte (Jue 3.12—9.57) como del sur (Jue 3.1-11; 10.6—12.7; 13.1—16.31). La fuerza teológica que mueve las narraciones es que la idolatría y apostasía del pueblo son las causas mayores de juicio y destrucción de la comunidad, mientras que la fidelidad al pacto es garantía de éxito y seguridad nacional.

Los jueces en Israel

Las narraciones en Jueces presentan las acciones heroicas de una serie de doce líderes de las tribus de Israel que les guiaron a triunfar sobre diversos tipos de desafíos y dificultades. Inclusive, en situaciones de gravedad extrema cuando los enemigos del pueblo amenazaron la supervivencia misma nacional, de acuerdo con los relatos bíblicos, Dios mismo levantaba entre ellos a algún libertador para que los condujera al triunfo (Jue 3.9).

2. Estructura literaria y temática

El libro de los Jueces puede dividirse en tres secciones mayores. En primer lugar, la obra incluye dos prólogos importantes, que ubican el libro en un contexto amplio desde la perspectiva histórica (Jue 1.1—2.5) y teológica (Jue 2.6—3.6). Prosigue la sección central y básica del libro, en la cual se presentan los doce jueces del pueblo y se describen sus hazañas a favor del pueblo (Jue 3.7—16.31). La obra finaliza con dos epílogos, que son como apéndices de las acciones idolátricas del pueblo (Jue 17.1—18.31; 19.1—21.25).

La obra como un todo presenta una serie de narraciones que a primera vista no necesariamente muestran conexión, a no ser por los temas redentores y la repetición de una muy particular estructura literaria. En efecto, la lectura cuidadosa de los relatos pone de relieve un muy bien definido patrón temático que no puede obviarse, y que puede muy bien resumirse en cuatro etapas básicas: Las primeras dos son la fidelidad e infidelidad del pueblo, a las que siguen, el enojo y juicio divino y el posterior arrepentimiento del pueblo. En medio de esta gran estructura, se presentan los diversos episodios de los jueces de las tribus de Israel.

- Fidelidad del pueblo. En esta etapa, bajo el liderato de alguno de los jueces de Israel, el pueblo se mantiene fiel al pacto y muestra lealtad a los mandamientos divinos. Esos períodos son descritos como tiempos de paz, abundancia, seguridad y prosperidad nacional (Jue 3.11, 30; 5.31; 8.28).
- Infidelidad del pueblo. Generalmente, luego de la muerte de ese juez que trajo paz y seguridad al pueblo, prosigue una nueva etapa de rebeldía nacional, en la cual el pueblo vuelve a desobedecer los estatutos de Dios y van tras los dioses de las naciones vecinas, lo que es visto en las Escrituras como un serio atentado contra la autoridad divina en el pueblo (Jue 2.12-13; 3.7; 10.6).
- Enojo divino. Esta infidelidad del pueblo, suscita la ira de Dios, que los entrega en manos de sus enemigos (Jue 2.14, 20-21; 3.8; 4.2; 10.7). Se destaca en estas narraciones que el comportamiento humano tiene consecuencias en las acciones de Dios hacia el pueblo. La obediencia genera bendición; y la rebeldía, juicio y castigo.
- Arrepentimiento del pueblo. El juicio divino, que se manifestaba a través de la opresión de sus enemigos, incentivaban en el pueblo un sentido de arrepentimiento que, a su vez, generaban súplicas a Dios por auxilio y liberación (Jue 3.9,15; 4.3; 6.6). Estas súplicas movían la misericordia de Dios que les levantaba otro juez, que sirviera de libertador del pueblo. El pueblo de esta forma recupera su libertad y seguridad, y goza de cuarenta años de prosperidad y paz (véase Jue 3.30). Una vez que fallece el juez que implantó la paz en el pueblo, comienza nuevamente el mismo ciclo de fidelidad, infidelidad, enojo divino y arrepentimiento humano.

Los dos prólogos del libro (Jue 1.1—2.5; 2.6—3.6) ubican al lector y lectora en el contexto histórico y teológico adecuado de la obra. Se trata de la vida de las tribus de Israel, luego de la muerte de Josué. Como factor de gran importancia temática y teológica del libro se indica, además, que la nueva generación de israelitas, que sucedió al grupo que llegó con Josué a Canaán, no conocía al Señor ni sabía lo que Dios había hecho por el pueblo (Jue 2.10-11). En efecto, se indica claramente que ese nuevo grupo hizo lo que desagradaba al Señor y sirvió a las divinidades cananeas.

Al comienzo mismo de la obra se pone en evidencia clara el contexto negativo de las actitudes del pueblo. Las nuevas generaciones decidieron no continuar con el pacto que Dios había entablado con el pueblo en el Monte Sinaí, y nuevamente actuaron de forma rebelde ante las revelaciones divinas. De esta forma se contraponen las generaciones de Josué y la de los Jueces: Con excepción a la actitud de Acán, el pueblo bajo el liderato de Josué fue fiel al pacto; ese, sin embargo, no era el caso de las nuevas generaciones en el libro de los Jueces.

Las dos secciones finales de la obra presentan algunos incidentes adicionales de las actitudes rebeldes del pueblo, particularmente en la tribu de Dan. El propósito es presentar el estado de desorganización y anarquía del pueblo (Jue 17.6; 18.1; 19.1; 21.25) antes del comienzo de la institución de la monarquía en Israel. El propósito de estos capítulos no es continuar las narraciones de crisis y héroes del pueblo, sino comenzar la transición hacia una nueva forma de gobierno centralizado.

El primer relato presenta la fundación del santuario de Dan (Jue 17.1—18.31), luego que esta tribu emigrara al norte para ubicarse cerca del nacimiento del río Jordán. En el camino, según la narración, tomaron algunos objetos de culto e imágenes, que en las tradiciones bíblicas son descritos como idolátricos, y por consiguiente, absolutamente rechazados.

El segundo epílogo (Jue 19.1—21.25) presenta el grado óptimo de la crisis nacional, pues se manifiestan guerras entre las diferentes tribus de Israel. Estos episodios se relacionan directamente con los acontecimientos en torno al delito cometido contra la esposa o «concubina» de un levita de Gabaá, que casi termina con la destrucción de la tribu de Benjamín. Este relato presenta el colmo de la anarquía del pueblo de Israel: los conflictos internos y hasta la guerra.

3. Los jueces

Las narraciones bíblicas no nos permiten identificar con precisión un patrón común entre estos jueces del pueblo. Presentan, sin embargo, algunas características y detalles que brindan a estos personajes cierto sentido de individualidad. En efecto, en el análisis del libro se pueden detectar dos tipos de líderes. De algunos solo poseemos detalles minúsculos, y son conocidos como «jueces menores»; de otros, sin embargo, tenemos mucha más información para nuestro estudio y evaluación, y son identificados como «jueces mayores».

Entre las características principales de estos líderes se pueden enumerar las siguientes: eran elegidos y comisionados por Dios para llevar a efecto una encomienda específica (véase, p.ej., Jue 3.9; 3.15; 4.6; 6.11-24); recibían, además, una manifestación especial del Espíritu de Dios para llevar a efecto esas labores redentoras (Jue 11.29; 14.6, 19; 15.14); y el propósito fundamental y prioritario de estos llamados y encomiendas era liberar y reivindicar al pueblo de alguna opresión nacional o amenaza enemiga.

Estos jueces del pueblo, en efecto, implantaban la justicia a medida que luchaban contra las causas de la opresión y contra los grupos enemigos, pues la finalidad era restituir y reivindicar los derechos del pueblo. En tiempos de paz, sin embargo, estos personajes también podían servir de jueces, desde la perspectiva jurídica tradicional del término (Jue 10.2-3; 12.7-11).

Características de los jueces

Entre las características principales de estos líderes se pueden enumerar las siguientes: eran elegidos y comisionados por Dios para llevar a efecto una encomienda específica (véase, p.ej., Jue 3.9; 3.15; 4.6; 6.11-24); recibían, además, una manifestación especial del Espíritu de Dios para llevar a efecto esas labores redentoras (Jue 11.29; 14.6, 19; 15.14); y el propósito fundamental y prioritario de estos llamados y encomiendas era liberar y reivindicar al pueblo de alguna opresión nacional o amenaza enemiga.

El estudio detallado de las labores de estos personajes descubre que no fueron jefes mayores entre las tribus ni legisladores nacionales. Solo eran líderes carismáticos locales que fueron llamados por Dios para cumplir una tarea específica y concreta entre las antiguas tribus de Israel. En un período donde no se habían desarrollado aún estructuras administrativas efectivas, estos jueces eran fuente de unión temporal entre los diversos grupos de israelitas que luchaban tenazmente por conquistar o mantenerse en las tierras de Canaán. Solo Samuel, que es una figura singular y única al final de este período, tuvo una tarea como juez y lider nacional que fue, a la vez, extensa y significativa.

Aunque algunos de ellos, no actuaron de forma adecuada en los momentos necesarios, la tradición judía y bíblica los ha considerado como buenos modelos de fidelidad ante Dios (Heb 11.32). Se indica de ellos, inclusive, que sus corazones «no se prostituyeron» (Eclo 46.11-12), pues en su gran mayoría decidieron obedecer la revelación divina y cumplir cabalmente con sus labores redentoras en el pueblo.

4. Lista de los jueces

Juez	Tribu	Grupo opresor	Años de crisis/paz
Otoniel	Judá	Arameos	8/40
Aod	Benjamín	Moabitas	18/80
Samgar	Hijo de Anat	Filisteos	
Barac y Débora	Neftalí	Cananeos	20/40
Gedeón	Manasés	Madianitas	7/40
Tola	Isacar		/23
Jaír	Manasés		/22
Jefté	Manasés o Gad	Amonitas	18/6
Ibzán	Belén (Zabulón)		/7
Elón	Zabulón		/10
Abdón	Efraín	Filisteos	/8
Sansón	Dan		40/20

5. Jueces mayores

Entre los jueces mayores podemos identificar seis, aunque la extensión de las narraciones e importancia histórica de cado uno puede variar. Los primeros dos, Otoniel (Jue 3.7-11) y Aod (Jue 3.12-20), liberan a las tribus de Israel de la opresión del rey mesopotámico de Cusán-ritsataim, y del rey de Moab, Eglón, respectivamente. En estos relatos comienza a manifestarse la singular estructura temática y literaria del libro. Las referencias a la intervención del Espíritu (Jos 3.10; 6.34; 11.29; 14.6, 19; 15.14), enfatiza las transformaciones divinas de personas comunes que se convierten en personajes distinguidos y héroes del pueblo.

Las narraciones relacionadas con Barac (Jue 4.1—5.31) presentan la acción bélica de más envergadura e importancia en el período de los jueces. El recuerdo de este extraordinario triunfo se preservó en la memoria nacional en dos formas literarias, una en narración y la otra en poesía. Cada expresión contribuye significativamente a la comprensión del evento.

Débora era una jueza y profetiza que fue movida por el Espíritu de Dios a convencer a Barac, de la tribu de Benjamín, a luchar contra los cananeos. El rey cananeo era Jabín, que gobernaba desde Hazor, y su general era Sísara, que poseía un ejército poderoso con carros de guerra. El triunfo de los israelitas fue contundente en las llanuras de Meguidó.

Esa victoria es también recordada y celebrada en el llamado «Cántico de Débora y Barac» (Jue 5.1-31) que constituye uno de los poemas más antiguos e importantes de las Sagradas Escrituras. La importancia de este pasaje, no solo para el análisis bíblico sino para la literatura universal, se relaciona principalmente con la fuerza y claridad de sus expresiones y con el esplendor de sus imágenes. En ocasiones, la antigüedad del poema dificulta su traducción y comprensión, pero la idea general del triunfo, se pone de manifiesto con plena claridad.

El cuarto juez de importancia en este período es Gedeón (Jue 6.1—8.35). La narración ubica la vocación liberadora de Gedeón, en el contexto de la opresión de los madianitas. El relato de estos triunfos del pueblo de Israel incluye una serie de importantes experiencias milagrosas, que destacan el poder divino en la dinámica de la victoria nacional y en el disfrutar de la paz y la seguridad por parte del pueblo.

Las manifestaciones o confirmaciones milagrosas relacionadas con las hazañas de Gedeón, son las siguientes: La doble corroboración y confirmación divina relacionada con el vellón de lana en la era (Jue 6.36-40), la elección de solo trescientos soldados para lograr el triunfo (Jue 7.1-8) y el sueño predictivo del madianita (Jue 7.13-14). En ese contexto general de milagros y triunfos, se manifiesta el primer esfuerzo en el pueblo de Israel por establecer una monarquía con el hijo de Gedeón, Abimelec (Jue 9.1-57). Inclusive, Abimelec reinó por algún tiempo en Siquem, pero su esfuerzo culminó en fracaso.

Jefté es el quinto juez mayor, de acuerdo con las narraciones del libro de los Jueces (Jue 10.6—12.15). En esta ocasión, la lucha de liberación es en contra de los amonitas. Aunque los relatos incluyen algunos episodios bélicos, el énfasis está en los esfuerzos diplomáticos que se llevaron a efecto. Es en ese singular contexto de diálogos y negociaciones, que Jefté hace el inaudito voto de sacrificar a la primera persona que saliera de las puertas de su casa, si alcanzaba la victoria y, ¡quien sale es su hija!

Las acciones de Jefté son abiertamente censuradas en las Escrituras, tanto en la Ley (Dt 12.31; 18.10), como en el mensaje de los profetas (Jer 7.31; Ez 16.21). Sin embargo, es importante notar que sí se reprocha en la Biblia el que se practicara esto de alguna forma en el pueblo. Jefté, que era producto de una seria crisis familiar, había llevado un estilo de vida aventurero y poco piadoso. Su elección como juez, desde la perspectiva teológica, pone claramente en evidencia de que la salvación del pueblo depende únicamente de Dios, no de sus líderes.

Las narraciones en torno a Sansón (Jue 13.1—16.31) constituyen un material especial en el libro de los Jueces. Proveniente de la tribu de Dan, Sansón es un modelo de héroe nacional que tiene características diferentes al resto de los jueces de Israel, pues no ejerció funciones administrativas o gubernamentales, ni fue general de ningún ejército.

En efecto, los relatos que describen sus actos son más bien de carácter individual, y no tienen grandes repercusiones en nivel nacional entre las tribus. La popularidad de Sansón se puede relacionar con su gran fuerza y también con su firme determinación de vencer a los enemigos de su pueblo.

La labor de juez de nuestro personaje, de acuerdo con el libro, se relaciona con las batallas que libró Sansón contra los filisteos, que habían llegado a las costas de Canaán y de manera paulatina adquirieron poder político y militar, posiblemente por la tecnología militar que habían desarrollado; ya que construían sus armamentos en hierro y poseían carros de guerra. Estos relatos bíblicos ponen de manifiesto el poder bélico que ostentaban los filisteos en la época de los jueces.

Dios es fiel

Tanto los episodios relacionados con Sansón, como las narraciones en torno al resto de los jueces, ponen de relieve que a pesar de las continuas infidelidades y rebeliones del pueblo, el Señor mantuvo su firme compromiso de bendecirles. Se manifiesta de forma continua en estos relatos, el deseo divino de cumplir sus antiguas promesas al llevar y mantener al pueblo en las tierras de Canaán. En efecto, el tema teológico subyacente en el libro afirma la importancia de la fidelidad de Dios.

Las narraciones en torno a la vida y hazañas de Sansón incluyen varios temas de importancia teológica: Su nacimiento milagroso y sus votos de nazareo desde antes de nacer (Jue 13.1-25); sus victorias sobre los ejércitos filisteos, fundamentadas en su fuerza extraordinaria, que provenía de su compromiso y dedicación a Dios (Jos 15.9-20); el episodio con Dalila (Jue 16.4-22), por el cual es finalmente apresado; y su acto heroico final, al dar la vida a favor de su pueblo (Jue 16.23-31).

Tanto los episodios relacionados con Sansón, como las narraciones en torno al resto de los jueces, ponen de relieve que a pesar de las continuas infidelidades y rebeliones del pueblo, el Señor mantuvo su firme compromiso de bendecirles. Se manifiesta de forma continua en estos relatos, el deseo divino de cumplir sus antiguas promesas al llevar y mantener al pueblo en las tierras de Canaán. En efecto, el tema teológico subyacente en el libro afirma la importancia de la fidelidad de Dios.

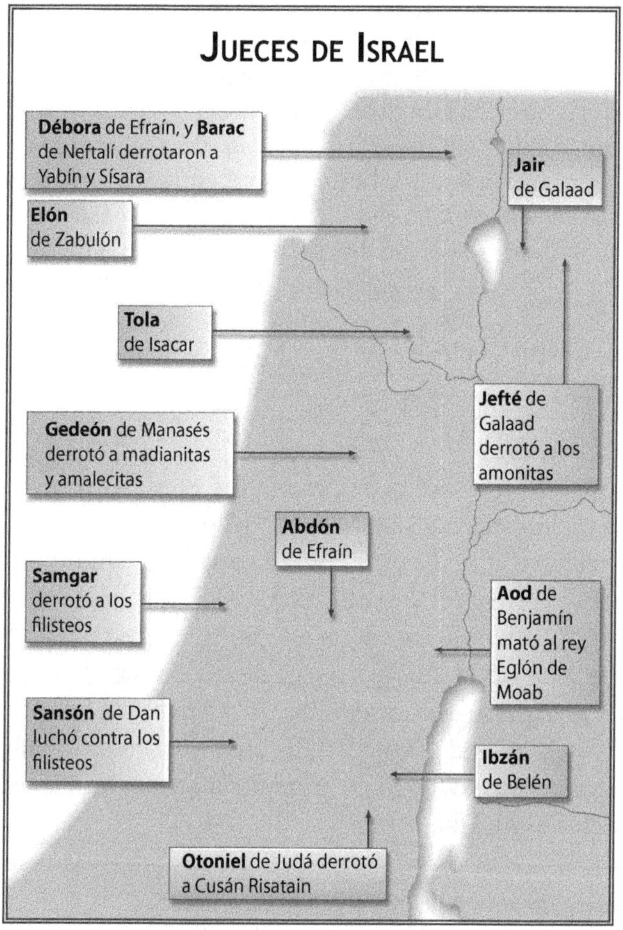

6. Jueces menores

Los relatos de los llamados jueces menores de Israel se incluyen esencialmente en dos bloques narrativos básicos en el libro (Jue 10.1-5;

12.8-15), con la sola excepción de las hazañas de Samgar (Jue 3.31), de quien se indica que mató a 600 filisteos con una aguijada de bueyes, que es la vara con punta de metal que sirve para hacer andar a estos animales de trabajo. Aunque el propósito de estas narraciones es similar al resto de los jueces del pueblo, estos episodios son breves y concisos, sin mucho lustre literario o teológico.

En referencia a estos personajes, el libro de los Jueces presenta de forma condensada una genealogía, se presentan sus actividades redentoras en el pueblo, se alude a la región en donde llevaron a efecto sus labores y, finalmente, se indica el lugar de su sepultura. En torno a Jaír, Ibzán y Abdón, se añade algún detalle familiar, como sus hijos o nietos, y se incorporan referencias breves a sus labores en el pueblo. Con la posible excepción de Samgar, el resto de los jueces menores cumple generalmente labores regulares de magistrados en sus comunidades, no son descritos como libertadores nacionales.

La presencia de Samgar en esta lista de jueces del pueblo de Israel es de singular importancia histórica y teológica. Su nombre delata un origen no israelita; además, la referencia clara y directa a que era hijo de Anat, que era una muy conocida diosa ugarítica, pone de relieve su origen pagano y su educación politeísta. El Cántico de Débora, también alude a Samgar en referencia a Jael, que tampoco provenía de familias israelitas (Jue 5.6).

7. La teología del libro

El libro de los Jueces presenta una narración de la historia de Israel en el período de conquista y asentamiento en las tierras de Canaán, luego de la muerte de Moisés y Josué. Sin embargo, su finalidad no es puramente histórica sino teológica. Los relatos de las hazañas de los jueces presentan dos valores teológicos fundamentales: la infidelidad continua del pueblo, y las repetidas manifestaciones de la misericordia y lealtad de Dios. Entre estos dos polos teológicos, se articula una teología de la historia que enfatiza el tema de la lealtad al pacto como valor indispensable para el éxito, tanto en la empresa de la conquista como en la permanencia en la Tierra Prometida.

Desde sus prólogos, el libro de Jueces presenta una descripción realista de la llegada de las tribus a Canaán, y complementa los relatos que se incluyen en el libro de Josué. Una vez se describe la realidad del pueblo a la muerte de Josué, se presentan los resultados diversos de las incursiones en los nuevos territorios. Por ejemplo, en el sur, las tribus lograron triunfos significativos en las montañas (Judá y Simeón), pero no así en las llanuras; y la tribu de Benjamín no logró conquistar Jerusalén. Por el centro, algunas ciudades importantes cananeas no fueron conquistadas por Efraín y Manasés (p.ej., Meguido, Tanac, Dor, Ibleam, Bet Seán y Guezer). En el norte la experiencia fue mixta, con algunos triunfos y fracasos.

Esos detalles históricos, le brindan al libro el fundamento para elaborar su teología, que se expone en el ciclo literario de rebeldía e infidelidad humana, enojo y juicio divino, arrepentimiento del pueblo y liberación de Dios. En este ciclo repetitivo de actitudes humanas impropias, se manifiesta con firmeza el compromiso divino de cumplir sus promesas al pueblo de Israel.

La palabra final de la obra es destacar que ante esas constantes actitudes humanas de infidelidad ante Dios, se necesitaba una nueva forma de gobierno. La gran crítica es que cada persona hacía lo que le perecía bien (Jue 21.25), que es una manera de poner de manifiesto la anarquía nacional que se vivía en el pueblo. En este singular contexto, se introduce el tema de la monarquía, que va a ser de fundamental importancia histórica y teológica, no solo en los libros que prosiguen, Samuel y Reyes, sino en el resto de las Sagradas Escrituras.

13

Los libros de Samuel

—Ve y acuéstate; y si te llama, di:
"Habla, Jehová, que tu siervo escucha".
Así se fue Samuel y se acostó en su lugar.
Vino Jehová, se paró y llamó como las otras veces:
—¡Samuel, Samuel!
Entonces Samuel dijo:
—Habla, que ti siervo escucha.
Dijo Jehová a Samuel:
—Yo haré una cosa en Israel
que a quien la oiga le zumbarán ambos oídos...
1 Samuel 3.8b-11

1. Los libros de Samuel

Los dos libros relacionados con Samuel presentan la historia del pueblo de Israel en un período extremadamente crítico y fundamental: la transición entre el tiempo de los jueces y el inicio de la institución de la monarquía. Fueron momentos de cambios radicales y de transiciones políticas intensas, en los cuales la dirección nacional se movió de una confederación o reunión de tribus, que respondían a algún problema o desafío político y militar en común, a un tipo de gobierno nacional centralizado. Esos cambios tenían unas muy serias y complejas repercusiones políticas, sociales y espirituales.

El entorno histórico de esas narraciones se relaciona directamente con el último de los jueces de Israel, Samuel, y también con los primeros tres reyes del pueblo, Saúl, David y Salomón. Fueron años de grandes desafíos existenciales para el pueblo, pues los filisteos constituían una amenaza militar formidable, que con la infraestructura política y administrativa de los jueces no podían enfrentarlos con posibilidades de triunfo. En este gran marco de posibilidad absoluta de derrota y exterminio nacional, surge la institución de la monarquía que, aunque responde en efecto, a las necesidades de organización internas, llega con algunas críticas de importancia desde sus mismos comienzos.

La implantación y el desarrollo de la nueva forma de gobierno entre las antiguas tribus de Israel pudo, finalmente, neutralizar y derrotar a los agresivos y poderosos ejércitos filisteos, sin embargo, los diversos costos de la monarquía fueron muy altos. Las tribus fueron perdiendo su poder de forma gradual pero continua, y el mantener toda la nueva infraestructura política y militar nacional, requirió la implantación de un sistema de impuestos onerosos, que gravó adversamente al pueblo, particularmente a las tribus del norte. Además, el rey era una figura de gran autoridad y poder terrenal, en medio de un pueblo que afirmaba que solo Dios era su monarca absoluto y único.

En efecto, los reyes de Israel crearon un tipo de gobierno centralizado que fue adquiriendo poderes paulatinamente a expensas de las libertades de los individuos y de las tribus. Como muchos de esos poderes civiles y derechos humanos estaban fundamentados en la revelación divina en el Monte Sinaí, no faltaron las críticas proféticas a los monarcas, que debían sujetarse a la voluntad de Dios, que era el rey por excelencia tanto del pueblo como de sus líderes.

Las narraciones que se incluyen en los libros de Samuel deben ubicarse entre los años c. 1050 y 970 a.C. Ese fue un particular período de calma internacional y también de desafíos locales. Por sus luchas internas, Egipto estaba debilitado y era incapaz de comenzar algún programa expansionista en Canaán. Asiria, aunque mantenía cierto poder y hegemonía en la región, debía estar alerta ante los continuos avances imperialistas de Babilonia. Los hititas, por su parte, luego de los acuerdos de paz con Ramsés II (1280 a.C.), se habían retirado a Capadocia y Siria.

Ese vacío de poder y relativa calma internacional, propició las serias amenazas del pueblo filisteo contra los israelitas. Los primeros contaban con un equipo bélico sofisticado y efectivo; mientras que los israelitas no poseían una buena organización interna e infraestructura militar, para con efectividad responder a esas amenazas y crisis. También desafiaban regularmente la paz de los israelitas otros grupos; como por ejemplo: los amalecitas, que tradicionalmente merodeaban el Sinaí, el Néguev y Transjordania; y los amonitas, moabitas e idumeos (1 S 14.47-48; 2 S 8), que en ocasiones se presentaban como pueblos hostiles en la región.

2. Autor, título, texto y estructura

Las tradiciones rabínicas antiguas afirman que el último juez de Israel fue el autor de los libros de Samuel, que llevan su nombre; y que las referencias posteriores a su muerte, fueron redactadas finalmente por los profetas Natán y Gad. El estudio detallado de la obra, sin embargo, identifica diversas etapas en el proceso de redacción, que incluyen una gran influencia deuteronomística. Uno de los propósitos prioritarios de estos libros de Samuel es, posiblemente, legitimar la dinastía davídica en Israel y que se mantuvo únicamente en el reino del sur, Judá.

Originalmente estos libros eran una sola obra o volumen, pero para facilitar su manejo en contextos litúrgicos, se dividieron en dos; ese es también el caso de los libros de Reyes. La Septuaginta, o versión de los LXX, presenta a Samuel y Reyes como cuatro libros, y los denomina «Libros de los Reinos», tendencia que siguió la traducción de la Vulgata latina, a los cuales llamó, «Los cuatro libros de los Reyes».

Aunque el juez y profeta Samuel es uno de los personajes principales de estas obras, la lectura de las narraciones descubre que el estilo continúa la tendencia literaria y teológica que nace en el Deuteronomio, y que ciertamente prosigue con vigor y efectividad en los libros de Josué y Jueces. Algunas de las tradiciones que se incluyen en el libro provienen ciertamente de la época de la monarquía, pero la redacción final de la obra posiblemente se hace en el exilio, e intenta poner de manifiesto, algunas de las razones por las cuales el pueblo perdió la Tierra Prometida. La crítica a la monarquía en general es un tema recurrente de gran importancia teológica en el libro que no debe ignorarse. Estos comentarios evaluativos son importantes para poder comprender adecuadamente el análisis que los profetas hacían de la institución de la monarquía y sus incumbentes.

Los libros de Samuel son famosos entre los estudiosos de la Biblia por las diferencias textuales y complejidades literarias que manifiestan en sus manuscritos. Algunas de esas dificultades se pueden explicar por el hecho que la obra se preservó en más de una familia de manuscritos antiguos. Posiblemente, detrás del texto de la Septuaginta haya algunos documentos hebreos antiguos, mejores que los que se han preservado en el Texto Masorético de Samuel. Los manuscritos descubiertos, por ejemplo, en las cuevas de Qumrán, son más afines a la versión de la Septuaginta que a los manuscritos que poseemos de los masoretas.

La lectura inicial de los dos libros de Samuel descubre que sus narraciones presentan a tres personajes básicos, fundamentales y protagónicos: Samuel, Saúl y David. A estos tres líderes del pueblo se les debe la transición de la administración de los jueces a la implementación de la monarquía en Israel. Este proceso complejo de integración nacional y reorganización política y social, de tribus independientes a pueblo con identidad y gobierno central, está íntimamente relacionado con las acciones administrativas, las visiones políticas y las prioridades militares de estos tres líderes.

Con Samuel se cierra un capítulo importante en la historia nacional. Él fue el último representante de la forma de gobierno que se estableció en Canaán luego de la llegada de las tribus a la Tierra Prometida. Esas tribus, que no poseían mucha cohesión social, política y militar, fueron dirigidas por Samuel, hasta que llegó la época del cambio. Sin embargo, el poder absoluto de Samuel se manifiesta en las narraciones bíblicas con suma claridad, pues consagró o ungió a los primeros dos reyes del pueblo, Saúl y David (1 S 9.27—10.1; 16.13), y orientó los procesos de transición. Inclusive, Samuel fue testigo del paso de la monarquía insipiente al desarrollo de la primera dinastía nacional, con la familia de David.

La obra se puede dividir en las siguientes tres secciones mayores: Narraciones en torno a Samuel (1 S 1—12); los relatos relacionados con Saúl, el primer rey de Israel (1 S 13.1—2 S 1.27); y las hazañas de David, que lo llevaron al poder del reino (2 S 2.1—24.25). Estos grandes bloques temáticos y literarios, incluyen otras secciones internas más pequeñas, a las cuales vamos a aludir a continuación.

3. Samuel, juez, sacerdote, profeta y político

Samuel es la figura protagónica indiscutible de gran parte de estos libros. Su nombre puede significar «lo he pedido al Señor», o mejor, «su nombre es Dios». En ambos casos se pone de manifiesto con claridad desde su mismo nacimiento, la importante relación con Dios, que será un componente continuo e importante en su carrera religiosa y política.

Todo este inicial gran bloque literario presenta, en torno a este singular personaje en la historia de Israel, los siguientes temas prioritarios: nacimiento, niñez y llamado de Samuel (1 S 1.1—3.21); las dos primeras guerras contra los filisteos (1 S 4.1—7.1); Samuel como juez en Israel (1 S 7.2-17); y la transición hacia la monarquía con la consagración de Saúl (8.1—12.25).

Las narraciones iniciales de la obra comienzan con el nacimiento milagroso de Samuel, que lo ubica en una tradición de personajes importantes en la historia nacional (p.ej., Moisés en Ex 2 y Sansón en Jue 13; y posteriormente, Juan el Bautista y Jesús de Nazaret en Lc 1—2).

Ese nacimiento es una clara manifestación de misericordia divina ante las oraciones humildes, insistentes, intensas y sentidas de una mujer estéril. Como gratitud a Dios, Ana le ofrece a su hijo Samuel al Señor, quien se queda a vivir con el sacerdote Elí en el santuario de Silo (1 S 1.24-28).

Samuel y la monarquía

Con Samuel se cierra un capítulo importante en la historia nacional. Él fue el último representante de la forma de gobierno que se estableció en Canaán luego de la llegada de las tribus a la Tierra Prometida. Esas tribus, que no poseían mucha cohesión social, política y militar, fueron dirigidas por Samuel, hasta que llegó la época del cambio. Sin embargo, el poder absoluto de Samuel se manifiesta en las narraciones bíblicas con suma claridad, pues consagró o ungió a los primeros dos reyes del pueblo, Saúl y David (1 S 9.27—10.1; 16.13), y orientó los procesos de transición. Inclusive, Samuel fue testigo del paso de la monarquía insipiente al desarrollo de la primera dinastía nacional, con la familia de David.

En ese contexto de gratitud, se incluye el Cántico de Ana (1 S 2.1-10), que es similar a los salmos de acciones de gracias del Salterio, cuyo tema prioritario es la humillación de la gente arrogante, orgullosa y soberbia, y la exaltación de las personas humildes y honestas. En el poema se afirma de forma reiterativa que el poder de humillación y exaltación proviene del Señor, pues es una forma de manifestar su poder creador, así como su dominio absoluto sobre todo lo creado. En torno a este singular poema, es importante notar sus semejanzas con el Cántico de María (Lc 1.46-55), que también incorpora temas análogos.

Posteriormente el libro relata los primeros años de Samuel en el santuario de Silo, presenta su llamado extraordinario (1 S 2.18-26; 3.1-18), y claro el rechazo divino a Elí y sus hijos, por no vivir de acuerdo con los valores que se desprenden de la Ley de Moisés. La impiedad de los hijos de Elí, la incapacidad del padre de poderlos orientar y guiar, y la crisis con los filisteos, se convierten en los temas transitorio hata llegar al llamado de Samuel y su posterior comisión como juez en Israel. Como los hijos de Elí se mostraron indignos e incapaces de ejercer efectivamente la judicatura y el sacerdocio nacional (2.17, 27-36), Dios levantó a Samuel para llenar ese vacío de liderato religioso, político, social como jurídico en el pueblo.

De singular importancia en las narraciones son las decisiones de Samuel durante las primeras dos guerras contra los filisteos. En la primera guerra (1 S 4.1—5.12), los israelitas fueron vencidos cerca de Eben Haezer, y los filisteos se llevaron el arca del pacto a Asdod. En esta guerra es que mueren los hijos de Elí, quien también murió al conocer estas noticias.

De acuerdo con las narraciones bíblicas, los filisteos devolvieron el arca porque les traía calamidades, que entendían como juicio divino, pues pensaban que representaba directamente al Dios de Israel. Desde Asdod, llevaron el arca a Bet Semes y luego hasta Quiriat Jearim (1 S 6.1—7.1).

Luego de veinte años, se libra la segunda guerra contra los filisteos (1 S 7.1-17), que se llevó a efecto en las cercanías de Mizpa. En esta ocasión, el triunfo le correspondió a los israelitas bajo el liderato de Samuel. El contexto general de esta victoria es ciertamente teológico. El pueblo se consagra y suplica la misericordia divina, Samuel ofrece los sacrificios, y los filisteos son derrotados de forma definitiva.

El tema final de toda esta sección de guerras y triunfos es que Samuel se convirtió en el líder indiscutible del pueblo. El relato bíblico indica que juzgó a Israel durante el resto de su vida, que es una manera de afirmar su gran autoridad, que llegaba hasta Bet-el, Gilgal, Mizpa y Ramá, donde estaba ubicada su residencia permanente (1 S 7.15-17).

La próxima sección del libro (1 S 8.1—12.25) pone claramente en evidencia las importantes contribuciones de Samuel en el proceso de transición hacia la monarquía nacional. Samuel se presenta como un buen profeta, pues ungió a las primeros dos reyes del pueblo (Saúl en 1 S 9.15—10.2; y David en 16.1-13), y les comunicó la voluntad divina, de acuerdo con las regulaciones y leyes del pacto (1 S 13.1—15.35). Aunque se retiró del protagonismo nacional, luego de la consagración de Saúl como rey, Samuel mantuvo su autoridad y respeto hasta su muerte (1 S 25.1). Inclusive, cuando fue necesario, consagró a otro rey. Fue enterrado finalmente en la ciudad de Ramá, como a 9 km al norte de Jerusalén.

La figura de Samuel no puede ser subestimada en las narraciones e historia bíblica. En efecto, fue un buen modelo de sacerdote, juez y profeta, pues ofrecía sus sacrificios regularmente con fidelidad ante Dios, no se dejó corromper en la implantación de la justicia y siguió fielmente la revelación divina en su trato con los reyes y el pueblo. Su gran liderato político en el pueblo es incuestionable, pues seleccionó y ungió a los primeros dos reyes de la nación.

4. El primer rey de Israel, Saúl

La figura central en la segunda sección mayor de los libros de Samuel es indiscutiblemente Saúl (1 S 13.1—2 S 1.27), que se convierte en rey, luego de su consagración privada en Ramá (1 S 9.15-17; 10.1), con sus ratificaciones posteriores en Mizpa (1 S 10.17-27) y Gilgal (1 S 11.14-15). Su figura en las narraciones bíblicas es enigmática y compleja; su personalidad, agresiva y quizá paranoica; su liderato, ambivalente e impetuoso; su autoestima, baja y herida; y su reinado, frágil y desorganizado.

Aunque al principio, Saúl contó con el aval de Dios, como se pone en clara evidencia en la guerra contra los amonitas, ese apoyo divino cesó ante sus continuas desobediencias a las órdenes divinas dadas a través del profeta Samuel. Esos actos concretos de desobediencia y rebeldía, de acuerdo con las narraciones del libro, fueron el fundamento básico para que Dios le quitara su bendición y lo relevara de sus funciones reales.

Posiblemente, por la personalidad acomplejada y enigmática que tenía el rey Saúl, esos actos específicos de rechazo a la voluntad de Dios, se produjeron en contextos de guerra, cuando la obediencia a los estatutos divinos era un valor indispensable y fundamental para el éxito en las confrontaciones bélicas.

En primer lugar, en la tercera guerra contra los filisteos (1 S 13.1—14.52), Saúl no espera por el profeta Samuel, como se había acordado previamente, y comienza los actos de culto que precedían los combates. Parece que el rey, movido por la ansiedad y urgencia de atacar a los ejércitos de los filisteos, no esperó a la llegada necesaria del profeta para que este oficiara en esos actos litúrgicos tan significativos en los ambientes bélicos. Es fundamental recordar que en toda la literatura deuteronomista (p.ej., en Deuteronomio, Josué y Jueces), las guerras, y sus resultados obtenidos de victoria o derrota, eran vistos como parámetros de la fidelidad y como criterios de obediencia a Dios por parte del pueblo.

Además, en el contexto de su gran victoria contra los amalecitas (1 S 15.1-35), el rey Saúl tampoco obedeció ni respetó la orden de destruir todo el botín de guerra, que era el anatema, o *herem,* en la guerra santa. También, al final de su carrera política y militar, consulta a una adivina en la ciudad de Endor, para que se comunique con el difunto Samuel (1 S 28.7-25), cosa que estaba absoluta y expresamente prohibida en la Ley de Moisés (Dt 18.9-14).

Estas desobediencias de Saúl, aunque él estaba en la cúspide de su poder como monarca en Israel, causaron consternación e indignación en Samuel, que comenzó a preparar el camino para ungir a un nuevo rey, que fuera sensible a la voz y a la revelación divina, y que también escuchara al profeta. Inclusive, ¡Samuel ungió y consagró a David en una ceremonia privada (1 S 16.1-23), aun cuando Saúl era el monarca en Israel!

Todo el bloque literario relacionado con Saúl pone en clara evidencia la transición política y administrativa del pueblo hacia una nueva forma centralizada de gobierno, la monarquía. En las narraciones, sin embargo, se pueden discernir dos tendencias opuestas en torno a esta novel institución nacional. De acuerdo con el testimonio bíblico, no hubo unanimidad en la afirmación e implantación de la monarquía como institución aprobada por Dios en el pueblo.

El rey Saúl

Aunque al principio, Saúl contó con el aval de Dios, como se pone en clara evidencia en la guerra contra los amonitas, ese apoyo divino cesó ante sus continuas desobediencias a las órdenes divinas dadas a través del profeta Samuel. Esos actos concretos de desobediencia y rebeldía, de acuerdo con las narraciones del libro, fueron el fundamento básico para que Dios le quitara su bendición y lo relevara de sus funciones reales.

En primer lugar, se presenta una muy clara tendencia de oposición y rechazo a la monarquía, que solamente afirma la soberanía divina en el pueblo, no la humana (1 S 8.1-21; 10.17-24; 12.1-25). Se pone en evidencia, además, en estos relatos relacionados con Saúl, otra tendencia en el pueblo, que afirma la monarquía como una institución necesaria y pertinente, pues toma muy seriamente en consideración las amenazas y los desafíos que les presentan los filisteos (1 S 9.1—10.16; 10.27—11.15).

En ese contexto doble de rechazo firme al liderato de Saúl y de preocupación seria por la institución misma de la monarquía, se presentan una serie de narraciones en torno a David y el desarrollo de su liderato entre el pueblo y en el reino. Es todo un bloque literario que comienza cuando el joven David es llevado al palacio y la corte de Saúl (1 S 16.14-23), hasta que finalmente es coronado como el segundo rey de Israel (2 S 5.1-5).

Estas narraciones presentan la figura de David en un continuo ascenso. En primer lugar, se narra su victoria extraordinaria sobre el gigante Goliat en medio de la cuarta guerra contra los filisteos (1 S 17.1-58), que le ganó la aceptación general y aclamación pública del pueblo, y que también propició la gran amistad con Jonatán, hijo de Saúl, con quien entabló un pacto eterno (1 S 18.1-4; 20.11—23.42).

A la vez que los relatos bíblicos presentan a David en medio de sus victorias y celebraciones, se manifiesta en Saúl, según las narraciones, una hostilidad morbosa y creciente, fundamentada posiblemente en los complejos, las inseguridades y los temores del monarca. Un tipo de envidia irracional y enfermiza se manifiesta en Saúl, que decide eliminar, a toda costa, a quien le hacía sombra en el reino: El popular joven David, que tenía al pueblo danzando y cantando estribillos de triunfo y de comparación con el monarca: «Saúl hirió a sus miles, y David a sus diez miles» (1 S 18.7).

La enemistad y aversión de Saúl hacia David se hacía más profunda y compleja con el tiempo, aunque David era muy amigo del hijo del monarca, Jonatán, y se había casado con una de sus hijas, Mical (1 S 18.17-30). Esas relaciones familiares no impidieron las agresiones y los atentados de muerte de parte de Saúl. Esas actitudes en contra de David, que ya había sido seleccionado por Dios y Samuel como futuro rey, son interpretadas en las narraciones bíblicas como la base para el rechazo divino.

Esas actitudes persecutorias de Saúl obligaron a David a salir y escapar de la corte para salvar su vida. En su huida, se establece por algún tiempo en las regiones del sur de Palestina, llega a Ramá para dialogar con Samuel (1 S 19.18-24), y posteriormente va a hablar con Jonatán (1 S 20.1-41), para llegar luego a Nob, donde estaba el sacerdote Ahimelec (1 S 21.1—22.23). Se movió luego a la región de los filisteos, y se reunió con el rey Aquís, de Gat (1 S 21.11-15), ante quien finge una demencia; y llega por el desierto de Judá y se refugia en la gruta de Adulam, para de ahí llegar a Moab (1 S 22.1-23). Además, liberó a la ciudad de Keila de manos de los filisteos (1 S 23.1-29), y superó algunas dificultades adicionales en Zif.

Las complejas dinámicas de persecución y conflictos entre Saúl y David, tienen otros episodios interesantes y muy reveladores. Por ejemplo, en dos ocasiones David le perdona la vida al monarca de Israel: En En-gadi (1 S 24.1-22) y en Zif (1 S 26.1-25), y en ambos relatos se destaca la fidelidad del joven ante el monarca ungido por Dios. Además, para evitar ser capturado por Saúl, David se refugia entre los filisteos, donde fue recibido por el rey Aquís de Gat, que le permite servir, junto a sus hombres de confianza, en labores de guerra, como mercenarios, además de permitirle vivir en Siclag junto a su familia (1 S 27.1—28.2). Sin embargo, ese arreglo no perduró pues se acercaba otra guerra contra Israel, y los filisteos desconfiaron

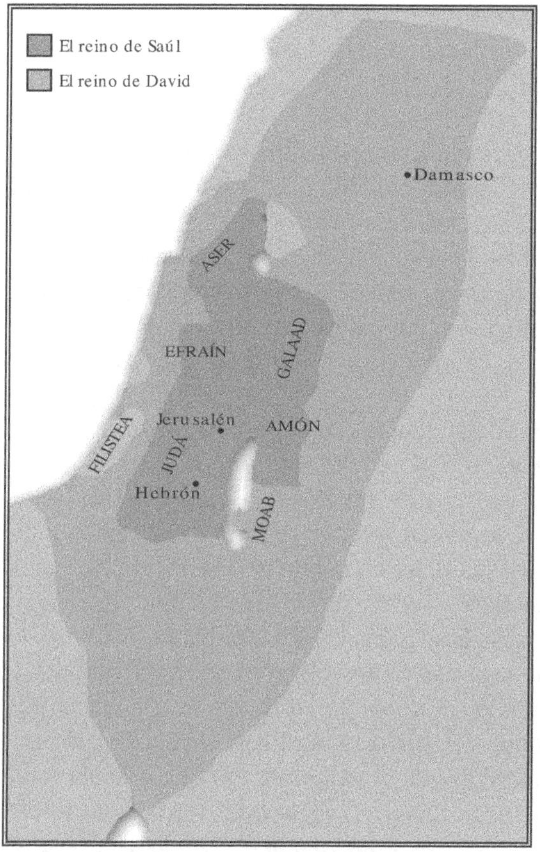

de David y su ejército privado (1 S 29.1-11). Finalmente, David vence a los amalecitas en el Néguev (1 S 30.1-31).

La sección final del primer libro de Samuel narra el suicidio del rey Saúl en las montañas de Gilboa (1 S 31.1-13), después de sufrir una derrota humillante en la quinta guerra de Israel contra los filisteos (1 S 28.1—31.13). Ante la muerte de Saúl, David, que fue perseguido y objeto de atentados de muerte continuos por ese monarca paranoico y acomplejado, llora sinceramente, según las narraciones bíblicas, la pérdida del «ungido de Jehová» (2 S 1.14), y también lamenta de forma dramática e intensa la muerte de su mejor amigo, Jonatán (2 S 1.19-27).

5. David, rey y fundador de una dinastía

La tercera gran sección de los libros de Samuel se dedica a presentar las importantes ejecutorias de David como monarca de Israel. Este reinado debe ubicarse entre los años c. 1010—970 a.C. En primer lugar, David es proclamado rey únicamente sobre la tribu de Judá, desde la ciudad de Hebrón (2 S 2.1-7). Posteriormente se desarrolla una guerra civil por el poder, entre los herederos de Saúl y la casa de David, que culminó con la muerte de los posibles sucesores al reino: El hijo del rey Saúl, Isbaal o Is-boset (2 S 2.8-9), y el jefe de su ejército, Abner.

Posteriormente, David es también proclamado rey por las tribus del norte, cuando los diversos intentos por producir una transición suave, adecuada y estable en la monarquía, habían terminado en fracaso (2 S 5.1-5). Joab, el antiguo jefe del ejército de Saúl, permaneció en su puesto, posiblemente por su fama y porque le declaró su lealtad al nuevo monarca, David.

Las narraciones bíblicas celebran y afirman varios eventos y decisiones de David al comienzo de su monarquía. La conquista de la antigua ciudad jebusea de Jerusalén y la importante decisión de hacerla la nueva capital del reino (2 S 5.6-16). Esa importante decisión estratégica se fundamentaba no solo en alguna virtud geográfica, sino en una magnífica estrategia política que permitió que las tribus del norte se integraran a su gobierno. Además, trasladó el arca del pacto a Jerusalén (2 S 6.1-23), desde donde había sido llevada a Silo, luego de la batalla contra los filisteos.

Un elemento importante que le brindó lustre y poder al reinado de David al comienzo de su carrera administrativa, política y militar, fue sus repetidas victorias contra los ejércitos de los filisteos, moabitas, amonitas, arameos y edomitas (2 S 8.1—10.19). Estos triunfos permitieron al monarca expandir sus dominios y ganarse la fama de rey firme y decidido.

En ese singular entorno histórico y teológico de triunfos y conquistas, se produce un vaticinio de repercusiones extraordinarias en la literatura bíblica: La profecía de Natán, se convirtió en una promesa mesiánica de grandes proporciones históricas (2 S 7.1-29). Esta promesa divina al monarca es uno de los pasajes bíblicos más importantes en todo el AT, pues une dos temas de gran significado religioso y espiritual, para las comunidades tanto judías como cristianas. En primer lugar, se refiere a David y el establecimiento de una dinastía estable y eterna (2 S 7.16) y, en segundo término, se alude a Salomón y la construcción del Templo de Jerusalén (2 S 7.12-15). El mensaje es extraordinario: Aunque David no le construya «casa» (Templo) al Señor, el Señor le establecerá una «casa» (es decir, una dinastía) a David.

A esa serie de aciertos y logros se unen unas narraciones que complementan la imagen que se articula en los libros de Samuel del rey David. Un doble pecado asecha y persigue al afamado monarca: un acto inmoral y traicionero de adulterio, y un asesinato vil y deshonroso para encubrirlo (2 S 11.1-27). En efecto, el pecado de David con Betsabé tiene grandes repercusiones en su vida, pues fue el detonante que generó el complot para asesinar a Urias, esposo de Bersabé, que era uno de sus más fieles soldados, y que propició posteriormente un nuevo mensaje profético de amonestación de Natán (2 S 12.1-25). En ese contexto de crisis personal, familiar y nacional, nace Salomón, que con el tiempo se convertirá en el tercer monarca de Israel (2 S 12.24-25).

Aunque la figura de David se ha idealizado a través de la historia, una lectura atenta y cuidadosa de estas mismas narraciones bíblicas en torno a su persona, presentan un cuadro realista y detallado del afamado monarca. Algunos estudiosos piensan, basados en estas lecturas de la Biblia, que David fue un personaje ambicioso e inescrupuloso, que no se detenía ante nada para lograr sus calculados objetivos. Por ejemplo: Utilizó a los filisteos para mantener ocupado a Saúl en el sur de Palestina; sirvió como mercenario en los ejércitos enemigos de los filisteos; organizó un ejército personal, que le era leal únicamente a él; usó las muertes de Saúl y Jonatán para beneficio propio; y quizá tuvo algo que ver con las muertes de Is-baal y Abner.

Promesas divinas a David

La profecía de Natán, se convirtió en una promesa mesiánica de grandes proporciones históricas (2 S 7.1-29). Esta promesa divina al monarca es uno de los pasajes bíblicos más importantes en todo el AT, pues une dos temas de gran significado religioso y espiritual, para las comunidades tanto judías como cristianas. En primer lugar, se refiere a David y el establecimiento de una dinastía estable y eterna (2 S 7.16) y, en segundo término, se alude a Salomón y la construcción del Templo de Jerusalén (2 S 7.12-15). El mensaje es extraordinario: Aunque David no le construya «casa» (Templo) al Señor, el Señor le establecerá una «casa» (es decir, una dinastía) a David.

Posiblemente estas actitudes y comportamiento de David, puedan ser la explicación para las dinámicas familiares de hostilidad y disfuncionalidad que se desarrollaron en su hogar. Las revuelas y rebeliones de sus hijos, y el apoyo que el pueblo les brindó, pueden ser indicadores del malestar que había en el reino, en torno a las actitudes despóticas y unilaterales del monarca, especialmente entre las tribus del norte (2 S 15.1—18.33). Además, fueron fuente de rechazo y tensión las decisiones de David de hacer un censo en el pueblo, para determinar su poder militar (2 S 24.1-25).

La llamada «historia de la sucesión de David» (2 S 9.1—20.26 y 1 R 1.1—2.12) constituyen un bloque temático y literario significativo en la obra. Intenta, en efecto, explicar porqué fue Salomón el heredero del trono, entre los hijos y familiares de David y Saúl. Posiblemente la finalidad teológica de esta sección es identificar a los otros posibles candidatos al reino, y presentar la razón de la negativa divina a sus aspiraciones. Entre esos posibles candidatos, se pueden identificar los siguientes: Maribaal, hijo de Jonatán y nieto de Saúl; y los hijos mayores de David (Amnón, Absalón y Adonías). De acuerdo con las narraciones bíblicas, Dios mostró su amor hacia Salomón desde su nacimiento (2 S 12.24). Este comentario teológico, puede ser el fundamento de la posterior decisión divina a favor de Salomón.

Al final del segundo libro de Samuel se presentan dos poemas relacionados con David. El primero es un sentido cántico de liberación (2 S 22.1-51), que se incluye también en el Salterio (Sal 18); y el segundo es una especie de testamento final de David (2 S 23.1-7). En el primer poema se canta a las intervenciones salvadoras de Dios en medio de la realidad de la vida. Y el segundo puede dividirse en cuatro componentes básicos: primero se presenta como favorito de Dios (2 S 23.1); luego ensalza la conducta del rey justo (2 S 23.2-4); prosigue el poema con el recuento del pacto eterno con David (2 S 23.5); para finalizar con el anuncio de juicio divino contra la gente malvada (2 S 23.6-7).

Entre las crisis que hirieron adversamente el trono de David en las postrimerías de su reinado, se pueden identificar las siguientes: la rebelión de su hijo, Absalón (2 S 15.1—16.23); y las plagas o peste que azotó a Israel como producto del pecado del rey (2 S 24.1-15). Estas calamidades, una personal y familiar, y la otra nacional y general, ponen de relieve la evaluación final del libro en torno a la figura de David.

Dos temas adicionales presenta la obra para concluir: La identificación de los llamados «valientes de David», que esencialmente constituían su ejército personal (2 S 23.8-38). Ese es posiblemente el reconocimiento público de las personas que ayudaron a David a lograr sus metas militares y políticas.

El episodio final de todas estas narraciones: La compra del terreno que se convertirá posteriormente en el lugar para la construcción del Templo (1 Cr 21.8—22.1; 2 Cr 3.1). Aconsejado nuevamente por el profeta Gad, David compra el predio de terreno en donde el ángel del Señor detuvo el juicio divino sobre el pueblo (2 S 24.18-25), el Monte Sión. Compró el terreno de Arauna el jebuseo, para edificar un altar al Señor.

JERUSALÉN

6. La teología mesiánica

La teología en los libros de Samuel prosiguen la tendencia que nace en el libro de Deuteronomio y prosigue en Josué y Jueces: La protección de Dios al pueblo está íntimamente asociada a las actitudes de obediencia al pacto que se llevó a efecto en el Monte Sinaí. En efecto, el criterio fundamental de la bendición divina es un parámetro de la fidelidad humana. Si la gente es fiel y obediente a la Ley, disfrutan de las bendiciones de Dios que, por ejemplo, se manifiestan de formas concretas en las victorias del pueblo contra sus enemigos.

En los libros de Samuel este importante criterio de fidelidad se explora de forma óptima, pues se ponen de relieve nuevas realidades históricas, espirituales, sociales, políticas y militares, que reclamaron de los profetas como Samuel, Gad y Natán, una valoración más intensa y profunda de las acciones del pueblo y de las ejecutorias específicas de los reyes, en la recién creada institución de la monarquía nacional.

En este gran entorno religioso e histórico, se ponen de manifiesto dos temas de suma importancia espiritual y de profunda envergadura política: La institución de la monarquía y sus repercusiones teológicas, así como la profecía de Natán y sus implicaciones mesiánicas.

La monarquía en Israel surge en un momento significativo y con alguna justificación histórica. Samuel se hacía anciano y no podía llevar a efecto sus actividades de juez del pueblo con efectividad, y sus hijos no vivían a la altura del testimonio ejemplar de su padre, pues cedieron ante las presiones del pueblo, y se corrompieron (1 S 8.1-5); además, las amenazas de los filisteos eran un desafío continuo a la existencia misma del pueblo de Israel. En ese contexto complejo de realidades familiares, éticas y militares surge la institución de la monarquía que intenta responder con efectividad a estos reclamos existenciales y necesidades nacionales.

Es significativa la forma que todos los ancianos del pueblo (es decir, los jefes y representantes de las diversas tribus; 1 S 8.4) llegan ante Samuel para solicitar la implantación del nuevo sistema de gobierno monárquico. En hebreo hay dos palabras que muy bien pueden traducirse en castellano como «pueblo»: La primera es *am,* que se utiliza para designar específicamente a Israel; y la segunda, *goy,* en plural, *goyim,* se usa generalmente para referirse a la naciones vecinas paganas. La petición de los líderes del pueblo era clara, firme, directa y reveladora: «danos ahora un rey que nos juzgue, como tienen todas las naciones (*goyim*)» (1 S 8.5).

El reclamo de los líderes nacionales incluía un elemento de influencia pagana, que estaba expresamente prohibido por la Ley. Aunque de primera instancia la petición puede parecer sencilla e ingenua, pues el resto de las naciones vecinas de Israel, incluyendo los filisteos, estaban organizadas con una infraestructura gubernamental centralizada, la evaluación más profunda y sosegada del reclamo a Samuel pone en clara evidencia que el problema político, administrativo y gubernamental tenía graves implicaciones religiosas y serias consecuencias teológicas.

Samuel comprendió muy bien la naturaleza espiritual de la dificultad, pues en sus diálogos con Dios, de acuerdo con las narraciones bíblicas, se evidencia esta preocupación. Dios le dijo: «Oye la voz del pueblo en todo lo que te digan; porque no te han desechado a ti, sino a mí me han desechado, para que no reine sobre ellos» (1 S 8.7). En efecto, el grave problema de la monarquía era la sustitución del rey divino por el humano, que ante los ojos del profeta, era sencillamente inaceptable. El corazón de la crisis era el rechazo público del pacto en el Monte Sinaí, con el pretexto de tener una infraestructura de gobierno más segura. De acuerdo con el relato de las Escrituras, la petición conllevaba cambiar el reinado de Dios, que había prometido a los patriarcas y las matriarcas una tierra para vivir con seguridad, luego de haber sacado al pueblo de Egipto, guiado por el desierto del Sinaí, llevado a la Tierra Prometida y ayudado a conquistar a Canaán, por la implantación de un monarca humano que les brindaría un sentido de seguridad inmediata, antes las nuevas amenazas filisteas.

Finalmente Samuel unge al rey Saúl, pero mantiene un sentido de crítica y preocupación profética, no solo en torno al primer monarca de Israel en específico, sino en referencia a la institución de la monarquía en general. Esa fue la razón básica por la cual, cuando Saúl se apartó y desobedeció la voluntad divina, Samuel ungió en privado al segundo rey de Israel, David.

Un segundo aspecto teológico de gran importancia histórica y teológica en los libros de Samuel también se relaciona con la institución de la monarquía. Específicamente está relacionado con la famosa profecía de Natán en torno al reino de David (2 S 7.12-16). En este mensaje, Natán le comunica al rey David el plan divino en torno a su futuro, que incluye que uno de sus herederos le construirá una «Casa» a Dios (en referencia al Templo de Jerusalén), y que Dios le edificará a él una «casa», en alusión al comienzo de la dinastía davídica. Esta dinastía, además, de acuerdo con el mensaje profético, sería eterna. El oráculo juega con dos de los significados de la palabra hebrea *bayit,* que puede traducirse como «casa», «edificio» o «templo», o también como «dinastía» o «descendencia».

En efecto, el mensaje profético alude primeramente al rey Salomón, que fue el heredero inicial de la monarquía davídica, y que fue también quien construyó el Templo de Jerusalén (1 R 6.1-38). A partir de este importante y singular mensaje profético, según el testimonio bíblico, David y su dinastía se constituyeron en portadores especiales de la promesa divina; y fundamentados en esta interpretación teológica, los profetas y salmistas bíblicos afirmaron y proclamaron la esperanza mesiánica para el pueblo de Israel.

Esa incondicional esperanza en el Mesías o Ungido de Dios, afirmaba que en el futuro llegaría al pueblo un gobernante de la dinastía de David, que implantaría la justicia al pueblo y sería el portavoz de la voluntad divina a la comunidad. Ese nuevo descendiente ideal de la familia de David, traería estabilidad eterna al reino (Sal 89.19-37; 132.11; Is 9.6-7; 11.1-10), será un particular hijo de Dios (Sal 2.7), y tendrá un dominio universal (Sal 2).

De acuerdo con el mensaje bíblico, esta promesa de Dios se mantuvo aún en medio de las vicisitudes y la catástrofe inimaginable del exilio en Babilonia, la destrucción del Templo y la caída del Ungido del Señor, el rey, ante los ataques inmisericordes de los ejércitos paganos (Lam 4.20). Inclusive, esa esperanza extraordinaria no disminuyó, ni amainó, ni debilitó en la crisis babilónica, sino que se fortaleció aún más, y tomó vigor y esplendor, pues luego del regreso del exilio la figura mesiánica esperada se hizo más necesaria e imprescindible.

De acuerdo con los evangelistas y predicadores del NT, esas importantes esperanzas mesiánicas se cumplieron cabalmente en la figura histórica de Jesús de Nazaret (Lc 4.18-19). Según la teología cristiana, Jesús hizo realidad esas expectativas ideales, con su predicación liberadora, su programa de sanidad a los enfermos y de liberación de los cautivos, su compromiso firme y decidido con la implantación de la justicia y la paz, y su claro y absoluto sentido de lealtad a la voluntad divina.

En efecto, en esa importante tradición mesiánica, Jesús fue reconocido y aclamado públicamente como el «hijo de David» y ciertamente como «rey» (Mt 15.22; 21.9, 15; Mc 10.47-48). Luego de la resurrección, uno de los énfasis teológicos de más importancia espiritual en la predicación apostólica era afirmar que Jesús de Nazaret era el descendiente esperado de David (Rom 1.3; 2 Tim 2.8; Ap 5.5), y que en su ministerio terrenal se había cumplido la antigua promesa mesiánica hecha al rey David (Hch 2.30; Heb 1.5).

14

Los libros de los Reyes

Te he dado un corazón sabio y entendido,
tanto que no ha habido antes de ti otro como tú...
También te he dado las cosas que no pediste,
riquezas y gloria,
de tal manera que entre los reyes
ninguno haya como tú en todos tus días.
Y si andas en mis caminos,
guardando mis preceptos y mis mandamientos,
como anduvo tu padre David, yo alargaré tus días.
1 Reyes 3.12-14

1. Los libros de los Reyes

Los libros de los Reyes incluyen narraciones referente al período que abarca desde la etapa final de la monarquía de David y el ascenso al trono de su hijo, Salomón (c. 970 a.C.), hasta la caída de la ciudad de Jerusalén y la destrucción del Templo a manos de los babilonios (c. 587 a.C.). Presentan la implantación de la monarquía en Israel, que incluye sus comienzos, apogeo, logros, dificultades, divisiones y crisis. Sus relatos incluyen los tiempos de esplendor político, social, cultural, literario y religioso durante los reinados de David y Salomón, y también revela las continuas manifestaciones de idolatría del pueblo, así como de sus líderes, hasta la derrota fulminante de Judá ante los ejércitos invasores del gran Nabucodonosor de Babilonia.

A la par del recuento de ese período monárquico, los libros de los Reyes incorporan una serie de narraciones en torno a varios profetas que complementan y evalúan esos años, desde una muy seria y crítica perspectiva teológica y espiritual. Esos años fueron testigos de las actividades y ejecutorias proféticas de Elías, Eliseo, Amós, Oseas, Isaías, Miqueas, Jeremías y Ezequiel. Fueron años donde las decisiones administrativas, políticas y militares de los monarcas, eran analizadas de forma cuidadosa por los profetas, que mantenían independencia de criterio y capacidad de juicio crítico.

Durante este período de la monarquía, tres potencias internacionales se mantenían a la expectativa de los que sucedía internamente en Israel y Judá. En primer lugar estaba Asiria, que influyó decisivamente en la región con sus continuas políticas expansionistas e imperialistas. Entre los gobernantes asirios más importantes, en relación a la política hacia Palestina y Siria, se pueden identificar a los siguientes: Asurbanipal (884-859 a.C.), Salmanasar III (859-824 a.C.), Tiglat Pileser (745-727 a.C.), Salmanasar V (727-722 a.C.), Sargón II (721-705 a.C.) y Senaquerib (704-681 a.C.).

La segunda potencia en el Oriente Medio que afectó decisivamente la institución de la monarquía en Judá e Israel fue Egipto, especialmente bajo la administración de dos de sus faraones: Sisac (945-924 a.C.) y Necao o Neco (609-594 a.C.). Y el tercer imperio que decididamente afectó adversamente la historia de los reyes del norte y del sur fue el babilónico, especialmente bajo el mandato de Nabucodonosor (605-562 a.C.) y Belsasar (555-538 a.C.), hijo de Nabónido.

Las decisiones políticas y militares de estas potencias afectaron la vida de la monarquía unida, inicialmente, y luego a los gobiernos de los reyes del norte, Israel, y del sur, Judá. La lectura de las narraciones en los libros de Reyes, pone en evidencia estas relaciones, que en momentos fueron de paz y armonía, pero que en ocasiones se manifestaban en hostilidad, invasiones, guerras y deportaciones.

El contenido básico de los libros se puede relacionar con tres momentos de fundamental importancia en la historia nacional. El primero es el reinado de Salomón, el comienzo de la dinastía davídica y la posterior división del reino (c. 970-931 a.C.; 1 R 1.1—11.43). La segunda sección de importancia, que con facilidad se desprende de la lectura de los libros, se asocia principalmente a las narraciones paralelas en torno a la vida de los reinos del norte y del sur, desde el inicio de la ruptura nacional hasta la destrucción del reino del norte, Israel, a manos de los asirios (722 a.C.; 1 R 12.1—2 R 17.41). La tercera división básica en los libros de los Reyes se relaciona con el reino del sur, Judá, luego de la destrucción de Israel, hasta la caída de Jerusalén y la deportación a Babilonia (587 a.C.; 2 R 18.1—25.30).

2. Título, autor y fuentes literarias

El libro de los Reyes deriva su título del contenido de las narraciones que incluye. En efecto, como es una evaluación de la monarquía y sus incumbentes, el título de reyes es muy apropiado. Al igual que los libros de Samuel, los Reyes eran originalmente un solo volumen, que por razones de manejo en la versión griega de la Septuaginta (LXX) se dividió en dos secciones. Los libros de Samuel tomaron el título de Primer y Segundo libros de los Reinos, y los manuscritos que ahora estudiamos adquirieron el de Tercer y Cuarto libro de los Reinos. En la Vulgata, San Jerónimo optó por identificar este bloque bíblico, en esa tradición griega, como los «Cuatro libros de los Reyes». La división en dos volúmenes se descubre en los manuscritos hebreos tarde en la historia, en la Biblia Rabínica (c. 1516/1517).

A diferencia de los libros de Samuel, que manifiestan muchas dificultades textuales, el caso de los Reyes presenta un texto hebreo bastante bien conservado. Solo se pueden identificar algunos cambios con no mucho significado, como omisiones añadiduras y transposiciones de pasajes.

La autoría de los libros de Reyes debe evaluarse desde la perspectiva de la larga transmisión de tradiciones orales y escritas que llegaron al período exílico. Fue en ese período donde se editaron finalmente los documentos y tradiciones que constituyen estos importantes libros de la Biblia. Aunque esa redacción final de los libros se llevó a efecto luego de la destrucción del Templo de Jerusalén y la deportación a Babilonia, se pueden identificar con claridad algunas fuentes preexílicas que se utilizaron en la redacción final y edición definitiva de estos volúmenes.

Los libros de los Reyes citan de forma explícita tres de estas fuentes literarias previas: "Libro de los hechos de Salomón" (1 R 11.41), "Libro de las historias de los reyes de Israel" (1 R 14.19), y "Las Crónicas de los reyes de Judá" (1 R 14.29). A estas obras, debemos añadir algunas fuentes orales y escritas adicionales relacionadas con el culto, los sacerdotes, los monarcas y los profetas.

El propósito final de estas obras no es estrictamente histórico, político y social, sino teológico, religioso y espiritual. La finalidad no es exponer los aciertos y desaciertos de la institución de la monarquía desde una perspectiva política, administrativa o militar, sino analizar el comportamiento de los reyes y del pueblo, de acuerdo con la antigua teología deuteronómica de fidelidad al pacto o alianza. El criterio último de evaluación no son las motivaciones filosóficas, decisiones gubernamentales y acciones reales, sino la lealtad, fidelidad y obediencia que manifiestan a la revelación divina que se produjo en el Monte Sinaí, a través de Moisés.

Los libros de Reyes prosiguen esa evaluación teológica que comienza en el libro de Deuteronomio y que se mantiene en Josué, Jueces y Samuel. Lo que interesa en última instancia a los redactores finales de estos libros en el exilio era la relación entre la fidelidad al pacto y la destrucción de la monarquía. En efecto, fueron las continúas rebeliones e infidelidades del pueblo, de acuerdo con las Sagradas Escrituras, las que trajeron la completa destrucción de las instituciones nacionales, primeramente del reino del norte, Israel, y posteriormente del sur, Judá.

Por esta razón teológica, la obra no incluye todo el material que en la actualidad se consideraría importante y necesario para comprender adecuadamente algún período. Ese es el motivo principal por el cual los libros de los Reyes no brindan muchos datos históricos que nos permitan establecer con certeza las fechas de inicio y final de los reinados descritos. Esta característica literaria y teológica, dificulta y complica el análisis cronológico de esta singular época de la historia nacional: la monarquía.

El énfasis de los libros de los Reyes es el análisis religioso, teológico y espiritual de las acciones de los reyes de Israel y Judá; específicamente, desde la perspectiva de la fidelidad a la palabra divina. Ese singular objetivo se manifiesta con claridad no solo en los comentarios evaluativos que se incluyen en torno a cada gobernante, sino a través de las continuas y reiteradas palabras de amonestación y juicio de los profetas, quienes cumplen un tipo de función de conciencia religiosa, moral y espiritual de los monarcas.

Los libros de los reyes

El propósito final de estas obras no es estrictamente histórico, político y social, sino teológico, religioso y espiritual. La finalidad no es exponer los aciertos y desaciertos de la institución de la monarquía desde una perspectiva política, administrativa o militar, sino analizar el comportamiento de los reyes y del pueblo, de acuerdo con la antigua teología deuteronómica de fidelidad al pacto o alianza. El criterio último de evaluación no son las motivaciones filosóficas, decisiones gubernamentales y acciones reales, sino la lealtad, fidelidad y obediencia que manifiestan a la revelación divina que se produjo en el Monte Sinaí, a través de Moisés.

3. El reino de Salomón

Las narraciones en torno al reinado de Salomón ocupan gran parte del primer libro de Reyes (1 R 2.12—11.43). Una lectura cuidadosa del material revela el énfasis que se pone a las grandes obras del monarca y a sus contribuciones positivas a la vida cultural e intelectual del país. Sin embargo, esas virtudes administrativas y políticas, posteriormente se revisan, pues se evalúan críticamente sus actitudes religiosas impropias e infieles, que le llevan a la apostasía (1 R 11.4-8). Y aunque la mayor parte de las narraciones presentan la vida exitosa y los grandes logros de Salomón, los libros de los Reyes no desean presentar solo una parte de su evaluación del monarca, e incluyen un análisis crítico de sus labores, particularmente desde el ángulo de la fidelidad al pacto y su rechazo a las prácticas idolátricas del pueblo.

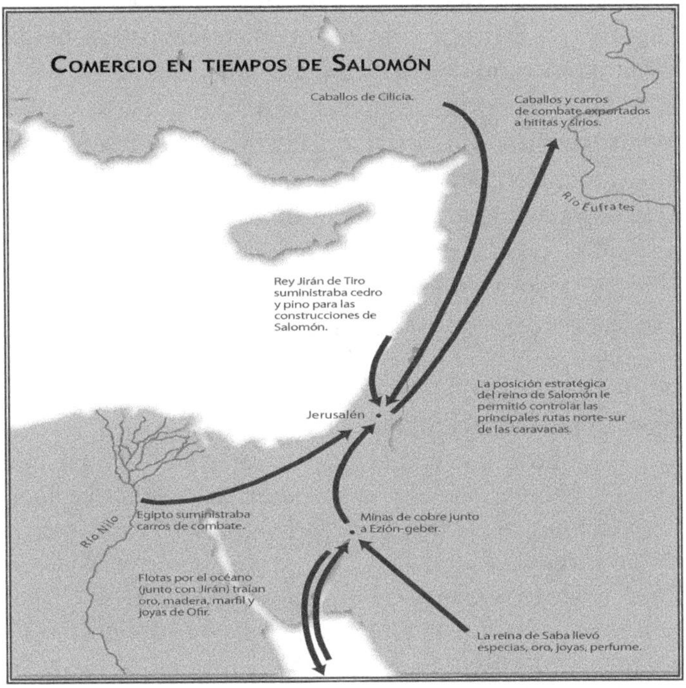

Luego de las narraciones referentes a la etapa final del reinado de David (1 R 1.1—2.12), que unen los libros de Samuel con el de los de Reyes, comienza la descripción de la monarquía dirigida por Salomón. Su proclamación como rey, por la intervención de Betsabé, su madre (1 R 1.28-53), estuvo precedida por un episodio doloroso en la familia real: la rebelión de Adonías, hijo de David y Haguit, y su usurpación del trono (1 R 1.5-27). Posiblemente Adonías se consideraba el heredero legítimo, por ser el mayor de los hijos de David que sobrevivía.

El reinado de Salomón es evaluado primeramente desde una perspectiva muy positiva. Una de las primeras afirmaciones en tono al nuevo monarca, luego de la muerte de David, es que «Salomón amó a Jehová y anduvo en los estatutos de su padre David» (1 R 3.3). Además, las narraciones bíblicas indican, de forma directa, categórica y firme, que Dios mismo le había dado «un corazón sabio y entendido» (1 R 3.12), para poner de manifiesto su nivel intelectual, y también para enfatizar su capacidad para gobernar al pueblo con justicia y equidad.

La construcción del templo

De particular importancia histórica, administrativa, política y teológica es la edificación del Templo en Jerusalén (1 R 6.1-38), en los terrenos que previamente había adquirido David con ese singular propósito. Esta construcción es la obra magna del monarca, pues constituye no solo un logro extraordinario de ingeniería, sino el cumplimiento de las promesas divinas a David y la consolidación de las dinámicas religiosas en Jerusalén, capital del reino.

En ese entorno de relatos gratos, saturados de afirmaciones de sabiduría e inteligencia, y lleno de alusiones a la prosperidad económica, así como a los logros administrativos del reino, se presentan las hazañas de Salomón, el primer sucesor de David. Entre sus ejecutorias exitosas, se pueden identificar las siguientes: Su capacidad diplomática para entablar pactos internacionales y mantener la paz con sus vecinos (p.ej., el pacto con Hiram; 1 R 5.1-18; 2 Cr 2.1-18); sus virtudes comerciales, al establecer un sistema efectivo de venta caballos y carruajes procedentes de Egipto, a los heteos y sirios (1 R 10.26-29; 2 Cr 1.14-17; 9.25-28); la creación de una marina mercante, que tenía su base en Ezión-geger, en Elot, frente al Mar Rojo (1 R 9.26-28); y sus ambiciosos y costosos proyectos de construcción.

Las construcciones relacionadas con la administración del rey Salomón son muy importantes; por ejemplo, un complejo importantes de edificios amurallados en la ciudad (1 R 7.1-12), entre los que se incluía el «Bosque del Líbano», en donde se guardaban los armamentos y el tesoro real (1 R 10.17, 21; 2 Cr 9.16, 20; Is 22.8); y la restauración de varias ciudades estratégicas del reino (1 R 9.10-28).

El templo de Salomón

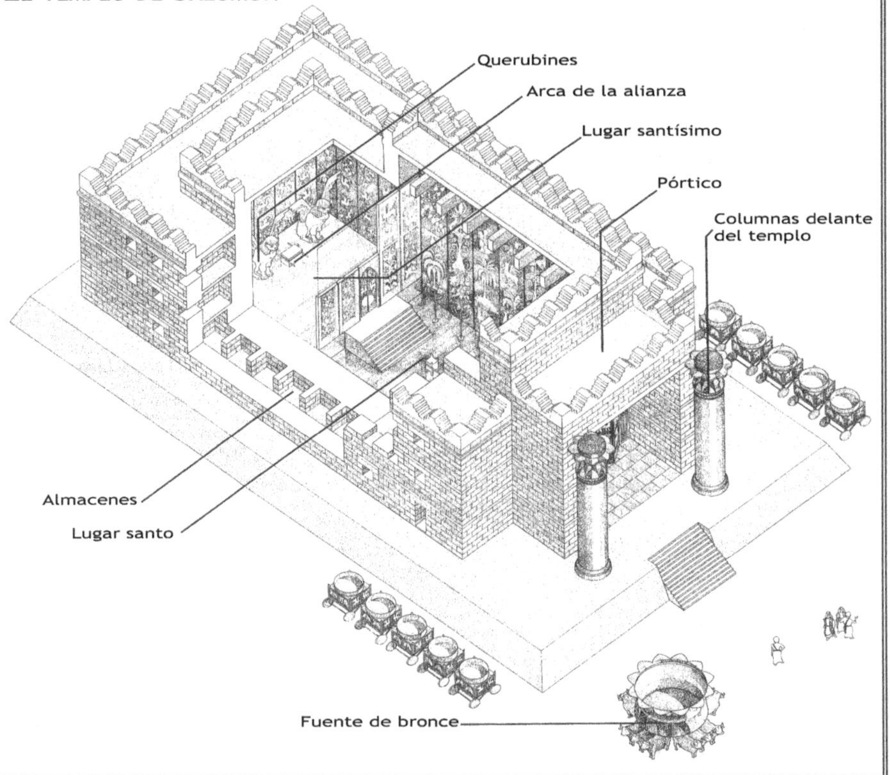

De particular importancia histórica, administrativa, política y teológica es la edificación del Templo en Jerusalén (1 R 6.1-38), en los terrenos que previamente había adquirido David con ese singular propósito. Esta construcción es la obra magna del monarca, pues constituye no solo un logro extraordinario de ingeniería, sino el cumplimiento de las promesas divinas a David y la consolidación de las dinámicas religiosas en Jerusalén, capital del reino.

Los relatos relacionados con esta importante edificación del Templo, incluyen también la construcción del mobiliario (1 R 7.23-51); el traslado del Arca del pacto a la ciudad de Jerusalén (1 R 8.1-10); los actos de dedicación y la reveladora oración del monarca (1 R 8.12—10.13); y finalmente, el pacto de Dios con Salomón (1 R 9.1-9). En efecto, esta edificación llenó de gloria histórica la administración del monarca, y le permitió centralizar y agilizar el gobierno en la ciudad de Jerusalén.

De acuerdo con las narraciones del libro de los Reyes, estas obras magníficas e imponentes de construcción, junto a su extraordinaria capacidad para implantar la justicia con equidad y sabiduría, le ganaron fama internacional. Ese gran reconocimiento y prestigio de Salomón llegaron a su punto culminante, con la importante visita diplomática de la reina de Sabá a la ciudad de Jerusalén (1 R 10.1-13), y con sus posteriores declaraciones en torno al sabio y afamado monarca, que ponen en clara evidencia la percepción internacional que desean afirmar las narraciones: «Es verdad lo que oí en mi tierra de tus cosas y tu sabiduría. Yo no lo creía hasta que he venido y mis ojos han visto que aun se me dijo la mitad: tu sabiduría y tus bienes superan la fama que yo había oído» (1 R 10.6-7). En efecto, estas palabras ponen claramente de manifiesto la extraordinaria fama del monarca de Israel, fundamentada en sus riquezas y sabiduría (1 R 10.14-25).

La historia completa de Salomón no es solo de logros y realizaciones. Según el libro de los Reyes, este mismo monarca exitoso, poderoso, sabio, diplomático y emprendedor, manifiesta una actitud permisiva hacia la idolatría en su reino (1 R 11.1-40). Estas prácticas de cultos paganos estaban relacionadas posiblemente con su política diplomática de tomar por esposas representantes de otras naciones que trajeron con ellas sus costumbres religiosas. Entre esas prácticas estaban los sacrificios a otros dioses que, según el testimonio de Deuteronomio y los libros de Josué, Jueces y Samuel eran una grave abominación ante el Señor.

La conducta de Salomón en torno a este importante asunto religioso se contrapone a la gestión de David, que sigue las directrices de la Ley de Moisés, de acuerdo con la teología de Deuteronomio: un solo Dios, un Templo, un pueblo y una Tierra Prometida. La actitud de Salomón violó varios estatutos divinos: Se fue en pos de otros dioses, desobedeció la Ley y adoró en varios santuarios idolátricos (1 R 11.11).

A esas acciones de corte religioso y teológico, se debe añadir el descontento general del pueblo, por el sistema oneroso de impuestos que implantó el monarca, para sostener sus programas de construcción (1 R 12.1-4). Esos altos tributos que requirió Salomón para llevar a efecto sus diversos proyectos, hicieron que se cumplieran las antiguas palabras de Samuel, cuando advirtió al pueblo de los peligros de monarquía (1 S 8).

Estas dinámicas fiscales, unidas a los antiguos conflictos históricos y las desavenencias políticas entre las tribus del norte y del sur (2 S 20.1-2) tuvieron que ver con las dificultades y los problemas que generaron la división del reino, una vez que Salmón falleció (1 R 12.1-24). La acumulación de resentimientos hacia la administración central en Jerusalén, finalmente llegó a materializarse en la división oficial del reino, que para los profetas fue un acto adicional de rebeldía contra la voluntad divina.

4. Los dos reinos: Israel en el norte y Judá en el sur

Una vez que Salomón fallece, en el 931 a.C., su hijo, Roboam, le sucede. Con la muerte del monarca, la unidad de reino se deterioró, tanto desde la perspectiva social como de la política, y el cisma de Israel y Judá se hizo una realidad (1 R 12.16-19). Las diez tribus del norte siguieron a Jeroboam; y solo Judá permaneció en el sur y siguió a Roboam, pues la tribu de Simeón ya casi había desaparecido.

La narración que presenta la división, presenta a un Roboam engreído, altanero, orgulloso, déspota e irracional, que no escucha los justos reclamos del pueblo; y Jeroboam, por su parte, fue un superintendente en las obras de construcción de Salomón, que había sido ungido con antelación por el profeta Ahías de Silo, para reinar sobre las tribus del norte (1 R 11.29-39).

Becerro de oro

La ruptura entre los reinos del norte y del sur tuvo implicaciones religiosas muy serias. Una de las primeras decisiones de Jeroboam, para organizar social, política y religiosamente su gobierno, fue construir dos santuarios, para que los israelitas no necesitaran ir a Jerusalén a presentar sus ofrendas y hacer sus sacrificios. En cada uno de esos santuarios, que estaban ubicados en los extremos norte y sur del reino, en Dan y Bet-el, colocó un becerro de oro (1 R 12.15-33).

Desde que finalmente se dividen las tribus, luego de la muerte de Salomón, las narraciones de la Biblia presentan las historias de cada uno de los reinos de forma separada pero sincronizada. Estas presentaciones no son evaluaciones generales de los actos gubernamentales, sino un análisis de los monarcas de acuerdo al criterio de la fidelidad y obediencia a la Palabra divina, especialmente la lealtad que manifestaron a la revelación divina en el Monte Sinaí.

Las declaraciones teológicas negativas que siguen las evaluaciones de los reyes están cargadas de dramatismo, intensidad y severidad: «Hizo lo malo ante los ojos del Señor» (1 R 15.26; 22.52; 2 R 13.2). En el sur, el reino de Judá, por ejemplo, algunos monarcas reciben una evaluación positiva, de acuerdo con las narraciones, por seguir los pasos del rey David, que se convirtió con el tiempo en modelo y paradigma de efectividad administrativa y moral. Los siguientes reyes de Judá son evaluados de forma positiva: Asa (1 R 15.11), Josafat (1 R 22.42-43), Ezequías (2 R 18.1-3) y Josías (2 R 22.1-2). La gran mayoría, sin embargo, recibieron una reseña adversa por no seguir los caminos de David.

Todos los reyes del reino del norte, Israel, de forma sistemática, en las narraciones, reciben una evaluación negativa. Referente a este tema, es importante señalar que el análisis de estos monarcas se hace desde la perspectiva del sur, que nunca vio con buenos ojos la separación y el cisma en el reino en los tiempos de Jeroboam. Con la frase «anduvo en el camino de Jeroboam y en el pecado con que hizo pecar a Israel» (1 R 15.34), se

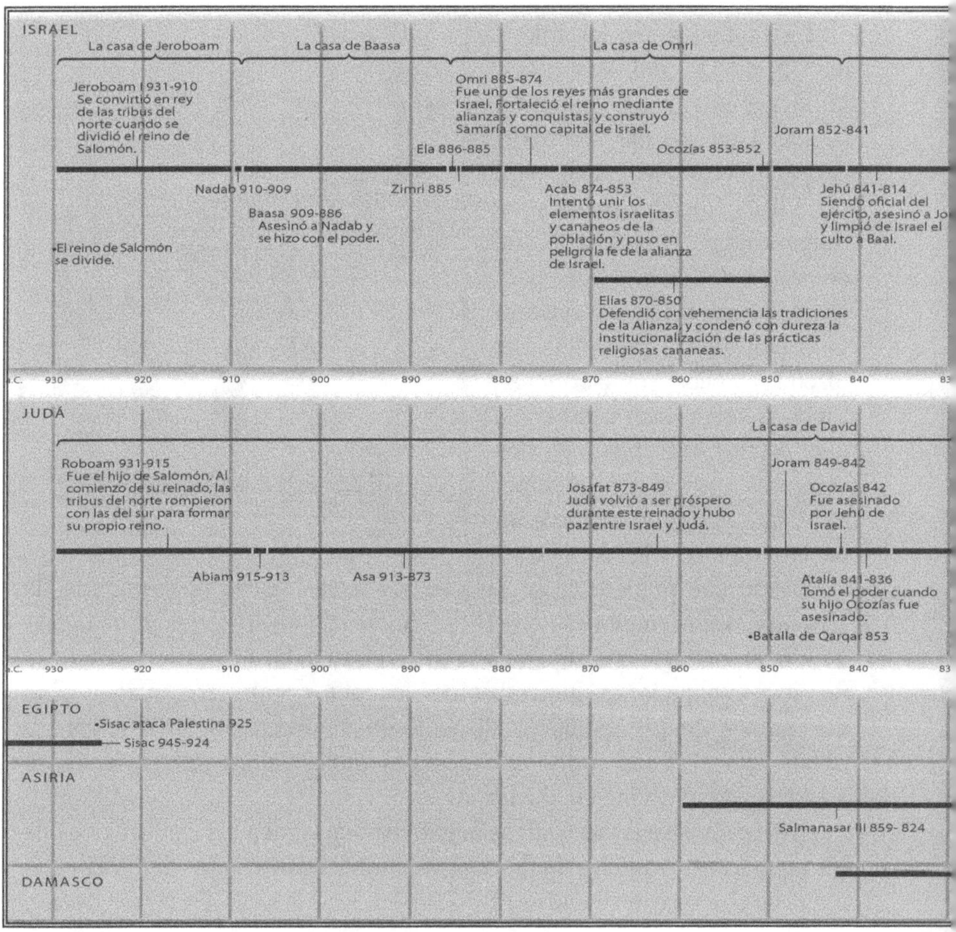

revela con claridad la percepción adversa que se hace de toda esta serie importante de los reyes del norte.

De esa forma, se identifica claramente en los relatos bíblicos, al primer rey de Israel, Jeroboam I (931-910 a.C.), como el paradigma absoluto de la maldad y la infidelidad ante Dios. Es decir: la concatenación de acciones infieles del pueblo de Israel, de acuerdo con los libros de los Reyes, se inicia en la administración de este monarca, que no tuvo reparo alguno en incentivar la adoración del pueblo en los santuarios recién construidos, en Dan y Bet-el, ante los becerros de oro.

Estas decisiones administrativas, en efecto, tenían grandes repercusiones espirituales y teológicas, pues fueron las acciones humanas que provocaron la ira divina, que propició, de acuerdo con las Escrituras, que los asirios tomaran Samaria en el 722 a.C., y destruyeran definitivamente el reino

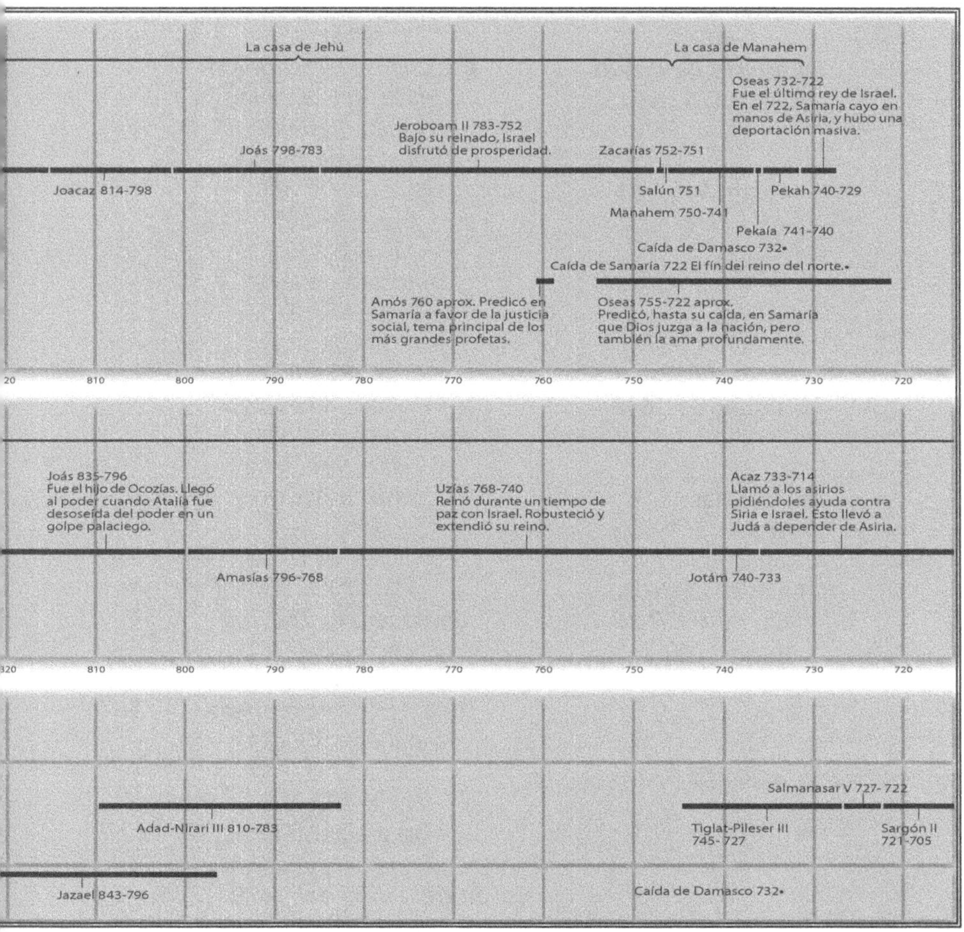

del norte, Israel (2 R 17.6). En esa campaña militar, los israelitas fueron llevados cautivos al exilio en Asiria.

La lectura detenida de los relatos bíblicos revela que en el reino del norte nunca hubo una estabilidad política que perdurara por muchos años. En sus dos siglos de existencia (929-721 a.C.), se alternaron en el poder nueve dinastías y diecinueve reyes. Ese no fue el caso político y administrativo de Judá, pues en el reino del sur los monarcas de la dinastía de David se fueron sucediendo de forma continua por casi tres siglos y medio (929-587 a.C.). Solo la reina Atalía, que en realidad usurpó temporalmente el poder real, logró mantenerse seis años en el poder.

5. Reyes de Israel y Judá durante la monarquía dividida

JUDÁ	*ISRAEL*
Dinastía de David	***Dinastía de Jeroboam***
Roboam: 931-915	Jeroboam I: 931-910
	Nadab: 910-909
	Dinastía de Baasa
Abiam 915-913	Baasa: 909-886
	Ela: 886-885
	Zimri: 885
	Dinastía de Omri
	Omri: 885-874
Asa: 913-873	
Josafat: 873-849	Acab: 874-853
Joram: 849-842	Ocozías: 853-852
	Joram: 852-841
	Dinastía de Jehú
Ocozías: 842	Jehú: 841-814
Atalía: 841-836	
Joás: 835-796	Joacaz: 814-798
Amasías: 796-768	Joás: 798-783
Uzías: 768-740	Jeroboam II: 783-752
Jotam: 740-733	Zacarías 752-751
	Salum 751
	Dinastía de Manahem
	Manahem: 750-741
Acaz: 733-714	Pekaía: 741-740
	Peka: 740-729
	Oseas: 732-722
	Caída del reino del norte: 721

La estructura literaria de las presentaciones de los reinos, sigue el siguiente patrón, muy claro y bien definido: el nombre del rey, el de su padre y madre; relación con el reino alterno; edad del monarca y años de gobierno; evaluación ética y moral del rey; crítica política de la administración; y finalmente, la muerte del monarca. Esa estructura paralela, que no incluye los pormenores administrativos ni las interioridades personales de los monarcas, es la que siguen las narraciones de los reyes del norte y del sur, de manera alternada, aunque en las presentaciones de los monarcas no se incorporan todas las partes de esta estructura.

Si las narraciones en torno a los reinos se evalúan desde una perspectiva histórica, se descubren por lo menos tres períodos básicos, que ponen de relieve los diversos períodos alternados de paz y de guerra en las monarquías. A un primer período de luchas y conflictos (c. 931-874 a.C.; 1 R 16.23-28), le sigue un tiempo de paz y tranquilidad (c. 874-841; 1 R 17.1—2 R 8.29), para culminar con otro periodo de dificultades y problemas (c. 841-722 a.C.; 2 R 9.1—17.41).

El primer período de guerras, finalizará con la llegada al poder del rey Omri (885-874 a.C.; 1 R 16.23-28). Este monarca aunque fue reconocido en su época por las naciones vecinas, es severamente juzgado por las narraciones bíblicas, por haber seguido el camino de Jeroboam.

Las buenas relaciones de Omri con Asá (913-873 a.C.) y Josafat (873-849 a.C.), reyes de Judá, propiciaron tiempos de paz en la región. Sin embargo, esas dinámicas de prosperidad social y paz internacional se vieron empañadas por el desarrollo de un sincretismo religioso en el reino del sur, que se había manifestado previamente en Israel, el reino del norte.

Las fuertes y continuas influencias paganas en los reinos del norte y del sur, pueden relacionarse con la llegada de Jezabel, hija del rey de

Tiro, Etbaal, a la corte real de Israel. Ella es responsable, de acuerdo con las narraciones bíblicas, de la introducción en el reino de algunos cultos fenicios dedicados a Baal, conocido y venerado como señor de las lluvias y la naturaleza. Inclusive, por su influencia en el monarca, el rey Acab construyó en Samaria un templo en honor a Baal (1 R 16.32). El corazón de los mensajes proféticos de Elías y Eliseo está relacionados directamente con estas amenazas idolátricas al culto del Señor (1 R 17.1—2 R 13.25).

Una vez llega al poder en Israel el rey Jehú (841-814 a.C.), que era un celoso adorador y seguidor del Señor, en el sur, Atalía usurpa el poder (841-836 a.C.), comienza un período de luchas y hostilidades que finaliza únicamente con la caída de Samaria a manos de los asirios (722 a.C.). Los profetas Amós y Oseas fueron testigos de ese período de destrucción y cautiverio del reino del norte.

6. Los profetas Elías y Eliseo

En medio de las narraciones de los reyes de Israel y Judá, se incluyen dos ciclos de episodios relacionados con los profetas Elías y Eliseo. Estos dos personajes no pertenecen al grupo de profetas escritores, pero ocupan un sitial de honor en las tradiciones bíblicas, por la naturaleza de sus mensajes y por las características singulares de sus ministerios. Fueron paladines de la religión del Señor y fieles defensores del pacto de Dios con su pueblo, en medio de una sociedad inmersa en el sincretismo religioso, que estaba saturada de vicisitudes políticas y desafíos económicos.

Elías, cuyo nombre significa «el Señor es mi Dios», llevó a efecto su ministerio profético durante la incumbencia de los reyes de Israel, Acab y Ocozías (874-852 a.C.). Eliseo, que tiene como nombre «Dios ha dado ayuda», profetizó en el tiempo de Joram y Jehú (852-814 a.C.). Ambos profetas son dignos representantes del rechazo pleno y firme al sincretismo religioso y la idolatría que se manifestaba con fuerza, tanto en el reino de Israel como en el de Judá. Y para cumplir a cabalidad y responsabilidad sus vocaciones, no se amilanaron ante las autoridades políticas y militares de la época.

Estas narraciones describen con cierta amplitud las actividades y los mensajes de dos profetas aguerridos que decidieron enfrentar con valor, dignidad y sacrificio a los representantes del poder de su época, para confrontarlos directamente con el mensaje de la palabra y la revelación del Señor. El orden cronológico de estos episodios no es totalmente claro. Posiblemente, antes de ser fijadas de forma escrita, estas narraciones se transmitieron de manera oral, por separado, primeramente en el reino del norte, y luego en el reino del sur. Con el tiempo estos relatos se unieron para formar este importante bloque literario y teológico.

De Elías desconocemos su trasfondo familiar; solo sabemos que provenía de Tisbe, de la región de Galaad, al este del río Jordán. Representa al profeta itinerante, intrépido, firme, decidido, solitario y asceta, que dedica la totalidad de su vida al servicio de Señor. Su objetivo profético, orientado al reino del norte, era promover una reforma religiosa y espiritual que le devolviera al pueblo el verdadero culto a Dios, de acuerdo con las enseñanzas de la Ley.

Elías y Eliseo

Elías, cuyo nombre significa «el Señor es mi Dios», llevó a efecto su ministerio profético durante la incumbencia de los reyes de Israel, Acab y Ocozías (874-852 a.C.). Eliseo, que tiene como nombre «Dios ha dado ayuda», profetizó en el tiempo de Joram y Jehú (852-814 a.C.). Ambos profetas son dignos representantes del rechazo pleno y firme al sincretismo religioso y la idolatría que se manifestaba con fuerza, tanto en el reino de Israel como en el de Judá. Y para cumplir a cabalidad y responsabilidad sus vocaciones, no se amilanaron ante las autoridades políticas y militares de la época.

Aunque su acción mas significativa y recordada de Elías es la confrontación pública con los profetas de Baal en el monte Carmelo (1 R 18.20-46), en la cual el profeta desafió abiertamente al grupo de Baal y les venció, las narraciones en torno al resto de sus actividades proféticas incluyen las siguientes: el anuncio del juicio divino a través de la sequía en tiempos del rey Acab (1 R 17.1; 18.41-48); el milagro de la harina y el aceite en Serepta (1 R 17.7-24); su encuentro transformador con el Señor en el monte Horeb, luego de las amenazas de Jezabel (1 R 19.1-18); el mensaje a Acab en torno a la viña de Nobot (1 R 21.1-29); y finalmente, el anuncio de la muerte del rey Ocozías (2 R 1.1-18). En efecto, en Elías las Sagradas Escrituras tienen un buen ejemplo de fidelidad y firmeza en la comunicación del mensaje divino.

La transición del ministerio profético de Elías a Eliseo es importante, y las narraciones bíblicas son especialmente significativas. Mientras Eliseo contempla asombrado lo que sucede, su maestro, Elías, es llevado al cielo en un carro de fuego en medio de un torbellino (2 R 2.1-21). Esta narración inicia los episodios de la vida del profeta Eliseo, que además de incluir varios incidentes bélicos (2 R 3.1-27), ponen en evidencia la actividad profética del profeta fuera de las fronteras de su país (2 R 8.7-15; 13.14-21).

De Eliseo sabemos que su padre fue Safat, y que provenía de una familia rural económicamente bien acomodada (1 R 19.19-21). Al ser llamado por su maestro, se dedicó a servir a Elías y a llevar a efecto su ministerio profético.

En los relatos bíblicos en torno a sus acciones, se destacan las actividades milagrosas, que distinguen y singularizan su labor profética. Además, se incluyen algunos episodios biográficos (1 R 19.19-21) y varias narraciones referentes a sus intervenciones en acontecimientos políticos de la época; por ejemplo: sus palabras en torno a las guerras contra los arameos (2 R 6.7-20), y las unciones de Hazael como rey de Aram (2 R 8.7-15), y de Jehú como monarca en Israel (2 R 9.1-13).

Entre los milagros que llevó a efecto Eliseo, se pueden identificar los siguientes: la sanidad o purificación de las aguas del manantial (2 R 2.19-22); el castigo de los muchachos que le hacían burla (2 R 2.23-24); los prodigios referentes al aceite (2 R 4.1-7), los alimentos (2 R 4.38-41) y el pan (2 R 4.42-44); la recuperación del hacha (2 R 6.1-7); el nacimiento y la resurrección (o sanidad) del hijo de la sunamita (2 R 4.8-37); la sanidad del general sirio, Namán (2 R 5.1-27); e inclusive, la resurrección de una persona muerta en la tumba del profeta (2 R 13.20-21).

Finalmente el profeta muere, luego de predecir al rey Joás, tres victorias sobre los ejércitos arameos (2 R 13.14-21). Con esos relatos, los libros de los Reyes ponen claramente de manifiesto, que el radio de acción del profeta Eliseo no estaba confinado al mundo de la religión, sino que afectaba también con seriedad la vida social del pueblo y respondía a sus desafíos políticos.

7. El reino de Judá

Luego de la caída de Samaria y de la deportación de sus ciudadanos a Asiria (722 a.C.), de acuerdo con los libros de los Reyes, la historia en el reino de sur prosiguió entre manifestaciones de fidelidad al pacto y compromiso con la revelación divina, y expresiones de infidelidad y rebeldía ante Dios, de manera alternada. Desde ese momento en la historia, el nombre de Israel comenzó a utilizarse para referirse también al reino del sur. Esa confusión de los nombres de las antiguas tribus revela una vez más el deseo de unidad entre los pueblos que se ponen de relieve en las Sagradas Escrituras.

Reyes de Judá, luego de la destrucción de Samaria, hasta la caída de Jerusalén y el exilio en Babilonia

Ezequías: 714-696
Manasés: 696-641
Amón: 641-639
Josías: 639-608
Joacaz: 608
Joacim: 608-597
Joaquín: 597
Sedequías: 597-586

Desde la perspectiva de las reformas religiosas de importancia en Judá, se pueden identificar las contribuciones destacadas de dos reyes y dos profetas. En primer lugar, está el rey Ezequías (714-696 a.C.; 2 R 18.1—20.21), que tuvo como contraparte religiosa al profeta Isaías (2 R 19.1—20.19). También, bajo el liderato del rey Josías (639-608 a.C.; 2 R 22.1—23.30), que recibió el apoyo religioso de algunos profetas, incluyendo a Jeremías.

Del primer monarca, Ezequías, es importante recordar su capacidad para reorganizar el gobierno y librarse, de manera milagrosa, de la invasión de Senaquerib (2 R 19.1-37), y también de su oración intensa, solicitando la misericordia divina al saber que iba a morir (2 R 20.1-11). Del segundo, Josías, es menester destacar su decisión de poner de manifiesto una reforma religiosa, luego de que se encontrara abandonado en el Templo el libro de la Ley del Señor (2 R 22.3—23.23).

El mundo de la política internacional del Oriente Medio, luego de la caída de Samaria, se vio afectado adversamente por el crecimiento del imperio babilónico, que en el 612 a.C. conquistó finalmente y destruyó la ciudad de Nínive, capital del imperio asirio. En efecto, con la llegada al poder de Nabucodonosor (604-562 a.C.) en Babilonia, se establece el nuevo imperio, que manifiesta rápidamente su gran capacidad bélica y sus firmes políticas imperialistas y expansionistas en la región.

Y en ese nuevo escenario político, social, militar, económico e histórico, el reino de Judá fue una de las naciones que sufrió las consecuencias, pues fue invadido en tres ocasiones. La primera invasión tuvo lugar bajo el reinado Joacim, en el 605 a.C.; posteriormente, en el 598 a.C., hubo una segunda incursión babilónica, cuando deportaron al rey Joaquín a Babilonia, junto a la clase gobernante; y en el 587 a.C. se llevó a efecto la tercera invasión, que implicó, la devastación de la ciudad de Jerusalén, la destrucción del Templo y el exilio de sus ciudadanos.

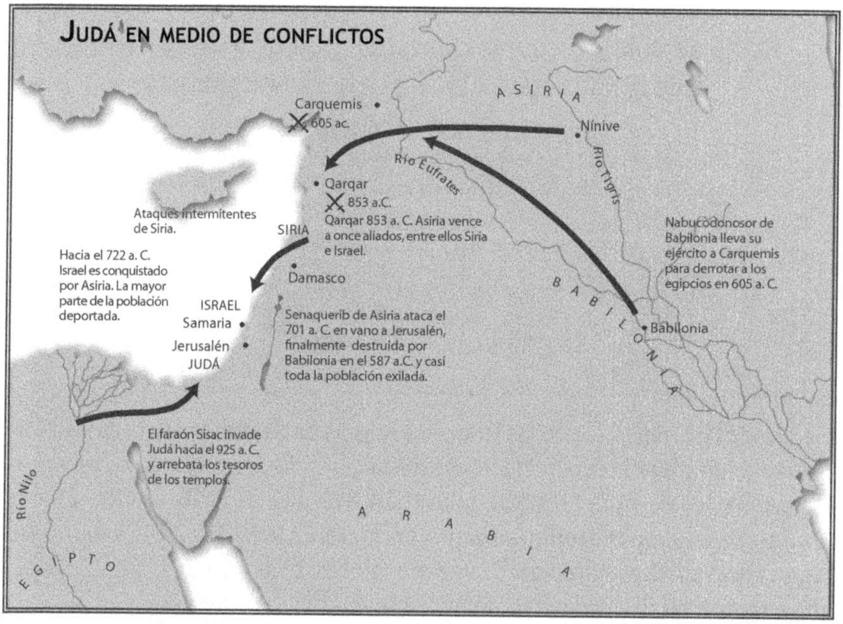

La tercera invasión de Judá constituyó la destrucción del reino del sur, y marcó un hito histórico de gran importancia teológica para el pueblo de Israel y para las narraciones de la Biblia. Las decisiones imprudentes e insensatas del rey Sedequías, a quienes los babilónicos habían dejado en el poder en sustitución de Joaquín, tuvieron un desenlace fatal. Aunque el profeta Jeremías (Jer 27.1—28.17) había advertido, infructuosamente, de las posibles consecuencias de tales decisiones y acciones, su palabra sabia no convenció al rey judío ni detuvo a los ejércitos babilónicos. Las consecuencias fueron nefastas: La destrucción de las instituciones políticas, sociales y religiosas de Jerusalén, y el comienzo de un período de exilio, que marcó permanentemente la vida del pueblo judío.

La sección final del libro de los Reyes (2 R 25.22-30) presenta la vida de las personas que quedaron en la ciudad de Jerusalén, luego de la catástrofe de la deportación, al perder la guerra. Se alude al asesinato de Godolías, a quien las autoridades babilónicas habían puesto como gobernador de la región, y la posterior liberación del rey Joaquín en el exilio, a quien le restituyeron su dignidad real.

8. Teología

El propósito teológico de los libros de los Reyes es poner en evidencia la importancia de la fidelidad al pacto como el criterio fundamental

Prisma de Senaquerib

e indispensable para el éxito del proyecto político del pueblo con la institución de la monarquía. En efecto, los logros y fracasos de los reyes y sus administraciones, están íntimamente relacionados a la obediencia a la Ley que se manifestaba de forma concreta en el pueblo y sus reyes, en el rechazo de la idolatría y en el sincretismo religioso.

La clave para comprender la historia de Israel y Judá, que culminó en la pérdida de las instituciones nacionales, según los libros de los Reyes, es el análisis religioso de las acciones del pueblo. Esa era la gran lección que debía aprender Israel al leer estos documentos nacionales luego del exilio en Babilonia. El propósito pedagógico era subrayar las consecuencias nefastas de la idolatría e infidelidad, y también enfatizar los resultados adversos del sincretismo religioso y la desobediencia. De acuerdo con la teología de esta literatura, la cualidad más importante de un gobernante es llevar al pueblo por el sendero de la fidelidad al pacto y la alianza que Dios reveló al pueblo en el Monte Sinaí, a través de su siervo Moisés.

En este análisis teológico, se presentan dos reyes que constituyen los paradigmas de las acciones de los monarcas. David, que representa la fidelidad a la palabra divina; y Jeroboam, que es símbolo de impiedad y rebeldía. La evaluación de cada monarca se articula en relación a esos dos reyes. Solo unos pocos reyes son descritos con virtud (p.ej., Ezequías y Josías), pues llevaron a efecto reformas religiosas y transformaciones gubernamentales que intentaban regresar al pueblo por los senderos antiguos de la fidelidad a Dios.

Un componente adicional, que se debe tomar en consideración al evaluar las implicaciones teológicas de las narraciones de los libros de los reyes, es el importante concepto de Dios como rey. Desde muy temprano en la historia nacional se articuló en medio del pueblo la afirmación de que el Señor era el único rey de Israel, en contraposición a la experiencia de las naciones vecinas. Esa percepción se pone en clara evidencia en poemas antiguos (Ex 15.8) y en los Salmos (Sal 18; 93; 95—98). En efecto, unido al pacto en el Sinaí se incluye la idea de que el Dios eterno y único establecía una alianza con el pueblo.

Esa teología de Dios como rey estuvo presente en la mente de los profetas y los redactores de los libros de los Reyes al evaluar las acciones de los monarcas. Mientras el rey eterno, que había demostrado su poder en medio de la historia nacional, se mantenía fiel, los monarcas humanos se caracterizaban por sus infidelidades y sus injusticias.

En efecto, esta continua contraposición entre el rey divino y el humano es un factor fundamental para la evaluación crítica de la institución de la monarquía, que al final sucumbe ante las fuerzas militares de los asirios, primeramente, y luego ante los avances imperialistas de los babilónicos. No podía prevalecer una institución humana, como la monarquía, de acuerdo con estas percepciones teológicas, que había sustituido al Dios eterno, poderoso y fiel, por monarcas humanos quienes se caracterizaban por su infidelidad, impotencia e injustica.

15

Los «Profetas posteriores»

Porque como desciende de los cielos la lluvia y la nieve,
y no vuelve allá, sino que riega la tierra
y la hace germinar y producir,
y da semilla al que siembra
y pan al que come,
así será mi palabra que sale de mi boca:
no volverá a mí vacía,
sino que hará lo que yo quiero
y será prosperada en aquello para lo cual la envié.
Isaías 55.10-11

1. Los «Profetas posteriores» en la Biblia

La segunda sección de la Biblia hebrea, que se conoce como «los Profetas», se divide en dos partes: «Profetas anteriores» y «Profetas posteriores». En el primer grupo se incluyen las obras de Josué, Jueces, Samuel y Reyes; y en el segundo, Isaías, Jeremías, Ezequiel y los Doce. Es decir, que cada sección de los Profetas consta de cuatro rollos, pues los hebreos contaban los dos libros de Samuel y Reyes como uno, así también como el de los Doce, que también es conocido como los «Profetas menores» en las ediciones cristianas de las Escrituras.

Ese libro de los Doce, recibe la designación de «menores» por la brevedad de sus mensajes y extensión de sus libros, no por la importancia, pertinencia o validez de sus oráculos. Estos profetas nunca pueden considerase como menores, desde la perspectiva de la contribución teológica, religiosa, moral, ética y espiritual que hicieron a la vida del pueblo.

La importancia del profetismo en la Biblia se pone claramente de manifiesto al estudiar la afirmación teológica que describe la religión del pueblo de Israel como «profética». En efecto, el sentido primario de esta declaración es que los profetas en el desempeño de sus ministerios intentan comunicar el mensaje divino al pueblo en categorías educativas, morales, éticas y espirituales que la comunidad pudiera entender, afirmar, asimilar, vivir, disfrutar, compartir y aplicar.

El estudio sobrio de esta literatura revela que los profetas no se veían a sí mismos o se presentaban como fundadores de una nueva religión, sino que eran agentes de renovación y cambio de la experiencia cúltica del pueblo para identificar, afirmar e incentivar las implicaciones, aplicaciones y actualizaciones de los valores éticos y morales de la revelación divina. Con esa finalidad, fueron creando con el tiempo un gran cuerpo de ideas, conceptos, valores y enseñanzas religiosas, en continuidad con las tradiciones ancestrales, que pusieron en evidencia lo mejor de la religión bíblica. Entre esas enseñanzas y teologías, se deben destacar dos como prioritarias: Las continuas exhortaciones a la fidelidad, y el anuncio de un nuevo orden de cosas que permitiría la implantación plena de la justicia y la voluntad divina en la historia humana.

La palabra castellana «profeta» traduce el vocablo griego *profetes* que, desde la perspectiva lingüística, transmite la idea de «anunciar», «decir» o «presentar» algún mensaje. En el idioma griego, en efecto, la preposición *pro*, significa «estar delante de» o «estar en presencia de»; y el verbo *femi,* describe el acto de «decir», «anunciar» o «comunicar». De esta forma, *profetes* («hablar en vez de...», «ser portavoz de...» o «hablar ante alguien») es la palabra griega que utilizó la traducción de la Septuaginta (LXX), para traducir la voz hebrea *nabí,* que como significado primario y fundamental pone de relieve la acción de «comunicar» algún mensaje, que en el entorno específicamente religioso y bíblico, proviene de parte de Dios. El profeta del AT o *nabi* era una persona llamada por el Señor para transmitir su mensaje.

En la Biblia hebrea se incluyen diversas palabras y expresiones que describen la actividad profética de estos personajes importantes en las Escrituras, quienes expresaban la voluntad divina en términos de la salvación y liberación del pueblo, o en relación con los juicios y los reproches del Señor. Entre esos vocablos se incluyen los siguientes: *Nabí* (profeta, que es el más frecuente, con 315 veces), *hozeh* (visionario, que aparece en 17 lugares) y *roeh* (vidente, que se incluye en 9 ocasiones).

La expresión *ish elohim* («hombre de Dios», que es la frase más frecuente que describe a algún profeta), se aplica a Moisés (Jos 14.6), Samuel (1 S

9.6), Elías (1 R 17.18, 24) y Eliseo (2 R 4.7, 9, 16, 21, 25, 27, 40). Otras frases que describen a estos personajes y sus actividades, son las siguientes: «mensajero del Señor» (Is 44.26; Hag 1.13), «siervo del Señor» (2 R 9.7; Am 3.7; Zac 1.6), «hombre de espíritu» (Os 9.7) y «vigía», «atalaya» o «centinela» (Is 52.8; Jer 6.17; Ez 3.17; 33.2,6; Os 9.8). La importancia teológica de estas expresiones es que describen la comprensión que tenía la comunidad de sus actividades, palabras y ministerios.

Los profetas bíblicos

La importancia del profetismo en la Biblia se pone claramente de manifiesto al estudiar la afirmación teológica que describe la religión del pueblo de Israel como «profética». En efecto, el sentido primario de esta declaración es que los profetas en el desempeño de sus ministerios intentan comunicar el mensaje divino al pueblo en categorías educativas, morales, éticas y espirituales que la comunidad pudiera entender, afirmar, asimilar, vivir, disfrutar, compartir y aplicar.

Aunque generalmente en entornos seculares la idea que se transmite con la palabra «profeta» es la de predicción, augurio o adivinación de algún evento futuro, en la Biblia la expresión tiene un significado más concreto y definido: alude específicamente a alguien que habla en el nombre del Señor. Tanto en las narraciones que se incluyen en el AT como en el NT, los profetas eran personajes singulares que fueron escogidos, separados y llamados por Dios, para llevar a cabo una encomienda específica en un instante singular de la historia.

En efecto, estos hombres y mujeres se convertían en voceros divinos que transmitían, tanto a la comunidad en general, como a sus líderes en particular, la revelación que habían recibido del Señor. No eran adivinos profesionales ni futurólogos entrenados, sencillamente eran personas del pueblo que entendían que debían proclamar y transmitir, con responsabilidad, seguridad, firmeza y autoridad, el mensaje de Dios en un momento histórico concreto, definido y específico. Cuando sus palabras proféticas tenían implicaciones futuras, siempre las relacionaban con eventos, dinámicas, experiencias y realidades de la sociedad en que vivían.

Los profetas y sus hazañas no solo se incluyen en los grandes libros que llevan sus nombres, sino que se encuentran también en la literatura histórica y narrativa de la Biblia. Por esta singular razón es que los libros de Josué, Jueces, Samuel y Reyes se consideran «proféticos» en la Biblia hebrea; pues entre sus relatos se incluyen algunos episodios de gran significado teológico e histórico, de las labores que los profetas no literarios (es decir, los que no escribieron sus mensajes) llevaban a efecto. Esas narraciones proféticas tienen gran importancia teológica y espiritual, no sólo para la comprensión del mensaje de la Biblia sino para la evaluación adecuada de la fenomenología de la religión en general, y para el estudio del judaísmo y el cristianismo en particular.

¡Hablan en el nombre de Dios!

Aunque generalmente en entornos seculares la idea que se transmite con la palabra «profeta» es la de predicción, augurio o adivinación de algún evento futuro, en la Biblia la expresión tiene un significado más concreto y definido: alude específicamente a alguien que habla en el nombre del Señor. Tanto en las narraciones que se incluyen en el AT como en el NT, los profetas eran personajes singulares que fueron escogidos, separados y llamados por Dios, para llevar a cabo una encomienda específica en un instante singular de la historia.

Ese es el caso concreto, por ejemplo, de Samuel (1 S 7.2-17), Natán (2 S 7.1-29), Elías (1 R 17.1—19.21), Eliseo (2 R 2.1—8.15), Gad (2 S 24.11-14,18-19), Ahías (1 R 14.2-18), Débora (Jue 4.1—5.31), María (Ex 15.20-21) y Micaías (1 R 22.14-20). Estos profetas comunicaron con valentía y seguridad la palabra de Dios al pueblo, en diversos momentos de desafíos nacionales, aunque no se conservan libros relacionados con sus nombres.

Desde la perspectiva canónica, los comienzos de la institución de la profecía se relacionan directamente con la revelación divina en el Monte Sinaí (Ex 20.18-19). En esa importante narración se indica que el pueblo estaba atemorizado con las manifestaciones físicas que acompañaban la presencia de Dios en el Monte. Ante esos temores, los israelitas le pidieron a Moisés que les hablara él, pues creían que si Dios se revelaba a ellos directamente morirían. Esas perspectivas teológicas se expanden y aclaran en el Código de Deuteronomio, donde Dios mismo promete que le hablará al pueblo a través de profetas (Dt 18.15-20).

La preocupación divina, de acuerdo con estos relatos bíblicos, se relaciona fundamentalmente con el peligro que tenía el pueblo de imitar las costumbres de las comunidades paganas de la región. El rechazo divino se relacionaba particularmente con las prácticas abominables de la magia, la adivinación y la nigromancia.

2. La literatura y el mensaje de los profetas

Los libros de los «Profetas posteriores» o «Profetas escritores» contribuyen de forma destacada a la valoración positiva de las Sagradas Escrituras. Estas importantes obras, Isaías, Jeremías, Ezequiel y los Doce, son piezas teológicas de mucha importancia teológica y gran belleza literaria. En los mensajes que incluyen estos libros, se manifiestan no solo virtudes teológicas, religiosas y espirituales, sino que se ponen en clara evidencia las grandes capacidades literarias y de comunicación de los profetas, a la vez que se descubre el conocimiento amplio que los autores tenían de las dinámicas políticas, sociales y económicas en el entorno nacional e internacional que servía de marco a sus oráculos.

La comunicación profética, de acuerdo con la literatura bíblica disponible, se transmitía en variadas formas y estilos, pues aunque hay patrones comunes y tendencias metodológicas similares, cada autor y profeta le añadía una particular dimensión personal y específica. Entre esas formas de comunicación, se pueden identificar las siguientes: visiones y sueños (Jer 1.11-13; Am 7.1-9; 8.1-3; 9.1-4), himnos y salmos (Is 12.1-6; 25.1-5; 35.1-10), oraciones y plegarias (Jon 2.2-10; Hab 3.2-19), reflexiones sapienciales y educativas (Is 28.23-29), y alegorías y parábolas (Is 5.1-7).

Un componente importante en la literatura profética son las narraciones vocacionales. Estos relatos ponen de manifiesto la intimidad que se desarrollaba entre Dios y el profeta, además de identificar el contexto histórico de la vocación. En efecto, este tipo de literatura de llamado profético destaca y subraya las credenciales espirituales y morales del profeta, que ciertamente le autorizan a presentarse ante el pueblo y sus líderes como un enviado y representante del Señor (Is 6.1-13; Jer 1.4-10; Ez 1.1—3.27; Os 1.1—3.5).

Los mensajes proféticos son de salvación y de juicio; son esencialmente palabras de liberación y redención de parte del Señor, o discursos de condenación e ira divina. En los primeros, se destaca el amor de Dios, que se muestra de manera concreta en la manifestación plena de su misericordia y en su extraordinaria capacidad y disposición de perdonar y restaurar al pueblo, cuya característica fundamental incluía la infidelidad religiosa y la tendencia a la idolatría (Is 4.3-6; Jer 31.31-34; Ez 37.1, 14).

Los mensajes de juicio, por su parte, eran discursos fuertes y aguerridos que condenaban firmemente las actitudes sincretistas, rechazaban las decisiones injustas, y aborrecían las acciones idolátricas del pueblo y sus líderes. Esos oráculos de reprensión se producían cuando el pueblo vivía a la altura de las exigencias éticas y las normas morales del pacto revelado por Dios en el Monte Sinaí.

En ocasiones, inclusive, esos mensajes de juicio divino comenzaban con una expresión intensa de angustia y amargura, un doloroso «ay» profético, que denuncia públicamente y rechaza con firmeza los pecados de individuos (Is 22.15-19; Jer 20.1-6; Ez 34.1-10), las maldades de las naciones idólatras (Am 1.3—3.3), e inclusive, las transgresiones e infidelidades del pueblo de Israel (Is 5.8-30; Am 2.6-16).

Con regularidad, los mensajes proféticos se introducen de forma directa, clara y precisa. Expresiones como «Así dijo el Señor» o «Palabra del Señor que vino a...» o semejantes sirven para iniciar los procesos de comunicación de estos mensajes de salvación y juicio, de estos oráculos de esperanza y condenación, de estas palabras de restauración y reproche. La autoridad del mensaje, en efecto, no se fundamenta en alguna virtud humana del profeta sino en la naturaleza santa y la esencia justa de Dios.

Estas palabras proféticas se fundamentan en una firme y estable teología de pertinencia. El Dios justo y santo responde con vehemencia y firmeza a los pecados de la humanidad, particularmente a las faltas del pueblo escogido que, por haber recibido la especial revelación divina en el Sinaí, debe actuar de manera diferente al resto de las naciones paganas. Esa es la razón básica para el enjuiciamiento profético del pueblo y sus gobernantes: El Dios justo y santo rechaza de manera absoluta la mentira, el orgullo, la prepotencia, la arrogancia, la idolatría y la injusticia, y sus respectivas manifestaciones y consecuencias.

Esa misma teología contextual, de pertinencia y pertenencia, de acuerdo con los profetas de Israel, destaca, afirma y revela que el Señor también está muy interesado en manifestar todo su poder liberador, salvador y redentor, no solo al pueblo de Israel, a quien llevó del cautiverio en Egipto a las tierras de Canaán, sino al resto de la humanidad. Esa manifestación extraordinaria de misericordia divina, tiene como objetivo último llegar a todas las naciones del mundo para que conozcan y reconozcan, con seguridad y esperanza, que el Señor es el único Dios (Is 1.3; Ez 36.23, 36; 37.28; 39.7-8).

3. La influencia del mensaje de los profetas

La sección de los «Profetas posteriores» en la Biblia, Isaías, Jeremías, Ezequiel y los Doce ha contribuido significativamente al desarrollo de la teología bíblica, tanto en el AT como en el NT. En la Biblia hebrea estos profetas sirvieron de conciencia nacional y real, ante las reiteradas acciones impropias e injustas del pueblo y sus gobernantes. Aunque los destinatarios originales de sus mensajes no siempre recibían con agrado las amonestaciones y reprensiones proféticas (Hag 1.2-15), las generaciones futuras aquilataron la importancia histórica, teológica, política, social, ética, moral y espiritual de estas palabras de sabiduría y educación. Por esa razón se reprodujeron, guardaron y transmitieron esos mensajes en formas literarias, además de revisarlos a la luz de los nuevos desafíos que afectaban la historia nacional.

El NT comprendió que la profecía veterotestamentaria llegó a su culminación en el ministerio de Jesús de Nazaret. Por esa razón fundamental, en la Epístola a los Hebreos, se afirma de manera categórica que Dios le habló al pueblo en diversos momentos y de varias maneras en la historia a través los profetas, pero que en la era final ha hablado por medio de su Hijo (Heb 1.1-2), a quien Dios mismo instituyó como heredero de todas las cosas.

Jesús de Nazaret, que para las iglesias cristianas y los creyentes es el Cristo de Dios, siguió fielmente esta importante tradición profética en su ministerio redentor en Palestina. Estaba consciente el Señor de la importancia espiritual, la pertinencia pedagógica y la relevancia teológica de esos mensajeros en la historia del pueblo de Israel. Porque entendía muy bien las implicaciones transformadoras de esas enseñanzas y comprendía cabalmente los valores que transmitían los mensajes proféticos, Jesús afirmó el significado profundo de algunos mensajes, como se pone claramente de manifiesto en la sinagoga de Nazaret, en su interpretación de las enseñanzas que se incluyen en el libro del profeta Isaías (Lc 4.16-21).

El Espíritu del Señor ungió a Jesús, de acuerdo con el Evangelio de Lucas, para llevarle al pueblo una palabra de liberación y esperanza, en la tradición de los antiguos profetas, ejemplificada elocuentemente en el mensaje del profeta Isaías. Esa palabra novel de restauración nacional y renovación espiritual, se hizo realidad en los discursos esperanzadores, las parábolas desafiantes, las sanidades misericordiosas y las liberaciones extraordinarias que el Señor pronunció o llevó a efecto.

16

El libro de Isaías

Después oí la voz del Señor, que decía:
¿A quién enviaré y quién irá por nosotros?
Entonces, respondí yo:
—Heme aquí, envíame a mí.
Isaías 6.8

1. El profeta

El libro de Isaías en el primero de los profetas escritores. De acuerdo con el testimonio bíblico, el profeta era hijo de un tal Amoz (Is 1.1), y llevó a efecto su ministerio en el reino de Judá, en el sur, específicamente en la ciudad de Jerusalén, durante los reinados de Uzías (2 R 15.1-7; 2 Cr 26.1-23), Jotam (2 R 15.32-38; 2 Cr 27.1-9), Acaz (2 R 16.1-20; 2 Cr 28.1-27) y Ezequías (2 R 18.1—20.21; 2 Cr 29.1—32.33), por los años c. 740-700 a.C. El nombre Isaías significa «el Señor salva».

Desde la perspectiva familiar, el libro pone de manifiesto varios detalles que deben ser tomados seriamente en consideración, por su naturaleza simbólica y sus implicaciones teológicas. A su esposa se le conoce como la «profetisa», que puede ser su título oficial como compañera del profeta (Is 8.3); o que, en efecto, también cumplía funciones proféticas en el pueblo, cosa que no sería extraña en las tradiciones bíblicas, pues es el caso específico de María (hermana de Moisés y Aarón; Ex 15.1-21) y de Débora (Jue 4.4), a quien el texto bíblico identifica directamente como «gobernadora» y «profetiza».

La narración que alude a la esposa de Isaías está llena de simbología, pues se indica, inclusive, que hasta los nombres de sus dos hijos transmiten signos proféticos: Sear-jasub significa «un remanente volverá» (Is 7.3); y Maher-salal-hasbaz (Is 8.3), que transmite la idea de que «el saqueo y la destrucción llegarán muy pronto». Todo su entorno familiar, en efecto, es parte del ministerio profético de Isaías.

El mensaje de Isaías

El mensaje que presentó al pueblo revela no solo sus capacidades teológicas y su dominio crítico de las dinámicas sociales y políticas que incidían en su mensaje, sino que pone en evidencia sus grandes destrezas literarias y sus virtudes poéticas. Sus oráculos son una joya de la comunicación que ponen de relieve su buen nivel educativo y demuestran, además, con claridad, su gran capacidad de intelectual y su dominio pleno de la retórica profética.

La lectura cuidadosa del libro, particularmente de la primera sección (Is 1.1—39.8), revela que el profeta era una persona influyente y distinguida en la ciudad, gozaba de prestigio social y autoridad, y disfrutaba de gran libertad de movimiento en el reino y de prestigio público. Como posiblemente era parte de la clase social, religiosa y políticamente privilegiada y aristocrática de Jerusalén, tenía la oportunidad de interaccionar con los líderes políticos (Is 7.3-17; 37.2), y también podía dialogar libremente con los sacerdotes y los altos oficiales gubernamentales, incluyendo al rey (Is 8.2). Además, comprendía muy bien las complejidades sociales nacionales y los desafíos políticos internacionales de su época, y no vacilaba en intervenir en asuntos del estado (Is 37.5-7). Isaías era un hombre influyente, culto e inteligente, que fue llamado por Dios para comunicar el mensaje divino en un período complejo y desafiante de la historia del pueblo de Israel.

El mensaje que presentó al pueblo revela no solo sus capacidades teológicas y su dominio crítico de las dinámicas sociales y políticas que incidían en su mensaje, sino que pone en evidencia sus grandes destrezas literarias y sus virtudes poéticas. Sus oráculos son una joya de la comunicación que ponen de relieve su buen nivel educativo y demuestran, además, con claridad, su gran capacidad de intelectual y su dominio pleno de la retórica profética. En efecto, Isaías era un hombre muy bien preparado e inteligente, que estaba decidido a hacer la voluntad divina en medio de una sociedad llena de cambios drásticos y retos formidables. Responder positivamente al llamado divino para transmitir la palabra de juicio y restauración, de reproche y esperanza, de crítica social y renovación espiritual.

2. Entorno histórico

El mensaje del profeta Isaías tiene como marco de referencia un período lleno de conflictos políticos internos y desafíos militares externos. De particular importancia histórica son las dinámicas continuas de agresividad y hostilidad entre los reinos de Israel y Siria, que se unieron para tomar control de Judá. El problema común en la región, era las continuas y crecientes amenazas de invasión que les presentaba las políticas imperialistas de Asiria, que miraba al sur para expandir sus horizontes políticos y comerciales, con la conquista de los reinos de Siria, Israel y Judá.

Por el año c. 735 a.C., los reyes de Siria e Israel se confabularon y formaron una coalición para conquistar Judá, que no quiso unirse en el esfuerzo común para combatir y detener los avances militares asirios. El objetivo de esta llamada guerra «siro-efraimita» era derrocar al rey Acaz y sustituirlo por algún nuevo incumbente que deseara incorporarse a la alianza militar anti-asiria.

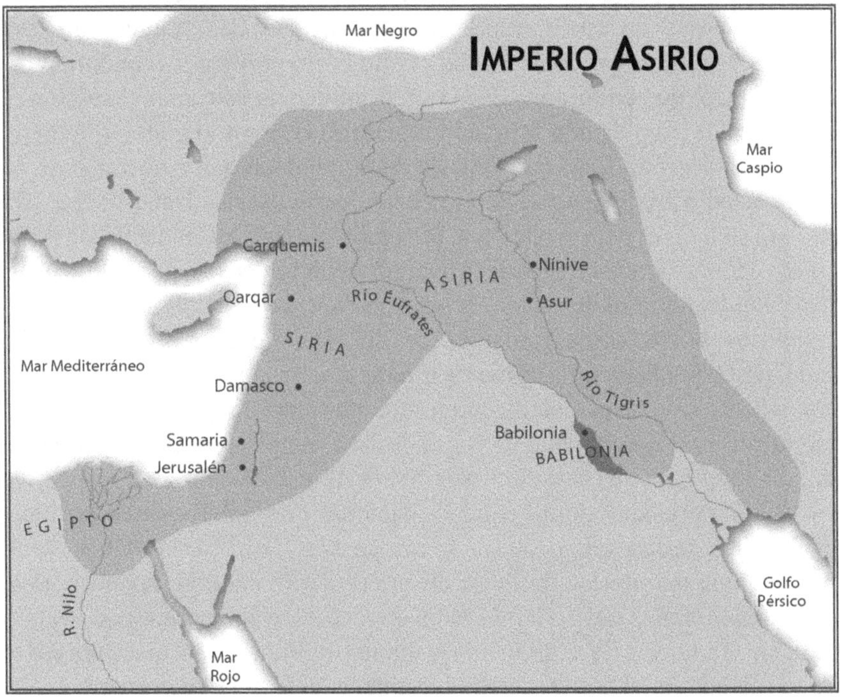

Lamentablemente, ante el peligro real de ser depuesto y que terminara de esa forma en Judá la dinastía de David, el rey Acaz no escuchó los consejos prudentes y sabios del profeta Isaías (Is 7.4-9), y solicitó ayuda al mismo rey asirio, Tiglat-pileser III. Esa decisión estratégica, política y militar, tuvo grandes repercusiones económicas, religiosas y sociales en el pueblo, pues fue el comienzo de un proceso de decadencia nacional y de servidumbre internacional.

En efecto, Tiglat-pileser III derrotó a Israel y Siria en la guerra, y protegió momentáneamente al rey Acaz y su reino de la crisis. El resultado del conflicto bélico fue la destrucción definitiva de la capital siria, Damasco, y la división de la sección norte del reino de Israel en tres provincias asirias gobernadas directamente desde la ciudad de Nínive. De Israel solo quedó un terreno no muy extenso alrededor de Samaria, y el rey Oseas se mantuvo por un algún tiempo más en el poder, hasta el año 722 a.C. (2 R 17.3-6).

Esa guerra es el contexto histórico inmediato de las profecías de Isaías referente al Emanuel (Is 7.1—12.6), que afirmaba la presencia de Dios en medio de su pueblo. Isaías se opuso a esa imprudente e inefectiva alianza con Asiria para contrarrestar la coalición de Siria e Israel. De acuerdo con el profeta, esa era una manera impropia de relacionarse con un imperio pagano, en contraposición del mandato de la Ley de Moisés; además, Isaías previó con claridad el alto costo político y económico de esta alianza, que culminó con una gran influencia asiria en el reino del sur, y con el pago de una serie de impuestos onerosos al país.

Posteriormente, Ezequías, hijo de Acaz, también quiso liberarse de la dominación asiria, y en el 705 a.C., a la muerte del rey Tiglat-pileser III, declaró su independencia nacional. Sin embargo, solo le tomó a Senaquerib cuatro años reconquistar el poder imperial, y volvió a presentar una amenaza real e inminente al reino del sur. En esta ocasión, los ejércitos asirios fueron conquistando de forma paulatina las diversas ciudades fortificadas de Judá, hasta que llegaron finalmente a Jerusalén. Una vez sitiaron la ciudad amurallada, y se disponían a conquistarla de forma fulminante, una plaga mortal atacó al ejército, que tuvo que desistir de proseguir con la campaña militar y regresar sin esa conquista a Asiria (Is 3.1—39.8).

Esa experiencia de liberación nacional fue interpretada por los ciudadanos de Jerusalén como una respuesta a las plegarias del rey y el profeta, una manifestación de la misericordia divina a la ciudad, y una demostración más del poder de Dios en medio de su pueblo. Ese evento redentor fortaleció la convicción nacional que afirmaba que Jerusalén sería salvada por Dios de cualquier amenaza de destrucción por ser la sede del Templo que representaba la misma presencia de Dos en medio del pueblo.

El costo político y las implicaciones económicas de las decisiones de Ezequías no deben subestimarse. Además de haber perdido el control de sus ciudades aledañas, con la pérdida de ingresos por concepto de impuestos que eso representaba, tuvo que pagar grandes tributos a Asiria para evitar una invasión adicional, a la vez que el rey tuvo que declarar su fidelidad pública a ese imperio extranjero.

3. El libro

Los estudios bíblicos de los últimos dos siglos han propuesto que el libro del profeta Isaías debe analizarse y dividirse en, por lo menos, tres secciones básicas y fundamentales. La primera, conocida como Isaías de Jerusalén (o Primer Isaías; Is 1.1—39.8), presupone que el pueblo vive en la ciudad de Jerusalén, y los mensajes proféticos tienen un claro énfasis de juicio, aunque también incorporan algunos temas de esperanza (c. 738-700 a.C.). A la segunda parte del libro se le conoce como el Isaías de Babilonia (o Segundo Isaías; Is 40.1—55.13), y destaca los temas de consolación y esperanza en el período exílico (c. 550 a.C.). Para concluir, se presenta una sección final, identificada como Isaías del Retorno (o Tercer Isaías; Is 56.1—66.24), cuya teología alterna los mensajes de restauración nacional con los de juicio divino, y se produce nuevamente en la ciudad de Jerusalén, luego del regreso de los deportados en Babilonia (c.538-515).

La salvación depende directamente de Dios

El gran mensaje que se manifiesta con fuerza en las diversas secciones del libro es que la salvación del pueblo depende directamente de Dios, y no de las alianzas políticas y militares con las diversas potencias mundiales. La liberación nacional es prerrogativa divina, no es el producto de la sagacidad política humana ni el resultado de las estrategias políticas.

Este análisis temático, teológico, literario e histórico inicial no debe afectar adversamente el reconocimiento de la unidad general y canónica de la obra, que se presenta como los mensajes de un profeta que responde a diversas crisis nacionales e internacionales en el nombre del Señor. Además, el estudio más profundo de cada sección y de sus temas, identifica con claridad varios vectores literarios importantes que le brindan al libro de Isaías su unidad y continuidad teológica básica.

El gran mensaje que se manifiesta con fuerza en las diversas secciones del libro es que la salvación del pueblo depende directamente de Dios, y no de las alianzas políticas y militares con las diversas potencias mundiales. La liberación nacional es prerrogativa divina, no es el producto de la sagacidad política humana ni el resultado de las estrategias políticas.

La redacción de una obra tan importante y extensa como Isaías, es el resultado del esfuerzo dedicado no solo del profeta Isaías, sino de la labor paciente y continua de sus discípulos, que se dieron a la tarea de recopilar sus enseñanzas, revisarlas a la luz de las nuevas realidades históricas del pueblo, para finalmente editar todo el material en las formas canónicas que lo poseemos el día de hoy.

Una estructura literaria que nos permite analizar la obra, que es la más extensa entre los libros proféticos (¡66 capítulos!), con sentido de unidad teológica y reconocimiento temático e histórico, es la siguiente:

- Mensajes sobre Judá y Jerusalén (Is 1.1—5.30)
- El «Libro del Emanuel» (Is 6.1—12.6)
- Oráculos contra las naciones extranjeras (Is 13.1—23.18)
- Apocalipsis de Isaías (Is 24.1—27.13)
- Mensajes de juicio contra Judá e Israel (Is 28.1—33.24)
- Juicio a las naciones (Is 34.1—35.10)
- Narraciones relacionadas con el rey Ezequías (Is 36.1—39.8)
- Mensajes de consolación (Is 40.1—55.13)
- Poemas del Siervo del Señor (Is 42.1-9; 49.1-6; 50.4-11; 52.13—53.12)
- Mensaje a los repatriados de Babilonia (Is 56.1—66.24)

4. Mensajes de juicio sobre Judá y Jerusalén

La primera sección del libro de Isaías (Is 1.1—5.30) está dedicada, en primera instancia, al reproche y la crítica de la conducta del pueblo, particularmente a las acciones de sus líderes, tanto religiosos como políticos y militares, que no cumplían con los estatutos divinos ni seguían con las enseñanzas que se derivaban de la Ley. Compara al pueblo con las naciones de Sodoma y Gomorra (Is 1.10), para destacar la gravedad de la situación y puntualizar la inminencia del juicio divino.

El mensaje profético destaca las acciones pecaminosas de los gobernantes, que piensan que pueden salvar al país mediante acuerdos internacionales y alianzas estratégicas (Is 30.1-5), cuando el camino a seguir, según Isaías, es el de la obediencia, fidelidad y humildad ante un Dios que se identifica como «santo».

Uno de los títulos preferidos del profeta para referirse al Señor es «el Dios Santo de Israel» (véase, Is 1.4; 5.16, 19, 24; 10.20; 30.11). Esa descripción y apelativo divino tiene, por lo menos, dos implicaciones teológicas inmediatas: exalta de forma directa la majestad, el poder y la bondad divina, a la vez que pone de manifiesto la misericordia del Señor hacia el pueblo de Israel. La santidad de Dios es un valor teológico fundamental en Isaías que revela las implicaciones morales nacionales y las repercusiones éticas personales que demanda Dios de su pueblo y sus líderes.

La crítica profética llega también a las estructuras religiosas del pueblo. La reiterada conducta de rebeldía nacional y las manifestaciones continuas de infidelidad del pueblo, son conductas adversas que hieren y ofenden a Dios, cuya naturaleza y esencia es la santidad. Ese Dios, que aún los serafines aclaman con júbilo y afirman su gloria y santidad de forma repetida, demanda que el pueblo y sus representantes vivan de acuerdo con los valores y enseñanzas que provienen de la Ley de Moisés. Entre esas enseñanzas, está la implantación de justicia que, según Isaías, no es un tema teológico o político para el diálogo filosófico y especulativo, sino un valor moral y espiritual que debe ser aplicado con liberalidad, tanto en medio de las relaciones interpersonales en la sociedad como en las relaciones y conversaciones diplomáticas internacionales.

Para el profeta, en efecto, aunque el culto a Dios y las ceremonias religiosas pudieran tener algún valor intrínseco inconmensurable, es vacía e inútil la adoración que presentan las personas que tienen «las manos manchadas de sangre» (Is 1.15-17), que es una forma figurada de aludir a los actos de injusticia. Isaías relaciona la experiencia religiosa de la gente con el estilo de vida, al afirmar que las diversas actividades en el Templo, incluyendo los sacrificios, no tenían valor alguno ante Dos, si no estaban acompañados por actos concretos de afirmación de la justicia en medio de las vivencias cotidianas del pueblo.

Ese juicio divino, según Isaías, tiene una finalidad purificadora, pues intenta restaurar y renovar al pueblo (Is 1.24-27). Es decir, que el castigo divino no es un fin en sí mismo, sino un medio para alcanzar el nivel ético, espiritual y moral que Dios requiere de su pueblo. La obra manifiesta un firme reclamo al arrepentimiento sincero (Is 1.10-20), que es la actitud humana que incentiva la misericordia de Dios.

El Dios santo de Israel

Uno de los títulos preferidos del profeta para referirse al Señor es «el Dios Santo de Israel» (véase, Is 1.4; 5.16, 19, 24; 10.20; 30.11). Esa descripción y apelativo divino tiene, por lo menos, dos implicaciones teológicas inmediatas: exalta de forma directa la majestad, el poder y la bondad divina, a la vez que pone de manifiesto la misericordia del Señor hacia el pueblo de Israel. La santidad de Dios es un valor teológico fundamental en Isaías que revela las implicaciones morales nacionales y las repercusiones éticas personales que demanda Dios de su pueblo y sus líderes.

Respecto al juicio divino restaurador, el profeta incluye un tema de gran envergadura teológica e importancia histórica: un grupo pequeño del pueblo se salvará de las manifestaciones de la ira de Dios. El Señor, de acuerdo con este postulado teológico, no destruirá totalmente a Israel, sino que conservará una parte. Esos sobrevivientes, que serán salvados y redimidos por la misericordia y la bondad de Dios, se identifican en las Escrituras en ocasiones como el «resto» o «remanente» del pueblo (Is 1.9; 4.2-6; 10.20-22; 11.10-16; 28.5; 37.4, 30-32).

Otros de los temas que se afirman en esta sección inicial del libro, son los siguientes: El reinado universal del Señor (Is 2.1-5), que presenta un futuro de paz y fraternidad entre las naciones; el rechazo divino a la arrogancia, el orgullo y la soberbia humana (Is 2.6-22); el futuro glorioso de la ciudad de Jerusalén (Is 4.2-6), en representación del pueblo de Dios; y una serie de mensajes de juicio, que inician con la dolorosa y significativa expresión «ay», para destacar la gravedad del castigo divino (Is 5.8-30). Se alternan de esta manera diversas formas literarias, como poesías, narraciones y hasta una parábola (Is 5.1-7).

5. El «Libro de Emanuel»

El relato de vocación de Isaías no se incluye al comienzo de su libro, como es el caso de otros profetas (Jer 1.4-9; Ez 1.1—3.27). Constituye la introducción del llamado «Libro de Emanuel» (7.1—9.6), cuyo contexto social, político y militar inmediato es la guerra siro-efraimita (c. 735 a.C.). Antes de presentar sus consejos y recomendaciones al rey en torno a esta seria crisis de seguridad nacional, Isaías presenta sus credenciales proféticas.

El año de la vocación es posiblemente el c. 740 a.C. (2 R 15.7; 2 Cr 26.23), y la visión tiene lugar, posiblemente en el Templo de Jerusalén, en el lugar santísimo, donde estaba ubicado el Arca del pacto, que era el trono o asiento visible y temporal del Dios invisible y eterno (Ex 25.21-22; Sal 99.1). El entorno de la experiencia es de grandiosidad y santidad, y el propósito es poner de manifiesto la vocación profética de Isaías. Los serafines, o los «ardientes», cantaban tres veces santo, para enfatizar la perfección de la naturaleza santa de Dios (Is 6.3), y la pregunta divina pone de relieve el propósito del pasaje: ¿Quién representará a Dios ante el pueblo? ¿Quién le hablará en el nombre del Señor? ¿Quién comunicará la palabra divina en los momentos de crisis? (Is 6.8).

La respuesta del profeta fue firme y decidida: «Heme aquí, envíame a mí» (Is 6.8). No hay ambigüedad, no hay asomo de duda, no hay dubitación, no hay desorientación. Isaías responde con certeza al llamado divino, aunque la empresa era compleja y difícil, y el pueblo no le iba a escuchar con agrado y aceptación. El profeta Isaías es enviado a predicar en medio de una sociedad que no estaba dispuesta a escuchar la palabra divina. Comenzando por el rey Acaz (Is 7.12), el pueblo decidió seguir sus propios criterios, caprichos, designios e intereses, en vez de atender con humildad y respeto en mensaje del profeta.

Las implicaciones éticas del culto

Para el profeta, en efecto, aunque el culto a Dios y las ceremonias religiosas pudieran tener algún valor intrínseco inconmensurable, es vacía e inútil la adoración que presentan las personas que tienen «las manos manchadas de sangre» (Is 1.15-17), que es una forma figurada de aludir a los actos de injusticia. Isaías relaciona la experiencia religiosa de la gente con el estilo de vida, al afirmar que las diversas actividades en el Templo, incluyendo los sacrificios, no tenían valor alguno ante Dos, si no estaban acompañados por actos concretos de afirmación de la justicia en medio de las vivencias cotidianas del pueblo.

Esa rebeldía inicial, de acuerdo con el relato de vocación de Isaías, hacía que el pueblo se hiciera más ciego y terco ante el mensaje de Dios. Sin embargo, en la narración inicial de su llamado, se pone de manifiesto, aunque de forma solapada y tenue, el tema del resto, pues aunque el juicio sea intenso, la destrucción extensa y la devastación profunda, un «tronco» de la simiente santa, es decir, un remanente del pueblo se salvará (Is 6.13).

Las amenazas de los reyes de Damasco, Rezín y de Samaria, Peka, el hijo de Remalías, contra el rey de Jerusalén, que propició la llamada guerra siro-efraimita, fue el escenario de los consejos del profeta Isaías al rey Acaz. En medio de la crisis, Acaz desestimó y rechazó las recomendaciones de Isaías y decidió buscar apoyo en Tiglat-pileser III. Esa decisión política, estratégica, militar y religiosa, le costó al reino de Judá muy caro, pues aunque los ejércitos sirios e israelitas fueros derrotados, Jerusalén quedó con una deuda de magnitud mayor ante Asiria, que le hizo perder su independencia nacional y la redujo a una nación vasalla.

En este contexto de crisis nacional, Isaías afirma que antes que una mujer joven de edad casadera o virgen (Is 7.14), de acuerdo con la traducción de la Septuaginta (LXX), dé a luz un hijo, y ese niño tenga la edad suficiente para discernir entre lo bueno y lo malo, los ejércitos de Siria e Israel serían derrotados. Esa será la señal divina al rey. El niño se llamará Emanuel, que significa «Dios con nosotros».

Este mensaje de Isaías al rey Acaz no solo tuvo la importancia histórica inmediata en el contexto de esa guerra, sino que ha sido objeto de nuevas lecturas mesiánicas que han llevado este mensaje profético a nuevos niveles teológicos. El evangelista Mateo, por ejemplo, citó este pasaje como un anuncio extraordinario del nacimiento virginal del Mesías (Mt 1.23), que de acuerdo con la teología cristiana es Jesús de Nazaret.

Los oráculos del profeta Isaías continuaron, aunque el rey Acaz hizo caso omiso a sus palabras. Afirmó el profeta entonces, que la esperanza del pueblo debe estar en el poder de Dios, no en las alianzas humanas que no tienen la capacidad de detener los ejércitos enemigos (Is 8.1—22). Además, reinterpretó la teología de las naciones enemigas, para afirmar que Asiria era ahora un instrumento en las manos de Dios; es decir, que ese pueblo tradicionalmente enemigo de Israel, era parte del plan divino para poner de relieve su juicio y manifestar su ira. Isaías le brinda de esta forma no solo a la literatura profética sino al resto de la Biblia una singular teología universalista, que presenta a Dios como Señor absoluto no solo de Israel sino de las naciones (Is 9.8—10.34).

En ese mismo contexto de guerra y mensajes de juicio y esperanza, el libro incluye dos profecías mesiánicas dignas de mencionar, pues tienen gran significado y virtud espiritual. La primera se relaciona con el nacimiento y reinado del Mesías futuro del pueblo, en el cual se revelan sus nombres propios: Admirable consejero, Dios fuerte, Padre eterno y Príncipe de paz (Is 9.6). Estos nombres ponen de manifiesto su misión, naturaleza y poder. Además, respecto a este mismo personaje, que provenía de la dinastía davídica, se presenta el tiempo ideal en que ese importante descendiente establezca un gobierno extraordinario de justicia, paz, armonía y dignidad para toda la creación de Dios (Is 11.1-16). Estos pasajes también se han releído desde la perspectiva cristiana y se han asociado a la vida y obra de Jesús.

6. Oráculos contra las naciones extranjeras

La siguiente sección del libro de Isaías (Is 13.1—23.18) presenta una serie de mensajes de juicio a las naciones extranjeras, que no solo ponen de relieve el nacionalismo del pueblo, sino que reafirman la teología universalista que previamente se había incluido en la obra (Is 10.5-34). Dios es Señor absoluto de toda la creación, de acuerdo con esta visión teológica, incluyendo los pueblos vecinos de Israel, y hasta las naciones enemigas. El poder divino, según el libro de Isaías, no está confinado a las fronteras internas del pueblo de Israel sino que sobrepasaba esos linderos locales para intervenir de forma decidida en la historia local, nacional, internacional y mundial.

Los profetas bíblicos desarrollaron ese gusto nacionalista por este tipo de oráculos, pues el juicio divino a sus enemigos eran siempre palabras de esperanza para el pueblo de Israel (Is 13.1—23.18; Jer 46.1—51.64; Ez 25.1—32.32; Am 1.1—2.16). Estos mensajes proféticos reconocen claramente el poder divino sobre todos los gobiernos humanos, que deben responder ante Dios por sus acciones éticas, morales, políticas y espirituales. Es importante esta sección del libro de Isaías, pues mueve el tema del juicio a Judá e Israel al ámbito internacional, para posteriormente llegar a niveles cósmicos (Is 24.1—27.13).

Entre las naciones extranjeras que se identifican en el libro Isaías, y a las que se les presentan oráculos de juicio, están las siguientes:

- Babilonia (Is 13.1—14.32; 21.1-10)
- Moab (Is 15.1—16.14)
- Damasco (Is 17.1-14)
- Etiopía (Is 18.1-7)
- Egipto (Is 19.1-25)
- Tiro (Is 23.1-18)

Es importante notar, además, que en esta sección se incluye un oráculo contra Judá (Is 22.1-14), por su alegría prematura ante la huída de los ejércitos de Sargón II o de Senaquerib. También se presenta un mensaje de condenación a un individuo, Sebna, mayordomo o consejero del rey Ezequías, por una falta no identificada en el pasaje, pero que quizá pudo haber sido alguna recomendación que le hiciera al rey de una alianza con Egipto (Is 22.15-25).

Una importancia teológica adicional de estos mensajes de juicio a las naciones es el que relacionan la profecía del libro de Isaías con realidades históricas específicas y concretas. Se pone en clara evidencia una vez más la pertinencia, contextualización y aplicación del mensaje profético, que tiene como finalidad última responder a las realidades humanas desde un punto de vista teológico. No son palabras que intentan atender situaciones hipotéticas e irreales, sino revelaciones divinas que atienden efectivamente las necesidades individuales y colectivas más hondas y sentidas de la humanidad.

7. Apocalipsis de Isaías

Esta sección del libro de Isaías (Is 24.1—27.13) se ha relacionado con la literatura apocalíptica, por los temas teológicos que aborda y también por las imágenes literarias que desarrolla. Entre los asuntos que se ponen de relieve y se atienden en estos mensajes, se incluyen los siguientes: el gran banquete escatológico, el castigo de los poderes celestiales y la resurrección de los muertos.

El contexto amplio de estos mensajes es el juicio a las naciones vecinas en la sección anterior, y los mensajes de amonestación y castigo a Israel y Judá en la sección posterior (Is 28.1—33.24). En esta ocasión, el mensaje de reproche divino llega a los niveles cósmicos. El juicio del Señor llegará a toda la creación (Is 24.1-23), que es una forma adicional de enfatizar el tema del poder de Dios no solo sobre las personas, es decir el pueblo de Israel y las naciones enemigas, sino sobre la naturaleza completa.

Al poema de juicio inicial, le sigue un cántico de alabanzas al Señor por las maravillas que ha hecho (Is 25.1-12). Específicamente en el poema se mencionan la derrota de los enemigos, la ayuda a la gente necesitada, el anuncio del banquete al final de los tiempos y la presentación del castigo a Moab, en representación de todos los enemigos de Dios y su pueblo. Es una manera adicional de poner de relieve la capacidad divina de implantar justicia en medio de la historia de la humanidad.

Le sigue un salmo de confianza en el Señor (Is 26.1-21), que posiblemente consta de, por lo menos, dos poemas básicos. En primer lugar, el pasaje bíblico reconoce que el triunfo en la vida se debe a la intervención divina. Presenta, además, una oración de seguridad y confianza en el Señor y una petición de apoyo ante los enemigos. Culmina el salmo con la respuesta a las oraciones del pueblo, y el consejo a esperar en la victoria que proviene únicamente del Señor.

El mensaje final de la sección (Is 27.1-13) desarrolla el tema de la restauración y el futuro. Se afirma que las naciones serán juzgadas, que Israel es la viña del Señor y que tendrá que sufrir, pero que los desterrados del pueblo regresarán del cautiverio. En este contexto amplio se presentan las naciones enemigas como monstruos legendarios, que es una forma grotesca y literaria de ridiculizarlas y desmerecer su poder.

Toda esta sección, que posiblemente proviene del contexto exílico, pone de relieve el poder divino sobre todos los poderes históricos y cósmicos. Se enfatiza la capacidad divina de manifestar su ira no solo en términos temporales sino de forma escatológica. En efecto, la manifestación de los juicios de Dios supera los límites del tiempo para llegar hasta los últimos días de la historia. Este particular tema apocalíptico se desarrolla posteriormente con vigor en la literatura intertestamentaria y con fuerza en el NT y en la literatura cristiana.

8. Mensajes de juicio contra Judá e Israel

El tema general del juicio divino se mueve ahora del plano internacional (Is 13.1—13.18) y cósmico (Is 24.1—27.13) al nacional (Is 28.1—33.24). El contexto de estos mensajes es generalmente la crisis que generó la muerte en Asiria del rey Sargón II (705 a.C.) la ascensión al trono y la consolidación del poder de su hijo, Senaquerib. En esa transición, el rey Ezequías estableció una alianza con Egipto que motivó una muy importante invasión asiria a Palestina.

SARGÓN II

Los mensajes que se incluyen en esta sección, se articulan en una singular forma de comunicación profética que comienza la expresión «ay», para poner claramente de manifiesto la naturaleza, gravedad y extensión del juicio divino (Is 28.1; 29.1, 15; 30.1; 31.1; 33.1). Esta sección comienza con un reproche directo al reino del norte, Israel, posiblemente antes de la caída de Samaria (Is 28.1-13; 722 a.C.).

Entre los temas que se exponen en estos oráculos de juicio divino se encuentran los siguientes: la amonestación a los sacerdotes y profetas identificados como borrachos (Is 28.7-13); la reprensión por haber buscado ayuda en Egipto, desconfiando así del poder divino (Is 28.14-22; 30.1-5); afirmación de los planes divinos como sabios, en forma de parábola (Is 28.23-29); la proclamación del dolor de Jerusalén (identificada con el nombre simbólico de Ariel) y su futura liberación (Is 19.1-8, 17-24; 30.18-26); la afirmación en torno a la ceguera e hipocresía del pueblo (Is 29.13-14); el rechazo a quienes pretender actuar de espaldas al Señor (Is 29.15-16); el juicio divino contra Asiria (Is 30.27-33) y Egipto (Is 31.1-9); la advertencia a las mujeres de Jerusalén (Is 32.9-20).

En medio de estas profecías que ponen de manifiesto la ira de Dios hacia el pueblo de Judá y los ciudadanos de Jerusalén, se ubica un oráculo en torno al rey justo que necesita el pueblo (Is 32.1-8). Aunque este mensaje muy bien puede relacionarse con las esperanzas mesiánicas que ya se habían revelado en el libro de Isaías (Is 9.1-7; 11.1-10), posiblemente se refiere a monarcas históricos que deben hacer cumplir la voluntad divina de implementar la justicia, para disfrutar plenamente de paz y seguridad. El estilo literario del poema es sapiencial y la finalidad es claramente didáctica (Pr 8.15-16; 16.10-15; 20.16, 28).

La palabra final de este grupo de mensajes de juicio culmina con un firme y claro oráculo de esperanza y restauración (Is 33.1-24). Posiblemente este poema se usaba en el culto del Templo, pues contiene secciones dialogadas en las que participan varios interlocutores (Is 33.14-16). Incluye: el sexto «ay» o anuncio de desastre (Is 33.1-6), una lamentación (Is 33.7-9) y la respuesta divina de exaltación (Is 33.10-13). Todo el mensaje culmina con la esperanza mesiánica de ver al gran rey, que manifestará ampliamente su poder salvador en el pueblo, como juez y legislador.

9. Juicio a las naciones

Los mensajes de juicio que se articulan a la par con los oráculos de esperanza prosiguen en el libro de Isaías. En esta ocasión, el tema toca nuevamente a las naciones, y presenta el futuro glorioso de Jerusalén, identificada poéticamente como Sión (Is 34.1—35.10). El peligro ahora no es Asiria, pues el contexto histórico del mensaje presupone el período exílico, sino las naciones en general y Babilonia en particular. La esperanza de retorno a Jerusalén, luego de la experiencia amarga y dolorosa del exilio, genera en el pueblo un sentido grato de felicidad y gozo.

Posiblemente, por la afinidad en los temas, el estilo literario y el contexto histórico, estos poemas deben relacionarse con la segunda sección mayor del libro (Is 40.1—55.13), que presenta sus mensajes de forma similar. De esta manera, el libro del profeta Isaías va moviendo su desarrollo temático del juicio a la redención, del cautiverio a la liberación, del dolor al júbilo. Esta sección y la próxima preparan el camino temático de la obra para la presentación del nuevo énfasis: la consolación y la restauración nacional.

Esta sección presenta dos aspectos fundamentales e indivisibles de las actividades de Dios en medio de la historia humana: el juicio divino que responde a los pecados e injusticias de las naciones, y el gozo que produce regresar del cautiverio y superar las grandes dificultades en la vida. Una vez más el libro pone en balanza la ira y la misericordia de Dios. La convocatoria a las naciones (Is 34.1) es un recurso literario de importancia para subrayar la extensión y magnitud del juicio. Luego del exilio, aunque el pueblo ya ha experimentado el poder de la liberación, las dinámicas humanas requerirán que el mensaje divino mantenga ese importante dúo temático de juicio y esperanza.

10. Narraciones relacionadas con el rey Ezequías

Entre las secciones de juicio divino de la primera sección del libro (Is 1.1—35.10) y los mensajes de consolación y esperanza en la segunda parte de la obra de Isaías (Is 40.1—55.13), se incluye una serie de narraciones de gran valor histórico y teológico, que bajo ningún concepto deben entenderse como «apéndices». Se trata de algunos eventos de importancia relacionados con el rey Ezequías, en el difícil contexto de la crisis de la ciudad de Jerusalén, ante los posibles ataques asirios dirigidos por Senaquerib (Is 36.1—39.8).

En esencia, estos capítulos son casi idénticos a los que previamente se habían incluido en los libros de los Reyes (2 R 18.13—20.19), en torno a esa compleja crisis con el imperio asirio. Quizá, la omisión más importante y reveladora de la sección, es que no se indica cómo el rey Ezequías se rindió ante los avances firmes y decididos de los ejércitos asirios, y también elude la referencia a los fuertes tributos que tuvo que pagar el monarca de Judá para mantenerse en el poder (2 R 18.14-16). Posiblemente, el libro lo que desea destacar es el elemento milagroso de la liberación del ataque enemigo.

Los temas específicos que se exploran en esta sección, son los siguientes: La descripción de la invasión de Senaquerib a las ciudades fortificadas de Judá (Is 36.1-22); la liberación «milagrosa» de la cuidad de Jerusalén de los ataques asirios (Is 37.1-38), y la muerte de Senaquerib a manos de sus propios hijos (c.681 a.C.); la enfermedad mortal de Ezequías, y la posterior prolongación de su vida, luego que el monarca se humillara ante Dios en oración (Is 39.1-22); y finalmente, la recepción de los delegados judíos provenientes desde Babilonia, que finaliza estos mensajes transitorios. Estos temas hacen la transición teológica, literaria e histórica de la primera sección del libro, en la que abundan los temas de juicio y los reproches divinos al pueblo, a la próxima sección, que destaca los temas de esperanza, liberación, renovación y consolación.

11. Mensajes de consolación

En la segunda sección mayor del libro de Isaías (Is 40.11—55.13), el tono teológico de los mensajes cambia, a la luz de las nuevas realidades políticas del pueblo y en referencia a las nuevas dinámicas históricas que se ponían de manifiesto en Babilonia. Se nota un claro cambio temático en el libro con el poema inicial de la consolación del pueblo (Is 40.1-11). En efecto, los próximos capítulos del libro, destacarán este importante tema de la consolación y esperanza del pueblo (Is 51.1-22), el cual se fundamenta en una muy firme, fuerte y clara teología de Dios como creador.

Los poemas de toda esta sección son vibrantes, intensos, llenos de adjetivos y títulos de Dios, y revelan no solo la gran virtud teológica e intelectual del profeta y autor, sino que manifiestan una extraordinaria virtud literaria y poética. Solo incluyen temas de consolación, restauración y esperanza. El contexto histórico que estos poemas presuponen, además, ya no es la vida y los desafíos diarios en la ciudad de Jerusalén, sino las complejidades sociales, políticas, económicas y religiosas del pueblo en el exilio en Babilonia.

La profecía del libro de Isaías es eminentemente contextual, pues ante las penurias de las crisis relacionadas con la derrota militar a manos de Nabucodonosor y frente a la pérdida de la nación y sus símbolos máximos (por ejemplo, el rey y el Templo), el mensaje del libro de Isaías enfatiza la alegría del retorno, la esperanza del fin del cautiverio, la añoranza de la liberación, los anhelos de restauración. Ese viaje triunfal de regreso a la Tierra Prometida desde Babilonia (Is 44.28; 45.1-4), es descrito como si fuera un nuevo éxodo de Egipto (Is 43.18-19).

Si se comparan los poemas de la primera sección (Is 1.1—39.8) con los de la segunda (Is 40.1—55.13), se descubren una serie de diferencias que no debemos ignorar: en la segunda parte no se mencionan las figuras políticas del siglo 8 a.C. (p.ej., Acaz o Ezequías), ni se hace referencia a las amenazas de los asirios, ni se alude a los reinos de Damasco o Israel; sin embargo, esa sección reconoce la derrota y destrucción de la ciudad Jerusalén (Is 40.1-2; 47.6; 48.20), y presenta al pueblo de Israel en el exilio babilónico (Is 42.14; 47.1-4; 48.20).

Isaías 40-55

Los poemas de toda esta sección son vibrantes, intensos, llenos de adjetivos y títulos de Dios, y revelan no solo la gran virtud teológica e intelectual del profeta y autor, sino que manifiestan una extraordinaria virtud literaria y poética. Solo incluyen temas de consolación, restauración y esperanza. El contexto histórico que estos poemas presuponen, además, ya no es la vida y los desafíos diarios en la ciudad de Jerusalén, sino las complejidades sociales, políticas, económicas y religiosas del pueblo en el exilio en Babilonia.

En medio de estas palabra de esperanza y futuro, se identifica al gran rey persa, Ciro, como un especial instrumento del Señor (Is 44.28; 45.1-4). Esa identificación de un monarca pagano, que sirve para llevar a efecto la voluntad divina, pone de relieve una vez más la teología universalista de toda la obra, que entiende que Dios no está cautivo en sus fronteras históricas nacionales ni es esclavo de las dinámicas culturales del pueblo de Israel. Por el contrario, es un Dios que manifiesta su poder en toda la creación, el mundo y el cosmos, incluyendo a los reyes extranjeros, y hasta enemigos, para que se sometan y cumplan la voluntad divina.

La teología de la creación tiene en el libro de Isaías, particularmente en esta sección, un papel significativo y un lugar destacado. De forma sistemática y reiterativa, el profeta alude al poder creador de Dios como fundamento de la esperanza y seguridad del pueblo. De acuerdo con el libro de Isaías, Dios es el Señor absoluto del universo, y ante su poder extraordinario, nada se escapa (Is 40.28; 41.1-4; 42.5; 45.11-13; 51.1-3, 6, 13-16). Inclusive, el fundamento de la liberación del pueblo es que el Dios creador lo liberará del cautiverio y del destierro con el mismo poder que manifestó durante la creación del mundo (40.28-31; 51.15-16).

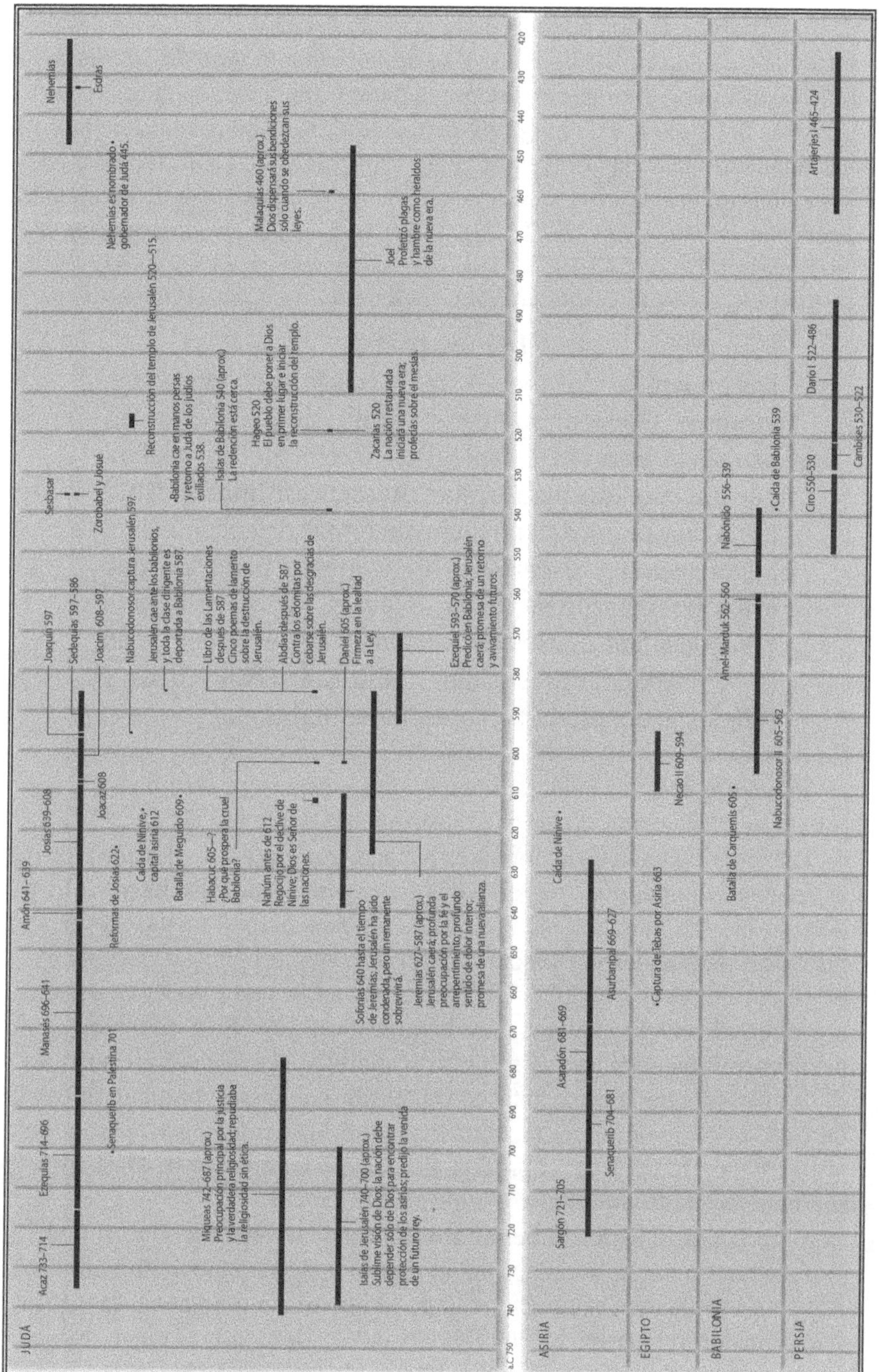

JUDÁ
Acaz 733–714
Ezequías 714–696
Manasés 696–641
Amón 641–639
Josías 639–608
Joacaz 608
Joaquín 597
Sedequías 597–586
Joacim 608–597
Sesbasar
Zorobabel y Josué
Nehemías
Esdras
•Senaquerib en Palestina 701
Reformas de Josías 622•
Caída de Nínive,• capital asiria 612
Batalla de Meguido 609•
Nabucodonosor captura Jerusalén 597.
Jerusalén cae ante los babilonios, y toda la clase dirigente es deportada a Babilonia 587.
Reconstrucción del templo de Jerusalén 520–515.
•Babilonia cae en manos persas y retorno a Judá de los judíos exiliados 538.
Nehemías es nombrado • gobernador de Judá 445.
Miqueas 742–687 (aprox.) Preocupación principal por la justicia y la verdadera religiosidad; repudiaba la religiosidad sin ética.
Habacuc 605—? ¿Por qué prospera la cruel Babilonia?
Libro de las Lamentaciones después de 587 Cinco poemas de lamento sobre la destrucción de Jerusalén.
Isaías de Babilonia 540 (aprox.) La redención está cerca.
Hageo 520 El pueblo debe poner a Dios en primer lugar e iniciar la reconstrucción del templo.
Malaquías 460 (aprox.) Dios dispensará sus bendiciones sólo cuando se obedezcan sus leyes.
Nahúm antes de 612 Regocijo por el declive de Nínive; Dios es Señor de las naciones.
Abdías después de 587 Contra los edomitas por cebarse sobre las desgracias de Jerusalén.
Daniel 605 (aprox.) Firmeza en la lealtad a la Ley.
Isaías de Jerusalén 740–700 (aprox.) Sublime visión de Dios; la nación debe depender sólo de Dios para encontrar protección de los asirios; predijo la venida de un futuro rey.
Sofonías 640 hasta el tiempo de Jeremías; Jerusalén ha sido condenada, pero un remanente sobrevivirá.
Jeremías 627–587 (aprox.) Jerusalén caerá; profunda preocupación por la fe y el arrepentimiento; profundo sentido de dolor interior; promesa de una nueva alianza.
Ezequiel 593–570 (aprox.) Predicó en Babilonia; Jerusalén caerá; promesa de un retorno y avivamiento futuros.
Zacarías 520 La nación restaurada iniciará una nueva era; profecías sobre el mesías.
Joel Profetizó plagas y hambre como heraldos de la nueva era.
a.C. 750 740 730 720 710 700 690 680 670 660 650 640 630 620 610 600 590 580 570 560 550 540 530 520 510 500 490 480 470 460 450 440 430 420
ASIRIA
Sargón 721–705
Asaradón 681–669
Caída de Nínive •
Senaquerib 704–681
Asurbanipal 669–627
EGIPTO
•Captura de Tebas por Asiria 663
Necao II 609–594
BABILONIA
Batalla de Carquemis 605 •
Amel-Marduk 562–560
Nabónido 556–539
Nabucodonosor II 605–562
•Caída de Babilonia 539
PERSIA
Ciro 550–530
Darío I 522–486
Artajerjes I 465–424
Cambises 530–522

Esta teología de la creación le brinda al libro un magnífico fundamento para elaborar sus mensajes de restauración nacional y futura. Si el Señor, afirma esta teología, es el único creador, entonces, todo lo creado está sometido ante su dominio y autoridad. Por esta razón fundamental, ninguna fuerza de la naturaleza o poder humano, individual o nacional, puede resistir la manifestación de su voluntad. Nada ni nadie es capaz de obstruir la manifestación plena de la salvación y redención divina en medio de la historia humana. Y el pueblo de Israel, que estaba cautivo en el exilio en Babilonia, sería objeto de esa intervención redentora por parte de Dios.

Entre los temas que incluye el profeta en sus mensajes, se pueden destacar los siguientes: la seguridad que le brinda el Señor a Israel (Is 41.1-29); el Señor como redentor absoluto del pueblo (Is 43.1-7; 44.21-28; 49.8-26); el Señor como Dios único (Is 44.1-8); la insensatez de la idolatría (Is 44.9-20) y el rechazo de los ídolos (Is 45.20—46.13); la infidelidad del pueblo (Is 48.1-22); y el poder liberador de Dios (Is 52.1-12). Estos temas se concatenan para poner de relieve una de las secciones más hermosas e importantes de las Sagradas Escrituras.

En efecto, el Dios que se presenta en el libro de Isaías es todopoderoso, misericordioso y perdonador, hace cosas nuevas nunca antes vistas, comenzará un nuevo éxodo con el pueblo, es el redentor y salvador de Israel, hará nuevas todas las cosas, restaurara a Sion y pondrá de manifiesto su plan de bendición para todas las naciones.

12. Poemas del Siervo del Señor

En esta sección del libro de Isaías se encuentra una singular serie de poemas o cánticos de gran importancia histórica, teológica y mesiánica, los poemas del Siervo del Señor (Is 42.1-9; 49.1-6; 50.4-11; 52.13-53.12). Estos poemas, además de transmitir un gran mensaje teológico de restauración nacional y renovación espiritual, revelan la gran capacidad poética y de estilo del autor, y manifiestan un sentido misionero agudo, sabio y firme. Con el tiempo, las iglesias cristianas han visto en estos poemas la tarea redentora de Jesús, el Cristo.

Esta importante interpretación mesiánica se puede relacionar directamente con la actividad educativa y liberadora de Jesús, de acuerdo con los evangelios, cuando el famoso predicador galileo leyó, interpretó y se aplicó a sí mismo el mensaje de uno de los pasajes de Isaías, en la sinagoga de Nazaret (Lc 4.16-21; Is 61.1-3). Posteriormente, las iglesias continuaron la interpretación mesiánica de estos poemas, y descubrieron en estos pasajes proféticos el anuncio extraordinario de la pasión y la muerte de Jesús, y también vieron en ellos la afirmación plena de la resurrección de Cristo (Mt 8.17; Hch 8.32-33; Ro 15.21).

Estos poemas del libro de Isaías presentan al Siervo del Señor como un profeta elegido, llamado, comisionado y preparado por Dios, para cumplir una encomienda singular en beneficio y salvación no solo del pueblo de Israel sino para la bendición y redención de toda la humanidad. Sin embargo, para llevar a efecto su tarea liberadora debe, con la ayuda extraordinaria del Espíritu divino (Is 42.1), someterse primeramente a una serie cruel de padecimientos, persecuciones y torturas, que solo podrá superar y vencer con la ayuda del Señor. Al final de ese proceso angustioso, de dolores intensos y sufrimientos máximos, el Señor afirma nuevamente su dignidad y poder, y el Siervo es admirado y reconocido por reyes y naciones (Is 52.12-15).

Una de las dificultades exegéticas y hermenéuticas al estudiar estos pasajes es la identificación precisa del Siervo, en el contexto inicial de las profecías del libro de Isaías. En torno a este asunto se han sometido varias posibilidades. En primer lugar se ha identificado al Siervo con el pueblo de Israel (Is 49.3), pero esa interpretación no toma en consideración que el pueblo no representa adecuadamente la misión ideal que se reclama de este particular personaje. Otros intérpretes indican que se trata posiblemente del mismo profeta, o de alguno de sus contemporáneos. Aun otros estudiosos indican que se alude a una figura ideal, un profeta anónimo que vendrá en el futuro escatológico, a cumplir la voluntad de Dios en representación del pueblo de Israel y de las naciones. La iglesia cristiana tomó esa interpretación y la aplicó a Jesús, como el profeta que vino y sufrió, en representación del pueblo, para hacer cumplir la voluntad del Señor.

De gran importancia en estos análisis es notar que la palabra «siervo» se utiliza en la Biblia hebrea para identificar a un grupo selecto de personas llamadas por Dios a cumplir una tarea especial. En esa tradición teológica, se pueden identificar los siguientes personajes bíblicos: Moisés, Josué, David y los profetas (Jos 1.1-2; 24.29; Sal 89.20; Jer 25.4). En el libro de Isaías se llama siervo de Dios al pueblo de Israel con alguna frecuencia (p.ej., Is 41.8; 44.2, 21; 45.4; 48.20).

Además, el mismo término «siervo», tiene varios usos y referencias en esta sección del libro. Alude al pueblo pecador, que sufre como consecuencia de sus rebeliones e infidelidades, pero que posteriormente se vuelve a Dios para ser objeto de su misericordia perdonadora y amor redentor. El Siervo del Señor, en efecto, puede ser el pueblo de Israel, que es representado en la figura de un personaje ideal, presente o futuro, que cumplirá de forma cabal la voluntad divina. Para las iglesias cristianas, el Siervo por excelencia es Jesús de Nazaret, el Cristo de Dios.

13. Mensaje a los repatriados de Babilonia

La sección final de este gran libro de Isaías (Is 56.1—66.24) consta principalmente de una serie de mensajes que alternan sus temas entre el juicio y la esperanza. La palabra profética llega en esta ocasión a las comunidades judías que habían regresado a Jerusalén del exilio babilónico. Incluye porciones en poesía y prosa, para poner de manifiesto una vez más, entre otros, los pecados de idolatría del pueblo (Is 57.1-13) y también para afirmar nuevamente las posibilidades reales de redención.

El contexto histórico que presuponen estos mensajes cambia nuevamente. Ya no estamos en el siglo 8 a.C., ni tampoco en el período exílico, sino en un nuevo tiempo de restauración nacional e institucional, de reconstrucción física y emocional, de renovación comunitaria e individual: la época postexílica del pueblo deportado en Judá, específicamente el retorno a la ciudad de Jerusalén.

El entorno general al que el profeta responde es el desánimo que se había generado entre los repatriados a Jerusalén, descubrir que el trabajo de restauración se hacía muy difícil por la falta de recursos económicos, el poco apoyo nacional e internacional, y la hostilidad creciente y continua de algunos sectores enemigos del pueblo, como los samaritanos. Para el profeta, el origen de todas estas calamidades y dificultades nacionales es la actitud pecadora y rebelde del pueblo. En medio de todos estos mensajes de juicio y restauración, el importante tema teológico del pecado vuelve a cobrar importancia en el libro.

Para el profeta, el pueblo no logra alcanzar plenamente la salvación divina prometida, pues vive inmerso y obstinado en el pecado y la infidelidad que afectan adversamente su programa de reconstrucción. Entre los firmes y continuos reproches condenatorios que se identifican en la obra, se pueden mencionar los siguientes, a modo de ejemplo: los pecados del pueblo y sus gobernantes (Is 56.9-12); la corrupción gubernamental, específicamente en contextos jurídicos (Is 59.14-15); la desorientación ética y la perversión de los valores morales y religiosos (Is 57.4-5, 9; 58.1-14; 59.12-13; 65.3-5; 66.3); y la inmoralidad rampante en la comunidad (Is 59.3, 6-7). Esta lista es solo una muestra parcial de las dinámicas sociales y las actitudes que prevalecían en el pueblo luego del exilio.

Una característica literaria y teológica de esta sección del libro de Isaías es la disposición de los temas proféticos en formas antitéticas.

Aunque los profetas tienen la visión que proviene de Dios, el pueblo no comprende estas revelaciones; el Señor lo que desea es la implantación de la justicia, no ayunos y sacrificios vacíos y estériles (Is 58.1-12); reclama fidelidad al pacto, no acciones pecaminosas que llevan a la violencia (Is 59.1-21); y demanda arrepentimiento y humildad, no arrogancia y prepotencia (Is 63.1—64.12). Si el pueblo, según el profeta, cambia esa manera inadecuada de ser, hacer y vivir, entonces el Señor hará que vivan en plenitud, paz, seguridad y prosperidad. Y esa gran manifestación de misericordia divina convertirá al pueblo en siervo del Señor (Is 65.1-25).

De acuerdo con el mensaje del profeta, el Señor cambiará finalmente la suerte del pueblo, y hará resplandecer de forma definitiva la luz divina en medio de las penurias nacionales (Is 60.1). En ese contexto extraordinario de renovación y liberación, se pondrán de manifiesto «los cielos nuevos y la nueva tierra» (Is 65.17; 66.22), que son imágenes poderosas de restauración, para que el resto de las naciones reconozca el poder de Dios en Sión (Is 62.3).En efecto, el futuro del pueblo de Dios no es la destrucción final y definitiva, según el libro del profeta Isaías, sino la renovación nacional y el reconocimiento pleno del poder y la misericordia de Dios. Ese reconocimiento nacional será la base para la bendición internacional que llegará al resto de los pueblos del mundo.

Cielos nuevos y tierra nueva

De acuerdo con el mensaje del profeta, el Señor cambiará finalmente la suerte del pueblo, y hará resplandecer de forma definitiva la luz divina en medio de las penurias nacionales (Is 60.1). En ese contexto extraordinario de renovación y liberación, se pondrán de manifiesto «los cielos nuevos y la nueva tierra» (Is 65.17; 66.22), que son imágenes poderosas de restauración, para que el resto de las naciones reconozca el poder de Dios en Sión (Is 62.3).

Aunque cada sección del libro de Isaías pone de relieve sus peculiaridades literarias y estilísticas, y también sus prioridades teológicas y temáticas, se manifiesta a través de toda la obra un sentido muy importante de unidad canónica. De singular importancia en torno a este tema, son las afirmaciones fundamentales en torno a Dios como «el

Santo de Israel». Estas declaraciones teológicas en torno a la divinidad, marcan un hito importante en la historia de la religión judía y cristiana, y también en la comprensión de la fenomenología de la religión. Ese Dios santo tiene un amor especial por Sión, que es una forma poética de referirse al pueblo de Israel. A través de esa revelación de amor divino extraordinario, ese mismo Dios santo llega al resto de la humanidad y de las naciones con un mensaje de renovación, transformación y liberación. En efecto, el amor a Sión no se fundamenta en alguna virtud del pueblo sino en su propósito redentor a toda la humanidad.

17

El libro de Jeremías

Me dijo Jehová:
«No digas: "Soy un muchacho",
porque a todo lo que envíe irás,
y dirás todo lo que te mande.
No temas delante de ellos,
porque contigo estoy para librarte, dice Jehová».
Jeremías 1.7-8

1. Jeremías y su contexto histórico

El libro del profeta Jeremías es el segundo en el canon de los profetas mayores, luego de la obra de Isaías y justo antes de los oráculos de Ezequiel. Jeremías, hijo de Hilcías (Jer 1.1), provenía de una familia sacerdotal de Anatot, que era una pequeña ciudad ubicada como a 5 km al noreste de Jerusalén, en una región asignada antiguamente a la tribu de Benjamín. Comenzó su tarea profética siendo muy joven (Jer 1.7-8), pues el Señor le llamó a llevar a efecto esa importante encomienda por el año c. 626 a.C., luego de casi un siglo del ministerio de su predecesor, Isaías, y en el año decimotercero del rey Josías (Jer 1.2).

En medio de un contexto familiar profundamente religioso, en el cual las tradiciones sacerdotales se afirmaban continuamente, Jeremías recibió muchas de las enseñanzas y teologías que en la actualidad se encuentran en el libro de Deuteronomio. A la vez, este profeta se mantuvo fiel al mensaje de Oseas, y demostró su firme compromiso con la teología del reino del sur, particularmente las grandes declaraciones en torno a Sión y la ciudad de Jerusalén.

A Jeremías le tocó ministrar en un momento histórico singular, complejo y significativo. El imperio asirio estaba llegando a su ocaso, y se levantaba poderosa una nueva potencia internacional, Babilonia, que se organizaba interna y militarmente no solo para imponerse de forma decisiva sobre Asiria sino para sustituirla definitivamente como nación hegemónica en la política internacional del Oriente Medio antiguo. Asiria, que había conquistado Siria y el Asia Menor, y llegado con poder imperial a grandes sectores de Mesopotamia, era sustituida por un nuevo imperio que estaba deseoso por conquistar e imponerse en el mundo antiguo. Los logros del imperio asirio, que llegó a su clímax en el siglo 7 a.C., cedieron el paso a los avances firmes y decididos de Babilonia, que ya para los años 610-605 a.C. había demostrado en la región su poder militar, autoridad política e intensiones expansionistas.

Esta transición de poderes en el contexto internacional, entre el antiguo imperio asirio y las nuevas propuestas políticas, sociales y militares provenientes de Babilonia, produjo el ambiente interno de libertad y sosiego entre las naciones sometidas en la región, particularmente en Jerusalén. Aunque con el tiempo, esas naciones en Siria y Palestina, incluyendo Judá, fueron cayendo bajo la órbita militar del nuevo imperio babilónico, la transición permitió al rey Josías comenzar una serie importante de reformas religiosas, que ciertamente tenían grandes implicaciones políticas y sociales (2 R 22.1—23.27; 2 Cr 34.1—35.19). Ese importante proceso de renovación espiritual, político y social, finalizó de forma abrupta por la muerte a destiempo del rey Josías, en la famosa batalla en Meguido, contra los ejércitos egipcios liderados por el faraón Necao (2 R 23.24-30; 2 Cr 35.20-27).

Los reyes en Judá que siguieron a Josías, de acuerdo con las narraciones bíblicas, no siguieron sus políticas de transformación nacional y renovación espiritual, y sucumbieron de forma paulatina con la implantación de una serie impropia de políticas administrativas inefectivas, así como por la ineptitud e imprudencia de sus consejeros. En ese gran contexto de crecimiento y desarrollo del poder imperial babilónico, con sus programas imperialistas, y en medio de una gran desorganización política interna, finalmente el reino de Judá cayó de manera definitiva ante los ejércitos de Nabucodonosor, quien en el 587 a.C. conquistó la ciudad de Jerusalén, destruyó el Templo, tomó sus tesoros, y exilió a los líderes más importantes del pueblo.

En medio de esa vorágine política, histórica y social, Dios llama al joven Jeremías a cumplir una muy importante y delicada tarea profética. Aunque comenzó sus labores bajo la administración del rey Josías,

Jeremías llevó a efecto su ministerio en los reinados de Joacaz (o Salum), Joacim (o Eliaquim), Joaquín (o Jeconías) y Sedequías (o Matanías) (Jer 1.1). Los cambios abruptos y constantes en la monarquía revelan la inestabilidad política y social interna del período.

Las divisiones políticas entre los diversos líderes nacionales, que a su vez representaban las aspiraciones de paz del pueblo, se pusieron de relieve con claridad durante este período. Para un sector del país, al reconocer con sentido de realidad el poder y los avances de la nueva potencia internacional, Judá debía relacionarse servilmente con Babilonia, como un mal menor. Otro grupo importante del pueblo, abogaba con sobriedad y firmeza a favor de la asociación con Egipto, para mantener la independencia y poner freno al proyecto expansionista de Babilonia. Ambas propuestas representaban un gran desafío espiritual, político y militar al pueblo.

Las confesiones de Jeremías

El joven profeta Jeremías predica en medio de todos esos cambios sociales y políticos abruptos, y en ese período de transiciones internas. Como consecuencia de sus compromisos teológicos y decisiones proféticas, experimentó una serie de sufrimientos personales y angustias internas, que incentivaron las reflexiones teológicas que se incluyen en un grupo de pasajes bíblicos del libro, que se denominan atinadamente las «Confesiones de Jeremías» (Jer 11.18—12.6; 15.10-21; 17.14-18; 18.18-23; 20.7-18). Esas llamadas «confesiones» nos permiten entrever, estudiar y comprender las complejas dinámicas emocionales y espirituales de los profetas. Son una especie de confesiones intensas y reflexiones internas que surgen de lo más profundo del alma del profeta.

Jeremías, en medio de este torbellino de pensamientos confusos y recomendaciones encontradas, le indicó con firmeza al rey Sedequías que la alianza con Egipto traería consecuencias catastróficas para el pueblo. Lamentablemente, el rey decidió escuchar al grupo contrario a Jeremías, y solicitó ayuda al faraón Necao. No se percató el monarca que las fuerzas babilónicas eran superiores a la egipcias, como quedó claramente demostrado en la batalla de Carquemis, cerca del Río Éufrates. Esa alianza con Egipto, le permitió a Babilonia regir los destinos de los diversos reinos de Siria y Palestina, y mantener a las fuerzas egipcias bajo control.

El joven profeta Jeremías predica en medio de todos esos cambios sociales y políticos abruptos, y en ese período de transiciones internas. Como consecuencia de sus compromisos teológicos y decisiones proféticas, experimentó una serie de sufrimientos personales y angustias internas, que incentivaron las reflexiones teológicas que se incluyen en un grupo de pasajes bíblicos del libro, que se denominan atinadamente las «Confesiones de Jeremías» (Jer 11.18—12.6; 15.10-21; 17.14-18; 18.18-23; 20.7-18). Esas llamadas «confesiones» nos permiten entrever, estudiar y comprender las complejas dinámicas emocionales y espirituales de los profetas. Son una especie de confesiones intensas y reflexiones internas que surgen de lo más profundo del alma del profeta.

2. El libro

El libro de Jeremías es esencialmente una colección de oráculos tanto en poesía como en prosa, que incluye los mensajes del profeta y las revisiones de sus discípulos y colaboradores, entre los que se encuentra su secretario y amigo, Baruc.

Estos mensajes se presentaron al pueblo en diversos momentos de la carrera profética de Jeremías. Es una obra extensa, con una larga tradición textual.

Como el orden lógico en el libro es difícil de identificar con precisión y las secciones en prosa y poesías están entremezcladas con algunas narraciones biográficas, los estudiosos han dividido el material que se encuentra en el libro en tres partes básicas. El primer grupo de pasajes (conocidos como «Material A») son primordialmente poemas de juicio que provienen directamente del profeta Jeremías (Jer 1.1—25.38 y 46.1—51.64). El segundo grupo de mensajes (conocidos como «Material B»), son recuerdos o memorias del profeta que se articulan generalmente en formas biográficas (Jer 26.1—45.5). El tercer grupo («Material C») son oráculos en prosa

Posible sello de Baruc

que han recibido una fuerte influencia de la teología deuteronomista, y se incluyen en diversas secciones del libro (p.ej., Jer 7; 16; 21; 32).

Entre las formas de comunicación que se incluyen en la obra, destacan el uso de las visiones y las parábolas para presentar el mensaje del profeta. Estas revelan la capacidad literaria del profeta y sus virtudes en la articulación de algunos temas teológicos complejos. Ponen en evidencia el serio compromiso que tenía Jeremías con la transmisión del mensaje de Dios que facilitara su comprensión y aplicación en el pueblo.

- Visiones
  - ◊ La vara de almendro (Jer 1.11-12)
  - ◊ Una olla hirviendo (Jer 1.13-19)
  - ◊ El cinto podrido (Jer 13.1-7)
  - ◊ Los higos buenos y malos (Jer 24.1-10)
  - ◊ La copa de ira para las naciones (Jer 25.15-38)
- Parábolas
  - ◊ La soltería de Jeremías (Jer 16.1-4)
  - ◊ La señal del alfarero y el barro (Jer 18.1-12)
  - ◊ La vasija rota (Jer 19.1—20.6)
  - ◊ La señal de los yugos (Jer 27.1—28.17)
  - ◊ La compra de la heredad de Hanameel (Jer 32.6-44)
  - ◊ La señal de las piedras cubiertas de barro (Jer 43.8-13)
  - ◊ Las palabras escritas en el libro (Jer 51.59-64)

La estructura literaria y temática del libro, puede dividirse en las siguientes secciones básicas:

- Mensajes contra Judá y Jerusalén (Jer 1.1—25.38)
- Relatos autobiográficos y mensajes de salvación (Jer 26.1—45.5)
- Oráculos contra las naciones paganas (Jer 46.1—51.64)
- La caída de Jerusalén (Jer 52.1-34)

La comparación entre los manuscritos que se encuentran en la versión griega de la Septuaginta (LXX) y el texto masorético (TM) muestra un orden canónico diferente. En efecto, la LXX presenta una versión más corta (con alrededor de ¡2,800 palabras menos!) y con una disposición que no concuerda con la que se encuentra en los manuscritos hebreos que han servido de base a las traducciones en castellano.

Posiblemente esta diferencia en los manuscritos se debe a que, por las dificultades que rodearon la vida del profeta y sus discípulos, el libro se transmitió en dos formas alternativas. Una extensa, que es el fundamento del texto masorético; y la otra, más breve, del cual se desprende la traducción LXX. Las dos versiones del libro de Jeremías se transmitieron de forma paralela hasta el siglo c. 2 a.C., como lo demuestran los manuscritos descubiertos en Qumrán, muy cerca del Mar Muerto.

3. Mensajes contra Judá y Jerusalén

La primera sección del libro de Jeremías pone de manifiesto la etapa inicial del ministerio del profeta, e incluye material mayormente poético. Los mensajes se dirigen a los ciudadanos del reino de Judá, y específicamente a los pobladores de su ciudad capital, Jerusalén. El objetivo profético es presentar al pueblo la gravedad y naturaleza adversa de sus pecados, a la vez que les llama al arrepentimiento, para evitar las consecuencias adversas de sus acciones.

En primer lugar, la obra presenta la narración del llamamiento de Jeremías (Jer 1.1-19), que en la literatura profética es una especie de presentación de credenciales. Como en otros libros proféticos (p.ej., Is 1.1-3; Os 1.1; Am 1.1; Miq 1.1), se identifica, al comienzo mismo de la obra, el contexto histórico de los mensajes, en relación con los reyes de Judá. Al comparar el llamamiento de Jeremías con el de otros profetas se nota, por ejemplo en este caso, la sencillez y la simplicidad de la narración. El objetivo es afirmar que Jeremías es parte de una importante tradición profética antigua, que comienza con el llamado de Moisés y prosigue con el ministerio de otros mensajeros divinos (Ex 3.1—4.17; 1 S 3.1-21; 1 R 19.19-21; Is 6.1-13; Ez 2.1—3.27).

El Señor «conoció» y «santificó» al profeta «antes que se formara en el vientre de su madre» (Jer 1.5), para cumplir una misión que no solo llegaba al pueblo de Israel sino que tenía importantes repercusiones entre las naciones, en clara referencia a los pueblos paganos del mundo. No hay objeción posible ante el llamado divino, pues el Señor acompañará al profeta en ese importante proceso de comunicación al pueblo, que en momentos será difícil y complejo (Jer 1.8).

Además, en esta sección el profeta presenta con firmeza los pecados y la maldad del pueblo (Jer 2.1—4.2), seguida de un clamor intenso a cambiar este tipo de conducta impropia (Jer 4.3-4). Para el profeta los siguientes pecados tienen particular importancia, pues manifiestan el grado de apostasía, rebeldía y corrupción nacional: La mentira, la violencia, la injusticia y la terquedad. Para el profeta, esos pecados son el resultado directo de las acciones infieles del pueblo, pues abandonaron el Señor para construir cisternas rotas que no retienen el agua. En efecto, en la tradición de la literatura deuteronomista, Jeremías identifica la infidelidad como la fuente principal de los pecados del pueblo, que generan a su vez el juicio divino (p.ej., Jer 2.13, 19, 27; 3.1; 7.24; 9.3; 11.9-13; 13.10; 16.11-12).

Ese es el fundamento teológico de los oráculos del profeta Jeremías, que prevé sin dificultad las consecuencias funestas de los pecados e injusticias del pueblo. Entre esas manifestaciones de juicio divino, se encuentra la destrucción del Templo (Jer 7.14), que era el símbolo visible de la presencia divina en la comunidad, además de ser el símbolo indiscutible de su seguridad nacional.

El llamado divino

El Señor «conoció» y «santificó» al profeta «antes que se formara en el vientre de su madre» (Jer 1.5), para cumplir una misión que no solo llegaba al pueblo de Israel sino que tenía importantes repercusiones entre las naciones, en clara referencia a los pueblos paganos del mundo. No hay objeción posible ante el llamado divino, pues el Señor acompañará al profeta en ese importante proceso de comunicación al pueblo, que en momentos será difícil y complejo (Jer 1.8).

De singular importancia teológica es el mensaje que dio el profeta en el Templo de Jerusalén (Jer 7.1—8.3). Es un discurso extenso, que manifiesta algunas similitudes teológicas con el libro de Deuteronomio. Esencialmente es un mensaje que denuncia de forma explícita los pecados del pueblo, a quien llama al arrepentimiento y al cambio de actitud. Entre los temas que se destacan están los pecados de idolatría y los abusos religiosos que se cometían en el Templo. Las imágenes que utiliza el profeta son reveladoras, pues critica el corazón mismo de la estructura religiosa del pueblo; por ejemplo, en torno al Templo, el profeta inquiere: «¿Es cueva de ladrones esta Casa, sobre la cual es invocado mi nombre?» (Jer 7.11).

El profeta condena, con la provocadora imagen de «cueva de ladrones», la falsa seguridad que tenía el pueblo en relación al Templo. Pensaban que la ciudad y sus ciudadanos serían salvados de las calamidades naturales o bélicas, por el solo hecho de tener el Templo de Jerusalén en sus terrenos. El análisis del profeta es el siguiente: Como los ladrones se refugian en cuevas luego de cometer sus delitos para buscar seguridad, el pueblo usa el Templo como escondite para encontrar seguridad pero, de acuerdo con Jeremías, no la encontrarán pues no son fieles a la revelación divina que el Templo simboliza. Jesús utilizó esta misma imagen para referirse a la actitud de los comerciantes que trabajaban en los alrededores del Templo, engañando a los adoradores que llegaban a cumplir con sus responsabilidades religiosas (Mt 21.13; Mc 11.17; Lc 19.46).

Jeremías era un profeta con énfasis en el juicio divino, pues se mensaje respondía a las realidades sociales, religiosas, políticas y espirituales de la época. Aunque incluía también algunos mensajes de restauración nacional y esperanza, su propósito fundamental era advertir al pueblo del resultado de ese estilo de vida pecaminoso que generaba el claro rechazo divino. Ese énfasis en torno al tema de la ira divina en sus mensajes, no era muy bien recibido en el pueblo, particularmente luego de la muerte del rey Josías.

El Templo como cueva de ladrones

El profeta condena, con la provocadora imagen de «cueva de ladrones», la falsa seguridad que tenía el pueblo en relación al Templo. Pensaban que la ciudad y sus ciudadanos serían salvados de las calamidades naturales o bélicas, por el solo hecho de tener el Templo de Jerusalén en sus terrenos. El análisis del profeta es el siguiente: Como los ladrones se refugian en cuevas luego de cometer sus delitos para buscar seguridad, el pueblo usa el Templo como escondite para encontrar seguridad pero, de acuerdo con Jeremías, no la encontrarán pues no son fieles a la revelación divina que el Templo simboliza.

Los oráculos de Jeremías eran esencialmente reproches, acusaciones, advertencias y reclamos, que la comunidad no veía con buenos ojos. Esa actitud del pueblo fue agravándose con el tiempo, hasta que llegó el momento del rechazo público no solo del mensaje sino del mensajero (Jer 11.18-19). Para el profeta Jeremías, el pueblo estaba tan inmerso en sus acciones injustas y obstinadas, y en su comportamiento infiel e idolátrico, que le era muy difícil pensar en el arrepentimiento nacional o en alguna acción humana que pudiera propiciar el favor divino. El pueblo, según el profeta, «tenía un corazón falso y rebelde» (Jer 5.23). Las imágenes que utiliza para describir estas actitudes irracionales y testarudas, son las siguientes: El pecado de Judá está escrito ¡con cincel de hierro que tiene punta de diamante! (Jer 17.1), y de la misma forma que el leopardo no puede cambiar las manchas de la piel, ¡el pueblo de Judá no puede cambiar su forma de ser pecaminosa! (Jer 13.23).

Otros mensajes de importancia en esta primera sección del libro incluyen, entre otros, los siguientes: la descripción del juicio divino por la impiedad de Jerusalén y Judá (Jer 5.1—6.30; 15.1-21); las exhortaciones a la conversión (Jer 3.6—4.4; 7.1-20); el rechazo de los dioses falsos y la afirmación del Dios verdadero (Jer 10.1-16); la posibilidad de la salvación y restauración de un remanente o resto del pueblo (Jer 23.1-8); y la denuncia pública de los falsos profetas (Jer 23.9-40).

En medio de estos mensajes que destacan la ira divina y el juicio venidero, se incluye un relato en prosa de gran valor teológico: la señal del alfarero y el barro (Jer 18.1-17). De acuerdo con este singular mensaje (que se fundamenta en una experiencia diaria y trivial en el pueblo, como lo es el trabajo diario y común de un alfarero), el profeta afirma que, al igual que el artesano del mensaje quien trabaja en el barro, Dios modela, forma y transforma al pueblo conforme a su voluntad. Esa actividad divina no se limita al pueblo de Israel sino que tiene implicaciones y repercusiones internacionales (Jer 18.7-10). En efecto, este mensaje simbólico pone de relieve no solo las virtudes de comunicación del profeta sino su capacidad creadora, así como su teología universalista.

4. Las confesiones de Jeremías

El libro de Jeremías incluye una serie importante de pasajes de naturaleza poética que revelan los sentimientos más hondos y significativos del profeta. Se trata de varias porciones que ponen de relieve las reflexiones más intensas del profeta, especialmente en momentos en que el pueblo y sus líderes rechazaron sus mensajes y recomendaciones. Estos textos, que son como algunos de los cánticos de lamentación en el Salterio (Sal 22; 32; 39; 143), se conocen comúnmente como las «Confesiones de Jeremías» (Jer 11.18—12.6; 15.10-21; 17.14-18; 18.18-23; 20.7-18) y constituyen una de las secciones más significativas, intensas, reveladoras, importantes y hermosas de la literatura profética en la Biblia.

El estudio de estos textos nos puede brindar algunas pistas para entender las luchas internas de los profetas, la sinceridad de sus dolores, la seriedad de sus preocupaciones, la profundidad de sus convicciones, y la intimidad de sus conversaciones con Dios. Demuestran estos poemas que el profeta era una persona con sentimientos, y que manifestaba sus frustraciones ante el pecado obstinado del pueblo y frente al rechazo irresponsable, continuo y creciente de sus líderes.

La respuesta divina a las confesiones del profeta son también intensas, y en momentos desconcertantes: En algunas ocasiones, son preguntas retóricas; y en otras, anuncio de sufrimientos mayores.

Esta sección del libro es de gran significado teológico, pues pone claramente de relieve la importancia del tema del sufrimiento en la vida y el ministerio de los profetas. Son poemas, narraciones y reflexiones íntimas que revelan los sentimientos más profundos de un profeta, que también pudieron haberse manifestado en otros profetas y personajes bíblicos. Aunque en Jeremías estas confesiones se articulan de forma autobiográfica, son lamentos, congojas y dolores que pueden surgir en otros profetas o personas con vocación de servicio.

En ningún otro libro en las Escrituras se encuentran expuestos los sentimientos y las reacciones de un profeta ante las reacciones de burla y rechazo de sus interlocutores. De un lado, Jeremías revela la necesidad de comunicar la Palabra divina; y del otro, se manifiestan las actitudes hostiles e inhóspitas de un auditorio irreverente e irresponsable. Las imágenes que se utilizan para transmitir el mensaje son reveladoras: violación, seducción, violencia, destrucción y terror por todas partes (Jer 20.7-18). En efecto, el propósito es destacar el sentido de urgencia, afirmar la intensidad del dolor y subrayar la naturaleza de la angustia.

La lectura y el análisis de estos poemas revelan detalles íntimos y extraordinarios del profeta: describen cómo el pueblo intentó matarle (Jer 11.18-20;18.18-20); aluden a cómo quedó en amargura mientras sus enemigos prosperaban (Jer 12.1-6); presentan cómo la comunidad se burlaba del profeta (Jer 20.7); articulan cuánto deseaba que el Señor destruyera y eliminara a sus enemigos (Jer 17.18; 18.22-23; 20.12),; y revelan cómo pensaba que hasta Dios se había olvidado y lo había traicionado (Jer 10.7).

En efecto, estos pasajes bíblicos revelan que el profeta Jeremías no era un hombre introvertido en su sufrimiento, sino que verbalizó elocuentemente sus dolores y preocupaciones, y ese proceso de diálogo, así como de oración, le sirvió de terapia espiritual y emocional para mantener su fidelidad a Dios y para reafirmar su compromiso con la tarea profética. A pesar de la soledad que sentía y las preocupaciones que tenía, el profeta se mantuvo fiel a Dios y a su vocación.

5. Relatos autobiográficos y mensajes de salvación

La segunda sección del libro presenta el mensaje profético que se articula generalmente en prosa (Jer 26.1—45.5). Se trata de una serie de pasajes de naturaleza autobiográfica que presentan varios incidentes en la vida del profeta. Entre esos relatos se incluyen nuevamente algunos mensajes y varios temas que ya previamente había presentado al pueblo.

En efecto, de acuerdo con estas narraciones, el profeta Jeremías está en claro conflicto con las autoridades religiosas y políticas de la época (Jer 26.1-24). En el contexto de estos conflictos y disputas, están sus mensajes directos y firmes en contra de los falsos profetas (Jer 27.1—28.17). Estos textos nos permiten comprender las dinámicas y los conflictos que se manifestaban en Jerusalén cuando el profeta predicó su famoso mensaje en el Templo (Jer 7.1—8.3)

De singular importancia en esta sección es la descripción de los ataques que sufrió el profeta, como resultado de su predicación desafiante y audaz. También se incluye la forma en que superó todas esas calamidades sin claudicar ni renegar de su vocación y su misión profética. Se revela, además, la importante teología universalista de Jeremías al afirmar categóricamente que el famoso y temido Nabucodonosor, el rey de Babilonia, es solo un instrumento en las manos divinas para ejecutar la voluntad del Señor (Jer 27.1-22). En ese mensaje, el profeta también afirma que las naciones que no se sometan a la voluntad de los babilónicos recibiría el juicio divino, pues esos enemigos tradicionales de Israel ahora eran instrumentos de Dios para poner de manifiesto la ira divina.

En medio de los mensajes simbólicos del profeta, se introduce la figura de un singular profeta, Hananías, que aunque conocía bien las fórmulas de comunicación proféticas adecuadas en el pueblo, su mensaje no tenía pertinencia y relevancia pues no respondía adecuadamente a las necesidades reales de la comunidad (Jer 28.1-17). Hananías representa a los profetas que anuncian paz y prosperidad sin conocer la voluntad de Dios, sin discernir la necesidad del pueblo, sin comprender las implicaciones sociales, políticas, teológicas y espirituales de sus palabras. Esos mensajes de profetas «falsos» lo que ocasionan en el pueblo es desorientación, desasosiego, dificultad y desesperanza.

Para contrarrestar el mensaje desorientador de profetas como Hananías, Jeremías le escribió una carta a los desterrados en Babilonia. El objetivo de la epístola del profeta era orientar a la comunidad de deportados en este momento de grave crisis y desorientación nacional. La finalidad era contrarrestar las falsas esperanzas e ilusiones vagas que habían introducido falsos profetas como Hananías. Según el profeta Jeremías, el exilio sería largo, y para ajustarse bien a las nuevas realidades sociales, emocionales, espirituales y políticas, había que incorporarse a los estilos de vida naturales del exilio. Además, Jeremías exhortó a la comunidad desterrada en Babilonia, a procurar el bienestar del país, pues esa prosperidad nacional también les traería a ellos paz (Jer 29.1-32).

En el libro de Jeremías tenemos algunas indicaciones de los procesos de redacción y revisión de los libros proféticos (véase, p.ej., Jer 36.1-4, 27-32), en los que tomaban parte algunos discípulos, secretarios o ayudantes. En ese contexto de apoyo literario al profeta, se introduce la figura de Baruc hijo de Nerías, quien colaboró fielmente con Jeremías en la redacción de la revelación divina que recibía y predicaba el profeta. El proceso de redacción fue largo, pues incluía inicialmente los textos poéticos, a los que se le añadieron secciones biográficas, para culminar con los mensajes de juicio y restauración.

En esta sección se incorporan oráculos de gran valor teológico e histórico. Son mensajes de esperanza y restauración, que llegan a lo más íntimo de los sentimientos del pueblo. En medio de narraciones que ponen de manifiesto la caída inminente de Jerusalén, aparecen estos poemas que destacan el poder restaurador de Dios. El futuro del pueblo no se fundamenta en la autoridad de sus gobiernos ni en la virtud de sus gobernantes, sino en la manifestación de la misericordia divina y la revelación del amor de Dios.

El ministerio de Jeremías incluyó, junto a sus amonestaciones y reprensiones al pueblo, una serie importantes de oráculos de restauración y futuro promisorio (p.ej., 3.14-17; 23.3-4; 29.10). En efecto, su palabra no solo estaba al servicio del «arrancar» y «destruir» (Jer 1.10), que implicaba el juicio divino, sino que afirmaba la importancia del «edificar» y «plantar», que eran imágenes de restauración.

Con estas figuras del lenguaje se pone en evidencia el mensaje de esperanza y renovación del profeta. El llamado «Libro de la consolación» (Jer 30.1—33.26) tiene esa importante finalidad. Esta sección teológica del libro del profeta Jeremías, contiene algunas secciones poéticas con varias narraciones en prosa, a las que se han incorporado las acciones simbólicas. El objetivo de la sección es transmitir el mensaje de esperanza al pueblo.

Entre esos mensajes de restauración y futuro del profeta se identifica uno que rompió los límites del tiempo para adquirir dimensiones mesiánicas. Cansado de la irresponsabilidad y rebeldía del pueblo, Dios escribirá la ley en el corazón de la gente, ya no en las piedras, como en le época de Moisés. Llegará el día en que, de acuerdo con el mensaje del profeta Jeremías, se establecerá un nuevo pacto con el pueblo que llegará a lo más íntimo y profundo del ser humano. El resultado de ese nuevo pacto es que el Señor será nuevamente el Dios del pueblo, e Israel volverá a ser pueblo de Dios.

Una de las imágenes que comunica el mensaje de restauración nacional es significativa; «con amor eterno te he amado» (Jer 31.3), revela las diversas formas en que Dios manifestó su misericordia al pueblo a través de la historia nacional: en primer lugar, por el acto de la elección divina (Dt 7.7-8); mediante los llamados a la conversión y al arrepentimiento (Jer 4.1-4) y el perdón de los pecados e infidelidades (Jer 31.34); y finalmente por su compromiso con la futura restauración del pueblo (Jer 30.10; Os 11.1, 3-4, 8-9).

Esta teología de Jeremías fue la que sirvió de base para el mensaje de Jesús en Jerusalén durante su última semana, justo antes de la crucifixión. En la celebración de la Pascua judía, el Señor tomó este mensaje profético de Jeremías y lo aplicó a su vida y ministerio. De acuerdo con los evangelistas, el Señor inauguró de esta forma el nuevo pacto de Dios con su pueblo, mediante con su cuerpo y su sangre. Es decir, que la pasión, muerte y resurrección del Señor se convirtieron en la demostración pública del nuevo pacto que Dios establecía con la humanidad a través del sacrificio vicario de Jesús de Nazaret (Mt 26.27-29; Mc 14.23-25; Lc 22.20). Esa misma teología renovadora del nuevo pacto se pone en clara evidencia entre los argumentos teológicos expuestos en la epístola a los Hebreos (Heb 8.7-13).

6. Oráculos contra las naciones paganas

En la tercera gran sección del libro de Jeremías (Jer 46.1—51.64) se incluyen una serie bastante importante de oráculos de juicio contra las naciones vecinas de Judá. El orden de los mensajes sigue generalmente el patrón que se establece con anterioridad en el libro (Jer 25.1-38): Egipto (Jer 46.1-51); Filistea (Jer 47.1-7); Moab (Jer 48.1-47); Amón (Jer 49.1-6); Edom (Jer 49.7-38) y Babilonia (Jer 50.1—51.64). El objetivo es poner en evidencia el poder divino sobre estas naciones, que era una forma de manifestar una vez más la importante teología universalista del profeta: El Señor no solo era el Dios de Judá e Israel, sino de todas las naciones y de toda la creación.

En medio de estos oráculos de juicio y destrucción se incluyen algunas palabras de esperanza y salvación para estas naciones paganas (véase, p.ej., Jer 46.26; 48.47; 49.6,39); y finalmente se añade un himno de alabanzas al Señor (Jer 51.15-19). Aunque el énfasis profético de Jeremías era el reino de Judá, no podía ignorar por completo el futuro de los pueblos vecinos del reino, pues jugaban un papel de gran importancia política y social en relación con la historia nacional, particularmente en referencia a los ciudadanos de Jerusalén. En efecto, el profeta entendía la importancia profética de los pueblos vecinos a la luz de sus relaciones con Judá, que constituía el centro de su preocupación ministerial (Jer 27.1-3).

Senaquerib recibe rendición y botín de Laquis

Las profecías contra Egipto son de gran significado histórico, pues había en Jerusalén un grupo de ciudadanos que favorecía la alianza con esa nación para contrarrestar las políticas expansionistas de Babilonia. Este mensaje consta de dos poemas y una sección en prosa que presentan el juicio divino, pero que culminan en un mensaje de salvación para Judá e Israel (Jer 46.27-28: La destrucción de los enemigos del pueblo era un anuncio de esperanza nacional.

El resto de mensajes de juicio en esta sección son orientados básicamente hacia enemigos tradicionales de Israel y Judá. Filistea, por ejemplo, es objeto de continuos mensajes de juicio de parte de los profetas (Is 14.28-32; Ez 25.15-17; Jl 3.4-8; Am 1.6-8; Sof 2.4-7; Zac 9.5-7). En torno a Edom el resentimiento de Judá e Israel era mayor (Sal 137.7), pues al fragor de la batalla contra los babilónicos, decidieron traicionarlos y ocupar el territorio del sur de Judá, que desde ese momento comenzó a llamarse Idumea.

Finalmente se incluye en estos mensajes de juicio a Babilonia, la potencia invasora, pues aunque era el instrumento divino para manifestar su ira contra Judá y Jerusalén, había cometido atrocidades contra el pueblo de Dios, que no podían pasar desapercibidas ante los ojos del profeta. La agresividad de esta nación se convirtió en símbolo del juicio divino y en signo de maldad y rebeldía ante la voluntad de Dios.

7. La caída de Jerusalén

El libro de Jeremías concluye con una narración de la caída de Jerusalén (Jer 52.1-34). Este texto, que repite esencialmente con solo algunos cambios menores el que se incluye en el libro de los Reyes (2 R 24.18—25.30). El propósito teológico del relato es demostrar la autenticidad del mensaje profético de Jeremías, que veía su cabal cumplimiento en los triunfos de los ejércitos babilónicos. El libro del profeta Jeremías culmina con una afirmación de su ministerio como verdadero, pues sus palabras, mensajes y oráculos se cumplieron en la vida del pueblo (véase Dt 18.21-22).

Entre los temas que se incluyen en esta reflexión teológica de la historia, están los siguientes: el reinado de Sedequías, la caída de la ciudad de Jerusalén, la experiencia de la cautividad de los ciudadanos de Judá y la posterior liberación del rey Joaquín en Babilonia. No solo es una narración que demuestra el castigo divino al pueblo, como producto de su infidelidad y rebeldía ante la Ley de Moisés y el mensaje de los profetas, sino que incluye el importante elemento de esperanza.

La liberación del rey en el exilio era un criterio de esperanza y restauración de gran importancia, pues generaba la posibilidad del restablecimiento de la dinastía de David, que era una creencia teológica fundamental del pueblo. No culmina el libro de Jeremías con el pesimismo de la derrota y destrucción nacional, sino con un aire de restauración, con la posibilidad de renovación, con un claro signo de liberación y redención. En efecto, la palabra final del profeta al pueblo es que aún en medio del gran imperio babilónico, Dios tiene el poder y el deseo de manifestar su misericordia al pueblo.

18

Libro de Ezequiel

La mano de Jehová vino sobre mí,
y me llevó en el espíritu de Jehová
y me puso en medio de un valle que estaba lleno de huesos.
Me hizo pasar cerca de ellos, a su alrededor,
y vi que eran muchísimos sobre la faz del campo y,
por cierto, secos en gran manera.
Y me dijo:
—Hijo de hombre, ¿vivirán esos huesos?
Yo le respondí:
Señor, Jehová, tú lo sabes.
Ezequiel 37.1-3

1. El mensaje

La lectura sobria del libro de Ezequiel pone claramente de manifiesto la preocupación fundamental y básica del profeta: Infundir esperanzas a un pueblo que ha sido gravemente herido por una serie extensa e intensa de calamidades nefastas y acontecimientos adversos. Ezequiel es esencialmente un predicador de esperanza y restauración que debe articular, con creatividad y esmero, su mensaje redentor en medio de una serie compleja de eventos nacionales e internacionales. No se intimidó el profeta ante los profundos cambios sociales, económicos, políticos y religiosos a los que estaba expuesto, pues fundamentó su mensaje en la seguridad de que había sido llamado por Dios.

Las calamidades a las que Ezequiel responde como embajador del mensaje divino se relacionan principalmente con la derrota militar del pueblo judío ante los ejércitos de Babilonia, y las dificultades asociadas a ese tipo de descalabro político y militar. Esa crisis mayor de pérdida tuvo en el pueblo graves consecuencias sociales, económicas, políticas, religiosas y espirituales. En medio de esas dinámicas de dolor, resentimientos, angustias, desesperanza y desolación, se levantó el profeta Ezequiel, que provenía de una familia sacerdotal, para articular con esmero, autoridad y valor el mensaje divino.

Es importante notar, sin embargo, al estudiar cuidadosamente la obra de Ezequiel, que el profeta no culpa por la crisis nacional solo al espíritu imperialista y expansionista de algunas potencias extranjeras (p.ej., Asiria, Babilonia o Egipto); ni relaciona las calamidades del pueblo únicamente con las actitudes beligerantes y de agresividad económica de varias naciones (p.ej., Tiro y Sidón); ni tampoco asocia las adversidades de Judá solamente con la sumisión política y económica de varias naciones vecinas (p.ej., Amón, Edom y Moab); inclusive, el libro no atribuye la responsabilidad primordial de la derrota a las dificultades éticas, morales y administrativas de los líderes nacionales y gobernantes de turno. Para Ezequiel, las realidades y el futuro del pueblo dependen de su compromiso con los valores morales, las virtudes éticas y los principios espirituales que se relacionan con la revelación divina. El porvenir de la nación, de acuerdo con este singular profeta, está íntimamente ligado a la fidelidad del pueblo al pacto o alianza que se pone de relieve con libertad en la Torá.

Este importante y restaurador mensaje de esperanza, que revela la gran curiosidad espiritual y la extraordinaria creatividad teológica de Ezequiel, se relaciona íntimamente con el concepto de Dios que se articula y que se presupone en las manifestaciones divinas al profeta. Desde la visión inicial del libro hasta las descripciones espectaculares del Templo restaurado en el futuro se afirma la grandeza divina y se enfatiza el señorío del Señor, aun en medio de las dificultades militares y las deportaciones. Para Ezequiel, las virtudes divinas no disminuyeron al fragor de la batalla ni se aminoró el poder divino al reconocer la derrota militar. Aunque el Templo fue destruido, la ciudad arrasada, las arcas saqueadas y el liderato nacional disperso, para el profeta, Dios sigue siendo Dios. Esa gran afirmación teológica es el fundamento básico e indispensable de la esperanza profética: El Dios que ha estado con el pueblo a través de su historia, desde los momentos iniciales y extraordinarios de la creación, está presente una vez más en el exilio babilónico para demostrar nuevamente su poder salvador, restaurador y transformador.

2. Ezequiel el profeta

El profeta Ezequiel, cuyo nombre significa «Dios fortalece» o «Dios es fuerte», es identificado en el libro como el hijo de Buzi (Ez 1.3). Esa sencilla referencia bíblica relaciona al profeta directamente con el sacerdocio zadoquita, cuya influencia óptima en el pueblo se hizo patente en el período de las reformas de Josías (621 a.C.). Entrenado en las importantes e históricas tradiciones sacerdotales durante el reinado de Joaquín, Ezequiel fue deportado a Babilonia, en el año 597 a.C., donde se estableció en la antigua ciudad de Tel Aviv, junto a otros deportados, en las riberas del río Quebar, muy cerca de Nipur (Ez 1.1).

Ezequiel formó parte de un grupo de cómo 8,000 deportados que fueron llevados por Nabucodonosor a Babilonia, tras el sitio, la caída y la conquista de la ciudad de Jerusalén (2 R 24.16). De acuerdo con una leyenda de muy poco fundamento y valor histórico, la tumba del profeta se encuentra presumiblemente en la ciudad de Hilla, en el centro de la actual Iraq.

Su ministerio profético coincidió por un breve período con el de Jeremías. Ambos líderes del pueblo presentaron con autoridad y sabiduría la palabra divina y el mensaje restaurador al pueblo en un momento histórico de grandes desafíos políticos, sociales, económicos, religiosos y espirituales. Al igual que Jeremías, el profeta Ezequiel se opuso tenaz y firmemente a los planes de Sedecías de derrocar el gobierno babilónico invasor.

De acuerdo con el testimonio bíblico, el llamado divino al profeta llegó durante el quinto año del reinado de Joaquín (c. 593 a.C.), mientras se encontraba entre los exiliados de Judá que estaban en Babilonia. Como la fecha de intervención profética más antigua que se incluye en el libro (Ez 29.17) corresponde posiblemente al año 571 a.C., podemos indicar con algún nivel de certeza que el ministerio de Ezequiel se extendió por un poco más de veinte años. La muerte de su esposa se produce el día que comenzó el sitio de los ejércitos babilónicos a la ciudad de Jerusalén (587 a.C.; véase Ez 24.15-17). No sabemos con seguridad la edad precisa del profeta al comienzo de su ministerio.

Ezequiel se opuso intensamente a las aspiraciones políticas y a los programas sociales y de restauración de la clase gobernante en Jerusalén, luego del exilio. En su lugar, sin embargo, propuso una visión más teológica y espiritual del pueblo de Israel como una comunidad de fe y esperanza que se fundamenta en la observación de las tradiciones religiosas del pueblo, y en la obediencia y fidelidad al Señor. Su acercamiento ministerial al futuro restaurado de la comunidad judía superaba las dinámicas inmediatas de dependencia o independencia política y militar de Babilonia. La fuerza principal que guiaba su ministerio de este particular profeta era su profunda fe y confianza en el Señor, y también por las implicaciones sociales, económicas y políticas de esas convicciones religiosas y espirituales.

Por mucho tiempo, algunos especialistas y estudiosos de la obra literaria de Ezequiel han manifestado ciertas preocupaciones en torno a la salud mental y el equilibrio psicológico del profeta. De particular importancia en este tipo de evaluación crítica están las visiones, el simbolismo y algunos de los mensajes que se incluyen en el libro, así como una serie de acciones extrañas que pueden interpretarse, de primera instancia, como carentes de sentido o, inclusive, como demostraciones claras de fragilidad emocional.

No es una buena metodología, sin embargo, fundamentar un análisis psicológico tan complejo e importante en documentos de más de 2,500 años, de los cuales no sabemos con claridad meridiana las contribuciones específicas del profeta en los procesos de redacción y edición final. En efecto, el libro de Ezequiel, en la forma canónica que nos ha llegado, es el resultado de un proceso complejo y largo de ediciones de los mensajes iniciales del profeta junto a la incorporación de palabras y oráculos de revisores y editores posteriores.

De acuerdo con los análisis exegéticos, lingüísticos y teológicos recientes, que ciertamente pueden ser más sobrios de la obra de Ezequiel, las supuestas «aberraciones psico-patológicas» del profeta son realmente revelaciones y mensajes que se fundamentan en formas antiguas de comunicación profética. ¡El profeta trata de comunicar lo inefable, sublime y extraordinario de la revelación divina! ¡Ante la grandeza de Dios las palabras humanas faltan!

En tono a este importante asunto literario y emocional, se puede indicar, además, solo como ejemplo, que las expresiones y alusiones a «la mano de Jehová » o «el espíritu de Jehová» están relacionadas con el ministerio de profetas preclásicos como Elías y Eliseo. Lo mismo puede indicarse del uso de la simbología en la presentación de su mensaje profético: Son fórmulas de comunicación religiosa que se utilizaban con cierta regularidad en la antigüedad, no pueden considerarse como signos de insanidad mental ni demostraciones de patologías emocionales. Ezequiel era un predicador creativo que comunicó su mensaje utilizando las expresiones conocidas de comunicación profética y sacerdotal tradicionales del pueblo de Israel.

Un aspecto de fundamental importancia literaria, teológica y psicológica en el análisis del la obra de Ezequiel es el uso reiterativo del pronombre «yo», en el cual se unen y confunden la voz divina y la expresión del profeta. Ese interesante estilo literario pone en clara evidencia y subraya con prontitud la importancia de la palabra del Señor en el ministerio del profeta. Esa particular fórmula de comunicación pone de manifiesto la intimidad entre el predicador exiliado y su Dios. Esa forma específica de articular el mensaje es una manera elocuente de indicar que la palabra divina inundó completamente al profeta a tal grado que la voz del Señor se funde y confunde con la predicación profética. La unión del «yo» divino con el «yo» humano pone de relieve la firme continuidad teológica entre la voluntad divina y la comunicación del mensaje profético de Ezequiel.

3. Influencia de otros libros de la Biblia en Ezequiel

La lectura de la obra de Ezequiel revela que este poseía una gran afinidad teológica con otro importante líder religioso de la época: el profeta Jeremías. Esa particular relación temática y literaria se manifiesta con claridad al estudiar cuidadosamente las importantes narraciones biográficas y autobiográficas en el libro del profeta de Anatot, redactadas principalmente en prosa (Jer 21.1—45.5).

Esa continuidad teológica y espiritual entre estos dos profetas (véase Jer 1.1—20.18) se pone de relieve con claridad en la elaboración de los siguientes temas: La caracterización de las comunidades de Judá e Israel como hermanas (Ez 23.6-11); el llamado al profeta a resistir las adversidades como muralla fortificada (Ez 3.28); el rechazo absoluto a la profecía falsa y engañosa (Ez 14.4); y específicamente, el llamado divino a no tener un duelo público ante la muerte de un ser querido (Ez 3.8; 12.24; 16.1-43; 24.16).

Inclusive, la relación entre estos paladines de la fe bíblica se revela aun más claramente en la elaboración del tema de la responsabilidad personal de los individuos ante Dios (Jer 31.29-30 y Ez 18.2; ¡ambos profetas citan el mismo proverbio!) y también en la importante elaboración de la teología de la gracia donde se indica que Dios desea restaurar el pacto con el pueblo de una forma novel y extraordinaria (Jer 31.31-34 y Ez 36.26). Algunos estudiosos piensan que es probable que Ezequiel estuviera familiarizado con varios de los mensajes de Jeremías.

La relación de Ezequiel con otras secciones de las Escrituras no puede subestimarse o ignorarse, particularmente la continuidad teológica con el llamado «Código de Santidad» (Lv 17.1—26.46). Los académicos que estudian este importante documento sacerdotal lo ubican generalmente en la época inmediatamente antes del exilio en Babilonia, basados en que el vocabulario utilizado en el famoso código es muy similar al que se manifiesta en las profecías de Ezequiel. Además, muchas de las leyes y los estatutos que el profeta cita, o a los cuales alude, se encuentran en esa sección del libro de Levítico, específicamente la referencia a las bendiciones y maldiciones (Lv 26.1-46).

4. El libro de Ezequiel

La lectura sobria y sistemática del libro de Ezequiel plantea una serie particular de problemas y dificultades que no se manifiestan en el resto de la literatura profética. La abundancia en géneros literarios, los diversos estilos de comunicación y la abundancia en el uso de imágenes poéticas no solo que revelan gran imaginación literaria y creatividad profética sino que presentan a la persona que lee y estudia el mensaje de Ezequiel un desafío formidable.

En efecto, junto a los oráculos proféticos se unen fórmulas jurídicas, tanto en poesía como en prosa, y se incorporan también descripciones históricas específicas, alusiones a las ideas y la imaginación del mundo antiguo y, además, se articulan evaluaciones políticas y religiosas sobrias, a la par que se presentan visiones fantásticas y extraordinarias de la vida, llenas de dramatismo y acción.

La fusión de todos esos géneros, estilos e imágenes hace que la obra del profeta Ezequiel genere gran dificultad interpretativa y le presente a las personas que estudian e interpretan su mensaje un reto extraordinario de actualización y contextualización del mensaje. Aunque la organización, el orden y la estructura temática del libro no presentan dificultades mayores, las complejidades literarias y la densidad teológica del libro identifican un libro único entre los libros proféticos de la Biblia.

En el orden canónico tradicional, tanto judío como cristiano, el libro de Ezequiel ocupa el tercer lugar en la sección de los profetas, luego de Isaías y Jeremías, que son los grandes profetas escritores de la Biblia, y previo al libro de los Doce, también conocido como los Profetas Menores. Este arreglo se relaciona con la familia de manuscritos hebreos relacionados con la familia de Ben Asher (p.ej., los códices de Leningrado y Alepo).

Este arreglo, que posiblemente tiene un fundamento cronológico, no es la única posibilidad canónica, pues el Talmud alude a una ordenación más antigua en la cual Jeremías es el primero, seguido por Ezequiel y al final Isaías. La base de este arreglo alternativo de los libros proféticos es posiblemente teológico: Jeremías comienza con el juicio; Ezequiel es mitad juicio (Ez 1.1—24.27) y mitad esperanza (Ez 25.1—48.35); e Isaías, que destaca finalmente los temas de la consolación y la esperanza.

La siguiente estructura literaria pone de manifiesto las grandes secciones temáticas del libro:

- Oráculos de Juicio (1.1—24.27)
- Oráculos contra las naciones extranjeras (25.1—32.32)
- Oráculos de restauración (33.1—39.29)
- El nuevo templo y el culto nuevo (40.1—48.35)

Este tan particular y bien definido orden temático y estructura literaria en el libro del profeta Ezequiel revela una muy clara intensión del autor y los redactores finales de la obra. Posiblemente, Ezequiel debe ser considerado como un profeta de transición, pues mueve la profecía bíblica de los antiguos modelos clásicos de comunicación a un nuevo nivel que incorpora las tradiciones y estilos sacerdotales. Al profeta le tocó vivir un período político, unas dinámicas sociales, unas vivencias religiosas y un momento histórico complejos. Experimentó el desgaste paulatino del reino del sur, la crisis de la guerra en Jerusalén, y la desolación en los campos de refugiados en Babilonia.

Una característica singular del libro de Ezequiel es que el profeta recibe sistemáticamente la palabra divina sin que casi nunca se le indique que debe comunicarla o anunciarla (aunque ese acto de transmisión oral o simbólica debe presuponerse en la mejor de las tradiciones proféticas). De esta forma, el libro privilegia la palabra divina que el profeta recibe, y no enfatiza la transmisión o comunicación de ese mensaje del Señor. Esta peculiaridad teológica y literaria puede muy bien relacionarse con la mudez continua o esporádica del profeta (Ez 3.26), de la cual el libro indica que solo terminó posteriormente de manera oficial (Ez 33.22).

Ezequiel profetizó en un período lleno de cambios intensos y transiciones rápidas, que requirieron que la comunicación del mensaje profético se ajustara a las nuevas realidades y necesidades nacionales. Por esta razón, este libro profético rompe con los patrones tradicionales de comunicación de la profecía bíblica: Una nueva realidad sociopolítica en el pueblo demandaba una nueva forma de comunicación profética. Se aleja Ezequiel de varias fórmulas de comunicación proféticas antiguas para incorporar estilos que fomentarán el retorno a la voluntad de Dios e incentivarán las prácticas de la fe mediante la celebración del culto renovado y a través de la observación de la Ley y la fidelidad a Dios. Quizá estas sean las bases más importantes para identificar al profeta Ezequiel como el padre del judaísmo moderno.

El proceso de redacción y edición final de esta importante obra teológica fue paulatino, como el resto de la literatura profética en la Biblia. Sin embargo, se puede indicar que la obra tomó gran parte de su forma final en el período exílico, y que las revisiones posteriores fueron mínimas y esporádicas. La gran mayoría de los oráculos que se incluyen en el libro se pueden relacionar directa o indirectamente con el mensaje de Ezequiel.

Hay una diferencia de gran importancia entre la audiencia original de los mensajes de Ezequiel, al comenzar su labor profética, y quienes leyeron estos oráculos por primera vez. Al comienzo de su labor, el profeta hablaba del mal que iba a suceder, del futuro doloroso que les esperaba, de la destrucción que se avecinaba, de la crisis que se cernía sobre los ciudadanos de Judá y Jerusalén.

Quienes leyeron por primera vez el mensaje profético, luego de los procesos de redacción, estaban conscientes ya de la caída de la ciudad y de las consecuencias nefastas de las políticas oficiales de los reyes en Jerusalén. La primera parte de los mensajes de Ezequiel eran predictivos; con el tiempo, sin embargo, cuando sus palabras se cumplieron, el mensaje se tornó más esperanzador y restaurador.

Padre del judaísmo moderno

Ezequiel profetizó en un período lleno de cambios intensos y transiciones rápidas, que requirieron que la comunicación del mensaje profético se ajustara a las nuevas realidades y necesidades nacionales. Por esta razón, este libro profético rompe con los patrones tradicionales de comunicación de la profecía bíblica: Una nueva realidad sociopolítica en el pueblo demandaba una nueva forma de comunicación profética. Se aleja Ezequiel de varias fórmulas de comunicación proféticas antiguas para incorporar estilos que fomentarán el retorno a la voluntad de Dios e incentivarán las prácticas de la fe mediante la celebración del culto renovado y a través de la observación de la Ley y la fidelidad a Dios. Quizá estas sean las bases más importantes para identificar al profeta Ezequiel como el padre del judaísmo moderno.

Es probable que en el proceso de redacción final del libro de Ezequiel participaran algunos de los discípulos del profeta. Sabemos de la existencia de esos grupo de seguidores o «estudiantes», por las referencias que tenemos de ellos en los casos específicos de Elías y Eliseo, Isaías y Jeremías (véase, p.ej., 2 R 2.3; 6.1; Is 8.16; Jer 36.4). Estos grupos de discípulos de profetas preservaban los mensajes de sus líderes, pero también los revisaban, interpretaban y actualizaban. Inclusive, en ocasiones, se sentían en la libertad de añadir palabras a las que recibieron de sus maestros, para enfatizar algún aspecto del oráculo o sencillamente para aplicarlo a una nueva realidad y desafío histórico.

De singular importancia en el estudio del libro de Ezequiel es el análisis y la descripción de los diversos géneros literarios que se incluyen en la presentación del mensaje profético. Se pueden identificar con precisión los siguientes, entre otros: visiones (Ez 1.1—3.27; 9.1—10.22; 37.1-14); gestos o simbología profética (Ez 4.1—5.17; 12.1-28); análisis teológicos y éticos que se fundamentan en alguna palabra divina (Ez 12.1-28; 13.1-23; 14.1-23; 18.1-32; 20.1-44; 33.1-33; 36.1-38); uso de parábolas, alegorías y metáforas para la comunicación del mensaje divino (Ez 15.1-8; 17.1-24; 19.1-14; 31.1—32.31); uso del recurso de las visiones de claro contenido y estilo apocalíptico (Ez 9.1-11; 38.1—39.29); e incorporación de leyes sacerdotales en la presentación de las visiones y el mensaje divino (Ez 40.1—48.35).

Por la serie continua de peculiaridades literarias y teológicas, el libro de Ezequiel puede asociarse con la literatura apocalíptica. Entre las características que acercan al profeta a los visionarios apocalípticos, pueden identificarse las siguientes: la presentación de la historia en períodos definidos con bastante precisión; la identificación y relación de fechas concretas con los oráculos, que toman como base la deportación del año 597 a.C.; el reconocimiento de la autoridad del texto; el estilo literario repetitivo y reiterativo del profeta; los relatos de revelaciones mediante el recurso literario de las visiones; la aparición de un «interprete» de las visiones, junto al profeta; la presencia de figuras angelicales (p.ej., «seres vivientes» o «querubines»); la ausencia de alusiones a personajes históricos conocidos; y el deseo de identificar los tiempos finales de la historia.

El texto hebreo masorético del libro de Ezequiel, en general, no presenta un número muy elevado de dificultades textuales o lecturas complicadas. Una serie de pasaje que contienen las llamadas redundancias o repeticiones son más bien manifestaciones del estilo del profeta que problemas de copistas o complejidades en la transmisión de los manuscritos. En la superación de las dificultades textuales de la obra en hebreo, en ocasiones la versión griega de los Setenta (LXX) no ayuda mucho, pues no es homogénea y presenta problemas de coherencia temática y algunas dificultades de contenido.

Una era de cambios

Al profeta Ezequiel le tocó ejercer su ministerio en un momento histórico extremadamente complejo. Era una época de cambios nacionales e internacionales; era un período de invasiones y conquistas; era un momento de transformaciones intensas y desafíos formidables. El Oriente Medio antiguo, particularmente la región palestina, estaba en la mira de varias potencias internacionales, por su importancia geopolítica y su valor económico. Ezequiel profetizó al pueblo en medio de un mundo cambiante, agresivo y militarista. En este particular entorno político, social, histórico y espiritual, el profeta levantó su voz de autoridad y compromiso.

---

5. Contexto histórico

Al profeta Ezequiel le tocó ejercer su ministerio en un momento histórico extremadamente complejo. Era una época de cambios nacionales e internacionales; era un período de invasiones y conquistas; era un momento de transformaciones intensas y desafíos formidables. El Oriente Medio antiguo, particularmente la región palestina, estaba en la mira de varias potencias internacionales, por su importancia geopolítica y su valor económico. Ezequiel profetizó al pueblo en medio de un mundo cambiante, agresivo y militarista. En este particular entorno político, social, histórico y espiritual, el profeta levantó su voz de autoridad y compromiso.Un detalle literario de gran importancia histórica y teológica en el libro de Ezequiel, que no es frecuente en otra literatura bíblica, es que incluye una serie de referencias históricas precisas. Esas fechas son importantes pues brindan al lector y estudioso ese mensaje con profundidad, así como una orientación general en torno a la cronología de los oráculos proféticos. La identificación clara y el análisis sobrio de esas fechas son fundamentales en el proceso de comprensión y actualización del mensaje de Ezequiel ya que facilita el análisis exegético al permitir ubicar el mensaje profético en un entorno histórico bastante definido y preciso.

La siguiente tabla identifica las fechas a las que alude el mensaje del profeta Ezequiel:

Referencia en Ezequiel	***Año***	***Mes***	***Día***	***Fecha***
1.1	30	4	5	julio 593
1.2	5	-	5	junio-julio 593
3.16	5	-	12	junio-julio 593
8.1	6	6	5	agosto-septiembre 592
20.1	7	5	10	julio-agosto 591
24.1	9	10	10	enero 588
26.1	11	-	1	marzo 587-marzo 586
29.1	10	10	12	enero 587
29.17	27	1	1	marzo-abril 571*
30.20	11	1	7	marzo-abril 587
31.1	11	3	1	mayo-junio 587
32.1	12	12	1	febrero-marzo 585
32.17	12	12	15	febrero-marzo 585
33.21	12	10	5	diciembre 586-enero 585*
40.1	25	1	10	marzo-abril 573

Las fechas identificadas con el asterisco (*) están fuera del orden cronológico pues el contexto temático del mensaje las ubicó mejor en esos lugares específicos. La importancia de estas referencias no puede subestimarse, pues nos permite relacionar el mensaje profético con eventos nacionales e internacionales de los cuales tenemos noticias e informaciones no solo por las narraciones bíblicas sino a través del estudio de los hallazgos arqueológicos en Egipto, Israel, Palestina y Babilonia.

El año 612 a.C. fue muy importante en la historia del Oriente Medio, particularmente en las regiones palestinas. Ese fue el año en que el imperio asirio cayó finalmente en manos de los babilonios y los medas. Ese acontecimiento político y militar tuvo repercusiones de gran importancia en la antigüedad. En la nueva configuración geopolítica, Egipto, que trató de apoyar a Asiria en su empeño de detener los avances militares de Babilonia, quedó muy frágil ante el nuevo imperio que se organizaba. En el proceso, el rey de Judá, Josías, muere en Megido y su hijo, heredero al trono, es deportado como prisionero de guerra a Egipto, que puso como nuevo gobernante a Joaquín.

Cuando Nabucodonosor llega al trono de Babilonia en el 605 a.C., se convirtió rápidamente en el señor de la región, pues dejó ver claramente y con firmeza sus intensiones expansionistas e imperialistas. Egipto continuó su campaña internacional contra los avances militares, la hegemonía política y los planes bélicos de Babilonia, hasta que en el año 601 Joaquín interpreta los continuos conflictos entre Egipto y Babilonia como una debilidad del nuevo imperio, y se niega a pagar tributos a Nabucodonosor. Esa decisión del rey de Judá preparó el camino para una de las épocas más funestas y críticas en la historia del pueblo de Israel: el exilio en Babilonia.

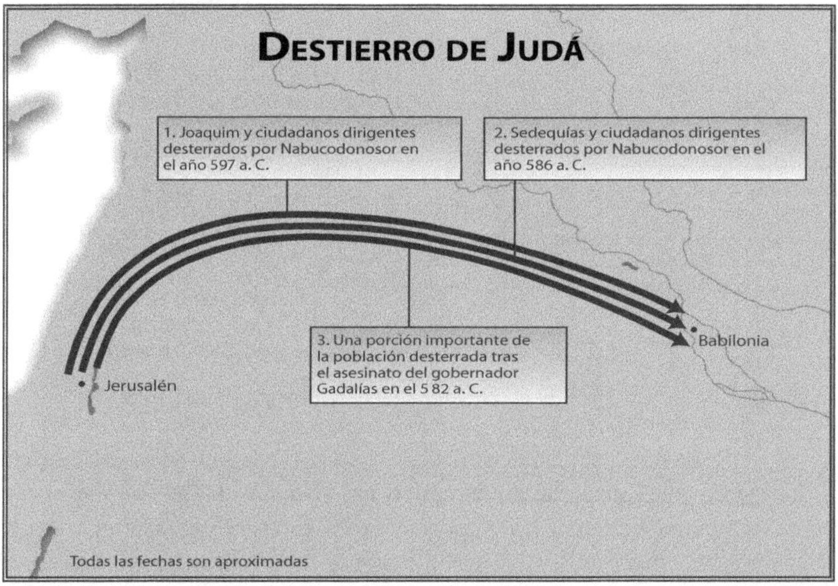

Las respuestas del imperio babilónico a las aspiraciones independentistas de Judá no se hicieron esperar, pues los ejércitos del gran Nabucodonosor llegaron a la región con intensiones de conquista y destrucción. Ya en el año 598 a.C. los ejércitos sitian la ciudad de Jerusalén y el rey Joaquín muere en medio del asedio. Su hijo Jeconías le sucede, pero no puede detener las fuerzas bélicas del imperio y finalmente decide rendirse.

La rendición de Judá trajo consigo la deportación en masa de miles y miles de ciudadanos judíos. Los ejércitos babilonios mudaron particularmente a las personas que sostenían el liderato de la infraestructura política, económica, religiosa y militar del pueblo, entre los que se encontraba el profeta Ezequiel. Un nuevo rey títere se instala en Jerusalén, para representar adecuadamente los intereses babilonios: Sedecías.

El resultado concreto de las iniciativas de Judá fue que la comunidad quedó dividida en dos sectores poblacionales de gran importancia: En primer lugar, la comunidad que experimentó la derrota militar y permaneció en Jerusalén y Judá, y en segundo lugar, el grupo de deportados, que unido al dolor de la derrota experimentaba las angustias de un exilio político y militar inmisericorde. El profeta Jeremías se encuentra entre los que permanecieron en Jerusalén, y Ezequiel es parte del grupo de deportados a Babilonia. A ambos grupos les unía la añoranza de un pronto retorno de los exiliados de Judá, y también la esperanza de una restauración nacional.

Referente a la vida de los exiliados en Babilonia no tenemos mucha información. Aunque gozaban de cierta libertad de movimientos y acción, de acuerdo con las narraciones bíblicas, la persona que analiza y evalúa el mensaje de Ezequiel, no debe ignorar la razón fundamental del exilio y la deportación: una derrota militar, una conquista política, una subyugación imperialista. En ese ambiente mayor de cautiverio, deportación, destrucción y agonía, Ezequiel jugó un papel protagónico en los procesos de soñar con un futuro y reorganizar al pueblo para la reconstrucción de la ciudad y la restauración nacional.

La teología de Ezequiel respondió a las dificultades concretas del pueblo y actualizó los antiguos mensajes proféticos a las nuevas realidades históricas que afectaban adversamente al pueblo. Su mensaje creativo y sabio tomó los grandes temas de la teología de sus predecesores y los transformó en palabra divina que ayudaba al pueblo a vivir las angustias del exilio con sentido de esperanza y resurrección nacional.

6. La teología del libro

Desde la perspectiva teológica, Ezequiel es fiel a las tradiciones básicas del resto de los profetas de Israel. El fundamento de su mensaje es la firme y clara convicción de que Dios aborrece y rechaza la desobediencia humana, tanto individual como colectiva, y que castiga severamente la infidelidad al Pacto o Alianza (véase, p.ej., Is 10.1-34; Jer 4.1—6.30; Ez 17.1-24). El Dios de Ezequiel, de acuerdo con el mensaje que se expone en su libro, presenta y destaca la fidelidad y la lealtad como prioridades teológicas que tienen implicaciones políticas y sociales.

La teología de Ezequiel

La teología de Ezequiel respondió a las dificultades concretas del pueblo y actualizó los antiguos mensajes proféticos a las nuevas realidades históricas que afectaban adversamente al pueblo. Su mensaje creativo y sabio tomó los grandes temas de la teología de sus predecesores y los transformó en palabra divina que ayudaba al pueblo a vivir las angustias del exilio con sentido de esperanza y resurrección nacional.

En esa misma vena religiosa, el profeta Ezequiel presenta el juicio divino por las reiteradas violaciones del pueblo al Pacto, utilizando la terminología familiar e íntima del adulterio y la prostitución (Os 2.1-23; Jer 2.1—3.5; Ez 16.23). El uso de este particular lenguaje pone claramente de manifiesto la gravedad del asunto ante los ojos de Dios quien en última instancia, se siente herido, humillado, rechazado, angustiado y ofendido por estas acciones impropias y adversas de infidelidad y rechazo del pueblo y sus líderes.

Como Jeremías, el profeta Ezequiel está comprometido con el mensaje que destaca la importancia de la fidelidad interior al Pacto, en contraposición a las respuestas militares al imperio babilónico que estaban fundamentadas en la arrogancia y el orgullo nacional. La base indispensable de la liberación verdadera, para el profeta exiliado, no era la prepotencia individual y arrogancia nacional, sino la obediencia y fidelidad a la palabra divina. De acuerdo con estos profetas, Babilonia no era otra cosa que un instrumento divino para la educación y corrección del pueblo (Jer 29.1-32; Ez 4.1—5.17; 21.1-32). Según estas perspectivas teológicas, el gran imperio babilónico, lejos de ser un agente independiente en el tablero político y militar del Oriente Medio, era sencillamente un agente que cumplía y ejecutaba la voluntad divina en la sociedad. Ante los ojos críticos de los profetas, el gran imperio babilónico era un mero instrumento divino.

En la articulación del mensaje se pueden identificar en Ezequiel, varios vectores teológicos de importancia capital que merecen ser identificados y estudiados con sobriedad. El análisis sistemático de estas ideas y conceptos puede darnos pistas en torno a las prioridades temáticas y proyectos transformadores del profeta. Ezequiel no estaba interesado en entretener al pueblo con palabras superficiales que les entretuvieran pero que nos les ayudaran a superar la crisis en la cual estaban inmersos. La palabra del profeta tenía una muy clara y segura finalidad transformadora y redentora.

a) El Señorío de Dios

La fuerza básica que guía y orienta el mensaje profético de Ezequiel está íntimamente relacionada con la idea del señorío divino. Para el profeta, Dios está presente en medio de todas las realidades y los desafíos del pueblo. Esa presencia divina, según el profeta, no solo se manifiesta en medio de los cultos y las celebraciones religiosas y espirituales del pueblo, sino que se hace realidad en medio de las cambiantes dinámicas políticas y militares que tenían un muy serio y nefasto efecto de muerte y destrucción.

Dios tiene el deseo y la capacidad de intervenir en la vida del pueblo para poner claramente en evidencia su capacidad de castigo y juicio, así como su poder restaurador y consolador. ¡El Señor toma muy en serio las acciones humanas individuales y colectivas! El castigo divino no es la reacción inmediata a una falta superficial. Según el profeta Ezequiel, las manifestaciones del juicio divino son revelaciones claras y seguras de su compromiso salvador y su poder restaurador. El Señor no se olvida nunca de sus promesas al pueblo, que incluyen las manifestaciones extraordinarias de su amor, perdón y restauración.

En la comunicación del mensaje profético, Ezequiel enfatiza un componente indispensable de la naturaleza divina que no debe obviarse o subestimarse. Aun en medio de los grandes cataclismos y juicios de la vida, Dios siempre mantiene su ternura, fidelidad y amor. Inclusive, cuando todo parece que estaba perdido y sin remedio, idea que se expresa con el lenguaje de muerte y destrucción de un valle lleno de huesos secos y dispersos (Ez 37.1-14), no pierde el profeta la oportunidad de presentar y subrayar esa magnífica y extraordinaria capacidad divina de impartir vida y de generar un movimiento restaurador de resurrección nacional. Cuando parece que todo se ha acabado, Ezequiel tiene la capacidad, el compromiso y la virtud de elaborar y presentar un mensaje de esperanza que produce en el pueblo oyente un sentido novel de futuro y renovación (Ez 47.1-12).

b) La santidad divina

El tema de la santidad de Dios no puede estar ausente en la teología de Ezequiel, dado su trasfondo y educación sacerdotal. En efecto, la santidad como valor espiritual y virtud moral se revela con fuerza en el pensamiento religioso y en los mensajes del profeta, pues pone de relieve la esencia divina, manifiesta el corazón de la teología profética, presenta el centro mismo del universo filosófico y teológico de Ezequiel.

Este importante concepto de la santidad divina pone rápidamente de manifiesto las diferencias entre la naturaleza divina y la humana, y revela las distancias entre las acciones humanas y la voluntad del Señor. Inclusive, en la comunicación y los diálogos que se presentan en el libro entre el profeta y Dios, hay un elemento lingüístico distintivo que subraya y presenta esa fundamental diferencia entre las esferas divinas y las humanas: Dios llama al profeta «hijo del hombre». En los momentos e instantes de conversación más importantes e íntimos se pone de relieve con claridad la mortalidad y fragilidad humana en contraposición a la eternidad y fortaleza divina. Ese particular contraste enfatiza la naturaleza santa y eterna de Dios y revela, a la vez, la fragilidad y pequeñez humana.

El juicio divino

Dios tiene el deseo y la capacidad de intervenir en la vida del pueblo para poner claramente en evidencia su capacidad de castigo y juicio, así como su poder restaurador y consolador. ¡El Señor toma muy en serio las acciones humanas individuales y colectivas! El castigo divino no es la reacción inmediata a una falta superficial. Según el profeta Ezequiel, las manifestaciones del juicio divino son revelaciones claras y seguras de su compromiso salvador y su poder restaurador. El Señor no se olvida nunca de sus promesas al pueblo, que incluyen las manifestaciones extraordinarias de su amor, perdón y restauración.

No es posible, para el profeta Ezequiel, percibir ni comprender adecuadamente la extensión y profundidad de la santidad divina. En la extraordinaria visión inicial (Ez 1.26), donde se presenta el famoso «carro celestial», el profeta solo puede ver «algo que se le parece», que «era semejante», que «tenía un aspecto», pero no puede ver con claridad y nitidez a Dios. Las evasivas son claras y evidentes: ¡El profeta no puede ver a Dios y vivir! Y esa es una fundamental y muy importante comprensión sacerdotal de la naturaleza de Dios, pues la santidad divina contiene la naturaleza más íntima y extraordinaria del Señor.

Esa comprensión tan sacerdotal y profunda de la santidad divina le impide al profeta Ezequiel utilizar el sustantivo «santo» para dirigirse directamente a Dios. Con una gran capacidad teológica y literaria, el profeta Ezequiel más bien se refiere a la santidad del «nombre de Dios» (p.ej., Ez 20.39; 36.20; 43.7), que es una manera solapada y sutil de aludir a la santidad divina, sin correr el riesgo de utilizar el nombre del Señor en vano, que era un mandamiento de gran importancia en los círculos sacerdotales.

El nombre en el mundo bíblico era la identificación más profunda y clara de una persona. Era una especie de descripción de su esencia más profunda e importante. ¡Quien conocía el nombre, se pensaba, tenía poder sobre lo nombrado! En este caso, el nombre divino manifiesta su esencia santa y justa, revela su naturaleza misericordiosa y amorosa, contiene sus virtudes liberadoras y sanadoras, y destaca su poder de perdón y salvación. Como el pueblo de Israel «conoce» el nombre del Señor, debe bendecirlo con su fidelidad y obediencia.

c) Reclamos éticos y cúlticos

Uno de los grandes temas proféticos es el rechazo vehemente al culto y la liturgia en el templo que no manifiesta implicaciones éticas en las personas que adoran. Para Ezequiel, que ha sido nutrido en las tradiciones sacerdotales en las cuales el culto tiene un valor fundamental, esa teología contextual de las actividades y festividades religiosas es muy importante (véase, particularmente, Ez 5.1—6.14; 17.1—18.20; 20.1-44; 22.1-31).

Un buen culto, a los ojos del profeta, manifiesta sus virtudes de forma concreta y clara en el rechazo firme, decidido y pleno a la corrupción gubernamental, la injusticia en las cortes del pueblo y la infidelidad religiosa. Esas actitudes del pueblo, en sus manifestaciones personales y nacionales, impiden que las actividades cúlticas sean recibidas con agrado por Dios. Para el profeta es fundamental mantener la correspondencia entre los valores religiosos y los éticos. No puede haber un culto agradable a Dios sin vivencias de justicia.

Esa crítica de Ezequiel identifica con precisión algunas acciones del pueblo que son particularmente aborrecidas por Dios. Por Ejemplo, el profeta rechaza con valor y seguridad la desacralización del sábado (Ez 20.12-24), la celebración de cultos idólatras en los llamados «lugares altos» o santuarios dedicados a las divinidades locales (Ez 6.13; 20.28) y la profanación del santuario (Ez 23.37-38). Ese comportamiento del pueblo fue interpretado por Ezequiel como actos de rebeldía e infidelidad.

Para Ezequiel estas actitudes humanas eran el resultado de la falta de «conocimiento» de Dios y del rechazo a las exigencias éticas que se revelan en el Pacto. Con el objetivo de presentar su caso con propósitos educativos, el profeta analiza la historia de Israel e identifica de forma sistemática la constante tendencia de infidelidad que manifiesta el pueblo, aún desde los tiempos liberadores de la salida o éxodo de Egipto (Ez 20.1-44). Inclusive, en esa particular interpretación teológica de la historia nacional, Ezequiel llega hasta a afirmar ¡que el pueblo nunca ha seguido al Señor con todo su corazón! Y añade, además, que la actitud constante de Israel a través de la historia siempre ha sido la rebeldía, que se manifiesta constantemente en infidelidad a Dios y rechazo a sus mandamientos.

d) Responsabilidad personal

El importante tema teológico de la responsabilidad que los individuos tienen ante Dios es fundamental, tanto en Ezequiel como en Jeremías (Ez 18.2; Jer 31.29). Ambos profetas, inclusive, citan el mismo proverbio para enfatizar la comunicación de sus mensajes: ¡El pueblo no podrá decir nunca más que los padres se comieron las uvas agrias y los hijos sufrieron la dentera! Es decir, cada persona es responsable de sus actos ante Dios y la comunidad.

Esa teología de responsabilidad individual también se aplica a las diversas generaciones (Ez 18.1-32), pues para Ezequiel cada generación es responsable ante Dios de sus decisiones y también de las repercusiones e implicaciones de esos actos. Este importante tema se desarrolla muy bien en el mensaje del profeta que identifica las acciones de abuelos, padres, hijos y nietos. Aunque cada persona y generación debe enfrentar con valentía el resultado de sus decisiones y actos, el profeta presenta la importancia de superar las maldades del pasado para contribuir positivamente a la construcción de un presente y futuro mejor.

La importante teología del profeta como centinela (Ez 3.1-27; 33.1-9) se fundamenta prioritariamente en esa comprensión de la responsabilidad personal e individual de Ezequiel. A la pregunta de porqué anunciar el mensaje divino al pueblo si nadie le hace caso, llega la respuesta firme: ¡Ezequiel es responsable de cumplir su misión ante Dios!; y también, ¡el pueblo es responsable de sus respuestas al mensaje divino!

El profeta Ezequiel debe ser fiel a su misión de embajador y representante de la palabra divina. Su finalidad primordial es anunciar con claridad y pulcritud el mensaje que presenta a Dios como un agente de misericordia y justicia, independientemente de las respuestas del pueblo. Cada uno debe ser responsable de sus acciones y decisiones: el profeta, por anunciar la palabra divina; y el pueblo, por responder adecuadamente a esos reclamos éticos y morales del Señor.

e) Pecado humano y misericordia divina

El tema del pecado está continuamente presente en los mensajes de Ezequiel. Un poco quizá por su entrenamiento sacerdotal, y también por las continuas rebeliones del pueblo; el profeta continuamente presenta y rechaza esa actitud humana de rebeldía y arrogancia que impide la manifestación plena de la gracia y misericordia de Dios. Esa actitud pecaminosa, según el profeta, está profundamente enclavada en el corazón de las personas. Su esperanza es el que la confrontación del pecado humano con la santidad divina produzca reacciones de arrepentimiento y humillación en el pueblo. Esas demostraciones concretas de arrepentimiento pueden mover positivamente la misericordia divina. La posibilidad de arrepentimiento es un gran valor teológico en el mensaje profético de Ezequiel (Ez 16.54-63; 33.10-16).

Esas actitudes de arrepentimiento, aunque son fundamentales y muy necesarias ante la presencia divina, no constituyen el único factor para que se manifieste el amor perdonador y la misericordia del Señor. La fuerza más importante, que hace que la misericordia divina se haga realidad en medio de las vivencias del pueblo, es la santidad de Dios. Esa extraordinaria santidad divina, unida a su firme y decidido amor al pueblo (véase a Ez 16.53, 60-61; 20.40-44; 34.11), hace que se revele el poder restaurador de Dios, que se presenta en el libro como una especie de resurrección y reconstrucción nacional (Ez 37.1-14).

En torno a este importante asunto de la resurrección nacional, que es una clara manifestación de gracia divina, el mensaje de Ezequiel es contundente y firme: Dios está firmemente comprometido con la restauración del pueblo para rechazar la burla de las naciones (Ez 36.6), y también para honrar y vindicar su nombre santo (Ez 36.22-23). Estas transformaciones radicales del pueblo necesitan que Dios mismo les equipe con un nuevo corazón, que les permita manifestar obediencia y fidelidad (Ez 36.26-28). En este proceso de redención nacional, es muy importante señalar que, para Ezequiel, el arrepentimiento humano es posterior a la manifestación de la misericordia divina.

f) El Mesías

Es de importante notar que, aunque en el libro de Ezequiel se dedica más de un veinticinco por ciento de la obra a presentar el futuro glorioso y restaurado del pueblo de Israel, las referencias directas y específicas al Mesías son mínimas. Esas alusiones presentan al Mesías como un líder nacional que debe cumplir una serie de responsabilidades ante el pueblo. No se nota en Ezequiel una específica percepción teológica del Mesías como el rey universal que implantará la justicia en las naciones, ni se destaca como el agente internacional de Dios para traer la paz a la humanidad.

Al leer y estudiar el mensaje profético de Ezequiel se pueden identificar y analizar algunos pasajes de variada importancia mesiánica. Las referencias generales a los temas del «retoño» (Ez 17.22) o del «cuerno» (traducido en ocasiones como «fuerza», Ez 29.21), pueden tener algún eco mesiánico, según la tradición profética en Israel. Son imágenes y figuras literarias que el pueblo ya conoce y reconoce, y que se relacionan con las percepciones mesiánicas tradicionales del pueblo.

En la sección final de la obra (Ez 40.1—48.35), en donde el tema de la restauración es protagónico, se incluye la alusión al futuro líder del pueblo y se le denomina, sin embargo, «príncipe» (que en hebreo se conoce como *nasi*) no rey. De las lecturas del mensaje se deriva que proviene de la casa de David, aunque sus responsabilidades no son descritas en términos reales o monárquicos (p.ej., Ez 44.3). En efecto, en la obra teológica del profeta Ezequiel, todas esas posibles alusiones teológicas al Mesías son, en el mejor de los casos, tímidas y esporádicas.

Ese silencio teológico o timidez temática referente al mesianismo no se debe, posiblemente, a un rechazo profético a ese tan particular e importante asunto ni a la falta de interés de Ezequiel por el Mesías prometido. Quizá esa timidez profética se debe a que la preocupación fundamental del profeta, luego de la debacle del exilio, se relaciona con el pueblo y su restauración, no con ese importante personaje que llegará a Israel en el tiempo adecuado, de acuerdo con las expectativas tradicionales del pueblo. De todas formas, la figura del rey histórico en Israel quedó herida permanentemente en el tiempo del exilio en Babilonia. Luego del destierro, se presenta un nuevo líder nacional cuyas funciones se relacionarán con el trabajo sacerdotal.

g) La idolatría

Fundamentado en la seguridad que genera un Dios creador y santo, el profeta rechaza de forme vehemente las actitudes idólatras del pueblo.

Para Ezequiel, el pueblo debe renunciar con firmeza y decisión a esas concepciones religiosas erróneas que pensaban que otros dioses nacionales o ídolos humanos tenían la capacidad y el poder de salvar y transformar, al igual que el Señor bíblico que ha mostrado al pueblo judío su compromiso redentor desde los tiempos del éxodo.

El profeta Ezequiel presta de esta forma especial atención al problema de la idolatría, que califica de prostitución (Ez 16; 23), en la tradición de los profetas clásicos de Israel. Detrás de la firme crítica del profeta a la idolatría se manifiesta un abierto rechazo a las naciones que representan esos dioses. El reconocimiento de estas divinidades no solo era un problema teológico y espiritual, para el profeta, sino que constituía una clara señal de sometimiento político a esas potencias extranjeras. El seguir tras los dioses falsos era una forma de perder la identidad nacional, que estaba íntimamente relacionada con el Dios del Israel, y la liberación de la esclavitud y éxodo de Egipto.

h) Crítica a la ortodoxia religiosa de su época

Una lectura cuidadosa de las posturas teológicas de Ezequiel revela la seria crítica del profeta a las creencias básicas del pueblo, pone de relieve un claro rechazo profético a las convicciones tradicionales de la comunidad, manifiesta el antagonismo del profeta, que también provenía de círculos sacerdotales, con la teología predominante u ortodoxia religiosa.

La confianza del pueblo ante las amenazas de Babilonia se fundamentaba en cuatro postulados o afirmaciones teológicas básicas: En primer lugar, se creía que Israel era el pueblo escogido de Dios, y esa peculiaridad le brindaba un nivel extraordinario de protección y seguridad nacional; en segundo lugar, en esta tradición teológica, también se pensaba que como vivían en la Tierra Prometida, Dios mismo evitaría la destrucción y devastación nacional; en tercer lugar, Jerusalén, de acuerdo con estas percepciones teológicas, como centro religioso y ciudad donde se ubicaba el Templo, no sería destruida, pues el Señor mismo impediría su violación y derrota; y finalmente, el pueblo entendía, fundamentado en las promesas a David, que uno de sus descendientes sería el monarca de Israel de forma perpetua.

Para Ezequiel esa teología de seguridad nacional debía estar fundamentada en la fidelidad del pueblo al pacto o alianza en el Sinaí. Como esa actitud de lealtad a Dios no caracterizaba las acciones de los ciudadanos de Judá y, particularmente el estilo de vida en la ciudad de Jerusalén, el profeta rechazó esas teologías de seguridad irracional y acríticas, y presentó al pueblo un firme y decidido mensaje de juicio y destrucción.

En la articulación del mensaje profético, Ezequiel subraya los siguientes atributos divinos: Dios no es solo Señor de Judá y Jerusalén, sino reina sobre todas las naciones. Ese Dios eterno y universal revela su plan divino al mundo, que incluye la manifestación de su ira al llamado pueblo escogido; en efecto, la implantación de la justicia divina en la historia humana incluye el juicio a los ciudadanos de Judá y Jerusalén, aunque ellos piensen que están salvaguardados de las calamidades nacionales y de los posibles ataques babilónicos. Además, de acuerdo con los mensajes del profeta, esa actitud de Dios es justa pues el pueblo no vivió a la altura del compromiso que había hecho con el Señor en el Monte Sinaí.

7. Ezequiel en las sinagogas y las iglesias

Aunque el profeta Ezequiel no es mencionado directamente en las Sagradas Escrituras fuera del libro que lleva su nombre, su influencia fue decisiva en la renovación de la esperanza de la comunidad judía luego del período del exilio, particularmente entre los deportados que vivían en Babilonia. Su contribución debe haber sido fundamental, pues los líderes le consultaban con regularidad y sus palabras se convirtieron en parte del fundamento teológico y programático de la transformación nacional y el regreso de los exiliados, luego del edicto de Ciro (Esd 2.1-70).

Esa influencia teológica se pone en evidencia clara al leer los libros de Daniel y Zacarías, que desarrollaron secciones importantes de sus mensajes fundamentados en las percepciones apocalipticistas que ya se manifiestan con vigor en el libro y los mensajes de Ezequiel. Inclusive, las formas de fechar los mensajes en los libros de Zacarías y Hageo revelan una muy clara influencia del profeta Ezequiel.

Las referencias a Ezequiel en la literatura apócrifa y pseudoepígrafa son mínimas. En la lista de honor de israelitas notables se alude a la visión de la gloria divina que tuvo el profeta (Sira 49.8); además, se comenta que una mujer aludió al mensaje de los huesos secos de Ezequiel ante la muerte de su esposo (4 Mac 18.17); y Josefo indica que Ezequiel fue el primer profeta en escribir sus mensajes y dejar dos libros (Ant 10.5.1; quizá el segundo libro del profeta es Ez 40—48, aunque algunos estudiosos piensan que se trata de otra obra).

Entre los qumramitas la influencia de Ezequiel se pone claramente de relieve en los planes que tenían respecto al Templo renovado de Jerusalén, que se incluyen en un libro muy importante de la secta, conocido como «Rollo del Templo» (http://dss.collections.imj.org.il/), además de las destacadas percepciones sacerdotales que debía poseer el liderato del grupo. La influencia del profeta también se pone de manifiesto en la teología de la espiritualidad y del remanente de Israel, y en la particular comprensión de la gloria de Dios que muestran sus escritos.

En la literatura rabínica las dificultades literarias y las complejidades teológicas del libro se revelan con claridad. Inclusive, de acuerdo con San Jerónimo, los judíos de menos de treinta años no debían leer la obra de Ezequiel. Además, como el profeta vivió fuera de la tierra de Israel, algunos líderes y rabinos dudaban de la autoría de su obra. A esa percepción de rechazo o distanciamiento se deben añadir las diferencias entre la Ley de Moisés en la Torá y el libro de Ezequiel.

En el NT tampoco se menciona al profeta Ezequiel de forma directa, sin embargo, la importante teología de la resurrección cristiana se puede relacionar con facilidad con los mensajes del profeta, particularmente con la visión de los huesos secos (Ez 37). Además, esta influencia profética también se nota al estudiar con cautela y detenimiento la teología de la gloria divina que se manifiesta en la literatura paulina. Pero es en las visiones apocalípticas de Juan que la influencia de Ezequiel llega a su punto culminante. Esa contribución se revela no solo en los temas teológicos expuestos en el libro de Apocalipsis, sino en las imágenes que desarrolla y en la metodología de la revelación.

A los padres de la iglesia les llamó poderosamente la atención el simbolismo de los números en Ezequiel, aunque estaban conscientes de las complicaciones teológicas y literarias de la obra. La importancia del profeta en Calvino se manifiesta al descubrir que su último libro publicado fue el estudio expositivo que hizo del libro de Ezequiel. Martín Lutero, sin embargo, no mostró mucho interés exegético y teológico en este profeta, solo lo estudió y lo preparó para incluirlo en su traducción de la Biblia.

Las diferencias en los diversos acercamientos, las variadas percepciones y los diversos aprecios del libro de Ezequiel posiblemente se relacionan con las complejidades de su estilo literario y sus percepciones teológicas intensas. Para comprender y disfrutar el mensaje de Ezequiel es de suma importancia que los lectores y las lectoras de la obra estén conscientes que trabajamos con un documento antiguo y complejo, que incluye poesía y narración, generado por un profeta, predicador y escritor de gran capacidad intelectual, teológica, literaria e imaginativa. Una vez se toman en consideración estas peculiaridades literarias, las profecías y visiones de Ezequiel toman forma de mensaje transformador y palabra pertinente. La mano del Señor no solo llega al profeta sino también a sus lectores.

19

El libro de los Doce

Aunque la higuera no florezca
ni en las vides haya frutos,
aunque falte el producto del olivo
y los labrados no den mantenimiento,
aunque las ovejas sean quitadas de la majada
y no haya vacas en los corrales,
con todo, yo me alegraré en Jehová,
me gozaré en el Dios de mi salvación.
Habacuc 3.17-18

El grupo de libros que se conoce en las Biblias cristianas como «Profetas menores», en el canon hebreo forman parte del llamado «El libro de los Doce», en alusión a los títulos de las obras que identifica a doce profetas que ejercieron su ministerio en Israel y Judá antes y después de la época exílica. La referencia a «menores» debe ser adecuadamente entendida, pues estos paladines de la palabra divina no eran teológicamente menores que sus correligionarios cuyos nombre se guardan en los libros de Isaías, Jeremías y Ezequiel. Son menores solo desde la perspectiva de la extensión de la obra literaria que poseemos. En efecto, sus libros son mucho más cortos que los llamados «Profetas mayores».

Aunque anunciaron la voluntad divina al pueblo en diversos períodos históricos, el mensaje de estos profetas se fue guardando de generación en generación hasta que, luego del exilio en Babilonia, se incorporaron en una solo obra, que es la base del material que poseemos el día de hoy. Amós y Oseas, predicaron en el reino del norte, Israel (c. 750-730 a.C.); y Miqueas profetizó en el sur, en Judá, y fue contemporáneo de

Isaías, Amós y Oseas. Nahúm, Habacuc y Sofonías llevaron a efecto su labor profética en la época de Jeremías (c. siglo 7 a.C.); Hageo y Zacarías transmitieron la revelación divina luego de terminar el exilio en Babilonia; y Malaquías hizo lo propios como medio siglo después. Finalmente, aunque provienen de diversos momentos del período postexílico, no es posible precisar la fecha exacta de los libros de Joel (c. 400 a.C.), Abdías (c. siglo 5 a.C.) y Jonás (c. siglos 5-4 a.C.).

Los profetas menores

El grupo de libros que se conoce en las Biblias cristianas como «Profetas menores», en el canon hebreo forman parte del llamado «El libro de los Doce», en alusión a los títulos de las obras que identifica a doce profetas que ejercieron su ministerio en Israel y Judá antes y después de la época exílica. La referencia a «menores» debe ser adecuadamente entendida, pues estos paladines de la palabra divina no eran teológicamente menores que sus correligionarios cuyos nombre se guardan en los libros de Isaías, Jeremías y Ezequiel. Son menores solo desde la perspectiva de la extensión de la obra literaria que poseemos. En efecto, sus libros son mucho más cortos que los llamados «Profetas mayores».

1. El libro de Oseas

El profeta Oseas, identificado en el libro como hijo de Beeri (Os 1.1), llevó a efecto su ministerio profético en el reino del norte, Israel, por los años 750-730 a.C. Comunicó el mensaje divino bajo el reinado de Jeroboam II, en Israel, y de Uzías, Jotam, Acaz y Ezequías en Judá, el reino del sur (Os 1.1). De la lectura cuidadosa de sus oráculos y mensajes de juicio se desprende que predicó en el mismo contexto histórico, social, político, militar y espiritual que Amós, Miqueas e Isaías. Su mensaje estaba dirigido eminentemente hacia el reino del norte, luego del largo y próspero reinado de Jeroboam II (783-743 a.C.). Anunció la caída inminente del reino, y de su capital, Samaria, que finalmente se concretizó con la invasión de los ejércitos asirios en el 722 a.C. (2 R 17.1-6).

El análisis del mensaje de Oseas revela que el libro puede dividirse en dos secciones principales. La primera trata sobre varios asuntos personales y familiares del profeta (Os 1.1—3.5); y la segunda, consta de un grupo de oráculos en los que se presentan los temas de la infidelidad del pueblo y el castigo que merece, además de incorporar el anuncio de la conversión de Israel y presentar varios oráculos de salvación, esperanza y futuro (Os 4.1—14.9).

El estilo poético que se manifiesta en el libro es intenso, firme y apasionado, y su lenguaje es conciso, corto y polivalente. Entre sus mensajes, Oseas alterna elocuentemente los temas del amor de Dios y los contrapone a la ira y el juicio divino. En efecto, sus mensajes ponen claramente en evidencia la infidelidad humana, los pecados del pueblo y la esperanza que se fundamenta en las promesas del Señor. Además, Oseas utiliza con gran maestría literaria y poder emocional, la simbología profética en los procesos de comunicación al presentar su situación familiar como un signo elocuente de la voluntad de Dios. En efecto, su matrimonio con una prostituta es un símbolo elocuente de la infidelidad del pueblo de Israel ante la revelación divina (Os 1.2—3.5).

a) El matrimonio y la familia de Oseas

En torno al matrimonio de Oseas, el libro presenta dos breves relatos de gran importancia (Os 1.2-9 y 3.1-5). En el primero, que se articula en tercera persona singular, se enfatizan dos aspectos familiares que tienen implicaciones teológicas para su mensaje profético: Su matrimonio con una «prostituta», y los nombres simbólicos de sus hijos. El segundo relato, que se presenta en forma autobiográfica, el profeta interpreta su experiencia familiar y matrimonial a la luz de las acciones infieles del pueblo. Es, en efecto, una forma novel de presentar la unión, las relaciones y el pacto del pueblo con Dios. La revelación divina a Moisés en el Monte Sinaí, adquiere en este profeta dimensiones íntimas y profundas, comparadas a la unión matrimonial.

Respecto a la llamada «prostitución» de la esposa del profeta, debemos comprender y estar conscientes del uso de las imágenes relacionadas con la prostitución en referencia a la idolatría, la infidelidad religiosa y el politeísmo en Israel y Judá. En efecto, es muy probable que Gomer, la esposa de Oseas, en vez de ser una prostituta común, en el sentido actual de la expresión, fuera una sacerdotisa israelita dedicada oficialmente al servicio de Baal, que ejercía sus oficios religiosos en alguno de los altares o lugares altos dedicados a las divinidades cananeas (1 R 18.20-40;

19.1-18). En el libro, el profeta utiliza la palabra «prostitución» tanto en el sentido literal, es decir, para referirse a la inmoralidad humana (Os 5.3; 6.10; 9.1), como en el sentido figurado, es decir, para aludir a la infidelidad religiosa (Os 4.1-2).

El sincretismo religioso era una de las amenazas más serias que identificaban los profetas en torno a la vida religiosa del pueblo. La confusión entre el Señor de Israel y las divinidades locales en Canaán era un problema de gran magnitud social, teológica y espiritual. Baal, por ejemplo, ocupaba un sitial de importancia y gran honor, pues se le conocía como el señor de la tierra, y se le relacionaba con la fertilidad, que era un elemento de fundamental importancia en la consciencia religiosa de la comunidad, tanto israelita como cananea. Estos cultos cananeos incluían en ocasiones las prácticas sexuales, que aludían directamente a la fertilización y producción de la tierra, y se asociaba con la abundancia de frutos.

Los nombres de los hijos de Oseas con Gomer son también signos proféticos. Jezreel, que también era el nombre de una llanura al sur de Galilea, alude al juicio venidero a Israel y a la dinastía de Jehú, representada en Jeroboam II. Lo-ruhama, que significa en hebreo «no compadecida», presagia que el juicio divino carecerá de compasión. Lo-amí, que en hebreo es «no es mi pueblo», pone claramente de manifiesto el rechazo divino a Israel. El significado concreto de este nombre es que el pacto que se había establecido en el Sinaí quedaba definitivamente roto.

Sin embargo, esta sección de presagio y anuncio de juicio divino, no finaliza con estos mensajes de rechazo y juicio venidero, sino que culmina con unas palabras de esperanza y restauración (Os 1.10—2.1). Se insta al profeta a llamar al pueblo de Israel «Pueblo mío» y «Compadecida» (Os 2.1). De importancia en este singular tipo de estructura literaria es que el libro del profeta Oseas alterna las palabras de juicio con los oráculos de restauración (Os 2.14,23; 11.8-11; 14.4-8).

b) Infidelidad, castigo y restauración de Israel

Luego de iniciar la obra desde la perspectiva personal y familiar, Oseas pasa al análisis de la sociedad israelita y a revisar los pecados del pueblo. De acuerdo con el profeta, la sociedad está en franco deterioro y el pueblo está sumido en la desorientación espiritual. Entre los temas que destaca en sus mensajes, están los siguientes: el culto, los sacerdotes, la implantación de la justicia, la moral pública y privada, y las políticas nacionales. En efecto, el profeta presenta un cuadro nefasto y tétrico de las realidades cotidianas del pueblo, y ante la magnitud y gravedad de la crisis, Oseas articula su mensaje de juicio y restauración. Aunque la terquedad del pueblo es obstinada, repetida y continua, el Señor le llama continuamente, de acuerdo con el profeta, con «cuerdas de amor» (Os 11.4).

En el marco general de las críticas proféticas sobresalen las referencias a la idolatría del pueblo (Os 8.4-14), tema que se introdujo en la sección familiar de la obra (p.ej., Os 1.2—3.4). Era especialmente repugnante para el profeta ver la actitud sincretista del pueblo, al no poder separar la adoración al Señor de los cultos idolátricos cananeos. Esa incapacidad de diferenciación puede ser un signo de lo profundo que estaban enraizadas las tradiciones de Baal en la sociedad israelita. Oseas rechaza, combate, repudia y critica públicamente estas prácticas porque constituyen actos de infidelidad y deslealtad al Dios del pacto. De acuerdo con el mensaje del profeta, el pueblo cayó bajo la influencia de los cultos cananeos, que imploraban al dios Baal la prosperidad, y la bendición para sus ganados y cosechas.

El sincretismo religioso

El sincretismo religioso era una de las amenazas más serias que identificaban los profetas en torno a la vida religiosa del pueblo. La confusión entre el Señor de Israel y las divinidades locales en Canaán era un problema de gran magnitud social, teológica y espiritual. Baal, por ejemplo, ocupaba un sitial de importancia y gran honor, pues se le conocía como el señor de la tierra, y se le relacionaba con la fertilidad, que era un elemento de fundamental importancia en la consciencia religiosa de la comunidad, tanto israelita como cananea. Estos cultos cananeos incluían en ocasiones las prácticas sexuales, que aludían directamente a la fertilización y producción de la tierra, y se asociaba con la abundancia de frutos.

En efecto, Oseas critica los diversos pecados del pueblo, entre los que se encuentran: apostasía, hipocresía, iniquidad, rebelión, idolatría, infidelidad, injusticia, obstinación, mentira y violencia del pueblo. Son pecados y acciones que revelan la actitud irracional del pueblo ante los postulados básicos de la revelación en el Monte Sinaí, que ponen de manifiesto el rechazo público y continuo de los principios éticos y morales que Dios mismo le dio a Israel en la revelación a Moisés.

Sin embargo, el mensaje final del libro de Oseas no es de juicio, sino que es un poema que llama al arrepentimiento. La respuesta divina a esta actitud que busca volver a Dios es la manifestación plena de la misericordia divina, que se revela en sanidad y prosperidad (Os 14.1-9). La expresión «volved a Jehová» tiene en este libro una gran importancia (Os 3.5; 6.1; 7.10; 12.6), pues contrapone las declaraciones proféticas de juicio con la naturaleza misericordiosa del Señor. Este tipo de idioma teológico es característico, entre otras, de la literatura deuteronomística y de Jeremías (p.ej., Dt 4.29-31; 30.1-10; 1 R 8.33-34; Is 55.6-7; Jer 3.14, 22).

La palabra final del libro es esencialmente sapiencial. Intenta culminar la obra con una recomendación sabia y prudente: «Los caminos de Jehová son rectos, por ellos andarán los justos, mas los rebeldes caerán en ellos» (Os 14.9). Se presenta una vez más ante el pueblo la gran dicotomía de la vida: la gente justa obedece al Señor; sin embargo, las personas rebeldes tropiezan en la vida.

2. El libro de Joel

El segundo lugar en el canon de los profetas menores, o en el libro de los Doce, corresponde a Joel, de quien no poseemos mucha información. De su obra literaria solo logramos descubrir que era hijo de un tal Petuel (Jl 1.1), carecemos de datos precisos en torno a su familia, ni referente a su lugar de origen, ni sobre su edad al comenzar su tarea profética. Inclusive, no se especifica en su libro dónde vivió, ni a quienes presentó su mensaje, ni las fechas en las cuales llevó a efecto su labor ministerial. Esa falta de información, sin embargo, no desmerece la calidad, belleza, profundidad y pertinencia de su mensaje profético.

El libro es pequeño pero su mensaje es de suma importancia teológica. Esa importancia llegó a un nivel extraordinario y óptimo cuando en el día de Pentecostés, Pedro cita una de sus profecías para indicar que ese mensaje de Joel se había cumplido con el derramamiento del Espíritu Santo a los cristianos que estaban reunidos en la ciudad Jerusalén, luego de la crucifixión y resurrección del Señor, en el Aposento Alto (Hch 2.16-21).

Para identificar el contexto histórico de los mensajes de Joel, a falta de datos literarios explícitos y concretos, la lectura cuidadosa descubre varios detalles, expresiones y conceptos, que nos ayudan a ubicar el libro en su adecuado entorno social y político. Estas expresiones, ideas y presupuestos apuntan hacia una fecha postexílica para la redacción final del libro de Joel.

La naturaleza del juicio divino que el profeta describe y el uso de varias expresiones e ideas características del período del destierro, nos hacen suponer que la obra proviene de ese importante contexto de crisis y desolación luego del exilio de los líderes del pueblo a Babilonia. Las plagas y la destrucción descrita, pueden relacionarse muy bien con la catástrofe nacional que se pone de manifiesto en Judá y Jerusalén, luego de la extensa devastación efectuada por los ejércitos babilónicos liderados por Nabucodonosor. Inclusive, las alusiones a la venta de los esclavos de Tiro, Sidón, Filistea y Judá a los griegos (Jl 3.2-6), nos mueven a pensar que la obra debe ser ubicada por los años c. 400 a.C. Esta fecha de redacción del libro recibe aún más fuerza, al notar que los mensajes no aluden a los reyes de Judá, solo mencionan a los ancianos, ya que la institución de la monarquía ya para esa fecha había dejado de existir.

De singular importancia en los mensajes de Joel es su demostración de solidaridad con el grupo de los sacerdotes, que sienten el gran dolor de haber perdido el Templo, que más que la estructura física, su grandiosidad y su estructura litúrgica, proveía el especio necesario para llevar a efecto los sacrificios y las ofrendas diarias (Jl 1.9), que eran parte integral del cumplimiento de la Ley y representaban las actividades religiosas en sus niveles óptimos. En este sentido, Joel no es parte del coro de los profetas preexílicos que critican vehementemente las actividades sacerdotales por la falta de sinceridad y eficiencia de sus labores, sino que les incentiva a llevar a efecto las ceremonias pertinentes para propiciar la manifestación de la misericordia y el amor de Dios (Jl 1.13-14).

El libro de Joel se puede dividir en dos secciones mayores, que se relacionan íntimamente por el tema del juicio divino. La primera sección presenta la devastación que producirá la manifestación extraordinaria del Día del Señor, que en vez de ser un signo de salvación y esperanza se transformó, por el pecado del pueblo, en ira divina (Jl 1.1—2.27). Es una sección con una clara estructura litúrgica. Prosigue la segunda parte del libro con el mismo tema del juicio, en esta ocasión, sin embargo, llegará a todas las naciones, pero habrá una liberación de Judá, que será precedida por una manifestación extraordinaria del Espíritu de Dios (Jl 2.28—3.21).

El tema general de la ira divina toma una nueva dimensión en la forma del anuncio del día del Señor (Jl 2.1, 2, 31). La descripción poética del evento es significativa, intensa, gráfica, extensa y singular: El día del Señor estará lleno de tinieblas, oscuridad, espanto; será un evento dramático, espectacular, destructor. ¡La devastación del país será absoluta! El mensaje describe una mortal plaga de langostas que se comporta como un ejército de ocupación y conquista pues está bien entrenado y es violento. ¡No quedará nada ante el paso hostil y devorador de esta temible plaga de insectos!

El día del Señor

El tema general de la ira divina toma una nueva dimensión en la forma del anuncio del día del Señor (Jl 2.1, 2, 31). La descripción poética del evento es significativa, intensa, gráfica, extensa y singular: El día del Señor estará lleno de tinieblas, oscuridad, espanto; será un evento dramático, espectacular, destructor. ¡La devastación del país será absoluta! El mensaje describe una mortal plaga de langostas que se comporta como un ejército de ocupación y conquista pues está bien entrenado y es violento. ¡No quedará nada ante el paso hostil y devorador de esta temible plaga de insectos!

El juicio divino, sin embargo, no finaliza con las temibles langostas, pues a esta calamidad le sigue una sequía intensa y grave, que hiere mortalmente no solo la vegetación sino que afecta adversamente también a todos los animales. Esta nueva crisis tiene repercusiones aun mayores, pues impide la realización plena de los sacrificios en el Templo. Es decir, que la ira de Dios tocará y herirá la infraestructura de alimentación del pueblo, además de alterar los patrones culticos y religiosos de la comunidad (Jl 1.9, 13, 16). En efecto, la vida física y espiritual del pueblo estaba en serio peligro.

Es en ese contexto de juicio divino y de devastación nacional que el profeta hace un llamado urgente a los sacerdotes para que convoquen al pueblo en asamblea (Jl 1.14; 2.15-16). El propósito es incentivar la manifestación de la misericordia divina, mediante actos de contrición, oración y ayuno (Jl 2.13). Para el profeta, la gravedad de la crisis había llegado a su punto culminante, que requería una demostración extraordinaria del amor de Dios, que solo se haría realidad con una demostración clara, firme y plena del arrepentimiento humano. El pecado humano había rebasado los límites de la aceptación divina, y se requería, de acuerdo con Joel, una manifestación de contrición y humillación por parte del pueblo.

Todas estas demostraciones del juicio divino, que son producto de la maldad del pueblo, llegarán también a las naciones paganas, pues se pone de claro relieve en esta teología del profeta, las dimensiones universalistas del Dios bíblico: El Señor es Señor y Juez absoluto de todo lo creado (Jl 1.15; 2.1-2). En efecto, el día del Señor es la manifestación más poderosa y destructora del juicio divino, que hará que a la gente se le empalidezca el rostro ante tan grande demostración de la ira de Dios.

Sin embargo, el juicio divino no es el último mensaje del profeta al pueblo. Para la gente fiel, la que ha prestado atención al mensaje divino y ha vivido a la altura de las exigencias de Dios, ese temible día de oscuridad y muerte para las naciones y el pueblo infiel, será también momento grato para la manifestación espectacular y plena del gozo y la restauración divina. ¡Todas las personas que invoquen el nombre del Señor serán salvadas! (Jl 2.32).

A las personas leales al Señor, el profeta les indica que el futuro está saturado de maravillas, bendiciones, salud, bienestar, restauración y esperanza. Mientras el día del Señor es destrucción, tinieblas y congojas para los infieles, para las personas que demuestran compromiso con la voluntad del Señor se convierte en promesa de redención, en anuncio de salvación, en preámbulo del gozo, en prefacio al perdón, y en claro anticipo de la manifestación plena de la misericordia y el amor de Dios (Jl 2.18-27; 3.18-24).

Uno de los mensajes más famosos e importantes de Joel se relaciona con la manifestación del Espíritu de Dios sobre todas las personas (Jl 2.28-32). Esta profecía de Joel anuncia la revelación extraordinaria del Espíritu sobre todo el género humano, que incluye hijos, hijas, ancianos, jóvenes, y siervos y siervas. Esa visitación especial de Dios llegará a los diversos niveles de la sociedad, pues la acción divina no discrimina por razón de edades, género o trasfondo social. Esa nobel acción de Dios llegará al pueblo luego de la manifestación plena del juicio divino y del día del Señor. El día del Señor, para el profeta Joel, es una experiencia educativa que prepara a la comunidad para recibir y disfrutar la gracia y el amor divino.

En el contexto de juicio y misericordia de Dios, se incluye, entre las profecías de Joel, una de las piezas teológicas y poéticas más hermosas e importantes de la Biblia. Se trata del llamado intenso que hace el profeta al pueblo para que cambie sus caminos, para que se arrepienta, para que se convierta al Señor. Es un llamado sentido, «con ayuno, llanto y lamento» (Jl 2.12), que reclama abiertamente de los sacerdotes, que convoquen al pueblo para propiciar este tipo de arrepentimiento colectivo en el pueblo. ¡Solo la humillación nacional puede ver, mover y promover la misericordia divina!

3. El libro de Amós

De acuerdo con las narraciones de las Escrituras, Amós, además de ser un buen profeta, un paladín de la justicia y la voluntad divina, era un sencillo agricultor que provenía de la pequeña ciudad de Tecoa, como a 10 km al sur de Belén, entre las montañas de Judá. Ese mundo rural, de trabajo, esfuerzo, contemplación y reflexión personal, fue su entorno educativo que le llevó a este profeta al reino del norte, Israel, para exponer la palabra de Dios y enfrentar abiertamente al sacerdote Amasías, que lo acusa abiertamente se ser un traidor tanto al rey como a la nación (Am 7.14).

Dios llamó a Amós de los trabajos relacionados con el ganado y la agricultura, de acuerdo con el libro, y lo convirtió en profeta, en la tradición de sus antepasados que confrontaban al pueblo y a sus líderes con la revelación de Dios (Am 7.15). Amós no era un profeta profesional ni participaba oficialmente en las actividades religiosas del Templo. Sencillamente recibió esta encomienda divina y salió de su casa en el reino del sur, para instalarse momentáneamente en el reino de Isrtael, y transmitir el mensaje del Señor, que no fue recibido con mucho agrado y disposición.

La tarea profética de Amós se llevó a efecto (c. 750 a.C.) durante el reinado de Jeroboam II (783-743 a.C.), que constituyó un período de gran prosperidad económica, triunfos militares, y seguridad social, nacional e internacional. Sin embargo, ese período de comercio exitoso, abundancia y paz, que recordaba a los años de David, en vez de incentivar la justicia social en el pueblo propició un ambiente de opresión que motivó los mensajes del profeta. Amos no podía permanecer callado ante tantas manifestaciones de injusticias que hería abiertamente el corazón del pueblo de Dios.

De acuerdo con el mensaje de Amós, los pecados en el reino eran graves. En primer lugar, desde la perspectiva económica, la brecha entre los ricos y los pobres se ensanchó, trayendo un ambiente de impotencia y desasosiego en la comunidad. Los sectores más acaudalados de la sociedad no manifestaban solidaridad ni respeto hacia las necesidades del pueblo. A esas dinámicas adversas de injusticia social y económica, debemos añadir dos factores adicionales de gran importancia política: El deterioro de los sistemas de justicia, por la corrupción de los jueces y la ineficiencia de los tribunales (Am 2.6-7; 5.7-12); y la seria crisis en la infraestructura y programación religiosa, que había permitido el sincretismo rampante en los cultos y celebraciones litúrgicas (Am 5.26) y que carecía de profundidad y significado espiritual en la manifestación pública de la piedad del pueblo (Am 5.21-23).

El estudio cuidadoso de las profecías de Amós, descubre en este libro profético, tres secciones temáticas fundamentales. En primer lugar se encuentran los oráculos de juicio a las naciones vecinas de Israel, que ubican el ministerio del profeta en su entorno internacional (Am 1.1—2.5). A esos mensajes le sigue el corazón del libro: Los juicios, las denuncias, los reproches, las amenazas y las visiones de castigo al pueblo de Israel (Am 2.6—9.10). Culmina la obra con un importante mensaje en torno a la futura restauración de Israel (Am 9.11-15).

Era característico entre los profetas incluir una sección de mensajes de juicio a las naciones vecinas (Am 1.3—2.16) como parte de sus oráculos al pueblo de Israel (p.ej., Is 13.1—23.18; Jer 46.1—51.64; Ez 25.1—32.32; Sof 2.4-15). Este tipo de predicación de juicio a los enemigos era la fuente de la esperanza nacional. En esta ocasión, Amós fundamenta sus mensajes en la crueldad que esos pueblos manifestaban durante las guerras. Entre los pueblos incluidos en estos oráculos se encuentran: Damasco, Gaza, Tiro, Edom, Amón y Moab. Al final del mensaje el profeta incluye también a Judá e Israel, para poner claramente de manifiesto que sus pecados no le eximían de la manifestación próxima del juicio divino. La estructura literaria de estos oráculos en estos pasajes es reveladora: «Por tres pecados de... y por el cuarto, no revocaré su castigo» (Am 1.3, 6, 9, 11, 13; 2.1, 4, 6), pues afirma que ya el Señor se ha cansado del pecado de todos estos pueblos.

La segunda sección de libro trata directamente de los pecados de Israel y del juicio divino que le corresponde. Los oráculos de juicio a las naciones llegan a su clímax con esta presentación. En esta ocasión, sin embargo, la crítica profética no se fundamenta en los pecados de violencia contra otras naciones, sino reprocha las actitudes del pueblo contra los miembros de su misma comunidad. De particular importancia en esta sección es la crítica a la opresión de la gente pobre, la corrupción de los jueces y el sincretismo religioso. El profeta hace burla de estas acciones impropias y pecaminosas.

A la presentación del juicio divino, le siguen una serie intensa de seis denuncias y amenazas proféticas contra Israel (Am 3.1—6.14). Las primeras tres, comienzan con el verbo «oír» (Am 3.1; 4.1; 5.1), que revela el deseo divino de comunicación efectiva; y las segundas, con la expresión «ay», que subraya la naturaleza de la crisis (Am 5.7, 18; 6.1). Como parte de esta sección de la obra se incluye un pensamiento clave en el profeta. Se afirma la teología de la elección divina (Am 3.2), que enfatiza la singular encomienda que tiene el pueblo de Israel entre las naciones del mundo, lo que les hace más responsables de sus acciones.

Juicio a las naciones

Era característico entre los profetas incluir una sección de mensajes de juicio a las naciones vecinas (Am 1.3—2.16) como parte de sus oráculos al pueblo de Israel (p.ej., Is 13.1—23.18; Jer 46.1—51.64; Ez 25.1—32.32; Sof 2.4-15). Este tipo de predicación de juicio a los enemigos era la fuente de la esperanza nacional. En esta ocasión, Amós fundamenta sus mensajes en la crueldad que esos pueblos manifestaban durante las guerras.

Ese «privilegio» de ser «pueblo escogido» conlleva el cumplir fielmente con la voluntad de Dios, cosa que critica seriamente el profeta Amós. El desconocimiento y rechazo, o la incapacidad de aprender del pueblo (Am 4.4-13) en torno a esa singular responsabilidad, es el fundamento básico del juicio divino que trae la destrucción de Samaria (Am 3.9—4.3) y de todo Israel (Am 6.1-14).

La sección siguiente mantiene el tema del juicio divino (Am 7.1—9.10), y lo desarrolla aun más. En esos mensajes, sin embargo, el medio de comunicación son cinco visiones de Amós, en las cuales el juicio divino aparece representado por diversas figuras llenas de simbolismo: la invasión de las langostas (Am 7.1), el fuego consumidor (Am 7.4), la plomada del albañil (Am 7.7), el canastillo de fruta de verano (Am 8.1) y la destrucción del santuario (Am 9.1).

La sección final del libro toca nuevamente el tema de la esperanza (Am 9.11-15). Se trata esencialmente de una firme promesa de salvación, que incluye la restauración de la Casa de David, la fertilidad de la tierra, el retorno del exilio y el regreso a la Tierra Prometida. Este mensaje, que tiene antecedente en la exhortación al arrepentimiento que le hizo Amós al pueblo (Am 5.1-27), confirma el propósito de la profecía: La finalidad de los profetas al presentar sus mensajes no es la destrucción total de las naciones sino incentivar su arrepentimiento para poder ser objetos de la misericordia y el perdón de Dios. Por esta razón teológica, se incluye, de forma reiterada, las exhortaciones a la penitencia y la contrición entre los mensajes de juicio. Dios no desea, según estos libros proféticos, la aniquilación definitiva de los pueblos e individuos sino que le interesa que procedan al arrepentimiento.

4. El libro de Abdías

El libro de Abdías es el cuarto en el orden canónico de los profetas menores y en el libro de los Doce. Por la brevedad de su mensaje, las referencias y los detalles en torno a la persona del profeta son extremadamente escasos. Los diversos intentos por descubrir algunas pistas en la obra que nos permitan conocer mejor al profeta y su contexto histórico, no han dado muchos frutos. Posiblemente Abdías presentó su mensaje en el reino del sur, Judá, luego del período exílico, quizá por el c. siglo 5 a.C.

La obra literaria de Abdías es corta, precisa, directa, firme y clara; su objetivo es presentar un apasionado mensaje de rechazo y reproche al pueblo de Edom por su falta de solidaridad y traición durante la crisis en Judá, que es una posible referencia a la devastación causada por los ejércitos babilonios en el 587 a.C. Es un anuncio del castigo que recibirán los edomitas, por la violencia que llevó a efecto contra su hermano «Jacob» (Abd 1), en alusión al pueblo de Israel, específicamente en contra los ciudadanos del reino de Judá y de la ciudad de Jerusalén.

El contexto histórico de la obra es la actitud del reino de Edom y sus líderes ante las amenazas y la invasión babilónica a Jerusalén. Al principio, los edomitas consintieron unirse a Judá para presentar un frente común contra los planes y avanzada de los ejércitos de Nabucodonosor. Sin embargo, al fragor de la batalla, cuando más necesitaba el reino del sur el apoyo político y militar de las naciones vecinas, Edom les traicionó, uniéndose al ejército invasor para derrotar y conquistar la ciudad de Jerusalén y su reino. En efecto, los edomitas, al ver el poder destructor de los babilonios, decidieron olvidar sus acuerdos previos y alianzas, y unirse al ejército vencedor, para contribuir de esta forma a la destrucción de la ciudad de Jerusalén y de su Templo. De acuerdo con el profeta Abdías, los edomitas saquearon la ciudad de Jerusalén y se repartieron las tierras del reino de Judá.

Edom era un reino al sureste de Judá, entre el Mar Muerto y el Golfo de Aqaba (Gn 36.6-8). Posiblemente por lo inaccesible del lugar, ya que estaba muy bien protegido por montañas, sus habitantes habían desarrollado un sentido de seguridad y orgullo, que el profeta critica, reprocha y rechaza. El corazón del mensaje de Abdías no solo es nacionalista sino de un gran valor ético: las naciones (como también los individuos) reciben las consecuencias de sus acciones.

Abdías incluye en su mensaje una referencia directa al día del Señor (Abd 15), que para los profetas preexílicos era signo de juicio, destrucción, desolación y condenación. Luego del exilio, sin embargo, el concepto adquirió nuevas comprensiones y entendimientos, por la destrucción de la ciudad de Jerusalén a manos de Nabucodonosor. Ese día, entonces, se convirtió en símbolo de esperanza, restauración, liberación y futuro (Jl 3.1-21). En ese día del Señor, se manifestará de forma extraordinaria la redención del pueblo de Israel y se manifestará con fuerza el juicio definitivo a las naciones enemigas del pueblo de Dios (Abd 15, 19-20). Esa manifestación de la ira divina, y también de su misericordia, se extenderá desde Jerusalén hacia los cuatro puntos cardinales de la tierra. La palabra final del profeta es decisiva: «¡El reino será del Señor!» (Abd 21).

El «privilegio» de ser «pueblo escogido»

Ese «privilegio» de ser «pueblo escogido» conlleva el cumplir fielmente con la voluntad de Dios, cosa que critica seriamente el profeta Amós. El desconocimiento y rechazo, o la incapacidad de aprender del pueblo (Am 4.4-13) en torno a esa singular responsabilidad, es el fundamento básico del juicio divino que trae la destrucción de Samaria (Am 3.9—4.3) y de todo Israel (Am 6.1-14).

De acuerdo con las narraciones del libro de Génesis, la enemistad entre la tribu de Judá y Edom proviene de tiempos ancestrales: Edom es descendiente de Esaú, y Judá se relaciona con Jacob (Gn 25.30; 32.28). Esa enemistad histórica se magnifica en el período exílico, como lo demuestra la lectura y el análisis de varias porciones bíblicas de esa época (véase, p.ej., Sal 137.7; Is 34.1-17; Lam 4.21; Ez 25.12-14).

Esta obra no presenta una estructura literaria compleja, y puede estudiarse en tres secciones básicas:

- La humillación y el juicio a Edom (Abd 1-14)
- La manifestación del día del Señor y el juicio a las naciones (Abd 15-18)
- La restauración y exaltación de Israel (Abd 19-21)

5. El libro de Jonás

El libro de Jonás es esencialmente la presentación de una serie de eventos y episodios en la vida del profeta, que requieren reflexión y análisis de parte del lector u oyente del mensaje. Tradicionalmente los libros proféticos en la Biblia presentan predicaciones, oráculos y declaraciones teológicas. El caso de Jonás, sin embargo, aunque se alude en una ocasión al mensaje que anunció en la ciudad de Nínive (Jon 3.4), el énfasis fundamental de la obra es presentar la vida y las acciones del personaje, más que la articulación de sus dichos y profecías.

Respecto al trasfondo familiar y personal de Jonás, el libro no brinda muchos detalles. La referencia directa y específica a que se trata del hijo de Amitai (Jon 1.1), nos refiere a la narración que se encuentra en el libro de los Reyes (2 R 14.23-25), por la cual sabemos que el profeta Jonás vivió en la época que Jeroboam II quien era el monarca en el reino del norte, Israel (783-743 a.C.). El lugar preciso de su nacimiento no es conocido, aunque no faltan las conjeturas.

El mensaje de Jonás es uno: El juicio de Dios que se manifiesta de forma inminente en contra de la ciudad de Nínive, la capital del imperio asirio, que en el 721 a.C. conquistó Samaria, destruyó el reino de Israel, y llevó al exilio a muchos de sus ciudadanos (2 R 14.1-23). Esa ciudad, con el tiempo, también fue conquistada y destruida (612 a.C.), corroborando los mensajes proféticos de destrucción pronunciados por profetas como Nahúm (Nah 1.4—3.19) y Sofonías (Sof 2.13-15).

Por las políticas militaristas, guerreristas, imperialistas y expansionistas que los asirios llevaron a efecto, la ciudad de Nínive se convirtió en símbolo de hostilidad, enemistad, violencia y crueldad contra el pueblo de Dios (Nah 1.1; 2.13—3.19). ¡Nínive es vista por los profetas como signo óptimo del pecado y la maldad! El mensaje de Jonás representa elocuentemente esa tradición profética de juicio contra los enemigos tradicionales del pueblo de Israel.

De acuerdo con el relato bíblico, el profeta Jonás es llamado y comisionado por Dios a predicar el juicio y la destrucción de la ciudad de Nínive. Pero ante ese reclamo divino, que presuponía la capacidad del pueblo de proceder al arrepentimiento y recibir el perdón y la misericordia del Señor, el profeta rechaza definitivamente la encomienda. En lugar de viajar al este, con destino a Nínive, se embarca hacia el oeste, en sentido opuesto, hacia la ciudad de Tarsis, que representa el lugar conocido más distante al cual se podía llegar en barco por el Mar Mediterráneo. Quizá se trata de la isla de Cerdeña o es una posible alusión a alguna ciudad en la región suroeste de España. Lo que quería el profeta era «huir de la presencia de Jehová» (Jon 1.3).

En la travesía, le sorprende una tormenta en alta mar, y cuando todos los navegantes estaban en peligro de zozobrar y perecer, se descubre, echando suertes, según el relato escritural, que el causante de la catástrofe era Jonás, que accede humildemente a ser echado por la borda al mar (Jon 1.11-12). Sin embargo, en vez de perecer ahogado, un gran pez se traga a nuestro personaje, que se humilla en oración ante Dios desde el vientre del pez, y presenta una súplica intensa y extraordinaria (Jon 1.17—2.10).

Finalmente, Jonás llega de forma milagrosa a la ciudad de Nínive, predica la palabra divina, y el pueblo procede al arrepentimiento. Ante tal manifestación de amor perdonador de Dios, el profeta se queja. En efecto, sus sospechas y preocupaciones se habían hecho realidad: El pueblo se arrepintió y Dios lo perdonó, y la palabra que Jonás había proclamado como inminente, segura y divina no se cumplió. El éxito de Jonás como predicador, lo convirtió en un profeta cuyas palabras no se cumplieron. Entonces, Dios le enseñó a Jonás, de acuerdo con la narración, el valor de las personas y el poder de la misericordia divina. Lo más importante para Dios es el ser humano y su necesidad.

Jonás representa en las Escrituras todo lo que no deben hacer los profetas: huir de le presencia del Señor, rechazar la comisión de Dios, negarse a proclamar la palabra divina a un pueblo cautivo y necesitado, cuestionar la sabiduría del Señor, rechazar la posibilidad del arrepentimiento. Esas acciones temerarias de Jonás, tienen algún precedente en las Escrituras, pues Moisés, Elías y Jeremías respondieron inicialmente de forma negativa al llamado del Señor, sin embargo, ninguno de ellos llevó al extremo esos reparos iniciales ante la vocación profética.

Posiblemente esta obra representa el pensamiento de muchos israelitas luego del exilio, que desarrollaron un sentido de exclusividad nacionalista, al cual el mensaje de Jonás responde. La salvación, para este tipo de pensamiento religioso excluyente, es un privilegio otorgado por Dios exclusivamente al pueblo judío. Ese sentimiento, incentivado quizá por las crisis nacionales y por algunas respuestas teológicas a esas calamidades, no tiene cabida en la teología que se expone en el libro de Jonás, que es una muestra de lo que no deben hacer los profetas ni de las teologías que estos deben afirmar, celebrar, incentivar y promover.

El plan divino de redención, de acuerdo con las Escrituras, tiene repercusiones universales, y llega, en el idioma del libro de Jonás, hasta los ninivitas, que representan a los enemigos acérrimos del pueblo de Dios. En efecto, el Señor no hace distinción o acepción de personas, cuando se trata de la ejecución de su plan de salvación para la humanidad. ¡Le tomó tiempo a Jonás reconocer ese valor universalista de la revelación divina! En efecto, las promesas divinas no están cautivas en las nacionalidades, en las etnias o en las fronteras de los pueblos; por el contrario, donde quiera que se manifieste una necesidad humana, la misericordia de Dios está disponible y presta a ponerse claramente de manifiesto.

La fuerza espiritual, emocional y sicológica que se pone de relieve en el libro de Jonás se relaciona precisamente con esa incapacidad del profeta para entender la naturaleza y extensión del amor divino. A nuestro personaje se le hacía extremadamente difícil comprender la extensión del amor de Dios, que llega a judíos y gentiles por igual. La obra se presenta con un gran sentido del humor, pues ridiculiza y se burla de esas acciones irracionales e imprudentes del profeta.

Lo que el profeta Jonás representa

Jonás representa en las Escrituras todo lo que no deben hacer los profetas: huir de le presencia del Señor, rechazar la comisión de Dios, negarse a proclamar la palabra divina a un pueblo cautivo y necesitado, cuestionar la sabiduría del Señor, rechazar la posibilidad del arrepentimiento. Esas acciones temerarias de Jonás, tienen algún precedente en las Escrituras, pues Moisés, Elías y Jeremías respondieron inicialmente de forma negativa al llamado del Señor, sin embargo, ninguno de ellos llevó al extremo esos reparos iniciales ante la vocación profética.

Este mensaje de renovación teológica y espiritual tomó aun más fuerza histórica en las enseñanzas y los mensajes de Jesús de Nazaret, que prosiguió con las implicaciones de este tipo de teología universal que se revela en el libro de Jonás. Para Jesús, y para los primeros evangelistas, la revelación de Dios debía llegar a la gente en necesidad, sin importar el trasfondo cultural, religioso, étnico, lingüístico, educativo, racial o de género. Las personas que reconocen su condición pecaminosa y quieren superar esas dinámicas de cautiverio espiritual, y se arrepienten, tienen acceso gratuito, directo y grato al perdón divino y a la redención (Jon 1.16; 3.10; 4.10-11; Jer 18.8; Ez 18.23, 32-32).

De singular importancia es la referencia que hace Jesús al libro de Jonás (Mt 12.40). Cuando algunos fariseos y escribas le piden que haga una señal milagrosa, que corrobore y demuestre su ministerio mesiánico, el Señor responde, según el Evangelio de Mateo, que no tendrían más señales que la de Jonás. De esa forma, Jesús relacionó su muerte con la experiencia del profeta. El vientre del paz y la tumba no pueden detener la manifestación plena de la voluntad de Dios en medio de la historia humana.

La estructura literaria del libro es sencilla, pues pude dividirse en cuatro secciones, fácilmente identificables.

- Jonás huye del Señor (Jon 1.1-16)
- La oración en el vientre del pez (Jon 1.17—2.10)
- La ciudad de Nínive se arrepiente (Jon 3.1-10)
- Jonás se enoja por el arrepentimiento del pueblo (Jon 4.1-11)

6. El libro de Miqueas

El profeta Miqueas, de acuerdo con su libro (Miq 1.1), es contemporáneo de Isaías, Oseas y Amós, en el siglo 8 a.C., y llevó a efecto su misión en el reino del sur, Judá, aunque también dirige algunos de sus oráculos al reino del norte, Israel. Proviene de la ciudad de Moseret, que está ubicada como a 40 km al suroeste de Jerusalén. Miqueas se crió específicamente en la región conocida como la Sefela, que era una sección fértil y de montes bajos en Palestina, y que estaba enclavada muy cerca de las llanuras costeras que llegan al Mar Mediterráneo.

Ese contexto rural, que tenía además, cierta distancia de las dinámicas políticas y religiosas de Jerusalén, le permitió el profeta comprender y rechazar las actitudes despóticas, irrespetuosas, arrogantes y prepotentes de quienes querían despojarlos de sus posesiones y tierras (Miq 2.2). En ese particular entorno agrícola, se forjó su personalidad, fueron creciendo sus reflexiones teológicas, se desarrolló su pensamiento religioso, se nutrió su análisis social y se gestó su vocación profética.

La lectura cuidadosa del libro del profeta Miqueas pone de manifiesto, por lo menos, tres partes fundamentales. En esas tres secciones el mensaje de juicio contra Israel y Judá va desarrollándose de forma paulatina hasta llegar a la afirmación del reinado del Señor y a celebrar la misericordia divina. Sus preocupaciones básicas, al igual que el resto de los profetas del siglo 8 a.C. tienen un marcado énfasis social, pues responden al momento histórico en que los reinos del norte y del sur, por la prosperidad económica y la paz social, habían olvidado sus responsabilidades hacia los sectores más desventajados y desposeídos de la sociedad.

La primera sección del libro (Miq 1.1—3.12) presenta el mensaje de juicio de Dios contra Israel y Judá, en la cual sobresalen las amonestaciones y las críticas sociales. Los temas mayores son: el lamento sobre Samaria y Jerusalén; el reproche a quienes oprimen al pueblo; y la acusación a los dirigentes de Israel. En efecto, son mensajes firmes y fuertes en contra de la injusticia, en sus diversas manifestaciones. De singular importancia es el rechazo profético a los gobernantes y poderosos (Miq 3.1-3), las decisiones injustas que provienen de las cortes y de los jueces (Miq 3.9-10) y la infidelidad y corrupción de los sacerdotes y los profetas (Miq 3.11-12).

Esa actitud pecaminosa del pueblo en general, pues proviene de los sectores políticos, jurídicos y religiosos, es la razón fundamental del juicio definitivo de Dios. Jerusalén, que representa con el Templo la presencia de Dios en medio del pueblo, será destruida de forma extraordinaria. El idioma que se usa para describir esa devastación es gráfico e intenso. De acuerdo con el profeta, la llamada «ciudad santa» sería arrasada y quedará repleta de ruinas, angustias y dolores. Ese mensaje pictórico de Miqueas debe haber impresionado mucho al pueblo y a sus líderes, pues como un siglo después, el profeta Jeremías lo utiliza nuevamente, para poner de manifiesto su mensaje (Jer 26.18).

La sección siguiente del libro (Miq 4.1—5.15) mueve el tema del juicio divino a una época de esperanza y restauración, en la cual se manifestará el reinado universal de Dios. El objetivo profético es contrarrestar el mensaje de juicio previo con algunas palabras de futuro y renovación. La transformación del pueblo será de tal magnitud, que las naciones reconocerán que Israel y Judá son instrumentos divinos, pues se convertirán en agentes educativos y de salvación universal. De acuerdo con el profeta, desde el Monte de Dios saldrá la palabra educativa que bendecirá a las naciones. Estos mensajes, en efecto, ponen claramente de manifiesto la teología universal del libro. El objetivo final es que se transformen las armas bélicas en instrumentos agrarios. La conversión hará que las armas de la muerte se conviertan en proyectos de vida y restauración (Miq 4.2-3).

La última sección mayor del libro (Miq 6.1—7.20) orienta el mensaje profético específicamente hacia el reino del norte, Israel. El análisis del texto revela la amargura del profeta al notar que el pueblo responde con infidelidad a las manifestaciones de la misericordia divina. El profeta hace la pregunta fundamental de la existencia humana: ¿Por qué en la vida triunfa la maldad? (Miq 6.10—7.6).

La frustración del profeta se nota claramente al ver la corrupción moral del pueblo y sus líderes, al notar que la amistad verdadera se esfuma, al percatarse que la justicia se compra y se vende, al ver que la desconfianza hiere los matrimonios, al comprender que todos esos factores hieren la fibra más honda e íntima de la sociedad (Miq 7.1-6).

Sin embargo, como última palabra profética no está el tono de la amargura ni el sentido de la desesperanza. Más fuerte que todas esas calamidades sociales, políticas, jurídicas, religiosas y familiares, se alza potente la esperanza que emana de un Dios extraordinario y liberador. De acuerdo con el profeta Miqueas, Dios tendrá misericordia del «remanente» fiel que supere las dificultades que se relacionan con la manifestación del juicio divino (Miq 7.8). El Dios de Miqueas es el Señor de la misericordia y el amor (Miq 7.18), que estará con el pueblo y lo pastoreará, como en los tiempos antiguos, cuando le sacó de las tierras de Egipto (Miq 7.14-20). La palabra final de Miqueas al pueblo es que su Dios es el mismo Señor que intervino de forma liberadora en Egipto y en el Monte Sinaí, hasta llevarlos a las tierras de Canaán.

La siguiente estructura del libro facilitará su estudio y comprensión:

- El juicio de Dios contra Israel y Judá (Miq 1.1—3.12)
- La manifestación del reinado universal de Dios (Miq 4.1—5.15)
- La corrupción del pueblo y la manifestación de la misericordia divina (Miq 6.1—7.20)

7. El libro de Nahúm

Referente al profeta Nahúm la única información disponible que tenemos a nuestra disposición se encuentra en el libro que lleva su nombre. Solo sabemos que nació en la ciudad de Elcos (Nah 1.1), pero no se brindan datos en torno a la edad, la familia o el contexto histórico del mensaje. Inclusive, la localización precisa de Elcos está en disputa, pues aunque posiblemente se trata de una de las ciudades de la Sefela de Palestina, entre las montañas y las llanuras que llevan al Mediterráneo, algunos estudiosos sugieren que puede ubicarse en el norte, en Galilea, en el lugar donde posteriormente se estableció el pueblo de Capernaún, que literalmente significa ciudad de Nahúm.

La lectura de su mensaje, que tiene como elemento unificador, el juicio a Nínive, da la impresión de que el libro fue editado alrededor de la fecha de destrucción de la capital de Asiria, en el 612 a.C. Ese fue el año en que la alianza babilónica, entre los grupos medos y los caldeos, logró alcanzar sus frutos militares, al derrotar definitivamente a Asiria y conquistar su capital. El libro del profeta Nahúm presupone que esa destrucción y conquista está próxima a suceder, o por lo menos se había llevado a efecto solo unos años antes.

Las profecías de Nahúm revelan el sentimiento común de hostilidad contra los asirios que había en el Oriente Medio antiguo. Ese resentimiento internacional contra Asiria, al cual el mensaje de Nahúm se hace eco, se fundamenta en las políticas guerreristas e imperialistas que habían llevado a efecto en la región esos ejércitos imperiales. Sometían a los pueblos conquistados a las más intensas humillaciones y vejaciones, que incluía la deportación de grandes sectores de su población (2 R 17.3-6). Posiblemente por esa fama de nación belicosa y violenta, el profeta Nahúm pronuncia este intenso discurso de juicio y destrucción, que es una manera de afirmar la esperanza en el pueblo de Judá, que había sufrido ante esas políticas expansionistas de Asiria (2 R 18.13-37).

Por la brevedad del mensaje y la elaboración de un solo tema, es posible que el libro contenga la profecía que Nahúm presentó en un momento específico. Quizá se trata de un tipo de discurso que se brindaba en el contexto militar, cuando los reyes llamaban a los profetas para que maldijeran a los enemigos: Esa era una buena manera, se pensaba, de levantar la moral a los combatientes, antes de comenzar las batallas. Otra posibilidad es que el mensaje se haya presentado en algún festival del pueblo en el Templo. Independientemente del contexto original del mensaje, la enemistad contra los asirios genera en el profeta una pasión extraordinaria, que se pone en evidencia al leer los poemas.

El libro consta de tres partes básicas, que están unidas por el tema del juicio divino a la ciudad capital de Asiria, Nínive, que era famosa no solo por su poderío militar sino por las riquezas que habían obtenido saqueando de los pueblos conquistados (Is 10.5-34; 14.24-27; Sof 2.13-15).

La primera sección (Nah 1.1-14) articula un poema en torno a la ira vengadora de Dios. En la segunda (Nah 1.15—2.12), se desarrolla el tema de la caída inminente de Nínive. La parte tercera y final (Nah 2.13—3.19) elabora aún más el tema del juicio, y presenta la destrucción definitiva de la capital de Asiria.

Luego de los breves datos iniciales en torno al profeta (Nah 1.1), el libro incluye un cántico de alabanzas a Dios, que no deja sin castigo a las naciones que actúan con injusticia en el mundo (Nah 1.2-14). El juicio de Dios no se fundamenta en el capricho ni en la irracionalidad, sino en la implantación de la justicia y la afirmación de la rectitud que se desprende de la naturaleza santa del Señor. Se trata de un poema muy bien pensado y redactado, pues revela la gran calidad literaria del autor, al utilizar el artificio alfabético para exponer sus ideas.

Este poema ensalza elocuentemente el poder divino y le canta a la gloria del Señor, pues su poder no tiene comparación con las fuerzas humanas o de la naturaleza (Nah 1.3b-6). El pueblo no debe temer, pues el Dios de Israel tiene la capacidad y el compromiso de protegerlos de los asirios, que constituían una muy seria amenaza nacional e internacional. Este mensaje presupone que el Dios de Israel tiene poder sobre las naciones paganas, una teología de gran importancia en la Biblia, especialmente en esta ocasión, pues indica que Dios tiene autoridad y poder sobre los ejércitos asirios, que serán derrotados de forma definitiva y total.

Las secciones segunda y tercera del libro (Nah 1.15—2.12; 2.13—3.19) ponen de relieve la caída definitiva de la capital asiria. En esta ocasión, las grandes capacidades literarias del profeta se manifiestan de forma óptima una vez más, pues la lectura del mensaje, llena de metáforas, imágenes y gran sonoridad, evoca el sonido de los carros de guerra, el galopar de los caballos y las dinámicas del combate (Nah 3.3-4).

La descripción de la destrucción es gráfica, patética, sentida e intensa: «¡Desolación, devastación y destrucción! Los corazones desfallecen, las rodillas le tiemblan, los lomos se estremecen; las caras de todos palidecen » (Nah 2.10). El propósito poético es comunicar el avance incontrolable de los ejércitos vencedores, y la finalidad teológica es afirmar el juicio divino que produce la destrucción de los enemigos del pueblo de Israel. La destrucción y caída del imperio asirio, para el profeta, es ya una realidad.

La sección final (Nah 2.13—3.19) culmina el trío de mensajes de juicio de forma extraordinaria: ¡La ciudad sanguinaria, Nínive, será destruida! (Nah 3.1), y quienes escucharon la noticia de esa destrucción definitiva, se llenarán de regocijo (3.18-19).

La palabra que culmina la obra es significativa. Se trata de una pregunta retórica: ¿Sobre quién no ha pasado de continuo tu maldad? (Nah 3.19). La justicia de Dios se manifiesta en el momento oportuno, para responder con el juicio divino a la maldad humana.

8. El libro de Habacuc

En torno al profeta Habacuc, la Biblia alude solo en dos ocasiones a su nombre (Hab 1.1; 3.1), y referente a su contexto histórico, social, político y familiar no se dice nada. Sin embargo, de la lectura de su mensaje se pueden deducir algunos detalles históricos que nos permiten ubicar su profecía dentro de la historia del pueblo de Israel. Las referencias despectivas y adversas a los caldeos (Hab 1.6), posiblemente son indicaciones de que el profeta llevó a efecto su ministerio alrededor de la destrucción del imperio asirio y la caída de su ciudad capital, Nínive (612 a.C.).

Algunos estudiosos, sin embargo, prefieren ubicar la tarea profética de Habacuc algunos años después de esa fecha, para relacionar su mensaje con la llegada al poder en Babilonia del rey Nabucodonosor (605 a.C.; Jer 25.1), y también con el año de la caída de la ciudad de Jerusalén (597 a.C.; 2 R 24.10-12). De todas formas, Habacuc profetizó en un contexto de opresión y violencia internacional, que puso de manifiesto la maldad, la opresión y la violencia humana. Para el profeta, la palabra del Señor respondía a los complejos interrogantes que surgen de las manifestaciones cotidianas de esas calamidades nacionales e internacionales.

El libro del profeta Habacuc es corto, pero articula varios temas de importancia teológica. Su estructura literaria y temática puede ser una guía para analizar el contenido de la obra. En esencia la obra manifiesta los siguientes seis temas básicos:

- La queja del profeta (Hab 1.1-4)
- Los caldeos castigarán a Judá (Hab 1.5-11)
- Habacuc protesta (Hab 1.12-17)
- El Señor responde (Hab 2.1-5)
- Los «ayes» contra los injustos (Hab 2.6-20)
- La oración del profeta (Hab 3.1-19)

En primer lugar el libro presenta la queja del profeta por las injusticias a las que el pueblo está expuesto (Hab 1.1-4). Le sigue la afirmación de que los caldeos serán instrumentos divinos para llevar a efecto el castigo de Judá (Hab 1.5-11). El profeta entonces protesta por la acción de Dios ante la crisis (Hab 1.12-17). Los mensajes continúan con las respuestas divinas a los interrogantes de Habacuc (Hab 2.1-5). Una serie de «ayes» contra las personas injustas prosiguen con el desarrollo temático del libro (Hab 2.6-20). Para finalizar con una muy importante y sentida oración del profeta Habacuc (Hab 3.1-19).

El profeta, que es testigo de los actos de violencia e injusticias a la que el pueblo es sometido diariamente, dialoga con el Señor e inquiere en torno a los orígenes de la maldad, pregunta sobre las causas de esas actitudes pecaminosas. Las preguntas son agudas y penetrantes: ¿Hasta cuándo, Señor, hasta cuándo? (Hab 1.2-4). Son interrogantes que surgen de lo más profundo del alma humana, al ver las injusticias, los dolores, las calamidades, los desmanes, las angustias, los problemas, las desesperanzas y los clamores, de quienes sufren continuamente las manifestaciones reales de las desigualdades sociales, económicas y políticas de la sociedad.

El Señor responde con firmeza y autoridad: La maldad recibirá su merecido, y el instrumento divino para ejecutar el juicio anunciado será el pueblo caldeo, que de acuerdo al profeta Habacuc, le caracterizaba la crueldad (Hab 1.5-11). Ante la injusticia nacional, Dios levantó una potencia internacional. Esa respuesta pone de relieve la teología del profeta, que afirma que Dios es el Señor del universo, incluidas las naciones, y que tiene la capacidad y el deseo de utilizar a las diversas naciones del mundo para ejecutar su voluntad en medio de la historia humana, tanto en Israel como en Judá.

El Señor añade, según el mensaje de Habacuc, que aunque los caldeos ejecutarán el plan divino, con el tiempo, también recibirán su merecido por las acciones injustas y violencias que llevaron a efecto. Cuando llegue el momento preciso, es decir, cuando triunfe el bien y la justicia, los caldeos serán finalmente abatidos y derrotados, pues Dios no deja impune a quienes actúan con injusticia en la vida.

¿Hasta cuándo, Señor, hasta cuándo?

El profeta, que es testigo de los actos de violencia e injusticias a la que el pueblo es sometido diariamente, dialoga con el Señor e inquiere en torno a los orígenes de la maldad, pregunta sobre las causas de esas actitudes pecaminosas. Las preguntas son agudas y penetrantes: ¿Hasta cuándo, Señor, hasta cuándo? (Hab 1.2-4). Son interrogantes que surgen de lo más profundo del alma humana, al ver las injusticias, los dolores, las calamidades, los desmanes, las angustias, los problemas, las desesperanzas y los clamores, de quienes sufren continuamente las manifestaciones reales de las desigualdades sociales, económicas y políticas de la sociedad.

Ese es el contexto teológico del libro para afirmar la importancia de poner la confianza en el Señor, pues la arrogancia humana y la soberbia de los pueblos, serán objetos claros del juicio del Señor. En efecto, ese es el entorno literario y espiritual para poner claramente de manifiesto una extraordinaria afirmación bíblica y teológica: «El justo por su fe vivirá» (Hab 2.4), que es una manera teológica de enfatizar la importancia de la fidelidad a Dios ante las grandes adversidades de la vida.

Respecto a esta importante afirmación, es menester indicar que la palabra que nuestras Biblias traducen como «fe», en realidad transmite las ideas de fidelidad, confianza y lealtad. El mensaje profético indica que lo que produce vida en la humanidad, es la fidelidad que se demuestra a la palabra divina, la confianza que se manifiesta en la revelación de

Dios, y la lealtad que se vive ante la voluntad del Señor. Esa fue la razón fundamental por la cual el apóstol Pablo utilizó este versículo para afirmar que la persona que ha sido justificada por la fe, gozará de la vida plena que proviene directamente de Dios (Rom 1.17; Gl 3.11).

La obra culmina con una oración de gran valor espiritual y moral (Hab 3.1-19). Se trata de un salmo que pone de relieve el triunfo definitivo del Señor; es un poema que declara la victoria divina; es un cántico de futuro y seguridad; y es un clamor que tiene paralelos con algunos salmos canónicos (Sal 18.1-50; 68.1-35). El Señor llega triunfante desde el sur, y avanza de forma decidida, y a su paso victorioso hasta la naturaleza se conmueve.

En medio de ese clamor poético y profético, Habacuc implora a Dios que «avive su obra en medio de los tiempos» (Hab 3.2), que es una manera figurada de pedirle a Dios que repita los actos salvíficos de la liberación del pueblo de Israel de las tierras de Egipto (Ex 3.1—15.21). Esta oración al final del libro es, en efecto, un salmo, como demuestra la introducción, que tiene una posible indicación musical, *Sigionot*, y confirma la terminación, que incluye una clara referencia al Salterio: «Al jefe de los cantores. Para instrumentos de cuerdas» (Hab 3.19).

9. El libro de Sofonías

Referente a Sofonías, su libro presenta la información familiar más extensa de toda la literatura profética: ¡Se aluden a cuatro generaciones de sus antepasados! En efecto, la obra comienza con la indicación que el profeta es hijo de Cusi, Gedalías, Amarías y Ezequías (Sof 1.1), posiblemente para poner de manifiesto su importante trasfondo familiar. Ese Ezequías, al cual se alude en la introducción, no es el rey de Judá, pues de haberlo sido el monarca se le hubiese incluido el título real, como era la costumbre; además, ese era un nombre bastante común en esa época. No tenemos a nuestra disposición, información alguna que indique detalles adicionales en torno a las fechas y contextos históricos, políticos, sociales y religiosos de sus mansajes.

De acuerdo con su libro, Sofonías llevó a efecto su ministerio durante el reinado de Josías en Judá (639-608 a.C.). Esa época se caracterizó por los cambios, las transiciones, las renovaciones, las revisiones. El pueblo, que había sufrido intensamente las políticas adversas e imprudentes de Manasés y Amón (2 R 21—26), necesitaba un proceso de restauración moral, espiritual y social del cual el profeta Sofonías, posiblemente, fue parte. Esas dinámicas sociopolíticas en el reino del sur, Judá, dieron paso a las famosas y muy importantes reformas de Josías (622 a.C.), que surgen, según el testimonio bíblico, cuando se «descubre» el olvidado libro de la Ley en el Templo (2 R 22.3—23.25; 2 Cr 34.8—35.19).

De la lectura de los mensajes de Sofonías se desprende que, posiblemente, su ministerio se llevó a efecto antes del comienzo de esas importantes reformas, pues sus oráculos se pueden relacionar mejor con las dificultades sociales, morales, políticas, religiosas y espirituales que precedieron ese movimiento renovador en el pueblo. Además, no se notan en sus predicaciones referencias directas o inclusive alusiones indirectas a las obras de renovación que llevó a cabo Josías. Por estos detalles históricos, teológicos y textuales, pensamos que el libro proviene de los años 630-625 a.C.

El corazón del mensaje de Sofonías es el día del Señor, tema que ya ha sido expuesto por otros profetas bíblicos (p.ej., Am 5.18-20). Para este profeta, se trata de un momento extraordinario donde se manifestará de forma óptima el juicio de Dios. Las imágenes literarias que utiliza para poner de manifiesto la naturaleza del juicio son reveladoras: ira, angustia, aprieto, alboroto, asolamiento y tinieblas (Sof 1.15). En efecto, el propósito teológico del mensaje es destacar la naturaleza destructora del día, y subrayar la extensión del juicio divino.

Las dimensiones de este evento de juicio, de acuerdo con el mensaje de Sofonías, son universales y extraordinarias pues se fundamenta en los pecados asiduos, constantes, persistentes y obstinados de Judá. Según el profeta, el pueblo no entiende la importancia de responder positivamente a la revelación divina en el Sinaí. La catástrofe que acompaña al día del Señor llegará a toda la tierra, y sus efectos devastadores llegarán no solo a las personas sino a los animales. Únicamente la gente humilde escapará de estos juicios (Sof 1.2—2.3).

A ese mensaje inicial del día del Señor, le sigue una presentación adicional del juicio de Dios a las naciones vecinas de Judá, especialmente a los pueblos enemigos (Sof 2.4—3.8). En esa lista se encuentran las ciudades filisteas (Gaza, Ascalón, Asdod y Ecrón), aludidas como «nación de los quereteos» (Sof 2.5), y Moab, Amón, Etiopía y Asiria. Entre las causas del juicio se identifican la falta de mansedumbre, la injusticia, la arrogancia, la soberbia, y por herir al pueblo de Dios (Sof 2.10).

La palabra final del profeta tiene un nuevo tono esperanzador (Sof 3.9-20). Se trata de un oráculo de salvación y restauración dirigido al remanente del pueblo, a la gente que ha demostrado fidelidad, a la comunidad que ha decidido mantener su lealtad al Señor. Es un pueblo «humilde y pobre» (Sof 3.12) que Dios salvará de las catástrofes que llegarán al pueblo de Judá y a las naciones vecinas.

La estructura básica para el estudio de este libro es la siguiente:

- La manifestación del día del Señor (Sof 1.1-18)
- Los juicios divinos a las naciones vecinas (Sof 2.1-15)
- El pecado y la redención de Jerusalén (Sof 3.1-20)

10. El libro de Hageo

El libro del profeta Hageo nos permite ubicar con bastante precisión el entorno histórico y político de su mensaje. La clara referencia al «primer día, del mes sexto, del segundo año del rey Darío» (Hag 1.1), corresponde al mes de agosto de 520 a.C., cuando se celebraba en el pueblo la fiesta de la luna nueva (1 S 20.5; Is 1.13-14; 66.23; Ez 46.1; Am 8.5). De acuerdo con el libro, posiblemente el ministerio de Hageo se llevó a efecto del 29 de agosto al 18 de diciembre de 520 a.C. En efecto el profeta, en ese singular contexto de celebraciones nacionales, aprovechó la reunión para presentar su mensaje. El nombre Hageo significa «festival» o «celebración», y revela de entrada el objetivo profético: Incentivar las celebraciones religiosas en el Templo restaurado de Jerusalén.

El imperio persa, que sustituyó el poder babilónico en la región, fue fundado por el gran rey Darío, que recibió interesantemente una evaluación muy positiva de los profetas bíblicos, como se pone claramente de manifiesto en el libro de Isaías (Is 44.28; 45.1-7). Como parte integral de sus primeras decisiones administrativas en el reino, promulgó un edicto que favorecía el retorno de la comunidad deportada de Judá a sus tierras (véase 2 Cr 36.22-23; Esd 1.1-4), que marcó el fin legal del destierro y el exilio en Babilonia (2 R 25.1-22). Como parte de esas nuevas políticas oficiales del imperio, luego del 538 a.C., comenzó un proceso de retorno a Jerusalén, que sirve de contexto inmediato a las profecías de Hageo.

La lectura sobria de los documentos bíblicos, y la evaluación minuciosa de las reseñas que guardan, revelan que al entusiasmo inicial del retorno le siguió un período intenso de desasosiego, dolor, desaliento y desánimo. Varios son los factores que propiciaron ese cambio de actitud en la comunidad de deportados que regresaron a Jerusalén. En primer lugar, el apoyo fiscal que presuponía el Edicto de Ciro no se materializó como ellos esperaban, y la falta de recursos se convirtió en una fuente de tensión continua. Además, los recién llegados habitantes de Jerusalén, que tenían una encomienda de reconstrucción nacional, presentaban un desafío extraordinario a las familias y las comunidades que habían permanecido en la región y vivían en los alrededores de Judá, particularmente a los samaritanos que reaccionaron con violencia y abierta hostilidad ante la llegada y los esfuerzos de reconstrucción nacional de los deportados (Esd 4.1-24).

Esas dinámicas económicas, sociales y políticas fueron, de forma paulatina, minando el entusiasmo del grupo restaurador, al punto que paralizaron las obras de reconstrucción del Templo de Jerusalén (Esd 4.24). En ese singular contexto de tensión social, crisis fiscal y desorientación espiritual, algunas personas económicamente acomodadas en la ciudad, comenzaron a construir casas lujosas para su confort y bienestar personal, sin tomar en consideración que la Casa del Señor (es decir, el Templo), que simbolizaba de forma inequívoca la presencia divina, permanecía destruida, no estaba reconstruida, ni restaurada.

Esas realidades sociopolíticas en Judá deben también entenderse a la luz de la crisis que se manifestaba en el reino persa, por las transiciones internas y las luchas de poder en la sucesión monárquica, luego del año 522 a.C. Además, Persia se reorganizaba militarmente para responder con efectividad a las amenazas internas y externas que intentaban eliminar o disminuir su hegemonía internacional.

En ese complejo mundo de dificultades económicas internas, de problemas raciales con los samaritanos, de crisis administrativa con el imperio persa, de angustia existencial generada por la impotencia de proseguir el proyecto de reconstrucción, de preocupación espiritual por no poder llevar a efecto los sacrificios en el Templo, y de desorientación política por la inestabilidad del imperio, surge el mensaje profético de Hageo. Para este singular profeta, la palabra desafiante de Dios debía llegar con firmeza al pueblo, y también al gobernador, Zorobabel, y al sumo sacerdote, Josué (Esd 5.1-2; 6.14).

El mensaje del profeta está orientado a una finalidad específica y clara: Los trabajos de reconstrucción del Templo de Jerusalén debían reanudase y proseguir sin demora. El Templo, que estaba en ruinas desde la destrucción que sufrió a manos de los ejércitos babilónicos, debía ser restaurado a la mayor brevedad posible, para que reflejara la gloria de Dios (Hag 1.8). Como esa decisión de reconstruir el Templo proviene directamente del Señor, el pueblo y sus líderes debían cumplir con esa necesaria e importante encomienda, pues la desobediencia a la revelación divina acarrea consecuencias nefastas en la comunidad. Entre esas manifestaciones de juicio, signos inequívocos de la ira del Señor por no obedecer la orden de restauración, se pueden identificar las siguientes calamidades, relacionadas con la agricultura y la fertilidad de la tierra: la sequía y la pérdida de las cosechas, como consecuencia directa y lógica, la pobreza (Hag 1.9-11).

El mensaje de Hageo incluye también algunas palabras de entusiasmo y seguridad para quienes se incorporen en ese proceso de reconstrucción (Hag 1.8; 2.6-9). La salvación del pueblo estaba íntimamente ligada a la actitud de obediencia nacional e individual con las palabras proféticas, que declaraban sin inhibición que la reconstrucción del Templo de Jerusalén debía ser una prioridad nacional.

La efectividad del mensaje de Hageo, y también de Zacarías (Esd 6.14), se pone en evidencia clara, al ver que el pueblo y sus líderes más importantes, el gobernador y el sumo sacerdote, respondieron positivamente a los reclamos proféticos. En parte por esta intervención profética, las obras de reconstrucción comenzaron, y posteriormente se inauguró el Templo (Esd 6.15-18).

La estructura literaria y temática del libro no es compleja, y puede ser la siguiente:

- La exhortación del profeta a reconstruir el Templo (Hag 1.1-15)
- El esplendor del nuevo Templo (Hag 2.1-9)
- La infidelidad del pueblo (Hag 2.10-19)
- Las promesas del Señor a Zorobabel (Hab 2.20-23)

11. El libro de Zacarías

Zacarías es un profeta contemporáneo con Hageo. Ambos llevaron a efecto su labor ministerial en el contexto de la restauración del Templo de Jerusalén. La primera información que se revela en el libro es su trasfondo familiar: Es hijo de Berequías, hijo de Iddo (Zac 1.1; Esd 5.1; 6.14), que lo ubica entre los grupos que regresaron a Jerusalén desde Babilonia al finalizar el exilio; además, provenía de una familia sacerdotal (Neh 12.4). Se indica también que profetizó el octavo mes del segundo año del rey Darío. Y como este monarca persa comenzó su reinado en el 522 a.C., y el ministerio de Zacarías duró como dos años, podemos ubicar con bastante precisión su tarea profética entre los años 520-518 a.C. Posiblemente comenzó a profetizar solo unos meses luego de su correligionario Hageo (véase Zac 1.1, 7; 7.1).

a) El mensaje de restauración

El análisis literario, teológico e histórico del libro de Zacarías revela una serie de complejidades que no debemos pasar por alto. En primer lugar, el estudio sobrio de la obra revela dos secciones mayores que manifiestan diversos énfasis, que destacan temas diferentes, y que presuponen contextos históricos y audiencias variadas. En efecto, la primera sección del libro (Zac 1.1—8.23) está eminentemente dirigida a los recién regresados del destierro, contemporáneos de Hageo, que tenían como encomienda principal y preocupación inmediata la restauración de la ciudad y la reconstrucción del Templo.

La segunda sección de la obra de Zacarías (Zac 9.1—14.21) presupone una serie compleja de diferencias históricas, en el público y en preocupaciones teológicas y existenciales. Las prioridades proféticas en esta parte del libro son de otra índole, pues se trata, probablemente, del período cuando el helenismo se expandía de forma galopante en toda la región del Oriente Medio, bajo las iniciativas y los programas de Alejandro Magno, luego de la segunda mitad del siglo 4 a.C. Inclusive, como parte del mensaje profético se incluye una referencia directa a Grecia (Zac 9.13), que puede ser una corroboración de este análisis.

El primer gran mensaje de Zacarías está en clara consonancia con la tradición profética de Israel: Llamó al pueblo al arrepentimiento y la conversión (Zac 1.2-6), que pone en evidencia clara y temprana la importancia religiosa y espiritual del ministerio de este profeta. Exhorta decididamente al pueblo a «volverse a Dios», pues el Señor hará lo mismo con el pueblo (Zac 1.3). Ese llamado a la conversión debe entenderse a la luz de los reclamos de reconstrucción nacional: Volverse a Dios era una forma religiosa de poner en práctica el plan restaurador que tenía como objetivo último la reconstrucción del Templo.

Entre las visiones que tiene el profeta, se encuentran las siguientes: la visión de los caballos, que anuncia una nueva era (Zac 1.7-17); la de un hombre con una vara de medir, que anuncia la restauración de Jerusalén, renovada y mesiánica (Zac 2.1-13); la del sumo sacerdote Josué, que describe su consagración como sumo sacerdote (Zac 3.1-10); la del candelero de oro y los olivos, que posiblemente afirma la providencia divina (Zac 4.1-14); la del rollo volador, que simboliza lo grandioso de la palabra divina (Zac 5.1-11); y la de los cuatro carros, que revela la esperanza de la restauración (Zac 6.1-8). Por la complejidad de las imágenes y la creatividad literaria de los autores, es difícil la comprensión de los detalles de estas visiones.

¡Volverse a Dios!

El primer gran mensaje de Zacarías está en clara consonancia con la tradición profética de Israel: Llamó al pueblo al arrepentimiento y la conversión (Zac 1.2-6), que pone en evidencia clara y temprana la importancia religiosa y espiritual del ministerio de este profeta. Exhorta decididamente al pueblo a «volverse a Dios», pues el Señor hará lo mismo con el pueblo (Zac 1.3). Ese llamado a la conversión debe entenderse a la luz de los reclamos de reconstrucción nacional: Volverse a Dios era una forma religiosa de poner en práctica el plan restaurador que tenía como objetivo último la reconstrucción del Templo.

Aunque en esta sección abundan las visiones, las imágenes y la simbología religiosa se pueden identificar, sin mucha dificultad, el desarrollo y la articulación de una serie importante de temas de gran valor teológico y práctico. Por ejemplo: la importancia del amor y la misericordia divina hacia la ciudad de Jerusalén y sus habitantes (Zac 1.14, 16), la humillación y el juicio a las naciones que causaron las calamidades en el pueblo de Judá (Zac 1.21), la exhortación directa a eliminar el pecado para evitar sus consecuencias (Zac 5.3-4, 8) y un mensaje extraordinario de esperanza mesiánica (Zac 4.1-14). En ese contexto de exhortaciones, reproches y desafíos, el profeta se preocupa insistentemente en el tema de la reconstrucción del Templo (1.16; 6.15), que no solo era signo externo y grato de la presencia divina y de la bendición de Dios, sino que su reconstrucción beneficiaría a la ciudad de Jerusalén, que era morada divina (Zac 2.10-12; 8.3).

En torno al tema de la conversión individual y nacional y referente al tema de la reconstrucción del Templo, Zacarías pone de manifiesto una preocupación adicional, la naturaleza de las prácticas religiosas, especialmente las formas de celebrar los ayunos (Zac 7.2-14). El profeta estaba seriamente preocupado por la sinceridad de los adoradores, estaba interesado en afirmar la experiencia de piedad y contrición como prácticas que tienen como sentido último no la carga física y emocional, sino la manifestación del gozo, la alegría, el contentamiento y la solemnidad del evento (Zac 8.19).

b) El futuro de la restauración

La segunda sección mayor del libro (Zac 9.1—14.21) desarrolla una serie nueva de temas y afirmaciones teológicas. Se manifiesta en el mensaje un sentido de triunfo extraordinario del Señor sobre las naciones tradicionalmente enemigas del pueblo de Israel (Zac 12.9; 14.12-15). Inclusive, Dios mismo reunirá a todos estos pueblos para ejecutar de forma definitiva sus juicios (Zac 14.2). En ese proceso de dificultad, guerra y crisis, Dios mismo depurará la ciudad de Jerusalén, al purificarla de sus pecados, inmundicias e infidelidades (Zac 13.1-3).

Posteriormente, sin embargo, Jerusalén será liberada y transformada (Zac 12.6). Para el profeta Zacarías, el Señor, solo el Señor, es el restaurador y defensor de su pueblo (Zac 9.8, 15-16; 12.8), característica teológica que le brinda la autoridad y el poder de reunir a los esparcidos por el mundo (Zac 10.6-10). Y como parte de esa manifestación de juicio y misericordia divina, los pueblos paganos reconocerán el poder del Señor y se unirán al Israel ideal (Zac 9.7; 14.16-17) para formar parte del reino definitivo de Dios (Zac 14.9, 16).

En la exposición del mensaje, Zacarías incluye una profecía de significado extraordinario. Llegará a Jerusalén un rey futuro e ideal al que le caracterizará la humildad: será justo y salvador, y cabalgará sobre un asno (Zac 9.9). Ese mensaje fue el que los evangelistas Mateo y Juan identificaron claramente con la entrada triunfal de Jesús de Nazaret en la ciudad de Jerusalén (Mt 21.4-5; Jn 12.14-15).

La estructura literaria que puede servir de marco para estudiar el libro de Zacarías, puede ser la siguiente:

- Primera parte (Zac 1.1—8.23)
    - ◊ Llamado a volver al Señor (Zac 1.1-6)
    - ◊ Las visiones simbólicas (Zac 1.7—6.8)

- ◊ Coronación simbólica de Josué (Zac 6.9-15)
- ◊ Instrucciones sobre el ayuno y el anuncio mesiánico (Zac 7.1—8.23)

- Segunda parte (Zac 9.1—14.21)
  - ◊ El castigo de las naciones (Zac 9.1-8)
  - ◊ El futuro rey de Sión (Zac 9.9-17)
  - ◊ La redención del pueblo (Zac 10.1—11.3)
  - ◊ Los dos pastores (Zac 11.4-17)
  - ◊ La liberación de Jerusalén (Zac 12.1—13.9)
  - ◊ La victoria final (Zac 14.1-21)

12. El libro de Malaquías

Con el libro del profeta Malaquías llegamos al término del libro de los Doce, y además, con esta obra finaliza el AT cristiano, por lo menos en su vertiente protestante. Referente al profeta, que dio origen y nombre al libro, desconocemos los detalles históricos, sociales y familiares. Inclusive, hay intérpretes que piensan que más que un nombre propio, Malaquías es el título de alguien que es llamado a ser mensajero del Señor, pues en hebreo ese nombre *malají,* significa «mi mensajero».

Por la lectura de la obra se desprenden varios detalles históricos y teológicos que nos pueden ayudar a ubicar la obra en un contexto histórico definido. El mensaje del libro presupone que las ceremonias religiosas en el Santuario reconstruido se han reanudado (Mal 1.6—2.9), lo que apunta hacia una fecha luego del 516 a.C., cuando se reinauguró el Templo de Jerusalén. En efecto, el mensaje proviene de una época posterior al ministerio de Hageo y Zacarías, y quizá sirvió de apoyo al trabajo religioso, político y social de Esdras y Nehemías (Neh 13.25-27). Esto pone al mensaje del libro de Malaquías a finales del siglo 6 a.C. o a principios del siglo 5 a.C.

De singular importancia en el libro, es que revela el estado de ánimo que mostraba el pueblo luego de varias décadas en Jerusalén, al finalizar el exilio babilónico. La obra pone de manifiesto el desánimo y depresión de la comunidad, al ver que las condiciones económicas se deterioraban, y al notar que las antiguas profecías de Hageo, Malaquías, así como algunas secciones del libro de Isaías no se cumplían como ellos esperaban. La exhortación del profeta es a no desanimarse, pues ya se acerca la manifestación del día del Señor, que aunque para los malvados es juicio y destrucción, para la gente fiel es justicia y salvación (Mal 4.1-2). Es la fuerza del amor y la misericordia la que hará que se cumplan en el tiempo propicio las promesas divinas.

Una característica singular del mensaje de Malaquías, es el estilo literario con que articula sus oráculos. En efecto, la lectura cuidadosa de esta obra profética nota un tipo de tono polémico que se manifiesta en todo el libro. Es un diálogo en el que la confrontación es un elemento distintivo. En estos encuentros ideológicos y teológicos, Dios comienza la conversación con alguna afirmación general o presenta algún reproche o condena, a lo que el pueblo responde con dudas, preguntas, ironías, para finalizar el ciclo con una intervención divina adicional, que reitera las declaraciones anteriores y expande el mensaje con más anuncios de castigos.

En efecto, el libro de Malaquías manifiesta un estilo literario que enfatiza el diálogo divino-humano, y revela la importancia de la comunicación profética efectiva y clara. Entre las prioridades temáticas de este mensajero de Dios, está la crítica acérrima a los líderes religiosos, los sacerdotes, que no han trabajado con efectividad, responsabilidad y profesionalidad, al permitir que se implanten en el Templo una serie de prácticas que impiden la celebración adecuada de los sacrificios (Zac 1.6—2.9). Sin embargo, los reproches proféticos no están confinados a los sacerdotes, sino que apuntan también hacia la gente malvada, injusta, infieles en el matrimonio, y la que defrauda al Señor con los diezmos y las ofrendas (Mal 2.10-16). Esas personas son descritas en el libro de Malaquías de forma inexorable: ¡No tienen temor de Dios! (Mal 3.5).

La sección final del libro hace alusión a la llegada del profeta Elías, antes de que se manifieste el día del Señor. Una de las funciones de Elías es volver el corazón de los padres hacia los hijos y viceversa (Mal 4.5-6). Y con este mensaje en torno al profeta antiguo, es que comienza el NT: Juan el Bautista representa ese nuevo mensajero de Dios que vino a preparar el camino divino para que las personas enderezaran sus sendas (Mt 3.1-12).

Una estructura literaria del libro que nos puede ayudar a estudiar y comprender el libro, es la siguiente:

- El amor del Señor por su pueblo (Mal 1.1-5)
- Reproche a los sacerdotes (Mal 1.6—2.9)
- Condena a la infidelidad matrimonial (Mal 2.10-16)
- El día del Señor (Mal 2.17—3.5)
- La importancia de los diezmos (Mal 3.6-12)
- Las diferencias entre los justos y los malvados (Mal 3.13-18)
- La llegada del día del Señor (Mal 4.1-6)

IV

LOS ESCRITOS O KETUBIM

El precepto de Jehová es puro:
alumbra los ojos.
El temor de Jehová es limpio:
permanece para siempre;
los juicios de Jehová son verdad:
todos justos.
Deseables son más que mucho oro refinado
y dulces más que la miel,
la que destila del panal.
Salmo 18.8b-10

20

Los Escritos

Bienaventurado el varón que no anduvo en consejo de malos,
ni estuvo en camino de pecadores,
ni en silla de escarnecedores se ha sentado,
sino que en la ley de Jehová está su delicia
y en su Ley medita de día y de noche.
Será como árbol plantado junto a corrientes de aguas,
que da su fruto en su tiempo
y su hoja no cae, y todo lo que hace prosperará.
Salmo 1.1-3

1. La sección final de la Biblia hebrea

Los Escritos constituyen la sección final de la Biblia hebrea, luego de la Torá y los Profetas, e incluyen los siguientes libros: Salmos, Job, Proverbios, Rut, Cantar de los Cantares, Eclesiastés, Lamentaciones, Ester, Daniel, Esdras, Nehemías y Crónicas. Este orden en los libros no es muy antiguo, pues posiblemente proviene del c. siglo 12. Respecto a este tema del orden de los libros, es importante recordar que algunos grupos de manuscritos y ediciones más antiguas de las Escrituras presentan secuencias alternativas. Esto se debe a que los creyentes judíos antiguos y las sinagogas no establecieron un orden definido en la disposición de estas obras, que fue la última en ser aceptada como parte del canon de la Biblia hebrea. La comunidad judía reconoció esta sección del Tanak con respeto litúrgico y autoridad religiosa entre los años 300 al 100 a.C.

Diversos géneros literarios se pueden identificar con precisión entre estos libros. La lectura cuidadosa de estas obras, distingue y valora, en la sección de los Escritos, los géneros poéticos, sapienciales y apocalípticos, además de novelas, cuentos cortos y narraciones históricas. Algunos de estos libros se leen también durante varios festivales judíos y fiestas en las sinagogas. En efecto, la teología que se pone claramente de relieve en estas obras se articula en variados géneros literarios que propician la comunicación de la Palabra divina y revelan los diversos estilos y las diferentes metodologías de comunicación y presentan, además, las prioridades temáticas de sus autores.

2. La poesía

Entre las obras poéticas que se incluyen en esta sección de la Biblia se deben destacar los libros de los Salmos y Cantar de los Cantares, que presentan sus mensajes en expresiones líricas bien definidas y articuladas. Estos poemas están escritos en versos claramente definibles, y se caracterizan por la polimetría, la polisemia, la musicalidad, la articulación y la transmisión de sentimientos profundos y figurados, y por diversas formas de paralelismo de temas, ideas y palabras, que constituyen una de las características más importantes y determinantes de la poesía bíblica.

Respecto a la poesía en la Biblia hebrea, es importante indicar que una gran parte de las formas de comunicación en las Escrituras se relaciona con estos tipos de articulaciones literarias. La literatura poética se incluye con mucha frecuencia en los libros proféticos y sapienciales, e inclusive se incorpora en las narraciones históricas y hasta en textos legales. En efecto, la poesía constituye un género primario de comunicación pues, entre otros factores, facilita la memorización y la asimilación de las enseñanzas en una sociedad no literaria en la cual la memoria jugaba un papel protagónico en las dinámicas sociales y en los procesos educativos.

Aunque posteriormente, en la presentación del Salterio, analizaremos con profundidad las diversas características y los variados estilos poéticos, debemos señalar en esta sección que los elementos y las expresiones que distinguen este singular género literario son muchos, entre los que podemos identificar los siguientes: los detalles estructurales, como el verso, la rima, la estrofa, el ritmo, la métrica y el paralelismo; junto a las particularidades léxicas y sintácticas, con sus múltiples posibilidades de vocabulario y sus variadas alternativas retóricas. En efecto, en la poesía la literatura bíblica llega a un punto de esplendor que ha facilitado no solo los procesos educativos sino que ha contribuido significativamente a poner en evidencia las grandes virtudes éticas y morales del mensaje escritural.

La poesía hebrea

Respecto a la poesía en la Biblia hebrea, es importante indicar que una gran parte de las formas de comunicación en las Escrituras se relaciona con estos tipos de articulaciones literarias. La literatura poética se incluye con mucha frecuencia en los libros proféticos y sapienciales, e inclusive se incorpora en las narraciones históricas y hasta en textos legales. En efecto, la poesía constituye un género primario de comunicación pues, entre otros factores, facilita la memorización y la asimilación de las enseñanzas en una sociedad no literaria en la cual la memoria jugaba un papel protagónico en las dinámicas sociales y en los procesos educativos.

El estudio sobrio de estos poemas pone de manifiesto los diversos temas y asuntos que exploran, entre los que se encuentran los siguientes: himnos en honor a Dios o en reconocimiento de Sión, la ciudad Santa, oraciones de gratitud o de petición, celebraciones del rey y, entre otros, cantos de peregrinación. Además, la poesía bíblica explora con intensidad el tema del amor, que se expone y explora no solo en una dimensión humana sino en la divina. En efecto, los poetas bíblicos reflexionan en torno al importante y existencial tema del amor, y lo llevan a niveles extraordinarios de belleza, donde se funden los horizontes divinos y humanos para articular el sentimiento que afirma que Dios es primordial y esencialmente amor.

3. Literatura sapiencial

La literatura sapiencial en la Biblia juega un papel de gran importancia teológica y pedagógica. Esas contribuciones éticas, morales, espirituales y educativas mayormente se incluyen, entre otros libros, en Proverbios, Job y algunos Salmos. El corazón de estas enseñanzas y la esencia de esta literatura es presentar el arte y las formas de vivir en rectitud, justicia y prudencia. El objetivo básico de los maestros de la sabiduría en el pueblo de Israel era articular un cuerpo de instrucciones y recomendaciones que fomentaran y propiciaran el vivir haciendo el bien, a la vez que se evitaba el mal.

En efecto, el campo de acción de la literatura sapiencial es el práctico y concreto, no es el especulativo o filosófico, pues la sabiduría intentaba contribuir positivamente a que las personas vivieran la vida con sentido de responsabilidad y dignidad al poner de manifiesto los valores y las enseñanzas en que se fundamentan la revelación divina.

Este tipo de sabiduría e instrucciones no eran vistas en Israel como algún tipo de conocimiento teórico o meramente intelectual, no eran reflexiones abstractas que llegaban luego de la investigación científica y el análisis sistemático. Al contrario, la sabiduría verdadera era una forma particular de observar, analizar y enfrentar la existencia humana, que ponía claramente de relieve, entre otros valores, la honestidad, el perdón, la prudencia, el amor, la paz, el respeto, la dignidad, el decoro y la justicia. En la manifestación y articulación de todos esos valores, se incluyen importantes dimensiones éticas, morales, religiosas y espirituales, que tienen gran significado existencial y relevancia en este tipo de literatura sapiencial.

La literatura sapiencial

La sabiduría bíblica se basa principalmente en Dios. Es de fundamental importancia reconocer que la sabiduría verdadera proviene del Señor, de acuerdo con la literatura sapiencial en la Biblia y sus autores. Esta declaración filosófica y pedagógica incorpora una importante dimensión teológica y espiritual en este importante género literario en la Biblia. Únicamente Dios es sabio, y le concede gratuitamente la sabiduría a quienes se acercan ante su presencia y le aman. Esa característica y particularidad es la que pone de relieve y afirma que la sabiduría bíblica, más que una inteligencia personal desarrollada o comprensión intelectual adquirida, es un regalo o don que proviene única y directamente de parte de Dios.

En la articulación de su mensaje singular, este tipo de literatura de sabiduría recurre con frecuencia a los paralelos y las contraposiciones, para poner en evidencia con claridad las virtudes y los gozos de la sabiduría, y el absurdo y la arrogancia de la imprudencia. Entre los asuntos, las ideas y los temas que se exponen y contraponen, se encuentran de forma destacada la dicotomía entre la persona sabia y la necia, y entre la justa y la impía. En efecto, es una metodología educativa que contrasta las virtudes con los defectos, y que expone claramente la compleja dicotomía entre el bien, con sus bondades y virtudes, y el mal, con sus problemas y desafíos. Estos contrastes enfatizan y destacan la importancia de vivir la vida fundamentada en valores éticos y espirituales que permitan a las personas actuar de forma adecuada, grata, noble, prudente, efectiva y sabia ante los grandes desafíos de la existencia humana.

La sabiduría bíblica se basa principalmente en Dios. Es de fundamental importancia reconocer que la sabiduría verdadera proviene del Señor, de acuerdo con la literatura sapiencial en la Biblia y sus autores. Esta declaración filosófica y pedagógica incorpora una importante dimensión teológica y espiritual en este importante género literario en la Biblia. Únicamente Dios es sabio, y le concede gratuitamente la sabiduría a quienes se acercan ante su presencia y le aman. Esa característica y particularidad es la que pone de relieve y afirma que la sabiduría bíblica, más que una inteligencia personal desarrollada o comprensión intelectual adquirida, es un regalo o don que proviene única y directamente de parte de Dios.

4. Literatura apocalíptica

La llamada literatura apocalíptica pertenece al género de escritos bíblicos relacionados directamente con el importante tema de la revelación. El mejor representante de este tipo de obra en la Biblia hebrea o AT es el libro de Daniel, aunque hay otras secciones que manifiestan ciertas características comunes que distinguen a este grupo literario (p.ej., Is 24.1—27.13; Ez 1.1—3.27; Zac 1.1—6.15). El sustantivo griego *apokalypsis* transmite las ideas de «descubrimiento» o «develación», y puede relacionarse específica y directamente con el concepto de «revelación», que en el contexto bíblico es esencialmente la revelación divina. El verbo que se deriva de ese sustantivo, *apokalypto*, tiene el sentido primario y transmite la idea de descorrer el velo que oculta algo a la mirada, o que encubre algo de la vista.

La literatura apocalíptica, desde esta perspectiva, se refiere al descubrimiento y la comprensión del gran misterio que encierra la historia humana y su desenlace final. La comprensión y revelación de este singular misterio, que está oculto desde el comienzo mismo de la historia, desde antes en la eternidad y la fundación del mundo, solo le corresponde revelar a Dios, quien utiliza a algún escritor humano o agente divino para descifrar los misterios y exponer la revelación. Esta revelación divina se hace realidad, de acuerdo con este tipo de literatura bíblica, a través de los sueños y las visiones, o mediante la intervención especial y extraordinaria de algún ángel revelador. El contenido básico de la revelación apocalíptica se relaciona con lo que sucederá muy pronto (Ap 1.1), con la identificación y con la explicación de los eventos que están próximos a ponerse de manifiesto.

Una definición adecuada de este tipo de literatura apocalíptica puede ser la siguiente: es un género literario que se produce en el marco general de alguna narración, en la cual se manifiesta la revelación divina a alguna persona por intermedio de criaturas especiales o angelicales; además, esta literatura presenta una realidad trascendental, que supera los límites del tiempo y del espacio, y que no solo tiene implicaciones históricas concretas sino que incorpora también repercusiones escatológicas.

De singular importancia es el hecho de que la literatura apocalíptica no se fundamenta en mensajes que deben ser predicados ante la comunidad de creyentes, como las palabras proféticas o las enseñanzas de los sabios, sino que es un género fundamentalmente literario, que se escribía para ser leído y analizado, para posteriormente reflexionar en torno a los temas expuestos. Además, este tipo de obra se produce generalmente en tiempo de crisis mayores, donde las fuentes de esperanza se han perdido y el sentido de seguridad y futuro, por la grave naturaleza de la adversidad y las dificultades, se ha nublado.

En la literatura apocalíptica abundan las imágenes y los simbolismos, y se articula una teología de Dios como Señor de la historia, que es una manera de afirmar que el Señor está en control absoluto de lo que sucede en la humanidad, la naturaleza y el cosmos. Estas obras también manifiestan un determinismo histórico que orienta las narraciones; la escatología, aunque tiene su base en la literatura profética, presenta características propias, como el dualismo y el mesianismo y, además, utilizan la pseudonimia para presentar sus mensajes.

La literatura apocalíptica

Es un género literario que se produce en el marco general de alguna narración, en la cual se manifiesta la revelación divina a alguna persona por intermedio de criaturas especiales o angelicales; además, esta literatura presenta una realidad trascendental, que supera los límites del tiempo y del espacio, y que no solo tiene implicaciones históricas concretas sino que incorpora también repercusiones escatológicas.

La literatura apocalíptica tiene como finalidad teológica contribuir positivamente al desarrollo de la esperanza en el pueblo que se sentía preocupado, angustiado y herido por las fuerzas históricas que parecían invencibles, se sentía disminuido y amenazado ante los poderes humanos. Solo la intervención divina tiene la capacidad y el compromiso de triunfar sobre esas fuerzas del mal que intentan destruir y amilanar al pueblo de Dios.

5. Literatura de festivales

En la sección de los Escritos se incluyen cinco libros que se utilizan con regularidad en las sinagogas como parte de las lecturas en las festividades anuales, pues forman parte del calendario litúrgico judío. Estas obras (Rut, Cantar de los Cantares, Eclesiastés, Lamentaciones y Ester) provienen de diferentes contextos históricos y manifiestan variados géneros literarios, contribuyen de forma significativa a la teología bíblica, pues apuntan hacia una etapa tardía en los procesos de canonización de las Escrituras hebreas.

Estos *Megillot* son libros que se leen en los festivales judíos anuales. El Cantar de los Cantares se relaciona con la fiesta de la Pascua; las Lamentaciones, con el día que recuerda la destrucción de la ciudad de Jerusalén; Qohélet o Eclesiastés se asocia con la fiesta de los Tabernáculos; el libro de Ester es un favorito durante las fiestas de Purim; y el de Rut, se relaciona con la fiesta de los Tabernáculos.

El libro de Rut es una joya de la narración bíblica e incorpora un tema de paz y de sobriedad en el contexto histórico de los relatos de los jueces, que tienen referencias continuas y alusiones a guerras, violencias y agresiones. La figura protagónica de la obra es una joven moabita, Rut, que decide ser fiel a su suegra, Nohemí. Se pone de manifiesto en la narración no solo la lealtad de Rut a las tradiciones de la familia de su difunto esposo, sino su fidelidad al Dios bíblico.

Referente al libro del Cantar de los Cantares, que significa «el más hermoso o excelente de los cantares o poemas», es menester indicar que es una obra de gran valor poético y estético, que presenta de formas gráficas el amor libre y apasionado entre dos jóvenes. La profusión de las imágenes literarias y la calidad de las metáforas revelan la gran virtud artística de sus autores. Tradicionalmente el mensaje del libro no solo se ha relacionado con el amor entre dos personas, sino que es símbolo y prototipo de las relaciones profundas y especiales entre Dios y su pueblo.

El Eclesiastés es el más corto de los libros sapienciales en la Biblia hebrea, y está lleno de desafíos de interpretación, y de enigmas y complicaciones literarias. El nombre de la obra alude a la persona encargada de dirigir la asamblea o de enseñar o hablar ente un grupo, aunque la obra en sí, más que un discurso, es una especie de diálogo en el que los autores reflexionan y debaten con ellos mismo en torno a los grandes temas y asuntos de la existencia humana. De singular importancia en la obra, es que, aunque presenta la vida con sus diversas posibilidades y desafíos, destaca muchos elementos negativos. Se nota en el libro un sentido de pesimismo y adversidad que debe entenderse de forma adecuada antes de proceder con la tarea hermenéutica.

En torno al libro de las Lamentaciones es importante indicar que se trata de una obra poética que pone de manifiesto los dolores más intensos y las reflexiones profundas relacionadas con la crisis del exilio y la deportación de los judíos a Babilonia, luego del triunfo de los ejércitos de Nabucodonosor en Jerusalén. Aunque tradicionalmente el libro se ha relacionado con Salomón, no hay en la obra ninguna indicación explícita que confirme que el famoso rey de Israel fuera su autor.

La teología cronista

Los temas teológicos que se exponen en la obra cronista, intentan explicar las razones por las cuales Dios permitió la derrota y la destrucción de la ciudad de Jerusalén, y presentan un nuevo mensaje al pueblo para evitar las acciones que propiciaron esa gran catástrofe nacional. La crisis se relaciona, de acuerdo con la obra cronista, con la infidelidad al pacto o alianza y con las continuas rebeldías del pueblo ante la voluntad divina. La desobediencia del pueblo fue el factor fundamental, de acuerdo con la obra cronista, para que Dios permitiera la derrota y el exilio del pueblo en las tierras babilónicas.

La obra final de este grupo de rollos de gran valor litúrgico para la comunidad judía es el libro de Ester. Presenta la obra la vida de una joven judía en el imperio persa, que se convirtió en agente de salvación de su pueblo en un momento de gran crisis y dificultad nacional. Como resultado de la intervención oportuna y redentora de Ester, el libro indica cómo el pueblo judío estableció la fiesta de Purim, para conmemorar esta importante liberación nacional.

6. La obra cronista

La sección final de los Escritos se relaciona con la obra cronista, que incluye los libros de Esdras y Nehemías, considerados como una sola obra para la comunidad judía, y los libros de las Crónicas. Aunque de primera instancia estos libros pueden dar la impresión de que repiten alguna información que ya se encuentra en otros lugares de las Escrituras, específicamente los libros de Samuel y Reyes, una lectura cuidadosa y detenida de las narraciones revela que a la información antes expuesta en la literatura deuteronomista se le añaden detalles o se omiten informaciones y episodios que le brindan a estos libros una perspectiva teológica singular y específica. Con el segundo libro de Crónicas finaliza la Biblia hebrea. Las Biblias cristianas terminan con la literatura profética, específicamente con el libro de Malaquías.

El gran contexto de esta nueva lectura teológica de la historia nacional se relaciona con la crisis del exilio en Babilonia y las dinámicas del retorno a Palestina y Jerusalén, luego del edicto de liberación y restauración nacional de Ciro. En esta relectura de la historia, se omiten las referencias al reino del norte, pues ya había dejado de existir, y se revisan las referencias a los reyes de Judá, particularmente las alusiones a David, que ya en la época exílica era considerado como una figura ideal en la historia nacional. En la obra cronista, David es visto como el rey por excelencia, el modelo no solo de los reyes históricos sino el precursor del Mesías, que provendrá de su linaje.

Los temas teológicos que se exponen en la obra cronista, intentan explicar las razones por las cuales Dios permitió la derrota y la destrucción de la ciudad de Jerusalén, y presentan un nuevo mensaje al pueblo para evitar las acciones que propiciaron esa gran catástrofe nacional. La crisis se relaciona, de acuerdo con la obra cronista, con la infidelidad al pacto o alianza y con las continuas rebeldías del pueblo ante la voluntad divina. La desobediencia del pueblo fue el factor fundamental, de acuerdo con la obra cronista, para que Dios permitiera la derrota y el exilio del pueblo en las tierras babilónicas.

21

El libro de los Salmos

Jehová es mi luz y mi salvación,
¿de quién temeré?
Jehová es la fortaleza de mi vida,
¿de quién he de atemorizarme?
Cuando se juntaron contra mí los malignos,
mis angustiadores y mis enemigos,
para comer mis carnes,
ellos tropezaron y cayeron.
Aunque un ejército acampe contra mí,
no temerá mi corazón;
aunque contra mí se levante guerra,
yo estaré confiado.
Salmo 27.1-3

1. El Salterio

Ninguna colección de poemas ha ejercido tanta influencia en la historia de la civilización Occidental como el libro de los Salmos. Estos poemas bíblicos, que a la vez son oraciones y plegarias ante Dios, revelan lo más profundo de los sentimientos humanos con los cuales las personas se identifican con facilidad. La dimensión religiosa y profundamente espiritual de estas oraciones ponen de manifiesto la extensa gama de experiencias espirituales que le dan sentido de orientación y pertinencia a la vida misma.

Las palabras castellanas «salmos» y «salterio» se derivan del latín *psalmi* y *psalterium*, que a su vez provienen del griego *psalmoi* y *psalterion*. El griego *psalmos* alude a la música que viene de un instrumento de cuerdas, o inclusive puede referirse a la canción que se entona acompañada por ese instrumento. Por su parte, *psalterion*, se refería originalmente al instrumento musical (Dn 3.5), aunque con el tiempo llegó a significar «colección de cánticos».

En el NT se hace referencia a los Salmos como *biblos psalmon* (Lc 20.42; Hch 1.20), o simplemente como *psalmoi* (Lc 24.44). Esas palabras son posiblemente la traducción al griego del hebreo *mizmor*, que se ha entendido como «un tipo particular de cántico (religioso) que se acompaña con instrumentos de cuerdas», y que se incluye como 57 veces en el libro de los Salmos. El título hebreo del Salterio es *sefer tehilim*, que puede traducirse como «libro de alabanzas». Cinco salmos tienen en su título la palabra hebrea *tepillot*, que se traduce al castellano generalmente como «oraciones».

En la Biblia hebrea, los Salmos se incluyen en la tercera sección conocida como «Escritos», luego de la Ley y los Profetas. Esta división tripartita de las Escrituras hebreas presupone las diversas etapas de su desarrollo histórico y su crecimiento literario, además de su aceptación como literatura canónica, con autoridad religiosa, legal, espiritual y moral en la comunidad judía.

La Ley presenta el recuento inicial de las intervenciones e instrucciones de Dios en la historia del pueblo de Israel; los Profetas articulan la revelación y los desafíos divinos a la humanidad; y los Salmos, por su parte, describen el diálogo divino-humano que pone en clara evidencia las necesidades del pueblo y las respuestas de Dios.

En la sección de «Escritos», los Salmos generalmente ocupan la primera posición. Las versiones griegas y latinas de las Escrituras no siguen ese orden hebreo, pues han eliminado la división entre las secciones de los Profetas y los Escritos, y han dispuesto la literatura bíblica, posiblemente, con criterios temáticos y cronológicos. Tanto en la tradición hebrea como en la griega, el libro de los Salmos o el Salterio se relaciona con cánticos, particularmente con las alabanzas del pueblo hebreo ante Dios, que juegan un papel destacado en la teología y la liturgia del pueblo.

La pertinencia del libro de los Salmos se pone claramente de manifiesto al descubrir su doble identidad teológica y literaria. De un lado, los Salmos son parte integral del AT o Biblia hebrea y reciben, de antemano, la gran autoridad teológica, espiritual y moral que los creyentes relacionan con las Sagradas Escrituras. Desde esa perspectiva, el libro de los Salmos se convierte en Palabra de Dios para la gente de fe, pues contiene la extraordinaria revelación divina que les orienta, desafía, educa, inspira y redarguye. Los salmos son, en efecto, *torá*, que más que un conjunto de leyes rígidas y regulaciones estáticas, son enseñanzas dinámicas y valores fundamentales que afirman, celebran y transmiten la voluntad del Señor a la humanidad.

Los salmos son, de otro lado, literatura poética, expresiones litúrgicas, experiencias cúlticas, enseñanzas espirituales, articulaciones metafóricas. Son piezas estéticas que motivan y edifican a la gente de fe; son poemas de gran sensibilidad ética que inspiran y desafían a hombres y mujeres de piedad a vivir a la altura de las exigencias morales y espirituales que se ponen de relieve al estudiar las Sagradas Escrituras. Transmiten ciertamente un aluvión de posibilidades de interpretación y de alternativas de aplicación, por esa naturaleza poética y simbólica que les caracteriza, y también porque presentan y revelan muchos siglos de vivencias espirituales y experiencias religiosas.

Los Salmos

Tanto en la sinagoga como en la iglesia los salmos se utilizan con frecuencia en la liturgia regular. Sirven como fundamento para mensajes y enseñanzas, se recitan de forma alternada y al unísono, se usan de modelo para las oraciones de las personas que adoran, e inspiran y evocan, con su extraordinario lenguaje imaginativo, figurado y simbólico, nuevas experiencias de fe.

En el libro de los Salmos se encuentra la oración personal y la plegaria comunitaria del pueblo de Israel, y aunque en otros libros de la Biblia se incluyen también oraciones similares, en contraposición al resto de la Escritura, los Salmos presentan esencialmente el diálogo íntimo y extraordinario de un pueblo que se presenta tal y cual es ante su Dios. Los fieles llegan ante el Señor, de acuerdo con el texto de los Salmos, en medio de sus experiencias cotidianas, con sus esperanzas, frustraciones, debilidades, fortalezas, virtudes, pecados, aspiraciones, resentimientos y amores. En esta extraordinaria tradición religiosa, los Salmos no pretenden ser, como la literatura profética y la legal, enseñanzas nuevas, sino que expresan los sentimientos más profundos del ser humano, y de esa forma se convierten en un desafío, al movernos a entrar en una relación grata, digna, viva, noble y transformadora con Dios.

En sus mensajes, los salmos aluden a las complejidades de la vida, y ponen de relieve los temas prioritarios de las doctrinas bíblicas:

p.ej., salvación, justicia, santidad, paz, esperanza, maldad y gratitud. Estas características hacen que los salmos se conviertan en material indispensable para la teología, la liturgia y el pensamiento religioso. Por esa razón, los intentos de resumir y sistematizar la extensión de sus enseñanzas en un libro o documento, además de ser una empresa compleja y ardua, corre el gran peligro de reducir su importancia y acortar las implicaciones de sus valores.

En efecto, en el estudio crítico y científico del AT la contribución del análisis del libro de los Salmos es formidable, necesaria e impostergable. Como es literatura dialogada, los salmos incluyen referencias importantes a los dos interlocutores principales del gran diálogo divino-humano. Presentan las preocupaciones más profundas y fundamentales del adorador o adoradora y, al mismo tiempo, reflejan la más extraordinaria y relevante respuesta divina a estas peticiones humanas. Los Salmos articulan el discurso más íntimo del pueblo de Israel, ante el Dios que se especializa en la liberación y renovación de su pueblo.

Los Salmos también son poesía. Una lectura inicial del libro revela claramente sus virtudes estéticas y demuestra su belleza literaria. Estas características, que se transmiten no solo en el idioma hebreo original sino que inclusive se manifiestan con fuerza también en las traducciones, facilitan la memorización, contribuyen al proceso de educación transformadora, apoyan la creatividad y evocación de nuevas ideas, y ayuda a la aplicación y vivencia del mensaje. En efecto, la poesía de los salmos representa lo mejor de la literatura bíblica y presenta, además, un tipo de teología lírica que ha inspirado a creyentes de diferentes culturas e idiomas a través de la historia de las sinagogas y las iglesias.

Tanto en la sinagoga como en la iglesia los salmos se utilizan con frecuencia en la liturgia regular. Sirven como fundamento para mensajes y enseñanzas, se recitan de forma alternada y al unísono, se usan de modelo para las oraciones de las personas que adoran, e inspiran y evocan, con su extraordinario lenguaje imaginativo, figurado y simbólico, nuevas experiencias de fe.

2. Traducciones y divisiones internas del Salterio

Los descubrimientos del Mar Muerto han puesto en manos de eruditos y creyentes nuevos manuscritos de los salmos que anteceden, por siglos, los que se disponían antes del 1947. Estos nuevos recursos han incentivado y propiciado mejores traducciones y estudios de los salmos, y también han permitido la comprensión adecuada de varios versículos y capítulos, que identificaremos y explicaremos más adelante. Además del texto hebreo de los Salmos (conocido como Masorético, TM, en referencia a los eruditos judíos o masoretas, que incorporaron en el texto hebreo el sistema de vocales en las letras consonantes antiguas), contamos con la Versión de los Setenta, LXX (que es una traducción antigua del AT al griego), la traducción latina o Vulgata Latina, Vg (que con el tiempo pasó a ser el texto oficial de la Iglesia), la versión al sirio o Peshita (P), las versiones griegas de Aquila (Aq), Teodocio (Teod) y Simaco (S), y las traducciones anotadas y expandidas al arameo, conocidas tradicionalmente como targúmenes (T).

Una peculiaridad en el libro de los Salmos se descubre al comparar sus ediciones hebreas (que sirvieron de base para las traducciones evangélicas y protestantes de la Biblia) y las griegas (de donde surgieron las traducciones latinas y católicas). Aunque en ambas colecciones se incluyen 150 salmos, divididas en cinco secciones mayores o «libros», la numeración de los poemas manifiesta una variación significativa. El estudio detallado del problema demuestra que los Salmos 9 y 10, son realmente un solo poema, al igual que los Salmos 42 y 43. Además, se descubre que hay algunos textos y pasajes repetidos; p.ej., Sal 14 y 53; Sal 40.14-18 y 70; Sal 108 y 47.8-12, al que se agregó Sal 60.7-14.

Texto Masorético **TM** Salmos	Septuaginta **LXX** Salmos
1—8	1—8
9	9.1-21
10	9.22-39
11—113	10—112
114	113.1-8
115	113.9-26
116.1-9	114
116.10-19	115
117—146	116—145
147.1-11	146
147.12-20	147
148—150	148—150

3. Los títulos hebreos o epígrafes y los términos técnicos

La comprensión adecuada de los salmos requiere que miremos a sus características literarias, teológicas y estructurales fundamentales, para descubrir pistas que nos ayuden en la compleja pero necesaria tarea de interpretación. Estas peculiaridades temáticas, estilísticas y canónicas de los salmos contribuyen considerablemente a su belleza literaria y espiritual, además de ser medios para transmitir el sentido religioso de su mensaje y para afirmar los valores de sus enseñanzas. En efecto, nuestras interpretaciones del Salterio se relacionan con la comprensión del carácter particular y distintivo de la poética hebrea, según se pone de manifiesto en la Biblia.

En primer lugar, los salmos tienen una serie de títulos en el idioma hebreo que desean orientar al lector o lectora sobre los temas a estudiar, y los ubican en algún entorno histórico, litúrgico o cultural de importancia para su lectura y comprensión. Respecto a estos títulos, epígrafes o suscripciones es importante indicar rápidamente que no forman parte de la composición original del salmo: ¡Fueron añadidos a través de los años, para ayudar en las dinámicas cúlticas y contribuir a la formación educativa de las comunidades de fe! Tienen títulos hebreos ciento un salmos (101), mientras que el resto (49), se conocen como «salmos huérfanos», por carecer de esa peculiaridad literaria.

Los títulos hebreos de los Salmos

Los títulos hebreos contienen algunas claves o ideas en torno a la transmisión, dedicación o usos de los salmos. Aunque desconocemos el significado preciso de algunos de los términos que se utilizan en varios títulos, su lectura y análisis puede servir de ayuda en el proceso de evaluación de su uso a través de la historia. Generalmente los títulos incluyen términos técnicos que se relacionan con la composición de algún salmo, con su uso litúrgico o musical, con su relación a algún personaje distinguido, o contienen referencias a varios eventos en la vida de David.

Un buen ejemplo de la importancia de los títulos es la distribución de los llamados salmos de David, que se disponen con criterios externos que ciertamente pueden verificarse. Revelan, en efecto, detalles teológicos, manifiestan peculiaridades literarias e indican prioridades temáticas. En la sección que incluye los Salmos 42—89, por ejemplo, se manifiesta una estructura casi simétrica, que pone de manifiesto las preocupaciones religiosas y los intereses teológicos de los redactores y editores finales del Salterio: ¡enfatizan los salmos dedicados a David!:

- Sal 42—49: Salmos de los hijos de Coré
- Sal 50: Salmo de Asaf
- Sal 51—65, 68—70, 86: Salmos de David
- Sal 73—83: Salmos de Asaf
- Sal 84—85, 87—88: Salmos de los hijos de Coré

Los títulos hebreos contienen algunas claves o ideas en torno a la transmisión, dedicación o usos de los salmos. Aunque desconocemos el significado preciso de algunos de los términos que se utilizan en varios títulos, su lectura y análisis puede servir de ayuda en el proceso de evaluación de su uso a través de la historia. Generalmente los títulos incluyen términos técnicos que se relacionan con la composición de algún salmo, con su uso litúrgico o musical, con su relación a algún personaje distinguido, o contienen referencias a varios eventos en la vida de David.

a) Términos que aluden a los compiladores o autores

1. «De David». Aparece como en 73 ocasiones en los salmos, es de difícil compresión, pues en hebreo la preposición «de» puede aludir a la autoría, pertenencia, dedicación o, inclusive, tradición; además, la referencia al nombre del famoso monarca israelita puede identificar tanto al famoso rey como a su descendencia real o dinastía.

2. «De los hijos de Coré». Esta frase identifica una serie de salmos que posiblemente formaban parte del repertorio musical de la familia de Coré, que eran cantantes en la liturgia del Templo de Jerusalén (Sal 42—43; 44—49; 84—85; 87—88).

3. «De Asaf». Según Esdras 2.41, Asaf era el antecesor de los cantantes del Templo; y, de acuerdo con el escritor cronista (1 Cr 6.39; 15.17; 2 Cr 5.12), era uno de los músicos principales del rey David.

4. «De Salomón». La expresión alude al hijo de David, reconocido por su sabiduría, e indica posiblemente que estos salmos se han atribuido, dedicado y relacionado con el famoso rey de Israel (Sal 72; 127).

5. «Hemán el ezraíta». Según 1 Reyes 4.31, Hemán era uno de los famosos sabios de la época de Salomón; de acuerdo con 1 Crónicas 15.17, 19 (¡si el pasaje alude a la misma persona!) era cantante en el

Templo de Jerusalén durante la época de David; y en 1 Crónicas 25.5 se indica que también era vidente del rey.

6. «Etán en ezraíta». Se menciona junto a Hemán en 1 Reyes 4.31 y también en 1 Crónicas 15.17, 19; a él se atribuye el Salmo 89.

7. «De Moisés». Es una referencia al famoso legislador y líder hebreo, que no debe tomarse literalmente como base para indicar su autoría del Salmo 90, que también se ha dedicado a la memoria de David.

8. «A Jedutún». Este personaje era uno de los músicos principales de David (1 Cr 16.41), y puede aludir a la familia de músicos con ese nombre (Sal 39; 62; 77).

b) Términos que indican el tipo de Salmo

1. «Salmo». En hebreo, *mizmor*. La expresión ocurre unas 57 veces en el libro de los Salmos, y es un término técnico que se utiliza en la Biblia únicamente en el Salterio. Posiblemente alude a algún tipo de cántico litúrgico que debe acompañarse con instrumentos de cuerdas.

2. «Lamentación». En hebreo, *shiggaion.* Aparece únicamente en el Salmo 7, y se caracteriza porque contiene una serie variada de sentimientos de pena.

3. Miktam. Es un término hebreo de muy difícil comprensión y traducción, y se encuentra en seis salmos (Sal 16; 56—60); quizá es una referencia a algún tipo de castigo o puede inclusive aludir a una joya dorada.

4. «Oración». En hebreo, *tepillah.* Se encuentra en los títulos de varios salmos (Sal 17; 86; 90; 102; 142) y describe la piedad de los adoradores; puede también relacionarse con las expresiones de lamentación del pueblo.

5. «Cántico». En hebreo, *shir*. Este es el término técnico común para aludir a los cánticos, tanto religiosos como seculares, y se encuentra como en 30 salmos. La diferencia entre *mizmor* y *shir* no es clara, pues varios salmos incluyen los dos términos (Sal 65; 75; 76; 92).

6. «Maskil». Designa a un tipo particular de salmo (Sal 88), aunque la comprensión y traducción precisa del término no es totalmente posible. Quizá alude a algún salmo de edificación, enseñanza o meditación.

7. «Alabanza». En hebreo, *tehillah*. Alude e identifica a varios salmos de alabanzas a Dios (Sal 65.1; 119.171; 145).

8. «Cántico de amores». En hebreo, *shir yedidot*. Expresión que describe un tipo particular de salmo que afirma el amor (Sal 45).

9. «Cántico de las subidas». En hebreo, *shir hammacalot*. La frase alude a un tipo particular de salmos que se utilizaba al subir al Templo de Jerusalén (Sal 120—134).

c) Términos de uso y finalidad litúrgica

1. «Acción de gracias». En hebreo, *todah.* Estos salmos aluden a la importancia de la ofrenda de gratitud (Sal 69.31), posiblemente como expresión comunitaria. Estos salmos pueden identificarse por sus temas de acción de gracias.

2. «Penitencia». En hebreo, *leannoth.* Es posiblemente un término técnico que alude a la contrición o penitencia (Sal 88).

3. «Ofrenda memorial». En hebreo, *lehazkir.* Es un término que alude a la ofrenda o sacrificio memorial, cuyo propósito es posiblemente recordar ante el Señor la naturaleza del dolor humano (Sal 38; 70).

4. «Cántico de la dedicación del Templo». En hebreo, *shir hanukkat habbayit.* Este cántico se utilizaba en el Templo para recordar la importancia de su dedicación (Sal 30).

5. «Para la enseñanza». En hebreo, *lelamed.* La palabra alude a la importancia de la educación y destaca la finalidad pedagógica del Salterio.

6. «Para el día de reposo». En hebreo, *lesabat.* La expresión afirma la importancia del día de reposo para la comunidad judía (Sal 92).

MÚSICOS DE LA ÉPOCA BÍBLICA

d) Términos musicales

1. «Al músico principal». En hebreo, *lamenaseah.* Este término es muy común en el Salterio, aparece en 55 salmos y también en Habacuc 3.19; y posiblemente la expresión proviene del reino del norte, Israel, que equivale «a David» en el reino del sur, Judá.

2. «Con instrumentos de cuerdas». En hebreo, *bineginot.* Posiblemente alude a la práctica de acompañar a algunos salmos únicamente con instrumentos de cuerdas, no con instrumentos de viento o de percusión (Sal 4; 6; 54; 55; 67; 76).

3. «Para las flautas». En hebreo, *el hannehilot.* Alude a un tipo de salmo que debía ser acompañado con flautas; posiblemente se refiere a salmos de lamentación (Sal 5).

4. Selah. Este término aparece con regularidad en los salmos, como en 71 ocasiones, y 3 veces adicionales en Habacuc, y es de muy difícil traducción y comprensión. Algunas traducciones antiguas lo vierten al griego como *diapsalma,* que se piensa que era un tipo de interludio o intermedio donde se cantaba otra melodía o se tocaba algún instrumento musical. La traducción latina de la Biblia, la Vulgata, generalmente no traduce la expresión; y en la tradición judía se pensaba que significaba «por siempre» o «eternamente». Otras alternativas incluyen «levantar la voz» o «cantar más alto», en referencia a la música; también, «retornar» o «doblarse a orar», en alusión a que la congregación debía postrarse ante Dios.

5. Higgaion. Alude a algún detalle musical de difícil comprensión en la actualidad (Sal 9.16); puede ser una referencia al bajar de la voz en el cántico del salmo.

6. «En la octava». En hebreo, *al hassseminit.* Aunque algunas personas han indicado que la expresión se refiere a que las personas debían cantar en un octavo de nota más baja, posiblemente una mejor comprensión del término es que alude a algún tipo de instrumento musical de ocho cuerdas.

7. Haggittit. El término es de difícil comprensión, y posiblemente se refiere a la lira o a la presa de vino (LXX) (Sal 8; 81; 84).

8. Al mut labben. La frase es extraña, y significa «en la ocasión de la muerte del hijo»; posiblemente es una variante o corrupción de la expresión *al alamot* (Sal 46).

9. Al alamot. Aunque algunas traducciones antiguas la traducen como «doncellas», pues es probable que las mujeres tuvieran algún papel menor en la liturgia del Templo; también puede referirse a los misterios o las cosas ocultas (Sal 46).

10. «Los lirios». En hebreo, *al sosanim.* Posiblemente es una alusión al proceso antiguo donde de descubrían oráculos al mirar los lirios, aunque también se puede referir a los lirios como símbolos del amor y la fertilidad (Sal 45; 60; 69; 80).

11. «Las flautas». En hebreo, *al mahalat.* La expresión es compleja y muy difícil de traducir; posiblemente se refiere a las flautas, como símbolo de lamentación y dolor (Sal 53).

12. «Sobre la paloma muda de las lejanías». En hebreo, *al ayelet hasahar.* Aparece en el título del Salmo 56, y posiblemente se refiere a la forma o la tonada y el ritmo en que el salmo debía ser cantado.

13. «No destruyas». En hebreo, *al tashet.* Quizá se refiere a algún acto de la liturgia (Sal 57; 58; 59; 75), o alguna forma de cántico (Sal 65.8).

e) Notas históricas

Algunos salmos incluyen varias referencias históricas para ubicar los poemas en el contexto de algunos episodios de la vida de David. Posiblemente estas notas fueron añadidas luego del exilio en Babilonia (véanse Sal 3; 7; 18; 34; 51; 52; 54; 56; 57; 59; 60; 63; 142), y nos brindan alguna información en torno a la interpretación y uso del salmo luego del destierro.

4. Composición de los salmos individuales y redacción final del libro

La historia de la redacción de los salmos individuales es extensa, y es complejo el proceso gradual de compilación de poemas hasta llegar al libro que tenemos en la actualidad. Todo comenzó de forma oral, posiblemente cuando los salmistas recitaban las oraciones para expresar sus sentimientos más significativos en torno a Dios y la vida. Estas plegarias y composiciones pasaron de generación en generación, a medida que la comunidad de fe se apropiaba de esos clamores, al entender que reflejaban sus pensamientos y sentimientos sobre las acciones de la divinidad en las diferentes esferas de la vida.

El reconocimiento de la importancia espiritual, litúrgica, literaria e histórica de los salmos se relaciona con el período en el que el pueblo de Israel inició sus experiencias de adoración como comunidad, y siguió hasta la composición del último salmo que se incorporó en el libro. Posiblemente una de las fuerzas mayores que guió la redacción y edición final del Salterio se relaciona con la crisis de la caída del reino de Judá, y su posterior exilio en Babilonia. Esas extraordinarias dificultades históricas produjeron en el pueblo un sentido escatológico muy serio y profundo.

La redacción y la transmisión de los salmos en Israel formó parte de las experiencias religiosas del Medio Oriente antiguo, y los salmistas utilizaron los temas, las técnicas y las metodologías que eran comunes en ese gran entorno geográfico, histórico, religioso y cultural. Ese proceso fue largo y complejo, y se fundamentó principalmente en la importancia que la comunidad de Israel le dio a esa literatura en la adoración, y también a la afirmación que los salmos le brindaban al pueblo en su peregrinaje al futuro.

Esa importante dinámica de redacción y compilación también tomó seriamente en consideración la identificación y afirmación de la literatura que se convertiría con el tiempo en Sagrada Escritura. El libro de los Salmos es una importante antología literaria y religiosa, que contiene los poemas, las oraciones, los valores y las experiencias que sobrevivieron a ese proceso extenso e intenso de redacción, compilación y edición.

Nuestro empeño por descubrir el nacimiento de cada salmo no nos conduce necesariamente a sus autores originales, cuyos nombres propios e identidades específicas se pierden en el anonimato de la historia, el tiempo y la cultura. Las investigaciones sosegadas, los estudios sistemáticos y los análisis científicos en torno a sus orígenes nos llevan principalmente a los contextos iniciales y primarios en los cuales se utilizaron los salmos.

En torno a este particular tema de la autoría es importante indicar que el concepto contemporáneo es diferente al que se poseía en la antigüedad. En las sociedades modernas se han redactado una serie de leyes que protegen a los autores y las autoras, y que proveen regulaciones adecuadas que afirman la propiedad intelectual de las personas. En el mundo antiguo, por el contrario, se desconocían esas ideas de propiedad intelectual privada, y las composiciones eran entendidas como parte de la vida y de la propiedad de la comunidad, que las utilizaba y revisaba repetidas veces a través de la historia en sus diversas actividades religiosas y culturales.

Aunque ciertamente los salmos deben haber sido compuestos por personas con gran capacidad analítica, crítica, literaria, estética y poética, los procesos sociales, religiosos y sicológicos de transmisión de esta información de la etapa oral a la escrita no guardó la identidad precisa de esos personajes. Únicamente tenemos el día de hoy los entornos culturales en los cuales los salmos eran utilizados, entre los que podemos identificar los siguientes: procesiones nacionales y festivales anuales, ceremonias de entrada al Templo de Jerusalén y cánticos de peregrinación, eventos educativos, y oraciones privadas y actividades litúrgicas específicas.

Algunos salmos son oraciones individuales de alabanzas o quejas, mientras que otros manifiestan los mismos temas, pero desde la perspectiva de toda la comunidad. Aunque el proceso de redacción de los salmos se inició de forma individual, en algún momento de la historia de Israel, posiblemente luego de la institución de la monarquía, comenzó el proceso de agrupar y ordenar los diversos grupos de salmos para su uso litúrgico en el Templo.

En la actualidad, el libro de los Salmos se divide en cinco secciones mayores o en cinco «libros»:

- Libro I: Salmos 1—41
- Libro II: Salmos 42—72
- Libro III: Salmos 73—89
- Libro IV: Salmos 90—106
- Libro V: Salmos 107—150

Los autores

Aunque ciertamente los salmos deben haber sido compuestos por personas con gran capacidad analítica, crítica, literaria, estética y poética, los procesos sociales, religiosos y sicológicos de transmisión de esta información de la etapa oral a la escrita no guardó la identidad precisa de esos personajes. Únicamente tenemos el día de hoy los entornos culturales en los cuales los salmos eran utilizados, entre los que podemos identificar los siguientes: procesiones nacionales y festivales anuales, ceremonias de entrada al Templo de Jerusalén y cánticos de peregrinación, eventos educativos, y oraciones privadas y actividades litúrgicas específicas.

Cada sección o «libro» finaliza con una afirmación doxológica o alabanza a Dios (véanse Sal 41.13; 72.19; 89.52; 106.48; 150). Las atribuciones a algún personaje de gran importancia histórica, así como de reconocimiento y aprecio de la comunidad fueron algunos de los criterios para la compilación de los grupos (p.ej., David, Salomón y Moisés). Otros salmos se agruparon por razones temáticas o por el uso específico que le daban en el culto (p.ej., los Sal 120—134, que son denominados como de «ascenso gradual» o «peregrinación», pues se utilizaban para subir o ascender al Templo).

Una peculiaridad teológica y literaria en el Salterio es la preferencia del uso del nombre divino en sus diversas secciones. Los diversos «libros» del Salterio o secciones se dirigen a Dios con su nombre propio y personal (p.ej., Yahvé, o Jehová en las versiones Reina-Valera), o utilizan el nombre genérico para referirse al Señor, Elohim. Las preferencias en torno al nombre divino se presentan en la siguiente gráfica:

Libro	Yahvé	Elohim
Libro 1	272	15
Libro II	74	207
Libro III	13	36
Libros IV y V	339	7

Luego del primer dúo de salmos (Sal 1—2), que son una especie de introducción a toda la obra, tenemos dos importantes colecciones de poemas que se atribuyen, según sus títulos hebreos, al famoso rey David: Sal 3—41 y Sal 51—72. Una nota de gran importancia literaria y teológica se incluye al final del segundo libro, pues se indica claramente que con ese poema finalizan los salmos de David (Sal 72.20). Esta particular referencia es posiblemente una forma de indicar que en algún momento de la historia, los salmos editados y compilados finalizaban con esa colección relacionada con David.

La intensión teológica del redactor final del Salterio se revela al estudiar con precisión la sección que incluye los Salmos 15—24. Esta serie de poemas está dispuesta de manera simétrica o en forma de quiasmo, y en su centro estructural se revela el tema que se desea destacar: la gloria divina y la importancia de la Ley de Dios.

A. Sal 15: Liturgia de entrada
  B. Sal 16: Salmo de confianza
    C. Sal 17: Lamentación
      D. Sal 18: Salmo real
        E. Sal 19: Himno para la gloria de Dios y la Torá
      D'. Sal 20—21: Salmos reales
    C'. Sal 22: Lamentación
  B'. Sal 23: Salmo de confianza
A'. Sal 24: Liturgia de entrada

Junto a los salmos davídicos se incluyen dos colecciones adicionales de poemas que se atribuyen a grupos de músicos que ejercían sus labores regulares en el Templo de Jerusalén: algunos se relacionan con Asaf (Sal 50; 73—83); y otros, con Coré (Sal 42—49). Estos salmos son esencialmente cánticos e himnos que reflejan la teología tradicional de alabanza y oración del pueblo de Israel, y posiblemente incorporan las tradiciones teológicas y litúrgicas del reino del norte a las experiencias religiosas del sur en Jerusalén.

En el proceso de compilación del libro de los Salmos, el segundo grupo de salmos de David se incorporó luego de los salmos de Coré, y los salmos relacionados con Asaf se ubicaron posteriormente para seguir al Salmo 72, y así formar un conjunto de poemas (Sal 42—83) que pasó por un proceso de revisión estilística de gran importancia teológica y literaria. En muchas ocasiones, el nombre propio de Dios en hebreo (Yahvé o Jehová, en la tradición de revisiones Reina-Valera) en esa sección del Salterio se cambió por la referencia general al Señor (en hebreo, Elohim o Dios), posiblemente para afirmar el monoteísmo radical e indicar que el Dios bíblico era el Señor no solo del pueblo de Israel sino de toda la tierra. A estas composiciones, conocidas como salmos eloístas, se le añadió otra colección de salmos de Coré (84—89), para finalizar la tercera sección del libro de los Salmos. Estas colecciones de salmos de David, Asaf y Coré, posiblemente, formaron la base inicial que posteriormente se convirtió en el libro de los Salmos, como lo conocemos el día de hoy.

El orden de los Salmos

El arreglo actual del libro de los Salmos responde a las necesidades religiosas de la comunidad judía postexílica. Los salmos que se incluyen en el canon bíblico sirvieron para proclamar los sentimientos religiosos más importantes de la comunidad de fe judía. Esos cánticos contienen el recuento de las experiencias religiosas más significativas del pueblo de Israel, que a su vez fueron utilizadas por la iglesia cristiana primitiva para comunicarse con el Dios eterno, Padre y Señor de Jesús de Nazaret.

Las secciones finales de la colección de salmos bíblicos se formaron posiblemente con criterios teológicos particulares o con prioridades litúrgicas específicas. Como es el caso en los manuscritos descubiertos en el Mar Muerto, los Salmos 90—150 en diversos manuscritos se encuentran en diferentes secuencias. Posiblemente, para la época de la redacción de los documentos de Qumrán (c. 150 a.C.–100 d.C.), todavía la colección canónica de salmos no había tomado su forma final y definitiva. Varios grupos de salmos, en esta parte final de compilación del Salterio, tienen temas en común; p.ej.: cánticos de ascensión al Templo (Sal 120—134); himnos que celebran el reinado del Señor (93; 95—99); y tres secuencias de salmos de alabanzas o de aleluyas, conocidos como «salmos hallel» (Sal 111—113; 115—117; 146—150).

Para finalizar el libro de los Salmos se incluyen dos doxologías: la primera para separar la cuarta sección de salmos de la quinta (Sal 106.48); y la segunda (Sal 150), para completar y cerrar el libro con un tono de alabanza y adoración.

El arreglo actual del libro de los Salmos responde a las necesidades religiosas de la comunidad judía postexílica. Los salmos que se incluyen en el canon bíblico sirvieron para proclamar los sentimientos religiosos más importantes de la comunidad de fe judía. Esos cánticos contienen el recuento de las experiencias religiosas más significativas del pueblo de Israel, que a su vez fueron utilizadas por la iglesia cristiana primitiva para comunicarse con el Dios eterno, Padre y Señor de Jesús de Nazaret. De esa forma, el libro de los Salmos se convirtió en un recurso para el culto público y privado, y en la fuente de autoridad teológica y espiritual para los creyentes y las comunidades de fe, judías y cristianas.

5. Mujeres salmistas

Para la comprensión adecuada del Salterio debemos tomar en consideración las contribuciones de las mujeres a la liturgia y a las ceremonias religiosas antiguas. En los anales pictóricos provenientes de Egipto y Asiria, se pone claramente de manifiesto la participación destacada de las mujeres como bailarinas, cantantes e instrumentistas. Además, aunque los autores de los antiguos himnos sumerios generalmente no son identificados, un muy importante y revelador ciclo de 42 poemas y cánticos, que destaca de forma extraordinaria las virtudes de sus templos y divinidades, es atribuido a la princesa Enheduanna, hija del rey Sargón, que es descrita como una poetisa virtuosa.

A esta realidad internacional, que se revela del estudio sistemático de la literatura del antiguo Oriente Medio, debemos añadir el gran valor que se daba en la sociedad israelita a las mujeres cantantes. Sabemos por el testimonio bíblico que cantaban en ceremonias fúnebres (2 Cr 35.25), y que también participaban de eventos de importancia en el palacio real (2 S 19.35). Inclusive, algunas mujeres fueron enviadas como parte del tributo que Judá pagó a los asirios, para salvar la ciudad de Jerusalén en la crisis del año 701 a.C. Posiblemente estaban organizadas en grupos, como se desprende del relato que identifica a un grupo de 200 cantantes que llegó del exilio (Esd 2.65).

Las mujeres y el Salterio

El Salterio recoge estas importantes contribuciones de mujeres a la vida cúltica del pueblo, y las incorpora en una gran ceremonia y procesión de alabanzas al Señor, en la que participan también un grupo de cantores y músicos. En medio de esa algarabía de entusiasmo y celebración, se identifican a las mujeres que van cantando con panderos y con gestos de gratitud y felicidad (Sal 68.25). Esas contribuciones femeninas le añadían a las ceremonias entonaciones vocales complementarias y movimientos rítmicos alternos al que producían sus compañeros varones, y de esa forma contribuían positivamente a la belleza estética de las celebraciones.

De acuerdo con esta información, por lo menos durante el período de la monarquía, había participación destacada de mujeres en las ceremonias que se llevan a efecto en el Templo, posiblemente como cantantes e instrumentistas. Estaban en la importante tradición de María la profetisa, que inspiró a un grupo de mujeres a cantarle al Señor un himno de triunfo con panderos y alabanzas, y danzas de alegría ante las intervenciones salvadoras de Dios con el pueblo de Israel (Ex 15.20-21). Las mujeres salmistas siguen el ejemplo de Débora, que a la vez era jueza y profetisa, que se inspiró y entonó uno de los himnos de triunfo más importante en la historia del pueblo de Israel (Jue 5.1, 7). En esa misma vertiente poética e hímnica, está Ana, la madre de Samuel, que se allega al santuario de Silo a presentar sus ofrendas y votos, y canta un himno al Señor que es una especie de anticipación al reinado del Mesías (1 S 2).

El Salterio recoge estas importantes contribuciones de mujeres a la vida cúltica del pueblo, y las incorpora en una gran ceremonia y procesión de alabanzas al Señor, en la que participan también un grupo de cantores y músicos. En medio de esa algarabía de entusiasmo y celebración, se identifican a las mujeres que van cantando con panderos y con gestos de gratitud y felicidad (Sal 68.25). Esas contribuciones femeninas le añadían a las ceremonias entonaciones vocales complementarias y movimientos rítmicos alternos al que producían sus compañeros varones, y de esa forma contribuían positivamente a la belleza estética de las celebraciones.

6. El texto hebreo de los Salmos

Al igual que el resto del AT, el texto hebreo del Salterio fue fijado con sus consonantes mediante el trabajo de los escribas judíos del siglo 1 d.C., y desde entonces, ese texto ha sido preservado con bastante fidelidad a través de los siglos. Posteriormente, con el trabajo esmerado de un grupo de judíos estudiosos conocidos como los masoretas, se le añadió a los manuscritos consonánticos los signos vocálicos, que facilitaban la pronunciación, lectura y comprensión de las Escrituras Sagradas. Las traducciones que se hacen del Salterio en la actualidad generalmente utilizan con seguridad ese texto hebreo. En efecto, una vez que se fijó por escrito el texto hebreo de los Salmos su transmisión y preservación fue bastante buena.

Sin embargo, antes de esa importante fijación textual, la historia de la transmisión de los salmos de forma oral fue compleja. Por muchos años los salmos se transmitían de generación en generación de manera oral, y estaban abiertos a adaptaciones, revisiones y añadiduras. A estas realidades de transmisión oral, que con el tiempo se hicieron por escrito, es que se deben la duplicación de algunos salmos (p.ej., Sal 14 y 53; Sal 40.14-17 y 70; Sal 57.8-12 y 108.2-6; Sal 18 y 1 S 22; Sal 105.1-15, y 96 con 1 Cr 16.8-36), y las diferencias en las lecturas y la comparación de los salmos masoréticos con los de Qumrán y la LXX. Además, a esos largos y complejos procesos de transmisión oral y literaria, debemos añadir las dificultades que se relacionan con los errores y las revisiones de los copistas (¡trabajaban en condiciones no ideales!), el deterioro natural de los manuscritos (¡tanto por el uso continuo como por el tiempo!), y los cambios en la grafía hebrea a través de la historia.

El libro de los Salmos también enfrentó desafíos extraordinarios de supervivencia en la historia del pueblo de Israel. La experiencia de la destrucción del Templo y la posterior deportación de los judíos a Babilonia debió haber sido traumática para la comunidad y para las autoridades religiosas. De acuerdo con algunas fuentes literarias antiguas (2 Mac 2.13), Nehemías se esforzó por recoger y coleccionar nuevamente los manuscritos sagrados, particularmente los de David, en referencia a los Salmos. Posteriormente en la historia, Antíoco IV Epífanes (167-164 a.C.) intentó destruir los libros sagrados de los judíos (2 Mac 2.14). Por todas esas vicisitudes históricas y literarias, el libro de los Salmos presenta algunas variantes importantes que, aunque no afectan la integridad teológica y el valor religioso del libro, presentan a los estudiosos desafíos formidables.

Las traducciones antiguas del Salterio fueron importantes en la difusión y el uso de los salmos. La de mayor importancia es la LXX, en el griego *koiné*, que fue utilizada en la liturgia tanto en las iglesias de Oriente como en las de Occidente hasta mediados del siglo 2 d.C. La Vetus Latina contenía los salmos traducidos al latín que se utilizaban en África y Roma desde el siglo 2 d.C., y sirvió de base para las revisiones y traducciones de San Jerónimo hechas en Belén a partir del año 387 d.C.

Los manuscritos de los Salmos nos permiten ver algunas dimensiones históricas de la vida del pueblo de Israel que no debemos obviar ni ignorar. Aunque la finalidad principal del Salterio es litúrgica y teológica, de la lectura de sus poemas se descubren algunos aspectos históricos que nos ayudan a comprender mejor la vida del pueblo de Israel. Los clamores del pueblo y sus reflexiones sobre los desafíos que debían enfrentar, les permitieron describir la vida con sus virtudes y complejidades.

Una lectura atenta de los salmos nos ayuda a comprender esa dimensión histórica de la realidad humana. Los salmos aluden a la trágica experiencia de la caída de la ciudad de Jerusalén, la dolorosa deportación de los judíos y la angustia de vivir en el exilio babilónico (Sal 137), y también comenta en torno a las dinámicas militares de la antigüedad (Sal 5; 18; 20; 21; 35; 44; 46). Desde la perspectiva económica, el Salterio puede ser una buena fuente de información valiosa, pues describe algunas dinámicas fiscales de importancia en la antigüedad (Sal 15.5; 107.23). Para las personas interesadas en la liturgia y la música, los salmos pueden ser una fuente importante de información, pues estos poemas surgen de esos contextos cúlticos de celebración, piedad y alabanzas (Sal 22.26; 50.14; 61.9; 65.2; 66.13; también 33.2; 57.9; 92.4; 98.5-6; 108.3; 149.3; 150.3-5).

7. Los géneros literarios

La interpretación adecuada del Salterio se relaciona íntimamente con el análisis y la comprensión de sus géneros literarios. El libro de los Salmos no es el resultado del azar teológico, ni es el fruto de una compilación fortuita de salmos sueltos: Es el esfuerzo de muchos años y siglos de experiencia religiosa y litúrgica, que se integran paulatina y ordenadamente para crear una antología extraordinaria de cánticos y oraciones. El Salterio tiene integridad literaria, presenta objetivos teológicos definidos y manifiesta prioridades religiosas precisas. La evaluación e interpretación de cada unidad debe hacerse a la luz de la obra como un todo. Cada salmo debe analizarse considerando el resto y la totalidad del libro, pues los objetivos pedagógicos de la obra se ponen de manifiesto en los temas y asuntos que se presentan e incorporan en cada unidad.

Los géneros literarios

Lo que se conoce comúnmente como el «tipo» o la «forma» de salmo es en realidad su género literario. Ese género literario de los salmos se refiere específicamente a un grupo de textos que muestran similitudes en su contenido temático y teológico, estructura literaria y estilo, así como fraseología. La identificación del género nos permitirá analizar e interpretar adecuadamente el salmo; además, esa comprensión nos permite entender otros salmos del mismo género.

La metodología dominante en el estudio de los Salmos comienza con la evaluación precisa y sosegada de sus géneros literarios. El método prioritario de análisis del Salterio se inicia con la ponderación sobria y cautelosa de sus formas de comunicación y expresión literarias. Esta metodología permite ubicar al salmo en su particular entorno literario, y prepara el camino para identificar el contexto histórico y litúrgico en el cual el salmo se utilizaba en la antigua comunidad litúrgica de Israel.

Para la comprensión adecuada de algún salmo específico es necesario, hasta donde sea posible, determinar las particularidades literarias que lo distinguen y las dinámicas cúlticas que le rodeaban. De esa forma la persona estudiosa de este tan importante libro de la Biblia puede relacionar el salmo analizado con otros poemas representantes del mismo género y distinguir el contexto histórico y cultural en el cual el salmo se desarrolló. Se pueden distinguir de esta manera las prioridades teológicas, metas educativas y particularidades litúrgicas de esa literatura.

Lo que se conoce comúnmente como el «tipo» o la «forma» de salmo es en realidad su género literario. Ese género literario de los salmos se refiere específicamente a un grupo de textos que muestran similitudes en su contenido temático y teológico, estructura literaria y estilo, así como fraseología. La identificación del género nos permitirá analizar e interpretar adecuadamente el salmo; además, esa comprensión nos permite entender otros salmos del mismo género.

En el libro de los Salmos pueden distinguirse, por lo menos, cinco géneros literarios mayores y varios menores. Estos géneros incluyen una serie de componentes literarios característicos que los identifican y particularizan.

a) Súplicas individuales de ayuda

Este tipo de salmo es el más popular del Salterio. Presenta a un individuo que está asediado por una serie intensa de problemas y calamidades, y ora a Dios por ayuda y apoyo. Estas plegarias son lamentos que ponen de manifiesto el estado anímico y la necesidad espiritual de la persona que clama. Posiblemente se utilizaban en el Templo en el contexto de las celebraciones litúrgicas, cuando el adorador se presentaba ante Dios en momentos de crisis personal, familiar o nacional (p.ej., 3; 5—7; 9—10; 13; 17; 22; 25—28; 31—32; 35; 38; 39; 41—43; 51; 54—57; 59; 61; 64; 69—71; 77; 86; 88; 102; 130; 140—143).

Las oraciones de súplica o lamentación presentan el grito y el clamor más hondo del salmista, que se siente angustiado y perseguido, y reconoce que únicamente en Dios está su esperanza. En el momento de la calamidad estos salmos son vehículos de liberación y salud mental y espiritual para las personas que pueden confiar únicamente en el Señor.

Las quejas y angustias más comunes que se ponen de manifiesto en este tipo de salmo son las siguientes:

- Preocupación por sus propios pensamientos.
- Dolor por sus acciones y comportamiento.
- Respuesta a los ataques de los enemigos.
- Frustración por la actitud de Dios ante sus dolores y sufrimientos.

Los elementos característicos de estas súplicas son varios, aunque no se presentan en el mismo orden en todos los salmos. Los que escribieron los salmos utilizan estos recursos de forma creadora, y no siguen el mismo patrón ni incluyen los elementos identificados en todos los salmos. Es importante recordar, al analizar estos géneros literarios, la naturaleza poética y creativa de los salmos, que le permite al autor manifestar sus sentimientos, evocar nuevas ideas y presentar sus enseñanzas con licencia o libertad literaria.

Estas súplicas presentan las siguientes características:

- Están escritos en primera persona singular, y expresan la petición de ayuda Dios en forma directa.
- El adorador, que se identifica como «siervo del Señor», suplica a Dios y reclama su ayuda.
- El salmo describe la calamidad y presenta la necesidad del adorador en su relación con Dios, en las dinámicas con otras personas y consigo mismo. Generalmente el problema se articula en tres categorías: enfermedades físicas y sicológicas; acusaciones y traiciones de vecinos y familiares; y conflictos armados, tanto locales como nacionales e internacionales.
- La petición se complementa con afirmaciones que indican el porqué Dios debe escuchar la plegaria. De particular importancia en estos salmos es el que el adorador apela al amor y a la naturaleza misericordiosa de Dios.
- El salmo incluye también afirmaciones diversas de confianza en el Señor y confesiones de fe.
- Generalmente finalizan con algunas promesas de sacrificio o alabanzas al Señor.

b) Cánticos individuales de gratitud

Instrumento musical empleado en el culto del Templo

Estos salmos presentan una expresión de gratitud a Dios por su intervención extraordinaria en medio de la calamidad (Sal 34). Generalmente la oración se articula de forma directa a Dios, y se comunica como un testimonio público de acción de gracias sobre la capacidad divina de intervención en crisis. Estos cánticos son la contraparte litúrgica de las súplicas individuales de ayuda, y generalmente finalizan con una promesa de alabanza y de sacrificios (Sal 107).

Las alabanzas y gratitud a Dios se encuentran en diversos tipos de salmos. De particular importancia es la gratitud que responde a algún lamento o queja, pues es una manera de anticipar la intervención salvadora del Señor. El presupuesto teológico del salmista es que Dios tiene la capacidad y el deseo de escuchar su clamor, y cuando recibe la respuesta divina expresa nuevamente su gratitud.

El contexto litúrgico del salmo es posiblemente la presentación de un sacrificio de gratitud en el Templo (Sal 30; 116). Los elementos típicos y particulares de esta categoría de salmos son los siguientes:

- Alabanzas que se presentan a Dios, en las que se afirma que ante las peticiones de ayuda el Señor escuchó el clamor del adorador.
- Se llama a la comunidad a unirse al cántico de gratitud y adoración como testimonio de la intervención divina.
- Se presenta la alabanza y el sacrificio a Dios para cumplir la promesa hecha en el momento de la aflicción y dolor.

c) Peticiones de ayuda de la comunidad

Cuando la crisis amenaza no solo al individuo sino a la nación entonces se articulan oraciones colectivas de petición de ayuda y apoyo. Muchas de ellas se relacionan con la colección de Asaf, y describen situaciones terminales en la que un ejército poderoso y superior amenaza la seguridad de la ciudad de Jerusalén, anuncia la destrucción del Templo y atenta contra la existencia misma del pueblo de Dios.

Los elementos distintivos que se incluyen en estas plegarias son similares a los que aparecen en las peticiones de ayuda individuales, con dos particulares excepciones: en primer lugar, la comunidad es la que clama al Señor; y en segunda instancia, en la petición el pueblo evoca las antiguas intervenciones de Dios que salvan y liberan a Israel.

Estas oraciones tienen gran significado educativo en el Salterio porque articulan algunas de las afirmaciones teológicas más importantes en la Biblia en torno al pueblo de Israel: ¡Revelan las formas en que Dios interviene con su pueblo a través de la historia! Estas plegarias ponen de manifiesto las voces de un pueblo que sabe cómo dialogar con Dios para recibir la respuesta adecuada en el momento oportuno.

- El elemento definitivo de estas oraciones son las peticiones de ayuda y los reclamos a Dios para que escuche el clamor de la comunidad.
- Las descripciones de la crisis revelan la ausencia o ira de Dios, el sufrimiento y humillación del pueblo, así como el poder y la arrogancia de los enemigos.

- Para apoyar las peticiones, el pueblo apela al honor y la gloria de Dios, y también incentiva a que la comunidad manifieste su compromiso y confianza al Señor.
- Las oraciones afirman las intervenciones divinas en medio de la historia del pueblo, inclusive ponen de manifiesto la obra extraordinaria de Dios en la creación del mundo.
- El pueblo promete alabar a Dios como resultado de su ayuda en la dificultad.

d) Los himnos

Los himnos en el Salterio son cánticos de alabanzas exuberantes en los que Dios es el único sujeto de la adoración. El propósito básico de estos salmos es adorar y alabar al Señor; la finalidad primordial es manifestar el regocijo por la bondad divina; y el carácter fundamental es ensalzar la grandeza y el poder de Dios. Aunque ciertamente hay algunas alabanzas a Dios en las oraciones o súplicas individuales de gratitud por alguna experiencia de liberación, el elemento fundamental e indispensable de los himnos es la alabanza (p.ej., 8; 19.1-7; 29; 33; 68; 95; 100; 103—105; 111; 113—115; 117; 135—136; 145—150).

En el catálogo de himnos del Salterio se pueden identificar varias subdivisiones, entre las que encuentran las siguientes: cánticos de Sión (p.ej., Sal 84), salmos de entronización (p.ej., Sal 96) e himnos de procesiones (p.ej., Sal 84).

El lenguaje teológico de los himnos es de gozo y gratitud, y también de reconocimiento del poder divino y su misericordia. Los himnos, además, indican lo que Dios es, lo que hace y lo que tiene la capacidad y el deseo de hacer con su pueblo. Los himnos representan en el Arca del Pacto la figura invisible de Dios, y de esa forma se da espacio y realidad a la naturaleza eterna de Dios. Los himnos se entonaban en las liturgias y celebraciones de las grandes fiestas nacionales del pueblo de Israel.

El análisis de los componentes de la expresión de adoración «aleluya» puede brindarnos una pista para la comprensión de los himnos que se incluyen en los salmos. La palabra incluye el imperativo hebreo en plural, *hallelu,* que llama y reclama la adoración, al que se le ha unido la forma abreviada del nombre hebreo personal de Dios, *Jah* (que es la abreviatura de Yahvé o Jehová). De esa forma, «aleluya» es la transliteración al castellano de la expresión hebrea que esencialmente significa «¡adoren al Señor!».

Los himnos son oraciones directas de alabanzas que presenta ante Dios la gente piadosa y santa. El contenido de esas oraciones afirma la naturaleza extraordinaria de Dios, y se incentiva a la comunidad a alabar también el nombre del Señor, que es una manera simbólica y poética de exaltar y reconocer su naturaleza santa y misericordiosa. El nombre divino representa su naturaleza y esencia, identifica su ser íntimo y particular, pone de manifiesto su poder y misericordia, enfatiza su justicia, así como su santidad.

La siguiente petición condensa de forma adecuada la naturaleza y la extensión de los himnos en el Salterio:

> «Aleluya. Alabad a Jehová, porque él es bueno;
> porque para siempre es su misericordia» (Sal 106.1).

Esta alabanza y petición, que se utiliza tanto en introducciones de salmos como en la afirmación de la bondad divina, pone de relieve los dos elementos sustantivos e insustituibles de los himnos: el llamado a la alabanza, y el fundamento de esa expresión de adoración al Señor. Se alaba al Señor por su bondad y su misericordia, que son atributos divinos entendibles para el pueblo. La base para la alabanza a Dios no es la especulación filosófica ni la calistenia académica sino el reconocimiento de su bondad y la afirmación de su amor.

Aunque en el Salterio se incluyen diversos tipos de himnos, la mayoría comparte la siguiente estructura básica:

- Comienza con un llamado a la alabanza al Señor.
- Se expanden, posteriormente, las razones por las que se debe alabar al Señor.
- A menudo, los himnos finalizan con más alabanzas y gratitud a Dios.

e) Salmos de educación

La finalidad pedagógica de los salmos se pone de relieve de varias formas. El objetivo es incentivar la confianza en el Señor, la meta es propiciar la obediencia a Dios, el propósito es afirmar los valores morales, espirituales, culturales, políticos y religiosos revelados a través de las Sagradas Escrituras al pueblo de Israel. *Tora*, en hebreo, es más que ley rígida escrita; en efecto, es enseñanza, educación, instrucción, pedagogía. En estos poemas educativos, que generalmente son antologías de temas y estilos, el salmista exhortaba a la comunidad y les advertía de los peligros de la infidelidad, a la vez que celebraba las virtudes de la vida piadosa, sabia, justa y santa ante Dios y la comunidad.

En ocasiones algunos salmos se denominan de sabiduría o sapienciales porque se disponen en un estilo literario similar al que se incluye en los libros de los Proverbios, Eclesiastés y Job. En este sentido es importante indicar que el contexto en el cual el salmo era utilizado no era el entorno escolar o académico, sino el culto en el Templo donde se afirmaban las virtudes de las enseñanzas de la Ley de Moisés y los desafíos del mensaje de los profetas de Israel. Estos salmos revelan un período importante de la historia de Israel cuando se utilizaba el culto para afirmar los procesos educativos del pueblo. Otros salmos en esta categoría enfatizan las enseñanzas y la teología de los profetas (Sal 82).

Algunos de los estilos más frecuentes de este tipo de salmos son:

- Declaraciones cortas que intentan exhortar, advertir o afirmar alguna enseñanza de importancia para el pueblo.
- Poemas alfabéticos o acrósticos que se organizan siguiendo la secuencia del alfabeto o alefato hebreo (p.ej., Sal 9—10; 25; 33; 34; 37; 111—112; 119; 145). Estos salmos intentaban contribuir al proceso educativo mediante el apoyo a la dinámica de memorización.
- Los salmos que presentan bienaventuranzas (en hebreo, *'ashre*) son importantes, pues subrayan la importancia de vivir de acuerdo con los principios morales, espirituales y éticos que se incluyen en la literatura mosaica y profética (p.ej., Sal 1).
- En algunas ocasiones en estos salmos los testimonios personales y el recuento de las intervenciones de Dios apoyan y convalidan la enseñanza (p.ej., Sal 32; 34; 37; 73; 94).

Los salmos mesiánicos

La iglesia cristiana, siguiendo esa antigua tradición interpretativa, vieron en estos salmos claras referencias a Cristo, e interpretaban estos poemas no solo como salmos reales, en el sentido histórico del término, sino como literatura mesiánica. Si estos poemas fueron redactados finalmente luego del destierro en Babilonia, cuando la institución de la monarquía había cesado en Israel, entonces esta interpretación mesiánica del Salterio tiene un gran fundamento teológico e histórico.

---

f) Salmos reales

Los salmos reales son los poemas del Salterio que tienen como argumento predominante la figura del rey o de la dinastía real del antiguo Israel (p.ej., Sal 2; 18; 20; 21; 45; 72; 89; 101; 110; 132; 144). Aunque no constituyen un género literario específico, propiamente dicho, se incluyen en una categoría particular por la naturaleza del tema que articulan y por las interpretaciones que han recibido estos poemas a través de la historia, tanto judía como cristiana. En términos estilísticos, los salmos reales incluyen himnos, súplicas y acciones de gracias, pero manifiestan en común un definido interés por la vida y las actividades del monarca israelita, pues revelan la ideología real que se pone de relieve a través de todo el AT.

En la comprensión e interpretación de estos salmos debemos tomar seriamente en consideración la relación íntima que desarrolló el pueblo de Israel entre el monarca davídico histórico y el rey mesiánico esperado en un futuro no determinado. En la lectura atenta y el análisis ponderado de estos salmos, se debe estar consciente de esa importante ligazón teológica, pues se pone de relieve en estos poemas que más allá del monarca histórico del pueblo, la comunidad esperaba al Mesías, que es la idealización extraordinaria de las virtudes de los reyes históricos.

La iglesia cristiana, siguiendo esa antigua tradición interpretativa, vieron en estos salmos claras referencias a Cristo, e interpretaban estos poemas no solo como salmos reales, en el sentido histórico del término, sino como literatura mesiánica. Si estos poemas fueron redactados finalmente luego del destierro en Babilonia, cuando la institución de la monarquía había cesado en Israel, entonces esta interpretación mesiánica del Salterio tiene un gran fundamento teológico e histórico.

Entre los temas más importantes que se exponen en estos salmos se encuentran los siguientes:

- La magnificencia de la figura del rey (Sal 21.6; 45.3—4, 9—10; 72.8-11).
- El favor divino que disfruta el rey (Sal 2.7; 89.27-18).
- Plegarias a Dios en favor del rey (Sal 72.15).
- Oráculos divinos que favorecen al rey (Sal 110.1).

g) Salmos imprecatorios

En el Salterio se encuentra un grupo de salmos que requiere atención particular, por la naturaleza del tema que presentan y por las implicaciones de su teología para la iglesia cristiana. Esos poemas (p.ej., 35; 69; 109; 137), conocidos como salmos imprecatorios o de maldiciones, resultan extraños en el contexto educativo y teológico del mensaje y las enseñanzas de Jesús. Sus clamores, en efecto, pueden manifestar venganza, resentimiento y hostilidad, que son sentimientos ajenos a los reclamos de amor y perdón del evangelio.

En ocasiones, los salmistas, al encontrarse totalmente indefensos ante los avances despiadados de la maldad, injusticia, violencia y opresión, no sólo clamaban al Señor, a quien reconocían como fuente absoluta de liberación y esperanza, sino que suplicaban a Dios que hiciera caer los peores males sobre sus enemigos. De esa forma se presentan algunos salmos y se articulan varias oraciones que unen sus súplicas más intensas con las imprecaciones o maldiciones más violentas y radicales (p.ej., 58.6-11; 83.9-18; 109.6-19; 137.7-9). Algunas de las imprecaciones revelan, inclusive, un deseo ardiente de guerra, pues manifiestan una muy seria actitud de venganza contra los enemigos; son clamores intensos que suplican la implantación de justicia en momentos de angustia extrema y necesidad absoluta.

La comprensión adecuada de estos poemas debe tomar en consideración el entorno teológico de esa época, en la que no se habían desarrollado plenamente los conceptos de vida eterna y perdón que se ponen de manifiesto en los escritos del NT (Mt 5.43-48; Rom 12.17-21). De acuerdo con la religión de los antiguos israelitas, las buenas y las malas acciones de las personas debían ser recompensadas en la vida, y la gente malvada debía recibir el merecido de sus acciones y castigos antes de morir. Esa convicción ponía claramente de manifiesto la importancia y necesidad de la justicia divina, que retribuía a las personas de acuerdo con sus acciones en la vida. Fundamentados en estas convicciones, los salmistas solicitaban ardientemente al Señor las manifestaciones claras de esa justicia divina.

La iglesia cristiana, sin embargo, ha reconocido en estos salmos imprecatorios un deseo genuino por la implantación de la justicia. El amor hacia los enemigos no debe ser de ninguna manera indiferencia hacia el mal o rechazo de sus raíces, sino una afirmación de fe que celebra la capacidad divina de transformación y renovación. En efecto, el Dios bíblico tiene la capacidad y el deseo de «hacer nuevas todas las cosas», pues está interesado en establecer «un cielo nuevo y una tierra nueva», donde «ya no habrá más muerte, ni habrá más llanto ni clamor ni dolor, porque las primeras cosas ya pasaron» (Ap 21.1-4).

El amor al enemigo desde la perspectiva cristiana no tiene como finalidad ignorar sus maldades ni aceptar sus actitudes malsanas, solo le brinda una oportunidad de arrepentimiento. Los salmos imprecatorios son expresiones que intentan, de un lado, expresar con sinceridad y firmeza el dolor más intenso y las frustraciones más hondas que siente la gente de fe ante las calamidades y adversidades de la vida. Y del otro, imploran con valor la manifestación de la justicia del Señor, que es capaz de redimir y transformar, no solo las realidades adversas que rodean a los creyentes sino que puede intervenir para que las personas injustas que han ocasionado los problemas y las injusticias reciban de Dios el trato adecuado por sus maldades.

h) Otros tipos de salmos

Además de los géneros literarios mayores que se han identificado y presentado, el Salterio incluye una serie importante de salmos que no siguen los patrones generales de la literatura anterior.

- Algunos presuponen las ceremonias de procesión y entrada al Templo (Sal 15; 24; 118).
- Otros utilizan el estilo literario y legal que se usaba en las cortes de justicia (Sal 50; 82).
- Varios son conocidos como penitenciales (p.ej., Sal 51) y mesiánicos (p.ej., Sal 110).
- También se encuentran varios cánticos que entonaban los peregrinos al llegar a Jerusalén y ascender al Templo (Sal 120—134).

8. Teología en los salmos

Como el libro de los Salmos presenta en sus poemas la vida misma en sus diversas manifestaciones (así como también ponen en evidencia sus complejidades sociales, económicas, religiosas, sicológicas, políticas y espirituales), la teología que articula no es sistemática ni especulativa. La teología y el conocimiento de Dios en el libro de los Salmos emergen de las vivencias cotidianas del pueblo, y surgen en medio de las relaciones diarias de la comunidad, en las cuales puede verse manifestada la acción divina. Ese tipo de teología (que muy bien puede catalogarse como «inductiva», «popular» o «contextual», en el mejor sentido de esas palabras e ideas) toma seriamente en consideración el panorama complejo y amplio de la vida, y pone de relieve los temas y asuntos que tienen gran importancia existencial, tanto para el pueblo de Israel como para sus líderes religiosos.

Como uno de los asuntos de más importancia en la vida es la felicidad, los dos primeros salmos presentan y exploran ese fundamental tema de forma destacada, e identifican y subrayan el tono teológico y el propósito pedagógico de la obra: «Es bienaventurada la gente que...» (Sal 1.1). La persona feliz, dichosa, alegre y bienaventurada es la que confía en Jehová y no presta atención a los malos consejos. Esas personas son las que descansan y meditan en la «Ley de Jehová»; que en el idioma hebreo, más que reglas inflexibles y reglamentos áridos, significa «instrucciones» o «enseñanzas».

El segundo salmo continúa ese tema de la felicidad verdadera, y añade el elemento del «refugio» (Sal 2.12), que pone en evidencia clara los temas tanto de la confianza como de la seguridad en la presencia divina. Los hombres y las mujeres felices son los que incorporan las enseñanzas divinas al estilo de vida, y las que se refugian en el Señor en el momento de la dificultad.

Desde el comienzo mismo del libro, los Salmos revelan asuntos teológicos, existenciales y religiosos de importancia capital. Uno de ellos es que la felicidad plena en la vida se relaciona con las alabanzas a Dios y con el reconocimiento y la aplicación de sus enseñanzas. En el Salterio se afirma continuamente que la alabanza y las oraciones generan dinámicas de esperanza, salud, bienestar y liberación en los creyentes. Estas manifestaciones divinas, que producen en las personas sentido de futuro, seguridad y porvenir, se fundamentan en la naturaleza de Dios, que se pone en clara evidencia en su nombre.

La importancia del nombre personal de Dios en el libro de los Salmos no puede ignorarse ni subestimarse. En efecto, el nombre divino revela un extraordinario sentido de identidad, pertinencia y pertenencia (véanse Sal 8; 66; 68; 92; 113; 145), pues son sus intervenciones históricas en medio de las vivencias del pueblo las que hacen que la comunidad le adore y le sirva. El Dios del Salterio es Yahvé (Jehová, en las traducciones Reina-Valera), que también es el Dios de Abraham y Sara, de Moisés y María, y de David y Rut; además, es el Dios de los profetas, y el Señor que intervino en la historia de su pueblo en Egipto, el desierto, el exilio y el período de la restauración. En los salmos, Dios nunca es visto o entendido como una divinidad menor, sino como el Señor «rey sobre Sión, su santo monte» (Sal 2.4-6). En efecto, el nombre del Señor comunica lo fundamental del misterio y de la maravilla de la revelación divina, pues transmite las ideas teológicas básicas de vida, identidad, presencia y permanencia.

La importancia del nombre de Dios en el Salterio salta a la vista al descubrir las repetidas veces que se utiliza. ¡En ningún otro libro de la Biblia el nombre divino es utilizado con tanta frecuencia! En 691 ocasiones se usa la grafía hebrea larga de *Yahvé* (o Jehová, en Reina-Valera); en 40 instancias se emplea la manera abreviada de *Yah*; y en otras 437 veces se alude a las diversas formas de *El*, *Elohim* o *Eloah*. A esas importantes referencias debemos añadir los numerosos epítetos divinos, que destacan algún componente fundamental de su extraordinaria naturaleza, p.ej., Señor, Padre, Madre, Roca, Refugio, Pastor, Omnipotente, Altísimo, Justo y Rey.

Las diversas metáforas que utilizan los poetas bíblicos para referirse a Dios se relacionan íntimamente con el desarrollo social, religioso, político, espiritual y económico del pueblo a través de los años. De acuerdo con los estudiosos y eruditos de la simbología religiosa, las percepciones de las divinidades antiguas se asocian directamente con las transformaciones comunitarias; es decir, que los autores antiguos imaginaban sus dioses de acuerdo con sus experiencias de vida. La cotidianidad jugaba un papel protagónico en el desarrollo de la imaginación y la creatividad literaria.

La teología

Desde el comienzo mismo del libro, los Salmos revelan asuntos teológicos, existenciales y religiosos de importancia capital. Uno de ellos es que la felicidad plena en la vida se relaciona con las alabanzas a Dios y con el reconocimiento y la aplicación de sus enseñanzas. En el Salterio se afirma continuamente que la alabanza y las oraciones generan dinámicas de esperanza, salud, bienestar y liberación en los creyentes. Estas manifestaciones divinas, que producen en las personas sentido de futuro, seguridad y porvenir, se fundamentan en la naturaleza de Dios, que se pone en clara evidencia en su nombre.

En primer lugar, hay imágenes que se relacionan con la vida agraria y nómada del pueblo, y se asocian a las divinidades con los aspectos físicos e incontrolables de la naturaleza (p.ej., rocas, astros, agua, tormentas, fuego) y los describen como fuertes e impredecibles. Posteriormente, cuando los grupos nómadas se hacen sedentarios y desarrollan ciudades-estados, las ideas en torno a las divinidades se relacionan con las imágenes de reyes, guerreros, soberanos, o con los conceptos de poder, autoridad, firmeza, violencia. Finalmente, las sociedades cuando se desarrollan aún más, con el paso del tiempo, enfatizan los algunos componentes fundamentales relacionados con la vida familiar e íntima, y representan sus divinidades de formas más cercanas, personales y familiares (p.ej., como padre, madre, hermano, amigo, vecino, ayuda).

De particular importancia en torno a las imágenes de Dios en el Salterio es su afirmación continua y relación insistente con las ideas de poder, autoridad, señorío y realeza. Para los salmistas, en efecto, Dios es rey. Aunque con el tiempo, particularmente luego de la crisis del destierro y el exilio en Babilonia, la institución de la monarquía en Israel perdió su eficacia y poder real en el pueblo, las imágenes de Dios como rey supremo, soberano absoluto y Señor poderoso no decayeron; al contrario, estas imágenes tomaron una dimensión nueva en la teología mesiánica, escatológica y apocalíptica.

Las afirmaciones de Dios como rey tienen en el libro de los Salmos gran importancia literaria y teológica. La metáfora del reinado del Señor está ubicada en el centro mismo de la teología del Salterio, pues revela las percepciones que el pueblo y los salmistas tenían de Dios, a la luz de las comprensiones y realidades políticas, sociales y religiosas de esa época monárquica. Esa metáfora se amplía aún más con el uso de verbos y adjetivos que revelan una red extraordinaria de relaciones sociales, formulaciones filosóficas y afirmaciones teológicas. La base de esta teología real se manifiesta claramente en el importante clamor litúrgico: «¡El Señor reina!».

Uno de los vectores que le brinda sentido de dirección literaria, cohesión teológica y profundidad espiritual al Salterio es ese fundamental tema del reinado universal de Dios. Los Salmos, en torno a este particular y destacado asunto, desarrollan una serie de enseñanzas que constituyen su contexto teológico básico y su fundamento religioso principal. Junto al nombre del Dios que reina sobre el universo y sobre las naciones, se congregan sus súbitos para orar, clamar, interceder y adorar, así como también para reconocer su autoridad, misericordia, virtud, amor y poder (véase Sal 24; 29; 47; 93; 96; 97; 98; 99). Los Salmos son alabanzas y proclamaciones de la gente que celebra y afirma que el Dios bíblico es rey y soberano. Sus plegarias están llenas de referencias directas e indirectas de esta indispensable y fundamental comprensión teológica. En efecto, el Dios de los Salmos es rey, y la manifestación extraordinaria de su soberanía es una característica fundamental de su esencia.

El Dios que es rey tiene sus escuadrones y milicias, imágenes que se ponen claramente de manifiesto en la construcción lingüística «Yahvé Tsebaot», que ha sido tradicionalmente entendida y traducida como «Señor (o Jehová) de los ejércitos». Esta construcción del nombre divino puede ser una referencia a las legiones celestiales y terrenales (Sal 103.21; 148.2) o a los ejércitos de los astros (Is 34.4; 40.26; 45.12; Jer 33.22), y también puede ser una alusión a la totalidad de la creación, tanto en los cielos como en la tierra, que responden a las directrices divinas con obediencia y respeto militar (Sal 33.6). La expresión también puede ser un adjetivo que describe el poder divino de forma superlativa; es decir, que nombrar al «Señor de los ejércitos» equivale a aludir a su poder extraordinario y a su virtud sin igual.

La enseñanza que afirma que Dios es rey también pone en evidencia dos valores de gran importancia bíblica y teológica: el rey divino es creador y salvador. Ese concepto de Dios como rey incluye la idea del triunfo contra las fuerzas del mal, que se manifiestan en la creación del universo (Sal 29; 93; 104). El rey divino estableció el orden y superó las dinámicas del caos que tratan de destruir la creación de Dios. Las fuerzas hostiles que se organizan contra el orden y la paz son únicamente superadas por la intervención maravillosa del rey creador, que tiene la capacidad y la voluntad de superar esas dinámicas de desorden y desintegración (Gn 1.1-3).

En el fragor de esa gran batalla cósmica se manifiestan la santidad, la justicia y el poder de Dios, y el reinado divino se reconoce, celebra y aprecia. Dios salva a la humanidad y la creación del caos, y propicia un ambiente adecuado de justicia y paz. Los cielos y la tierra existen por la voluntad divina, y por su amor y misericordia se mantienen. El Dios que es rey en medio de su pueblo es también quien mantiene el orden que estableció desde el principio. Su soberanía y extraordinario poder no solo se manifiestan en los relatos de creación (Gn 1—3) sino que su voluntad de justicia y paz se revela en sus continuas intervenciones históricas para mantener el orden y superar el caos en medio de su pueblo y de la humanidad.

El pueblo de Dios está inmerso en los procesos históricos en los cuales se manifiesta la injusticia y el dolor. Los Salmos son plegarias y clamores que sirven para responder a esos grandes conflictos de la vida. El Dios que es rey está al lado de su pueblo para ayudarle en el momento oportuno, y las oraciones del Salterio son demostraciones claras de esa relación íntima entre el rey y su pueblo. Las voces de los salmistas se levantan para presentar la teología del reinado de Dios en medio de sociedades injustas y hostiles. La declaración «Dios reina» es una certera afirmación teológica de fe y esperanza, que revela claramente la confianza que los adoradores tienen en su creador. La afirmación revela el poder divino al establecer la tierra y su capacidad de gobernar con justicia y equidad.

Junto a la teología del reinado divino se incluyen otros conceptos de gran importancia, p.ej., el Señor es guerrero y poderoso en la batalla (Sal 24.7-10) y, además, es juez (Sal 9.7-8), pues su intervención militar le prepara para establecer su trono con justicia (Sal 105.7). La manifestación de la justicia, que es a la vez punitiva y salvadora, es una forma de intervención divina que mantiene el poderío y la autoridad del Señor sobre la tierra. En la afirmación y administración de su reino, el Señor es juez de las naciones (Sal 9—10; 96), de los dioses paganos (Sal 82), del pueblo de Dios (Sal 50) y de los individuos (Sal 94).

Jerusalén

La ciudad del gran rey es Jerusalén, a la que se alude continuamente como Sión. El Señor mismo escogió esa ciudad para que fuera morada de su nombre, que es una manera poética de afirmar su presencia en medio del pueblo. El monte de Sión, de esta forma, se convirtió en la morada terrenal de Dios, en contraposición a su estancia eterna en los cielos. Jerusalén, por ser ciudad real, pasó a ocupar un lugar prominente en la teología del Salterio y en la reflexión bíblica. Su importancia se destaca continuamente al llegar a esa región geográfica de Palestina y «subir» a la gran ciudad (Sal 46; 48; 84; 42—43; 120—134; 137).

La afirmación «el Señor reina» incluye también una serie importante de atributos que contribuyen significativamente al desarrollo de la teología del Salterio. Como Dios es el gran rey sobre toda la tierra (Sal 145), su señorío se manifiesta en todas las generaciones, su grandeza es extraordinaria, su majestad es maravillosa, y su santidad y poder son irresistibles.

En este contexto de los atributos divinos relacionados con el reinado de Dios se destacan dos temas de importancia capital: su justicia y su amor. El significado pleno de ambos conceptos hebreos sobrepasan los límites de la comprensión, interpretación y traducción castellana. La justicia divina se relaciona con su rectitud y su capacidad de implantar el orden, para superar las dificultades que traen desesperanza y desorientación a la humanidad. El concepto revela la preocupación divina por lo recto, y guía sus acciones para vindicar y restituir al agraviado y necesitado, y para perdonar al que implora su misericordia.

El amor, por su parte, se relaciona con la misericordia y la fidelidad, y es el fundamento que afecta e informa el resto de las acciones divinas. El amor de Dios (en hebreo, *hesed*) se relaciona con el deseo y compromiso divino de responder adecuadamente a las necesidades humanas en el momento oportuno. Ese amor es eterno, que es una manera de destacar y afirmar su extraordinaria y peculiar naturaleza.

Otras ideas y valores teológicos fundamentales, que se desprenden del estudio de los Salmos, se relacionan con el pueblo de Dios, con la ciudad de Dios (Jerusalén, llamada también Sión), con el rey mesiánico, con la Ley del Señor, con la respuesta humana a la revelación divina, y con los conflictos y las dificultades de la vida. Junto al tema del reinado del Señor se manifiestan otras preocupaciones existenciales de los salmistas, que revelan las percepciones teológicas de sus autores y de la comunidad.

La comunidad a la que se alude en el Salterio con regularidad se identifica con imágenes pastoriles (p.ej., «referencias directas a los pastores y a las ovejas», Sal 23), que ponen en clara evidencia las percepciones rurales y nómadas que tenían algunos escritores de esa literatura. Las oraciones revelan el deseo humano por entender la existencia en términos de su relación con el Dios que es a la vez rey y pastor. Estas plegarias ponen de relieve la comprensión que el pueblo y los adoradores tenían de las intervenciones históricas de Dios con su pueblo; particularmente muestran la liberación de Egipto y la conquista de Canaán. La intervención redentora de Dios en medio de la sociedad ubica al pueblo como parte de la herencia divina (Sal 74.2).

La ciudad del gran rey es Jerusalén, a la que se alude continuamente como Sión. El Señor mismo escogió esa ciudad para que fuera morada de su nombre, que es una manera poética de afirmar su presencia en medio del pueblo. El monte de Sión, de esta forma, se convirtió en la morada terrenal de Dios, en contraposición a su estancia eterna en los cielos. Jerusalén, por ser ciudad real, pasó a ocupar un lugar prominente en la teología del Salterio y en la reflexión bíblica. Su importancia se destaca continuamente al llegar a esa región geográfica de Palestina y «subir» a la gran ciudad (Sal 46; 48; 84; 42—43; 120—134; 137).

El regente terrenal de Sión, la ciudad del gran rey, es el monarca davídico, que ha sido designado con el importante título de «ungido» o «mesías», fundamentado en la alianza con al famoso rey de Israel (Sal 89; 132). En su reinado humano se representan los valores y principios del Rey eterno; y en sus formas de implantación de la justicia se revelan los pilares legales y morales que sostienen su administración. Al monarca de Israel se le concede la potestad de representar al Señor ante el pueblo y ante las naciones (Sal 2; 18; 20; 21; 45; 72; 110). El ordenamiento social y las disposiciones jurídicas necesarias para la administración efectiva del gobierno se fundamentan en la Ley de Moisés, que es una especie de constitución que contiene decretos, mandamientos y estatutos divinos.

Para el pueblo de Dios la Ley de Moisés es el distintivo (Sal 105.45; 147.19-20) y la norma que revelan su fidelidad y lealtad (Sal 25.10; 50.16; 103.17-18; 112.1). El monarca israelita, que es el rey ungido del Señor, conoce sus deberes y lleva a efecto su misión administrativa, política, social y religiosa al estudiar cuidadosamente la Ley y evaluar los mandamientos y las ordenanzas con rigurosidad (Sal 18.21-22; 89.30-33; 99.7). Esa Ley, inclusive, se puede convertir en instrumento de gran importancia para la salvación (Sal 94.12-15; 119), pues se entiende que su fundamento y autoridad emanan de la misma creación del mundo (Sal 33.4-7; 93.5; 111.7; 148.6). Los salmos que afirman la Ley de Moisés en el Salterio tienen una gran intensión educativa, pues ponen de manifiesto las virtudes de los mandamientos divinos, que responden a las diversas necesidades religiosas, sociológicas, políticas y sociales del pueblo.

El estudio de la teología en los Salmos revela también las respuestas humanas al reinado de Dios. Del análisis del Salterio se desprenden las diversas formas en que los adoradores se relacionan con Dios. Esas reacciones pueden ser de gozo y lágrimas, de triunfo y frustración, de alegría y tristeza, de alabanza y desesperanza, de perdón y odio, de amor y rencor, de gratitud y dependencia, y de humildad y orgullo. En los salmos se ponen de relieve las más diversas de las experiencias humanas, con sus integraciones y contradicciones, que se nutren y manifiestan en la vida misma.

El conflicto es una de esas manifestaciones humanas que se descubren en los Salmos. En efecto, el reinado del Señor incluye diversos niveles de conflicto, pues el Salterio no solo revela la victoria final y definitiva del Señor sobre las fuerzas cósmicas del mal, del caos y de la historia, sino que pone de relieve las luchas internacionales y nacionales, así como los conflictos interpersonales y personales que se libran en los muchos frentes de batalla de la vida. Como el reino del Señor irrumpe en la historia a través de un regente humano, y enfrenta vicisitudes, problemas y desafíos propios de las instituciones sociales, políticas y religiosas de la época, la oposición y los conflictos son parte integral de la vida. Se oponen al reino divino las naciones paganas, la gente infiel y los dioses falsos, a los que se alude sistemáticamente en los salmos (Sal 9—10).

Ese mundo natural de conflictos continuos y contradicciones inesperadas presenta a los adoradores en sus realidades cotidianas y en sus vivencias inmediatas. Los seres humanos en el libro de los Salmos son figuras que deben enfrentar la existencia humana con sentido de fragilidad, finitud, mortalidad y vulnerabilidad. Los personajes del Salterio deben enfrentar las dificultades humanas y reaccionar a las complejidades de la vida con las herramientas que las personas mortales tienen para responder a los desafíos ordinarios y extraordinarios que les presenta la existencia. La teología de los Salmos no presupone gente con poderes extraordinarios que no están sujetos a las crisis personales, familiares, comunales, nacionales e internacionales. La gente que adora en el Salterio, y también la que se ve representada en sus poemas, es la que en la vida debe enfrentar las vicisitudes formidables, que reclaman lo mejor de su intelectualidad y moralidad.

Con la afirmación elocuente «mi Dios y mi rey» llegamos al corazón de la teología del Salterio. Esa declaración de fe extraordinaria no solo es teológica y espiritual sino política, económica y social. Se relaciona con el reconocimiento de Dios como rey, y con la seguridad política y social de que la presencia divina le brinda a la persona que adora. La frase supera las comprensiones tradicionales de la divinidad y pone de manifiesto el fundamento de la teología de los Salmos: Dios se relaciona con su pueblo no solo como su divinidad lejana y remota sino como su monarca cercano e íntimo, y esa relación histórica y espiritual revela la base misma de la confianza y las esperanzas de las oraciones individuales y colectivas.

Dios, que es rey supremo y eterno, tiene el deseo, la capacidad, el valor, la dedicación y el compromiso de responder al clamor más íntimo de sus adoradores. Esa afirmación teológica es fuente de esperanza y seguridad. Por esa razón espiritual, los pobres claman al Señor, y aun el alma sedienta del adorador se allega con humildad ante su presencia, para recibir la respuesta propicia y certera del Dios vivo que es, en efecto, rey (Sal 42—43; 62; 63; 130; 139).

La lectura cuidadosa del Salterio pone en evidencia que el factor básico que une los diversos tipos y géneros de salmos es Dios; los himnos exaltan su grandeza y poder; las súplicas imploran su ayuda y misericordia; las acciones de gracias reconocen sus favores y su amor; los salmos reales dan testimonio del plan redentor de Dios hacia Israel y la humanidad; y los poemas educativos y sapienciales afirman y destacan los valores morales, éticos y espirituales que se desprenden de su revelación extraordinaria.

Esta comprensión teológica del Salterio nos lleva al tema de la escatología, que contiene afirmaciones religiosas de gran importancia histórica y que también goza de gran popularidad en algunos círculos eclesiásticos contemporáneos. De antemano, es importante indicar lo que entendemos en este estudio por «escatología», que tradicionalmente se define como el discurso sobre «las cosas últimas». En nuestro contexto, nos referimos a los momentos postreros de la vida de las personas y su futuro en la ultratumba; se trata, más bien, del destino que le aguarda a los seres humanos al final de sus días, y luego de la muerte. El Dios del Salterio, que ciertamente es rey de la tierra, el cosmos y la humanidad, tiene la capacidad de intervenir y decidir la suerte de los fieles y consumar el destino final de Israel, de todo el mundo y del cosmos.

La comprensión adecuada y la aplicación sabia de la teología del Salterio que pone de manifiesto el tema del reinado divino, debe tomar en consideración la ideología que presuponen estas enseñanzas. Los salmos de la realeza del Señor, junto a los que presentan las imágenes de la figura del rey, incluyen las ideologías imperantes en esa época, que en ocasiones propiciaban la dominación y el imperialismo. Esas ideologías deben ser identificadas, analizadas y explicadas con criterio, cautela y sobriedad.

Los salmistas, utilizando las herramientas literarias, teológicas, ideológicas y filosóficas que poseían en su época, presentaban al Dios que ejercía su voluntad por medio de los ejércitos y las armas. Aunque el objetivo misionero del pueblo y sus líderes era anunciar y presentar las virtudes del único Dios verdadero, y también recordar y afirmar las promesas hechas a los antiguos patriarcas y matriarcas de Israel, lo hacían por medio de las guerras de conquistas que a veces tenían propósitos imperialistas. El presupuesto teológico parece ser que mientras mayor era el número de conquistas y triunfos, mayor era también la manifestación de la gloria divina.

Una lectura cristiana de los salmos, particularmente de los poemas del reino de Dios, le añade una nueva dimensión teológica y transforma la antigua perspectiva del Salterio. En Jesús, la importante convicción, afirmación y declaración de la realeza divina y el ejercicio del poder se llevan a efecto de forma diferente. Jesús es el rey universal, pero su ascensión no fue a los tronos humanos llenos de esplendor y pompas, sino a la cruz, que es el símbolo de justicia, rectitud y esperanza. El objetivo de su ascensión no fue la demostración del poder para ofender, herir, cautivar y controlar, sino su deseo de dar vida y vida en abundancia a la humanidad (Jn 10.10).

Desde la cruz, el Señor, llama a la humanidad a seguir sus enseñanzas y atrae a los pueblos a su mensaje, que se basa en la misericordia, el amor, la solidaridad y el perdón. El Cristo de la cruz no lleva a efecto un programa de conquistas imperialistas sino presenta el mensaje de paz y justicia, las enseñanzas de amor y misericordia, los valores del perdón y el arrepentimiento, y las virtudes de la fe y la esperanza.

Los cuatro evangelios están de acuerdo en afirmar que Jesús es rey, y esas enseñanzas se manifiestan especialmente en las narraciones de la pasión. Sin embargo, la teología cristiana afirma, fundamentada en los discursos de su líder y Maestro, que los medios para adelantar el reinado del Señor en el mundo no es la violencia, ni la opresión, ni la conquista militar, sino las demostraciones concretas de amor, y el disfrutar de la paz, que es el resultado pleno y adecuado de la implantación de la justicia.

9. Poesía en los salmos

Al estudiar con detenimiento el libro de los Salmos, se descubre una singular característica de gran importancia literaria, teológica y espiritual: El Salterio está escrito en un lenguaje esencialmente simbólico, figurado, metafórico, poético. Esa peculiaridad artística le imprime al libro niveles óptimos y extraordinarios de virtud estética, y le añade a los escritos una inusitada belleza espiritual y moral. En efecto, en el libro de los Salmos la poesía bíblica llega a una de sus expresiones máximas, pues sus imágenes, insinuaciones y evocaciones le facilitan al adorador o adoradora, así como al que lee y ora con el Salterio, un lenguaje cargado de simbolismos y polivalencias, que propician el maravilloso y transformador diálogo divino-humano, incentivan la meditación, contemplación, alabanza y oración, y, además, proveen el espacio emocional y literario adecuado para expresar los sentimientos más profundos e intensos de la vida.

La poesía del Salterio

Como los salmos constituyen una porción muy importante de la poesía bíblica, es un imperativo identificar algunas características generales que les particularizan. En el caso específico de la poesía del Salterio, se ponen claramente de manifiesto las siguientes peculiaridades retóricas: Sencillez de expresión; vigor en la comunicación; abundancia en las figuras del lenguaje; y esencia y profundidad religiosa.

Esta peculiaridad literaria nunca debe subestimarse, obviarse o ignorarse al estudiar e interpretar el libro de los Salmos, pues el análisis científico, riguroso, ponderado, crítico y sobrio del Salterio requiere imaginación, creatividad, ritmo, estética, evocación, simbología, sabiduría, apertura, sensibilidad. La belleza de sus giros literarios, la pertinencia del análisis sosegado y las virtudes de la lectura reflexiva nos permiten aproximamos al Eterno, nos ayudan a descubrir la intimidad con el Creador, y nos facilitan la conversación sincera y franca con el Dios que está presto a recibir la adoración y alabanza de su pueblo. Junto a la ponderación de los temas pertinentes y la evaluación de los asuntos relevantes, es la poesía de las oraciones la que nos invita a relacionarnos e identificarnos con los antiguos salmistas, y la que propicia que oremos con las palabras antiguas que recogen nuestros sentimientos más hondos.

La poesía en general, y la bíblica en particular, es un arte que transmite sus ideas y conceptos mediante el uso de las palabras. La pintura, por su parte, comunica su mensaje a través de los colores y las líneas; la escultura afirma sus valores con las formas y los volúmenes; y la música utiliza como medio de expresión los sonidos. Las palabras para la poesía son instrumentos extraordinarios de comunicación, que facilitan el diálogo intenso y extenso entre el poeta y sus lectores. La poesía es el vehículo que propicia la transmisión de sentimientos, impresiones y estados emocionales, que el poeta ha querido plasmar en el texto. Para recibir esos diversos estados anímicos y espirituales, los lectores y lectoras deben estar atentos a lo que se dice y a lo que no se dice, a lo que se insinúa, a lo que se evoca, a lo que se presupone, a lo que se anhela, a lo que se infiere. La comprensión adecuada de la poesía demanda la totalidad de los sentimientos de los lectores y lectoras.

Como los salmos constituyen una porción muy importante de la poesía bíblica, es un imperativo identificar algunas características generales que les particularizan. En el caso específico de la poesía del Salterio, se ponen claramente de manifiesto las siguientes peculiaridades retóricas: Sencillez de expresión; vigor en la comunicación; abundancia en las figuras del lenguaje; y esencia y profundidad religiosa.

La poesía bíblica tiene sus propias características tanto de forma como de fondo: Se escribe en unidades de sentido conocidas como «líneas». En el idioma hebreo, esas líneas se recitan o cantan con un particular tipo de «ritmo», que en el caso específico de los Salmos, le brinda a la pieza no solo belleza literaria y estética sino que facilita la comunicación y la memorización. Respecto a algunas de esas características literarias, es importante indicar que es prácticamente imposible reproducir en las traducciones las particularidades rítmicas y sonoras de los Salmos.

Tradicionalmente se ha pensado que el componente más importante de la poesía hebrea es el paralelismo (también conocido como balance o simetría), pues es una virtud lingüística que puede traducirse de un idioma a otro. Desde la perspectiva de la comprensión del texto y la interpretación del poema, esta característica literaria es indispensable, fundamental y necesaria, pues le brinda al lector del texto original o de la traducción no sólo el tema o asunto discutido en el poema o salmo sino que, además, presenta los énfasis y asuntos que el salmista desea destacar o enfatizar.

Junto a los paralelismos, la poesía hebrea incluye también otras características retóricas de importancia capital: p.ej., repetición de palabras, ideas y estribillos, acrósticos alfabéticos, estructuras concéntricas o quiasmos, efectos sonoros, figuras del lenguaje, preguntas retóricas y pedagógicas, hipérbole, ironía y sarcasmo, entre otras.

Aunque es muy difícil precisar cómo funciona la comunicación del sentido en los diversos tipos de paralelismos, este importante recurso literario puede definirse como la repetición del contenido semántico (también puede ser de contenido similar o relacionado) o la repetición de alguna estructura gramatical o sonidos en líneas o versos consecutivos. En esencia, en el paralelismo poético que se pone de manifiesto en el Salterio, se relacionan ideas, conceptos, palabras, estructuras gramaticales y sonidos.

En el análisis de los paralelismos bíblicos, los estudiosos utilizan diversos términos para explicar sus peculiaridades estilísticas y semánticas. Una línea poética tradicionalmente se describe como «colon», y dos de esas líneas en paralelo se identifican como «bi-colon». Las líneas se disponen en algún tipo particular de repetición, que ciertamente explica, expande, afirma o confronta el tema previamente propuesto. El análisis cuidadoso de las ideas que se incluyen y exponen en las líneas contribuye positivamente a la comprensión adecuada del tema del poema, pues se relacionan con él de forma directa o indirecta.

El paralelismo de la poesía hebrea funciona en varios niveles de complejidad, que no pueden reducirse a dos o tres tipos de categorías simples. Por la misma naturaleza poética y estética de los salmos, el paralelismo cobra una nueva dimensión junto a la creatividad, ingenio, habilidad y licencia del autor. En la descripción de los paralelismos poéticos del Salterio, se identifican los siguientes tipos, que nos pueden guiar a comprender cómo es que funcionan en el complejo proceso de comunicación estos extraordinarios artificios literarios: paralelismos completos, incompletos y formales.

- En los «paralelismos completos» cada término o unidad de pensamiento en las líneas tiene alguna expresión equivalente en la próxima. De estos paralelismos se pueden distinguir cuatro tipos: sinónimo, antitético, emblemático o invertido (o de quiasmo). El paralelismo sinónimo repite y afirma el mismo pensamiento en palabras similares o sinónimas:

«Después entró Israel en Egipto,
y Jacob moró en la tierra de Cam» (p.ej., Sal 105.23).

El paralelismo antitético presenta los temas poéticos en oposición o en contrastes de pensamientos:

«En la mañana florece y crece;
a la tarde es cortada, y se seca» (p.ej., Sal 90.6).

El caso del paralelismo emblemático es el que emplea símiles o metáforas para comparar el pensamiento de una línea con la próxima:

«Como el padre se compadece de los hijos,
se compadece Jehová de los que le temen»
(p.ej., Sal 103.13).

Finalmente, el paralelismo invertido o quiasmo, de manera estricta, es una forma del sinónimo, aunque los temas se disponen de forma invertida:

«Efraín no tendrá envidia de Judá,
ni Judá afligirá a Efraín» (p.ej., Is 11.13b).

- Los paralelismos incompletos son frecuentes en la literatura bíblica, y pueden identificarse claramente porque la compensación o el paralelismo de las ideas es únicamente parcial, aunque el número de términos en el texto hebreo del Salterio sea el mismo:

«Su fruto destruirás de la tierra
y su descendencia de entre los hijos de los hombres»
(p.ej., Sal 21.10).

Una variante de este tipo de recurso literario es el paralelismo repetitivo, en el cual el tema o pensamiento de desarrolla mediante la repetición y extensión en las líneas

«Tributad a Jehová, hijos de los poderosos,
dad a Jehová la gloria y el poder» (p.ej., Sal 29.1).

Se encuentran también algunos ejemplos de paralelismos sin compensación, en el cual el número de términos en las líneas disminuye:

> «Ten misericordia de mí, Jehová, porque estoy enfermo;
> sáname, Jehová, porque mis huesos se estremecen»
> (p.ej., Sal 6.2).

- Un tercer tipo particular de artificio literario ha sido identificado como paralelismo formal, aunque de forma estricta no constituye un paralelismo, pues las líneas poéticas únicamente tienen balance en el número de términos en hebreo, no en las ideas o los temas expuestos:

> «Yo he puesto mi rey
> sobre Sión, mi santo monte» (p.ej., Sal 2.6).

Estas formas descritas de paralelismo disponen los recursos literarios internamente en los versos y en las líneas; sin embargo, los Salmos presentan también ejemplos de otros tipos de paralelismos externos, en los cuales la correspondencia temática se presenta en líneas sucesivas:

> «El buey conoce su dueño,
> y el asno el pesebre de su señor;
> Israel no entiende,
> mi pueblo no tiene conocimiento» (p.ej., Is 1.3).

Además de esas características formales de la poesía de los Salmos, el estudio detallado de estas oraciones pone de manifiesto otros niveles estéticos de virtud que no pueden ignorarse. Los Salmos están repletos de artificios estilísticos que le añaden belleza literaria, y que contribuyen de forma destacada a la transmisión de las ideas. Entre esas importantes características retóricas pueden identificarse las siguientes: símiles, metáforas, repeticiones, expresiones idiomáticas, hipérboles, refranes y acrósticos. Junto a esos aspectos gramaticales, léxicos, semánticos, filológicos y fonéticos, también los Salmos manifiestan la presencia de estrofas bien definidas, que en ocasiones se disponen en clara expresión alfabética (p.ej., Sal 119).

El uso continuo de esos artificios, el despliegue extenso de recursos semánticos y la densidad de los temas que se exponen, le brindan al lector o lectora contemporáneos una buena pista para identificar los asuntos de importancia que el salmista deseaba afirmar y destacar. Además, la naturaleza poética de esta literatura revela de forma contundente que el Salterio no debe leerse, estudiarse o explicarse de forma literal, pues sus autores no lo escribieron con esa finalidad estática. La literatura poética debe evocar, inspirar, insinuar; y los Salmos son un magnífico ejemplo de buena literatura religiosa que desafía la imaginación del que ora y adora con sus lecturas a través de los siglos.

Esa naturaleza poética, polivalente, simbólica y figurada de la poesía hacen del Salterio uno de los libros más difíciles de comprender, estudiar y traducir en la Biblia. Esa dificultad básica se complica aún más pues la gran mayoría de los poemas que se incluyen en el Salterio no revelan con claridad sus contextos históricos, que pueden, en efecto, contribuir positivamente a la comprensión adecuada de mensaje de la Escritura.

Para superar este extraordinario desafío, es aconsejable que las personas que estudian el libro de los Salmos (si no tienen dominio del idioma hebreo), que lean el poema en más de una versión. De esa forma comparada pueden identificar y disfrutar de las particularidades lingüísticas y los artificios poéticos del lenguaje, a la vez que adquieren el sentido del mensaje. Esa sensibilidad estilística y meticulosidad metodológica guiará nuestro estudio y análisis del Salterio.

22

El libro de Job

Entonces Job se levantó,
rasgó su manto y se rasuró la cabeza,
luego, postrado en tierra adoró y dijo:
Desnudo salí del vientre de mi madre
y desnudo volveré allá.
Jehová dio y Jehová quitó:
¡Bendito sea el nombre de Jehová!
En todo esto no pecó Job
ni atribuyó a Dios despropósito alguno.
Job 1.20-22

1. Tema, título, canon y texto

El gran tema del libro de Job se relaciona con la justicia divina y el sufrimiento de las personas inocentes y justas. La teología que presupone la obra es la de retribución que relaciona directamente las virtudes humanas y la prosperidad, a la vez que asocia las desgracias con los pecados de las personas. En efecto, este tipo de convicción teológica destaca la relación íntima entre las virtudes personales y la bonanza material, y entre las adversidades y las maldades humanas.

Aunque no se ofrece soluciones definitivas al problema enigmático del dolor humano y a las paradojas inexplicables de la justicia divina, el libro de Job responde a estas interrogantes complejas y cruciales con una invitación a confiar en la misericordia de Dios, aunque el fundamento de las dificultades y las respuestas a los reclamos humanos no se entiendan a cabalidad. Sin embargo, en los diálogos de la obra, se rechaza claramente la teología tradicional de la retribución y se afirma la sabiduría divina como fundamento indispensable para el desarrollo de una reflexión teológica saludable, liberadora y justa. Desde la perspectiva cristiana, es en el NT que se propone la superación definitiva del mal y el dolor humano a través del sacrificio de Cristo en la cruz del Calvario.

El título de la obra se relaciona directamente con el personaje principal, Job, que es tradicionalmente recordado en las narraciones bíblicas como una persona justa y paciente (Ez 14.14, 20; Stg 5.11). Además, no han faltado comentaristas cristianos que se han visto en la figura heroica de Job una anticipación simbólica de los sufrimientos injustos de Jesús.

Dios en el libro de Job

La imagen que la obra brinda de Dios es dual. Mientras que en las secciones narrativas del libro (prólogo y epílogo) se presenta una divinidad que dialoga, cercana, íntima, preocupada por el bienestar de Job, en las secciones poéticas de la obra se manifiesta un Dios poderoso, imponente, firme y soberano. Esas diferencias teológicas deben ser explicadas de forma inteligente y sabia.

El significado del nombre de Job es difícil de determinar con precisión. De acuerdo con algunas fuentes extrabíblicas, la palabra puede transmitir la idea «¿Dónde está mi padre?», y padre, en este contexto, pudiera ser es una alusión indirecta a Dios. En el mundo hebreo, sin embargo, se puede relacionar el nombre con la raíz semítica *'yb*, que se asocia con las ideas de enemistad, hostilidad, adversidad. En este caso, el nombre, en sentido activo, significaría «enemigo» o «agresor», en referencia a su actitud firme en contra de la teología tradicional de la retribución; o en sentido pasivo, «aquella persona que es hostigada» quizá por Dios o por el Satán para demostrar su rectitud y justicia. Inclusive, si el nombre se evalúa desde la perspectiva árabe, la raíz *'wb*, significaría «aquel que se convierte», en una posible referencia a la actitud de humildad de nuestro personaje al final de la obra, que reconoce la profundidad de la sabiduría divina.

La inclusión del libro de Job en los cánones judíos y cristianos no tuvo detractores significativos. En las Biblias hebreas, y también en las referencias en el Talmud, Job aparece en la tercera sección, conocida como los Escritos o Ketubim, generalmente entre Salmos y Proverbios.

En la versión de los Setenta (LXX) se incluye entre Cantar de los Cantares y Sabiduría; y en la Vulgata Latina, antes de los Salmos.

De singular importancia en los estudios críticos del libro está las complejidades textuales que presenta la obra. Job, junto al libro del profeta Oseas, es el libro con más problemas y cambios textuales de la Biblia hebrea. El análisis sobrio de los manuscritos revela las siguientes dificultades: transposición de versículos, separación de palabras y frases, omisiones, adiciones y cambios en la puntuación. A estas complicaciones textuales debemos añadir pasajes de difícil comprensión y traducción y algunas singularidades literarias que son desconocidas en el resto de las Escrituras. Sin embargo, y pese a todas estas dificultades, los manuscritos descubiertos en el Mar Muerto corroboran la fidelidad del Texto Masorético. La Septuaginta (LXX) presenta un texto más breve, que posiblemente proviene de otros manuscritos hebreos.

2. Estructura y formación del libro

De acuerdo al análisis sistemático de la obra, se pueden distinguir y diferenciar varias secciones literarias y temáticas. Una posible estructura del libro sería la siguiente:

- Prólogo: 1.1—2.13
- Tres ciclos de diálogos de Job con Elifaz, Bildad y Sofar: 3.1—26.14
- Soliloquio de Job: 27.1—31.40
- Himno a la sabiduría: 28
- Discursos de Elihú: 32.1—37.24
- Teofanía en la tempestad: 38.1—42.6
- Epílogo: 42.7-17

Esta estructura, que identifica temas, personajes, estilos literarios, interlocutores y teologías, revela algunas complicaciones que no deben pasar desapercibidas. De particular importancia son las diferentes perspectivas que se tienen de Dios en las diversas secciones, y también las variantes en la presentación de nuestro protagonista. El análisis sobrio sobre estas particularidades nos permitirá comprender mejor la obra e identificar las sus contribuciones teológicas.

La imagen que la obra brinda de Dios es dual. Mientras que en las secciones narrativas del libro (prólogo y epílogo) se presenta una divinidad que dialoga, cercana, íntima, preocupada por el bienestar de Job, en las secciones poéticas de la obra se manifiesta un Dios poderoso, imponente, firme y soberano. Esas diferencias teológicas deben ser explicadas de forma inteligente y sabia.

Además, en las secciones narrativas se utiliza con frecuencia el nombre personal de Dios (Yavé o Jehová; en 23 ocasiones), que en las partes poéticas de diálogos se incluye muy pocas veces (6 ocasiones). Por su parte, en el prólogo y en el epílogo, nunca se utilizan los siguientes nombres de Dios, que son frecuentes en los diálogos poéticos: El, Eloah y Shaday (que aparecen, respectivamente, en 55, 41 y 31 ocasiones).

A esas diferencias teológicas debemos añadir otras variaciones en la personalidad de nuestro personaje. Mientras que en el prólogo Job es paciente, sobrio, reflexivo, prudente y mesurado, en las secciones de diálogos con sus amigos hay un Job rebelde, firme, aguerrido, atrevido, aventurero. Es como si se tratara de dos personajes diferentes, dos protagonistas con el mismo nombre pero con personalidades variadas.

Referente al tema principal de la obra, las secciones narrativas destacan la rectitud, la justicia y la paciencia de Job; mientras que en el resto del libro los temas que se enfatizan son el sentido de la vida, el dolor incomprensible de las personas, y la sabiduría y providencia divina. En efecto, el estudio cuidadoso de la obra distingue las diferentes secciones del libro de Job, y descubre singularidades que posiblemente se relacionan con la compleja y larga historia de redacción y composición del libro.

Una obra de la magnitud, complejidad, alcance e importancia como la de Job es el resultado de un largo y complejo proceso de redacción y edición. En la actualidad se piensa que las secciones más antiguas del libro son las porciones narrativas (prólogo y epílogo), a las que se fueron añadiendo, de forma paulatina a lo largo de los siglos, los diálogos de Job con sus amigos (Job 3.1—27.23; 29.1—31.40), la teofanía (Job 38.1—42.6), las reflexiones de Elihú (32.1—37.24) y finalmente, el famoso himno a la sabiduría (Job 28). Este proceso culminó en la época postexílica, hacia el siglo 5 a.C. o a más tardar por el año 250 a.C., y debe haber comenzado con algunas narraciones orales en la época premonárquica, quizá inclusive proviene de la época patriarcal. Posiblemente el tema del sufrimiento del justo es una reacción teológica a la experiencia del exilio del pueblo judío en Babilonia.

Esta comprensión de la obra puede ser corroborada al evaluar la influencia del lenguaje arameo que contiene la obra, que pone de relieve el período postexílico temprano, o quizá la primera mitad del siglo 5 a.C. El descubrimiento y análisis de la teología de la retribución también apunta hacia esa misma época.

La antigüedad de algunas porciones del libro, no está en disputa. Por ejemplo, no se hace referencia al sacerdocio y el culto centralizado, y Job y sus amigos ofrecen sus sacrificios en lugares no definidos (Job

1.5; 42.8); además, la riqueza y la prosperidad se evalúan en términos de rebaños y esclavos, que identifica la época patriarcal. No puede ignorarse, al evaluar la antigüedad del marco de referencia del libro, los paralelos con la literatura sumeria, egipcia, cananea y mesopotámica. Posiblemente la referencia en el libro del profeta Ezequiel (Ez 14.14,20) a la figura de Job, junto a Noé y Daniel, revela que existía algún tipo de epopeya antigua que aludía a un personaje con el nombre del protagonista de nuestro libro que pasó muchas dificultades y vicisitudes en la vida.

3. Contenido

El libro de Job puede dividirse en tres grandes secciones literarias y temáticas: el prólogo (Job 1.1—2.13) y el epílogo (Job (42.7-17), que son narraciones en prosa que se convierten en una especie de paréntesis estructural de la obra; y la parte central (Job 3.1—42.6), que es esencialmente un gran bloque poético. En estas tres partes se desarrolla la trama de Job, que va desde sus logros personales y familiares, y vicisitudes, pasa por sus reflexiones teológicas y diálogos con sus amigos, para finalizar con su restauración y afirmación teológica.

La sección inicial del libro (Job 1.1—2.13) es un gran prólogo que ubica al personaje central de la obra en su adecuado contexto geográfico, religioso, familiar y existencial. En efecto, se trata de la narración de un drama que presenta a su protagonista como una persona profundamente religiosa, íntegra y grata; además, se indica claramente que gozaba del favor divino, a juzgar por sus logros, propiedades y familia.

De acuerdo con el relato, Job vive en Uz, cuya ubicación se relaciona con las tierras de Edom, según algunos intérpretes, al oeste de Palestina (véase Gn 36.28; Jer 25.20; Lam 4.21); o, de acuerdo a otros comentaristas, en la región aramea de Haurán (Gn 10.23; 22.21; 2 Cr 1.17). En cualquier caso, la referencia geográfica ubica a nuestro personaje fuera de las tierras de la antigua Canaán o Palestina, que es una manera de universalizar la narración e internacionalizar las enseñanzas. En efecto, el relato no es únicamente israelita pues las implicaciones éticas y morales de las reflexiones teológicas que se incluyen en el libro sobrepasan los límites nacionales: El sufrimiento de las personas justas e íntegras, que la teología de la retribución tradicional no podía explicar adecuadamente.

El entorno teológico de la obra presenta a un Job que vive en paz, con seguridad, prosperidad, abundancia, espiritualidad y armonía que, de acuerdo con las comprensiones religiosas de la época, eran signos indiscutibles de la bendición divina (Job 1.4-5). Hasta que llega a escena El Satán, que significa «adversario» o «acusador», solicita los permisos divinos pertinentes para probarlo con dureza y vehemencia. Ese es el contexto teológico de las pruebas de Job, que lo llevan al sufrimiento y a la pérdida de todo lo significativo, lo que se consideraban como signos de bendición de Dios, símbolo de la gracia divina.

Este episodio desafía la teología tradicional en torno a las tentaciones, las pruebas y los sufrimientos. El Satán llega directamente a la corte celestial para solicitar permiso para tentar a Job (Job 1.6-12), quien era el prototipo adecuado de lealtad y fidelidad ante Dios. Cuando la sinceridad e integridad de Job es seriamente cuestionada, Dios le permite a El Satán proseguir con sus planes de tentación.

La primera de las tentaciones representa la totalidad de las posibles calamidades y desgracias humanas (Job 1.13-19): La herida llega a sus sirvientes, riquezas, hijos e hijas. Posteriormente se complican aún más las dificultades. En la segunda prueba (Job 2.1-6) la angustia lo azota personalmente y su cuerpo queda lleno de llagas y dolores. El dolor es aún mayor pues su esposa le insta a rebelarse contra Dios, fuente de su esperanza y seguridad.

Job, ante tales pruebas, dolores, calamidades, enfermedades y crisis de pérdida, decide mantener su fidelidad ante Dios. La expresión final de la narración pone de manifiesto la teología implícita en el relato y revela la respuesta de Job ante las tentaciones y pruebas a las que era sometido de forma inmisericorde: Job no pecó aún en medio de todos estos problemas (Job 2.10).

De la primera sección narrativa se pasa a la poesía (Job 3.1—26.14). El propósito es presentar las reflexiones de tres de sus amigos que llegan para consolarlo, apoyarlo o ayudarlo en este momento de dificultad extrema y angustia personal, familiar y fiscal. Provienen posiblemente de tres ciudades de la región de Edom, aunque la ubicación precisa no es posible. Los amigos de Job son Elifaz, Bildad y Sofar, que llegaban de Temán, Súaj y Naamat, respectivamente.

Luego de ver a su amigo en medio de sus problemas y dolores, y al pasar siete días de silencio absoluto, comienza una serie intensa de diálogos y reproches que ponen en clara evidencia las preocupaciones más intensas y serias de los visitantes, y revelan la teología imperante de la retribución; además, esos mismo diálogos, enfatizan la firmeza de carácter de Job, que no se amilana ante los sólidos argumentos teológicos de sus amigos.

Los reproches y las acusaciones ante nuestro protagonista son tradicionales, pues relacionan sus sufrimientos y desgracias con algún pecado que, aunque encubierto y silencioso, tiene repercusiones nefastas en la vida. La teología implícita de los argumentos es que Dios actúa como un juez severo e inflexible, que castiga inmisericordemente el pecado de las personas malas y que, asimismo premia las bondades de la gente buena.

La solución al dilema de Job, según sus amigos, era convertirse verdaderamente a Dios y arrepentirse de su pecado, para recuperar el favor divino y su estabilidad personal, familiar y social. Son ocho los discursos que se esgrimen con esa misma teología, y las respuestas de Job son firmes, decididas y sistemáticas. Como él siente que no ha pecado, intenta llegar, inclusive, hasta la misma presencia divina para presentar su caso y ser hallado inocente. No es el Job pasivo y sumiso del prólogo, en estos diálogos presenta una voz firme, clara, definida, segura.

La fidelidad de Job

Job, ante tales pruebas, dolores, calamidades, enfermedades y crisis de pérdida, decide mantener su fidelidad ante Dios. La expresión final de la narración pone de manifiesto la teología implícita en el relato y revela la respuesta de Job ante las tentaciones y pruebas a las que era sometido de forma inmisericorde: Job no pecó aún en medio de todos estos problemas (Job 2.10).

Los diálogos intensos con sus amigos (Job 27.1—37.24) culminan con un extraordinario soliloquio de Job, en el cual proclama una vez más y con más vehemencia su inocencia. Nuestro protagonista reafirma sus convicciones más profundas y pone de manifiesto una teología alterna de seguridad personal y esperanza. Sus amigos salen de escena mientras Job se defiende una vez más de sus acusaciones. No se detiene ante argumentos trillados e injustos; no se amilana ante reproches injustos y vejaciones impropias; y no calla ante la injusticia y el prejuicio ingrato.

Las afirmaciones de Job se interrumpen con un poema de extraordinaria belleza y virtud teológica. Es un poema dedicado a la sabiduría, muy bien ubicado en el libro, pues destaca la importancia práctica de la sabiduría para la comprensión adecuada de los problemas complejos de la existencia humana. Su propósito es pedagógico, su finalidad didáctica, su meta instructiva. Además, prepara el camino para una singular intervención divina que destaca la gran sabiduría de la creación.

La enseñanza del poema es clara: Aunque las personas puedan comprender la naturaleza de los conflictos personales y las angustias humanas, al camino que llega a la sabiduría solo se accede con la ayuda divina, con el apoyo de Dios, con la iniciativa del Señor. Este tipo singular de conocimiento, comprensión sabia de la existencia e inteligencia, solo proviene de la revelación divina pues no se puede encontrar en el mundo natural de las personas. La sabiduría real, verdadera y significativa se relaciona con el temor a Dios, que es una manera de allegarse ante el Señor con humildad y sencillez. La inteligencia es la aplicación adecuada de esa singular sabiduría que solo proviene de Dios.

Luego del poema a la sabiduría (Job 28), nuestro protagonista hace un recuento grato de su vida pasada (Job 29.1—31.37), de sus logros, del bienestar de su familia, de su felicidad, de su intimidad con Dios, de su prestigio, de su fama. Contrasta ese estado de prosperidad y felicidad, con sus realidades presentes: humillación, dolor, burla, hostilidad, abandono, sufrimiento, desesperanza, desorientación, enfermedad. El contraste es claro y directo: ¡Job había pasado de la abundancia a la mendicidad! Y el reconocimiento de su grave condición, le hace inquirir nuevamente ante Dios, le mueve de nuevo a presentar sus quejas, le impele a articular una vez más su caso.

La sabiduría

Aunque las personas puedan comprender la naturaleza de los conflictos personales y las angustias humanas, al camino que llega a la sabiduría solo se accede con la ayuda divina, con el apoyo de Dios, con la iniciativa del Señor. Este tipo singular de conocimiento, comprensión sabia de la existencia e inteligencia, solo proviene de la revelación divina pues no se puede encontrar en el mundo natural de las personas. La sabiduría real, verdadera y significativa se relaciona con el temor a Dios, que es una manera de allegarse ante el Señor con humildad y sencillez. La inteligencia es la aplicación adecuada de esa singular sabiduría que solo proviene de Dios.

Dios contesta los argumentos de Job, pero antes de su respuesta firme, un nuevo interlocutor llega a escena: Elihú, hijo de Baraquel, el buzita, de la familia de Ram (Job 32.2), que no había intervenido en los diálogos anteriores, por ser el más joven el grupo. En sus argumentos reprocha a sus predecesores por no haber encontrado respuestas al dilema de Job y avanza de esa forma a nuevos argumentos. Para el joven amigo de Job, los sufrimientos son una especia de terapia educativa que contribuye al desarrollo moral de las personas; son, en efecto, de acuerdo con estos argumentos, una amonestación y advertencia contra el pecado, particularmente del orgullo. Desde esta perspectiva teológica, los sufrimientos y las desgracias de Job estaban en esta vena educativa de Dios, y tenían, entonces, alguna justificación.

La teología

La gran afirmación teológica del libro de Job es que la vida tiene sentido aunque, en ocasiones, la comprensión plena de lo que sucede escapa al análisis ponderado y sobrio de la inteligencia y la sabiduría humana. La gente que, como Job, mantiene su integridad ante los diversos embates de la vida, recibe y disfruta la recompensa divina.

La siguiente sección (Job 38.1—41.34) incluye la respuesta divina a los argumentos de Job. Es una teofanía extraordinaria que se manifiesta en forma de tormenta y tempestad, esta revelación divina se pone en evidencia clara cuando los discursos de Job y los argumentos de sus amigos han probado ser inadecuados para comprender las complejidades del sufrimiento humano.

La respuesta divina se articula en dos secciones, divididas por una intervención muy modesta de Job, en la que reconoce humildemente sus limitaciones ante la majestad de Dios (Job 40.3-5). En la primera sección, Dios responde con una serie concatenada de preguntas retóricas que tienen la intensión de poner de relieve el poder divino y la pequeñez humana. La finalidad es destacar la sabiduría y la omnipotencia de Dios. Las imágenes son poderosas y gráficas: Lo insondable de la naturaleza y las actividades de los animales.

Las respuestas de Dios, en la segunda sección, se relacionan directamente con las fuerzas humanas que no pueden compararse con el poder divino. Ante tal demostración de poder y autoridad, Job reconoce su pequeñez e impotencia. La sabiduría y el poder divino prevalecen, y nuestro protagonista se retracta de sus argumentaciones humanas estériles ante Dios. Es en este singular contexto de humildad, que la obra incluye una de sus afirmaciones teológicas más importantes: Solo de oídas te conocía, afirma Job, mas ahora mis ojos te ven. Ese reconocimiento le lleva al arrepentimiento profundo y sincero, en polvo y ceniza, símbolos clásicos de la contrición (Job 42.1-6).

En la sección final de la obra (Job 42.7-17), Dios mismo refuta los argumentos simplistas e inapropiados de Job y particularmente, los de sus amigos. Dios no funciona en la vida de manera mecánica, superficial y arbitraria; y las reflexiones humanas racionalistas, así como estereotipadas no pueden comprender adecuadamente la sabiduría divina ni pueden contener el poder de Dios.

4. Teología

Dios, no actúa en medio de la historia humana, como una fuerza impersonal e irracional que interviene de manera mecánica y con una actitud ciega en la implantación de la justicia. Mientras que a los amigos de Job se les requiere arrepentimiento y sacrificios, por sus interpretaciones teológicas impertinentes, Dios distingue a Job por ser justo y buscar la verdad. Afirma el Señor a nuestro protagonista pues, aunque no comprendía bien los alcances de la revelación de Dios ni entendía mucho de las dimensiones de la voluntad divina, se mantuvo íntegro en sus posturas y no sucumbió ante las soluciones fáciles, superficiales e impropias de sus amigos. En efecto, para Dios la integridad es un valor ético indispensable y fundamental que se relaciona directamente con la santidad.

La conclusión del libro presenta a un Job restablecido y renovado. Su integridad le llevó a la victoria sobre la incomprensión y la superficialidad. Su determinación le hizo merecedor de la bendición divina. Su entereza de carácter la ganó el respeto de la comunidad, el aprecio de su familia y la bendición de Dios.

De la lectura sobria y detallada del libro se desprenden varios valores teológicos que no pueden pasar desapercibidos. Entre ellos se pueden enumerar los siguientes: La afirmación de Dios como creador, Señor y soberano de la historia humana; la intervención sabia de la providencia divina; el significado profundo del sufrimiento humano; y las relaciones estrechas entre varios conceptos teológicos de gran peso específico: por ejemplo, creación y salvación, justicia y sabiduría, responsabilidad y retribución, fe y razón, conocimiento humano y revelación divina.

La gran afirmación teológica del libro de Job es que la vida tiene sentido aunque, en ocasiones, la comprensión plena de lo que sucede escapa al análisis ponderado y sobrio de la inteligencia y la sabiduría humana. La gente que, como Job, mantiene su integridad ante los diversos embates de la vida, recibe y disfruta la recompensa divina.

23

El libro de los Proverbios

Los proverbios de Salomón hijo de David, rey de Israel,
para entender sabiduría y doctrina,
para conocer razones prudentes,
para adquirir instrucción y prudencia,
justicia, juicio y equidad;
para dar sagacidad a los ingenuos,
y a los jóvenes inteligencia y cordura.
Proverbios 1.1-4

1. El libro

El libro de los Proverbios representa lo mejor de la literatura sapiencial e incluye los testimonios más elocuentes y posiblemente antiguos de esta importante tradición teológica y educativa de la Biblia. En efecto, la obra es el fruto grato de una muy larga experiencia didáctica del pueblo de Israel, que pone de relieve claramente la sabiduría y la prudencia que emana de los diversos círculos de la antigua sociedad israelita, de los diferentes contextos nacionales, por ejemplo: la corte del monarca, las dinámicas familiares, las enseñanzas de los ancianos y sabios del pueblo, los diversos contextos, así como las dinámicas individuales y comunitarias, y en la sociedad en general.

La palabra hebrea que tradicionalmente se traduce como «sabiduría» es *hokmah*, y describe el fruto sobrio de las observaciones de las diversas dinámicas de la existencia humana. Nada de la experiencia diaria de las personas le es ajena a la sabiduría, porque le interesa explorar las instrucciones que se ponen de manifiesto en la cotidianidad de los individuos y las sociedades. En efecto, la sabiduría contiene las enseñanzas que provienen y se desprenden de la evaluación sosegada y sobria de la vida diaria, con sus posibilidades y desafíos.

La naturaleza de las enseñanzas y de la sabiduría que se pone en evidencia en el libro de los Proverbios es esencialmente popular. Son observaciones que se generan del análisis de las experiencias de la vida, son el resultado de las reflexiones que se basan en de la existencia humana. Estos proverbios no provienen de la especulación ni de los círculos teológicos, académicos y filosóficos del pueblo; por el contrario, surgen de la vida diaria, de lo cotidiano, de lo común, de lo real, de lo inmediato. Los proverbios son frases generalmente cortas que contienen enseñanzas orientadas a colaborar con el proceso educativo de generaciones, siendo que son dichos breves y poéticos, se facilita la memorización y el aprendizaje. Las repeticiones y reiteraciones de los temas y los dichos en el libro, revelan, en efecto, esas mismas características en la vida, que consiste en la repetición continua de experiencias en la existencia humana.

El título hebreo de la obra es literalmente «Proverbios de...», pues el hebreo *mishle* proviene de *mashal* que significa proverbio. De acuerdo con el libro, estos proverbios se asocian con Salomón, el rey sabio por excelencia en el Israel antiguo (Prov 1.1; 10.1; 25.1). En la versión de la Septuaginta (LXX), el título del libro es *paroimíai*, que dio paso a las traducciones latinas y castellanas de «Proverbios». Generalmente se le conoce como «Sabiduría de Salomón».

En hebreo, *mashal* es un tipo de enseñanza corta y sencilla, que se fundamenta en alguna observación y que produce buenas recomendaciones para la vida diaria. En el contexto general de la literatura sapiencial y del libro de los Proverbios, específicamente, se trata de comparaciones, declaraciones éticas y morales breves, máximas cortas, acertijos, y hasta enseñanzas numéricas y juegos de palabras. Los proverbios son primordialmente enseñanzas morales, éticas, religiosas y espirituales, que se basan en las experiencias milenarias en la vida del pueblo de Israel. Esos valores y principios se han articulado en formatos concisos y utilizan diversos recursos retóricos del lenguaje en sus procesos de comunicación.

En el canon hebreo, los Proverbios se incluyen entre los Salmos y Job; y en las Escrituras cristianas, luego del Salterio. Algunas posibles incoherencias internas (Prov 26.4-5) y las referencias a la personificación de la sabiduría en el libro (Prov 7.6-23), hicieron que algunos rabinos debatieran si debían o no incluir la obra en la Biblia. Sin embargo, con el tiempo y lecturas más sobrias del material, la obra recibió el reconocimiento preciso y la aceptación adecuada para su inclusión en el canon. Ya para la época cristiana, el aprecio al libro de los Proverbios era general, como ponen en evidencia clara las diversas citas y alusiones que se incluyen en el NT (p.ej., Rom 12.17; Heb 12.5-6, 13; 1 P 5.5).

La transmisión textual del libro se ha llevado a efecto con muchas variaciones y alteraciones. Quizá las formas poéticas tan breves e intensas dificultaron la comprensión del material a los copistas, que intentaron hacer los proverbios más asequibles y comprensibles al pueblo. Algunas versiones griegas antiguas cuentan con ediciones que incluyen muchos proverbios y frases que no se incluyen en el texto hebreo; al igual que el texto de la Peshita, que es la versión siríaca de la Biblia. En la Septuaginta (LXX) el orden de la segunda sección de proverbios de Salomón se incorpora en un orden diferente al que aparece en el Texto Masorético.

Los proverbios

En hebreo, *mashal* es un tipo de enseñanza corta y sencilla, que se fundamenta en alguna observación y que produce buenas recomendaciones para la vida diaria. En el contexto general de la literatura sapiencial y del libro de los Proverbios, específicamente, se trata de comparaciones, declaraciones éticas y morales breves, máximas cortas, acertijos, y hasta enseñanzas numéricas y juegos de palabras. Los proverbios son primordialmente enseñanzas morales, éticas, religiosas y espirituales, que se basan en las experiencias milenarias en la vida del pueblo de Israel.

---

2. Formas literarias y estructura

Al tomar en consideración los diversos títulos, los variados temas y algunas características literarias de los proverbios, se puede identificar una especie de estructura interna en la obra que puede contribuir positivamente a la comprensión adecuada y amplia del libro. El prólogo de la obra afirma que el único camino para alcanzar la sabiduría es el «temor a Jehová» (Prov 1.1-7), que es la forma hebrea de aludir al respeto, reconocimiento, reverencia, aprecio, devoción y humildad con que los creyentes se acercan ante Dios, y expresar de esa forma sus sentimientos más hondos ante el Señor.

El propósito de la sección inicial del libro (Prov 1.1—9.18) es articular ante las nuevas generaciones, y también frente a los grupos no tan jóvenes, las reflexiones sabias y sobrias que se fundamentan en las observaciones, de los años y los siglos, de la gente sabia e inteligente del pueblo. La finalidad es brindar algunas pistas para el comportamiento adecuado y las actitudes correctas en los diversos órdenes de la existencia que tiene instancias muy complejas y dimensiones difíciles de comprender.

Este prólogo, que tiene algunas peculiaridades literarias diferentes a las que se manifiestan en el resto del libro, parece haber sido incorporado para introducir la obra y ubicar el contenido de sus enseñanzas en su contexto literario y temático adecuado. Es una especie de invitación a adquirir y disfrutar la sabiduría; y es una manera directa de incentivar la vida sobria y digna, que se desprende de una serie importante de valores éticos, nobles y gratos.

Se trata, el inicio del libro de los Proverbios, de una exhortación extensa de un padre a un hijo, que le invita abiertamente a adquirir la verdadera sabiduría, pues es generadora de felicidad y bondad. En el contexto de estas enseñanzas, la sabiduría se personifica y dirige su palabra y mensaje a la humanidad en general, y a la gente sencilla en particular (Prov 1.20-33; 8.1-36; 9.1-6). El mensaje claro y definido de la sabiduría es a rechazar abierta y firmemente la insensatez y la arrogancia, que propician la destrucción y la ruina; además, reclama la intimidad con Dios, que se caracteriza por el temor, la reverencia y el respeto, que produce la sabiduría. En efecto, la sabiduría presenta una invitación directa a dejar la necedad y la imprudencia, e identifica sus dos adversarios principales: los hombres necios (Prov 1.7b; 2.12-15; 6.6-15) y las mujeres impropias (Prov 2.16-19; 5.1-14; 7.1-27).

El género literario que mayormente se utiliza en el prólogo del libro es el de la instrucción, en el cual se destacan el uso reiterativo de expresiones imperativas, que tienen como finalidad básica incentivar la obediencia y fomentar el amor a la sabiduría (Prov 1.8-19; 3.1-12, 21-35; 4; 5; 6.1-5, 20-35; 7.1-5, 24-27). Además, en esta sección se utiliza también el género autobiográfico (Prov 7.6-23), para complementar el mensaje de la sabiduría.

El corazón del libro lo componen dos grupos de proverbios que se asocian, directamente, con el rey Salomón (Prov 10.1—22.16; 25.1—29.27). El primer grupo constituye una sección mayor de todo el libro, y está primordialmente compuesta por dichos breves e independientes que se caracterizan por la elaboración de temas opuestos: lo justo y lo impío, la persona sabia y la necia, la gente diligente y la ociosa, lo que Dios aprecia y lo que rechaza. ¡Son como 375 dichos! Además, se incluyen algunos proverbios relacionados con el rey, que debe apoyar los proyectos divinos en la sociedad (16.10-16; 20.26—21.3).

La segunda sección de proverbios de Salomón pone de relieve el tema del amor a las posesiones y dinámicas humanas, porque son manifestaciones concretas de la sabiduría creadora de Dios. Además, en este grupo de proverbios se explora el tema de la retribución, y se reflexiona sobre algunos asuntos de importancia para la existencia humana diaria. Quizá esta sección estaba orientada a educar y formar a los jóvenes príncipes de la corte real.

Entre esas colecciones de dichos y enseñanzas se incorporan dos grupos de proverbios de los sabios (Prov 22.17—24.22; 24.23b-34), que enfatizan los deberes hacia el prójimo y afirman algunos valores de importancia ética, como la templanza y la prudencia. Son como 50 proverbios, que exponen con claridad las enseñanzas del maestro al estudiante, y donde predomina la persuasión. Se trata de consejos en torno a la vida diaria, referente a la comida y la bebida, y el trato efectivo a las mujeres extranjeras, así como el uso adecuado de los bienes y las riquezas.

Luego del segundo grupo de proverbios de Salomón, se incluyen los de Agur (Prov 30.1-14), un grupo singular de proverbios numéricos (Prov 30.15-30), las enseñanzas de Lemuel, rey de Masá (Prov 31.1-9), para llegar finalmente al poema dedicado a la mujer virtuosa o a la esposa ideal, que se construye en una forma alfabética muy elegante y singular (Prov 31.10-31). Son proverbios que se han añadido para que sirvan de epílogo al libro. Posiblemente provienen de la época postexílica.

El texto de la mujer virtuosa (Prov 31.10-31) es un poema acróstico alfabético que establece relaciones con el prólogo del libro (Prov 1.1—9.18). Esa mujer ideal es la encarnación de la sabiduría, a la que ya se ha aludido previamente.

3. Autores y fecha de composición

De acuerdo con el testimonio interno de la obra, el libro de los Proverbios se relaciona directamente con Salomón, que era el personaje sabio por excelencia. Inclusive, la tradición bíblica le atribuye al famoso monarca israelita más de 3,000 proverbios (1 R 5.12); y de esa importante tradición se identifican dos secciones en nuestro libro relacionadas directamente con Salomón.

Como el libro se trata de una colección grande de dichos breves y poemas, lo más probable es que provengan de diferentes épocas y de lugares variados. Es importante señalar, sin embargo, que varias colecciones pueden llegar de la época salomónica directamente (Prov 10.1—22.16; 25.1—29.27); inclusive, algunos proverbios pudieran asociarse con Salomón o con su corte.

La identificación de estas secciones como literatura antigua se fundamenta principalmente en la antigüedad de las expresiones lingüísticas, en la brevedad y sencillez de las enseñanzas, y en las referencias importantes a una monarquía firme y de esplendor (Prov 16.12-15; 20.8, 26, 28). Algunos estudiosos piensan que se estableció, en la corte de David y Salomón, un grupo de escribas que se dedicaban a redactar y coleccionar proverbios, y que llegaron hasta la época del rey Ezequías (Prov 25.1).

Pasajes	Temas	Autor
1.8—9.18	Invitación a adquirir sabiduría.	Anónimo
10.1—22.16	Normas de conducta.	Salomón
22.17—24.22	Deberes hacia el prójimo.	Los sabios
24.23-24	Deberes hacia el prójimo.	Los sabios
25.1—29.27	Máximas variadas.	Salomón
30.1-14	Sabiduría divina y pequeñez humana.	Agur
30.15-33	Proverbios numéricos.	Anónimo
31.1-9	Consejos a los reyes.	Lemuel
31.10-31	Elogios a la mujer virtuosa.	Anónimo

La formación e incorporación de otras secciones del libro, tienen explicaciones más complejas. Porque no conocemos quienes eran los llamados «sabios» a los que se refiere el libro, se nos hace difícil determinar el contexto histórico en que pudieron haber vivido y trabajado. Varios estudiosos, sin embargo, piensan que provienen de épocas previas a la monarquía de Ezequías. Los proverbios de Agur y Lemuel se relacionan con sabios israelitas que posiblemente vivieron fuera del territorio nacional, pero que contribuyeron a la sabiduría del pueblo.

El prólogo y el epílogo provienen de la época postexílica y sirven para darle el contexto temático y literario adecuado a la obra. Son secciones más desarrolladas teológicamente, y desean brindarle a la obra un entorno uniforme, así como coherencia. Posiblemente se incorporaron en el libro en algún período de paz, quizá en la época persa, un poco antes de la llegada de Esdras al escenario bíblico (c. 450 a.C.). Por esos años es que se debe haber editado finalmente el libro, aunque algunos de sus proverbios nos llegan de tiempos mucho más antiguos, como la época de la monarquía unida.

4. La sabiduría en la literatura del Oriente Medio antiguo

El estudio de la literatura sapiencial en general y de los Proverbios en particular, pone de relieve una serie importante de afinidades literarias y de paralelos temáticos con la literatura del oriente Medio antiguo que no pueden pasar desapercibidos. De singular importancia son los documentos descubiertos en Egipto y en la antigua Babilonia.

En Egipto se han descubierto composiciones que manifiestan cierta continuidad estilística y temática con la literatura sapiencial en la Biblia. De singular importancia, en este importante cuerpo literario, son las siguientes obras: Instrucción de Ptah-hotep, Instrucción de Mari-karé, Sabiduría de Ani y Enseñanza de Amenemope. De estas reflexiones existenciales de sabiduría, la obra de Amenemope merece una mención especial, pues manifiesta paralelos y parecidos a una sección específica del libro de los Proverbios (Prov 22.17—23.11).

Enseñanza de Amenemope

En la Babilonia antigua también se produjeron obras de sabiduría, complejas y extensas, como la famosa leyenda del llamado Job babilónico, *Lubdel bel Nemequi*. En Siria, específicamente en Ugarit, se pueden encontrar algunos paralelos con los proverbios bíblicos, particularmente en el papel que asigna a las mujeres y a las figuras femeninas, que no es común en la región (véase Prov 31.10-31).

El origen de estos paralelos, similitudes y semejanzas es debatido en la actualidad. Hay estudiosos que ven en estas literaturas dependencias, particularmente se entiende que la literatura bíblica proviene de la egipcia. Sin embargo, una mejor forma de explicar estas dinámicas puede ser la comprensión que toda esta literatura internacional proviene del mismo entorno histórico, social, político y religioso, tanto en Egipto como en el Israel antiguo; y que responden, en efecto, a realidades similares y reflexionan en torno a sociologías que tienen muchos elementos en común. Quizá toda esta literatura revela continuidades con documentos y reflexiones antiguas que llegaron en la antigüedad a Egipto, Mesopotamia e Israel.

La sabiduría

El objetivo de la sabiduría, según los Proverbios, es presentar una serie de instrucciones y enseñanzas que permita a las personas alcanzar, disfrutar y compartir valores de gran importancia práctica en la vida, como la justicia, el respeto, la equidad, el perdón y la rectitud. En este sentido, la sabiduría se relaciona con el conocimiento pertinente y adecuado que nos permite vivir a la altura de esos valores éticos y principios morales. Consiste, la sabiduría, en el conocimiento pleno de lo que se debe hacer para afirmar y celebrar la vida en justicia y rectitud.

5. Teología

Aunque la literatura sapiencial se basa en las observaciones, evaluaciones y reflexiones en torno a la vida diaria, el análisis ponderado de sus fundamentos revelan un buen sostén teológico, de acuerdo con los intentos de definición que se presentan en el libro de los Proverbios. Si, en efecto, «el principio de la sabiduría es el temor de Jehová» (Prov 1.1-7), entonces esas reflexiones en torno a las dinámicas existenciales y las realidades de la cotidianidad se fundamentan en un andamiaje teológico fuerte, firme y definido.

La evaluación detallada y cuidadosa de los Proverbios, pone en evidencia clara que las enseñanzas del libro no están cautivas en el pueblo de Israel y sobrepasan sus fronteras, pues son recomendaciones educativas e instrucciones que deben llegar libremente a toda la humanidad (p.ej., inexpertos, jóvenes, adultos y sabios). El objetivo de la sabiduría, según los Proverbios, es presentar una serie de instrucciones y enseñanzas que permita a las personas alcanzar, disfrutar y compartir valores de gran importancia práctica en la vida, como la justicia, el respeto, la equidad, el perdón y la rectitud. En este sentido, la sabiduría se relaciona con el conocimiento pertinente y adecuado que nos permite vivir a la altura de esos valores éticos y principios morales. Consiste, la sabiduría, en el conocimiento pleno de lo que se debe hacer para afirmar y celebrar la vida en justicia y rectitud.

Aunque las personas necias y arrogantes desprecian la revelación y la sabiduría divina (Prov 1.7), la gente que teme al Señor alcanza, comprende y disfruta esos principios fundamentales y necesarios para la felicidad plena. La palabra hebrea que se traduce tradicionalmente como «temor», *yir'ah*, transmite en esencia las ideas básicas de respeto, veneración y reverencia. Ese fundamental concepto de «temor reverente» se asocia con las actitudes religiosa y espiritual que caracteriza a las personas que se allegan ante Dios para adorarle con sinceridad y humildad. Ese temor ante el misterio divino es el entorno que rodea a quienes se presentan en humildad ante el creador, reconociendo que son sus criaturas, y que llegan con sencillez ante el Señor, aceptando que son sus siervos. «Temor» es también obediencia y disposición por buscar, descubrir, aceptar y compartir la voluntad divina en medio de las vicisitudes humanas y de los diversos, así como complejos desafíos sociales, políticos y económicos.

El temor del Señor

De acuerdo con los consejos de la sabiduría, las personas deben buscar en el temor al Señor el sentido de la vida, y advierte sobre los peligros de la existencia humana, particularmente de las calamidades que le llegan a quienes abandonan sus valores y enseñanzas. Inclusive, la sabiduría invita a las personas a que se entreguen completamente para descubrirla, entenderla y disfrutarla, y rechaza abiertamente las actitudes de quienes desean hacer caso omiso a los consejos que se basan en la necedad, que también es personificada de forma negativa en la obra (Prov 9.13-17).

Con la afirmación de que el principio de la sabiduría es el temor al Señor, se indica que los procesos que nos permiten comprender la vida y entender sus complejidades, comienzan con el reconocimiento humilde y sincero de la realidad divina. Ese reconocimiento es el que nos permite y que propicia el discernimiento y entendimiento de las enseñanzas que se ponen de manifiesto en medio de las realidades cotidianas. De importancia capital, en torno a este singular tema, es entender que ese tipo de «principio» no es un indicador cronológico, sino un marcador del fundamento, de la base, del entronque, de la raíz. «Principio», en este particular contexto de la literatura sapiencial, se refiere básicamente al fundamento sobre el cual se construye el edificio del conocimiento prudente, grato, efectivo, diligente, responsable, sobrio, respetuoso, digno, reverente, humilde, formativo y liberador.

Una peculiaridad literaria adicional de la sabiduría, según se presenta en el libro de los Proverbios, es su personificación. En efecto, en esta importante obra sapiencial, la sabiduría se auto presenta (Prov 1.20-32; 8.12-36; 9.1-6) como una realidad existencial que no debe ser desmentida, rechazada o ignorada, y que se impone con fuerza, virtud y firmeza entre las personas. Esa sabiduría personificada, que además tiene la capacidad de disfrutar la vida y el amor, es sensible a las necesidades humanas y a los reclamos personales. En este sentido, es la misma sabiduría la que invita a la gente a vivir de acuerdo con el temor divino para alcanzar el gozo abundante y la felicidad plena.

De acuerdo con los consejos de la sabiduría, las personas deben buscar en el temor al Señor el sentido de la vida, y advierte sobre los peligros de la existencia humana, particularmente de las calamidades que le llegan a quienes abandonan sus valores y enseñanzas. Inclusive, la sabiduría invita a las personas a que se entreguen completamente para descubrirla, entenderla y disfrutarla, y rechaza abiertamente las actitudes de quienes desean hacer caso omiso a los consejos que se basan en la necedad, que también es personificada de forma negativa en la obra (Prov 9.13-17).

Un aspecto de grandes virtudes espirituales e importantes implicaciones teológicas es la elevación de la sabiduría a especiales niveles divinos. En efecto, la sabiduría es eterna (Prov 8.21-31), pues existe desde siempre, desde antes del principio y de los orígenes de la tierra. Además, esa sabiduría, que existe desde el comienzo de la historia y la humanidad, colabora en el fundamental proyecto de creación divina.

Con estas reflexiones y presentación de la sabiduría, la teología en la Biblia hebrea llega a un nivel extraordinario y óptimo de desarrollo filosófico, que, en efecto, preparó el camino para la personificación del Verbo de Dios. De acuerdo con el Evangelio según Juan, el Verbo divino se relaciona directamente con Jesús de Nazaret (Jn 1.1). Posteriormente, en el canon neotestamentario, se presenta a Jesús el Cristo como la sabiduría encarnada de Dios (Mt 11.19; Lc 11.49; 1 Co 1.24-30; Col 1.16-17).

24

El libro de Rut

No me ruegues que te deje y me aparte de ti,
porque a dondequiera que tú vayas, iré yo,
y dondequiera que vivas, viviré.
Tu pueblo será mi pueblo, y tu Dios mi Dios.
Donde tú mueras, moriré yo y allí seré sepultada.
Traiga Jehová sobre mí el peor de los castigos,
si no es solo la muerte lo que hará separación entre nosotras dos.
Rut 1.16-17

1. El libro

El libro de Rut, una de las obras maestras de la narrativa hebrea, presenta la historia de una familia que se muda de Belén (Rut 1.1-5), en medio de una seria crisis económica, hasta llegar a las tierras de Moab, para posteriormente regresar a Belén, luego de la muerte del esposo y el suegro de nuestra protagonista. La obra consta de solo cuatro capítulos, en los que se relatan algunos episodios de la vida de Rut, mujer moabita que con su testimonio de lealtad y fe se ganó un espacio importante en la historia del pueblo de Israel; específicamente, obtuvo un sitial de honor en la genealogía de uno de sus líderes más famosos, el rey David.

El libro presenta por lo menos cuatro escenas en las que se pone claramente de manifiesto varios temas teológicos con implicaciones éticas, entre los que se encuentran la lealtad humana y la providencia divina. El primer tema se explora en el viaje de regreso de Nohemí, cuando Rut decide acompañarla a Belén; y el segundo, se relaciona con el trabajo de Rut en el campo, y con la promesa de matrimonio de Booz a Rut, con la aprobación de los ancianos del pueblo, que representaban la autoridad moral y legal de la comunidad.

La familia de Nohemí la componen Elimelec y sus dos hijos, Mahlón y Quelión, quienes, según el testimonio bíblico, mueren en Moab. En la narración, se indica que sus hijos, al fallecer, ya se habían casado con mujeres moabitas, Orfa y Rut. En efecto, es el drama de una familia multicultural que debe enfrentar las diversas crisis de la existencia humana y la vida, con sabiduría, valor, tesón e inteligencia.

Genealogía de David

Estas son las generaciones de Fares:
Fares engendró a Hezrón, Hezrón engendró a Ram,
Ram engendró a Aminadab, Aminadab engendró a Naasón,
Naasón engendró a Salmón, Salmón engendró a Booz,
Booz engendró a Obed, Obed engendró a Isaí;
e Isaí engendró a David.
Rut 4.18-22

Con la muerte de su esposo e hijos, Nohemí decide regresar a Belén, a su hogar de origen con sus familiares. Es en ese singular contexto del regreso a su patria que Rut pone de manifiesto el valor de la lealtad y la fidelidad, al arriesgar su vida, su bienestar y su futuro, con la decisión de acompañar a su suegra de regreso a Belén. Esa decisión podía significar una vida llena de soledad, fragilidad, precariedad y pobreza, lejos de su familia inmediata y su comunidad.

Rut, según los relatos bíblicos, al regresar a Belén, trabaja en los campos de Booz (Rut 2.3), en donde llega a conocerlo; Booz era un pariente lejano de la suegra que, al conocer sus acciones de amor, fidelidad y compromiso, no solo la distingue y afirma, sino que la trata muy bien y le ofrece matrimonio, para cumplir la antigua ley bíblica del rescate. Otro familiar cercano de Nohemí, previamente había cedido a su derecho legal de comprar su campo y rescatarla de la pobreza.

El libro finaliza de manera feliz: Booz compra el campo de Nohemí y se casa con Rut, que era la manera legal de superar la crisis fiscal y social de la familia. Del matrimonio de Booz y Rut, nace Obed, que es uno de los antepasados de David (véase Rut 4.18-22; 1 Cr 2.5-15).

El estudio sobrio, sistemático y sosegado del libro, pone en clara evidencia una obra de gran virtud literaria, belleza estética, valor sicológico y poder espiritual. El estilo que manifiesta el relato, por ejemplo, con sus paralelismos temáticos y sus juegos de palabras, revela gran cautela, fineza y esmero en la redacción de los temas expuestos y en la edición del libro. Inclusive, los nombres de los personajes tienen una función significativa en las narraciones: Elimelec significa «mi Dios es rey»; Nohemí, «graciosa»; Rut, «amiga» o «compañera»; Booz, «fuerza»; Mara, «amargura»; y Obed, «siervo».

En efecto, los nombres de los personajes de la obra ponen claramente de relieve varios significados y algunos valores importantes del libro de Rut, que no deben obviarse en el análisis de los temas expuestos y los asuntos ponderados. El libro, con su mensaje firme y claro de superación de la crisis, además, transmite un gran sentido de seguridad, tenacidad y esperanza, valores necesarios e indispensables para la salud mental, social y espiritual.

Desde la perspectiva del género literario del libro, posiblemente Rut es un tipo de novela histórica, escrita, entre otros propósitos, para destacar las vicisitudes familiares y personales de la familia de David, el famoso rey de Israel. Es una especie de historia de la salvación, en la que se ponen de relieve las intervenciones redentoras de Dios en medio de las dinámicas humanas; la obra firma, en efecto, la providencia divina en la cotidianidad. Además, es una manera de presentar una imagen más sobria y responsable de la relación de los israelitas con los pueblos extranjeros, en este caso Moab, con el cual tenían, tradicionalmente, una relación de hostilidad y enemistad.

El libro de Rut es corto, y el título se asocia con el personaje más importante de los relatos. El significado del nombre puede relacionarse con dos raíces hebreas; de acuerdo con la raíz *r't*, significaría «amiga» o «compañera». Pero si el nombre se relaciona con *rwh*, entonces sería «saciar» o «aliviar», que transmite la idea de alguien que apoya o alivia. De ambas formas, el nombre mismo de la protagonista de la obra pone en evidencia clara las ideas de compromiso, solidaridad, fidelidad, amor, compañerismo, lealtad, amistad.

En el canon hebreo, el libro de Rut se coloca, generalmente, entre los Proverbios y el Cantar de los Cantares; además, es el segundo entre los libros conocidos como *Megillot*, o los rollos, que se leen en relación a las diferentes fiestas judías. En el caso específico del libro de Rut, su lectura se hace durante la celebración de la fiesta de Pentecostés.

Posiblemente esa relación entre el libro de Rut y la fiesta Pentecostés se basa en que las narraciones del libro se ubican en el entorno de las cosechas (Rut 1.11; 2.23). Sin embargo, algunos estudiosos piensan que esa asociación se debe primordial y fundamentalmente a que esa festividad celebra también la entrega de la Ley al pueblo de Israel, y el libro de Rut pone de manifiesto la importancia de la Ley mosaica para los pueblos extranjeros, como es el singular caso de los moabitas, representados por Rut.

El libro aparece en el canon cristiano entre el libro de los Jueces y los de Samuel, como también aparece en la Septuaginta (LXX) y la Vulgata Latina. Quizá este lugar en el canon tiene que ver específicamente con los temas expuestos y específicamente con el contexto histórico que reclama el libro, pues las narraciones se ubican en el tiempo de los jueces en la historia del pueblo de Israel.

Virtudes y belleza del libro

El estudio sobrio, sistemático y sosegado del libro, pone en clara evidencia una obra de gran virtud literaria, belleza estética, valor sicológico y poder espiritual. El estilo que manifiesta el relato, por ejemplo, con sus paralelismos temáticos y sus juegos de palabras, revela gran cautela, fineza y esmero en la redacción de los temas expuestos y en la edición del libro. Inclusive, los nombres de los personajes tienen una función significativa en las narraciones: Elimelec significa «mi Dios es rey»; Nohemí, «graciosa»; Rut, «amiga» o «compañera»; Booz, «fuerza»; Mara, «amargura»; y Obed, «siervo».

La identificación precisa de la fecha de composición del libro no es fácil. Tampoco es sencilla la identificación específica del autor o autores. Aunque la trama del libro se ubica en el período de los jueces, la teología y las palabras arameas que aparecen en la obra, parecen apuntar hacia la época exílica o quizá mejor los tiempos postexílicos. Los temas de los relatos pueden provenir de la época monárquica, que posteriormente, luego del exilio, se editaron de forma paulatina de manera final, para responder a las necesidades teológicas y espirituales de la comunidad que regresó de Babilonia o que se había quedado en Jerusalén durante el período de la deportación.

De singular importancia en el análisis de las posibles fechas de composición es la identificación de la teología universal de retribución, que era característica luego del exilio en Babilonia. Posiblemente este pequeño libro es una manifestación teológica que se contrapone firmemente a las políticas y filosofías en contra de los matrimonios con personas extranjeras, los llamados «matrimonios mixtos» (véase Esd 9;

Neh 13). En este sentido, Rut desarrolla su teología en la tradición del libro de Jonás, que brinda espacio para que las personas no judías reciban el perdón, la misericordia y el amor del Señor.

De acuerdo con el Talmud, el autor del libro de Rut es Samuel, el famoso líder de Israel. En la actualidad, sin embargo, fundamentados en análisis más sobrios, científicos y sistemáticos de la obra, se piensa que proviene de algún autor anónimo de la época postexílica. Quizá ese autor desconocido es parte de la «escuela» que generó pensamientos alternativos a la teología tradicional de la retribución y a las actitudes exclusivistas de algunos sectores nacionalistas del pueblo luego del exilio.

El texto hebreo del libro se ha mantenido bien preservado a través de los siglos, como se pone en evidencia al comparar los manuscritos masoréticos con los documentos descubiertos en Qumrán.

2. Las leyes de rescate y levirato

Para tener una comprensión adecuada y amplia del mensaje del libro de Rut, hay que analizar y comprender algunas prescripciones jurídicas y varios detalles específicos de las leyes mosaicas. De singular importancia en los relatos de Rut, son las leyes relacionadas con el tema del rescate, y las que se asocian con el levirato. Estas estipulaciones son el marco de referencia legal que presupone la narración del libro de Rut.

La primera ley, la del rescate (véase Lv 25.23-55), pertenece al ámbito general de compra y venta de propiedades. El objetivo específico era asegurar la estabilidad social y económica de las familias, especialmente en tiempos de crisis y dificultad, como los que se describen en el libro de Rut. La segunda ley, la del levirato (Dt 25.5-10), se yuxtapone a la primera en los relatos, tiene que ver con los derechos matrimoniales que garantizan el bienestar, la salud integral y el futuro de alguna viuda y su familia.

Esas dos leyes están íntimamente relacionadas con la figura del rescatador o redentor (en hebreo, *goel*), que tiene la responsabilidad seria de ayudar, apoyar, rescatar y salvar a algún familiar que haya caído en desgracia, por alguna crisis personal, familiar o nacional, o sencillamente por la muerte. El caso de Nohemí es el resultado de las desgracias físicas causadas por las dificultades económicas y la crisis de pérdida al morir su esposo e hijos.

El propósito fundamental de estas leyes era proteger el patrimonio al impedir que los bienes familiares y nacionales pasaran a manos de personas extranjeras; y que en el caso específico de las narraciones del libro de Rut, Booz cumplió adecuada y responsablemente con sus responsabilidades de redentor familiar, al casarse con Rut y también comprar el campo de Elimelec y Nohemí. Otro familiar cercano a Nohemí, de acuerdo con el relato bíblico, ya había decidido no cumplir con esas responsabilidades (Rut 3.12; 4.6). El acto redentor de Booz sacó a Nohemí de la crisis económica y social en la que estaba inmersa por sus desgracias personales y familiares: la muerte de su esposo e hijos.

De singular importancia en la narración es la relación íntima que se manifiesta entre la ley del rescate, que se asocia directamente con las propiedades, y el matrimonio con Rut. Quizá esta dinámica pone de manifiesto la percepción antigua que se tenía de las mujeres, que eran parte de las propiedades de algún varón, sea el esposo, el padre o algún hermano. Algunos estudiosos piensan, en contraposición a esta idea, que la decisión de Booz de casarse con Rut estaba fundamentada en un deber moral y ético. Otros eruditos indican, en torno a este mismo tema, que la ley del levirato (que proviene del hebreo, *levir*, que significa cuñado) es la actualización familiar de la ley del rescate.

En cualquier caso, en las narraciones del libro de Rut ambas acciones legales están íntimamente relacionadas, y el propósito principal es la redención económica de la familia de Nohemí y la restauración personal de Rut.

3. Teología

Como en la Biblia en general, la teología que se desprende del libro de Rut no es sistemática. Las diversas perspectivas teológicas y enseñanzas éticas de la obra se manifiestan con fuerza en las narraciones y acciones de sus personajes. Los temas se mueven de la tristeza al contentamiento, del desamparo a la esperanza, de la escasez a la abundancia. De singular importancia en ese análisis teológico, están la genealogía de David, el valor y la importancia de la vida familiar, y la manifestación de la providencia divina.

El primer valor teológico del libro se relaciona con la providencia divina que se manifiesta de forma natural en medio de la historia, y en el caso del libro de Rut, esa acción se revela en lo cotidiano y diario de la existencia humana. En efecto, las manifestaciones concretas del amor y la misericordia del Dios de Israel están presentes en las continuas dinámicas de los individuos y las familias. Es una manera de revelación divina indirecta, sobria, solapada, íntima y callada, pero real, perceptible, continua, grata y efectiva. En el libro de Rut, no hay milagros, teofanías maravillosas o manifestaciones espectaculares de Dios, solo revelaciones concretas de amor y salud, cuando se alienta la esperanza y se afirma la lealtad.

La providencia divina se revela en las expresiones y las acciones de Nohemí (Rut 1.6), en la concepción y fidelidad de Rut (Rut 4.6), y también en la protección y el bienestar de las vidas de Nohemí y Rut, que representan en la literatura bíblica, como viudas, a los sectores marginados y necesitados de la sociedad (Dt 10.18-19; Mal 3.5). Esa misma providencia divina se pone claramente de relieve en las continuas bendiciones que se incluyen en el libro.

Estas bendiciones son esencialmente invocaciones a Dios para que manifieste espontánea y libremente sus bondades, sus misericordias, su poder y su amor a las personas. Por esa razón, Nohemí bendice a sus nueras (Rut 1.8) y Booz bendice a Rut (Rut 2.12; 3.10); Nohemí también bendice a Booz (Rut 2.19-20) y la comunidad bendice a Booz y a Rut (Rut 4.11-12); y finalmente las mujeres bendicen a Nohemí (4.14-15). El objetivo teológico de estas bendiciones es que Dios manifieste su voluntad en las personas bendecidas.

Valor teológico

El primer valor teológico del libro se relaciona con la providencia divina que se manifiesta de forma natural en medio de la historia, y en el caso del libro de Rut, esa acción se revela en lo cotidiano y diario de la existencia humana. En efecto, las manifestaciones concretas del amor y la misericordia del Dios de Israel están presentes en las continuas dinámicas de los individuos y las familias. Es una manera de revelación divina indirecta, sobria, solapada, íntima y callada, pero real, perceptible, continua, grata y efectiva.

Un segundo componente teológico del libro se relaciona con las bendiciones de la vida familiar. Para Dios, de acuerdo con las narraciones de Rut, la familia es un entorno fundamental para las manifestaciones gratas del poder y el amor divino. Es en este contexto familiar que se presentan las buenas acciones de Abimelec, Nohemí y Rut; y en ese mismo marco de referencia es que se ponen de manifiesto las bendiciones; así como las manifestaciones de la providencia divina.

Los importantes valores de lealtad, fidelidad, amor, misericordia y piedad tienen en el libro de Rut un espacio importante dentro de las dinámicas familiares. Tanto Rut como Booz son descritos en la obra como personas de gran nobleza humana y virtud espiritual, pues sus decisiones y acciones no son motivadas por algún instinto momentáneo superficial sino por un sentido hondo del deber, que se fundamenta en la fidelidad a las leyes de Dios.

Rut, de acuerdo con las narraciones del libro, es un magnífico ejemplo de alguien que decide dejar su infraestructura familiar inmediata para seguir y apoyar a su suegra. En efecto, su vida es la encarnación de la mujer virtuosa descrita en el libro de los Proverbios (Prov 31.10-31). Y la expresión de Booz, en torno a que dejó su familia y sus tierras (Rut 2.11), la ubica en la extraordinaria tradición de los patriarcas y matriarcas de Israel (Gn 12.1), que también decidieron dejar sus contextos familiares para responder positivamente a la voluntad de Dios y proyectarse al futuro con seguridad y fe. Inclusive, en la bienvenida que recibe en la ciudad de Belén, la relacionan con Raquel y Lea (Rut 4.11), que la asocia nuevamente a las narraciones de gran importancia histórica y teológica en las Sagradas Escrituras.

En el libro, Rut es una mujer de gran virtud, sobria, sabia, inteligente, decidida, firme, fiel, discreta y heroica. Las narraciones en torno a su vida, son demostraciones claras de las complejidades y contradicciones de la vida. La teología de la obra pone de manifiesto a una mujer extraordinaria que supera las expectativas culturales y religiosas de su época para demostrar que la fidelidad y el amor, son valores que emanan del compromiso con la ley divina.

Un tercer valor teológico de importancia en la obra se relaciona con el rey David. En la genealogía del famoso monarca de Israel, se incluye a Rut, una mujer extranjera, y no solo extranjera, sino moabita, un pueblo tradicionalmente enemigo de los israelitas. Desde esta perspectiva canónica, la providencia divina, de acuerdo con las narraciones de Rut, llegaba también a los extranjeros que demostraran lealtad a la Ley y a las costumbres de Israel.

Algunos estudiosos, inclusive, han sugerido que la finalidad teológica principal del libro, es presentar la genealogía de David y destacar la presencia de sangre moabita entre sus antepasados. Era una forma didáctica de rechazar el exclusivismo religioso y étnico del pueblo, particularmente luego del exilio, específicamente en la época de Esdras y Nehemías.

25

El libro del Cantar de los Cantares

Ponme como un sello sobre tu corazón,
como una marca sobre tu brazo;
porque fuerte es como la muerte el amor
y duros como el seol los celos.
Sus brasas son brasas de fuego, potente llama.
Las muchas aguas no podrán apagar el amor
ni lo ahogarán los ríos.
Y si el hombre ofreciera todos los bienes de su casa a cambio del amor,
de cierto sería despreciado.
Cantar de los Cantares 8.6-7

1. Título y autor

El libro del Cantar de los Cantares, obra corta de apenas 117 versículos y ocho capítulos, es una colección poética de cánticos de amor saturados de imágenes pasionales, que revelan las manifestaciones del cariño grato y profundo en una pareja de enamorados. El vocabulario figurado que utiliza es refinado, y posee un carácter literario singular, al incorporar en los poemas bastantes términos que no aparecen en ningún otro libro de la Biblia (¡49 *hapaxlegómenas*!). Aunque la obra no menciona de manera explícita el nombre divino, tanto las tradiciones judías como las cristianas han interpretado y comprendido generalmente las imágenes expuestas en el libro como referencias teológicas al amor entre Dios y su pueblo, o entre Cristo y su iglesia.

El nombre hebreo del libro, «Cantar de los Cantares de Salomón», relaciona los poemas con el famoso monarca de Israel, que era conocido por su sabiduría y sus virtudes y capacidades poéticas. La frase «Cantar de los Cantares» es, en efecto, una forma literaria hebrea para la construcción de superlativos. Esa repetición del sustantivo en plural, luego del singular, enfatiza la expresión y el significado. En este sentido, «Cantar de los Cantares», significa «el cántico por excelencia», «el mejor de los cánticos», o inclusive, «el más grato, significativo, loable y noble de los poemas». El propósito del superlativo en el título del libro es destacar las virtudes de estos poemas; el objetivo, es aludir a la belleza extraordinaria de la obra. Este mismo estilo superlativo se utiliza en otras frases hebreas, frases como «rey de reyes», que significa el mejor de los reyes, y «siervo de los siervos», que describe al más humilde de los servidores.

La palabra «cántico» en la Biblia hebrea alude, en varias instancias (Am 8.10; Is 30.29), a alguna composición poética que debe ser entonada en forma de canción; y en otros pasajes (p.ej., Sal 28.7; 69.30) se puede relacionar posiblemente con las celebraciones litúrgicas.

La asociación de este libro bíblico con el famoso rey de Israel, Salomón, se puede fundamentar en la obra misma, pues el hebreo *lisholomoh,* se ha traducido tradicionalmente como «de Salomón» o «perteneciente a Salomón». Sin embargo, la expresión, más bien, puede significar «de acuerdo con el estilo de Salomón», «referido a Salomón», «en honor a Salomón», «dedicado a Salomón», o inclusive, «en la tradición de Salomón». En efecto, la alusión al monarca no es necesariamente una referencia a su autoría o su propiedad intelectual.

Respecto a este mismo tema de la autoría, es menester tomar en consideración que Salomón, en las narraciones bíblicas, es presentado como un poeta prolífico (1 R 5.12); además, se le incluye explícitamente como uno de los protagonistas de los temas del libro (Cnt 3.7, 9, 11; 8.11, 12). Como Salomón era considerado el más grande e importante sabio en Israel, esta obra de importancia poética sin igual, se le ha atribuido.

Las tradiciones rabínicas antiguas también le atribuyen al mismo rey los libros de Eclesiastés y Proverbios, quizá porque es una trilogía intensa que pone claramente de manifiesto varios aspectos importantes de la vida: La juventud destaca el amor (Cantar de los Cantares), la madurez enfatiza la reflexión y la sobriedad (Proverbios) y la ancianidad subraya la vanidad o superficialidad de las cosas (Eclesiastés).

Una tradición judía muy antigua indica que Salomón escribió estos poemas en ocasión de su boda con una princesa egipcia, aunque la veracidad y el fundamento de esta creencia, en la actualidad, está en serias dudas. Posiblemente estos poemas proceden de diferentes autores, de la época de Salomón y de siglos subsiguientes, que con el tiempo se fueron uniendo y editando juntos por las afinidades temáticas. ¡Son poemas dedicados al amor! En efecto, son canciones que afirman el amor pasional entre dos personas que manifiestan y articulan en estos poemas su cariño más intenso y sin inhibiciones.

El análisis detallado de los poemas, particularmente sus evaluaciones literarias y filológicas, ponen de relieve frases con influencia aramea (Cnt 1.6, 7, 11, 17; 2.9, 11, 13; 3.8), expresiones persas (Cnt 1.12; 3.9; 4.13, 14; 5.16), y hasta se hace referencia a costumbres del mundo helenista (Cnt 3.3, 6-10, 11; 5.7), que ciertamente provienen de una época posterior a la del famoso monarca de Israel. La obra contiene poemas antiguos que posiblemente fueron recitados, cantados y reeditados, quizá en contextos de bodas y celebraciones nupciales, hasta llegar a su edición final en el período postexílico, en un contexto donde el judaísmo estaba buscando reestructurarse para responder adecuadamente a los nuevos desafíos que le presentaba el retorno a Jerusalén.

Como el Cantar de los Cantares menciona diversos lugares de Siria y Palestina, es posible que los poemas se escribieran en esa región. Sin embargo, como Jerusalén es la ciudad más mencionada en la obra, quizá la edición final del libro tuvo lugar específicamente en esa ciudad, sede del gobierno y centro de celebraciones, lugar donde posiblemente estaban ubicadas las personas encargadas de la redacción de los documentos en el reino.

2. Estilo, canon y texto

El estilo literario de la obra pone en evidencia clara la naturaleza pasional de un amor que se describe, celebra y afirma. Las imágenes abundan, el lenguaje figurado es continuo, y las comparaciones son intensas. Las frases y las ideas expuestas están cargadas de significado, y la polisemia abunda. La sonoridad de los poemas contribuye positivamente el proceso de comunicación efectiva y la memorización.

El libro, además, incluye repeticiones de palabras, frases y estribillos; el contexto de los poemas varía continuamente, del palacio a los campos, y viceversa; y la buena comunicación se pone de relieve en la presentación de varios temas, como la luz y las sombras, los colores y los olores, los sonidos y los silencios. En efecto, las metáforas y las comparaciones, lo íntimo y lo cotidiano, la historia y las tradiciones se unen para presentar una obra poética de gran calidad y belleza. Toda esta gama extensa de recursos literarios y retóricos están al servicio de solo un tema: el amor intenso, grato, recíproco, pasional, significativo, mutuo.

Las formas poéticas de la obra incluyen los siguientes recursos literarios y estilísticos: rima (Cnt 3.8; 3.11), aliteración (Cnt 4.1, 8, 11), asonancia (Cnt 5.1, 2), paralelismo (Cnt 1.4; 2.1), concatenaciones (Cnt 3.7-8) e hipérbole (Cnt 2.8-9). Estos artificios literarios le brindan a la obra no solo belleza estética sino que propician la comunicación y le brindan fuerza y vigor a los diálogos y argumentos. El punto culminante de estos recursos llega en la descripción de los amantes (el novio: Cnt 5.10-16; y la novia: 1.5-6, 4.1-7; 7.1-10).

El estilo de la obra

El estilo literario de la obra pone en evidencia clara la naturaleza pasional de un amor que se describe, celebra y afirma. Las imágenes abundan, el lenguaje figurado es continuo, y las comparaciones son intensas. Las frases y las ideas expuestas están cargadas de significado, y la polisemia abunda. La sonoridad de los poemas contribuye positivamente el proceso de comunicación efectiva y la memorización.

En el canon hebreo, el Cantar de los Cantares es parte de la tercera sección de las escrituras, conocida como «Los escritos» o Ketubim, específicamente entre Rut y Eclesiastés. El Talmud lo incluye antes de las Lamentaciones y después de Eclesiastés, en el sexto lugar de esta sección final de la Biblia hebrea. Inclusive, algunos manuscritos hebreos lo ubican después de Rut, en la posición segunda de los llamados *megillot* o los rollos, que son obras leídas en alguna festividad judía.

Por el uso popular y profano que se le daba al libro del Cantar de los Cantares, el judaísmo de los primeros dos siglos de la era cristiana dudó de su inclusión en el canon. Luego de grandes discusiones y deliberaciones, se afirmó su incorporación al canon, aludiendo que nadie debía poner en duda la autoridad de la obra y se rechazó de esta manera su uso mundano y secular. Las iglesias cristianas acogieron sin muchas dificultades y dilaciones la obra, y la ubicaron después del libro de Eclesiastés.

El texto hebreo que se ha conservado ha llegado a los estudiosos modernos bastante bien conservado. Quizá la gran popularidad de la obra impidió que se introdujeran cambios radicales o se incorporaran muchas alteraciones en el texto. Sin embargo, hay algunos manuscritos antiguos que tienen interpolaciones y variaciones en el texto hebreo.

3. Contenido

El contenido del libro son poemas intensos y reveladores en el cual el amado y la amada entran en un diálogo profundo y revelan sus sentimientos más hondos y significativos respecto al amor. En estos diálogos y soliloquios se pone en evidencia que el amor que profesan es más fuerte, inclusive, que el fuego y la muerte (Cnt 8.6). De acuerdo con la progresión de la obra, los protagonistas centrales son identificados en diversas imágenes, como por ejemplo: amado y amada, hermano y hermana, pastor y pastora, rey e hija del rey.

Los nombres de los protagonistas son particularmente significativos: Salomón (Cnt 1.1) y Sulamita (Cnt 6.13). Ambos nombres pueden asociarse a la raíz verbal hebrea, *slm*, que se relaciona con la idea de paz, perfección, sobriedad, abundancia, prosperidad, seguridad (Cnt 1.8; 2.2; 4.7; 5.1; 8.10). Además, Sulamita puede ser una forma femenina del nombre de Salomón, aunque también se puede relacionar con la ciudad de Shulem, cerca del monte Carmelo, que puede significar «perfecta» o «pacífica». Algunos estudiosos piensan que la Sulamita describe a la mujer jerosolimitana perfecta o ideal.

La obra incluye también una serie de personajes que tienen alguna importancia en los diálogos de amores: las hijas de Jerusalén o de Sión (p.ej., Cnt 1.5; 2.7; 3.5, 10), los valientes del reino (3.7-8), los amigos del novio (5.1), los hermanos de la novia (8.8-10), los pastores (1.7-8), los guardias de la ciudad (3.3; 5.7). En efecto, los poemas presentan una serie extensa de personajes que entran en los diálogos con alguna fuerza interpretativa y con esplendor literario. Revelan el mundo interior del palacio, son voces que acompañan las dinámicas íntimas reales. En esos diálogos de amor intenso y apasionado, estos personajes secundarios o complementarios de la obra influyen de forma significativa en la comunicación de los temas y la articulación sentimientos expuestos.

Aunque el libro del Cantar de los Cantares revela una unidad temática básica y fundamental, el estudio riguroso de la obra pone de relieve algunas diferencias e independencias entre los cánticos. Para algunos analistas del libro, Cantares es más bien una antología poética que incluye poemas de diversos orígenes, fechas y autorías. A esta visión del libro debemos añadir que también se revelan en la obra ciertos intentos de relacionar, literaria y temáticamente, los poemas. Esas manifestaciones de unidad se revelan en la repetición de varios estribillos o coros (Cnt 2.7; 3.5; 5.8; 8.4), la reiteración de algunos temas (p.ej., la búsqueda de la persona amada y los encuentros amorosos), y la repetición de palabras o frases (Cnt 2.6-7 y 8.3-4; 2.17 y 8.14). En efecto, la redacción final del libro ha intentado brindarle a la obra un sentido de coherencia y unidad, que consigue a través de esta serie de recursos retóricos y temáticos.

Inclusive, ese claro deseo de presentar una obra con coherencia temática e interpretativa se pone de manifiesto al estudiar la estructura temática completa del libro. En esa estructura se puede discernir un tipo de esquema en forma de quiasmo, que destaca el diálogo íntimo, respetuoso y significativo entre los amantes (3.6—6.10):

A. Prólogo: Cnt 1.1—2.7
  B. Primer cántico: 2.8—3.5
    C. Segundo cántico: 3.6—5.1
  B'. Tercer cántico en paralelo con el primero: 5.2—6.10
    C'. Cuarto cántico en paralelo con el segundo: 6.11—8.4
A'. Epílogo: 8.5-14

4. Formas de interpretación

La lectura de la obra revela la importancia del amor en una pareja que, ciertamente en la actualidad, tiene virtudes teológicas. Fundamentados en las primeras narraciones incorporadas en la Biblia (Gn 1.1—2.25), Dios mismo fue quien instituyó el amor entre parejas al afirmar que no es bueno que el hombre esté solo, y que necesita ayuda idónea. Desde esta perspectiva teológica, el amor entre las parejas enamoradas, específicamente en el libro del Cantar de los Cantares, es un don divino que debe afirmarse, celebrarse y propiciarse. En efecto, el amor humano, según esta comprensión de los poemas, es una manifestación del amor divino, que le sustenta, promueve y valora.

Esta comprensión del amor como don revelado por Dios, tiene una serie importante de consecuencias éticas y de repercusiones morales. La valoración positiva de las dimensiones físicas, emocionales y espirituales del amor entre parejas rechaza que las manifestaciones del amor o el erotismo sean expresiones pecaminosas en sí mismas, pues provienen directamente de Dios. De acuerdo con el Cantar de los Cantares, el amor es motivo de gozo y celebración; además, propicia la celebración así como el disfrute.

El Cantar de los Cantares rechaza de forma clara, firme y categórica las diversas manifestaciones y expresiones del amor como inadecuadas o adversas para el desarrollo positivo de la humanidad. Por el contrario, el amor es una bendición para las personas y las parejas que lo profesan de

26

El libro de Qohélet o Eclesiastés

Todo tiene su tiempo,
y todo lo que se quiere debajo del cielo tiene su hora.
Tiempo de nacer y tiempo de morir;
tiempo de plantar, y tiempo de arrancar lo plantado;
tiempo de matar y tiempo de sanar;
tiempo de destruir y tiempo de construir;
tiempo de llorar y tiempo de reír;
tiempo de estar de duelo y tiempo de bailar;
tiempo de esparcir piedras y tiempo de juntar piedras;
tiempo de abrazar y tiempo de dejar de abrazar;
tiempo de buscar y tiempo de perder;
tiempo de guardar y tiempo de arrojar;
tiempo de romper y tiempo de coser;
tiempo de callar y tiempo de hablar;
tiempo de amar y tiempo de aborrecer;
tiempo de guerra y tiempo de paz.
¿Qué provecho saca el que hace algo de aquello en que se afana?
Eclesiastés 3.1-9

1. El libro

El libro de Qohélet o Eclesiastés es parte integral de la literatura sapiencial de la Biblia e intenta responder la pregunta ética más importante de la existencia de la vida: ¿De qué le sirve a las personas hacer el bien o el mal, si al fin de cuentas todos llegan al final a la muerte? El autor de la obra responde a esta interrogante moral, en primer lugar, con la aceptación sobria del dilema; y en segundo lugar, con la afirmación sabia que pone de relieve, en la tradición de la literatura de sabiduría, el temor a Dios y el guardar los mandamientos divinos como el fundamento indispensable de las explicaciones a los grandes problemas humanos.

Las dificultades de comprensión que presenta esta obra a los estudiosos de la Biblia son muchas, pues la información que tenemos de varios componentes importantes del libro no es del todo conocida. Por ejemplo, nos interesa tener un conocimiento amplio del entorno cultural e histórico en que fue escrito, además de comprender mejor las características lingüísticas que le enmarcan; también nos gustaría saber más de los destinatarios de la obra. En efecto, las dificultades exegéticas y hermenéuticas en torno al Eclesiastés aumentan, a medida que disminuye la información en torno a los contextos históricos, culturales y lingüísticos que caracterizan el libro.

El nombre hebreo del libro, Qohélet, es un apelativo que identifica al autor de la obra (Ec 1.1). Es quizá un nombre simbólico que significa, posiblemente, «la persona que convoca una asamblea» o «la que habla en la asamblea», ya sea quien predica, enseña o dirige la palabra al grupo. La versión griega de la Septuaginta (LXX) traduce el término como *ekklesiastés*, de donde proviene el título Eclesiastés, que es la identificación del libro en las traducciones castellanas. El significado de la expresión griega también hace referencia a «la persona que habla o dirige una asamblea».

Aunque en el canon cristiano, el libro de Eclesiastés se incluye entre los Proverbios y el Cantar de los Cantares, para presentar posiblemente un bloque de literatura sapiencial, en las tradiciones hebreas su ubicación es otra. En efecto, Qohélet es el tercero entre los *megillot* o rollos, y el sexto entre los Ketubim o Escritos, que constituye la tercera sección mayor de la Biblia hebrea.

El libro de Qohélet se lee específicamente en la fiesta de los Tabernáculos o *Sukkot*, que es una de las tres celebraciones principales en la tradición judía, junto a la Pascua y el Pentecostés. Esta singular fiesta tiene dos fundamentos básicos: el primero se relaciona con la agricultura, con los trabajos de la vendimia y recolección del grano; y el segundo, pone de relieve un componente religioso de gran importancia: recuerda el peregrinar por el desierto del pueblo de Israel desde Egipto hacia la Tierra Prometida, en el cual habitaron en tiendas de campaña.

La autoridad canónica del libro no fue muy cuestionada entre los estudiosos judíos ni tampoco entre los cristianos. Parece que ya para el siglo 2 a.C. ya hay alguna evidencia de su reconocimiento en los diálogos de los rabinos; posteriormente las iglesias cristianas hicieron lo propio con Eclesiastés. Los fragmentos del libro que se encontraron en Qumrán ponen de manifiesto las virtudes del texto hebreo que no presenta problemas mayores de crítica textual.

El autor

El nombre hebreo del libro, Qohélet, es un apelativo que identifica al autor de la obra (Ec 1.1). Es quizá un nombre simbólico que significa, posiblemente, «la persona que convoca una asamblea» o «la que habla en la asamblea», ya sea quien predica, enseña o dirige la palabra al grupo. La versión griega de la Septuaginta (LXX) traduce el término como *ekklesiastés*, de donde proviene el título Eclesiastés, que es la identificación del libro en las traducciones castellanas. El significado de la expresión griega también hace referencia a «la persona que habla o dirige una asamblea».

2. Autor, fecha y lugar de composición

Tradicionalmente se ha atribuido la autoría del libro de Eclesiastés o Qohélet a Salomón, el famoso monarca de Israel, reconocido en las Escrituras por su poder, riquezas, sabiduría y capacidad de escribir proverbios. Esta afirmación se desprende de la lectura misma del libro, en la que Qohélet se presenta a sí mismo como hijo de David, rey de Jerusalén, o rey de Israel en Jerusalén (Ecl 1.1, 12). Además, quien escribe el epílogo se auto describe como «sabio», pues trabajó sin descansar creando y escribiendo proverbios y frases (Ecl 12.10), que son posibles alusiones a las labores literarias de Salomón (1 R 4.32; 5.12).

La erudición contemporánea reconoce y entiende la dificultad de atribuirle una obra de esta magnitud y complejidad a algún autor en la época monárquica. Aunque se acepta que algunos de los temas expuestos y las formas literarias del libro son ciertamente antiguos, la redacción final de la obra debe haberse llevado a efecto en la época postexílica. Posiblemente alguna persona culta y sabia, conocedora de las tradiciones sapienciales del pueblo, tomó las ideas antiguas y las editó para presentarlas a la comunidad postexílica de Israel. Luego de la experiencia devastadora y crítica del destierro en Babilonia, la sabiduría toma la palabra para comprender y sacar sentido de la experiencia traumática de la deportación.

Qohélet se escribe, posiblemente, para ser leído, escuchado, estudiado y analizado en círculos de sabios del pueblo de Israel. Quizá, inclusive, la finalidad original de la obra era que sirviera en las reflexiones a estudiantes en procesos formativos; o para ser presentada en alguna asamblea del pueblo. El contexto histórico preciso es, en efecto, muy difícil de determinar. El análisis lingüístico de la obra parece revelar que el hebreo que se utiliza está en transición de la época bíblica a la rabínica (c. 250-200 a.C.); además, se pueden identificar algunas características ortográficas, léxicas y sintácticas que relacionan la lengua con el idioma arameo, común en esos años.

La lectura de las reflexiones del Qohélet revela un contexto socio-económico que apunta hacia la época de paz y prosperidad que se vivió en Palestina con la dominación de los Tolomeos. Además, las ideas y teología expuesta en la obra, particularmente aquella que se refiere a la retribución, relacionan Qohélet con el período postexílico, quizá por los siglos 4 ó 3 a.C.

Las continuas referencias a la ciudad de Jerusalén (p.ej., Ecl 1.1, 12, 16; 2.7, 9) y las alusiones repetidas a la región de Palestina, con sus costumbres (Ecl 10.9), clima (Ecl 11.4; 12.2) y flora (Ecl 12.5), hacen evidente que la obra se escribió en las cercanías del Templo (véase, p.ej., Ecl 5.1-7; 8.10). En efecto, el libro alude a la ciudad con intimidad y confianza, como si sus lectores estuvieran cerca de los contextos mencionados o aludidos.

3. Características literarias, estructura y contenido

La lectura minuciosa del libro pone claramente en evidencia algunas palabras y varias formas literarias de singular importancia literaria y teológica. En el vocabulario característico de Qohélet, se encuentran expresiones que transmiten alguna carga semántica particular, por ejemplo: *hebel*, traducido generalmente como «vanidad»; *'amal*, «trabajo intenso»; *yitrón*, «ventaja», «ganancia», «logro»; *'nyan*, «ocupación»; *re'ut*, «tormenta», «torbellino», «ventolera»; *shalil* y *rad*, «jefes», «príncipes». Además, sus intensas y continuas formas literarias le brindan al libro continuidad de pensamiento, coherencia teológica, singularidad temática, por ejemplo: los dichos populares (Ecl 4.9, 12); proverbios (Ecl 7.1); diversas formas de paralelismos poéticos (Ecl 1.15, 18; 7.7; 10.8, 9, 18; 11.4); comparaciones (Ecl 2.12; 7.6, 12); dichos sapienciales (Ecl 7.1-8); relatos educativos (Ecl 4.13-16; 9.13-16); metáforas (7.26).

A esas formas literarias debemos añadir la reiteración de frases y repetición de expresiones, tales como: «bajo el sol», «no hay utilidad», «entonces me dije», «después examiné», entre otras, que ponen de relieve la continuidad literaria y énfasis pedagógico del libro. En efecto, Qohélet es una obra que manifiesta un muy claro objetivo pedagógico. Su autor tomó las ideas tradiciones de la literatura sapiencial y las revisó a la luz de las nuevas experiencias del pueblo, luego del período de restauración nacional al culminar el destierro en Babilonia.

La naturaleza misma de la obra dificulta la identificación precisa de su estructura literaria. Sin embargo, el estudio de sus temas puede darnos algunas pistas que contribuyan positivamente a identificar algún esquema de contenido en el libro. La siguiente propuesta de estructura puede ser de ayuda a la persona que estudia la obra.

El prólogo (Ecl 1.1-11), en el cual el autor se identifica explícitamente como el «hijo de David», presenta los temas centrales de la obra y articula el ambiente sicológico que el libro presupone y propone. La frase que tradicionalmente se ha traducido al castellano como «vanidad de vanidades» (del latín *vanitas*), proviene de una forma hebrea que equivale al superlativo. En efecto, el propósito es subrayar lo efímero y fugaz de la existencia humana, se destaca lo superficial de la vida. La finalidad del autor es afirmar que la vida tiene un valor efímero, fútil y transitorio, y de esa manera ubica al lector en el contexto sicológico adecuado para la presentación paulatina y sistemática de sus ideas y reflexiones. Para el Qohélet, la vida es una desilusión carente de sentido.

El cuerpo del libro (Ecl 1.12—12.8) lo compone una serie de reflexiones del autor, a modo de soliloquio, en las cuales se identifican las diversas experiencias en la vida que pueden producir en las personas alegría, felicidad y bienestar. Luego de analizarlas, algunas con detenimiento, concluye que estas no son capaces de producir la felicidad plena. En efecto, todas esas experiencias en la vida pueden generar, de alguna forma momentánea o transitoria, algún tipo de gozo, que no puede mantenerse a largo alcance.

El propósito pedagógico de esta sección central de la obra es indicar que todos los bienes que se disfrutan en la existencia humana y que los logros alcanzados en la vida, aunque tengan bondades y virtudes, son esencialmente transitorios, y que, en efecto, tienen sus límites. De esta manera Qohélet articula la angustia existencial del ser humano ante los misterios y las complejidades de las realidades humanas. Para nuestro libro y su autor, la vida es complicada y difícil, y presenta desafíos que sobrepasan los límites de la comprensión.

En el análisis que hace de la vida y sus dinámicas, Qohélet evalúa las contribuciones y contradicciones de la ciencia y el conocimiento (Ecl 1.12-18; 2.12-17); analiza la naturaleza y extensión de los diversos placeres humanos (Ecl 2.1-11; 2.18-23); expone las angustias y las dificultades de los esfuerzos personales (Ecl 3.9-22; 9.11-17); y reflexiona ponderadamente en torno a las riquezas (Ecl 5.9-13), la sabiduría (Ecl 7.19—8.8) y la virtud (8.9—9.10).

La tercera sección mayor de Eclesiastés, es el epílogo (Ecl 12.9-14), que consta de dos partes básicas. En la primera (Ecl 12.9-12) se revela el corazón de su conclusión teológica: Hay que temer a Dios, aunque la naturaleza y las complejidades de la vida superen los bordes de la comprensión. Ese «temor a Dios» se relaciona con el cumplir los mandamientos y vivir con un sentido de fidelidad.

En la segunda parte del epílogo (Ecl 12.13-14) se afirma que todo lo que han hecho las personas será evaluado por Dios, que es una forma de afirmar la soberanía divina y brindarle a la gente un sentido de esperanza. De esta forma, el «temor a Dios», que es un valor de gran importancia teológica en la vida del pueblo de Israel, cobra importancia capital y una dimensión nueva en el mensaje del Qohélet, pues descubre y afirma el sentido último de la existencia, en la seguridad que emana de la capacidad y voluntad divina de intervenir en medio de las realidades de la vida.

Para el Qohélet el «temor a Dios» no es una respuesta ingenua o servil a los diversos valores promulgados por la religión. Por el contrario, es el resultado sobrio de la reflexión crítica, el producto del análisis sobrio, el fruto de la evaluación sosegada de la existencia, que le permite descubrir las intervenciones divinas en medio de las realidades humanas (Ecl 7.13-14). Esas intervenciones, en ocasiones, son difíciles de identificar, pero salen a la luz pública con la afirmación sobria y humilde que se basa en el «temor a Dios», que es el reconocimiento, la reverencia y el aprecio al misterio extraordinario que supera nuestras capacidades de comprensión.

4. Teología

La teología que se expone en el libro de Qohélet es implícita e indirecta. En la enunciación de sus postulados, no recurre a los temas tradicionales de la teología bíblica, por ejemplo: el amor de Dios por Israel; la singular elección de Israel como pueblo de Dios; y la alianza o pacto que vincula oficialmente a Dios con Israel.

Las preocupaciones del Qohélet son otras, que se fundamentan no en las tradiciones antiguas del pueblo sino en la comprensión del sentido de la vida, en el significado último de la existencia, en el entendimiento de las experiencias que tienen las personas y la naturaleza del tiempo. Eclesiastés aborda cada uno de estos importantes asuntos, no desde una perspectiva especulativa o filosófica, sino de una manera empírica; en efecto, la teología que se articula en el libro es práctica, contextual, pertinente.

Qohélet presenta sus reflexiones que desprenden del análisis de la vida, y no de alguna teoría abstracta de difícil aplicación. Desde esa perspectiva práctica, propone con seguridad que «el temor a Dios» (Ecl 12.13) sea la respuesta fundamental a las complejidades y los sinsabores de la existencia humana. Dios no está al margen de la vida, sino que es testigo continuo de las acciones y decisiones de las personas.

Esa gran afirmación teológica del «temor a Dios» es la que impide entender a Qohélet como un escéptico materialista o un fatalista deprimido. Aunque esa afirmación se incluye en las secciones finales de la obra, no puede ser descartada como la conclusión de su búsqueda intensa. Ese «temor a Dios», que efectivamente presupone conocimiento de su voluntad y reconocimiento de su capacidad de intervención en la vida, es una manera de responder teológicamente a los desafíos que presenta sus observaciones y reflexiones.

La vida y sus dinámicas

En el análisis que hace de la vida y sus dinámicas, Qohélet evalúa las contribuciones y contradicciones de la ciencia y el conocimiento (Ecl 1.12-18; 2.12-17); analiza la naturaleza y extensión de los diversos placeres humanos (Ecl 2.1-11; 2.18-23); expone las angustias y las dificultades de los esfuerzos personales (Ecl 3.9-22; 9.11-17); y reflexiona ponderadamente en torno a las riquezas (Ecl 5.9-13), la sabiduría (Ecl 7.19—8.8) y la virtud (8.9—9.10).

La última palabra del Qohélet no es la frustración irracional ni la desesperanza emocional. Por el contrario, la gran afirmación teológica del libro es el reconocimiento público de que Dios está en control de la vida y la historia. Y esa gran declaración teológica es la respuesta concreta de alguien que dedicó su vida al análisis, la observación, el estudio y la evaluación de las complejidades de la vida, así como sus implicaciones personales y nacionales.

27

El libro de las Lamentaciones

¡Qué sola ha quedado la ciudad populosa!
La grande entre las naciones se ha vuelto como viuda;
la señora de provincias ha sido hecha tributaria.
Amargamente llora en la noche y sus lágrimas están en sus mejillas.
Entre todos sus amantes no hay ninguno que la consuele;
todos sus amigos le faltaron, se le volvieron enemigos.
Lamentaciones 1.1-2

1. El libro

Lamentaciones es un pequeño libro de las Sagradas Escrituras que contiene cinco poemas de gran valor teológico, espiritualidad y belleza literaria. La obra es una respuesta a la angustia de ver la ciudad santa, Jerusalén, destruida, arruinada, desolada, angustiada, derrotada y abatida. Los poemas están escritos en una forma de lamento fúnebre antiguo, conocido en el hebreo bíblico como *qinah.* Su mensaje general transmite un profundo sentido de dolor, pérdida y duelo, que se pone claramente de manifiesto desde la lectura de la primera hasta la última palabra del libro.

El título hebreo del libro proviene, como en otros casos bíblicos (p.ej., Génesis y Éxodo), de la palabra inicial de la obra, que en este caso es *'ekah*, que tradicionalmente se ha traducido como «ay», o con la expresión de admiración «cómo», y que revela el dolor intenso y la queja profunda que genera la destrucción de Jerusalén a manos de los ejércitos babilónicos por los años 587/6 a.C. En griego, el título alude al género literario de los cánticos, *threnoi*, que significa «canto fúnebre». Lo inimaginable había sucedido, y el autor o los autores de la obra articulan ese dolor en poesía.

De acuerdo con el canon hebreo, el libro de las Lamentaciones está ubicado en el séptimo lugar de los Ketubim o Escritos, y en el cuarto del grupo de los *megillot* o rollos. En la liturgia judía sinagogal, Lamentaciones se recitaba el día de ayuno nacional que se relacionaba con la destrucción del Templo de Jerusalén el día 9 del mes de *Av*, que corresponde a los meses entre julio o agosto. En las ediciones de la Septuaginta (LXX), Lamentaciones es parte del bloque que se relaciona con el profeta de Anatot, que sigue la siguiente disposición: Jeremías, Baruc, Lamentaciones y la Carta de Jeremías. En el canon latino, el libro se encuentra luego del profeta Jeremías e inmediatamente antes de la obra de Baruc.

Tradicionalmente se ha asociado el libro directamente con el profeta Jeremías; esta atribución se basa eminentemente en referencias bíblicas y relaciones literarias. En efecto, según 2 Crónicas 35.25, Jeremías escribió una elegía o cántico fúnebre en relación al rey Josías, y fundamentados en esa afirmación escritural, se le ha adjudicado las Lamentaciones al famoso profeta.

En la actualidad, los estudiosos de la Biblia reconocen la autoridad teológica que le brinda el nombre del profeta al libro, pero a la vez, entienden que, basados en el análisis de los temas expuestos y también en algunas peculiaridades literarias, la obra no es el producto de un solo autor. Por ejemplo, el sentimiento y las referencias contra Babilonia que se manifiestan en los poemas son completamente diferentes a las recomendaciones del profeta Jeremías a vivir sometidos al imperio babilónico e inclusive a orar por su bienestar, para poder subsistir en el exilio (Jer 27.1-22). No es muy probable tampoco que la esperanza del profeta estuviera en los ejércitos egipcios, que solo estaban interesados en controlar a Judá (Lam 4.17). La teología que se presenta en los poemas (Lam 5.7) en torno a la doctrina de la retribución y responsabilidad colectiva, no es igual a la que pone de manifiesto claramente el profeta en sus oráculos referente a la responsabilidad individual de las personas (Jer 31.29-30).

La fecha de composición de los poemas se relaciona directamente con la crisis del 587 a.C., cuando los ejércitos del gran Nabucodonosor llegaron triunfantes a Judá, y destruyeron la ciudad de Jerusalén y el Templo, saquearon sus tesoros, destruyeron sus instituciones sociales, políticas, religiosas y económicas, y exiliaron a un número importante de sus ciudadanos (2 R 25.1-30; 2 Cr 36.1-23; Jer 52.1-34). Las Lamentaciones son cánticos de dolor y duelo que provienen luego de las calamidades relacionadas con esta experiencia histórica traumática en el pueblo. Por la intensidad de las imágenes y por las peculiaridades de los temas expuestos, los poemas pueden provenir de diversos autores y no parecen haber sido escritos muchos años después de la caída de Jerusalén.

Esa experiencia de derrota y destrucción fue inexplicable para el pueblo, que había desarrollado un cierto tipo de teología conocida como la «inviolabilidad de Sión». De acuerdo con ese singular pensamiento teológico, Dios nunca permitiría la derrota del pueblo de Judá ni aceptaría la destrucción del Templo de Jerusalén (Jer 7.1-15). Esa teología de seguridad nacional y esperanza colectiva cobró fuerza cuando las extraordinarias tropas asirias, que luchaban bajo la autoridad del general Senaquerib, no pudieron entrar y conquistar Jerusalén (2 R 19.32-34; Is 37.33-35), y tuvieron que regresar a Asiria sin el botín de guerra esperado.

2. Estructura y contenido del libro

El libro de las Lamentaciones lo componen cinco poemas muy bien articulados y estructurados. Los primeros cuatro, han sido escritos en el estilo literario conocido como acróstico alfabético. En este singular y elaborado tipo de forma literaria, el poema comienza cada estrofa con las letras sucesivas del alefato hebreo en su orden tradicional de veintidós caracteres. El tercer poema presenta una estructura más elaborada y compleja, pues a cada letra del alefato hebreo le corresponden tres versículos. El quinto poema contiene veintidós versos pero no manifiesta totalmente la progresión de las letras hebreas.

Todos los poemas giran en torno al mismo tema: La destrucción de Jerusalén y el dolor que produce ver la ciudad santa derrotada y destruida. En efecto, el dolor es intenso, así lo revelan las palabras y las imágenes que se articulan; la angustia es profunda, así lo manifiestan las descripciones de la calamidad y las referencias a las ruinas que se incorporan; y el sentido de desesperanza va en aumento, pues el tema del dolor y la agonía se reitera en los poemas, pues los poetas intentan comprender lo sucedido, desean entender el origen de la catástrofe, anhelan hallar sentido a la naturaleza extrema del problema. Un punto teológico fundamental y culminante de la obra, es el clamor sentido e intenso de un adorador que suplica a Dios que no tarde en manifestar su salvación al pueblo (Lam 3).

La primera lamentación (Lam 1.1-22) describe la condición de la cuidad de Jerusalén una vez que ha terminado la guerra y la devastación. Un detalle lingüístico puede poner de manifiesto la naturaleza de la crisis.

El poema, en su primera parte (Lam 1.1-11) personifica a la ciudad y la identifica como una princesa, además de llamarla la grande, pero que ha quedado sumida en la ruina, como una viuda que llora continuamente sus pérdidas. En la segunda sección (Lam 1.12-22) es la misma ciudad la que toma la palabra para describir sus calamidades, angustias, dolores, derrotas, desesperanzas, desolaciones. En ese entorno poético, figurado y simbólico, la ciudad misma identifica al causante inmediato y seguro de sus problemas: Ha sido el Señor el que ha generado todas esas manifestaciones de derrota, castigo, juicio e ira. Desde la perspectiva teológica, no fueron los babilónicos los que causaron la destrucción de Jerusalén, sino las manifestaciones certeras del juicio divino.

El tema fundamental de la obra

Todos los poemas giran en torno al mismo tema: La destrucción de Jerusalén y el dolor que produce ver la ciudad santa derrotada y destruida. En efecto, el dolor es intenso, así lo revelan las palabras y las imágenes que se articulan; la angustia es profunda, así lo manifiestan las descripciones de la calamidad y las referencias a las ruinas que se incorporan; y el sentido de desesperanza va en aumento, pues el tema del dolor y la agonía se reitera en los poemas, pues los poetas intentan comprender lo sucedido, desean entender el origen de la catástrofe, anhelan hallar sentido a la naturaleza extrema del problema. Un punto teológico fundamental y culminante de la obra, es el clamor sentido e intenso de un adorador que suplica a Dios que no tarde en manifestar su salvación al pueblo (Lam 3).

En el segundo poema de lamentación (Lam 2.1-22), se aborda el tema de las razones y los motivos del juicio divino y la destrucción nacional. En ese contexto es que surgen los pecados nacionales, las infidelidades del pueblo y las rebeldías de la comunidad. Para exponer la extensión de las decisiones impropias y las acciones pecaminosas se identifican claramente la responsabilidad de reyes, sacerdotes, ancianos y jóvenes, que es una manera literaria de referirse a toda la nación. Este cántico corrobora lo que se ha indicado en la primera lamentación: La destrucción de la ciudad es la manifestación precisa del juicio divino que llega al pueblo para comenzar un proceso de purificación y transformación que ya había sido anunciado por los antiguos profetas de Israel (Lam 2.17).

El tercer cántico del libro es el más extenso de todos (Lam 3.1-66), y presenta el mismo tema de la devastación nacional, pero ahora visto desde la perspectiva de una persona que vivió y experimentó directamente el juicio divino y el dolor humano. El estilo literario de este poema evoca los temas teológicos y la intensidad emocional y espiritual que se ponen de manifiesto en el libro de Job, en los Canticos del Siervo del Señor y en las Lamentaciones de Jeremías. Inclusive, una lectura atenta del cántico descubre semejanzas y analogías con los salmos de lamento individual y colectivo. En efecto, la descripción del dolor es intensa y extensa, y el poeta reclama abiertamente del pueblo la conversión, el arrepentimiento y la contrición, para obtener el perdón divino y ser recipientes de la manifestación extraordinaria de la misericordia del Señor. Se contrapone, en el poema, de esta forma, la revisión humilde de la conducta humana con la revelación maravillosa del amor de Dios (Lam 3.40-41), que ciertamente es perdonador y restaurador.

El cuarto poema de las Lamentaciones (Lam 4.1-22) continúa la descripción del dolor y prosigue con la presentación de las desgracias que hieren a Sión, que es una forma poética que identifica a la ciudad de Jerusalén. De singular importancia en el lamento es la herida mortal que le infligió la devastación de Babilonia a los valores y las instituciones nacionales. Se compara, en estas descripciones pictóricas, para poner de manifiesto la responsabilidad del pueblo en las manifestaciones del juicio divino, la responsabilidad y culpa de los ciudadanos de Judá y Jerusalén, con el pecado indescriptible de la antigua y legendaria ciudad de Sodoma (Lam 4.6). Sin embargo, el poema no culmina con una palabra de juicio y desolación sino que incorpora un mensaje de esperanza y seguridad. En efecto, el exilio no es la palabra final de Dios al pueblo, y tendrá su fin; y entonces, se manifestará la redención y salvación de Dios (Lam 4.22).

El poema final del libro (Lam 5.1-22) tiene por título, en algunas versiones en los idiomas griego y latino, «Oración del profeta Jeremías». El objetivo del cántico, como se insinúa en esa presentación, es la intervención salvadora de Dios, es la redención divina que permita la restauración nacional. Este poema es como la oración final del libro que quiere enfatizar la importancia de la manifestación plena de la misericordia y el amor de Dios para poder lograr la renovación y transformación del pueblo. El mensaje último del libro a sus lectores es el reclamo de la misericordia, tema que cobrará importancia capital en la literatura postexílica en la Biblia.

3. Teología

La teología de las Lamentaciones no es el fruto desesperado de alguna persona frustrada en la crisis. Ni es la respuesta irracional e impensada a las dificultades relacionadas con la angustia del exilio y la deportación. Por el contrario, es una teología que intenta descubrir razones, desea comprender motivos, anhela entender el origen de las dificultades que azotaron a la comunidad de Judá, particularmente a los ciudadanos de Jerusalén, con la invasión de los ejércitos babilónicos. El libro va, de forma gradual pero continua, buscando significado a la debacle que cambió permanentemente la vida del pueblo.

Una lectura cuidadosa de los cinco cánticos descubre un interés singular en promover el análisis sobrio de los acontecimientos; existe, en esta literatura, un deseo de promover el examen ponderado, tanto individual como colectivo, que ayude a identificar los orígenes del mal para allegarse ante Dios, con súplicas y arrepentimientos, para recibir la redención y salvación divina. Esa búsqueda honesta descubre en el pecado nacional la razón del juicio divino. En efecto, el rechazo de los mensajes proféticos a la conversión, precipitó esta dificultad nacional que tiene repercusiones devastadoras en todos los sectores de la sociedad.

Un aspecto importante de este tipo de teología contextual, es que descubre que Dios ha actuado no como colaborador del pueblo y apoyo en la dificultad sino como un enemigo de la comunidad. En efecto, según los poemas Dios mismo se convirtió en el enemigo que devastó al pueblo de Israel, destruyó sus palacios y Templo, y llenó a los ciudadanos de Jerusalén de llantos, lamentos y congojas (Lam 2.5).

En la tradición de los antiguos profetas de Israel, las Lamentaciones presentan a un Dios justiciero y firme, que responde con dignidad y valor a los pecados del pueblo. En efecto, el Dios de las Lamentaciones, no está observando la historia de lejos, sin intervenir, actuar o inmutarse; por el contrario, es una divinidad que actúa, pero en esta ocasión, por las maldades nacionales, su intervención es de juicio y destrucción. En esa misma vena profética, los cánticos de las Lamentaciones reafirman la importancia del arrepentimiento y la contrición para disfrutar del perdón divino y gozar de la misericordia de Dios (Lam 5.21-22).

No son las Lamentaciones una concatenación depresiva de poemas de dolor, ni se debe estudiar estos cánticos como expresiones que se basan en la desesperanza y la frustración. Dios no ha abandonado a su pueblo; el Señor no ha dicho la última palabra en torno a Jerusalén; no se ha cerrado la posibilidad de redención y salvación de Israel. En efecto, la posibilidad de redención y las alternativas de liberación no son remotas.

El Dios de las Lamentaciones está presente en el dolor, se manifiesta en el juicio, interviene en la angustia y prepara el camino de la restauración nacional. Para los poetas de nuestro libro, la catástrofe destructiva que ha herido profundamente al pueblo jerosolimitano, es transitoria y educativa, pues tiene como finalidad última enseñarle al pueblo el resultado de la infidelidad, el producto de la desobediencia, las implicaciones de la rebeldía. Aunque es el pecado la causa básica de la tragedia y el dolor, la misericordia divina se sobrepone a esas actitudes pecaminosas y mueven a Dios al perdón. El mensaje teológico de las Lamentaciones es que aunque los dolores que afectan a la humanidad pueden ser devastadores y angustiantes, la esperanza siempre está presente pues aunque la comunidad reciba el resultado de sus acciones fallidas, la misericordia divina no se agota, siempre es una posibilidad real.

La teología

La teología de las Lamentaciones no es el fruto desesperado de alguna persona frustrada en la crisis. Ni es la respuesta irracional e impensada a las dificultades relacionadas con la angustia del exilio y la deportación. Por el contrario, es una teología que intenta descubrir razones, desea comprender motivos, anhela entender el origen de las dificultades que azotaron a la comunidad de Judá, particularmente a los ciudadanos de Jerusalén, con la invasión de los ejércitos babilónicos. El libro va, de forma gradual pero continua, buscando significado a la debacle que cambió permanentemente la vida del pueblo.

La teología del libro de las Lamentaciones ha servido para expresar históricamente el dolor en las sinagogas por las destrucciones del Templo de Jerusalén, tanto en el 587 a.C., como en el 70 d.C. Además, esa misma teología en círculos cristianos se ha utilizado para describir el dolor intenso e ingrato de la pasión y muerte de Jesús de Nazaret. En efecto, estos poemas brindan a los creyentes las palabras adecuadas y los sentimientos precisos para articular y expresar los dolores más hondos y las quejas más sentidas cuando la crisis, el problema y la adversidad afectan, de manera inmisericorde y hostil, tanto a las personas como a las comunidades.

28

El libro de Ester

Mardoqueo dijo que le respondieran a Ester:
No pienses que escaparás en la casa del rey
más que cualquier otro judío.
Porque si callas absolutamente en este tiempo,
respiro y liberación vendrá de alguna otra parte para los judíos;
mas tú y la casa de tu padre pereceréis.
¿Y quién sabe si para esta hora has llegado al reino?
Ester 4.13-14

1. El libro

Ester es otro libro corto de las Sagradas Escrituras que presenta la vida de una joven judía que vivía en Persia y que se convirtió en heroína al salvar a su pueblo de una gran persecución y del exterminio que se cernía sobre su comunidad en el imperio. Su valentía, prudencia, sagacidad y humildad le han ganado un sitial de honor en las narraciones bíblicas y en la historia del pueblo de Israel. Hasta el día de hoy, la comunidad judía de todo el mundo recuerda con regocijo sus hazañas redentoras en el calendario litúrgico de la sinagoga.

El nombre de Ester no proviene de la lengua hebrea. Posiblemente es derivado del babilónico *Istar*, que identifica a la diosa del amor. Hay estudiosos que piensan, sin embargo, que se puede relacionar con la palabra persa *stara*, que alude a los astros o las estrellas. En hebreo, nuestra protagonista se conoce como Hadasa (Est 2.7), hija de Abigail, y sobrina de Mardoqueo, otro personaje protagónico de la obra. Ese nombre, Mardoqueo, se puede asociar con Marduk, la famosa divinidad babilónica.

Una lectura pausada del libro revela que la obra, que es una joya literaria en el género de la narración, se ha escrito con sentido de unidad y dirección. El objetivo básico del relato es presentar la fiesta de Purim como recuerdo de la salvación de los judíos en Persia. Algunos temas que se repiten y revelan esa continuidad en el estilo en la obra, son las siguientes: los banquetes (Est 1.1-22; y 9.17, 22); las parejas de personajes: Asuero y Vasti, Ester y Mardoqueo, Amán y Zeres; y las sustituciones: Ester sustituye a Vasti, Mardoqueo remplaza a Amán; y la alegría llega ante la posibilidad de la muerte.

En estas narraciones del libro se pueden identificar tres momentos de gran importancia temática y teológica: La decisión de Ester de apoyar a su pueblo (Est 4.15-17); el reconocimiento de Amán a Mardoqueo (Est 6.1-13), y la selección de Mardoqueo como líder nacional (Est 8.15-16).

Los nombres en la obra

El nombre de Ester no proviene de la lengua hebrea. Posiblemente es derivado del babilónico *Istar*, que identifica a la diosa del amor. Hay estudiosos que piensan, sin embargo, que se puede relacionar con la palabra persa *stara*, que alude a los astros o las estrellas. En hebreo, nuestra protagonista se conoce como Hadasa (Est 2.7), hija de Abigail, y sobrina de Mardoqueo, otro personaje protagónico de la obra. Ese nombre, Mardoqueo, se puede asociar con Marduk, la famosa divinidad babilónica.

Además, es probable que el autor o autores del libro, por el desarrollo de los temas que abordan, hayan tenido acceso a otras secciones de la Biblia, como son los relatos de José, en Génesis, y el libro de Daniel.

El libro de Ester se encuentra, en el canon hebreo, en el octavo lugar en la tercera sección de las escrituras, los Ketubim o Escritos, a la vez que es el quinto entre el grupo de los *megillot* o rollos, que son obras que tienen un singular espacio en las festividades anuales de la comunidad judía. Ester se lee durante las fiestas de Purim, que se celebra anualmente los días 14 y 15 de *Adar* (entre los meses de febrero y marzo). La explicación bíblica del nombre Purim (Est 3.7), indica que proviene de la palabra *pur*, que significa «suerte», pues el día señalado para la aniquilación de los judíos en el imperio persa fue determinado echando suertes. Algunos estudiosos piensan que la fiesta puede relacionarse con el éxodo de Egipto, y otros la asocian con alguna celebración antigua en Persia.

Antes de formar parte del canon hebreo, los rabinos judíos debatieron mucho el carácter sagrado de la obra que, además de no mencionar directamente el nombre de Dios, justifica una fiesta profana y manifiesta cierto gusto por la venganza. La obra tampoco alude a los grandes temas teológicos de la religión del pueblo de Israel, como, por ejemplo: la Ley, el pacto y la elección. Posiblemente su aceptación definitiva en los círculos judíos se dio en el siglo 3 ó 4 d.C. En el canon cristiano la obra no tuvo grandes dificultades y fue recibida sin muchos problemas desde temprano en la historia.

Respecto a los textos antiguos del libro de Ester, es importante indicar que en la actualidad se disponen de tres formas textuales antiguas de importancia. La primera es el Texto Masorético (TM) en hebreo, que junto a dos manuscritos griegos nos permiten estudiar las formas antiguas de la obra. Uno de los manuscritos griegos es corto y se relaciona con el TM, mientras que el otro, más extenso, contiene varias secciones que no aparecen en el TM. Esas añadiduras griegas al texto hebreo se conocen como las secciones apócrifas o deuterocanónicas del libro de Ester.

Las secciones apócrifas del libro de Ester incorporan los siguientes temas al libro: un sueño preliminar de Mardoqueo, la referencia al edicto para la matanza de los judíos, las oraciones de Mardoqueo y Ester, las ejecutorias de Ester ante el rey, el decreto de restauración de la comunidad judía y, finalmente, la interpretación del sueño de Mardoqueo. Estas añadiduras griegas le dan al libro una dimensión teológica que no contiene el texto hebreo, pues incorporan una serie de detalles teológicos que le brindan a la obra una comprensión alterna del mensaje básico del mismo. Las añadiduras griegas de Ester son una forma alterna de entender el libro con ojos religiosos y teológicos.

Un aspecto interesante e importante relacionado con el libro de Ester es que no se han encontrado copias de esta obra entre los manuscritos descubiertos en Qumrán. Sería, de esta manera, el único libro de la Biblia hebrea que no tiene representante en esa colección de obras del Mar Muerto. Esta singularidad podría deberse a que no se ha encontrado aún toda la biblioteca y que quizá posteriormente se encuentre. Otra posibilidad es que como los qumramitas no tenían a Purim como una fiesta judía oficial, decidieron que la obra no era necesaria en su biblioteca; además, en el texto no se menciona el nombre divino y Ester no parece haber seguido las leyes dietéticas tradicionales de la comunidad judía.

La fecha de edición final del libro de Ester se asocia al período persa por los siglos 5 y 4 a.C., aunque los temas de sabiduría que se exponen y articulan pueden provenir de siglos anteriores. Esta identificación de fechas se relaciona con las palabras de origen persa que se encuentran en el libro, y el conocimiento que muestra la obra de las costumbres de la época persa, particularmente de la cultura de la corte real y de las divisiones geográficas del imperio.

El autor del libro debe haber sido un judío culto que vivió en la diáspora persa y que conocía bien las tradiciones bíblicas, particularmente la literatura sapiencial. Hay quienes piensan que la obra es producto del mismo Mardoqueo, o quizá de Ester, aunque la identificación precisa del autor es, en el mejor de los casos, insegura.

2. Estructura y contenido

La estructura del libro de Ester se puede dividir en cuatro secciones básicas, a su vez divididas en diez capítulos. Las narraciones se ubican en el contexto majestuoso del imperio persa, en Susa, su capital, en la corte del rey Asuero, también conocido como Artajerjes en la versión de la Septuaginta (LXX), el séptimo año de su reinado. La protagonista indiscutible del relato es Ester, que llega a ser la reina de Persia, gracias a los consejos de su tío y a su valentía, determinación y sagacidad.

Ester proviene de una familia de la tribu de Benjamín que fue llevada al exilio en Babilonia durante las deportaciones y el exilio de judíos por Nabucodonosor. Los otros personajes de alguna significación temática en la obra son los siguientes: Mardoqueo, tío de nuestra protagonista; Amán, el primer ministro de Persia y enemigo acérrimo de Mardoqueo y de los judíos; y el rey Asuero, que en la obra cumple una función casi pasiva, pues generalmente depende de alguien para tomar decisiones, que generalmente no son las más sabias ni prudentes.

La primera sección (Est 1.1—2.23) trata de la deposición de Vasti como reina del imperio y la selección de Ester como su sustituta. De acuerdo con el relato, la reina Vasti no acató la orden del rey de que se presentara a una fiesta oficial del reino con la corona real, para que los invitados, entre los que se encontraban príncipes e invitados distinguidos del monarca, pudieran contemplar su belleza. Todo el pueblo de Susa estaba consciente de las celebraciones oficiales del rey y del gran banquete, y también estaba atento a las reacciones de Vasti. La respuesta real al rechazo público de Vasti fue su deposición: La sacaron oficialmente del palacio y le quitaron sus privilegios reales.

Mardoqueo, quien estaba al tanto de las intrigas del palacio, decide orientar a Ester hasta llevarla al harem del rey y conseguir que la coronen como la reina de Persia. Luego de un proceso nacional de búsqueda, Ester fue seleccionada reina pero, siguiendo los consejos de su tío, ocultó su origen étnico judío. Ese fue el contexto general de la llegada de Ester al palacio Persa.

La segunda sección y escena importante de la obra (Est 3.1-15) se relaciona con el decreto de exterminio al pueblo judío. La intriga en la obra aumenta, pues las relaciones entre Amán, el primer ministro del imperio, y Mardoqueo, tío de la reina, no son las mejores. Estas dinámicas interpersonales se transforman en resentimientos y odio, cuando Mardoqueo rehúsa saludar públicamente a Amán con las genuflexiones y las postraciones tradicionales en ese singular contexto cultural y político (Est 3.5-6).

La respuesta de Amán no se hizo esperar, pues organizó una trama, basada en mentiras y engaños, para hacer que el rey firmara un edicto de exterminio contra la comunidad judía del imperio. Este holocausto inmisericorde se fundamentaba en el odio irracional, de acuerdo con las narraciones bíblicas, que sentía un oficial del reino contra solamente un miembro de la comunidad judía.

La narración presenta a un rey Asuero voluble, frágil, inseguro, débil, manipulable, que no tiene consciencia de las implicaciones éticas y morales de sus decisiones. Amán es una figura ambiciosa, rencorosa, inmadura hostil, peligrosa y vengativa; deseaba recibir honores que no le correspondían. Mardoqueo, por su parte, es calculador, ponderado, sabio, seguro de sí mismo; representa en la obra al judío orgulloso de sus tradiciones y su cultura, aunque viva en medio del politeísmo persa, pues su nombre se deriva de una divinidad babilónica; estaba interesado no solo en el futuro positivo de su comunidad (Est 4.1-2) sino de todo el pueblo persa (Est 2.21-23). Ester, nuestra protagonista, desarrolla su personalidad de forma paulatina en la obra, pues de tímida e insegura al comienzo, se revela como valiente y firme al final.

La tercera parte de la obra (Est 4.1—5.14) presenta las respuestas de Mardoqueo ante el peligro inminente de exterminio de su comunidad. Mardoqueo exhorta a Ester a que interceda ante el rey por el pueblo judío, para evitar esa masacre injusta y la tragedia nacional. Ester, después de prepararse adecuadamente en oración y ayuno, se presenta ante el rey, sin seguir los protocolos oficiales, lo que podría costarle la vida, revela al monarca su origen étnico judío e intercede a favor de su pueblo. El monarca aprecia las intervenciones de Ester y la suerte de los judíos, desde este momento en las narraciones del libro, comienza a cambiar. En efecto, la intervención oportuna de la reina hizo que el rey promulgara otro edicto en el cual permitía a los judíos defenderse y responder con vigor a los ataques enemigos.

Personajes de la obra

La narración presenta a un rey Asuero voluble, frágil, inseguro, débil, manipulable, que no tiene consciencia de las implicaciones éticas y morales de sus decisiones. Amán es una figura ambiciosa, rencorosa, inmadura hostil, peligrosa y vengativa; deseaba recibir honores que no le correspondían. Mardoqueo, por su parte, es calculador, ponderado, sabio, seguro de sí mismo; representa en la obra al judío orgulloso de sus tradiciones y su cultura, aunque viva en medio del politeísmo persa, pues su nombre se deriva de una divinidad babilónica; estaba interesado no solo en el futuro positivo de su comunidad (Est 4.1-2) sino de todo el pueblo persa (Est 2.21-23). Ester, nuestra protagonista, desarrolla su personalidad de forma paulatina en la obra, pues de tímida e insegura al comienzo, se revela como valiente y firme al final.

En la parte final del libro (Est 6.1—10.4) se presenta la destrucción de Amán y el triunfo de los judíos. En efecto, Amán es llevado a la horca, Mardoqueo es elevado a un sitial de honor en el imperio, y los judíos obtienen la victoria en sus luchas contra los persas que les perseguían. En el contexto de esas celebraciones y alegrías, se instituye una fiesta nacional, Purim, para conmemorar la significativa victoria del pueblo judío ante ese posible holocausto nacional (Est 9.20-22). Como Amán había echado suertes para determinar el día de la aniquilación, la fiesta de Purim, recuerda la buena suerte que favoreció a los judíos en el imperio persa.

3. Teología

La primera lectura del libro identifica como un tema prioritario la celebración y el origen de la fiesta de Purim. En efecto, ese es un asunto de gran importancia temática y teológica pues se relaciona directamente con una intervención salvadora del pueblo judío. Aunque no se alude en las narraciones explícitamente a Dios, la lectura histórica y religiosa de los relatos puede relacionar sin mucha dificultad los eventos descritos con la providencia divina.

Sin embargo, una lectura más cuidadosa y crítica del libro revela otros temas espirituales y teológicos de gran importancia educativa y ética. El libro de Ester revela cómo deben actuar las personas ante los desafíos extraordinarios de la vida. Mardoqueo no se mantuvo pasivo ante las dinámicas que atentaban contra la seguridad de su pueblo, y también contra la estabilidad del imperio; así mismo Ester puso de manifiesto el valor de una mujer en una hora histórica. Esta mujer puso elocuentemente de relieve el poder de la valentía en momentos de crisis. Decidió intervenir para que la justicia imperara en Persia. Entendió la importancia de llegar ante el rey y presentar el caso judío, aunque esas decisiones y acciones pudieron haberle costado la vida.

En este sentido teológico, el libro de Ester es un buen tratado de la responsabilidad humana en la manifestación de la voluntad divina. Mardoqueo y Ester no se sentaron a esperar que la justicia divina se manifestara de forma mágica en la historia, sino que decidieron traducir sus valores y creencias en decisiones atrevidas que hicieron la diferencia en todo un pueblo. Ellos no permanecieron callados ante las injusticias organizadas por Amán y permitidas por Asuero. Mostraron una teología contextual, pertinente, actualizada, real y vivida en medio de las dinámicas diaria del pueblo.

Este tipo de teología que se pone en evidencia clara en las narraciones del libro de Ester, entiende que la historia humana es el escenario principal de las acciones divinas. Para nuestros personajes protagónicos, Dios no está cautivo en las celebraciones históricas o litúrgicas del pueblo, sino que interviene de forma liberadora y decisiva en medio de las vivencias y realidades humanas, tema que tiene gran importancia y prioridad en la teología que se pone de relieve en el Pentateuco, particularmente en las narraciones de la liberación de Egipto, y en la teología de los profetas.

La teología de Ester es una de esperanza y afirmación de futuro; en efecto, es un pensamiento de porvenir y proyección al mañana. Las angustias presentes que afectan a la humanidad, según este pensamiento teológico, aunque tengan posibilidades de aniquilación, como en el caso del libro de Ester, no son la palabra final de Dios a la humanidad. De algún lugar vendrá el socorro, de algún sector inimaginable provendrá la ayuda que transformará el potencial de muerte en un ambiente de vida y celebración.

Según la teología de Ester, las personas ocupan diversas posiciones en la sociedad que pueden ser oportunidades valiosas e importantes para hacer la diferencia entre la vida y la muerte, entre el cautiverio y la liberación, entre la guerra y la paz, entre la justicia y la opresión, entre el llanto y el gozo, entre las posibilidades del bien y las realidades del mal.

29

El libro de Daniel

El rey se levantó muy de mañana,
y fue apresuradamente al foso de los leones.
Acercándose al foso, llamó a gritos a Daniel con voz triste,
y le dijo: Daniel, siervo del Dios viviente,
el Dios tuyo, a quien tú continuamente sirves,
¿te ha podido librar de los leones?
Entonces Daniel respondió al rey:
¡Rey, vive para siempre!
Mi Dios envió su ángel,
el cual cerró la boca de los leones
para que no me hicieran daño,
porque ante él fui hallado inocente;
y aun delante de ti, oh rey,
yo no he hecho nada malo.
Daniel 6.19-22

1. El libro

El libro bíblico de Daniel presenta las experiencias de vida de un personaje que revela grandes virtudes como sabio, así como vidente. En efecto, más que el autor de la obra, Daniel es el protagonista indiscutible de una serie de narraciones que tienen una muy clara intensión educativa y un definido propósito teológico: la edificación espiritual del pueblo y la afirmación de la fe en un momento de crisis nacional. De acuerdo con esas enseñanzas, Daniel es un sabio judío y vidente que vive en medio de la corte babilónica en el período exílico.

Daniel en la Biblia no es un nombre desconocido. En hebreo, significa «Dios es mi juez» o «Dios ha juzgado», que pone claramente de manifiesto la relación íntima del personaje con el tema de la justicia divina. De acuerdo con las narraciones cronistas, Daniel era el nombre de uno de los hijos de David (1 Cr 3.1) y también el de un desterrado que regresó a Jerusalén después del exilio en Babilonia en la época de Esdras y Nehemías (Esd 8.2; Neh 10.6). De esta forma, se pone de relieve que, ese particular nombre de Daniel, se asocia directamente con la monarquía clásica de Israel, y con las personas que participaron en el proceso de reconstrucción de Jerusalén y Judá.

El profeta Ezequiel también alude a una figura antigua conocida con el nombre de Daniel (o mejor, Dan'el, según el texto hebreo, «Dios juzga»). Este personaje era conocido por su gran sabiduría, y vivió en una época muy antigua y remota, en tiempos de Noé y Job (Ez 14.14, 20; 28.3). Posiblemente este Dan'el es a quien se hace referencia en algunas leyendas antiguas en la ciudad de Ugarit, pues es famoso por su piedad y por implantar la justicia entre las viudas y los huérfanos. Además, ese era el nombre del suegro del piadoso Enoc (Jubileos 4.20). En efecto, desde tiempos inmemoriales, y en el ambiente cultural de Israel y sus vecinos, el nombre de Daniel se ha relacionado con los importantes temas de la sabiduría, la piedad y la justicia.

El libro de Daniel presenta una serie de narraciones en torno a un joven que vivió desterrado en medio del imperio babilónico. La primera parte del libro (conocido en círculos académicos como Daniel A: 1.1—6.28) incluye seis narraciones cortas en torno al comportamiento sabio, valeroso, firme, piadoso y heroico de Daniel y sus tres amigos, Ananías, Misael y Azarías, en la corte del gran Nabucodonosor, el famoso rey de Babilonia.

La segunda sección (identificada como Daniel B: 7.1—12.13) incorpora cuatro visiones de carácter apocalíptico que presenta la sucesión de cuatro reinos o gobiernos humanos. Esos cuatro reinos representan, en forma simbólica, las potencias mundiales a las que ha sido sometido el pueblo de Dios desde la conquista de Babilonia hasta el momento especial cuando Dios mismo irrumpirá en la historia para beneficiar y liberar a su pueblo. Todo el libro afirma de forme clara y directa que Dios es el único Señor de la historia y la humanidad.

En la sección inicial del libro, Daniel es visto como un sabio que ha decidido ser fiel a sus tradiciones religiosas y convicciones espirituales. La obra pone de manifiesto, de forma edificante y educativa, las acciones y el estilo de vida de Daniel como modelo y ejemplo a seguir. La segunda parte del libro de Daniel revela las experiencias de un vidente que no se resiste a creer que los poderes humanos tengan la última palabra en torno al futuro del pueblo de Dios. Estas visiones ponen en evidencia al Dios que tiene el control absoluto de la historia humana, y que está dispuesto a revelar los secretos de esa historia a su pueblo.

2. Peculiaridades literarias y teológicas del libro

El libro de Daniel en la Biblia tiene una serie particular de características temáticas, estructurales, teológicas y literarias que deben identificarse con precisión. Estas cualidades distintivas de Daniel desafían, en efecto, a las personas que la estudian sistemáticamente la obra, pues ignorar, no reconocer o subestimar estas características y peculiaridades puede llevar a los estudiosos y estudiosas de la obra a una comprensión equivocada del mensaje y también puede generar interpretaciones erróneas de la revelación divina al vidente y a la sociedad, tanto antigua como moderna.

En primer lugar el libro de Daniel es una obra bilingüe: ¡Está escrito en hebreo y arameo! Esa distintiva mezcla de idiomas le brinda a la obra una doble y singular dimensión teológica y literaria que no debe ignorarse u obviarse. Las secciones narrativas, que tienen una intensión moral y educativa (Daniel A), están escritas predominantemente en arameo, excepto el inicio de la sección (Dn 1.1—2.4a) que está en hebreo. Las visiones apocalípticas (Daniel B) están redactadas prioritariamente en hebreo, aunque también incorpora el idioma arameo al comenzar la sección de las visiones (Dn 7.1-28).

Una segunda característica que le brinda al libro de Daniel una distinción particular en la literatura bíblica es que presenta una obra en un ambiente histórico dual. La narración incluye una serie de experiencias y visiones que se relacionan con un joven judío, Daniel, que fue llevado con un grupo de amigos al destierro en Babilonia en siglo sexto a.C. A la vez, el estudio sobrio y minucioso del libro revela que el mensaje de la obra presupone y está particularmente dirigido a la comunidad judía del siglo segundo a.C. Ese grupo de judíos vivía en medio de una persecución religiosa acérrima y despiadada de las fuerzas helenistas y paganas lideradas por Antíoco IV Epífanes. Esa dualidad histórica le imprime un particular carácter teológico al libro de Daniel, pues se deben consideran ambos entornos al analizar la obra.

La tercera peculiaridad del libro de Daniel es que la obra se articula y redacta en dos géneros literarios muy bien definidos y delimitados. El primero lo constituyen unas narraciones o relatos que tienen un particular interés moral y educativo en el pueblo. Ese tipo singular de literatura se conoce como «hagádica» (del hebreo, *haggada*, que significa composición o narración), y tiene como finalidad específica la edificación e instrucción de los oyentes y lectores, el propósito fundamental de este tipo de escrito es poner de relieve la importancia de los valores éticos y del buen comportamiento en el pueblo, además de inculcar una lección de moralidad en la comunidad.

El segundo género literario en el libro de Daniel es el apocalíptico. Este género consiste en transmitir una serie de revelaciones misteriosas que se reciben a través de visiones extraordinarias y fantásticas o se transmiten por medio de la intervención de ángeles o mensajeros celestiales. Esas revelaciones incluyen elementos históricos del pasado, del presente y del futuro. De fundamental importancia en este tipo de escrito es que presenta el establecimiento escatológico, firme y definitivo del reino mesiánico, auspiciado directamente por Dios.

Para comunicar el mensaje, este género literario utiliza la fama y el prestigio de personajes antiguos distinguidos para brindarle al escrito un particular valor teológico y también para imprimirle al documento mayor autoridad moral y religiosa. En el caso específico de nuestro libro, se ha utilizado la autoridad incuestionable del famoso y antiguo personaje Dan'el, para imprimirle una dimensión adicional de autoridad religiosa a las enseñanzas que se presentan al pueblo de Dios en un período de persecución y angustia.

Este estilo apocalíptico, que contiene rasgos formales y literarios distintivos y peculiares, presupone un ambiente de desesperanza y crisis. El desarrollo y aprecio de este tipo de literatura, que fue muy popular en el llamado período intertestamentario, se produce en contextos donde la esperanza en las instituciones humanas tradicionales se ha perdido. Cuando ya no hay confianza en las estructuras políticas, militares, sociales y religiosas, los escritos apocalípticos florecen y proliferan, pues brindan a la comunidad necesitada, desesperada, perseguida y angustiada un sentido grato de esperanza y futuro fundamentado claramente en las intervenciones extraordinarias de Dios en medio de la historia humana.

El mensaje apocalíptico presenta la historia humana como si se tratara de un drama en dos actos: El primero, se lleva a efecto en medio de la historia presente y actual, en medio de las vivencias reales y cotidianas del pueblo. La segunda dimensión del mensaje, sin embargo, lleva a la comunidad a un nuevo nivel que sobrepasa los límites de la historia para llegar con fuerza a nuevas percepciones escatológicas, para anunciar lo que habrá de suceder al final de los tiempos.

El estilo

Este estilo apocalíptico, que contiene rasgos formales y literarios distintivos y peculiares, presupone un ambiente de desesperanza y crisis. El desarrollo y aprecio de este tipo de literatura, que fue muy popular en el llamado período intertestamentario, se produce en contextos donde la esperanza en las instituciones humanas tradicionales se ha perdido. Cuando ya no hay confianza en las estructuras políticas, militares, sociales y religiosas, los escritos apocalípticos florecen y proliferan, pues brindan a la comunidad necesitada, desesperada, perseguida y angustiada un sentido grato de esperanza y futuro fundamentado claramente en las intervenciones extraordinarias de Dios en medio de la historia humana.

3. Fechas de composición y autor

Las complejidades del libro de Daniel se ponen claramente de manifiesto con la lectura inicial de la obra. Estas peculiaridades literarias y teológicas, revelan un proceso de redacción complejo. Los relatos del Daniel sabio que vive en medio de la corte babilónica (Daniel A) son más antiguos que la sección apocalíptica. Ese tipo de narración de sabiduría era conocida desde la antigüedad en Israel y en el caso específico de Daniel deben haberse redactado, fundamentado en las narraciones antiguas, luego del exilio en Babilonia. El propósito de ese tipo de narración piadosa es destacar la importancia de mantener la cultura y los valores judíos en medio de una sociedad altamente antagónica y hostil, como la babilónica.

La sección apocalíptica (Daniel B) proviene de una época posterior, posiblemente alrededor del año 160 a.C., cuando los ataques helenístas a la cultura judía se hicieron insoportables y las ofensas continuas a las tradiciones ancestrales del pueblo llegaron a niveles indecibles. Ejemplos de este tipo de literatura se pueden encontrar en otros pueblos del Oriente Medio (p.ej., Irán), porque esos pueblos y culturas estaban inmersos en experiencias políticas, militares, sociales y religiosas similares.

Aunque ya en el Antiguo Testamento se pueden notar algunas secciones con diversos niveles de influencia apocalíptica (p.ej., Is 24—27; Ez 38—39; Zac; Jl 3), el libro de Daniel es el primero que puede identificarse con propiedad, seguridad y precisión en esa categoría literaria y teológica. De acuerdo con Daniel, Dios es el que tiene la capacidad y la voluntad de manifestarle sus secretos a la humanidad.

Una definición más precisa de este tipo peculiar de literatura, sin embargo, puede ser la siguiente: El género apocalíptico es una narración que presenta un particular tipo de revelación divina que utiliza seres angelicales o especiales para comunicar a individuos y pueblos una realidad teológica, con grandes implicaciones políticas y sociales, que trasciende el marco inmediato y temporal de la historia; en esa singular revelación, la salvación se ubica en niveles escatológicos pues los videntes y los agentes divinos que transmiten el mensaje han perdido la esperanza en las instituciones políticas, sociales, militares y religiosas: ¡Solo Dios puede traer la redención que necesita el pueblo!

Este tipo particular de literatura parece que se desarrolla de forma óptima en ambientes de crisis social y persecución política aguda. Los receptores de estos mensajes son personas y comunidades que se sienten oprimidas por imperios que les someten y angustian de forma inmisericorde y agresiva. Los apocalipsis, de esta forma, se convierten en un tipo de literatura subversiva pues brinda a las comunidades heridas, perjudicadas y perseguidas un grato sentido de esperanza y seguridad que les prepara para enfrentar las más intensas y complejas adversidades. Los apocalipsis son, a la vez, esperanza para los oprimidos y rechazo de las fuerzas opresoras.

Sobre relieve del sarcófago de Alejandro

En el caso del libro de Daniel, el ambiente histórico y social que propicio la redacción y comunicación del mensaje apocalíptico (Daniel B) tiene, por lo menos, tres niveles históricos y teológicos básicos: la persecución inmisericorde y hostil de Antíoco IV Epífanes al pueblo judío y sus continuos ataques a sus instituciones fundamentales; el proceso intenso de helenización y transculturación del Oriente Medio conquistado por Alejandro el Grande; y, también, en cierta medida de importancia, el incumplimiento histórico de las antiguas profecías de que luego del exilio en Babilonia vendría un período de especial restauración y renovación nacional para la comunidad judía.

Literatura de esperanza

Los apocalipsis, de esta forma, se convierten en un tipo de literatura subversiva pues brinda a las comunidades heridas, perjudicadas y perseguidas un grato sentido de esperanza y seguridad que les prepara para enfrentar las más intensas y complejas adversidades. Los apocalipsis son, a la vez, esperanza para los oprimidos y rechazo de las fuerzas opresoras.

Este libro nace en el contexto específico de una persecución intensa y despiadada de Antíoco IV Epífanes, a quienes los judíos más piadosos lo consideraban como la encarnación misma de la maldad, como la manifestación óptima de las fuerzas que atentan contra la bondad y la justicia, como la materialización de las fuerzas y dinámicas que se contraponen con desdén a la voluntad divina en medio de la humanidad. Esos años de c. 164-160 a.C. fueron testigos de una persecución mortal que estaba orientada hacia la prohibición definitiva de las prácticas religiosas, que incluía, por ejemplo, la pena de muerte por circuncidar a los niños.

La persona o personas que redactaron finalmente el libro de Daniel durante esa época de crisis nacional (c. 164 a.C.) debieron ser parte del grupo de gente muy religiosa y espiritual (ese grupo era conocido como los «hasídicos» o piadosos), que decidió ser fiel a Dios en medio de las abominaciones extraordinarias relacionadas con las políticas de helenización de Antíoco IV Epífanes. Ese grupo de judíos leales a las tradiciones ancestrales del pueblo no se amilanaron ante los ataques ni los avances violentos de esas políticas de dominación continua y exterminio sistemático. El libro de Daniel surge en medio de este tipo de personas de fe.

4. Contextos históricos y canónicos

Para la comprensión adecuada del libro de Daniel debemos identificar los diversos contextos en los cuales la obra se desarrolló y en los cuales debe interpretarse. La evaluación de la historia que sirve de marco de referencia a los mensajes del libro puede brindarnos varias pistas hermenéuticas y guías teológicas para la aplicación pertinente del mensaje. Inclusive, la ubicación del libro en los diversos cánones de las Biblias, tanto judías como cristianas, es importante.

La identificación precisa de la fecha de composición del libro de Daniel es una tarea compleja y ardua. Como ya hemos indicado, la obra se presenta en un período histórico definido pero se redacta en otra época de la vida nacional; además, el tema del personaje sabio que tiene la capacidad de interpretar sueños, es muy antiguo en Israel.

La sucesión de imperios y monarcas jugó un papel de gran importancia en la historia que presupone el libro de Daniel. En las siguientes listas se identifican los reyes que gobernaron desde la época exílica, que en la que se ubica a nuestro protagonista (Daniel), hasta el período de Antíoco IV Epífanes, que fue el gobernante que llevó a efecto la persecución a la comunidad judía, a la que el mensaje de Daniel responde. Estos reyes y gobernantes controlaron la política nacional e internacional del Oriente Medio desde el siglo VI hasta el II a.C. y, por consiguiente, forman parte del trasfondo histórico del libro de Daniel.

Aunque el asunto de la historia del libro ubica a sus personajes en el período específico del destierro de Israel en Babilonia (siglo sexto a.C.), una lectura cuidadosa y sobria de la obra revela que la composición puede provenir de una época posterior. De singular importancia en este análisis es la presentación de la historia nacional que hace el libro (Dn 11), al revisar los eventos que trajeron la desgracia al pueblo y el dolor a la comunidad judía.

Haciendo uso de un lenguaje metafórico, este particular capítulo de la sección apocalíptica de Daniel hace varias referencias a eventos históricos concretos que tienen gran importancia y relevancia histórica, luego del exilio. El mensaje anuncia la muerte de un tirano siguiendo el estilo literario y la presentación teológica que ya se incluye, entre otros libros proféticos tardíos (p.ej., Is 10.5-34; 14.25; 31.8-9; Ez 38—39; Zac 14.2; Jl 3.2): ¡El enemigo cae totalmente derrotado en los montes de Israel!

Esos detalles históricos particulares ubican la redacción de la sección apocalíptica del libro (Daniel B), y posiblemente la edición final de toda la obra, en el período de persecución, profanación y hostilidad de

Antíoco IV Epífanes, y su programa de transculturación contra el pueblo judío, alrededor del año 164 a.C.

Reyes del Imperio Babilónico, época del exilio

Nabucodonosor 605-562

Evil-Merodac 562-560

Nariglisar 560-556

Labasi-Marduk 556

Nabónido 556-539

Reyes del Imperio persa o neobabilónico, luego del exilio

Ciro 550-530

Cambises 530-522

Darío I 522-486

Jerjes I 486-4675

Artajerjes I 465-424

Jerjes II 423

Darío II 423-404

Artajerjes II 404-358

Artajerjes III 358-338

Arses 338-336

Dario III 335-331

La identificación de la fecha de redacción final de Daniel debe tomar en consideración, además, las siguientes peculiaridades y características de la obra: El hebreo que emplea el autor para presentar sus narraciones es ciertamente posterior al período exílico; algunas secciones que se incluyen en la lengua aramea provienen de una época tardía en la historia de Israel, posiblemente se generan luego del siglo IV a.C.; los temas y las imágenes que se destacan en la obra (p.ej., los ángeles, el apocalipsis y la resurrección de los muertos) sugieren una fecha muy posterior al destierro babilónico; y la perspectiva histórica que se manifiesta en el libro apunta hacia una fecha cercana al siglo segundo a.C. Finalmente, la descripción tan clara de la profanación del Templo de Jerusalén, cometida bajo los auspicios inmisericordes de Antíoco IV Epífanes en el 167 a.C., pueden ser una confirmación de que el libro de Daniel proviene de solo unos años posteriores a ese evento tan nefasto en la historia nacional (c. 164 a.C.).

Gobernantes griegos de la época helenista

Alejandro Magno 336-323

Filipo Arrideo 323-316

Alejandro IV 316-309

Dinastía de los Tolomeos	Dinastía de los Seléucidas
Tolomeo I Soler 323-285	Seleuco I Nicanor 321-280
Tolomeo II Filadelfo 285-246	Antíoco I Sóter 280-261
	Antíoco II Teos 261-246
Tolomeo III Evergetes 246-221	Seleuco II Callinicus 246-226
	Seleuco III Sóter 226-223
Tolomeo IV Filipator 221-202	Antíoco III el Grande 223-187
Tolomeo V Epífanes 203-181	Seleuco IV Filipator 187-175
Tolomeo VI Filométor 181-146	Antíoco IV Epífanes 175-163

La ubicación del libro de Daniel en las Biblias ilumina algunos de los procesos y las dinámicas de canonización de las Escrituras de Israel. En la Biblia hebrea, Daniel se incluye en la tercera sección del canon, conocida como «los escritos» (en hebreo, *ketubim*). Sin embargo, en la versión de los Setenta (LXX) se incorpora entre los profetas (en hebreo, *nebiim*). Esa diferencia revela el aprecio y reconocimiento que le tenían las diversas comunidades al libro. De antemano se pone de relieve la comprensión general que cada comunidad tenía de Daniel: para los judíos era una obra de sabiduría, y para los cristianos un libro profético.

Respecto a ese mismo tema canónico, es importante señalar que los fariseos manifestaban cierto recelo y subestimación con la literatura apocalíptica. Pensaban, además, que la inspiración de Daniel era posiblemente secundaria, pues se fundamentaba en mensajes proféticos previos (p.ej., Dn 9 se basa en Jer 25; 29 y en otros lugares cita o alude a Habacuc, la segunda sección del libro de Isaías y Ezequiel).

Los grupos cristianos, por su parte, en los cuales la traducción griega de la Septuaginta era el texto bíblico fundamental, entendían que el libro formaba parte de la sección profética. Relacionaban la literatura apocalíptica con la profética, que en el caso de Daniel, de acuerdo con estas lecturas, es claro pues este personaje tuvo una serie importante y muy clara de revelaciones divinas, que ciertamente tenían implicaciones proféticas e históricas.

Esa comprensión profética puede ilustrarse con su desarrollo del tema del gobernante orgulloso, arrogante y prepotente que desea establecer su trono sobre las estrellas, en el cielo (Dn 7). Ese mensaje también aparece en otros libros proféticos clásicos (véase, p.ej., Is 14.3-15). Además, la presencia divina en medio del culto se hace presente en las figuras de Dios como Rey de reyes y como el Anciano de Días, que pueden relacionarse con otros mensajes proféticos (p.ej., Ez 8—11; 43). Inclusive el tema y la imagen del «hijo del hombre» ya aparecen en Ezequiel (Ez 8).

5. Mensaje de Daniel

El mensaje fundamental del libro de Daniel es una exhortación a ser fieles a Dios en momentos de crisis y adversidades extraordinarias. Se escribió para apoyar a la comunidad judía que sentía el escarnio y los vejámenes de las fuerzas más despiadadas e inmisericordes de Antíoco IV Epífanes. El llamado básico de Daniel es a permanecer fieles en medio de los conflictos más intensos y las opresiones más despiadadas de la vida. El propósito prioritario de Daniel es incentivar la fidelidad del pueblo de Dios ante las fuerzas cruentas y seductoras del helenismo que ofrecían a la comunidad una nueva forma pagana de vivir.

Ante esas dinámicas sistemáticas de agresión religiosa, política y cultural, el libro de Daniel se preocupa por demostrar la superioridad del Dios de Israel, que tiene la capacidad de proteger a su pueblo no solo en medio de cortes paganas e imperios irrespetuosos sino que interviene de forma salvadora hasta en los hornos de fuego y en las cuevas de leones, que representan lo peor que le podía pasar a alguna persona o a algún pueblo. El Dios de Israel no solo es más poderoso que las divinidades paganas del mundo helenista sino que es más sabio, de acuerdo con las enseñanzas de los relatos del libro de Daniel.

Ese componente de esperanza del libro de Daniel es un valor teológico muy grande que tiene la capacidad de traspasar los límites del tiempo para llegar a otras culturas en otros períodos. El Dios de Daniel está preocupado por la gente perseguida y necesitada. El Señor que se manifiesta en la obra está comprometido con las causas que requieren defender a las personas oprimidas y menesterosas. El gran mensaje del libro llega con fuerza a las comunidades que sienten que las fuerzas de la injusticia les impiden manifestarse con libertad y seguridad.

En el corazón del mensaje de Daniel están las virtudes que se pusieron en clara evidencia en el mensaje de Jesús de Nazaret. Tanto en Jesús como en Daniel, Dios no resiste la opresión de su pueblo y el cautiverio de la gente de bien. El Señor de la historia, que se hizo persona y palabra viviente en Jesús, de acuerdo con el mensaje del libro de Daniel, está dispuesto a repetir esas intervenciones redentoras en medio de las persecuciones y angustias de los creyentes de todos los tiempos. En efecto, este Dios y Señor de la historia humana utiliza la progresión histórica y el ascenso y descenso de gobiernos e imperios terrenales para preparar su reinado universal en medio de la humanidad.

El mensaje

El mensaje fundamental del libro de Daniel es una exhortación a ser fieles a Dios en momentos de crisis y adversidades extraordinarias. Se escribió para apoyar a la comunidad judía que sentía el escarnio y los vejámenes de las fuerzas más despiadadas e inmisericordes de Antíoco IV Epífanes. El llamado básico de Daniel es a permanecer fieles en medio de los conflictos más intensos y las opresiones más despiadadas de la vida. El propósito prioritario de Daniel es incentivar la fidelidad del pueblo de Dios ante las fuerzas cruentas y seductoras del helenismo que ofrecían a la comunidad una nueva forma pagana de vivir.

6. Teología

Una lectura cuidadosa del libro de Daniel identifica varias contribuciones destacadas de la obra a la historia de las ideas religiosas y la teología. El libro presupone ese ambiente de crisis nacional que generó gran creatividad literaria y produjo los estímulos pertinentes para la contextualización de sus enseñanzas.

En primer lugar, Daniel es el primer libro de la Biblia hebrea que contiene secciones importantes de la literatura apocalíptica. En la historia del pensamiento religioso este tipo de literatura juega un papel destacado, pues constituye una muy firme respuesta teológica al sentido de impotencia, inseguridad y desesperanza que generan las opresiones políticas, religiosas y sociales. La literatura apocalíptica no es una forma de escapismo religioso sino una manera alterna de leer la realidad que le brinda a la gente cautiva el valor necesario para mantener la esperanza y les permite soñar el futuro. Esas dinámicas espirituales se convierten en las fuerzas que les ayudan a transformar el futuro soñado en realidad inmediata y contextual.

Daniel, además, incorpora el uso literario de la figura del ángel que guía y orienta al vidente. Esta particularidad literaria se desarrolló de forma destacada en el llamado período intertestamentario. En Daniel los ángeles son criaturas especiales enviadas por el Señor para cumplir una particular y definida encomienda, revelar la voluntad divina. Posteriormente, en la literatura rabínica y los escritos cristianos, esta percepción teológica se desarrolla aún más, y se crea una angelología mucho más amplia, intensa y extensa.

En el libro de Daniel también se incluye de forma firme el tema de la resurrección de las personas muertas (Dn 12.2). Aunque se pueden notar en la Biblia hebrea algunos instantes donde este tema puede identificarse con alguna intensión (p.ej., Ez 37), lo cierto es que Daniel es el que elabora el tema de forma clara y firme. La importancia de este asunto no puede subestimarse pues se constituyó en uno de los temas más importantes y fundamental de la fe cristiana.

El mesianismo en Daniel llega a niveles previamente insospechados. No solo el idioma utilizado en el libro de Daniel le brindó a Jesús y a sus discípulos una fraseología de gran importancia teológica y contextual (p.ej., la expresión y comprensión de «el hijo del hombre»), sino que la referencia directa al que viene «en las nubes del cielo» (Dn 7.13) se ha convertido en una imagen insustituible e impostergable en la teología cristiana. Jesús de Nazaret se identificó plenamente con estas ideas y se refirió a sí mismo en términos similares a los que utilizó Daniel.

Un tema teológico adicional en Daniel se relaciona con el Dios que responde a los clamores de su pueblo. De particular importancia en torno a este tema, son las peticiones y oraciones que surgen en momentos de crisis nacional y adversidad personal. El Dios de Daniel escucha el clamor de la gente cautiva con un interés liberador. ¡El Dios de Daniel no está silente y quieto ante los atropellos de la sociedad ni ante los cautiverios de la humanidad!

Una enseñanza destacada del libro, que fue muy bien recogida por Jesús y sus seguidores, es que aunque la gente fiel sea enviada a los hornos de fuego de la historia y a las personas de bien las lleven al foso de los leones de las realidades políticas y sociales, el Señor de la historia ha prometido estar al lado de su pueblo con un muy serio compromiso libertador, con un deseo restaurador, con una finalidad liberadora.

La revelación de la voluntad y los designios divinos es un tema teológico de gran importancia en Daniel. Estas manifestaciones divinas se producen a través de sueños, visiones y audiciones especiales. Sin embargo, en este libro, que incluye un componente destacado de sabiduría, la revelación divina no solo se produce en la revelación sino en la interpretación adecuada de esas manifestaciones divinas. De esta particular forma son importantes en el libro de Daniel no solo la revelación sino su adecuada comprensión, que en ocasiones proviene de un ángel intérprete.

En el libro de Daniel la historia tiene grandes implicaciones teológicas. En el libro se aluden a eventos que se separan entre sí por ¡cuatrocientos años! Y en ese proceso, se pasa de los niveles históricos de los imperios humanos a un nivel especial y escatológico que se identifica como el reino de Dios, que sobrepasa los límites de la historia y los linderos del tiempo.

Este concepto de historia, presenta a los reinos humanos que se van sucediendo históricamente, hasta que irrumpe de forma extraordinaria el reinado divino, que llegará para poner fin a los dolores de la gente fiel y para implantar la justicia y la paz. En ocasiones, el recurso literario que ha usado el autor para presentar es un particular mensaje de esperanza y salvación, es anunciar, como si no hubieran sucedido, eventos del pasado. Este recurso, conocido técnicamente como *prophetia ex evento*, le brinda al mensaje de Daniel un poder profético extraordinario, un sentido escatológico especial, un nivel de actualización maravilloso.

30

El libro de Esdras-Nehemías

Acuérdate ahora de la palabra que diste a Moisés, tu siervo,
diciendo: "Si vosotros pecáis, yo os dispersaré por los pueblos;
pero si os volvéis a mí
y guardáis mis mandamientos
y los ponéis por obra,
aunque vuestra dispersión sea hasta el extremo de los cielos,
de allí os recogeré
y os traeré al lugar que escogí para hacer habitar allí mi nombre".
Nehemías 1.8-9

1. La obra cronista

El libro de Esdras-Nehemías es parte de un gran cuerpo literario, que incluye también los dos libros de las Crónicas, y manifiesta una unidad literaria, estilística, temática y teológica. Es una obra mayor que tiene como finalidad básica presentar una interpretación teológica de la historia del pueblo de Israel, desde sus comienzos prehistóricos, con la figura de Adán, hasta la reorganización de la sociedad judía luego del destierro en Babilonia, durante la reconstrucción de la ciudad de Jerusalén y la renovación del pacto o alianza bajo el imperio persa. Con estos libros, que se conocen comúnmente como «la obra cronista», culmina la sección final de la Biblia hebrea, *Ketubim* o Escritos.

Desde la época rabínica, toda esta obra cronista se ha entendido como producto de un solo autor, que generalmente se identificaba con Esdras, el escriba. Con el paso del tiempo, y también con la sofisticación de las metodologías de análisis críticos de las Escrituras, se afirma la unidad literaria y teológica de los libros, pues es posible que provengan, si no de un solo autor, por lo menos, de la misma escuela de pensamiento judío. Aunque el autor de la obra utiliza tradiciones y documentos antiguos del pueblo, la redacción final debe haber sido luego del período de la restauración nacional; posiblemente por los años 450-400 a.C.

El fundamento básico para afirmar la unidad literaria de la obra cronista es el siguiente: La obra manifiesta unidad de vocabulario y estilo literario, y también presenta analogías gramaticales, sintácticas y redaccionales, similitud en el uso de las fuentes bíblicas y extrabíblicas, existencia de temas y bloques literarios duplicados en toda la obra (p.ej., Esd 1.1-3 y 2 Cr 36.22-23), y continuidad narrativa entre Crónicas y Esdras-Nehemías. Además, los grandes temas que unen todas estas narraciones se relacionan con el cumplimiento de la promesa divina a David, la importancia y prioridad del trabajo de los sacerdotes levíticos en la liturgia del Templo, Jerusalén como ciudad santa, y el Templo como el centro cúltico y educativo del pueblo.

Algunos estudiosos contemporáneos han puesto en duda esta unidad literaria y de autor de la obra cronista, fundamentados, en primer lugar, en el análisis filológico y lingüístico de los libros, además de identificar algunas diferencias en las formas en que Crónicas y Esdras-Nehemías atienden los temas del culto y el sacerdocio. Aunque estos estudios literarios son importantes, nosotros mantenemos la postura tradicional de unidad en la obra cronista, pues los argumentos que se articulan para rechazar esta unidad literaria y de autor, no son lo suficientemente convincentes como para alterar nuestra comprensión en torno a estos temas.

El propósito básico del cronista fue presentar la historia del pueblo desde una perspectiva teológica. Su finalidad específica fue reflexionar sobre las vivencias nacionales y sacar algunas conclusiones éticas, morales y espirituales para aplicarlas a las nuevas realidades de la comunidad judía luego del período exílico en Babilonia. Su objetivo fundamental era revisar la historia del pueblo de Israel para descubrir y afirmar algunos valores y enseñanzas que le permitiera a la comunidad judía postexílica vivir el futuro, sin las dificultades, los desafíos y las angustias que experimentaron como consecuencia de sus rebeldías, desobediencias y pecados. Aunque el cronista entendía que la monarquía había llegado a su fin, la obra liberadora de Dios no había acabado, pues se manifiestan cambios importantes restauración y signos positivos de esperanza.

2. El libro

El libro de Esdras-Nehemías presenta la historia el pueblo de Israel en el singular período de la restauración. Las narraciones articulan las contribuciones destacadas de nuestros protagonistas, Esdras y Nehemías, al proceso de consolidación de la sociedad judía postexílica en Judá y Jerusalén, así como a la reconstrucción de la ciudad, el Templo, el culto y las murallas, que le brindaban al pueblo estabilidad socio-económica y seguridad política. Esdras era responsable de las políticas hacia la comunidad judía en el imperio persa; y Nehemías, por su parte, era un alto funcionario de la corte real. Ambos personajes eran judíos prominentes que servían y vivían en Persia: El primero era un escriba, que había dedicado toda su vida al estudio de la Ley, y también a ponerla por obra (Esd 7.10); y el segundo, recibió el título de gobernador de Judá (Neh 5.14).

El propósito

El propósito básico del cronista fue presentar la historia del pueblo desde una perspectiva teológica. Su finalidad específica fue reflexionar sobre las vivencias nacionales y sacar algunas conclusiones éticas, morales y espirituales para aplicarlas a las nuevas realidades de la comunidad judía luego del período exílico en Babilonia. Su objetivo fundamental era revisar la historia del pueblo de Israel para descubrir y afirmar algunos valores y enseñanzas que le permitiera a la comunidad judía postexílica vivir el futuro, sin las dificultades, los desafíos y las angustias que experimentaron como consecuencia de sus rebeldías, desobediencias y pecados.

El nombre Esdras, significa «Dios ayuda», y el de Nehemías, «el Señor consuela», ambos ponen de manifiesto el contexto teológico y sicológico de toda la obra. Son personajes que confían en un Dios que tiene el compromiso, la capacidad y el deseo de intervenir, actuar, apoyar, ayudar, consolar, fortalecer y confortar a su pueblo.

La figura de Esdras, además, se destaca de varias formas. Su genealogía, en primer lugar, lo relaciona directamente con Aarón (Esd 7.1-5). Además, su designación como «escriba», alude a un tipo de trabajo de gran responsabilidad en la antigüedad (no solo en Israel, sino en Babilonia, Egipto y Persia), pues era un tipo de profesional que se encargaba de escribir las memorias de los gobiernos. Luego del exilio, cuando no se podían llevar a efecto los sacrificios en el Templo, algunos sacerdotes desarrollaron esas habilidades literarias y se dedicaban al estudio sistemático de la Ley y a la recopilación de las tradiciones antiguas del pueblo; y Esdras fue uno de ellos.

Posiblemente los libros de Esdras y Nehemías originalmente eran obras independientes. El material básico de ambas obras lo constituyen las memorias de cada uno de los protagonistas. Sin embargo, en manos del autor cronista, o de su escuela de pensamiento, se unieron para formar una obra narrativa que tiene continuidad literaria, histórica y teológica. La Septuaginta (LXX) dividió la obra en dos, y los colocó en el canon griego después de los libros de las Crónicas; en el canon hebreo, sin embargo, Esdras-Nehemías está inmediatamente antes de esos libros.

Entre las fuentes literarias que utilizó el libro de Esdras-Nehemías para desarrollar su escrito se encuentran las siguientes: Las memorias de Esdras (Esd 7.1—10.44), que tienen un carácter político y oficial, y las de Nehemías, que son esencialmente de índole privado y personal, como son las oraciones y plegarias que abundan en su libro (p.ej., Neh 3.36-37; 5.19; 6.14); documentos oficiales del imperio persa (Esd 1.2-4; 7.11-26); correspondencia de las autoridades persas con los líderes samaritanos y judíos (Esd 4.9-16, 17-22; 5.7-17; 6.3-12). Además, entre esas fuentes, la obra utilizó una serie importante y significativa de listas, entre las que se encuentran las siguientes: de los repatriados (Esd 2.1-70; 8.1-14); de los que habían contraído matrimonio con mujeres extranjeras (Esd 10.18-43); de los que firmaron la renovación del pacto (Neh 10.2-28); y la de los habitantes de Jerusalén y Judá (Neh 11.3-12, 26).

La obra Esdras-Nehemías es bilingüe, pues se escribió en hebreo, pero incluye una muy importante sección en arameo, que corresponde a la documentación oficial entre el gobernador de la región de Samaria y las autoridades persas (Esd 4.8—6.18); además de la correspondencia entre Esdras y Artajerjes, referente a la autorización necesaria para quienes quisieran acompañar al escriba a Jerusalén para comenzar las reformas y la implantación de la Ley (Esd 7.112-16). De singular importancia es el tipo de hebreo que se utiliza en la obra, es el uso continuo de expresiones de origen arameo, que delatan claramente su entorno histórico postexílico. Con la excepción de algunos detalles, el texto hebreo de la obra nos ha llegado sin muchas complicaciones.

El singular asunto en torno a quién llegó primero a Jerusalén, Esdras o Nehemías, ha llamado la atención de los estudiosos durante el último siglo. El problema se relaciona inicialmente con la falta de referencias que se hacen uno al otro estos dos importantes líderes judíos postexílicos. Las actividades de ambos, de acuerdo con la cronología expuesta en la obra, pueden revelar, además, de acuerdo con estas interpretaciones, algunas contradicciones internas y dificultades de armonización.

Para solucionar el llamado problema en la cronología del libro de Esdras-Nehemías, se han presentado varias teorías, que no son muy convincentes. Entre ellas, podemos mencionar el cambio en la identificación del rey persa, de Artajerjes I a Artajerjes II; y también se ha aludido a un error textual en la referencia al año de la llegada de Esdras (en vez de haber llegado el año 7 del rey, llegó el 27 ó quizá el 37). Sin embargo, estas teorías no responden adecuadamente a un supuesto problema cronológico, que no todos los estudiosos aceptan como tal.

3. Estructura y contenido

La obra de Esdras-Nehemías nos presenta de forma general la historia del pueblo judío en Jerusalén, desde la llegada de los primeros grupos de judíos de la diáspora (c. 538-520 a.C.) hasta el año 32 del rey Artajerjes I (c. 433 a.C.). Esas caravanas de inmigrantes que viajaban desde Persia a Judá, se produjeron gracias al famoso edicto del rey de Persia, Ciro, en el 538 a.C. (Esd 1.1-6). Ese edicto autorizaba el regreso de los exiliados a Jerusalén y les permitía la reconstrucción del Templo. Estas narraciones nos permiten comprender un poco la sociología de los cambios y las transformaciones que se llevaron a efecto en los procesos de restauración nacional en el período postexílico.

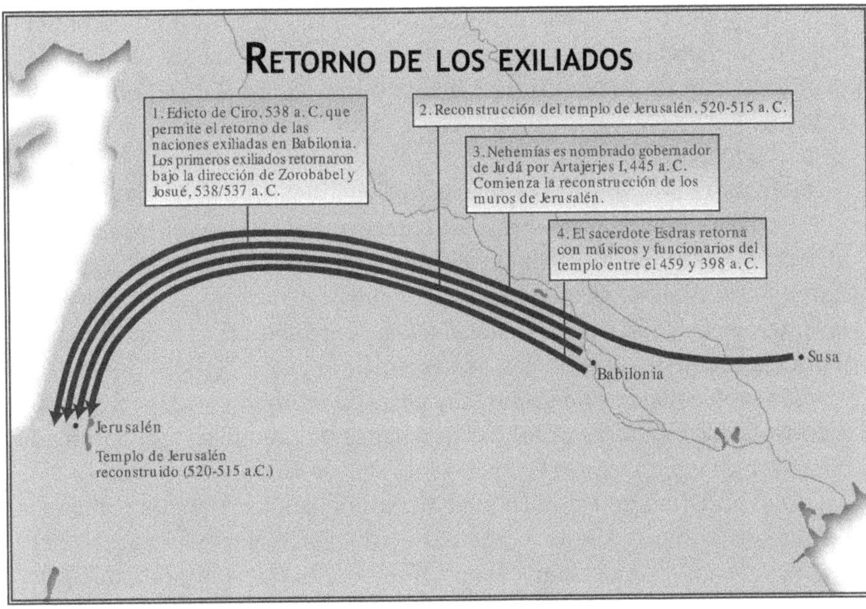

En el libro de Esdras se destacan las dinámicas asociadas a la llegada de los primeros dos grupos de inmigrantes judíos de la diáspora, luego de la promulgación del edicto de Ciro. El primer grupo llegó a Jerusalén como uno o dos años luego del edicto (c. 537 a.C., Esd 1.1—6.22); y el segundo (Esd 7.1—10.44), arribó a la ciudad el séptimo año del rey Artajerjes (c. 459 a.C.).

El libro de Esdras comienza con una narración que une el final del segundo libro de Crónicas con las nuevas experiencias del recién llegado escriba (Esd 1.1-6; 2 Cr 36.22-23). Esa afirmación, además de las implicaciones históricas y literarias, tiene gran importancia profética, ya que el cronista afirma que el regreso de los deportados a Jerusalén desde Babilonia es el cumplimiento pleno de la profecía de Jeremías en torno al fin del destierro (Jer 25.11-12; 29.10). En efecto, la obra de Esdras comienza con una importante declaración teológica: Los deportados son parte de un momento especial de Dios en la historia, en el que se hacía realidad el oráculo del profeta unos setenta años antes.

El grupo inicial de deportados que regresaron a Jerusalén fueron liderados por Sesbasar, que era un figura destacada en Judá (Esd 1.8); inclusive, había recibido el título oficial de «sátrapa» en el imperio persa (Esd 5.14), que efectivamente describe al gobernador de la región de Judá, que incluía la ciudad de Jerusalén.

En esta misma sección inicial del libro de Esdras, se encuentra una lista importante de quienes regresaron del exilio (Esd 2.1-70). Entre esas personas y familias, se encuentra Zorobabel (Esd 2.2), hijo de Salatiel, que era un descendiente directo de la casa de David, al ser el nieto del penúltimo rey de Judá, Joaquín (véase Mt 1.12; Lc 3.27). Además, la lista incluye a Josué, que provenía de la familia de los sumos sacerdotes, como Sadoc.

Respecto a la figura de Zorobabel, que significa «nacido en Babilonia» o «hijo de Babilonia», los profetas Hageo y Zacarías se encargaron de afirmar el potencial mesiánico de su presencia en Jerusalén (Hag 2.23; Zac 4.8-14; 6.9-14). Referente a su figura, estos profetas afirmaron y levantaron las expectativas mesiánicas y restauradoras del pueblo, particularmente las esperanzas de los recién llegados de Babilonia.

Con la llegada de este grupo entusiasta de inmigrantes, las labores de reconstrucción del altar y del culto, además del Templo y de la ciudad, comenzaron rápidamente (Esd 3.1-13). Estas obras de reconstrucción, sin embargo, se detuvieron momentáneamente por las interferencias continuas de algunos grupos vecinos, particularmente por las acciones agresivas y hostiles de los grupos samaritanos (Esd 4.1-24). Posteriormente, bajo la efectiva dirección de Zorobabel y Josué, las importantes labores de reconstrucción nacional se reanudaron (Esd 5.1—6.22).

De singular importancia en la crisis de la reconstrucción, es la comunidad samaritana. Este término, «samaritano», más que describir un grupo étnico definido y específico, alude a una comunidad mixta que estaba ubicada en la antigua región de Samaria, que incluía descendientes de los grupos israelitas que vivían en la región, luego de la destrucción del reino del norte, Israel, en el 722 a.C. Estos samaritanos procedían de la unión de los israelitas con los grupos que llegaron a la región, incentivados y movidos por el imperio asirio (2 R 17.27-28). Esas complejas dinámicas, de índole histórica, social, política y étnica, unida a las ya tradicionales disputas y confrontaciones entre el reino del norte (Israel) y del sur (Judá), propiciaron las actitudes adversas y el resentimiento de los samaritanos, que objetaron abiertamente las obras de reconstrucción en Jerusalén, emprendidas por los recién llegados inmigrantes de Babilonia.

La segunda sección del libro de Esdras (Esd 7.1—10.44) describe la llegada y las labores del segundo gran grupo de repatriados de Babilonia, que en esta ocasión llegaban bajo el mando de Esdras. Esa nueva oleada de inmigrantes fue autorizada oficialmente por el rey Artajerjes, que deseaba que se observara en Judá, de forma rigurosa, «la Ley del Dios del cielo» (Esd 7.12, 21). El escriba Esdras contaba de este modo con el completo apoyo del imperio, pues representaba, no solo las expectativas religiosas, políticas, sociales y espirituales del pueblo de Israel en el retorno, sino que además afirmaba la política oficial del imperio persa y sus intereses institucionales. Esta política persa, de incentivar y promover las religiones regionales de los pueblos, ayudaba a la pacificación de las comunidades conquistadas, además de propiciar la paz en el imperio.

Esdras, de acuerdo con las narraciones bíblicas, llevó a efecto su misión con dedicación y responsabilidad. Su primera labor fue promulgar una muy importante reforma religiosa, que demandaba la reorganización de la comunidad jerosolimitana en función y de acuerdo con la Ley de Moisés (Neh 8.1—9.37). Una de sus decisiones más aguerridas, firmes y radicales fue la afirmación de la ley que restringía considerablemente el matrimonio con mujeres extranjeras. El fundamento teológico para esa decisión tan radical era el potencial de la idolatría e infidelidad a Dios, que se relacionaba con ese singular tipo de matrimonios llamados «mixtos» (Esd 9.1—10.44).

En el contexto de estas narraciones, se pone en evidencia clara la importancia de la reconstrucción del Templo de Jerusalén, que se conoce específicamente como el Segundo Templo, para diferenciarlo del primero, que fue construido por Salomón, luego del reinado de David. Aunque el trabajo de reconstrucción comenzó a la llegada de los primeros repatriados, por las dificultades con los samaritanos y por las estrecheces económicas, el trabajo se suspendió, hasta que finalmente se completaron las obras de reconstrucción en el período de los años 520-515 a.C. (Esd 6.13-18). Esa importante labor física de Zorobabel y Josué, fue apoyada decisivamente por los mensajes proféticos de Hageo y Zacarías, que incentivaban el apoyo del pueblo para los restauradores.

La misión de Esdras

Esdras, de acuerdo con las narraciones bíblicas, llevó a efecto su misión con dedicación y responsabilidad. Su primera labor fue promulgar una muy importante reforma religiosa, que demandaba la reorganización de la comunidad jerosolimitana en función y de acuerdo con la Ley de Moisés (Neh 8.1—9.37). Una de sus decisiones más aguerridas, firmes y radicales fue la afirmación de la ley que restringía considerablemente el matrimonio con mujeres extranjeras.

El Segundo Templo, por los problemas en los procesos de reconstrucción y las dificultades fiscales, no tuvo el esplendor del Primero. Sin embargo, aunque no poseía las virtudes ni las bellezas del Templo de Salomón, alrededor de su inauguración (515 a.C.) se generó una renovación extraordinaria de la vida espiritual y religiosa del pueblo, que se pone en clara evidencia en la celebración de la fiesta de la Pascua (Esd 6.19-22).

El libro de Nehemías sigue las narraciones que comenzaron en la obra de Esdras. En esta ocasión se destacan las dificultades y los problemas que tuvo este alto oficial del imperio persa al llegar a Jerusalén para continuar con las obras de reconstrucción de la ciudad. Específicamente, Nehemías pidió y recibió autorización oficial al rey de Persia para reconstruir la ciudad y para reedificar sus muros de protección. Recibió el cargo oficial de «gobernador» (Neh 5.14; 8.9), que en este singular contexto político, posiblemente se refiere a algún tipo de representante oficial del imperio persa con poderes temporales, delimitados y específicos.

De acuerdo con las narraciones de Nehemías, este «copero del rey», título que indica claramente la alta responsabilidad que tenía nuestro personaje en el imperio persa, llegó a Jerusalén por el año veinte del rey Artajerjes (Neh 2.1-15). Su labor fue intensa; en solo cincuenta y dos días completó la reconstrucción de los muros de la ciudad, aunque tuvo que enfrentar grandes dificultades con la oposición tenaz, agresiva, continua y firme de los samaritanos (Neh 2.16—7.73).

La labor de Nehemías incluyó también el propiciar la ceremonia religiosa para la renovación del pacto o alianza del pueblo. Esdras, en esa ocasión, leyó solemnemente el «libro de la Ley», y el pueblo respondió con gestos de humildad, contrición y humillación ante Dios (Neh 8.1—10.40). Nuestro personaje promulgó, además, cambios sustanciales en la política pública de la ciudad con el objetivo de repoblar a Judá y su capital, Jerusalén. También Nehemías participó activamente en la dedicación de los muros de la ciudad (11.1—12.47). En efecto, su labor fue de gran significado para el pueblo.

Luego de la partida de Nehemías a Persia, el pueblo parece que se enfrascó en una serie de desviaciones espirituales y confusiones religiosas, que requirió una segunda intervención de nuestro personaje (Neh 13.1-31). Unos trece años después de su regreso (c. 433 a.C.), Nehemías debe volver a Jerusalén para afirmar y participar en la restauración del judaísmo, que había olvidado algunas prácticas de gran importancia teológica, litúrgica y práctica. Había que salvaguardar, entre otros asuntos de gran importancia económica, cúltica, social y teológica, la santidad del Templo, el respeto al día de reposo, y los procesos para colectar las ofrendas y los diezmos. De esta forma se presenta a un Nehemías que no solo contribuyó de forma destacada en la reconstrucción física de la ciudad y en la renovación de sus instituciones básicas, sino que colaboró, junto a Esdras, en las importantes reformas y transformaciones religiosas del pueblo en el período postexílico.

La teología

La teología del libro de Esdras-Nehemías se fundamenta en la convicción de que la restauración religiosa, social, espiritual y política del pueblo, con su retorno del exilio, era el cumplimiento de las antiguas profecías bíblicas (Jer 25.12-12; 29.10; Is 44.28; 45.1-5). Desde el comienzo mismo de la obra (Esd 1.1-4), se pone en evidencia clara que los repatriados son el verdadero «resto de Israel», o la estirpe santa (Esd 9.2), que era una manera teológica de validar las profundas transformaciones que experimentó la ciudad de Jerusalén con la llegada de los deportados.

4. Teología

La teología del libro de Esdras-Nehemías se fundamenta en la convicción de que la restauración religiosa, social, espiritual y política del pueblo, con su retorno del exilio, era el cumplimiento de las antiguas profecías bíblicas (Jer 25.12-12; 29.10; Is 44.28; 45.1-5). Desde el comienzo mismo de la obra (Esd 1.1-4), se pone en evidencia clara que los repatriados son el verdadero «resto de Israel», o la estirpe santa (Esd 9.2), que era una manera teológica de validar las profundas transformaciones que experimentó la ciudad de Jerusalén con la llegada de los deportados. Estas serias convicciones teológicas fueron las que le permitieron a Esdras y Nehemías implantar las profundas reformas religiosas que llevaron a efecto.

En ese singular e interesante contexto profético, y en ese entorno de renovaciones religiosas y sociales, el culto y la Ley cumplen papeles protagónicos. En efecto, las transformaciones que iniciaron Esdras y Nehemías, y las reconstrucciones físicas de la ciudad, necesitaban una buena infraestructura teológica que sirviera de base a esas labores. Esa importante e indispensable base se la brindó en la vida diaria del pueblo, la importancia del Templo y los sacrificios, que habían cesado luego de la destrucción de la ciudad de Jerusalén y sus instituciones, con la victoria de Nabucodonosor en el 587 a.C.

Las reformas de Esdras y Nehemías

Las reformas de Esdras y Nehemías fueron de vital importancia para el nacimiento del judaísmo, que fue la religión que se desarrolló en Jerusalén con el regreso de los judíos del exilio en Babilonia. Esta experiencia religiosa, que se asociaba mayor e inicialmente con los miembros de la antigua tribu de Judá, se caracteriza, entre otros valores, por su adhesión a la Ley mosaica y sus interpretaciones, y por el estudio sistemático y profundo de las Escrituras.

Luego del exilio y la reconstrucción del Templo, las ceremonias religiosas se convirtieron en el centro de la vida comunitaria, pues el poder político real ya no estaba en Jerusalén, sino en Persia. Los sacerdotes se dedicaron a recolectar las tradiciones antiguas del pueblo y a reinterpretarlas a la luz de las nuevas realidades socio-políticas de la época.

Ese ambiente de renovación religiosa promovió el deseo de alcanzar un mayor nivel de pureza espiritual. Para garantizar y promulgar esas nuevas prioridades cúlticas, se impidió que familias sacerdotales llevaran a efecto sus oficios, si no tenían un registro oficial de su árbol genealógico (Esd 2.59-63), y se aprobaron nuevas ordenanzas y regulaciones para evitar los matrimonios mixtos, incluyendo la drástica decisión de expulsar a las mujeres extranjeras que no hubieran aceptado la religión judía como propia (Esd 10.1-44). Además, se impidió a las comunidades vecinas participar de las actividades religiosas en los lugares sagrados judíos (Esd 4.1-24), por las preocupaciones que tenía el liderato del Templo con las prácticas heterodoxas que profesaban, específicamente los grupos samaritanos.

Las reformas de Esdras y Nehemías fueron de vital importancia para el nacimiento del judaísmo, que fue la religión que se desarrolló en Jerusalén con el regreso de los judíos del exilio en Babilonia. Esta experiencia religiosa, que se asociaba mayor e inicialmente con los miembros de la antigua tribu de Judá, se caracteriza, entre otros valores, por su adhesión a la Ley mosaica y sus interpretaciones, y por el estudio sistemático y profundo de las Escrituras.

31

Los libros de Crónicas

Ahora pues, hijo mío
Jehová esté contigo, y seas prosperado,
Para que edifiques la Casa a Jehová tu Dios,
como él ha dicho de ti.
Que Jehová te dé entendimiento y prudencia,
para que cuando gobiernes a Israel
guardes la ley de Jehová, tu Dios.
Entonces serás prosperado,
si cuidas de poner por obra
los estatutos y decretos
que Jehová mandó a Moisés para Israel.
Esfuérzate, pues, y cobra ánimo;
no temas, ni desmayes.
1 Crónicas 22.11-13

1. Las Crónicas

Los libros de Crónicas presentan una interpretación teológica de la historia de Israel que desea poner en clara evidencia las diversas formas en que Dios ha intervenido en medio de las vivencias y realidades del pueblo. La narración de esas manifestaciones divinas en la historia comienza con Adán (1 Cr 1.1—9.44), en la prehistoria de Israel, llega a su punto culminante con el gran relato de la monarquía de David (1 Cr 10.1—29.30), y finaliza con el famoso edicto del rey de Persia, Ciro (2 Cr 36.22-23), que sirve para indicar que ha finalizado definitivamente el exilio de los judíos en Babilonia.

El mensaje central de la obra es el siguiente: Aunque las acciones del pueblo de Israel se pueden caracterizar por su repetida desobediencia, continuas deslealtades y reiteradas rebeldías, Dios siempre ha sido fiel a sus promesas pues, como respuesta a esas acciones individuales y colectivas impropias de Israel, ha manifestado de manera constante y firme su misericordia y amor. Ese importante mensaje de fidelidad cobra una nueva dimensión e importancia capital en el período de restauración nacional, luego del exilio, cuando el pueblo, para emprender los azarosos procesos de restauración nacional, su gran necesidad de palabras de aliento y mensajes de esperanza. La palabra final de los libros de Crónicas al pueblo y a la historia no es la derrota de Jerusalén ni el fin de sus instituciones religiosas y sociales, ni mucho menos la destrucción del Templo, sino el aliento y sentido de futuro que produce saber que el retorno a la ciudad santa ya se acerca y se hace una realidad.

El título oficial de la obra en hebreo es *dibré hayammim*, que significa «hechos», «acontecimientos», «anales» o sencillamente «crónicas». En la versión griega de la Septuaginta (LXX), seguida por la Vulgata Latina (Vg), estos libros se presentan como Paralipómenos, expresión que alude a las «cosas dejadas» o los «suplementos». Este título en griego y latín presupone, sin un fundamento teológico o literario firme, que las Crónicas completan los libros de Samuel y Reyes. Al igual que estas obras históricas deuteronomistas, las Crónicas constituían inicialmente un solo libro, que la Septuaginta dividió en dos, y esa división posteriormente se incorporó en las ediciones hebreas de la Biblia.

En el canon hebreo, las Crónicas constituyen el último libro de su tercera sección, *Ketubim* o Escritos, asimismo de toda la Biblia. Esa es una manera teológica de terminar las Sagradas Escrituras, con el edicto de liberación del rey persa (2 Cr 36.22-23), que es ciertamente un firme mensaje de esperanza y restauración para la comunidad judía de todos los tiempos. En efecto, las Crónicas constituyen una especie de compendio de la historia del pueblo de Israel, que va desde sus mismos orígenes, con Adán, hasta el retorno del exilio en Babilonia.

El autor o autores de la obra, identificado como «el cronista», parece ser un judío conocedor de las antiguas tradiciones históricas y teológicas del pueblo que, luego del exilio en Babilonia, interpretó la historia nacional desde una perspectiva teológica, para afirmar la esperanza y el futuro de la comunidad que trabajaba arduamente en la reconstrucción nacional en Jerusalén.

En el canon cristiano, que se fundamenta en la disposición de los libros bíblicos de la Septuaginta (LXX) y la Vulgata Latina (Vg), los libros de

Crónicas preceden al de Esdras-Nehemías. Este arreglo presupone que esta obra es una especie de introducción a la historia nacional del período postexílico de restauración. En efecto, desde esta perspectiva histórica y teológica, las narraciones que se incluyen en las Crónicas deben preceder a la información que se transmite en el resto de la obra cronista, Esdras-Nehemías.

Con la excepción de los primeros capítulos (1 Cr 1.1—9.44), que manifiestan una serie compleja de dificultades textuales, los manuscritos hebreos antiguos que han llegado a nosotros se conservan en un muy buen estado, que no es el caso de los libros de los Reyes.

2. Fuentes y género literario

Una lectura general de las Crónicas pone rápidamente en evidencia una serie de recursos y fuentes que sirvieron de base a sus narraciones y reflexiones. Esas fuentes literarias y orales fueron utilizadas con cautela y reconocimiento, pues se alude inclusive a sus títulos y también se hace referencia a su procedencia. De singular importancia en la identificación de sus fuentes, es el marcado uso de las narraciones que están incluidas en los libros de Samuel y Reyes, con quienes las Crónicas tienen importantes paralelismos.

Entre las fuentes usadas por el redactor cronista, solo como ejemplo, se pueden identificar claramente las siguientes: el libro de los reyes de Israel (2 Cr 20.34), el de los reyes de Judá e Israel (2 Cr 16.11), el de los reyes de Israel y Judá (1 Cr 9.1; 2 Cr 27.7; 35.27; 36.8), y el de las Crónicas del rey David (1 Cr 27.24); los Hechos de Jehú (2 Cr 20.34) y los de Jozay (2 Cr 33.19); los *midrashim* de los libros de los reyes (2 Cr 24.27) y del profeta Iddo (2 Cr 13.22); y las actas de los reyes de Israel (2 Cr 33.18). Es posible que algunas de estas fuentes aludan, con nombres o títulos diferentes, a los mismos libros o recursos.

Además de utilizar todas estas fuentes literarias u orales, las Crónicas también hacen buen uso de las tradiciones proféticas de Israel (Is 7.9 y 2 Cr 20.20; Zac 4.10 y 2 Cr 6.41-42), y aluden o citan directamente a algunos Salmos (p.ej., Sal 132.8-11 y 2 Cr 6.42; además de los Sal 96, 105 y 106, en 1 Cr 16.8-26). Inclusive, es muy probable que las Crónicas se sirvieran de tradiciones que se encuentran en el Pentateuco (p.ej., 1 Cr 1.1—9.44), como son las genealogías de los antiguos patriarcas antediluvianos. En efecto, este análisis revela el amplio conocimiento que tenía el cronista de las tradiciones históricas y teológicas del pueblo de Israel.

El género literario de la obra presenta la historia de la salvación del pueblo. En efecto, las Crónicas articulan una lectura teológica de la historia o una historia de Israel basada en la teología de la restauración nacional. Este tipo de expresión literaria presupone un valor teológico significativo, que es el particular caso de las Crónicas, ya que es la revelación constante al pueblo de la providencia divina que se manifiesta constantemente en acciones de amor, perdón y misericordiosa, aunque las actitudes y acciones de Israel se caractericen por la rebeldía, el pecado y la desobediencia.

En efecto, la historia teológica de las Crónicas es fuente de esperanza a una comunidad que lucha por superar las dificultades tradicionales del pasado, para crear el futuro nacional de restauración basado en los principios de fidelidad al pacto o alianza con Dios, según la revelación divina en el Monte Sinaí. El propósito educativo y didáctico de las Crónicas, es brindarle al pueblo un modelo concreto de identidad religiosa, para que le permita al pueblo proyectarse al futuro con seguridad nacional e identidad espiritual. Estas enseñanzas fueron fundamentales en el desarrollo del judaísmo que se desarrolló en la época intertestamentaria, y que llegó al NT.

Una lectura teológica de la historia

El género literario de la obra presenta la historia de la salvación del pueblo. En efecto, las Crónicas articulan una lectura teológica de la historia o una historia de Israel basada en la teología de la restauración nacional. Este tipo de expresión literaria presupone un valor teológico significativo, que es el particular caso de las Crónicas, ya que es la revelación constante al pueblo de la providencia divina que se manifiesta constantemente en acciones de amor, perdón y misericordiosa, aunque las actitudes y acciones de Israel se caractericen por la rebeldía, el pecado y la desobediencia.

3. Estructura y contenido

En la elaboración de su mensaje, las Crónicas interpreta la historia nacional desde su singular perspectiva teológica. Deseaba afirmar que Dios ha estado presente en las vivencias del pueblo, aunque sus intervenciones no hayan sido del agrado de la comunidad. La providencia divina no se ha alejado de la vida del pueblo ni un solo momento, aunque Israel no lo haya reconocido, ni sus líderes lo hayan apreciado. Esa capacidad y deseo de intervención en la historia de parte de Dios es fuente de esperanza a un pueblo que reorganiza sus instituciones y reconstruye sus ciudades luego de la debacle del exilio. En efecto, la historia de las Crónicas es el recuento de la fidelidad de Dios.

Para comprender el mensaje histórico y teológico en las Crónicas, la obra puede dividirse en cuatro secciones básicas. La primera es la historia previa a la dinastía de David (1 Cr 1.1—9.44), que va desde la figura de Adán hasta la constitución de la monarquía en Israel. Las narraciones en torno a David y su reino dominan la segunda sección de la obra (1 Cr 10.1—29.30). Los episodios que describen el reinado de Salomón ocupan el tercera sección importante de las Crónicas (2 Cr 1.1—9.31). Finalmente, la cuarta parte de las Crónicas se relaciona con el desarrollo de la institución de la monarquía, hasta la caída de la ciudad de Jerusalén (2 Cr 10.1—36.21). La palabra final de las Crónicas, sin embargo, no es la derrota de Judá y la destrucción de Jerusalén, sino las noticias en torno al edicto de Ciro, con la decisión oficial persa que permitía la reconstrucción del Templo. Esta información constituye un indispensable elemento de esperanza que tiene gran valor espiritual y peso teológico en toda la obra cronista (2 Cr 36.22-23).

La primera gran sección de las Crónicas, que sirve de preámbulo a la presentación de la dinastía de David, incluye una serie importante de genealogías bíblicas (1 Cr 1.1—9.44). Estas listas extensas de personajes, que se presupone que quienes leen u oyen las narraciones deben reconocer con facilidad, intentan relacionar directamente al rey David con Adán. Esa es una manera de afirmar que la implantación de la dinastía davídica es parte de la voluntad divina desde el comienzo mismo de la historia.

La implicación teológica y nacionalista de estas afirmaciones genealógicas, es que el reino establecido por David, y también su dinastía, es parte integral de la voluntad divina que viene desde el inicio mismo de la humanidad. Para la teología de Crónicas, uno de los momentos cúspide de la historia nacional, según se manifiesta en estas genealogías, es el establecimiento de la monarquía y el inicio de la dinastía davídica.

Las listas no solo incluyen nombres de figuras antiguas, sino que presentan pueblos, territorios y ciudades; y en los grupos, no se identifican mujeres. Las líneas demográficas van desde Adán, y prosiguen con Abraham y los doce hijos de Jacob o Israel, y concluye con Saúl. En el centro de estas narraciones está la tribu de Judá, de la cual procede David; además, se destaca la tribu de Leví. Los demás personas que tienen cierta importancia en las narraciones bíblicas, pasan a un segundo plano, pues el objetivo de la inclusión de este material es destacar la figura de David; la finalidad es enfatizar las contribuciones religiosas, cúlticas, litúrgicas del famoso rey de Israel.

El inicio de las Crónicas es una manera singular de poner de manifiesto el proyecto de Dios para la humanidad: Lo que le brinda sentido a la historia de Israel, según estas genealogías, es la figura de David, por sus contribuciones a la vida religiosa y cúltica del pueblo. Esta afirmación, que es más teológica que histórica, es de suma importancia educativa, pues se presenta a la comunidad postexílica, que ya no tenía la monarquía davídica ni gozaba de poder político independiente. Por esa razón fundamental, las Crónicas debían identificar y destacar las contribuciones religiosas de David vía el sacerdocio, pues esa institución nacional fue la que cobró importancia capital luego del retorno de los deportados de Babilonia.

En la segunda gran sección de las Crónicas (1 Cr 10.1—29.30) se presenta la figura y las contribuciones del rey David. Para la finalidad teológica de las Crónicas, la monarquía de Saúl parece no tener gran importancia, solo se le dedican veinticuatro versículos (1 Cr 9.35—10.14), y esa información lo que destaca es su rechazo divino y su muerte. En esencia, Saúl es solo una figura transitoria que prepara el camino para la presentación de David como figura destacada en la esfera nacional.

El grueso de las narraciones del primer libro de Crónicas se relaciona con David, a quien se dedican veinte capítulos, ¡casi el veinticinco por ciento de la obra! Estas narraciones, sin embargo, no aluden tanto a la vida personal o familiar del rey ni tampoco a sus actividades políticas y militares oficiales; destacan de forma inequívoca sus importantes contribuciones a la vida religiosa del pueblo, especialmente afirman la organización que llevó a efecto del culto en Jerusalén.

Como la finalidad de la obra Cronista es presentar la vida y las acciones de David como el modelo a seguir en el período postexílico, no todas las narraciones en torno a su vida y sus ejecutorias que se encuentran en la historia deuteronomista se incorporan en esta nueva comprensión teológica de la historia nacional. Por esta singular razón teológica, es que en las Crónicas no se alude a los siguientes episodios en la vida de David: Sus dificultades y conflictos con Saúl (1 S 16.1—31.13); los siete años que reinó en Hebrón solamente sobre la tribu de Judá (2 S 1.1—4.12); las intrigas y los problemas en la corte durante el proceso de sucesión del trono, con la rebelión de su hijo Absalón (2 S 9.1—20.36); y su adulterio con Betsabé y el posterior asesinato de Urías el heteo (2 S 11.1-21).

Sin embargo, abundan y se expanden las referencias a las decisiones y acciones de David que tuvieron repercusiones de importancia en el desarrollo de la vida religiosa del pueblo. Por ejemplo: la conquista de la ciudad Jerusalén que propició que David unificara el reino (2 S 5.1-25); el traslado del arca del pacto o alianza a Jerusalén (2 S 6.1-23); el anhelo de David de construir el Templo y la promesa a su dinastía (2 S 7.1-29); y las formas en que luego de vencer a sus enemigos hace los preparativos para construir el Templo (2 S 8.1—12.31).

Esa información, que proviene de los libros de Samuel, se une a las narraciones que incluyen las Crónicas sobre las actividades de David a favor del culto y la vida religiosa del pueblo: los preparativos para la construcción del Templo y la organización del culto (1 Cr 21.1—22.19); y la organización de varios grupos de trabajadores del Templo; por ejemplo: levitas, sacerdotes, cantores, porteros y guardias (1 Cr 23.1—26.32).

La sección en torno a David culmina con una serie de consejos que el veterano rey le brinda a su hijo, Salomón, que seguirá en la monarquía y procederá con la construcción del Templo (1 Cr 28.1-9). Incluye, además, la lista de las donaciones que el mismo David y los líderes del pueblo hicieron para apoyar el proyecto de construcción (1 Cr 29.1-30). Terminan las narraciones en torno a David con una oración de acción de gracias del monarca y con el relato de su muerte (1 Cr 29.10-21).

La lectura del material en torno a David, que se incluye tanto en los libros de Samuel como en el de las Crónicas, revela que estos últimos deseaban destacar su figura como el monarca ideal, como el líder que cumplía a cabalidad la voluntad divina. Su importante decisión de construir el Templo en Jerusalén se vio ampliamente recompensaba, de acuerdo con las narraciones bíblicas, con una promesa perpetua de vida para su dinastía. Esa es la razón teológica fundamental para que las Crónicas evitaran mencionar, en torno al rey David, sus dificultades éticas y morales, su agresividad y violencia, y su falta de solidaridad y fraternidad. La mención del pecado del censo, que se describe como una manipulación de Satanás, se incluye en las Crónicas porque está relacionado con el lugar en el cual posteriormente se construiría el Templo (1 Cr 21.1-30).

Los relatos de las Crónicas en torno a Salomón son también bastante importantes (2 Cr 1.1—9.31), a juzgar por la información que incluye y el espacio que se le brinda en la obra (¡casi una cuarta parte del libro!). Al igual que en el caso de David, las narraciones en torno a Salomón en las Crónicas destacan sus importantes contribuciones en relación a la construcción del Templo y en el establecimiento del sistema regular de cultos. Aunque sigue muy de cerca los relatos deuteronomistas (p.ej., 1 R 1.1—11.20), elimina las referencias que pudieran afectar adversamente la figura del monarca.

David en los libros de Crónicas

La lectura del material en torno a David, que se incluye tanto en los libros de Samuel como en el de las Crónicas, revela que estos últimos deseaban destacar su figura como el monarca ideal, como el líder que cumplía a cabalidad la voluntad divina. Su importante decisión de construir el Templo en Jerusalén se vio ampliamente recompensaba, de acuerdo con las narraciones bíblicas, con una promesa perpetua de vida para su dinastía. Esa es la razón teológica fundamental para que las Crónicas evitaran mencionar, en torno al rey David, sus dificultades éticas y morales, su agresividad y violencia, y su falta de solidaridad y fraternidad.

Es esa la razón fundamental para que se omitan las referencias a las formas en que Salomón llegó al trono, y cómo procedió con la eliminación inmisericorde y decidida de sus adversarios (1 R 1.1—2.46); ni se alude en las narraciones a sus deficiencias éticas, morales y doctrinales (1 R 11.1-13). Las Crónicas tampoco incorporan los relatos en torno a Salomón que revelan sus errores políticos y administrativos, que en parte causaron posteriormente la división del reino (1 R 11.14-40). En el espíritu de las narraciones teológicamente motivadas en torno a David, las Crónicas presentan a Salomón en la tradición de virtudes de su predecesor.

Como el propósito teológico de la presentación de Salomón en las Cónicas no es personal, la obra no se hace referencia a la famosa demostración de sabiduría salomónica, en el juicio sobre los hijos de unas mujeres que estaban en disputa (1 R 3.16-28). Sin embargo, entre los temas que se incluyen, se pueden identificar algunas de sus importantes actividades culturales (2 Cr 1.2-6; 6.40.42; 7.1-3).

La imagen de Salomón en las Crónicas, en efecto, es la de un rey sabio e inteligente, que, motivado y guiado por Dios, llevó a cabo una serie de construcciones de gran importancia política, social, económica, cultural y espiritual en la ciudad de Jerusalén. Entre sus contribuciones destacadas a la vida del pueblo y a la historia nacional, según las Crónicas, están las transformaciones que hizo en el culto y la liturgia del Templo, al seguir las indicaciones de su padre, David.

El énfasis que pone el cronista en Salomón se relaciona con su sabiduría y en los cambios que introdujo e implantó en la vida religiosa del pueblo. Es por ese motivo teológico básico que la obra en sus narraciones le brinda un espacio privilegiado a los preparativos y detalles de la construcción del Templo, el traslado del arca, y la celebración de la fiesta de la dedicación (1 Cr 2.1—7.51).

La sección inicial de las narraciones en torno a Salomón, presenta su inauguración, en la cual recibió la sabiduría divina (2 Cr 1.1-13); y la parte final (2 Cr 8.1—9.31) pone de manifiesto sus logros y la magnificencia de su reino. Referente al esplendor de sus posesiones, según las Crónicas, hasta la famosa reina de Saba le visitó para conocer y reconocer el alcance de sus riquezas (2 Cr 9.1-12).

El resto de las Crónicas se relaciona con la monarquía, específicamente con la dinastía de David (2 Cr 10.1—36.23). El énfasis de las narraciones está en la historia del reino de Judá, desde la división de la monarquía en los reinos del norte y el del sur, hasta la presentación del edicto de Ciro. En el norte, el reino de Israel estableció su capital en la ciudad de Samaria; y en el de Judá, Jerusalén continuó como el centro político, económico y religiosos del estado.

Salomón

La imagen de Salomón en las Crónicas, en efecto, es la de un rey sabio e inteligente, que, motivado y guiado por Dios, llevó a cabo una serie de construcciones de gran importancia política, social, económica, cultural y espiritual en la ciudad de Jerusalén. Entre sus contribuciones destacadas a la vida del pueblo y a la historia nacional, según las Crónicas, están las transformaciones que hizo en el culto y la liturgia del Templo, al seguir las indicaciones de su padre, David.

Para las Crónicas, la única dinastía válida, de acuerdo con la voluntad de Dios y la promesa divina, era la davídica. De esa forma, según estas narraciones, los únicos reyes válidos eran los de Judá, que provenían de la casa de David, aunque la evaluación de las acciones de estos monarcas no haya sido la mejor. Uno de los criterios básicos para la evaluación de todos estos reyes es la fidelidad que demostraron a los valores y enseñanzas que se ponen de manifiesto en el pacto o alianza de Dios con el pueblo en el Monte Sinaí.

Con este singular y definido propósito teológico, las Crónicas destacan las actividades y decisiones de varios monarcas que promulgaron reformas religiosas de importancia para el pueblo. Ese es el caso de los reyes Josafat (2 Cr 17.1—20.37), Ezequías (2 Cr 29.1—32.33) y Josías (2 Cr 34.1—35.27). En torno a estos reyes, las Crónicas subrayan el compromiso religioso que mostraron y las transformaciones cúlticas que llevaron a efecto, y porque fueron fieles al Señor, recibieron la evaluación positiva del cronista, así como el que sus contribuciones se incluyan en las memorias nacionales.

Por el contrario, los monarcas que vivieron de espaldas al pacto, se evaluaban como que «hicieron lo malo ante los ojos del Señor», que es la frase estereotipada que utilizan las Crónicas para describir a algún monarca que no vivió a la altura de las exigencias divinas, de acuerdo con la revelación de Dios a Moisés y al pueblo en el Sinaí. Como representantes de estos reyes impropios e impíos, el cronista identifica claramente a Joacim y Sedequías (2 Cr 36.4-21).

El papel de los profetas en las narraciones de las Crónicas es de suma importancia teológica. En contraposición directa a las acciones fallidas de los reyes y del pueblo, los profetas eran una especie de consciencia ética de la comunidad y sus líderes. Sus llamados a la conversión y sus insistencias al arrepentimiento, son signos de esperanza, futuro y liberación. Estos mensajes proféticos revelan claramente que la misericordia divina estaba activa y disponible para el pueblo, aunque las rebeldías e infidelidades abundaban y les caracterizaban. La revelación divina de los profetas pone de manifiesto una vez más que el perdón de Dios es una posibilidad real para el pueblo pues es mayor que los pecados de sus líderes y la comunidad.

El cilindro de Ciro

Esos importantes mensajes proféticos revelan un sentido claro de futuro y seguridad, que se subraya con las afirmaciones en torno a los reyes Nabucodonosor, de Babilonia (2 Cr 36.17-21), y Ciro, de Persia (2 Cr 36.22-23). De acuerdo con las Crónicas, ambos gobernantes extranjeros y politeístas, son agentes de Dios en la implantación de su voluntad histórica: El primero, instrumento para la manifestación de la ira divina y el juicio de Dios al pueblo; y el segundo, fuente de esperanza y liberación de la comunidad deportada.

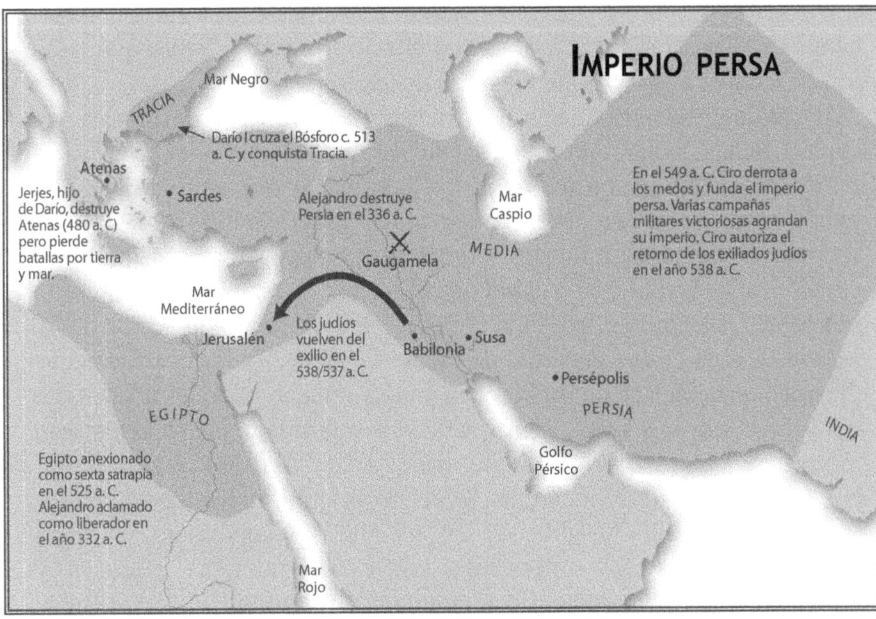

4. Teología

La teología de las Crónicas es una respuesta directa al período histórico que vivía el pueblo, luego de las experiencias amargas y nefastas del exilio en Babilonia. La finalidad teológica era presentar un mensaje de esperanza y restauración a un pueblo que recordaba aun las penurias del destierro y las inseguridades relacionadas con la pérdida de la hegemonía política y las instituciones nacionales. De singular importancia en esa crisis de pérdida era la terminación de la dinastía de David como ente gobernante del pueblo. Esa dificultad cobraba dimensiones enormes e inexplicables pues el pueblo entendía que la institución de la monarquía se fundamentaba en una promesa de Dios a David.

Para responder a esos desafíos teológicos y existenciales, las Crónicas desean afirmar que el pueblo de Israel, luego del exilio en Babilonia, debía recuperar su identidad como pueblo de Dios, además de reinterpretar sus instituciones e historia, para proseguir adecuadamente su vida en medio de nuevas realidades políticas y sociales. Afirmaban las Crónicas, que el Dios bíblico tenía la capacidad y el deseo de manifestar nuevamente su amor y su misericordia, si el pueblo se comprometía a vivir de acuerdo con los preceptos, las enseñanzas y los valores incluidos en el pacto o alianza.

Entre los postulados teológicos de importancia que se destacan en la obra cronista, están los siguientes: El plan de Dios, que comenzó con la creación y Adán, no ha finalizado con el pueblo de Israel; e Israel es el pueblo escogido, con quien estableció un pacto eterno, que tiene implicaciones históricas aún después del exilio.

La teología de la esperanza mesiánica en las Crónicas es de importancia capital. Es una manera profética de afirmar que el Israel postexílico tiene futuro; y es una forma teológica de destacar el porvenir positivo del pueblo. Aunque se reconoce que las dificultades del exilio en Babilonia fueron devastadoras, adversas y nefastas, también se afirma que Dios empeñó su voluntad y su palabra con el pueblo de Israel, y que cumplirá fielmente esas promesas, fundamentado en su amor, misericordia y lealtad. Las antiguas palabras de Natán (1 Cr 17.1-27) cobran nueva dimensión en el período de la reconstrucción nacional, pues el mensaje del profeta era una fuente de esperanza y seguridad, sus palabras eran motivacionales en el contexto de una sociedad que deseaba proseguir con los esfuerzos de restauración y recuperar la normalidad de la vida.

En ese entorno de dificultades sociales y económicas, desafíos políticos nacionales e internacionales, e incertidumbre religiosa y espiritual, el tema del culto descubre un nuevo significado y pertinencia. Como en las Crónicas la figura de David es la que domina el ámbito político y social del pueblo, se destacan las contribuciones del monarca a la vida religiosa de la comunidad y se afirma la importancia del Israel postexílico como una comunidad cúltica. De igual manera, como todas las instituciones del pueblo debían revisarse a la luz de las nuevas realidades y vivencias postexílicas, la propuesta de las Crónicas es que en medio de las dinámicas cúlticas y litúrgicas es que el pueblo descubre su identidad y se puede proyectar al futuro.

La finalidad teológica en las Crónicas no es establecer un nuevo orden político y social con la implantación de un régimen monárquico novel, sino presentar un paradigma alterno en el cual lo religioso estaba en el centro de la comunidad, y el culto se convertía en el corazón de la vida del pueblo. En este sentido, la religión postexílica ocupa un papel protagónico, especial y significativo, pues en medio de esas dinámicas espirituales es que el pueblo descubría su identidad nacional y se organizaba para proyectarse al futuro. El Templo de esta forma recobró su antiguo valor religioso y aumentó su poder social, económico y político.

Es por estas razones teológicas, que el Templo, el culto, las liturgias y el personal de apoyo a las labores sacerdotales, se convierten en el centro de atención para las Crónicas. La base que debe sostener a la comunidad restaurada luego del exilio, es la vida religiosa alrededor del Templo, que se convierte en el fundamento existencial de la comunidad. El Israel postexílico es el pueblo del pacto y de las Escrituras. Y si las figuras de David y Salomón se destacan es por las contribuciones que hicieron en torno a estos temas.

La esperanza mesiánica

La teología de la esperanza mesiánica en las Crónicas es de importancia capital. Es una manera profética de afirmar que el Israel postexílico tiene futuro; y es una forma teológica de destacar el porvenir positivo del pueblo. Aunque se reconoce que las dificultades del exilio en Babilonia fueron devastadoras, adversas y nefastas, también se afirma que Dios empeñó su voluntad y su palabra con el pueblo de Israel, y que cumplirá fielmente esas promesas, fundamentado en su amor, misericordia y lealtad.

V

LITERATURA APÓCRIFA

Los justos viven eternamente,
reciben de Dios su recompensa,
el Altísimo cuida de ellos.
Recibirán la noble corona,
la rica diadema de manos del Señor,
con la derecha los cubrirá,
con su brazo los defenderá.
Sabiduría de Salomón 5.15-16

32

Los libros apócrifos o deuterocanónicos

Toda la sabiduría proviene del Señor
y está con él eternamente.
La arena en las playas, las gotas de la lluvia,
los días de los siglos: ¿Quién los contará?
La altura del cielo, la anchura de la tierra,
la profundidad del Abismo: ¿Quién las medirá?
La sabiduría fue creada antes que todo lo demás,
la inteligencia y la prudencia, antes de los siglos.
Eclesiástico 1.1-4

1. Los apócrifos

Apócrifos es el término con que se conoce a un grupo de libros que se incluyen en la versión griega de la Biblia, pero que no aparecen en el canon hebreo de las Escrituras. Aunque el significado de la palabra se asocia generalmente con la idea de «cosas ocultas o escondidas», los apócrifos son libros que, aunque algunos pueden haber sido escritos originalmente en hebreo o arameo, en la actualidad solo se conservan copias en griego.

Los libros apócrifos se incorporan en los cánones bíblicos que dependen de la Septuaginta (LXX) y la Vulgata (Vg), como es el caso de la Iglesia Católica Romana y las Iglesias Ortodoxas, pero que no se incluyen en el canon y en las versiones protestantes de la Biblia, que se fundamenta en las Escrituras hebreas. La expresión designa a los libros no destinados al uso general, porque se consideraba que contenían verdades demasiado profundas para la mayoría, o porque se pensaba que contenían algunos errores o, inclusive, herejías. El empleo protestante o evangélico del término, sin embargo, solo denota que estos libros no son canónicos, significado que se remonta a la comprensión que tuvo Jerónimo de esta literatura.

El canon hebreo y el Antiguo Testamento protestante de la Biblia, incluyen los mismos libros, aunque en un orden diferente. No así es el caso en las Iglesias Católicas y Ortodoxas, que incorporan libros adicionales que en esas denominaciones cristianas se conocen como «deuterocanónicos», pero que en círculos protestantes y evangélicos se alude a ellos como «apócrifos». El término «deuterocanónicos» le brinda a estas obras cierto reconocimiento religioso y autoridad canónica. Las denominaciones protestantes y evangélicas, sin embargo, no reconocen la autoridad doctrinal, teológica y espiritual de estas obras, aunque pueden entender su utilidad histórica.

De acuerdo con la tradición atestiguada por Jerónimo, existen como 14 ó 15 libros apócrifos. Todos se originaron en el período intertestamentario, que va del Siglo 2 a.C. al siglo 1 d.C., y que se escribieron posiblemente en hebreo o arameo, excepto los libros de la Sabiduría de Salomón, la Oración de Manasés y 2 Macabeos; además, gozaron de gran popularidad y reconocimiento entre la numerosa colonia judía de Alejandría. Casi todos se incluyeron en la traducción griega del AT, la Septuaginta (LXX), que se hizo en esa ciudad egipcia. Eso implica, en efecto, que esta comunidad judía en la diáspora, en cierta forma, consideraron estos libros con la misma autoridad espiritual y religiosa que los demás libros de la Biblia hebrea.

Los libros apócrifos

Apócrifos es el término con que se conoce a un grupo de libros que se incluyen en la versión griega de la Biblia, pero que no aparecen en el canon hebreo de las Escrituras. Aunque el significado de la palabra se asocia generalmente con la idea de «cosas ocultas o escondidas», los apócrifos son libros que, aunque algunos pueden haber sido escritos originalmente en hebreo o arameo, en la actualidad solo se conservan copias en griego.

---

2. El canon

Referente a la autoridad religiosa y el reconocimiento espiritual de esta literatura llamada apócrifa, los rabinos que se reunieron en el importante Concilio de Jamnia en 90 d.C., discutieron el tema de la relación de esta literatura griega y el canon de las Sagradas Escrituras hebreas. Entre los criterios que se utilizaron para analizar, evaluar y determinar el valor espiritual y el potencial canónico de esta literatura, estaban los siguientes: La determinación de que si el libro fue redactado originalmente en hebreo o arameo; la antigüedad de la obra, pues se pensaba en esa época que la profecía judía había finalizado con el ministerio de Esdras; la afirmación de la ortodoxia doctrinal y teológica de los escritos; y la calidad literaria del libro. De acuerdo con estos criterios, y también por otros factores temáticos, literarios y doctrinales, los libros apócrifos quedaron excluidos del canon hebreo.

La decisión del llamado Concilio de Jamnia, sin embargo, no afectó significativamente a los cristianos y las iglesias de los primeros siglos, pues en las congregaciones se utilizaba mayormente el AT en el idioma griego (LXX). Aunque es posiblemente cierto que los libros apócrifos no se citan explícitamente en el NT, parecen haber influenciado de manera directa o indirecta el pensamiento teológico de algunos de sus escritores, como puede apreciarse al estudiar con profundidad, entre otros, algunos pasajes evangélicos y pensamientos paulinos (véase, p.ej., Mt 11.28–30 y Eclo 24.25–31; Mt 9.17 y Eclo 9.15; Lc 12.6–20 y Eclo 11.14–20; Rom 1.19–20 y Sab 13.1–9; Rom 9.21 y Sab 15.7; Heb 1.3 y Sab 7.26; Heb 11.35 y 2 Mac 6.18—9.28).

Algunos padres de la iglesia citaron varios de los libros apócrifos sin reconocer necesariamente su autoridad moral y espiritual como parte de la Biblia cristiana. En su prólogo a los libros de Salomón, Jerónimo indica que los apócrifos del AT podían leerse con el propósito de edificación espiritual, pero no deben ser utilizados para confirmar la autoridad y las doctrinas la iglesia. Aunque los incluyó en el AT de su versión latina de la Biblia, la Vulgata (Vg), señaló claramente que esos libros no se hallaban en el canon hebreo.

3. Perspectiva evangélica

En el siglo XVI, Martín Lutero y otros reformadores europeos emplearon el canon hebreo del AT, que no contenía los apócrifos, para el desarrollo de sus enseñanzas y la elaboración de sus nuevas doctrinas religiosas.

En efecto, conocían la perspectiva teológica de Jerónimo en torno a esta literatura, y rechazaron abiertamente ciertas doctrinas que la Iglesia Católica fundamentó en estos libros apócrifos.

En su versión alemana del AT (1534), Lutero agrupó los libros apócrifos en una sola sección. Los colocó en bloque entre el AT y el NT, y los identificó claramente como libros que no deben ser tenidos como iguales al resto de las Sagradas Escrituras, pero cuya lectura podría ser útil. Otras traducciones de la Biblia durante el Siglo XVI, a las diversas lenguas europeas, siguieron el ejemplo de Lutero, incluyendo la influyente Biblia del Oso, de Casiodoro de Reina (1569), que comenzó la tradición de traducciones y versiones de la Biblia en castellano conocidas como Reina-Valera.

Frente a esa comprensión alterna y protestante de los libros apócrifos, la Iglesia Católica, en el Concilio de Trento (1546), reconoció oficialmente la autoridad eclesiástica de esos libros, que se incluían en la Vulgata como sagrados y canónicos. Los identificó finalmente como los «libros deuterocanónicos», que significa que pertenecen o que son parte de un segundo canon de las Escrituras. Libros como 1 y 2 Esdras, y la Oración de Manasés, que no están incluidos en la lista de doce escritos declarados como deuterocanónicos por el Concilio de Trento, se publicaron más tarde en letra pequeña, a modo de apéndice, en la conocida edición clementina de la Vulgata (1592).

La Iglesia Anglicana, en el artículo sexto de los «Treinta y nueve artículos de la religión», acepta y recomienda la lectura de los libros apócrifos por algunos ejemplos y varias enseñanzas que contienen, pero no los utiliza para establecer doctrina ni política eclesiástica alguna. La Confesión de Westminster (1647), que ha sido fundamental para las Iglesias Presbiterianas, Calvinistas y Reformadas de habla inglesa, rechaza categóricamente los libros apócrifos, y niega que tengan algún tipo de autoridad moral, doctrinal, espiritual o eclesiástica. En esa tradición teológica, en el año 1827, las Sociedades Bíblicas Británica y Americana, decidieron excluir los libros apócrifos o deuterocanónicos de sus publicaciones de la Biblia.

Aunque, en efecto, de acuerdo con las posturas teológicas tradicionales de las iglesias protestantes y evangélicas, los libros apócrifos no tienen la misma autoridad espiritual y doctrinal que los libros canónicos, constituyen una conexión importante entre los dos testamentos. Esta literatura apócrifa o deuterocanónica puede contribuir positivamente a la comprensión de varios temas y teologías del NT. Como formaban parte de las Biblias cristianas más antiguas, los apócrifos tienen un lugar en el estudio de las doctrinas bíblicas.

A continuación presentamos un breve resumen del carácter, contenido y fecha de composición de los libros apócrifos más comunes. De este grupo, 1 y 2 Esdras y la Oración de Manasés no se incluyen en las Biblias editadas por la Iglesia Católica.

Perspectiva evangélica

En el siglo XVI, Martín Lutero y otros reformadores europeos emplearon el canon hebreo del AT, que no contenía los apócrifos, para el desarrollo de sus enseñanzas y la elaboración de sus nuevas doctrinas religiosas. En efecto, conocían la perspectiva teológica de Jerónimo en torno a esta literatura, y rechazaron abiertamente ciertas doctrinas que la Iglesia Católica fundamentó en estos libros apócrifos.

4. Primer libro de Esdras (3 Esdras en la Vulgata)

Este libro es básicamente una traducción y edición del material que se incluye en 2 Crónicas 35.1—36.21, a la cual se le ha añadido una sección adicional (1 Esd 3.1—5.3). El propósito de la obra es relatar cómo Zorobabel obtuvo de Darío, el famoso rey persa, la autoridad requerida y los fondos necesarios para regresar a Jerusalén, reanudar la reconstrucción de los muros de la ciudad y reconstruir el Templo. Este libro posiblemente fue escrito luego del 150 a.C.

La proliferación de los libros asociados a Esdras, es una clara indicación de la popularidad del escriba y de la autoridad moral y religiosa que había alcanzado en las comunidades judías y cristianas antiguas.

5. Segundo libro de Esdras (4 Esdras en la Vulgata)

Este nuevo libro relacionado con el escriba Esdras es una obra de carácter eminentemente apocalíptico. Contiene, en esencia, las siete visiones que, al parecer, recibió Esdras en Babilonia durante el siglo 6 a.C., antes de emprender su viaje a Jerusalén (2 Esd 3—14). El propósito de la obra es reflexionar en torno al mal en el mundo, específicamente, le interesa al autor, las complejidades y los desafíos que representa el sufrimiento humano. Además, el escrito procura justificar los caminos de Dios y las decisiones divinas ante el mundo. El autor de esta obra fue posiblemente un judío que escribió en el idioma arameo hacia fines del siglo 1 d.C.

La obra incluye también varios capítulos (2 Esd 1; 2; 15; 16) que posiblemente son adiciones posteriores que provienen de las reflexiones teológicas de algunos autores cristianos.

6. El libro de Tobías

Este breve libro contiene un relato popular que tiene claramente una finalidad educativa de edificación. En el relato, el ángel Rafael soluciona una serie de problemas que tenían Tobit y Sara, sus dos personajes principales, que son judíos piadosos. La intervención angelical se produce por la mediación efectiva de Tobías, el hijo de Tobit.

Este libro destaca el interesante tema de los deberes humanos hacia las personas muertas, además de incentivar el apoyo a la gente necesitada mediante las limosnas y las ofrendas de amor. Posiblemente fue escrito alrededor del siglo 2 a.C.

Autoridad espiritual

Aunque, en efecto, de acuerdo con las posturas teológicas tradicionales de las iglesias protestantes y evangélicas, los libros apócrifos no tienen la misma autoridad espiritual y doctrinal que los libros canónicos, constituyen una conexión importante entre los dos testamentos. Esta literatura apócrifa o deuterocanónica puede contribuir positivamente a la comprensión de varios temas y teologías del NT.

---

7. El libro de Judit

En el libro de Judit se relata cómo una bella viuda judía, en un gesto de valentía y seguridad, le cortó la cabeza al comandante asirio Holofernes, que junto a sus tropas sitiaba la ciudad de Betulia. Es una narración de triunfo y salvación en torno a los israelitas; constituye la presentación de una nueva heroína judía que con su intervención salva al pueblo de una crisis con potencial de exterminio.

Las narraciones de la obra están repletas de inexactitudes históricas y desconocimiento geográfico, que posiblemente incorporó el autor a propósito, para centrar la atención del relato y destacar el profundo drama social, político y religioso que presenta. Es muy probable que el libro se haya escrito en hebreo, alrededor del 100 a.C.

8. Las adiciones al libro de Ester

En el primer o segundo siglo a.C., un personaje llamado Lisímaco (Est 11.1) tradujo el texto hebreo del libro canónico de Ester al idioma griego. En esa traducción y revisión teológica del libro de Ester, incorporó, en seis lugares diferentes de la narración, pasajes e informaciones de importancia teológica que no se encuentran en el texto hebreo del libro. ¡Son como 107 versículos nuevos en griego!

El propósito de estas adiciones es presentar una perspectiva teológica explícita de la obra, cuya narración en el texto hebreo no incluye el nombre de Dios. Todas las adiciones griegas al texto, excepto una, incorporan el nombre divino en los relatos. En la traducción latina de la Vulgata, todas estas adiciones se encuentran al final del texto canónico, pero en algunas versiones modernas de la Biblia se han incorporado en el lugar temáticamente correspondiente de la narración, aunque estas añadiduras se disponen en letras cursivas.

9. El libro de la Sabiduría de Salomón

Aunque la obra insinúa que su autor fue el rey Salomón, la realidad es que posiblemente proviene de una autor judío helenizado, quizá de Alejandría, que escribió entre los años 100 y 50 a.C. La lectura cuidadosa del libro revela que el autor desea comunicarse con los diferentes sectores sociales del judaísmo; por ejemplo: algunos judíos tibios y apóstatas (Sab 1—5), y también gente muy fiel al judaísmo, que estaba desanimada por las persecuciones y los problemas en los que a través de la historia, habían estado involucrados (Sab 10—12; 16—19). El libro presenta, además, a sus posibles lectores gentiles, una especie de introducción o explicación en torno a la verdad del judaísmo, e identifica y expone, con sabiduría, la insensatez e imprudencia de la idolatría (Sab 6—9; 13—15).

Un tema que se destaca en la obra es la importante creencia en la inmortalidad del alma, que es un claro asunto y tema helenista, así como subraya el importante papel que juega la sabiduría, que se identifica directamente con Dios, en el gobierno del mundo y la humanidad (Sab 7.22—8.1).

10. El libro de Eclesiástico

Esta obra se escribió en hebreo por los años 190-180 a.C., y su autor fue posiblemente un judío palestino llamado Jesús (en hebreo, Josué), que era hijo de Sirac (Eclo 50.29). Luego de cincuenta años, el nieto del autor llevó un ejemplar del libro a Egipto, donde según el prólogo de la obra, se tradujo al griego. Este libro recalca y celebra la sabiduría que se pone de manifiesto al estudiar la Ley que Moisés le dio al pueblo de Israel en el Monte Sinaí (Eclo 24.33-34).

El libro es, en esencia, una recopilación de máximas y consejos que ensalzan diversos valores éticos y morales, particularmente se destacan la prudencia y la autodisciplina (Eclo 1.1—42.4). Entre los consejos del libro, de singular importancia es el llamado «elogio de los hombres ilustres» (Eclo 44.1—50.21), que comienza con la identificación de Enoc, y culmina con el sacerdote Simón II (220–195 a.C.).

11. El libro de Baruc

Este pequeño libro se atribuye tradicionalmente a Baruc, que fue asistente, escribano y secretario del profeta Jeremías. Consta, la obra, de una oración de confesión y de esperanza (Bar 1.15—3.8), un poema que alaba y ensalza la sabiduría (Bar 3.9—4.4), y finalmente incorpora un mensaje profético (Bar 4.5—5.9), en el cual se anima a los cautivos judíos en Babilonia.

El tema que utiliza Baruc para animar a los deportados es la esperanza del fin del exilio y afirma el pronto regreso del cautiverio en Babilonia. Una lectura atenta de la obra puede revelar que el escrito tiene más de un autor y que, quizás, el más reciente de ellos, procede de los comienzos de la era cristiana.

12. La carta de Jeremías

Esta breve obra se encuentra en la traducción latina de la Vulgata, y en otras traducciones de la Biblia en ediciones católicas, como el capítulo 6 del libro de Baruc. La versión griega de la Septuaginta (LXX), sin embargo, incluye esta carta en una sección separada al libro de Baruc. El propósito fundamental es presentar un mensaje que ridiculiza la idolatría que se vive y se manifiesta en Babilonia. No es posible determinar con precisión la identidad del autor y la fecha de composición.

13. La oración de Azarías y el cántico de los tres jóvenes

Esta obra se trata esencialmente de una adición al libro hebreo de Daniel, que se encuentra en las versiones griegas y latinas, y se ubica en el tercer capítulo, entre los versículos 23 y 24 del texto canónico. Es muy posible que esta narración se haya escrito en hebreo entre los siglos 2 y 1 a.C., y consiste en el cántico de victoria de los tres jóvenes que se utiliza aún en varias liturgias modernas (p.ej., entre algunas las Iglesias Anglicanas y Luteranas) con el título de *Benedicite*.

14. Susana

Esta pequeña obra es una narración de tipo «detectivesco», en la que el joven Daniel, con su sabiduría, pone al descubierto las falsas acusaciones que dos ancianos lascivos lanzaron injustamente contra Susana, una mujer judía muy piadosa, virtuosa y bella.

En la traducción latina de la Vulgata, esta narración en torno a Susana se añade al capítulo final del libro canónico de Daniel, y en las traducciones católicas generalmente se identifica como el capítulo 13 de Daniel. La identificación precisa del autor no es posible, y la narración probablemente proviene de dos siglos previos a la era cristiana.

15. Bel y el Dragón

Esta es otra historia de tipo «detectivesco», como la de Susana, que se articula como un mensaje claro y directo contra la idolatría. Una vez más el joven sabio Daniel, en la tradición de este personaje en el libro canónico, descubre las artimañas y mentiras de los sacerdotes idólatras de Bel, para posteriormente matar a la serpiente que era venerada y adorada por los babilonios. Daniel, en esta narración, es echado por segunda vez al foso de los leones, pero nuevamente sale airoso de la prueba.

Respecto al autor, la fecha y el lugar de composición, la información disponible es escasa y confusa. La traducción latina de la Vulgata incorpora esta adición teológica al final del libro canónico de Daniel, y se identifica, en las traducciones católicas, como el capítulo 14 del libro de Daniel.

16. La oración de Manasés

Esta pequeña obra contiene una oración intensa y sentida, en la que el rey Manasés confiesa ante Dios, con suma humildad y arrepentimiento, sus pecados. En su plegaría pide perdón a Dios por sus acciones rebeldes e impropias. Algunos estudiosos piensan que esta oración pudo haberse compuesto para incluirse en el segundo libro de las Crónicas (2 Cr 33.12, 13, 18). La obra se debe haber escrito en griego, posiblemente al comienzo de la era cristiana.

Aunque no forma parte de los libros canónicos adoptados en el Concilio de Trento, generalmente se incluye en un apéndice de la Vulgata.

17. Primer libro de los Macabeos

Esta obra tiene un muy alto valor histórico, y presenta la firme y decidida resistencia judía a los esfuerzos irracionales y violentos de Antíoco IV Epífanes de Siria, para erradicar el judaísmo de la región y también para helenizar a la comunidad judía, particularmente en la ciudad de Jerusalén. La obra destaca las hazañas heroicas de los hermanos Macabeos (Judas, Jonatán y Simón), durante las invasiones e intervenciones de los sirios entre los años 175 y 134 a.C.

El autor de la obra es posiblemente un judío de Palestina, que escribe en hebreo alrededor del año 100 a.C. El texto hebreo original de la obra se ha perdido, solo se conservan algunas copias griegas antiguas.

18. Segundo libro de los Macabeos

Este libro es una especie de resumen de una gran obra en 5 tomos, escrita por un tal Jasón de Cirene (2 M.19–32). La trama principal del escrito es la presentación de la historia del pueblo judío entre los años 175 y 160 a.C. Como la obra tiene una clara finalidad educativa de edificación, el mensaje se articula con un estilo de exhortación (2 M 2.25; 15.39).

El autor del libro escribió principalmente para los judíos que vivían en Egipto, específicamente en la ciudad de Alejandría. Su finalidad era despertar en esa comunidad judía de la diáspora un interés por el Templo de Jerusalén. La lectura de la obra revela que el autor presupone la fe en la resurrección de los justos. Entre los temas que se exponen en el libro y que desafían las doctrinas eclesiásticas tradicionales, están la recomendación a la oración y el sacrificio de expiación por las personas muertas (2 M 12.41–46). El libro, posiblemente, se escribió en griego entre los años 124 a.C. y 70 d.C.

BIBLIOGRAFÍA

A continuación presentamos una bibliografía selecta, no muy extensa, de las obras consultadas y de los libros que recomendamos para proseguir los estudios más avanzados de la Biblia hebrea o el AT. Aunque deseamos enfatizar obras recientes en castellano, se han incluido algunas referencias a libros en otros idiomas, particularmente en inglés, por la importancia de sus contribuciones.

En torno a la bibliografía de los libros de la Biblia en específico, se puede consultar los comentarios bíblicos que incluimos a continuación.

Obras generales en torno a la Biblia

Aranda Pérez, G.; García Martínez, F.; Pérez Fernández, M. *Literatura judía intertestamentaria.* Estella, Navarra: Verbo Divino, 1996.

Artola Arbiza, A.M. *La Escritura inspirada. Estudios sobre la inspiración bíblica.* Bilbao: Universidad de Deusto, 1994.

Childs, B. S. *Introduction to the Old Testament as Scripture.* Philadelphia: Fortress Press, 1982.

Clemens, R. E. *Old Testament Theology.* Atlanta: John Knox Press, 1978.

Delcor, M.; García Martínez, F. *Introducción a la literatura esenia de Qumrán.* Madrid: Cristiandad, 1982.

Diez Macho, A. *El Targum: Introducción a las traducciones aramáicas de la Biblia.* Madrid: CSIC, 1982.

——— . *Los apócrifos del Antiguo Testamento.* Madrid: CSIC, 1983-86.

Finegan, J. *Hanbook of Biblical Chronology. Principles of Time Reckouning in the Ancient World and Problems of Chronology in the Bible*. Peabody: Hendrickson, 1998.

García Cordero, M. *Teología de la Biblia*. Vol. 3. Madrid: Edica, 1970-72.

García Martínez, F. *Textos de Qumrán*. Madrid: Trotta, 1993.

Mannucci, V. *La Biblia como Palabra de Dios*. Bilbao: Desclée, 1995.

Ocariz, F.; Blanco, A. *Revelación, fe y credibilidad*. Madrid: Pelícano, 1998.

Pagán, S. *El misterio revelado: Los rollos del Mar Muerto y la comunidad de Qumrán*. Nashville: Abingdon, 2001.

———. *El Santo de Israel*. Nashville: Abingdon, 2001.

———. *Experimentado en quebrantos*. Nashville: Abingdon, 1998.

———. *Palabra viva*. Miami: Caribe, 1995.

Schokel, Luis Alonso. *La palabra inspirada*. Madrid: Cristiandad, 1986.

———. *Hermenéutica de la Palabra*. Vol 3. Madrid: Cristiandad, 1986—87.

——— ; Artola, A.M. (eds.). *La Palabra de Dios en la historia de los hombres*. Bilbao: Deustro-Mensajero, 1991.

Schwantes, M. *Sufrimiento y esperanza en el exilio*. Santiago: REHUE, 1991.

Trebolle Barrera, J. *La Biblia judía y la Biblia cristiana*. Madrid: Trota, 1993.

Trevijano Etchevarría, R. *La Biblia en el cristianismo antiguo*. Estella, Navarra: Verbo Divino, 2001.

Von Rad, G. *Teología del Antiguo Testamento*. Vol. 2. Salamanca: Sígueme, 1975.

Enciclopedias, geografías y diccionarios bíblicos

Achtemeier, P.J. (ed.). *Harper's Bible Dictionary*. San Francisco-Londres: Harper and Row, 1985.

Aharoni, Y.; Avi Yonay, M. *The Macmillan Bible Atlas*. Jerusalén, Nueva York y Londres: Macmillan, 1977.

———. *The Archaeology of the Land of Israel*. Londres: SCM, 1982.

Baly, D. *The Geography of the Bible*. Nueva York y Londres: Harper, 1979.

Blaiklock, E. M.; Harrisson, R.K. *The New International Dictionary of Biblical Archaeology.* Grand Rapids: Zondervan, 1983.

Bogaert, P. M. *et al. Diccionario enciclopédico de la Biblia.* Barcelona: Herder, 1993.

Botterweck, G. W.; Ringreen, H. *et al* (eds.). *Diccionario teológico del Antiguo Testamento.* Madrid: Cristiandad, 1973.

Browning, W. R. F. *A Dictionary of the Bible.* Oxford, New York: Oxford University Press, 1996.

Buttrick, G. A.; *et al.* (ed.). *The Interpreter's Dictionary of the Bible.* Vol. 4. Nashville-New York: Abingdon Press, 1962. Suppl. 1976.

Cohenen, E.; Beyreuther, E.; Bietenhard, H. (eds.). *Diccionario teológico del Nuevo Testamento.* Salamanca: Sígueme, 1980-84.

Diez Macho, A.; Bartina, S. (eds.) *Enciclopedia de la Biblia.* Vol. 6. Barcelona: Garriga, 1963-65.

Freedman, D.N. (ed.). *The Anchor Bible Dictionary.* Vol. 6. New York, Londres, Toronto, Sydney: Auckland, 1992.

Jenni, E.; Westermann, C. (eds.). *Diccionario teológico manual del Antiguo Testamento.* Vol. 2. Madrid: Cristiandad, 1973.

Léon-Dufour, X. (ed.). *Vocabulario de teología bíblica.* Barcelona, 1973.

Maier, J.; Schafer, P. *Diccionario del judaísmo.* Estella: Verbo Divino, 1996.

May, H. G. (ed.). *Oxford Bible Atlas.* Nueva York y Toronto: Oxford University Press, 1987.

Pritchard, J. B. *The Harper Atlas of the Bible.* Nueva York: Harper and Row, 1987.

Stern, E. *Archaeology of the Land of the Bible. The Assyrian, Babylonian, and Persian Periods, 732-332 B.C.E.* New York: Doubleday, 2001.

Comentarios e introducciones al Antiguo Testamento

Ackroyd, P. R.; Leaney, A. R. C.; Packer, L. W. *Cambridge Bible Commentary on the English Bible.* Cambridge: Cambridge University Press, 1963-79.

Brown, R. E.; Fitzmayer, J. A.; Murphy, R. E. *Nuevo Comentario Bíblico «San Jerónimo»*. Vol. 2. Madrid: Cristiandad, 1971-72, 2000.

Comentario bíblico hispanoamericano. Vol. 1 y 2. Madrid: Verbo Divino, 2005-06.

Cross, F. M. (ed. AT). *Hermeneia. A Critical and Historical Commentary on the Bible*. Filadelfia: Fortress Press, 1972ss.

Eaton, A. W. *Manual para el estudio de las escrituras de Israel*. San Juan: Puerto Rico Evangélico, 1998.

Farmer, W. R., *et al* (eds). *Comentario Bíblico Internacional*. Estella, Navarra: Verbo Divino, 1999.

Gottwald, N.K. *The Hebrew Bible: A Socio-Literary Introduction*. Philadelphia: Fortress, 1985.

Guijarro Oporto, S.; García Salvador, (eds.). *Comentario al Antiguo Testamento I.* Estella, Navarra: Casa de la Biblia, 1997.

Hubbard, D.A. (ed.). *Word Biblical Commentary*. Waco: Word Books, 1982 ss.

Keck, L. *The New Interpreter's Bible*. Vol. 12. Nashville: Abingdon, 1995-2002.

Laffey, A. *An Introduction to the Old Testament: A Feminist Perspective*. Philadelphia: Fortress press, 1988.

Lasord, W. S. *Panorama del Antiguo Testamento*. Buenos Aires y Grand Rapids: Nueva Creación y Eerdmans, 1995.

Mc Kensie, S. L.; Graham, M.P. (eds.). *The Hebrew Bible Today: An Introduction to Critical Issues*. Louisville: Westminster-John Knox press, 1998.

Profesores de la Compañía de Jesús. *La Sagrada Escritura.* Vol. 6. Madrid: BAC, 1967-1971.

Rendorff, R. *The Old Testament: An Introduction.* Philadelphia: Fortress, 1995.

Sánchez Caro, J. M.; *et al.* (eds.). *Introducción al estudio de la Biblia.* Vol. 10. Estella, Navarra: Verbo Divino, 1989.

Schmidt, W.H. *Introducción al Antiguo Testamento*. Salamanca: Sígueme, 1983.

Schokel, Luis Alonso; Mateos, J. (eds.). *Libros Sagrados.* Madrid: Cristiandad, 1966-77.

Sicre, J. L. *Introducción al Antiguo Testamento*. Estella, Navarra: Verbo Divino, 1993.

Soggin, J. A. *Introduction to the Old Testament.* Philadelphia: Westminster Press, 1980.

Stendebach, F. J. *Introducción al Antiguo Testamento.* Dusseldorf: Patmos, 1994.

Ediciones de la Biblia

1. Ediciones en hebreo, arameo y griego

Biblia Hebraica Stuttgartensia (Elliger, K. y Rudolph, W. (eds.). Stuttgart Deutsche Bibelgesellschaft, 1967-87.

Septuaginta. Vetus Testamentum Graecorum Autoritate Academiae Scientiarum Gotingensis Editium, Gotingen: Vanderhoeck und Ruprecht, 1974.

2. Ediciones en castellano

Biblia del Peregrino. Bilbao: Mensajero, 1993.

Biblia de estudio (VPEE). Miami: SBU, 1994.

El Libro del Pueblo de Dios. Buenos Aires, s.f.

La Nueva Biblia de Jerusalén. Bilbao: Descleé de Brouwer, 1975.

La Biblia de Navarra. Pamplona: EUNSA, 1975-2002.

La Nueva Biblia Española. Madrid: Cristiandad, 1975-1988.

La Biblia-NVI. Miami: SBI, 2001.

La Nueva Biblia Latinoamericana. Madrid: Paulinas, 1982.

Reina-Valera 1995: Edición de estudio. Miami: SBU, 1995.

Historia y geografía del antiguo Oriente Medio

Bright, J. *La historia de Israel.* Bilbao: Desclée, 1985.

De Vaux, R. *Instituciones del Antiguo Testamento.* Barcelona: Herder, 1976.

González Lamadrid, A. *La fuerza de la tierra.* Salamanca: Sígueme, 1990.

González Echegaray, J. *et al. La Biblia en su entorno.* Estella, Navarra: Verbo Divino, 1990.

______. *El creciente fértil y la Biblia.* Estella, Navarra: Verbo Divino, 1991.

Miller, J. M.; Hayes, J. H. *A History of Ancient Israel and Judah.* Philadelphia: The Wesmisnter Press, 1986.

Noel, D. *Los orígenes de Israel.* Estella, Navarra: Verbo Divino, 1999.

Pixley, Jorge. *Historia sagrada. Historia popular.* San José: DEI, 1991.

Schurel, E. *Historia del pueblo judío en tiempos de Jesús175 a.C.-135 d.C.* Vol. 2. Madrid: Cristiandad, 19985.

Smith, Adam G. *Geografía histórica de la Tierra Santa.* Valencia: EDICEP, 1985.

Soggin, J.A. *Nueva historia de Israel. De los orígenes a Bar Kochba.* Bilbao: Declée, 1997.

MAPAS

ÍNDICE DE MAPAS

Cómo utilizar el índice de mapas: Busque en este índice alfabético el nombre del lugar que necesita localizar. Al lado de cada nombre aparece el **número** del mapa. La **letra mayúscula** que le sigue servirá para localizar la columna en dicho mapa donde está el lugar que usted busca. Las REGIONES están en mayúsculas.

Mapa 1

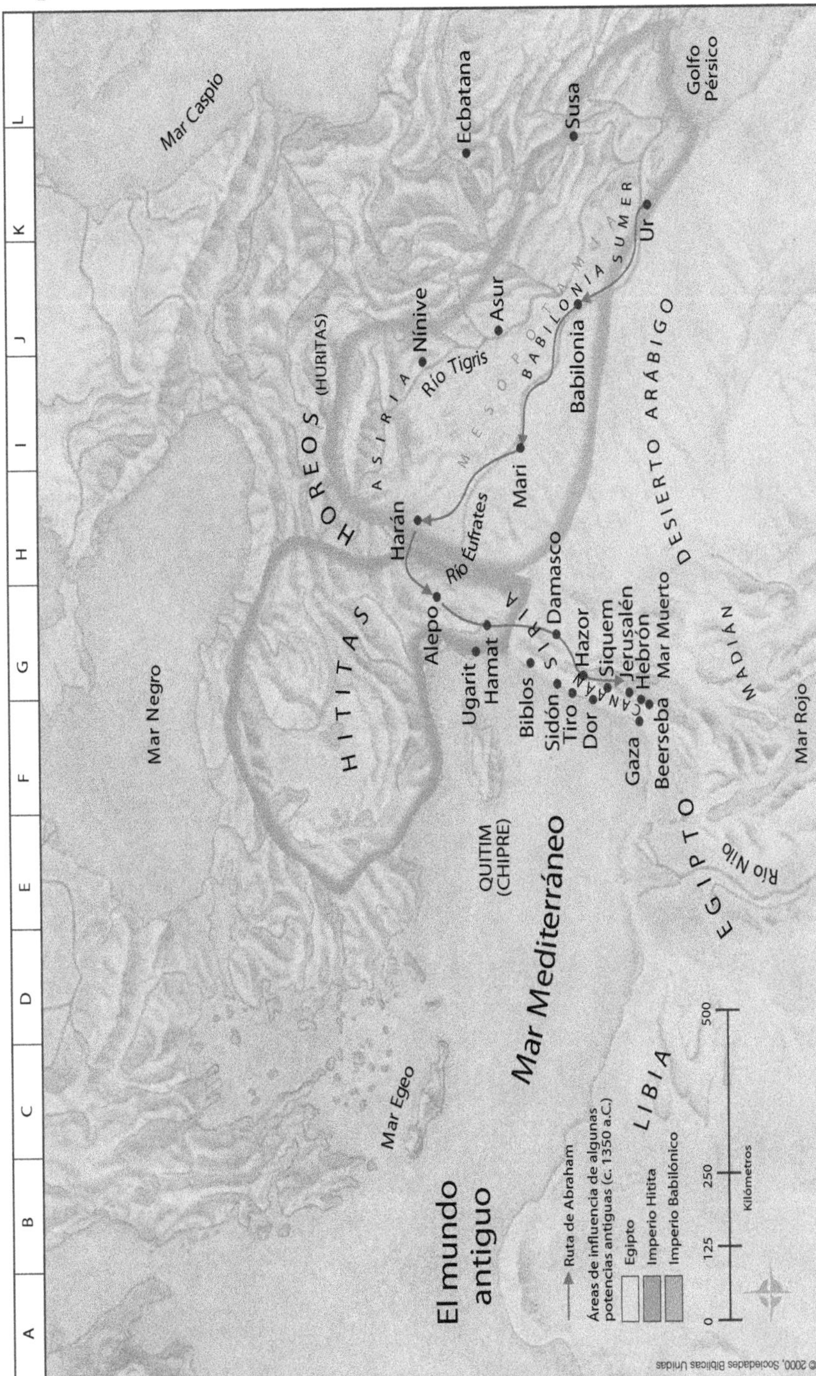
A
B
C
D
E
F
G
H
I
J
K
L
El mundo antiguo
Ruta de Abraham
Áreas de influencia de algunas potencias antiguas (c. 1350 a.C.)
Egipto
Imperio Hitita
Imperio Babilónico
0
125
250
500
Kilómetros
Mar Caspio
Mar Negro
Mar Egeo
Mar Mediterráneo
QUITIM (CHIPRE)
HITITAS
HOREOS (HURITAS)
ASIRIA
MESOPOTAMIA
BABILONIA
SUMER
SIRIA
CANAÁN
DESIERTO ARÁBIGO
MADIÁN
EGIPTO
LIBIA
Ecbatana
Susa
Golfo Pérsico
Ur
Babilonia
Asur
Nínive
Río Tigris
Mari
Río Éufrates
Harán
Alepo
Hamat
Ugarit
Damasco
Biblos
Sidón
Tiro
Hazor
Dor
Siquem
Jerusalén
Hebrón
Mar Muerto
Gaza
Beerseba
Mar Rojo
Río Nilo
© 2000, Sociedades Bíblicas Unidas

Mapa 2

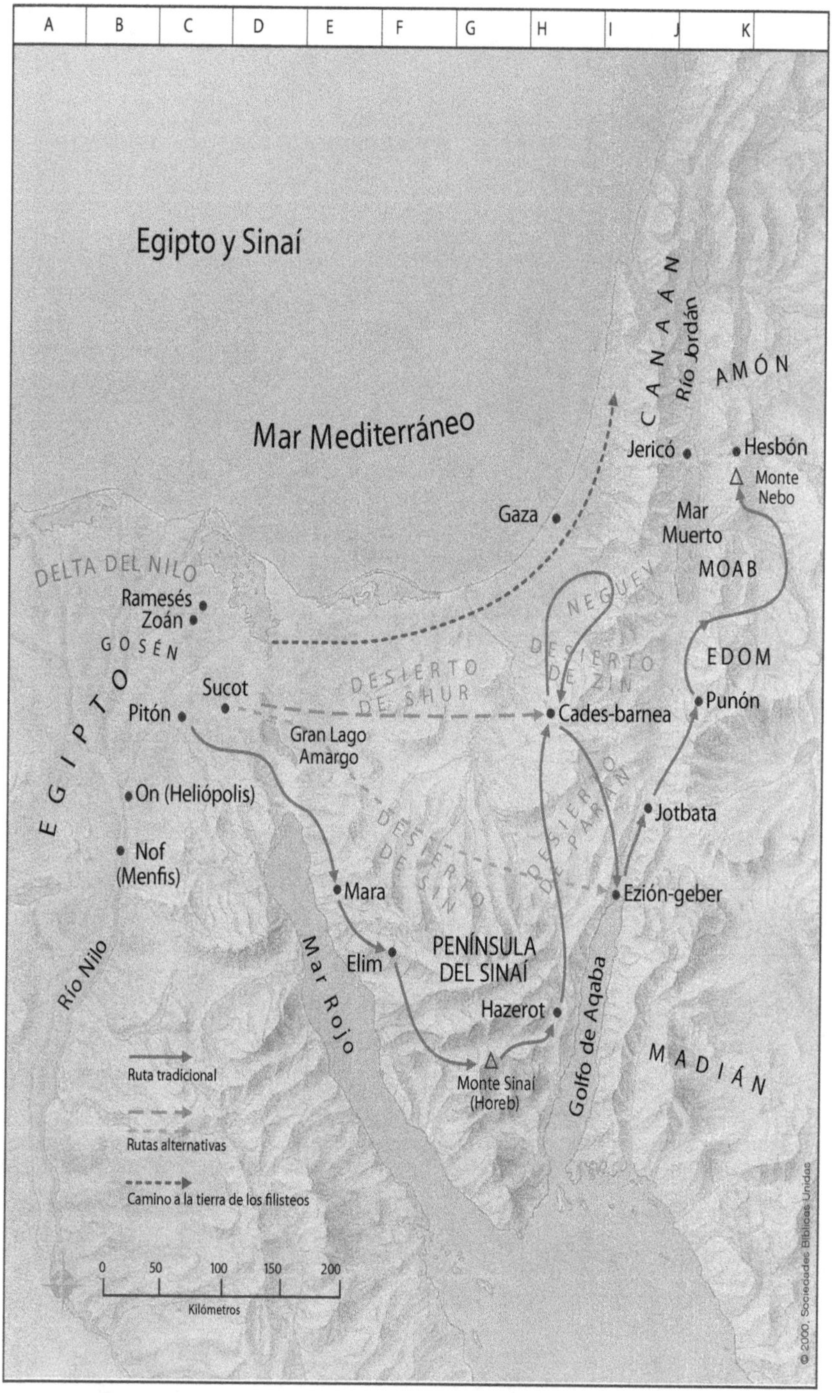
A
B
C
D
E
F
G
H
I
J
K
Egipto y Sinaí
Mar Mediterráneo
CANAÁN
Río Jordán
AMÓN
Jericó
Hesbón
Monte Nebo
Gaza
Mar Muerto
MOAB
DELTA DEL NILO
Ramesés
Zoán
GOSÉN
NEGUEV
EDOM
DESIERTO DE ZIN
DESIERTO DE SHUR
Sucot
Pitón
Cades-barnea
Punón
EGIPTO
Gran Lago Amargo
On (Heliópolis)
DESIERTO DE PARÁN
Jotbata
Nof (Menfis)
DESIERTO DE SIN
Mara
Ezión-geber
Río Nilo
Mar Rojo
Elim
PENÍNSULA DEL SINAÍ
Hazerot
Golfo de Aqaba
MADIÁN
Ruta tradicional
Monte Sinaí (Horeb)
Rutas alternativas
Camino a la tierra de los filisteos
0
50
100
150
200
Kilómetros
© 2000, Sociedades Bíblicas Unidas

Mapa 3

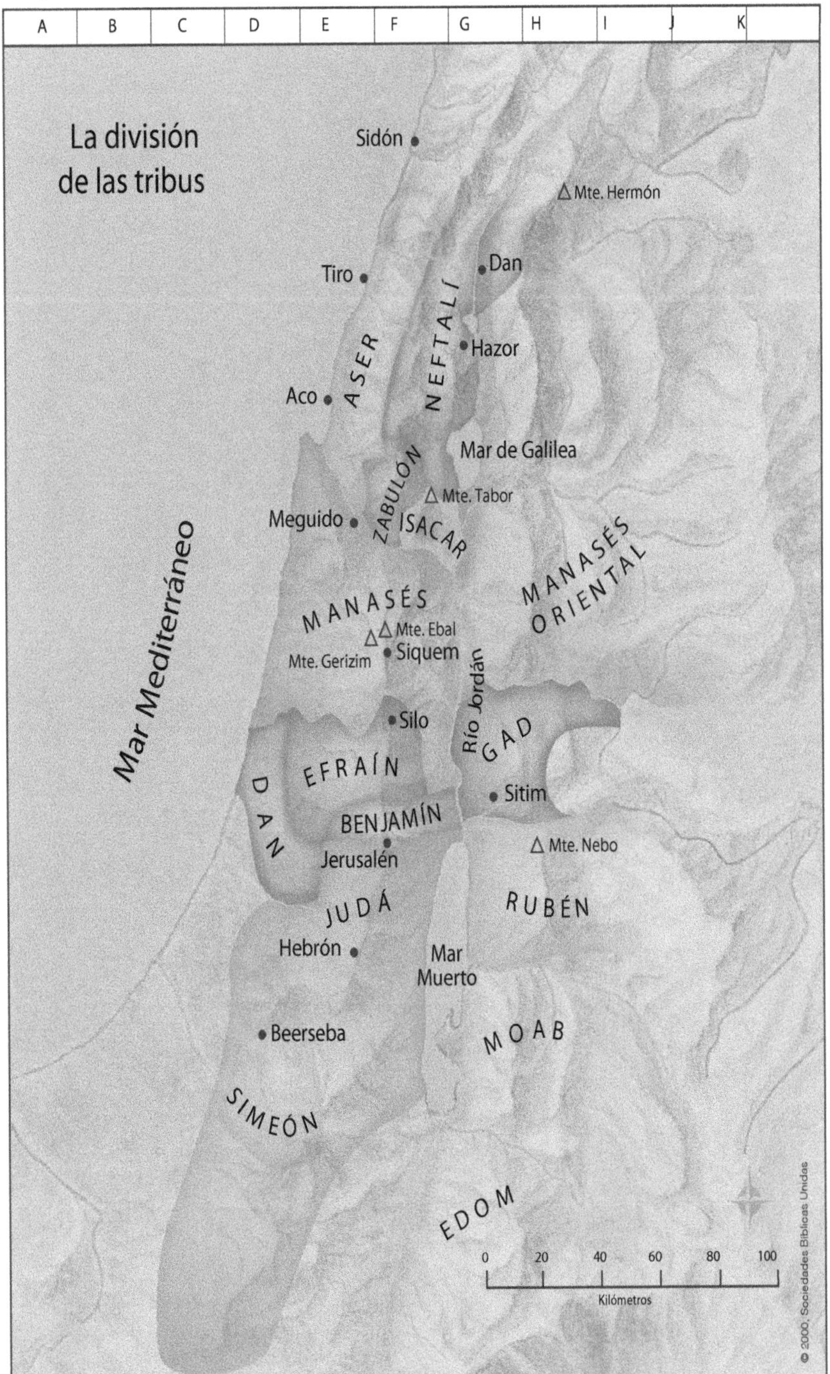
A
B
C
D
E
F
G
H
I
J
K
La división de las tribus
Sidón
Mte. Hermón
Tiro
Dan
NEFTALÍ
ASER
Hazor
Aco
Mar de Galilea
ZABULÓN
Mte. Tabor
Meguido
ISACAR
Mar Mediterráneo
MANASÉS ORIENTAL
MANASÉS
Mte. Ebal
Mte. Gerizim
Siquem
Río Jordán
Silo
GAD
EFRAÍN
DAN
Sitim
BENJAMÍN
Jerusalén
Mte. Nebo
JUDÁ
RUBÉN
Hebrón
Mar Muerto
Beerseba
MOAB
SIMEÓN
EDOM
0
20
40
60
80
100
Kilómetros
© 2000, Sociedades Bíblicas Unidas

Mapa 4

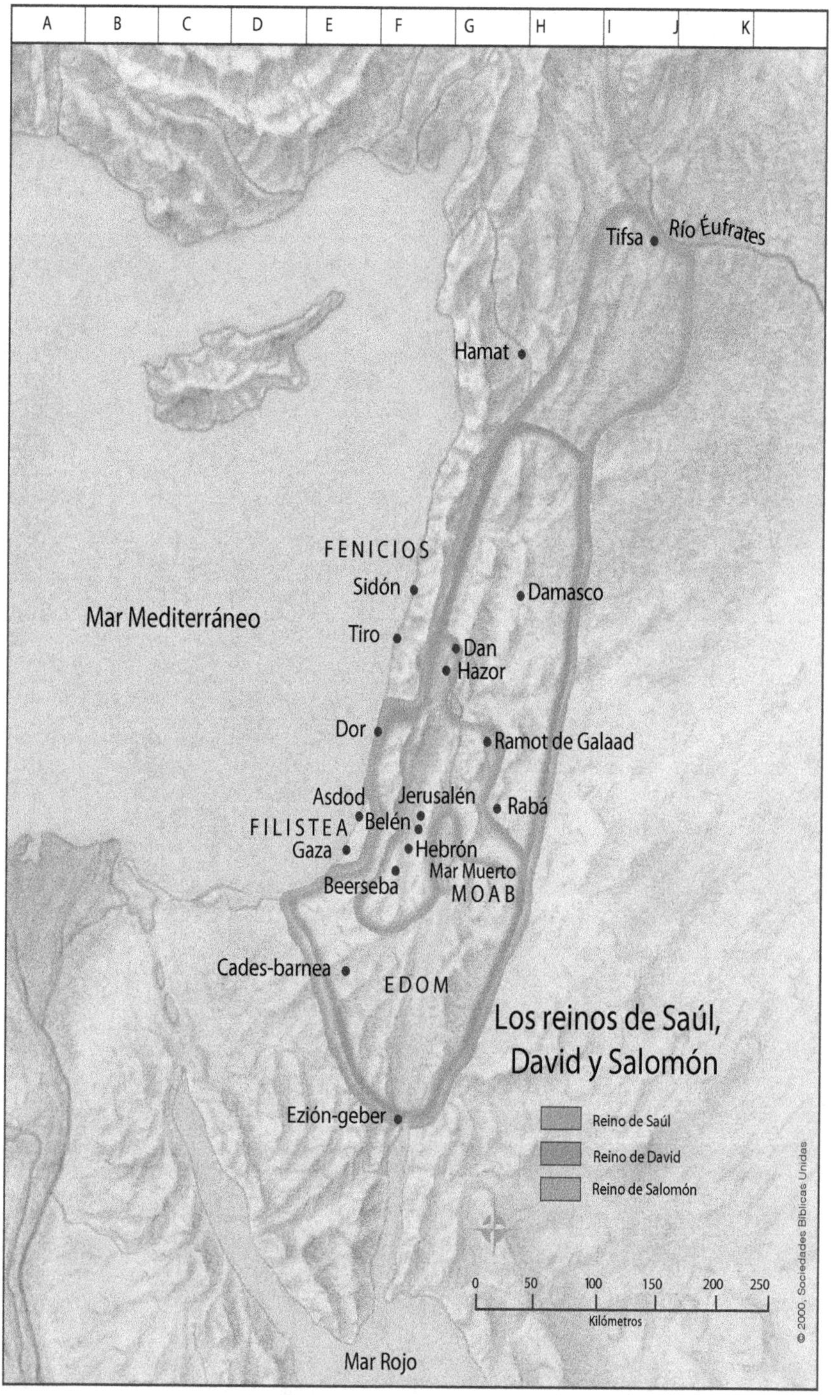
A
B
C
D
E
F
G
H
I
J
K
Tifsa
Río Éufrates
Hamat
FENICIOS
Sidón
Damasco
Mar Mediterráneo
Tiro
Dan
Hazor
Dor
Ramot de Galaad
Asdod
Jerusalén
Rabá
FILISTEA
Belén
Gaza
Hebrón
Mar Muerto
Beerseba
MOAB
Cades-barnea
EDOM
Los reinos de Saúl, David y Salomón
Ezión-geber
Reino de Saúl
Reino de David
Reino de Salomón
0
50
100
150
200
250
Kilómetros
© 2000, Sociedades Bíblicas Unidas
Mar Rojo

Mapa 5

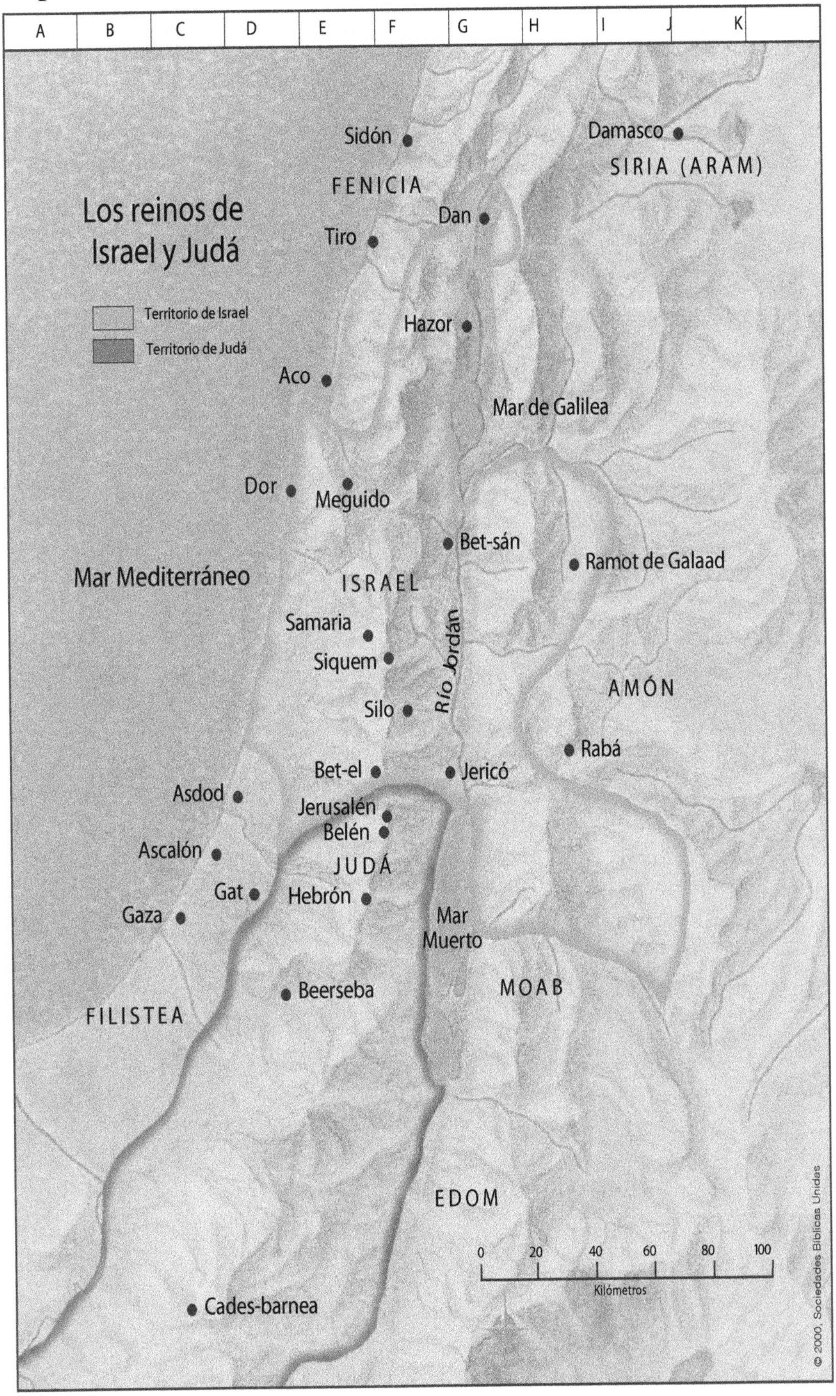
A
B
C
D
E
F
G
H
I
J
K
Los reinos de Israel y Judá
Territorio de Israel
Territorio de Judá
Sidón
Damasco
SIRIA (ARAM)
FENICIA
Dan
Tiro
Hazor
Aco
Mar de Galilea
Dor
Meguido
Bet-sán
Ramot de Galaad
Mar Mediterráneo
ISRAEL
Samaria
Siquem
Río Jordán
AMÓN
Silo
Rabá
Bet-el
Jericó
Asdod
Jerusalén
Belén
Ascalón
JUDÁ
Gat
Hebrón
Gaza
Mar Muerto
Beerseba
MOAB
FILISTEA
EDOM
0
20
40
60
80
100
Kilómetros
Cades-barnea
© 2000, Sociedades Bíblicas Unidas

Mapa 6

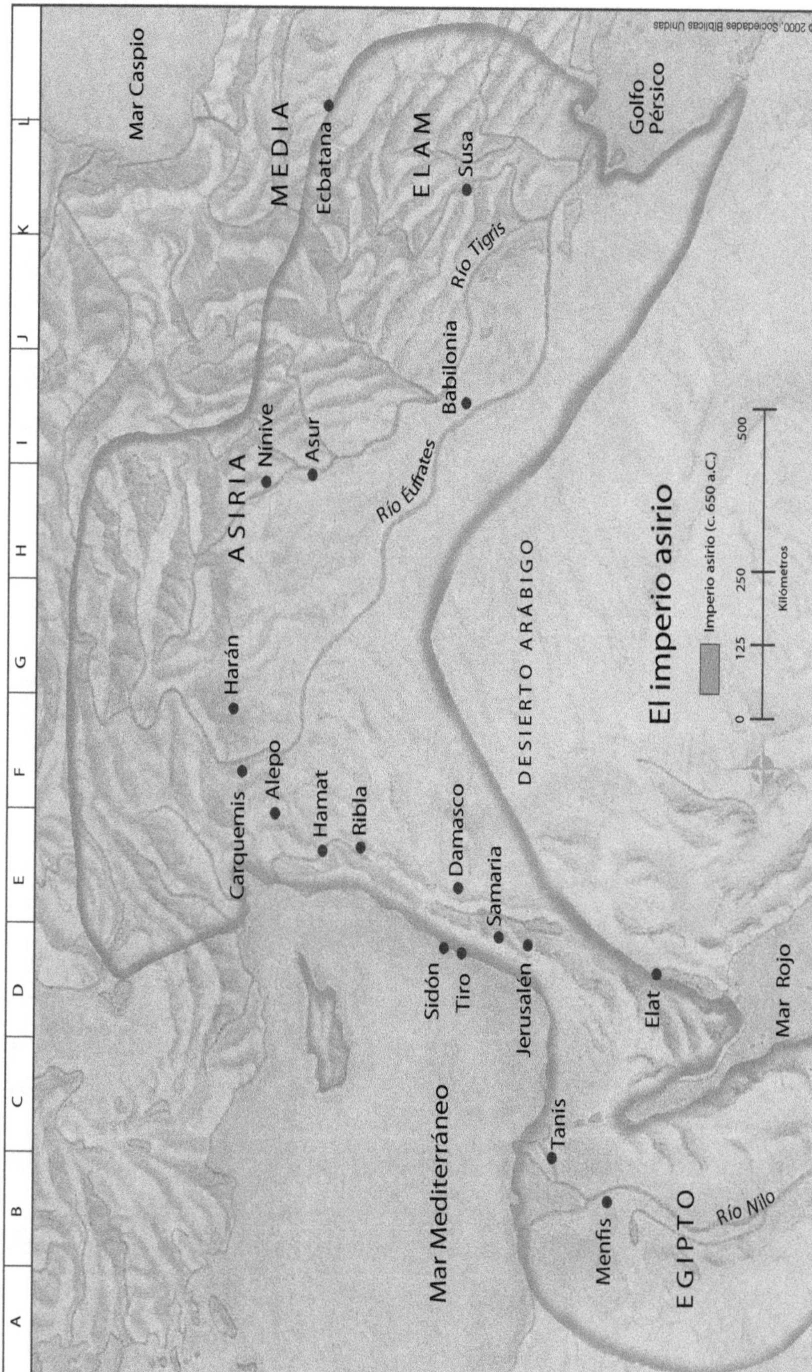

A
B
C
D
E
F
G
H
I
J
K
L
Mar Caspio
MEDIA
Ecbatana
ELAM
Susa
Golfo Pérsico
Río Tigris
Babilonia
Nínive
Asur
ASIRIA
Río Éufrates
Harán
Carquemis
Alepo
Hamat
Ribla
Damasco
Samaria
Sidón
Tiro
Jerusalén
Elat
Mar Rojo
DESIERTO ARÁBIGO
El imperio asirio
Imperio asirio (c. 650 a.C.)
0
125
250
500
Kilómetros
Mar Mediterráneo
Tanis
Menfis
EGIPTO
Río Nilo
© 2000, Sociedades Bíblicas Unidas

Mapa 7

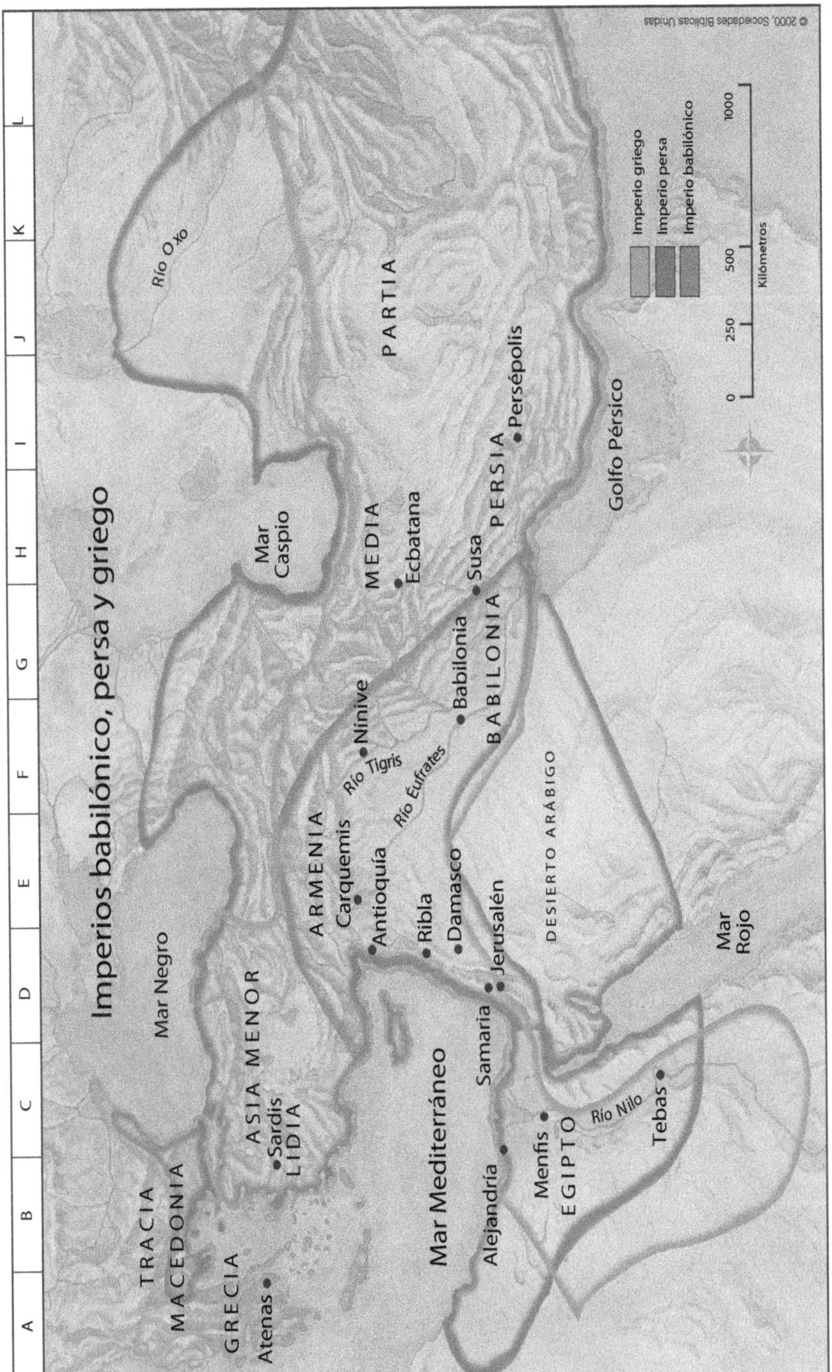
Imperios babilónico, persa y griego
A
B
C
D
E
F
G
H
I
J
K
L
TRACIA
MACEDONIA
GRECIA
Atenas
ASIA MENOR
Sardis
LIDIA
Mar Negro
ARMENIA
Carquemis
Antioquía
Ribla
Damasco
Nínive
Río Tigris
Río Éufrates
Babilonia
BABILONIA
Mar Caspio
MEDIA
Ecbatana
Susa
PERSIA
Persépolis
PARTIA
Río Oxo
Golfo Pérsico
DESIERTO ARÁBIGO
Mar Mediterráneo
Samaria
Jerusalén
Alejandría
Menfis
EGIPTO
Río Nilo
Tebas
Mar Rojo
Imperio griego
Imperio persa
Imperio babilónico
0
250
500
1000
Kilómetros
© 2000, Sociedades Bíblicas Unidas

Mapa 8

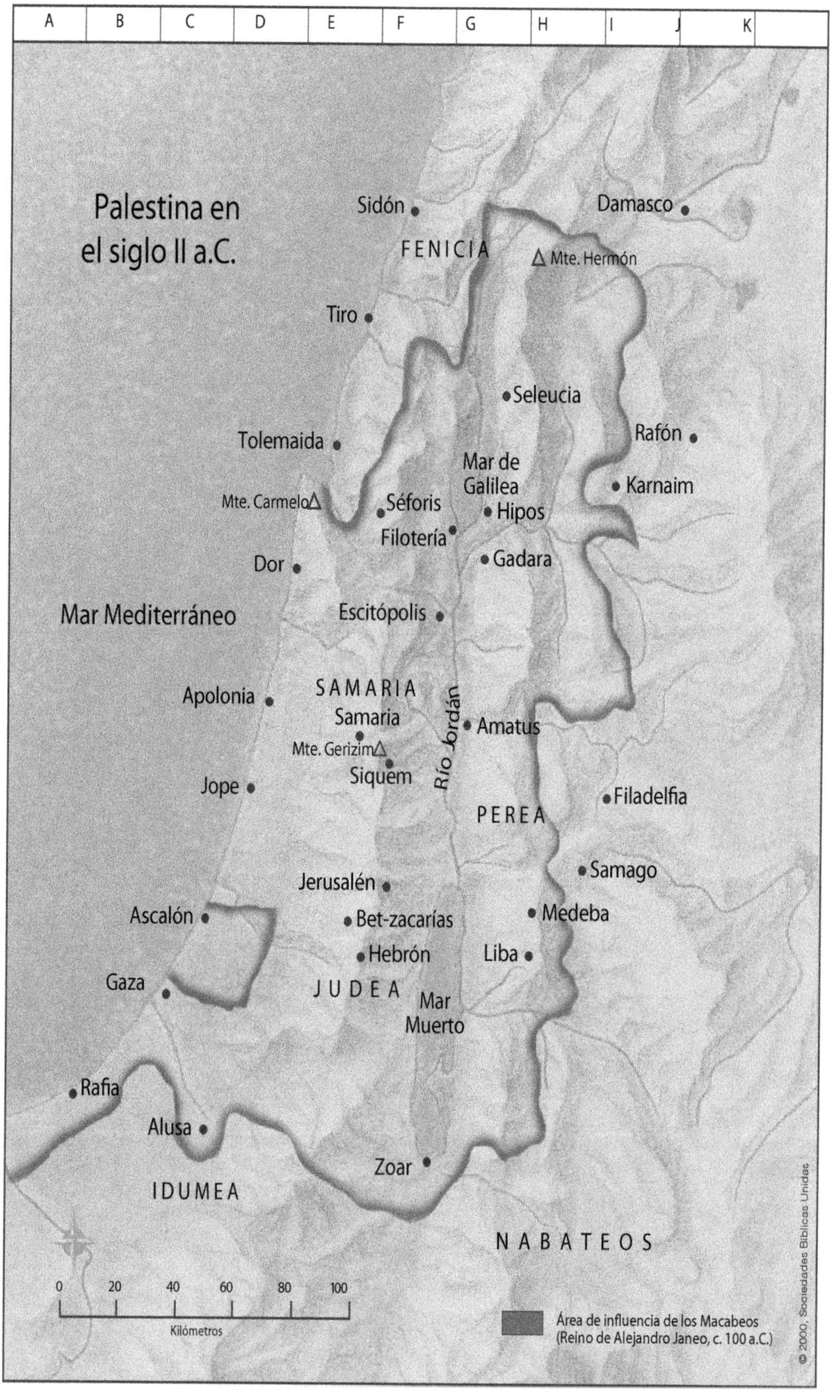
A
B
C
D
E
F
G
H
I
J
K
Palestina en el siglo II a.C.
Sidón
Damasco
FENICIA
Mte. Hermón
Tiro
Seleucia
Tolemaida
Rafón
Mar de Galilea
Karnaim
Mte. Carmelo
Séforis
Hipos
Filotería
Gadara
Dor
Mar Mediterráneo
Escitópolis
Apolonia
SAMARIA
Samaria
Río Jordán
Amatus
Mte. Gerizim
Siquem
Jope
Filadelfia
PEREA
Samago
Jerusalén
Ascalón
Bet-zacarías
Medeba
Hebrón
Liba
Gaza
JUDEA
Mar Muerto
Rafia
Alusa
Zoar
IDUMEA
NABATEOS
0
20
40
60
80
100
Kilómetros
Área de influencia de los Macabeos (Reino de Alejandro Janeo, c. 100 a.C.)
© 2000, Sociedades Bíblicas Unidas

Mapa 9

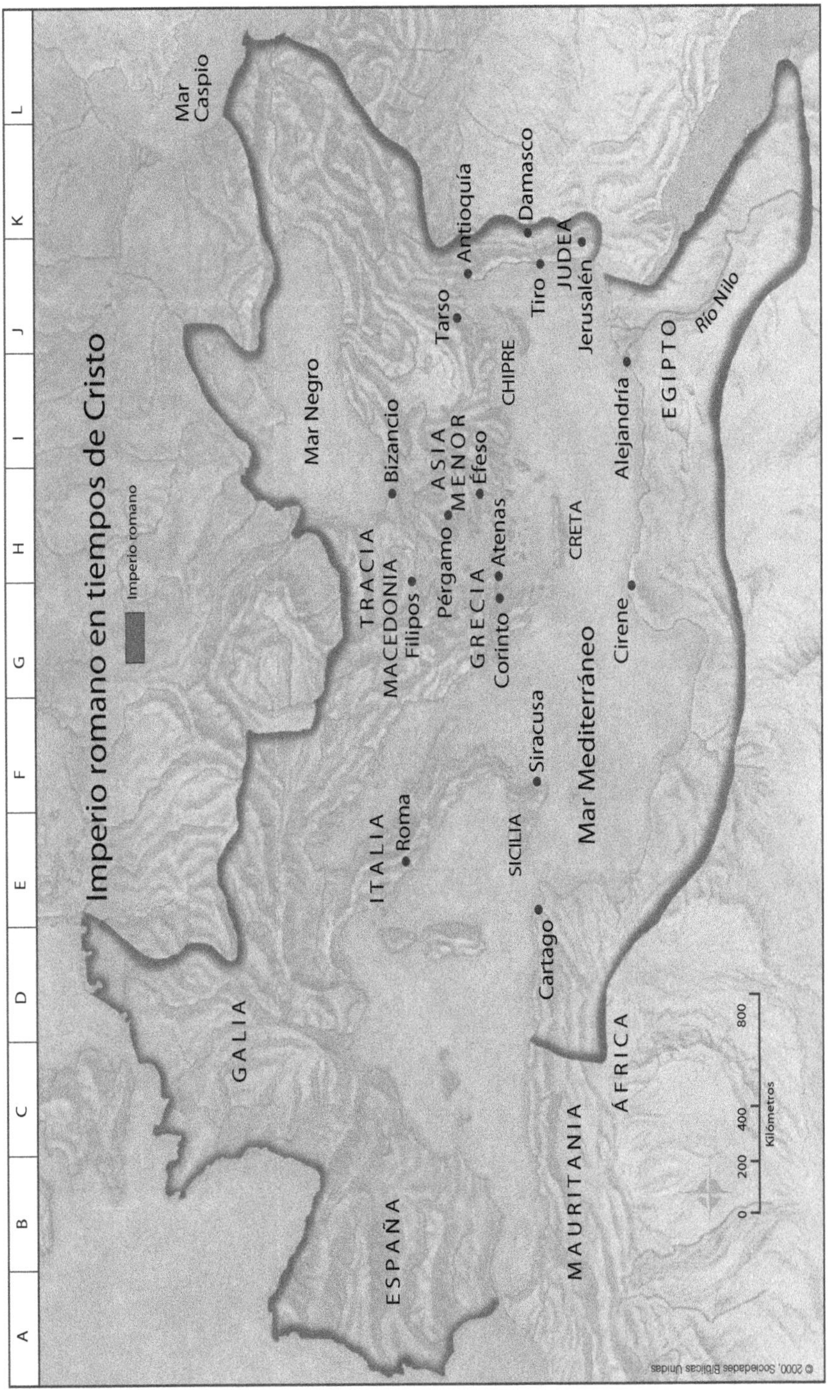
Imperio romano en tiempos de Cristo
Imperio romano
A
B
C
D
E
F
G
H
I
J
K
L
Mar Caspio
Mar Negro
GALIA
ESPAÑA
ITALIA
Roma
TRACIA
MACEDONIA
Filipos
Bizancio
ASIA MENOR
Pérgamo
Éfeso
GRECIA
Corinto
Atenas
Tarso
Antioquía
Damasco
CHIPRE
Tiro
JUDEA
Jerusalén
SICILIA
Siracusa
Cartago
CRETA
Mar Mediterráneo
MAURITANIA
ÁFRICA
Cirene
Alejandría
EGIPTO
Río Nilo
0
200
400
800
Kilómetros
© 2000, Sociedades Bíblicas Unidas

Mapa 10

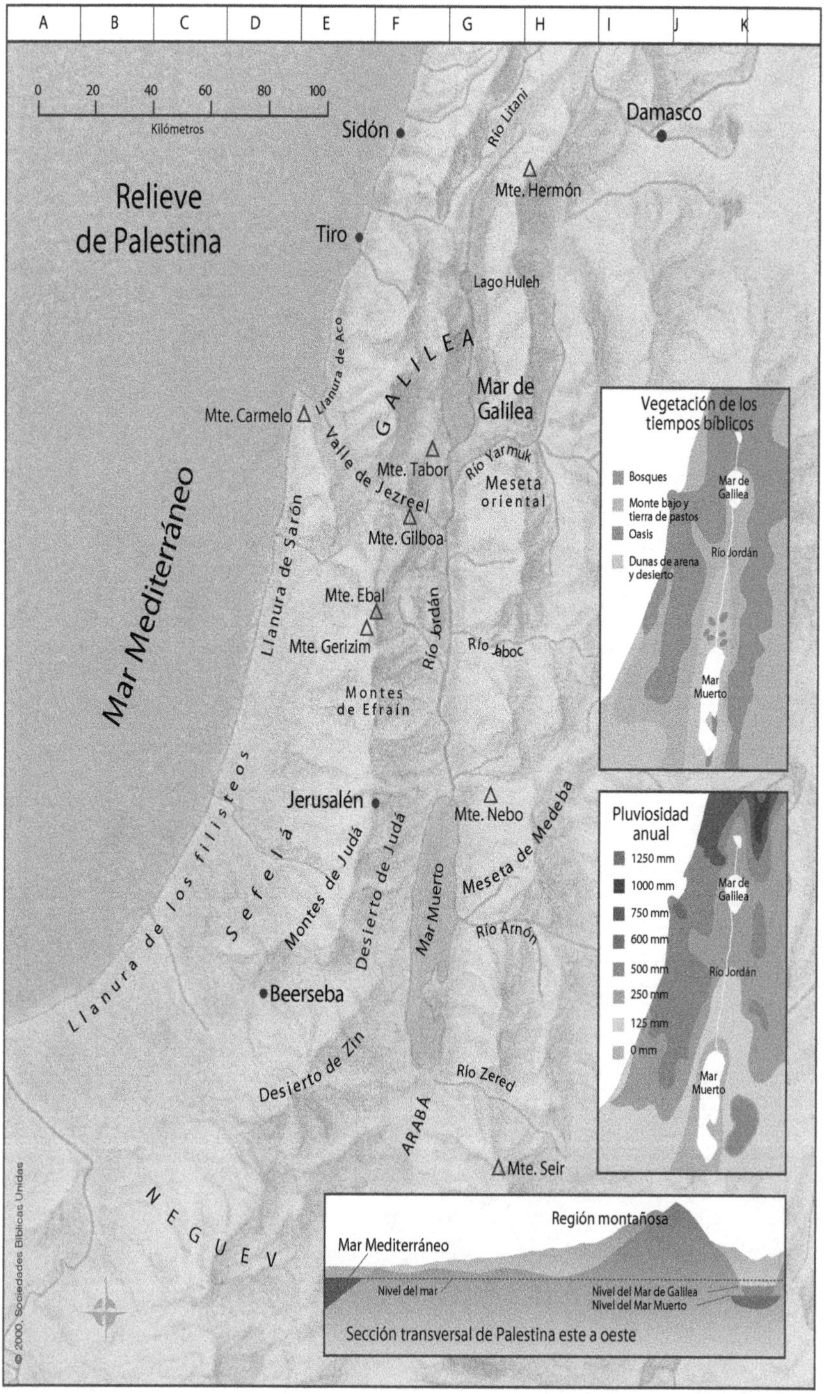
A B C D E F G H I J K
0 20 40 60 80 100
Kilómetros
Relieve de Palestina
Sidón
Damasco
Río Litani
Mte. Hermón
Tiro
Lago Huleh
Llanura de Aco
GALILEA
Mar de Galilea
Mte. Carmelo
Valle de Jezreel
Mte. Tabor
Río Yarmuk
Meseta oriental
Mar Mediterráneo
Llanura de Sarón
Mte. Gilboa
Mte. Ebal
Mte. Gerizim
Río Jordán
Río Jaboc
Montes de Efraín
Llanura de los filisteos
Jerusalén
Mte. Nebo
Meseta de Medeba
Sefelá
Montes de Judá
Desierto de Judá
Mar Muerto
Río Arnón
Beerseba
Desierto de Zin
Río Zered
ARABÁ
Mte. Seir
NEGUEV
Vegetación de los tiempos bíblicos
Bosques
Monte bajo y tierra de pastos
Oasis
Dunas de arena y desierto
Mar de Galilea
Río Jordán
Mar Muerto
Pluviosidad anual
1250 mm
1000 mm
750 mm
600 mm
500 mm
250 mm
125 mm
0 mm
Mar de Galilea
Río Jordán
Mar Muerto
Región montañosa
Mar Mediterráneo
Nivel del mar
Nivel del Mar de Galilea
Nivel del Mar Muerto
Sección transversal de Palestina este a oeste
© 2000, Sociedades Bíblicas Unidas

Mapa 11

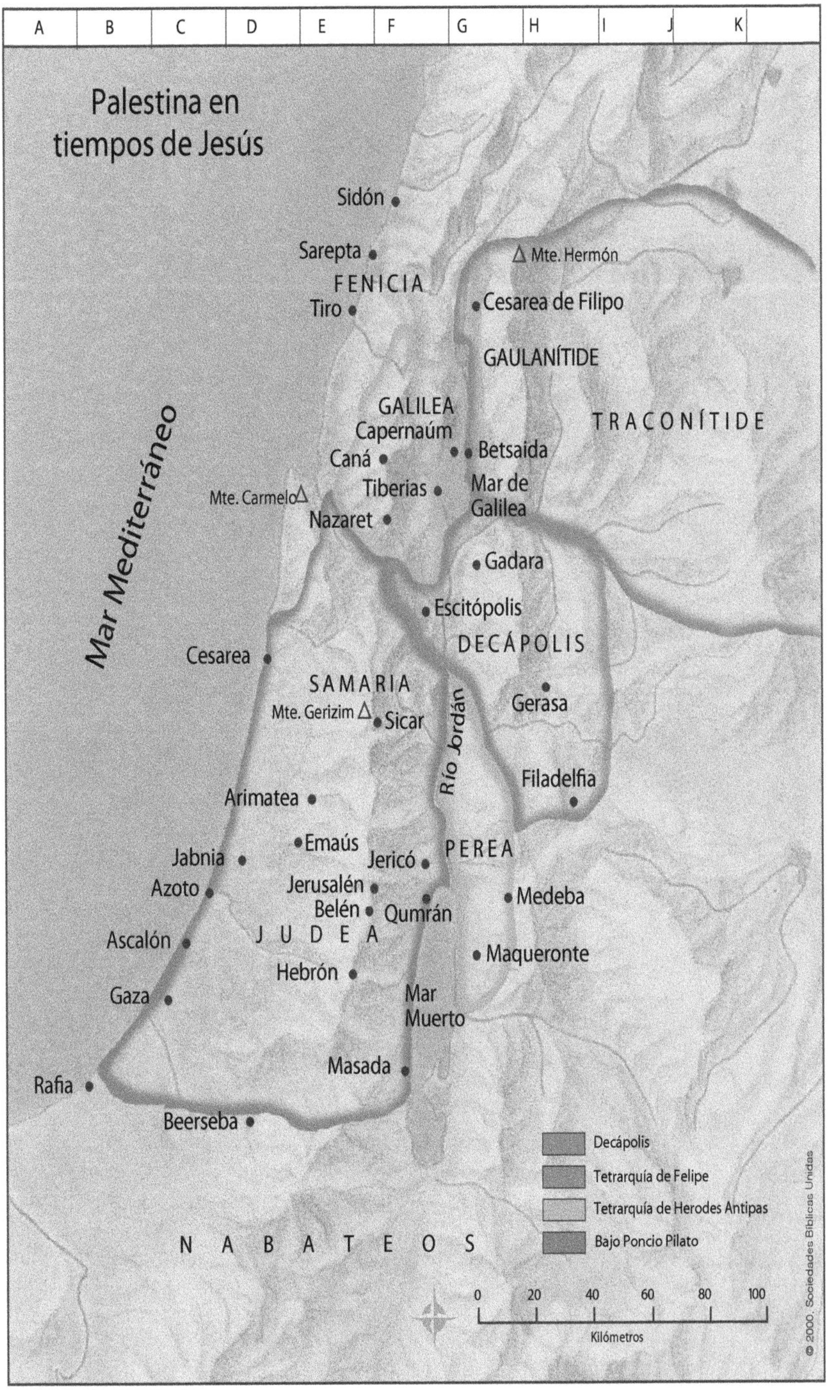
A
B
C
D
E
F
G
H
I
J
K
Palestina en tiempos de Jesús
Sidón
Sarepta
Mte. Hermón
FENICIA
Tiro
Cesarea de Filipo
GAULANÍTIDE
GALILEA
Capernaúm
TRACONÍTIDE
Caná
Betsaida
Mar Mediterráneo
Mte. Carmelo
Tiberias
Mar de Galilea
Nazaret
Gadara
Escitópolis
DECÁPOLIS
Cesarea
SAMARIA
Gerasa
Mte. Gerizim
Sicar
Río Jordán
Filadelfia
Arimatea
Emaús
Jabnia
Jericó
PEREA
Azoto
Jerusalén
Medeba
Belén
Qumrán
Ascalón
JUDEA
Maqueronte
Hebrón
Gaza
Mar Muerto
Masada
Rafia
Beerseba
Decápolis
Tetrarquía de Felipe
Tetrarquía de Herodes Antipas
Bajo Poncio Pilato
NABATEOS
0
20
40
60
80
100
Kilómetros
© 2000, Sociedades Bíblicas Unidas

Mapa 12/ Mapa 12a

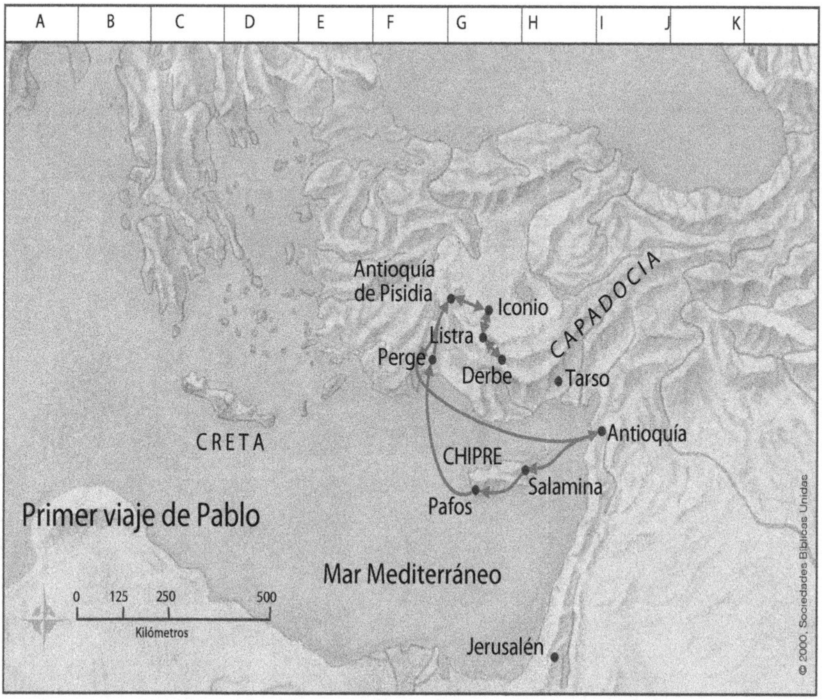

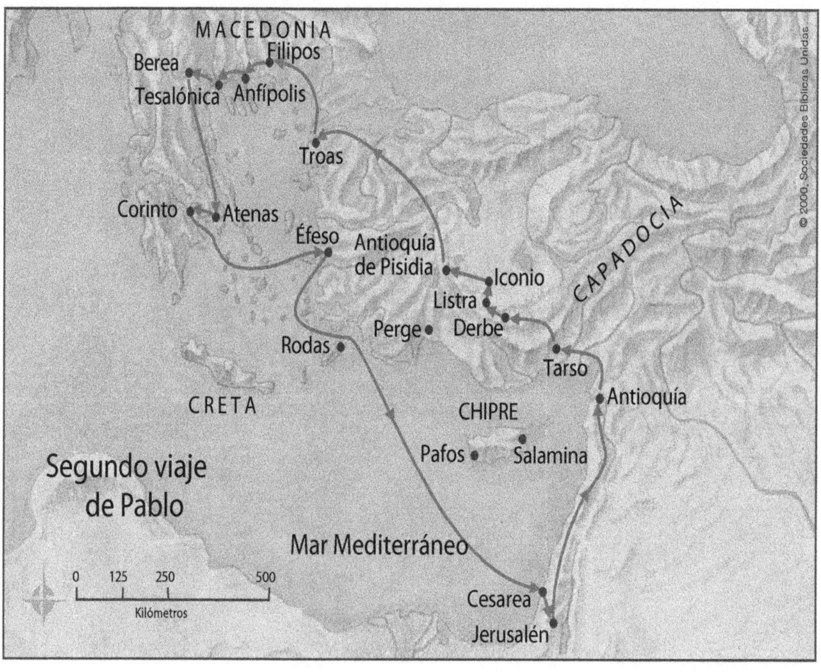

Mapa 13/ Mapa 13a

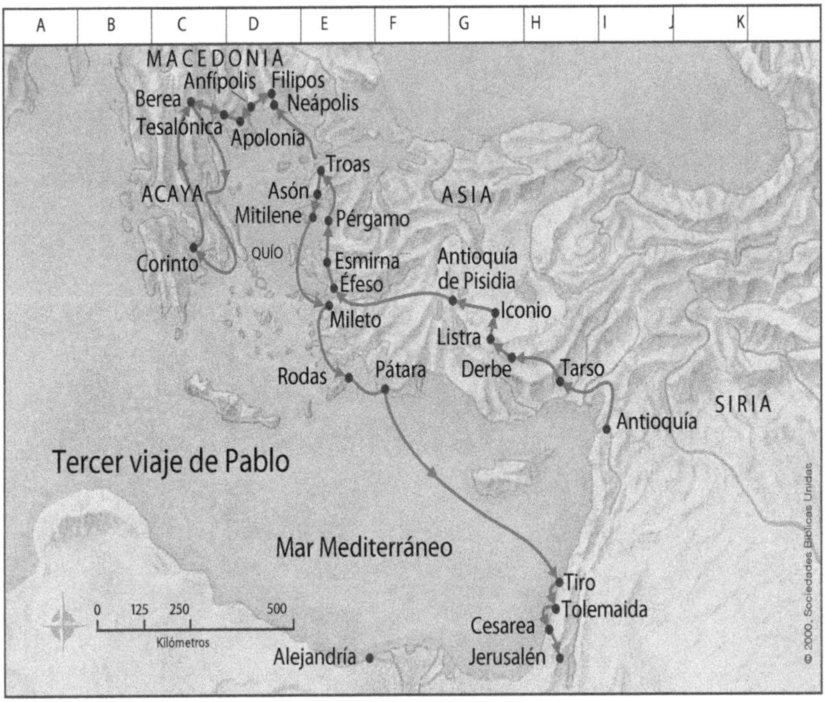

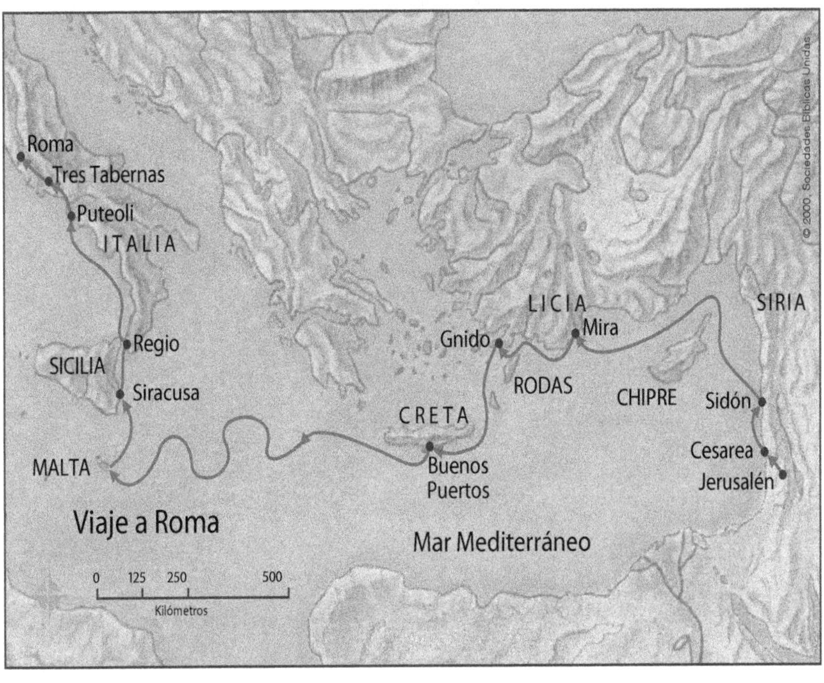

Mapa 14

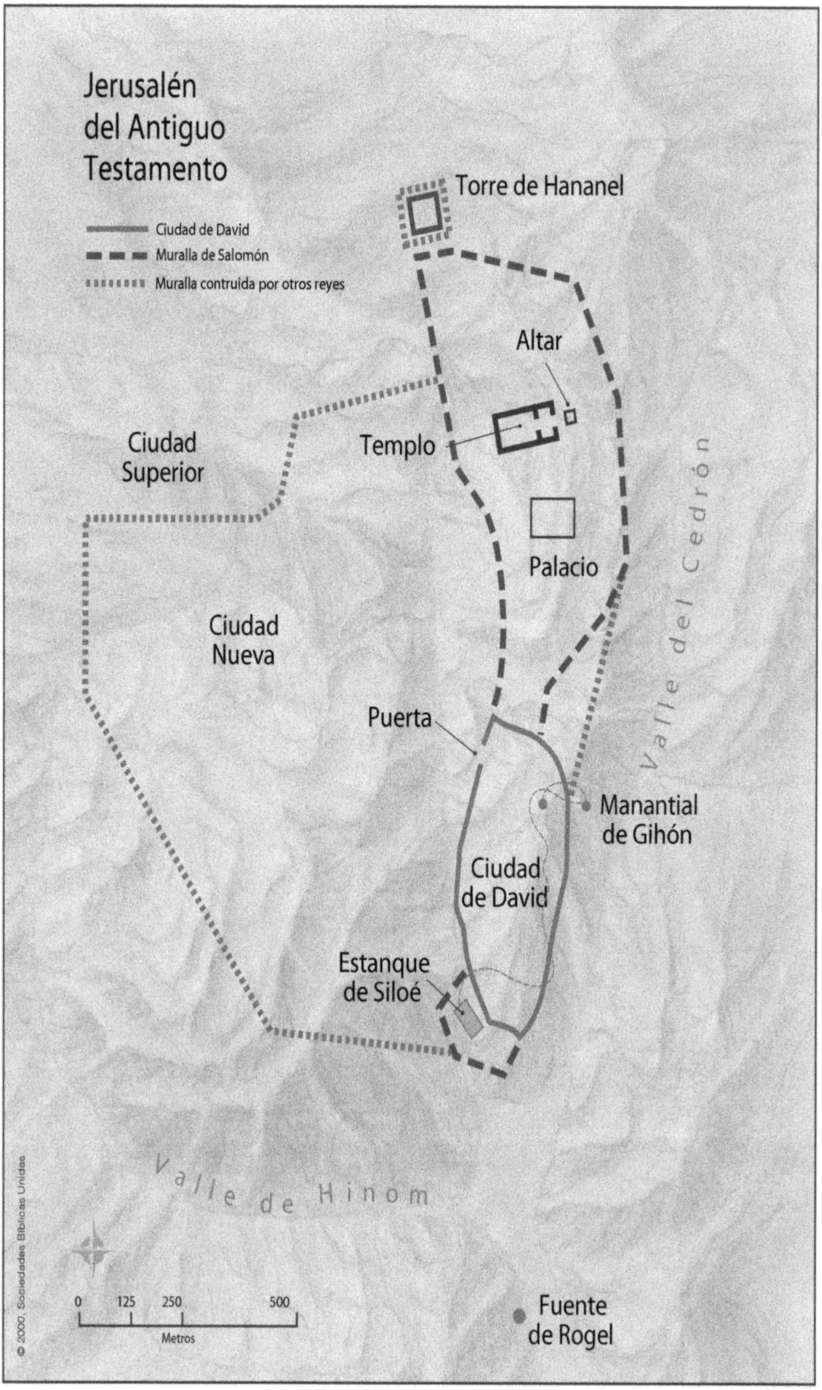
Jerusalén
del Antiguo
Testamento
Ciudad de David
Muralla de Salomón
Muralla contruida por otros reyes
Torre de Hananel
Altar
Templo
Ciudad
Superior
Palacio
Valle del Cedrón
Ciudad
Nueva
Puerta
Manantial
de Gihón
Ciudad
de David
Estanque
de Siloé
Valle de Hinom
0 125 250 500
Metros
Fuente
de Rogel
© 2000, Sociedades Bíblicas Unidas

Mapa 15

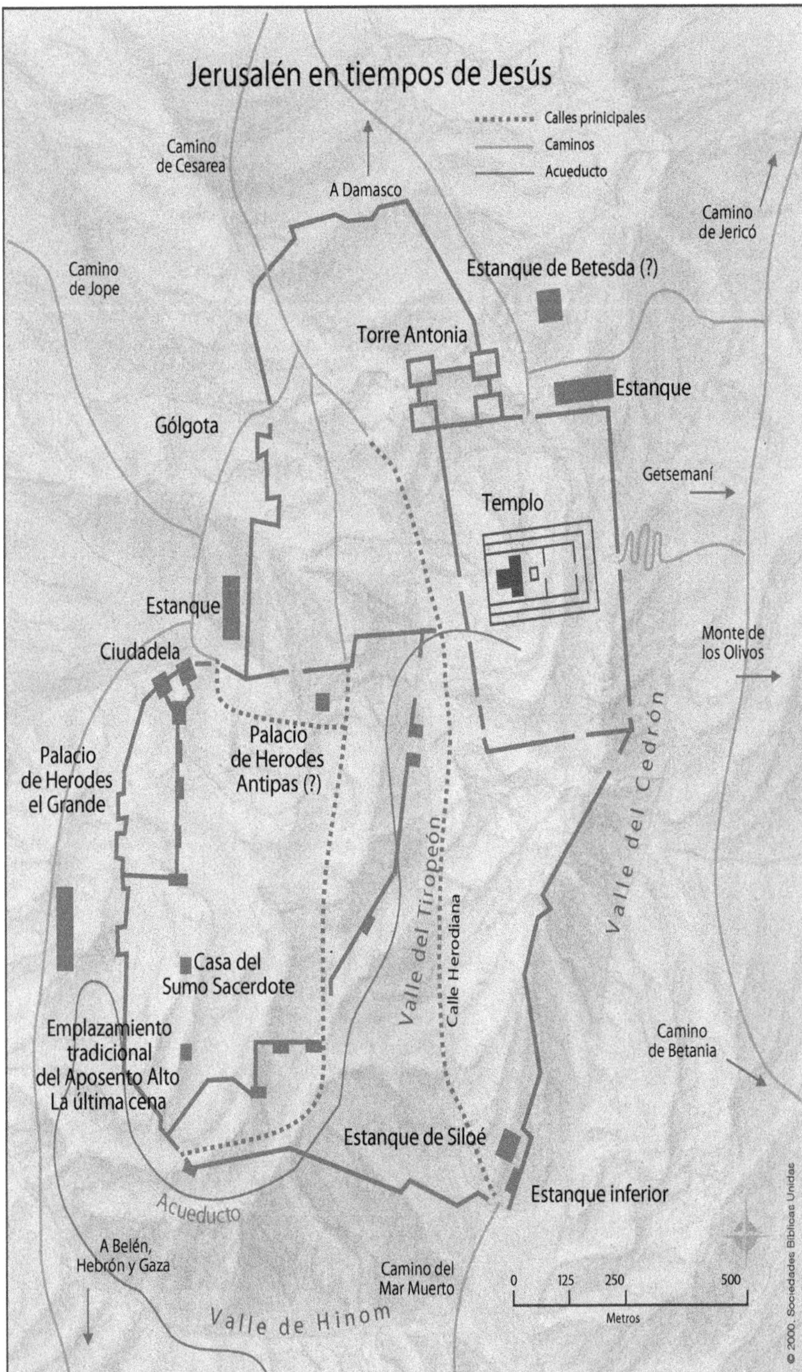
Jerusalén en tiempos de Jesús
Calles prinicipales
Caminos
Acueducto
Camino de Cesarea
A Damasco
Camino de Jericó
Camino de Jope
Estanque de Betesda (?)
Torre Antonia
Estanque
Gólgota
Getsemaní
Templo
Estanque
Ciudadela
Monte de los Olivos
Palacio de Herodes Antipas (?)
Palacio de Herodes el Grande
Valle del Cedrón
Valle del Tiropeón
Calle Herodiana
Casa del Sumo Sacerdote
Emplazamiento tradicional del Aposento Alto La última cena
Camino de Betania
Estanque de Siloé
Estanque inferior
Acueducto
A Belén, Hebrón y Gaza
Camino del Mar Muerto
0 125 250 500
Metros
Valle de Hinom
© 2000, Sociedades Bíblicas Unidas

Mapa 16

Planos del templo descrito en el libro de Ezequiel

Estos planos se basan en la visión de Ezequiel (capítulos 40 y 41). No representan el templo de Salomón ni tampoco el segundo templo, construido después del exilio.

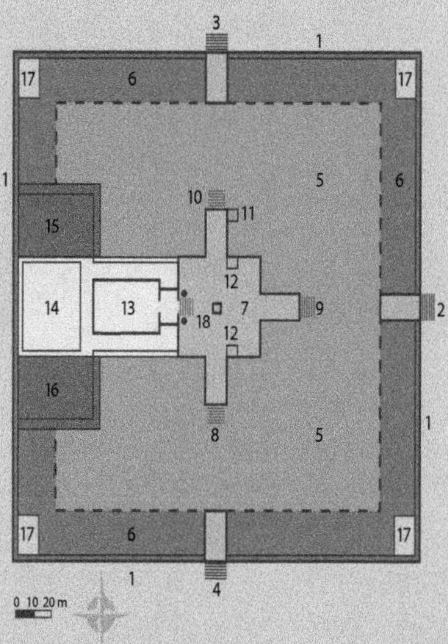

PLANO GENERAL DEL TEMPLO

1. Muro exterior (40.5; 42.15-20)
2. Puerta oriental (40.5-16)
3. Puerta norte (40.20-23)
4. Puerta sur (40.24-27)
5. Atrio exterior (40.17)
6. Enlosado (40.17-18)
7. Atrio interior (40.28)
8. Puerta sur del atrio interior (40.28-31)
9. Puerta oriental del atrio interior (40.32-34)
10. Puerta norte del atrio interior (40.35-37)
11. Cámara para lavar los animales (40.38)
12. Cámaras para los sacerdotes (40.44-46)
13. Templo propiamente dicho (véase el siguiente plano)
14. Edificio del oeste (41.12)
15. Cámaras del norte (42.1-10)
16. Cámaras del sur (42.10-11)
17. Patios (46.21-22)
18. Altar (40.47; 43.13-17)

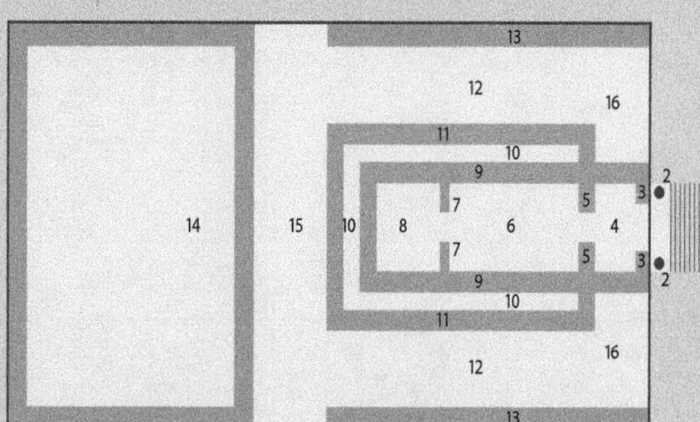

ZONA DEL TEMPLO PROPIAMENTE DICHO (40.48-41.15)

1. Gradas (40.49)
2. Columnas (40.49)
3. Postes del pórtico (40.48)
4. Pórtico (40.49)
5. Postes (41.1)
6. Sala central (41.2)
7. Postes (41.3)
8. Lugar santísimo (41.4)
9. Muro exterior (41.5)
10. Cámaras anexas (41.5)
11. Pared exterior de las cámaras (41.9)
12. Espacio libre (41.9)
13. Muro (41.9)
14. Edificio del oeste (41.12)
15. Patio cerrado (41.12)
16. Parte del patio cerrado que da al oriente (41.14)